廣東文徵

番禺吳道鎔原稿
番禺張學華增補

廣東文徵編印委員會校刊

第六冊
卷二十五至卷三十
附分類索引

南方出版傳媒
廣東人民出版社
·廣州·

廣東文徵改編本第六册目次

卷二十五　　　　頁次

清七

卷二十六

清八

鄒伯奇

卷二十七

清九

卷二十八

清十

今無

卷三十下

道

白玉蟾

廣東文徵

改編本卷二十五

番禺吳道鎔原稿

清七

鄧華熙 字筱赤・順德人・咸豐辛亥舉人・籌餉議敘員外郎・分刑部・庚申之變・京師設巡防處・派充辦事員・條陳數千言・爲恭邸所激賞・晉郎中・轉御史・上封事請免桂米運粵稅釐・請飭疆臣整頓捕務・皆奉俞旨・出知雲南府・升迤南道・時大亂初平・華熙抵任・即以養士保民爲亟・修復書院・愚民被誘入哥老會者・概不問・保全甚衆・擢滇臬・清理積案・平反寃獄・嚴懲監役剋扣之弊・轉蘇藩・會連歲被水・濬河建堤・並著聲績・尋授安徽巡撫・舉辦清賦・力除中飽・不事搜括・稅增而民不擾・調貴州・值拳禍派攤賠款・亦不以加抽病民・黔人稱頌・歷官數十年・不求赫赫之名・而能持大體・吏民安之・移病歸・辛亥重逢鄉舉・加太子少保銜・國變後・屏迹韜晦・年九十餘卒・賜謚和簡・著有奏議六卷・納楹書屋偶存二卷。

遵議武闈改試槍礮並設武備學堂摺

奏爲遵議武科改試槍礮・並設武備學堂・敬陳管見・恭摺仰祈聖鑒事・竊臣接准兵部咨會議奏改武科章程一案・光緒二十四年二月十六日奉上諭・國家設科武備・與文事並重・原期遴拔眞才・以備折衝之用・現在風氣日新・雖無庸另設特科・亦應參酌情形變通舊制・著照該大臣等所議各直省武鄉試自光緒二十六年庚子科爲始・會試自光緒二十七年辛丑科爲始・童試自下屆爲始・一律改試槍礮・其默寫武經一場・著即行裁去・所有一切未盡事宜・及各省應如何設立武備學堂之處・著該衙門隨時奏明辦理・嗣後主試王大臣及各省督撫學政・尤當加意講求・認眞考核・務在作其忠勇・開其智識・平時則嚴督功課・校試則秉公去取・毋得奉行日久・又成具文・致負作育人材至意・該部即遵諭行等因・欽此・備錄原奏通行・令尚未設立學堂省分・迅即酌量情形・將如何建立・如何教練之處・報部核辦等因・當經恭錄行司・通飭各屬曉諭遵照・又准部咨議覆廣西巡撫黃槐森奏武場改試槍礮・並考取中式後分別選用案內・令行各省督巡就見聞所及・詳細奏明酌辦等因・於光緒二十四年三月十八日具奏・奉旨依議・欽此欽遵咨行到皖・臣維武科取士・以軍謀之洞達爲先・槍礮用時與弓箭之舊章迥異・弓箭從容柔緩・鮮有意外之虞・槍礮則一發難收・爲患異常猛烈・大凡武童應試・由州縣而府而院・草茅麤莽之輩爲多・平日不知營伍・未能遽語止齊・改章之初・教師亦少・考時擎槍就列・裝藥待施・槍口如何防避・多未周知・當點名時・人多擁擠・機簧誤碰・立即傷人・可慮者一・應名後・按排序立・應放幾槍・皆須翻裝子藥・智愚雜沓・未必人人嫺熟・

偶失向背之宜・主試及執事各官・且恐危機莫測・可慮者二・武童細故忿爭・事所恆有・倘遇臨場交鬨・若輩性成强悍・難保其槍不妄施・釀成人命重案・可慮者三・有此三慮・固宜審慎加詳・而各省取進武生・本多遊手無業・其不安本分者・或仗勢而魚肉鄉愚・或恃符而扛幫訟事・非徒無益・且滋事端。

歷考前朝舉行武童試者・曾不數見・皆未久而卽輟・現在武生武童・止有歲試而無科試・值此因時改制・擬請併歲試而免之・若慮習武之人無發軔進身之路・則營伍兵士・其年猶少壯・畧知文字者・無異武童・三年鄉試之期・卽由本營挑選・申詳督撫咨送學政・收考錄取者・卽作爲武生・給以生員頂戴・限以定額・任缺而無濫・貴精不貴多・並以覆試爲錄科・准其一體應武鄉試・畧仿文闈教職送考之例・派本營員弁帶往・胥以兵法部勒・斷無他虞・凡欲習武應試之人・皆可預先投營入伍・常時訓練・咸識營規・與兵部原奏武童派武職官考課武生儘數入營等詞・正相符合・而其演習之槍礮・入營已給・可無慮令民自備・流弊滋多・需費難籌也・其送考錄科一事・宜分兩途・一由各營選送兵生・一由武備學堂選送學生・並進兼收・秉公考取・出路既廣・自無遺才・錄營及防練各營・必須合而爲一・以期兵法營制畫一整齊・又必先將武備學堂規畫建置・招選學生・多方敎練・簡校成材分派入營・充當敎習・日聚兵丁・照章訓廸・使營兵各諳中西操法・兼習字義・不致如前之目不識丁・武科內場默寫武經・浮文無補・誠屬可裁・胡燏芬請改試策論雖未經兵部議准・而臣以爲改定新章・加意敎育・不徒在武力之可用・而尤在將才之奮興・策論一場・非但不宜刪除・且須認眞考校・嘗考宋寶元三年認武科以策畧定去留・以技藝定高下・其意以策畧爲本・蓋深知武事之輕重者矣・今以槍礮考武士・則以講求礮表爲先・遠近測量爲重・非令麤通算法・恐施放難有準繩・而審形勢・繪輿圖・亦非識字明算不可・以及中外行軍之法・水陸號令之宜・平時皆令研求・以開智慧・臨場考試策論・以驗材能・由是登明選公・庶可收得人之效・伏讀康熙四十八年上諭・直省旗綠營兵有通文藝願就武鄉試者・於充伍地方該營將弁申送巡撫一體鄉試・不中仍令歸伍・又各營千總把總有願應會試者・該督撫提鎮給咨赴部一體會試・不中者仍歸原職等因・欽此・又康熙五十年上諭之生員舉人內願就武場・武生武舉內願就文場・各聽其互試等因・欽此・神謨廣運・博採兼收・務令文武士人・咸懷韜畧・師出以律・不至有勇無謀・今部議寓營制於科舉之中・意在考試與操防・通融定制・則武備學堂之建設・實爲整軍經武之始基・而學堂事宜・又重在分門學習・水師陸軍各有程途・習水師者兼陸軍之事易・習陸軍者兼水師之長難・而水師又分內河外海兩端・內河易而外海難・非素習風濤・膽質俱壯者・不足以爲將・不足以爲兵・必其人慣行外海・曾涉重洋・能於洪波巨浪之中・如履平地・爲管駕者方可望其從容布陣・如意指揮・爲弁兵者・亦可冀其表綫周詳・礮無虛發・必須於沿海省分另立海軍學堂・方爲周詳也。

今之綠營弁兵人皆謂爲無用・非果無用也・糧餉薄不足以糊其口・訓練弛不足以作其氣耳・若以其不得力而議盡

裁・則分汛之地面・皆空有城而誰司啓閉・有警而誰與傳烽・解餉而無以輔行・遇盜而無人緝捕・欲責之地方團練・其勢散若搏沙・徒託空言・事必無濟・所有各處汛地・不如仍就各營分派・每閱兩月輪流換防・回營各兵・仍交教習勤加訓練・不容一事怠荒・現下挑練之兵・飭仍各歸原營・本來存營之兵・亦均照章加餉・大加淘汰・去弱留强・愼簡將才・嚴明功罪・由武備學堂遴派成材學生・任營教習・按兵數之多寡・定教習之員數・若能教導盡著有成效・即以該營員弁之缺爲教習之升階・與考取之武舉進士參酌並用・久之・士承將教・將識士心・有若師之與徒・氣誼融洽・倘使疆場有事調遣・除另派總統外・仍令教習同行・未有不如身使臂・如臂使指者・似此變通措置・洋員教習・祇須聘住學堂・經費省而事易行・教就學生・由十一而傳千百・泰西練兵良法・漸徧中華・武備之振興・不難蒸蒸日上矣。

臣管見所及・擬請旨飭交各衙門會同酌議採擇施行・至安省應設武備學堂・籌款既屬艱難・定章非可草率・臣正在畫策・一俟得有端緒・另行奏明辦理。

籌辦農桑種植幷開辦桑園蠶絲摺

奏爲遵旨督率安徽省各屬籌辦農桑種植情形・恭摺覆陳・仰祈聖鑒事・竊臣疊奉諭旨整理農務工務商務・訓農又爲通商惠工之本・令各省督撫切實籌辦・先行具奏等因・欽此・仰見朝廷振興庶務・重在盡地力而裕民生・薄海臣民・同聲欽感・臣維生財大經・首在生之者衆・自古三農並列・兼重園圃・虞衡勸相必始於官司藝穀・兼及夫種樹・安徽省壤地二千餘里・兵燹後・荒未盡開・田有汙萊・民多貧苦・半由磽瘠之少穫・半由游惰之相仍・法在相度土宜・兼種各項植物・使衆材成而工資造作・物產盛而商廣懋遷・上年春間・上海創設農學報・內多新法・利益田功・即由臣購置其書・與升任徽甯池太廣道袁昶刊印後魏賈思勰齊民要術・元司農農桑輯要兩書・通發各屬諄諭牧令等官・倡率紳耆參稽互證・開民智以盡力農事・秋間又復通飭各屬・示以泰西各國廣植樹林・均收美利之明徵・堪鼓作興之眞意・令各周歷四鄉・辨明土性所宜・酌量栽植・其宜於五穀田畝・仍當專力耕耘・此外隙地荒區・無論近水依山・一切閒曠之處・聽擇定何項樹木・選購種子秧株・一律分栽・每屬以三十萬株爲率・以樹之多寡爲勸懲・事之虛實定功過・並勖以果能踴躍從事・當予奏請獎叙・以勵勤能・本年交春以來・據該各屬陸續稟覆・大都稱稼穡之事・民所素知・惟釀土不如西法之精・爰從按月農學報冊擇要刋示・式擴見聞・其樹藝一事・本有者推廣・本無者擇栽・或由官捐廉購種秧子以倡導・或率紳集款議設公所以講求・或酌訂定章分播鄉保以作則・或開治官地僱人培植以造端・所報新種樹數・至多者數百萬株・以次二三十萬株・至數萬株不等・臣皆批飭加意推求・用心培養・俟各長成暢茂・稟請委員勘驗・以期徵實無虛・其間如松杉楡柳之材・梨榴棗栗之果・不待製造・皆可銷行・若漆之割漿・樟之熬腦・橡皮之煎膠・蔴棉之織布・桐柏子之榨油・竹之造紙及製各器・與夫剝椶熬蔗焙茶・皆先殖之於農・然後工以製之・商以販之・循其次序・兼須考求造法・僱用工師・使土物皐成・以開商賈營運之路・亦經

指示明晰．令各遵行．間有遲延未覆．及舉辦不力之州縣．分別申飭嚴催．痛戒因循積習。

近來明詔頻頒．宣示以農爲體．以工商爲用．飭令認眞勸導．皆經迅速轉行．務令實力實心次第遵辦．查考出洋華貨．以絲斤爲大宗．各州縣多認種桑．而於栽培良法與育蠶繅絲等事．嫻習者稀．必得諳練勤懇之員．先自省城董勸．茲有候補知州彭名保等．籍隸江蘇．深悉蠶桑事務．熟察安省沿江一帶土質物候．均宜蠶桑．本年春初先請撥用安慶省城外空間官地．闢爲課桑之園．買浙江湖州桑秧．並僱來該處工人督同如法試栽．枝葉長發肥潤．又取湖州蠶種．飼以本地野桑．成繭抽絲亦與湖州無異．試辦有效．志在擴充．議創日新蠶桑公司．約同有志員紳籌集股分．增購附近田地．廣植桑株．逐漸建造屋廬．力興蠶事．每歲採購湖州桑秧．兼爲鄉民代辦．民或樹桑而不諳養蠶．則購其葉．或養蠶而不能繅絲．則買其繭．或繅絲而難以出售．亦均給價收買．公司工作多用土民．另募湖州桑工教授成法．蠶桑暇日．兼治別項種植．與畜牧工藝等務．且購化學各器具以考驗土質．置顯微鏡以剔選蠶種．多置農學新書新器．以備集衆討論．多造蠶桑所用器具．以使民間購用仿製．設蒙學館以教養農家子弟．授以簡易功課．現在議章稟請立案．將一切應辦事宜．需用款項．通盤核計數目．招股籌集．接續布置．期底於成．據呈公司章程前來．臣逐加查核其辦法．由農桑入手．而工之造辦．商之貿易．堪以依次類推．本末相資．總爲地方興利．省外各屬觀法起見．均屬切實可行．與電傳七月二十六日上諭主事蕭文昭條陳設立蠶絲公院之意．正相符合．當經批飭按照所議．盡心經理．徐圖開拓．務期實效可觀．謹將送到章程．照繕清單．恭呈御覽。

陳璞　字子瑜．號古樵．番禺人．咸豐辛亥舉人．官江西安福知縣．丁艱歸．不再出．舉學海堂學長．主安良局事．爲某太守引重．言者劾太守並及璞．乃閉門卻埽．於所村居南築息園．自號息翁．所爲文雅潔．兼工詩書畫．世稱三絕．著有尺岡草堂詩八卷．文四卷．並存．又著有繆篆分韻補正一卷．未見。

答人書

來諭謂某之母嫁復歸．不得爲母．誤矣．古謂母出與廟絕．記謂不爲伋也妻．不得爲白也母．俱指父在出其母而言．非母之改嫁者也．按儀禮父卒繼母嫁從爲之服報．言子從嫁則宜服也．今某母攜某嫁．復攜之歸．正合儀禮之文．非出母比矣．古人如漢朱壽昌．宋范仲淹皆迎養已嫁之母．謂非名賢乎．律載罵嫁母仍同親母論罪絞．又若親母被父出．及父死改嫁者．雖義絕於父．而所出之恩．子不得而絕也．若逼死及毆殺仍同母論．據禮經則如彼．據今律則如此．母嫁復歸不得爲母．斷無是理．承問不敢曲隱．謹報。

答伯典書

伯典大弟閣下．奉手翰．敬悉修譜賢勞．欣忭無已．祖籍考一首．全據洪北江乾隆府廳州縣志立言．極爲詳盡．惟末幅以獂道卽伏羌．因屢朝沿革．寔同地異名．未免有意混而同之．未足以昭覈寔．而示來茲也．竊嘗求之歷代史志．

豲道縣在前漢屬天水郡．後漢屬漢陽郡．卽天水更名也．晉屬南安郡．中平五年分漢陽置南安郡也．故劉宋亦屬之南安．而書曰桓道．地理志注云．漢作豲道．桓豲同音也．至隋唐則改爲隴西縣．不復曰豲道矣．而通典注云．漢豲道地．是以後之隴西縣．卽豲道可知也．自後宋以隴西縣屬鞏州．元屬鞏昌府．金與明同之．國朝改鞏昌府屬甘肅省．以隴西縣附郭縣．東北尚有漢豲道故城．（見乾隆府廳州縣志）．而安定縣亦漢豲道縣地．是豲道雖隋唐以後變其名．而其地固鑿鑿可據矣．若狄道在兩漢俱屬隴西郡．晉宋尙然．隋則屬金城郡．唐屬臨州狄道郡．宋屬熙州．元金明皆屬臨洮府．國朝改爲州．屬蘭州府．雖歷朝所屬郡名不同．而史志每注縣下曰有白石山．則其地亦瞭然．豈與豲道混哉．至於伏羌本漢之天水郡冀縣地．宋元至今屬之鞏昌府．縣西南有禹貢朱圉山．自漢以來．其山屼然．亦不可以混也．由是言之．則我祖爲豲道籍無疑也．其譜志有稱陝西鞏昌府豲道縣考．合古今郡縣名稱之．必明時人之語耳．惟稱伏羌．則非伏羌名始於唐．我祖東晉時人．若果籍於是．告後人必曰冀縣籍．無由預言伏羌也．故伏羌之云．直可刪之也。

然璞更有說焉．晉自夷狄亂華．司冀雍涼等州．一時淪沒．遺民南渡．並置牧司．非舊土也．所謂僑立郡縣者也．故秦雍流民南出樊沔者．孝武帝始於襄陽僑立雍州．秦郡流民寄居堂邑屬臨淮．安帝改堂邑爲秦郡．我祖當安帝時．故鄉陷沒久矣．驛路不通．必非其時始來江左．其或先世已南渡．非僑居臨淮則襄陽．未可知也．迨我祖仕於朝．不忘故籍．及遁跡來粵．並以告後人．迄今年代逾遠．後之叙譜罕諳體例．於古縣之上直加以近日省府之名．其稱古州郡者．又訛其縣號．是皆不能不辨者耳．今脩譜應按晉郡縣書云．南安郡豲道縣人．（注云今甘肅鞏昌府隴西縣地）．謹此書復．唯大弟裁之。

鄒徵君遺書序

近日海內算學日精．吾粵則以鄒特夫徵君爲稱首．余與徵君少相善．每見徵君讀書．遇名物制度．必窮晝夜探索．務得其確．或案其度數繪爲圖．造其器而驗之．渙然冰釋而後已．故其解識．多前人所未發．又能正舛誤．別是非．皆以算術權衡之．其晚年論算家新法曰．自董方立以後諸家．極思生巧．出於前人之外．如華嚴樓閣．彈指卽見．實抉算理之窔奧．然恐後之學者不復循途守轍．而遽趨捷法．將久而忘其所自．是可憂矣．余於是益服徵君所慮之遠也。

徵君旣歿．粵中明算之士．莫不以徵君爲宗．海內聞其名者咸慕之．徵君所著書．有學計一得二卷．補小爾雅釋度量衡一卷．格術補一卷．對數尺記一卷．乘方捷術三卷．存稿一卷．恒星圖二幀．輿地圖一冊．今皆刻成．陳蘭甫語余曰．是當有序．我病不能作．子宜作之．余於徵君之學．未能究其涯涘．何以序其書．無已．卽余所羨慕及徵君所論者書之．以爲喤引焉．可矣。

送召民觀察台灣序

臺灣閩海三大島也．前明謂之北港．我朝得之．始立郡縣．以兵備道一員統焉．於是刑名錢穀．學校關稅諸大政．

皆攝於道・故臺灣道之任綦重・又令事有緩急得專摺入奏・以隆其權・誠以地懸海外・不如是不足以鎮撫而奠守之・由是膺是選者・大吏不能不慎擇審取・而後俾以是職・我友黎君召民・由禮部出守南安・以孤城拒劇賊數萬・城卒完・擢觀察攝藩篆・措理裕如・旅奉太夫人諱家居・已三年矣・江右撫軍思其才・馳書促起之・服闋將行・而閩撫飛章乞調君赴閩・以臺灣要地・非君不可・得旨允許・君於是乃移江右之轍而東之・里中知好集大通寺爲祖道・酒半・君顧余曰・別矣・不無言乎・余維君英儁之器・卓越之識・區區臺灣一島・涖之無不足者・且大吏舍閩之僚屬不以舉・越境而乞君・其亦愼擇審取・久而後得君・固知君矣・以余謭陋・又何言可以益君・顧余有素蓄於中者・未嘗言・請藉君行而一發之。

臺灣者南洋諸島之一耳・其南有呂宋島・又南有大小十餘島・又南有大島曰西里百西・南則三小島曰蘇祿・蘇祿西南曰婆羅洲・又大島也・又南東曰葛羅巴島・西曰蘇門答臘島・兩大島中東是爲海峽・西人入中國必取道此・自蘇門答臘島之北・越港又有島曰息力・其島北連暹羅・長若人臂・粵人所稱新嘉坡者也・凡此諸島・其大者廣袤與臺灣等・諸島相距里道遠近・亦與夏門之距臺灣等・臺灣我中國既得而有之・以設官置守矣・諸島獨不得而有・舉以與西人・豈不惜哉・考唐宋元明之世・諸島皆嘗入貢中國・且有列爲藩封者・至明中葉之後・西人以次襲奪・而中國不知與之爭・委而棄之・等之甌脫・遂使西人得以役其酋長・收其貨利・聚糧造兵・實迫處此・至今爲中國患・吁・可慨矣・夫前明武畧之不足・天啓而後・卽臺灣亦棄諸紅毛・無足怪者・若我朝聖武・開國之始・臺灣卽爲內地・使由此推之・視諸島一如臺灣・求如君者十數輩・分置各大島中・以環衞中國・將西人失其東道・何敢狡然思逞・更制其所欲・必且俯首帖耳・乞爲臣僕・余故以爲攘外雪耻・計無踰此者・今聞諸島閩粵人居之者衆矣・臺灣與諸島聲息相通・可以規其形勢・度其時事・以察余言之可行與否・在此行也・君其亦有意乎・乃書以爲別。

何宮贊遺書序

吾粵自阮文達公開學海堂以造士・士之治經史・工詞章・日以盛矣・然能治經或不能治史・經史或不工詞章・兼之者綦難・吾邑則有四君焉・曰林君月亭・曰侯君君謨・曰陳君蘭甫・曰何君石卿・林侯陳三君皆學海堂士・惟石卿宮贊始則閣修一室・未嘗肄業於堂・繼則秉鐸雷陽・珥筆詞舘・居羊城之日無幾・故堂課亦無與焉・性復沈默・寡交遊・不喜自表襮・平昔所作不甚示人・以故時人知之者鮮・卽林侯兩君・亦若不相識宮贊・旣歿・蘭甫陳君語余曰・山東道中・嘗與宮贊同宿逆旅・作竟夜談・其論經史・輒闡發窔奧・不知著有成書否・甲寅之亂・宮贊以憂在籍・大府咨辦鄉團・余忝共事者兩年・事平・宮贊修縣志・余復忝分纂・晨夕在局討論・盡得讀所著公羊註疏質疑・前後漢書考證・及詩文集・因舉以對・並索遺稿於其家・以示陳君・陳君謂爲必傳・今哲嗣少石以付手民・鋟版旣成・而陳君歿矣・少石乃屬余書其簡端。

余維公羊之學．國朝惟劉申受孔巽軒二家爲最著．而宮贊復能於二家外．抉何徐之藩籬．窮榛莽而達康莊．以質疑爲名者．不敢自是耳．兩漢注自刋誤而後．國朝諸家搜剔幾盡．宮贊又實事求是．稽核於前人所未言．至其古文意高而體潔．其駢文沈博而茂密．尺牘超雋如讀容甫稚存諸篇．詩則高曠似海雪．蒼渾若獨漉．固吾粵詩人之最也．然則宮贊之學．雖不出於學海堂．而能治經史．工詞章．與林侯陳三君同非古所云豪傑之士者哉．爰括其大畧而序之．如此。

宛湄書屋文鈔序

宛湄書屋文鈔．李恢垣銓部所著也．刋既成．屬璞爲序．璞自揣固陋．未足以序君之文也．然讀君文者．能知君文之美．未知君之文本乎性情之美也．璞與君生同里閈．總角同筆研．辛亥同舉鄉試．同計偕寓京邸．癸丑南歸．仍同舟東歸．而値寇亂．復同事鄉團．同滅盜．二十餘年居處飮食．無弗同也．故於君之性情深知之．而知其爲文之所自．蓋君之文與君之性情有相因者三焉．君邁往磊落．無委瑣握齪之態．與人交不設城府．故其文昌明洞達．澔澔汗汗如巨川之赴海焉．其相因者一也．君敦篤懇摯．急朋友之難．不避艱阻．在公勤於其職無少曠．故其文切實深到．清剛雋上．若金石之不渝焉．其相因者二也．君處事精敏．洞燭機變．癥結隱伏．一照之無不得．故其文批卻導窾．析滯發矇．若冰雪之瑩澈焉．其相因者三也。

抑君之文與君之性情又有相反者三焉．君曠達眞率．言語無飾．燕處野游．不衫不履．而其文則研練精整．藻麗富贍．此一反也．君直諒坦白．遇不合者不爲詭隨．時復面折人過．而其文則雍容不迫．紆徐往復．令人意消．此二反也．君慷慨颯爽．疎節闊目．不屑細務．而其文則考訂精審．纖悉不遺．此三反也．夫相因者天之事．性情所流露也．相反者學之功．性情所陶冶也．天之事順而達之．學之功曲而致之．順而達之．擴充之義．曲而致之．克己之力也．知此則知君之文．天分學力之備矣．遂書以復君．並以諗讀君之文者。

湧金亭詩碑跋

寰宇訪碑錄記此碑云．元好問撰．無年月令．按拓本末一行云．己酉清明日崧陽王贇立石．己酉爲蒙古定宗后二年．但清明未詳何月耳．不得謂無年也．王贇則遺山集有雪後招鄰舍王贇子襄飮七古一篇．又學東坡移居詩有云．王生舊鄰舍．窮達心不移．殆卽立石之人矣．招飮詩遺山戊寅年避兵登封時作．學東坡移居則乙未聊城遷居冠氏時作．時金已亡．流徙至河北．王贇亦流徙在冠氏．故詩云此州多寓士．論年悉肩隨．惟湧金亭詩作於何時．說者互異．朱笥河跋謂作於哀宗正大二年乙酉．翁覃谿遺山年譜謂作於哀宗正大五年戊子．罷官內鄉時．攷遺山居登封內鄉．俱無遠出蹤跡．湧金亭在蘇門．去兩處不近．未能遽往遊也．吾友李恢垣著廣遺山年譜．乃謂定宗五年丁未．遺山由東平回忻．經彰德．遂由蘇門而作是詩．然詩云我從汾晉來．山之面目腹背皆經過．則由忻來時．非回忻時矣．且丁未金亡已十三年．與詩六龍忽蹉跎．長安城頭烏尾訛．及并州枕戈舉杯問

安石等句・皆不合・竊疑貞祐元二間・蒙古攻陷西京・金徙都汴・遺山避兵入汴・因游蘇門・詩蓋作於是時耳・此本爲吳雁山舊藏・楊椒坪得之以見示・乃考於其後而歸之。

游白水山記

余于役東江・所居白沙堆・在博羅東十餘里・草屋臨江・荒山排闥・而無甚異境遊・惟北望層巘嶹嶹・重雲滃鬱・憶東坡詩集有白水山・輒疑卽此・而問之土人・卻無知者・後有告者・曰此中有湯泉焉・名曰象頭山・余益疑・四月廿一日・慫恿同事黃君心源・何君仁甫・筍輿而往之・踰坡陀・歷山村・復行平疇數里・跨谿度彴・煙嵐萬疊・已迎面而起・十里許至山麓・有茀亭・啜茗小憩・亭傍有碑・紀此地爲湯泉約・蓋合數山村而誌之也・從亭右繞阜行抵一神廟・入問守祠者・湯泉所在・指祠右數十步一窪・十餘步又一窪・皆觱沸澄澈・探以手・稍久則炙・因相與沃巾盥濯之・復行右數步・有大澗從兩山間出・其水清冷・不復熱・欲窮其澗・深曲殆五六里・不能窮也・守祠者言・祠之左半里許有龍潭・深不測・遂趨祠左・循山坡百許步・奔湍橫路・下瀉田塍・間復踰湍左轉・忽巨石磊砢厚豁・如廣廈中垂・飛瀑四五疊・皆十數丈・濺雲噴雪・下積成潭・澄泓靜注・潭邊大石橫列・若故築而蓄之・余復憶東坡潛潭有飢蛟・掉尾取渴虎之句・益疑此爲白水山・守祠者又言・飛瀑之巔有仙人蹠・余曰・嘻・此坡詩所云古佀來布武者・其爲白水山又奚疑焉・惜不得久留・一一以窮其勝・然思坡公游蹤之在惠者・如白鶴峯・如豐湖・如羅浮・後之好事皆能訪其遺趾・惠之人亦能表之・使藉藉人口・獨此山磅礴鬱積・非不崇峻・泉石巖壑・非不幽奇・而人僅傳其象頭之俗名・士大夫之游跡罕焉・余來東江與此山相去僅十餘里・亦一年餘・而後得疑而游之・親歷而證之・豈非巖穴奇士・雖經名公卿之搜羅・而介然自守・不趨當途・終難合於當世之故哉・歸與同游兩君歎之・遂爲記。

重修鄭仙巖記

山之盤薄靈秀而幽阻・往往有道人畸士棲逸其中・及其歿也・人或見其神異・以仙目之・復相率禱祠之・浸久遂成風俗・迨年代既遠・則僅存其姓於流俗之口・而不復知其名・學士大夫以其人不見古藉・輒取著名史傳者影合附會・求飾於詞・以形諸篇詠・後之人善其典雅・皆從其說・而不知流俗所稱・乃得其眞也・吾粤白雲山巒巘岌嶪・從絕頂左出・林谷幽異・厓石硝立・嵌空成巖・曰鄭仙巖・每歲七月郡人聯攜出城・登巖而致禮者・男女日以萬計・相傳是月廿四日爲鄭仙上昇之日也・其爲俗亦已久矣・鄭仙年代不可攷・安知非當日修眞之士高栖於此・歿而人遂仙之歟・顧自來紀載家不記其實・而以瑯琊安期生實之說・疑始於坡公・公蒲澗詩自注云・相傳安期生之故居・始皇訪之於此・夫秦至宋歷千百年・安期之故居・始皇之相訪・史漢無述・後人何由而徵・坡公特一時寄興・偶據傳聞以入詩耳・戴石屏集有觀海上山廻途憩蒲澗詩自注云・昔鄭安期得仙之地也・又王象之輿地紀勝載九龍泉云・鄭安期隱此・初無泉・九童子見而泉湧・此二書亦宋人著也・而皆稱鄭安期・是當時固自

有鄭仙矣・或鄭慕安期而取此以爲名・或人以安期擬鄭而名之・皆未可知・要是此山皆鄭之遺跡・非生之遺跡・坡公誤以傳聞入詩・後之紀載家因之・於是安期生之説日著・而鄭仙之説日微・至於今湮滅而不可稽・猶幸其姓尚存於流俗之口・千百年如一日焉・然則稱是巖者・固當以此不以彼也・若明通志謂安期生姓鄭・竟牽合爲一・絕無考證・阮通志亦謂采蒲食棗實祇一人・愈混愈失其眞矣・同治庚午僧重修是巖・屬余爲記・猶欲渾言曰仙巖・而不稱鄭・余故正之・是爲記。

霍文敏王文成論學圖像贊

陽明德業・爲當世師・正嘉之際・矜言良知・侃侃霍公・直諒自持・賢智之過・嘗以書規・章門會晤・唯唯否否・天子諫臣・大儒諍友・當時圖者・不知誰某・以示折衷・亦知道叟。

李光廷

字著道・號恢垣・番禺人・咸豐壬子進士・官吏部主事・乞假歸・值髮逆踞江寧・粵寇應之・光廷偶辦團練・保鄉里・自率鄉勇擊寇於岡尾・敗之・遂駐岡尾・設局搜捕餘孽・事平・奏獎員外郎・入都未幾・歸主講端溪書院以終・光廷工詩及駢散文・尤精研史學地理，著有漢西域圖考七卷・廣元遺山年譜二卷・北程考實二卷・宛湄書屋文鈔八卷・詩鈔二卷・晚年鈔書自娛・凡六十三種・各繫以跋，爲守約齋叢書一百六十卷・並存。

與譚玉笙學博書

玉笙十兄足下・夏間一晤・解維逕發・山川跋涉・時勞縈想・昨得金芭堂來書・始知文旌已旋・學使久返・乃遲遲吾行・何濡滯也・邇當秋雨洗溽・金飆奏涼・伏惟起居定多佳勝・僕課士之暇・閒搜端人著作・日從友人借得温氏家集・乃德慶温陶舟孝廉遺書・其門人高要陳扶初文學所輯・幷其先德莊亭明經詩文付梓者・孝廉所著・有宜善堂詩鈔三卷・文鈔一卷・繫辭說一卷・書序辨一卷・古本大學解一卷・附論大學一卷・經義一卷・冠以先集三卷・梓於咸豐元年・板留書肆・七年夷亂燬於火・孝廉三世家學詩文・眞樸高潔・取法貴上・書序辨援史辨序・洞見癥結・可與閻百詩尙書古文疏證相質・至古本大學自鄭氏注禮・以聽訟章知本歸諸誠意・與首章脩身爲本・顯出兩岐・致啓後儒紛紛割裂・孝廉以爲格致以知本義備首章・惟意誠德明而身脩・則新民之極・可致刑措・下文脩齊治平一氣直下・千門萬戶盡墮鎖鑰・附論復歷攷諸說歸諸折衷・亦與胡朏明易圖明辨後先相抗・其爲必傳・無可疑者・竊謂天之厄温氏致爲已酷・世藉富貴・及身已無立錐・饘軀出外・寄家於高要之沙埔・鄉薦之後・南北奔走・卒以羇旅窮病・死於都門・死時年纔四十耳・終鮮兄弟・又復無子・江頭迎旐・寡妻哭帷・兩世門生・間關歸殯・生未依塋兆之域・死未沾升斗之祿・計其生平・直不知有生人樂事・至其刳心瀝血・延一綫以俟千秋者・賴有孤窮門下・節縻粥以付手民・亦後並此奪之・付諸秦火之一炬・哀已・雖然豐城之劍不埋獄底・則其光不升・卞和之璧不經再刖・亦頑璞耳・天能燬温氏之板・而終不能令此已梓之書不留人世・安知垓埏之廣・紀歷之遙・不有後世子雲不終覆瓿者乎・是未嘗終絕之也・顧近世嗜古已少・

單集之行或限方隅・惟伍氏粵雅堂叢書・久馳海內・今紫垣方伯雖沒・其子子星孝廉亦宜闡發幽光・紹承先志・倘能附彼刻入・藉衆材以孳孤學・使傳之天下・知吾粵尚有讀書人・此則區區之心不能自已者也・經義不合採法・已擬刪去・其先集不多・仍祈梓入・以存其舊・子星別有函致・來時幸道鄙意・不宣・丙寅八月初九日・光廷頓首・（子星同書已梓入嶺南遺書中矣。）

與方子嚴觀察論齊明堂

昨聆壓敎・謂孟子之言齊明堂・當指諸侯不屬天子・其言創獲有關世道・今爲詳考地理以復左右・按論語閔子曰・如有復我者則吾必在汶上矣・註云・如若再來召我則當去之齊・是齊魯以汶爲界也・考今圖經汶水出山東泰安府萊蕪縣・西流右合泮河・折而南・新泰縣之水從東來合・西南流經汶上縣西北・又南入於運河・而春秋時汶自入濟・水經注汶水所經出自萊蕪縣・原山西南流逕嬴縣（縣在今萊蕪縣西北）奉高（今泰安府城東在奉高舊縣）右合北汶（卽津水）逕徂徠山博縣・（在府東南）龍鄉亭亭山（在府南五十里）鉅平（在府西南）至魯國汶陽縣（水北曰陽・今在甯陽縣北汶水之北也）逕蛇丘（今肥城縣南有廢城本魯蛇淵囿）岡縣（本魯闡邑・今甯陽縣境）至東平章縣（今東平州東有章縣故城）桃鄉（今汶上縣四十里）壽張至安民亭入于濟（今州西南安山鎭卽安民亭）大抵今泰安以東逾汶卽爲齊・而泰安之西汶陽仍爲魯地・故魯頌曰泰山巖巖・魯邦所詹・毛傳以爲魯境所至・禮疏則云泰山在齊魯之界・故云所詹・泰山之東北爲齊・西南爲魯・今之萊蕪泰安甯陽肥城東平汶上皆魯境也・史記封禪書云・天子封泰山・泰山東北址・古時有明堂處・處險不敞・漢書武帝紀元封・元年夏四月癸卯上還登封泰山・降坐明堂・此註所云漢時遺址尚在者・在泰山之址・地屬奉高・爲今泰安縣・正屬魯地・（後漢書注奉高下云・左傳昭公八年大蒐於紅・紅亭在縣西北）其後得濟南人公玉帶明堂圖・令奉高作明堂汶上・漢書亦云二年秋作明堂於泰山下・此時漢之明堂耳。

又程春海國策地名考・戰國之齊・南至徐泗鄰楚・西南至曹縣鄰宋・西至陽武鄰魏・東北至天津鄰燕・北至任邱鄰趙・疆土日闢・已全擧魯地・蓋楚雖滅魯・而地入於齊・故明堂亦在其境・竊疑明堂本周初東巡之所・昭王以後久廢不治・魯自惠公得請於朝・用天子禮樂・追周公所自出上祀文王・既於境內建爲周廟・又見詩有宗祀之文・卽巡守明堂・稍復故觀・以祀文王而配上帝・與許田爲周公祊同其夸大・此固事理所有也・齊既幷魯・文王之祀廢・堂亦虛懸・故人以爲毀・孟子告以法文王・皆据事蹟爲言・不同臆說・不然・齊方据十二之雄・西向思逞・而故導以問鼎興甲之擧・如梁武之襄陽・神堯之汾晉・啓篡弒而勸爭戰・豈復成孟子語哉・若夫巡守必有明堂・說不可廢・幸爲詳論以定折衷可耳。

建武用兵不至東南論

漢高祖之興・除秦滅項・五載而定天下・其時東甌閩越南粵・皆因而封之・以其有君・故不用兵也・光武起自信

都（今直隸冀州）・先平王郎於邯鄲・遂幷幽冀・自更始至建武十三年・宇內混一・用兵皆在西北・而東南絕不勞力・亦後世所無也・更始二年紀云・是時長安政亂・四方背叛・梁王劉永擅命睢陽・（章懷註云・今采州・此非今睢陽・今爲河南歸德府地）・公孫述稱王巴蜀（今四川）・李憲自立爲淮陽王（註今壽州・其地直包今安徽省江北之地）・秦豐自號楚黎王（註秦豐楚黎邱人・按其地今屬湖北襄陽荊州二府）・張步起瑯琊（齊地今山東）・董憲起東海（今山東沂州府海州二地）・延岑起漢中（今陝西漢中府）・田戎起夷陵（今湖北宜昌府）・又別號諸賊・銅馬大彤高湖重連鐵脛大槍尤來上江青犢五校檀鄉五幡五樓富平獲索等（此皆在山東德州以北・由直隸至山西・出沒無常）・建武元年紀云・隗囂据隴右（今甘肅）・盧芳起安定(今山西北境)・時賊皆在西北也・更始二年・光武先破銅馬於館陶（今屬山東臨清州）・破高湖童連於蒲陽（今置隸定州）・故地稍定・又破赤眉別帥大彤青犢於射犬（今河南懷慶府）・殺更始將謝躬於鄴（今河南彰德府）・遂有河內・乃命鄧禹引兵而西・光武反擊尤來大槍五幡・由元氏（今屬直隸正定府）・追滅之平・（今順天三河縣地）・賊鋒漸戢（二年正月吳漢降檀鄉賊於鄴東・八月帝破五校於羛陽・惟餘富平獲索・至五年耿弇降之於平原也）・六月遂即位於鄗南（今直隸趙州柏鄉縣）・是年鄧禹定河東（今山西西境）・赤眉入長安（今陝西西安廣）・走更始・十月帝入洛陽・悉復更始故地・二年以馮異代鄧禹・與來歙共定關中・三年遂降赤眉・蓋延獲劉永於睢陽・並拓徐沛・四年鄧禹破延岑於武當・河南悉定・五年竇融以河西來歸（今甘肅之涼州甘州二府・肅州安西二州）・是年朱祐拔黎邱・獲秦豐・岑彭拔夷陵・走田戎・荊襄平・耿弇降張步・齊地平・六年馬成拔舒獲李憲・江北平・吳漢拔郯（今山東郯縣）・東獲劉紆・拔朐（今山東海州）・獲董憲・東海平・是時北路清夷・始議從隴伐蜀・而隗囂復反・九年來歙破隗純・隴右平・十二年吳漢破成都・殺公孫述延岑・蜀地平・惟盧芳入匈奴・至其死而山西乃得解甲・用兵不爲不久・而皆在淮漢之間・未嘗至東南也。

漢東南之平・見於各傳・岑彭傳云・彭擊田戎・大破之・遂拔夷陵・追至秭歸（今湖北歸州・按通鑑建武三年秦豐拒岑彭於鄧・秋七月彭擊破之・進圍豐於黎邱・別遣積弩將軍傅俊將兵徇江東・揚州悉定・是揚州之定在前也・黎邱今宜城）・田戎走蜀・自引兵還屯津鄉(今湖北荊州府地)・喻告諸蠻夷降者・封其君長・以書喻交趾牧鄧讓・陳國家威德・又遣偏將軍屈充移檄江南・班行詔命・於是讓與江夏太守侯登武陵太守王堂・長沙相韓福・桂陽太守張隆・零陵太守田翕・蒼梧太守杜穆・交趾太守錫光等（交州七州・此僅見交趾蒼梧外・北有南海鬱林九眞朱崖日南・想亦並屬蒼梧交趾・或屬桂陽・鄭宏傳云・舊交州七郡貢獻轉運・皆從東冶汎海而至・風波艱阻・宏奏開零陵桂陽嶠道・於是夷通七郡・同一貢道・則非七太守矣・東冶今福建泉州閩縣也・）相率遣使貢獻・封爲列侯・於是江南之珍始流通焉（此事紀在五年末）・是則兩湖兩粵之歸・岑彭功也・馬成傳云・四年拜揚威將軍・發會稽(今浙江福建)・丹陽（今江南之鎮江江甯甯國徽州・浙江之嚴州五府地）・九江（今安徽之壽州

鳳陽滁州和州等地）・六安（前書有六安國・今安徽之六安州・湖北之黃州府地・范史不載）四郡兵圍李憲於舒（按通鑑建武三年・李憲稱帝・擁九城・注云・廬江十二城・憲得九城也）・六年屠舒斬李憲・追擊其黨與・盡平江淮・是江南之定・馬成功也・任延傳云・更始元年拜會稽都尉・時道路未通・避亂江南者・皆未還中土・會稽頗稱多士・延聘諸高行・待以師友之禮・是以郡中賢士大夫爭往宦焉・建武初・延乞骸骨・徵爲九眞太守・按郡國志閩無郡縣・鄞章安即治閩越地（武帝時閩越圍東甌・分爲二部都尉・台州屬東部・福州屬南部・考之通典・則今江蘇之常州蘇州二府・浙江之嘉興杭州紹興甯波台州温州處州金華衢州九府・福建之建甯邵武延平福州泉州漳州汀州七府・龍巖一州地）・是浙閩之光服・任延功也・趙憙傳云・江南來賓道路不通・以憙守簡陽・候相單車馳之簡陽・示以威信・其帥開門自歸・由是諸營壁悉降・是江南之通道・趙憙功也・惟江西無考・比以九眞之例（九眞未歸九侯・而任延已爲太守・是已附也）・豫章一郡與會稽等矣。

蓋嘗論之・漢自高惠至文景・德澤之入人深矣・中經孝武窮兵・而昭宣節儉（霍光輔昭帝・亦不讓宣帝）・元氣悉復・當其時匈奴款關・府庫充實・王莽因之・以移漢祚・天下晏如也・政煩賦重・亂者斯起・光武以劉宗倡義・應天順人・自削平僭僞以來・天下皆識爲眞主・故不勞而王至於如此・後世惟唐太宗擒充戮竇・而山東江南遣子入侍・李靖下三峽・平蕭銑・而五嶺之地相率來歸・先聲奪人・可謂無敵・然究不免用兵・較之建武・今昔殊矣・君子以是知炎漢之遺澤長也・

葉氏醫案括要序

吳縣葉天士先生以醫名海內・歷世既亟・未遑著書・先生歿・門人輯其醫案分門別類・附以論斷・刻爲指南・其元孫萬青・又輯書中所遺之案・不分門類・刻曰存眞・今家有其書・衣被廣矣・夫醫之道微矣・學不至足以誤人・學至矣・而辨證不審立方不精・亦足以誤人・蓋自內經開闢鴻濛・難經復發揮其指・雖遺文殘缺・而微言奧旨皆定爲經・張長沙崛起漢季・金匱二百三十六方・傷寒一百一十三方・始抉經於心・立爲成法・此後諸賢遞相祖述・至金元四家輩出・波倒瀾翻・法大備矣・先生生千百年後・咀研經旨・因脉以辨症・因症以立方・法胥本長沙・而出入金元諸子・其高識懸解・獨開面目・則尤在春温肝風二門・夫陽易復也・而陰難復・經易通也・而絡難通・善參運氣者・治於有形・亦治於無形・善決壅滯者・治其正經・尤治其奇經・世徒知大寒大熱・攻補互施・至消息不通・遂束手而坐困・先生本原既裕・變化從心・其洞幽鑿空・十發九中者・機先得耳・顧其義既奧・方亦叢雜・驟讀者輒不得要領・即有一知半解・或方不全記・臨證茫然・故其書雖行・而學不至・證不審・方不精者・仍紛然於世・無怪乎醫日多而醫愈晦也。

吾友潘君蘭坪邃於葉氏之學・其於醫案・蓋嘗句析字疏而等其輕重・又慮學之難曉也・別擇於諸門中・刪繁舉要・仿李瀚蒙求之體・演爲四言歌訣・義撮其大・而方括其全・其試而當效者・間以己案附焉・散者釐之以整・繁者馭之以

簡・譬之滿屋散錢・尚無收拾・一經貫串・遂舉手而可挈・是書一出・使中材以下・皆能記誦・用以辨證立方・儼有規矩可守・而不至誤人・是故前哲之功臣・後賢之先路矣・君與予總角交・以爲能與於此也・書成・使爲之序・余於醫未窺其門・敢序君書哉・顧嘗讀喻嘉言尚論篇・嘉其盡掃前人・獨抒卓見・及觀林氏合刻・乃知全取明季方有執條辨之作・據爲己書・林氏仲舉毛求抨擊・不無過甚・亦喻氏掠美有以取之也・今君括葉氏之書・仍還葉氏之目・所附各案・亦祇證明其是・非揚己以炫才・其書不知於喻氏何如・品則過之遠矣・余故樂表而出之・以告後之著書者。

行河集後序

國家定鼎燕京・轉粟東南・漕與河常並重・顧漕資夫河・而河之患不止病漕・故治河難・治今日之河尤難・自禹蹟既失・河南徙以趨淮・淮黃並漲・則下流壅塞・而隄易敗・國家歲費金錢數百萬・以備修防之用・板椿甎石之具・蘆稭竹束笆篅蔴縷之物・夫役之數・一有未豫・則束手坐困・故曰治河難・咸豐二年粵西賊竄吳楚・据江寧・游兵四出・破揚州而趨汴・漕道梗塞・朝議改由海運・而三年蘭儀河決・奪沙魏兩河故道・破安山閘之三里鋪・併大清河以入海・潰決之地・舊鮮隄防・歲潦洊至・則流亡立告・而司農告匱・僅令有司歲籌數十萬補苴罅漏而已・坐視則勢不能・興工則費無出・故曰治今日之河尤難。

同治六年・吾師賡堂蘇公由豫藩擢攝是任・其時江寧方克復・而捻賊仍擾山東・曹兗濟寧之交・烽煙靡息・又遭泛濫・兼之蘭口未塞・患連三省・直隸之長垣開州・河南之封邱滑濬・積淤所歷・田園半空・老弱迫於死亡・丁壯罷於轉徙・一時凋瘵之形・困苦顚連之狀・於役所及・愍焉傷之・其詩曰・不惟畏簡書・將雪素餐恥・風塵何云勞・萬方憂未已・蓋實由衷之言・而忘其力之不及也・七年六月河流盛漲・今相國李公實資以平賊・而滎澤無工處・一夕遂決・朝廷援例議公素以堵塞・公乃截留楚北餉以濟工・率屬振興・厲以軍法・號令一出・從事率皆震奮・八年元夕遂告合龍・前堵決所用至數百萬・公僅用百三十萬而已・天子嘉之・爰命卽眞・是時公年七十一矣・逾年內召・遂以病歸・搜其行篋・得詩若干首・編爲二卷・名曰行河・紀其實也。

古者大臣行役・目之所觸・心之所感・恆託之謳詠・以寫其衷曲・東山之詩曰・制彼裳衣・勿士行枚・幸其行之可息也・出車之詩曰・王事多難・不遑啓居・豈不懷歸・畏此簡書・勉其行之方始也・況夫河防宣理・歷朝攸重・漢元封二年塞河決・築宣防・於是有瓠子之歌・宋興國中河復房村・天子亦作歌以繼瓠子・君咨臣儆・若是其不可已也・公所著守柔齋前後集均已問世・而是編獨以行河名者・蓋目之所觸・心之所感・其憂之也深・故其謀之也切・其謀之也切・故其說之也詳・雖其閒古蹟興懷・友朋酬應・不無流覽觴詠之篇・而驚心怵目・意之固決・恆在於此・讀者因其詩而論其事・當時愛國之誠・憂民之隱・鬱結纏綿・尚可得於筆墨之外・而謂其詩僅詩人之詩已哉・公集既成・何棣珊侍郎爲之序・祇論詩・於是篇命名之意・有未析者・公以後序命光廷・遂不辭而書其後。

李光廷

蕉軒隨錄序

自稗官之職廢而說部始興．唐宋以來．美不勝收矣．而其別有二．穿穴罅漏．爬梳纖悉．大以扶經義傳疏之奥．小以窮名物象數之源．是曰考訂家．如容齋隨筆．困學紀聞之類是也．朝章國典．遺聞瑣事．鉅不遺而細不棄．上以資掌故．下以廣見聞．是曰小說家．如唐國史補．北夢瑣言之類是也．作者朋興．更相出入．編書者第從其多而歸其類．而大綱既定．罕出範圍．至於立言垂訓．卓然自必其可傳．則第視乎其書．而不繫乎其體．同年觀察方君子嚴．幼承家訓．克自淬厲．自束髮受書．即能翻前人窠臼．抉其幽隱．其心有所得．見有可喜．必筆而錄之．既而侍直禁林．橐筆天祿石渠之地．凡史宬所載文．聖人所以正恩威而昭法戒者．可驚可愕．又備錄而歸積之．歲月遂成巨帙．歲戊辰分巡嶺西．期年政成．乃盡發其藏．刪繁舉要．編若干卷．名曰蕉軒隨錄．命光廷爲序。

嘗讀易曰．君子多識前言往行．以畜其德．而夫子教人．亦曰多聞擇其善者而從之．多見而識之．學不貴博乎哉．顧學博矣．而識不足．無以剖別其精微．識足矣．而才氣薄弱．筆不能自達．又無以擅文章而傳遠近．君搜羅既富．排比皆中法度．可謂書矣．顧猶有說者．國家混一宇內．以節儉先天下．府庫所儲．海盈而山積．一遇軍興水旱．則又廣籌經費．以實各省之藏．故朝廷日以風節厲天下．而小人亦蝨其間．侵漁剝蝕．或數百萬數十萬．相沿既久．牽染且日衆．雖有潔清自好之士．亦趑趄瑟縮．罔敢舉發．賴天子神聖．往往於無關章奏．洞燭其奸．雷厲風行．朝發而夕斷．駢誅至數十輩人．始知有國法．而司農得舉其籍．令官方登敍大法．而示廉者．皆列聖整齊嚴肅所貽謀也．陝甘之冒賑．淮揚之侵帑．少時父老類言之．而不得其首尾．及君書一出．則當年事之始末．罪之輕重．歲時日月燦然具在．使後之讀者．據是以參校國史．實足以傳信而祛疑．凡類此者數十篇．其可傳無疑也。

若夫讀書之間．搜典之僻．獨抒所見．皆能開拓心胸．而得者既多．爭者亦起．昔吳虎臣著漫錄．劉與伯糾其十一事．顧亭林積畢生之力成日知錄．經閣百詩舉正．尚五十餘條．入主出奴．迄今未能論定．以光廷之譾陋．誠不敢自任折衷．此須俟諸百年．而要不爲無補耳．君功名方大起．而著述不輟．是書而外．復箋註其先元英集．朱子詩集．及二程粹言直解．隨園詩註年譜．刻以問世．後此所出．當有如昌黎所云．大書屢書不一書者．故既序以應命．又執筆以俟焉。

題評選四六法海後

古文駢體之分．始自西京．長沙江都龍門．古文之開山也．相如子雲．駢體之先河也．其始祇辨於疎密之間．東京以後．漸趨儷偶．而古文遂微．昌黎起八代之衰．柳州輔之．仍兼二美．韓之送李愿歸盤谷序．進學解．南海王神廟碑．潮州刺史謝上表．及柳之諸記．皆駢體之支流也．宋世專尚單行．始別爲古文．而駢體亦微．今之所傳．大抵剽滑茶弱．割裂補綴．古法之存．榛蕪彌甚．夫駢體亦文也．雖

馭散以整・裁製稍殊・要必於穠縟之中・先存古樸勁宕之極・仍歸渾厚・故三唐不及六朝・六朝不及魏晉・魏晉不及兩漢・學者循流溯源・知古文駢體之合・斯庶幾矣・明代承宋元之衰・此詣竟成絕學・凡諸儷語・俱別爲四六（司馬温公對神宗言・臣不工四六・此指制誥言・不槩諸體・直以四六爲文・已失源頭）・而古今升降・罕覯其原・王聞脩法海之選・海內風行・要其指要所歸・以圓匀爲主・是徒知徐庾爲正宗・竟昧班揚之先路・殆亦買櫝而還珠・指鼠以爲璞者也。

夫言駢體於明本不足道・自我朝振興・西河穉威首稱復古・心餘先生崛起其後・宜有別裁・今觀評選之文・雖云稍別等差・實則未離窠臼・且云佳篇畧盡・而如陸士衡辨亡論・潘正叔釋奠頌・劉越石勸進表・干令升晉紀總論等篇・高文典册・曾未議及（亦云待取英華・及百三十家補之・而依此選法・補亦不及此等）・則雖未敢斥其非・亦未敢信爲是矣・是編刻於先生之孫雲樵太守・太守歸後・瑞南星太守舉以見贈・披讀既竟・未槩於心・故爲標舉源流・使兒輩稍知派別・讀是編者施之臺閣・罄無不宜・若上下古今以爲言・固別有在・嗚呼・論文之難・已至於此・況夫坐明堂而議利害・其弊可勝言哉。

跋長春西游記

右元李志常長春西游記一卷・四庫全書未著錄・此記長春見元太祖於雪山來往之程・而並誌其終也・案元陳時可長春眞人本行碑云・長春姓邱氏・名處機・字通密・道號長春子・棲霞人・少好道・金世宗大定七年丁亥遇王重陽於寧海崑崙山之煙霞洞・遂稱弟子・時同學者有馬鈺・譚處端・劉處元三人・世稱爲邱譚劉馬者也・九年己丑重陽挈之游梁・重陽厭世・四人負其骨歸葬終南・遂散去・長春隱蟠谿者六年・隱龍門者七年・操行堅苦・脅不沾席・自是名日重・二十八年戊申徵赴京師・奏對稱旨・賜錢十萬・不受・辭歸舊居・章宗明昌二年辛亥東歸棲霞・元太祖十三年戊寅居萊州・時山東大亂・宋金皆遣使敦請・不報・十六年辛巳太祖遣劉仲祿來聘・遂西行往謁・甲申回燕・住長春觀二十二年・丁亥卒・年八十（此兼採金蓮正宗記）・元使佛老傳・專採此書・故不詳也。

燕京往雪山・本應西行・以斡辰之請・遂遶道東北・斡辰之帳在陸局河東・陸局爲今之克魯倫・河則車臣汗地也・自陸局河西行至窩耳朶爲和林・今土謝圖汗地・又西至阿不罕山・今烏里雅蘇台地・又西至金山・今科布多地・自此始轉而南・過白骨甸至鼈思馬城・唐爲回紇城・今之濟木薩城也・自此又西至天池・今伊犂北之賽刺木泊・自此南渡四十八橋・主阿里馬城・今之塔勒奇城・逾城郎河・乃西行四日・始渡河・苔刺沒輦則今之伊犂河也・西南行過板橋・爲今之察林河・過此則大石林牙・爲西遼故都・已出我朝卡倫外・自此循待穆爾圖泊之北・而西北行・又南度石橋・今名吹河・過賽藍二城・今屬哈薩克中部地・又南過納林河・經四城以至河中府・則今之霍罕城也・自此南出鐵門・過阿母沒輦・爲今之阿母河・至雪山太祖行帳・今爲阿富汗北境・至此回軍・遂不復南行・迹與劉郁西使記畧同・而霍罕城北

有河及鐵門三路。則劉記所不詳。互相備□可耳。道家荒誕。本無足道。然以孤窮一介。名動人主。殆亦若身修練之士。且太祖窮兵黷武。一聞不嗜殺人之語（此本書不載。見於各記）。遂爲霽威。則實有感動之誠。非以口舌爭也。詩多衝口而出。又在寒山擊壤之下。覼縷記之。殆亦愛而忘其醜。惟行程則諸書所未見。故著錄焉。

志平字浩然。觀城人。戊寅師長春於萊州。遂從西行。辛巳至阿不罕山。留築棲霞觀。賜號眞常子。癸未東還。丁亥長春卒。清和尹志平嗣教。命爲都道錄。年一赴阿不罕山。屢觀行在。太宗十年戊戌嗣志平主教席。憲宗六年丙辰。以教事授明誠張志敬。遂卒。年六十四。事蹟具祖庭內傳。又甘水仙源錄載有翰林承旨王鶚翰林脩撰張邦眞二碑。二公皆名流。則吾儒亦重之矣。其弟子十八人。尹志平字太和。滄洲人。實嗣長春之教。趙志堅名九古。澶州人。宋德方字廣道。掖城人。綦志清字子元。掖縣人。俱見祖庭內傳。張志素睢陽人。孟志元膠水人。潘德沖齊東。俱見甘水仙源錄。合之眞常。可攷者凡八人云。

按古無全眞之教。開此教者。自王重陽始。重陽本名中孚。字九卿。世居咸陽之劉蔣村。生宋徽宗正和二年壬辰。時金猶未盛也。弱冠嘗僞齊阜昌間。應文武試俱不售。遂發憤學道。金海陵正隆四年己卯。年四十八矣。在甘河遇二道流。云是鍾呂授以眞訣。更其名嚞。字知明。自是遂發狂。築菴而居。號活死人。墓自稱王害風。一日攜酒在洛。遇一道者。云是劉海蟾。取其酒汲水還之。皆佳酒也。遂語以道。金世宗大定七年丁亥焚菴。東游海上。傳弟子七人。馬譚邱劉王郝孫。世稱七眞者也。（丹陽子馬鈺。字元寶。長眞子譚處端。字通正。皆寧海人。長生子劉處元。字通□。掖城人。又玉陽子王處一。東牟人。廣甯子郝大通。字大古。清淨散人孫不二。則丹陽之□也。皆甯海人）。己丑挈邱劉譚馬游梁上磁器王家旋邸。以甘河所得秘語授丹陽。遂卒。四人負其骨歸葬終南。實十年庚寅正月初四也。葬畢。各返丹陽。遂廬墓焉。按重陽雖傳教得人。而道未大顯。其弟子能苦身持力。多著奇迹。又時方離亂。民不保朝夕。獨以不殺動人主。往往爲之霽威。故一時士民趨之若騖。自長春東歸。教遂大行矣。

尹清和傳教天下。道觀悉爲復興。長淮以北隨地皆有鍊師。元史侶老傳所載道流。皆其教也。其教本無來源。爲之說者。乃以東華爲初祖（王原甫不知何代人。云是鍾離之師）。正陽爲二祖（東漢鍾離權）。純陽爲三祖（唐呂嵒）。重陽爲四祖。又純陽之下來一劉海蟾（燕人。遼進士）。云遼相名操。棄家得仙。在甘河曾以酒度重陽也（按道家南北宗。肇分於此。劉海蟾得純陽之傳。以授紫陽張伯端。伯端授紫虛石泰。泰授紫賢薛道光。道光授紫泥陳楠。楠授白玉蟾葛長庚。長庚授彭耜。是爲南宗。純陽又傳王重陽。重陽以授七眞。自七眞弟子各行師教。是爲北宗）。又重陽同輩有二人。一爲和玉蟾秦州甘泉人。一爲李靈陽京兆終南人。云與重陽同隱劉蔣村。七眞稱之爲叔。其說荒誕無稽。而自此數人外。皆七眞子孫矣。道藏所載。全眞教有金蓮正宗記。甘水仙源錄。仙源像傳。七眞年譜。祖庭內傳等書。其自重陽七眞至尹清和皆有集。李眞常則此書也（見道藏揭

要）。

元世祖至元六年正月・詔封東華爲帝君正陽・純陽・海蟾・重陽・爲眞君丹陽・以下七眞爲眞人・皆加六字・武宗至大三年二月進正陽純陽海蟾重陽爲八字帝君・長春爲八字眞君・各一詔・又進丹陽長眞長生玉陽太古爲八字眞君淸淨散人・孫不二爲八字元君・同一詔・又封西游弟子十八人・淸和尹志平眞常李志常披雲宋德方皆加八字大眞人・各一詔・其餘十五人加六字眞人・同一詔・其詔同載仙源像傳中・付素當道一收執・道流多誕・此似不能僞・亦足以廣異聞也・今其教幾絕・京師長春觀尚留一線・其淵源世少知者・故拓其畧以備考訂焉。

跋西使記

右元劉郁西使記一卷・四庫全書著錄在史部傳記雜錄類中・郁字文李・渾源人・詩人劉從益雲卿之子・劉祁亦叔之弟・其名附見金史文苑傳・從益從中元遺山歸潛堂詩・南山老桂幾枝分・翰墨風流屬兩君・爲祁兄弟作・入元後惟王惲孔履記稱爲都司劉郁・至仕至何官・則元史無傳・無可詳矣・提要謂爲眞定人・誤也。

闢土之廣・無過有元・西北入鄂羅斯（卽今俄羅斯）・直至北海西南・逾天方直至地中海・非水有所隔・用兵尚無已時也・書中所記直包我朝輿圖之外・今卽其道里計之・自和林起程（和林在今土謝圖汗西境・元太祖云三河祖宗之基業・今土拉河哈拉河鄂爾坤河也・蓋和林在三河之中矣）・而烏里雅蘇台（元孫）・而金山（瀚海□□・今名阿爾泰山）・則由東而西・自此行三百里・則轉西南・自渡羅克倫河（昏木輦）・至伊犂之松樹頭嶺（鐵木兒懺察）・又由東而西・自伊犂渡河則轉而南・自此逾察林河至西遼故都（大石林牙在察林河之西・特穆爾圖泊之東）・已出我卞倫外矣・自此經特穆爾圖泊之北・西北行過巴雅付布魯特境・逾泊爲塔剌斯・今哈薩克中部地・唐之怛邏斯突厥王庭也・自此至塞蘭・逾納林河（忽章河）・又轉而南・又西行・乃至霍罕（撏思干）・郁行至此・已無西路矣（霍罕西限鹹海・又西限裏海・故古人至此在南行）・自此南出鐵門・過阿母河（暗木河）・至雪山・爲元太祖見長春回軍處・過雪山則阿富汗地（亦名愛烏罕）・記中所稱馬蘭城・納商城・瓣埽兒城・爲阿富汗中境・其訖立兒城・阿剌丁城・木乃奚則阿富汗南境至克什米爾（乞石迷西）・今則爲北印度耳・報達師在北印度之西北・直至波斯・今色社地也・逾六十里至天方・今阿拉伯地也・富浪一島・今地中海之居伯羅島也・逾海爲歐羅巴洲・而爾時舟楫未通・故卽回軍至失羅子・則今之俾路芝・其餘兀林國・乞里彎・亦波斯阿拉伯屬邑・蓋西南濱海之國・盡於此矣。

印度之得・元史無文・此記亦無年月・然自壬子至己未・總在八年之中・蓋彼爲禿兒花撒邱之兵・文李不得而詳也・四庫修書在西域底平之後・局中諸公未見輿圖・故云皆在屯田列障之內・不知新疆拓境・西至喀什噶爾・尚在葱嶺之東・記中所言・霍罕已在嶺西・至逾越雪山・南拓印度・北距天方・去葱嶺幾及萬里・觀書中有印度書中國最近語・今印度距後藏尚二十里・近者不屬・遠者更何有耶・惜乎元

人能攻而不能守．故旋得旋失耳．要其兵力之强．蓋古今所未有也．今西圖日至．諸地俱有可攷．故詳記之．以補提要所未備云。

陳銘珪　字京瑜．一字友珊．東莞人咸豐壬子副貢．著有長春道教源流一書．搜取金元軼事遺文．足補史闕．西遊記中地理人物．世所不能知者．並詳考無遺．可與李侍郎文田元祕史注互相發明．又著有荔莊隨筆．荔莊詩文存等書．其子伯陶校刊行世。

梅花村事蹟考

咸豐丙辰余與友人遊羅浮．得地於延祥寺之右．友人据吳江潘稼堂遊記稱．黃龍東二里至延祥寺基．望見梅花村籬落隱隱．地有舊村址．意即古之梅花村．因相與築室．讀書其間．名曰梅花仙院．梅花村以隋趙師雄得名．見柳州龍城錄．四庫提要龍城錄舊本題唐柳宗元撰．然唐藝文志不著錄．何薳春渚紀聞．以爲王銍僞作．朱子語錄亦曰龍城錄雜記．王銍之僞也．子厚敍事文字．多少筆力．此記衰弱之甚．皆寓古人詩文中．今觀錄中所載．趙師雄羅浮夢事．似爲蘇軾梅花詩．月下縞衣來扣門作解．朱子所論深得其情云云．余嘗博稽之．蓋不然．唐殷堯藩友人山中梅花詩末云．好風吹醒羅浮夢．莫聽空林翠羽聲（見全唐詩）．殷元和中登第．與柳州同時．其所爲詩已用趙師雄事矣．（羅浮山志會編載劉夢得絕詩．有醉香不入羅浮夢句．亦用趙師雄事也．其詩全唐詩不載．然山志會編必有所本）．東坡松風亭下梅花盛開詩．海南仙雲嬌墮砌．月下縞衣來扣門．酒醒夢覺起繞樹．妙意有在終無言．又再用前韻詩．羅浮山下梅花村．玉樹爲骨冰爲魂．紛紛初疑月挂樹．耿耿獨與參橫昏．皆暗用趙師雄事（邵子湘施註蘇詩補亦云然）．且不止此二詩．其守杭州時．次韻楊公濟梅花．亦有月黑林間逢縞袂語．疑龍城錄雖非出柳州手．然唐時已有之．故殷堯藩及東坡詩使事相同．不盡王銍僞作也。

南宋初留丞相仲至讀書梅花村．有書堂．及可賦菴（見明陳琴軒羅浮志）．而淳祐間趙雪廬山行記云．自沖虛東行數里．其上則洞口也．由洞口而南．見寒梅冷落於籐梢棘刺間．問其地．則趙師雄醉醒花下處．李文溪飛雲頂開路記云．鄺仙石之前．玉樹橫斜．明葩異馥．仙種非人世．有曰梅花村（趙記見陳琴軒志．末題淳祐四年甲辰．李記見文溪集末題淳祐五年十月）．當時不惟耳熟能詳．且亦確指其地．王銍紹興間人．與仲至同時．其去雪廬文溪亦不百年．如銍因東坡詩杜撰此事．何薳朱子復斥其非．又安能使山中人鑿鑿言之．而學士大夫復侈述之耶．惟据雪廬文溪兩記．梅花村故址．係在浮山之麓．九天觀後石洞．鄺仙石之前．元徐心遠登山記．趙孟傑醮山記所紀亦同(並見陳琴軒志)．稼堂謂近延祥寺．蓋誤．稼堂之遊在康熙戊辰．記內有兵燹後山中道梗．泉石榛蕪語．蓋土人誤指其地．而稼堂因誤信之也．余與友人當刱建仙院時．偶未之考．近住持酥醪觀．暇詳閱山志．乃知其誤．然山志會編引羅浮書云．酥醪村往時多賣酒家．與麻姑峯下酒田並爲山中勝地．又屈翁山酥醪村詩云．梅花村北酥醪村．家家爭釀梅花魂．余謂兩地當合爲一家．乃撥仙院隸酥醪觀爲下院．令道佛往掌之．余所置

租穀二萬餘觔・亦撥歸院中・俾支給仙院經費・山中遊客或以梅花村疑事相質・因敍其原委・復考正之・使來者毋惑焉。

長春道教源流序

昔史遷論六家要指・遵道家而絀儒術・班固非之・然其言曰・道家使人精神專一・動合無形・贍足萬物・又曰神大用則竭・形大勞則敝・形神離則死・其理至當・弗可易也・夫人生一世間・世之所以戕賊我身無不至・我不能以道治身・而敝敝焉自役其形神・甚者或陷於利欲・膠漆盤中・以身爲徇而不知返・非所謂大愚耶・夫道非盡無爲也・特爲而不恃・功成而不居・史遷以爲與時遷移・應物變化是也・故爲君相而坐致此道・則載其淸靜・民以寧一・而出山林枯槁之士・知道之要・去健羨・黜聰明・亦可以定其神而養其生・上之人苟尊禮之・而愛其至言・又未嘗不可推常善・收人之心・措之於天下・蓋有儒術所不能逮・而道家足挽之者・史遷謂在所欲用・何事不成・乃合大道・混混冥冥・光耀天下・復反無名・豈虛語哉。

余中年感異兆・學道於羅浮酥醪觀中・觀爲全眞龍門派・源出於邱長春・暇因考史冊・並取道藏諸書校之・知長春之學・深有得於道德要言・而無煉養服食・符籙禳禬・末流之弊・而其以道悟元太祖・又幾於以緒餘爲國家・以土苴爲天下・使後之人頌其慈勇・沒世而不能忘・斯非古之博大眞人者乎・余因溯其源流・輯爲是編・以告世之爲全眞學者・若夫諸師神異之迹・皆當時學士大夫所稱述・兹亦錄之・讀者當究其眞而毋泥其迹焉・可也・光緒己卯正月・羅浮酥醪洞主陳教友序。

浮山志序

世間靈境・每不終閟・東坡和桃花源詩・歷舉南陽之菊水・武都之仇池・蜀青城之老人村・皆山川神異・昔閉而今通・而其詩曰・羅浮稚川界・神交發吾蔽・卻笑避秦人・有畏非眞契・則以爲蓬萊別島・非人世之桃花源比・余嘗考之・羅浮本二山・而浮在羅之東北・尤廣博而幽邃・自晉以來・若袁彥伯徐道覆輩・紀浮山諸蹟多涉靈怪・在迷離惝怳中・而竺法眞登羅山疏則曰・羅主浮客・宜舉主以該客・疑浮山一境・人跡罕至・遂畧之也・惟汴宋遵崇道教・諸名山宮觀大興・其時浮山深處・建有酥醪觀・而白水山之侶跡院・丫髻峯之東林寺・亦錯列其間・故東坡遊羅浮朱明洞外・於東麓之白水山・亦三至焉・然自是而後・道漸蕪不通・南宋之季・沖虛道士鄒師正作羅浮指掌圖記・已語焉不詳・元明兩代・騷人羽客稱述更尠・考屈翁山所著書・乃知浮山酥醪洞卽觀舊址・自元以後爲山猺所居・蓋靈境之閟・又數百年於兹矣・夫浮山自東海浮來・其事雖荒忽不可信・然眞靈之所往來・朱草瑤林不死之藥・與夫珍禽奇獸靈鱗異豸之所孕育・不特非塵世所有・卽羅山物產亦遜一籌・今海山蓬萊既不可見・如兹山者・可任其若桃花源自劉子驥後遂無問津者乎。

今自國朝雍正間柯善智師重建酥醪觀・後之遊者・鑿險縋幽・靈境畢現・於是黃香石有浮山小志・賴介生師有浮山

新志之作・余久寓山中・續有所得・因復操筆於酥醪洞外・並浮山之頂・與其麓・紀載加詳・然山廣博而幽邃・實亦不能盡也・近日南海譚叔裕來遊・稱使蜀時・聞龍安之竇圖山後峭壁高削・對面一峯相去百餘丈・中繫鐵絙二・惟寺僧一二人能緣過・既過峯後・一洞廣五十餘里・田疇沃衍・居民數十家・資生之具悉備・惟無鹽・然外人從無至者・僧以鹽饋之則大喜・自言其祖父避張獻忠之亂・投崖下不死・因聚居此・詢以明鼎革及國初年號・皆不省・酥醪前後諸凹並險峻削・其途人不能至・與竇圖山洞相似・可以避世・余告之曰・介生師亦嘗言洞中粟可支・險可守・然則當桑海之交・茲山亦一桃花源・又將閟耶・余既輯斯志・因並及之・後之問津者・閱是編當可蹤跡焉已・光緒辛巳中秋節・酥醪洞主序。

楊榮緒　初名榮・字黼香・番禺人・咸豐季丑進士・授編修・轉河南道御史・出知湖州府時・郡城甫經收復・榮緒招集流亡・懇荒田・編保甲・建學校・興蠶桑・在官數年・百事修舉・尤盡心鞫獄・訟諜日稀・以年老有歸志・値大計・例不得告病・乃捐升道員・離任尋卒・吏民悲泣・爲立德政碑・崇祀名宦・浙人談循吏者・必首推之・少時肄業粤秀書院・與陳澧桂文燿盧同伯並爲院長陳鍾麟激賞・博通經史・尤精說文學・入官後著讀律提綱・以解經之法精析律義・今刋學海堂叢刻中・又著有讀左漫筆存於家。

擬陸士龍歲暮賦有序

嘗讀陸士龍暮賦・因日月之邁・寓姑姊之痛・始以感喟・終以達言・蓋子期思舊・平原歎逝之流也・夫士龍作賦之時・年未四十・驟歷顯要・而篇中之旨・曠然遐舉・似能齊壽夭於一瞬・芥富貴而不顧矣・乃卒以保身不智・爲世所譏・固所遇非時・抑亦不善自全也・余屏迹窮巷・拙於人事・愒日翫歲・倏異少壯・匪懷董生不遇之感・竊有子桓沒世之懼・窮冬無聊・因感士龍之文而賦之・其詞曰。

惟億生之尺軀兮・渺太倉之一稊・嗟百年之有涯兮・曾斯須之弗稽・方童稚之罔聞兮・茫閒介其無蹊・遽迨冠以屆壯兮・望大道而途迷・何步天之羲馭兮・甚振策之龍驪・虛徑寸之景光兮・捐盈尺之璧圭・惟中歲之棄擲兮・頻南北而東西・鳥求林而翼戢兮・馬畏途而首低・撫二毛之甫摧兮・懼予生之顛隮・期昔闕之少補兮・歎宿心之多睽・何窮陰之凜凜兮・逼予心而悽悽・四序倏其代謝兮・百歲紛以相詒・維時元枵司辰以呂嬗・津雲布濩以陰繁兮・飇怒號而聲疾・晝晷促而俄昃兮・夕漏延而逾溢・萬木蕭而不華兮・羣動屏而不出・物猶營其稻粱兮・人亟謀於歲卒・顧蕭然其四壁兮・萃寒凜於一室・無塵甑以告炊兮・擁敝緼而見絀・爐火輟而不温兮・瓶酒罄而無實・緬昔賢之困處兮・殆更僕而難悉・在賢者且不免兮・矧小子其何恤。

惟在困而弗貶兮・斯秉心之如一・袁高臥而不干兮・陶晏如以自逸・伊殘羹與冷炙兮・令心悲而氣窒・誠躬耕以自力兮・固予生之可畢・惟疇昔之思存兮・希往哲而軼軌・謂策駑以十駕兮・可騁足於千里・胡抗心於尋仞兮・仍窘步於尺咫・望聖域之天高兮・伊侏儒其何企・仰學海之茫如兮・苦無楫以求涘・思堂奧以經歷兮・終循牆而徙倚・矜一得於蠡測兮・殊等誚於遼豕・伊名途之是競兮・匪予心之所以・即

俳辭之相襲兮．亦昔人之所鄙．嗟聞道之不蚤兮．予悼心其曷已．難遠期於來日兮．莫迴追乎往晷．心旁皇於攀樹兮．涕垂隕於撫髀．嗟日暮而途長兮．恐心銳而力弛．藉圖書以澆灌兮．友古徒以錯砥．雖無希於不朽兮．庶無恨於沒齒。

嘉羣彥之逢辰兮．咸驤首於高衢．廣搜巖以采榦兮．固尺寸之胥儲．惟自安於不材兮．儕蘀落之康瓠．方東南之有事兮．誠良材之亟需．負頗牧之奇畧兮．湜良平之謀謨．將一技之可奏兮．咸許身以馳驅．卽千慮之有得兮．亦盡告於彼姝．何自顧其無用兮．爲荀卿之賤儒．難前席以借箸兮．復勇謝於荷殳．伊終童之英妙兮．思南越之羈拘．如賈生之多才兮．期繫頸乎單於．望古人而生愧兮．違初志之桑弧．旣而思乎國有人兮．奮應時而翼雲．搆廣厦而須材兮．盛輩至其如麇．益山海以塵涓兮．曾何稗於毫分．射旄頭之早落兮．靖海上之妖氛．夫何矜乎燕頷兮．慨投筆而從軍．樂閉門之簞瓢兮．耦老農之耝耘．方吾親之健在兮．竭負米之辛勤．守素志於耕養兮．肆餘力於典墳．誠勒石之見許兮．將濡墨而銘勛．相詠歌乎淸時兮．敢自謝乎不文．庶茂先之勵志兮．毋至老而無聞。

擬虎門銘一

虎門當粵海之中路．爲廣州之外屛．左則南澳爲股臂．右則厓門爲犄角．兩峯對峙．有虎踞之形．萬艘至止．爰魚貫而進羊城．通海之道．此爲關鍵．島夷入粵之始．於焉總轄．語其險阻．猶錢塘之有龕赭．論其雄固．勝建業之有金焦．斯誠据形勝之上游．作巖疆之重鎭乎．夫設險守國．勢藉天成．掌固有司．事資人力．戒備以豫．斯永世之金湯・捍衛偶疎・資他人以巢穴・銅梁玉壘之固・不廢防秋・白鹽赤甲之城．尙勞重戍．無人以守之．雖肴函之重關．可驅而進也．無道以備之．卽長江之天塹．可越而度也．溯海防之設．宋世肇興．迄乎前明．厥制綦密．以控海比諸守塞．旣川陸之異形．以南粵視乎他邦．尤民夷之錯處．國家善守邊之策．重籌海之方．列障相望．樓船接舳．東南之尉如故．赤白之囊不驚．百年以前．全粵安堵．蓋慮至深．法至備也．夫海患有二．維盜與夷．江湖嘯聚之衆．不少綠林．蠻溪滋蔓之餘．尙多槃瓠．盧循孫恩之竊据．晉末憑陵．波斯大食之犯邊．唐初肆擾．苟邊陲之有事．非海氛之易消．廣州所以多早閉晏開之警．虎門所爲增重關複險之防也。

嘗觀其地勢之利約有數端．迫近內地．易爲聲援．常則擊柝可聞．變則傳鼓相告．異他處之鞭長莫及．於廣州爲脣齒相依．一也．登高望遠．重洋可瞰．凡海賈往來之道．巨猾出沒之迹．全圖握之掌上．虜勢在吾目中．偵邏苟嚴．窺伺莫起．二也．險同虎牢．隘如殽黽．得一夫以荷戟．卽丸泥之可封．築臺相形．交錯犬牙．彼寇若此適入虎口．三也．外則鴻波不測．內則劍石森堅．以積沙爲門閾．以諸山爲塢壁．凡賈舶之進退．隨潮汐之上下．若絕其去路．固我重扃．卽勢易扼吭．力同功背．四也．今者懲而毖患．亡可補牢．將期桑榆之收．必爲突薪之徒．虎落渠答之用．亦可備儲五餌．三表之謀．非無勝算．漢元帝之世．單于請罷邊戍．帝諭以關障非獨以備塞外之警．亦以防中國之奸．誠哉是言．可爲安邊良法矣．昔張孟陽仿揚子雲九州之箴．撰劍

閣之銘・例始前人・謹援斯義・爲之銘曰。

服嶺以南・炎州之域・重溟吐呑・遠夷實逼・近接甌越・遐通卭僰・前臨交趾・旁羅島國・惟茲廣州・乃大都會・日月沐浴・山河礪帶・崛起天險・特控要害・是曰虎門・作鎭內外・禹鑿未到・華擘爭奇・蓬萊之股・庾嶺之支・屹如三山・望如九嶷・雙劍天倚・千尋壁危・通海夷庚・此爲門牖・猶轄制輪・猶樞作紐・險能扼吭・勢自居首・全粵之要・一夫可守・地利可恃・人力尤强・孟門不保・洞庭亦亡・勢之險夷・不惟厥常・敬告海寧・永全金湯。

擬虎門銘二

南粵之海路有三・而廣州居中・中路之海門凡六・而虎門爲大・大小兩山東西對峙・高竪雙闕・海潮之所進退・中流一道・巨舶之所往來・獅海在其裏・零丁當其表・右控厓門之險・左捍南澳之要・島夷入粵之道・此爲咽喉・羊城臨海之區・資其鎖鑰・誠一方之天險・萬年之重鎭也・案虎門之名・前史不具・呂嘉由粵亡海・漢書不誌其從出之途・孫處航海取粵・晉史不詳其所由之徑・卽如陳蕭勃之竊据・唐波斯之犯邊・書旣闕如・年亦悠邈・莫由審其所取道何處・其要隘何地・考廣州防海・昔重屯門・唐設屯門鎭兵・宋置屯門營砦・其地在虎門之外・据大嶼之上・歷世相承・常設嚴戍・五代史南漢世家載吳權攻交州事・龔駐兵海門・權逆戰海口・史未明言・難定其處・以勢準之・當是屯門・迄乎前明之初・乃有虎門之守・固時勢之不同・亦法制之漸密・屯門鎭其外・遠拱南頭・虎門鎭其內・近蔽上郡・首尾相屬・唇齒相依・自爾以來・遂爲要地矣。

夫粵之勢繫乎廣州・前環巨浸・異乎陸之易防・地雜諸番・視他州爲難治・商賈輻湊・常虞其踈・奸宄出沒・莫知其迹・非有虎門爲關鍵・据上遊之形勢・縱有甲子門十字門諸險・其何以挈全裘之領・扼中樞之要乎・國家安邊法備・籌海慮周・增設舟師・環列亭障・凡在阨隘・胥置重兵・幾察必密・以絕盜縱・擊捕無懈・以清盜藪・重洋之外・一盜不容・皆與虎門互爲聲援・相爲犄角・極星羅碁布之用・有重關複險之安・彼諸夷入貢・海舶來市・往返經乎諸隘・出入示以防閑・藩籬旣固・窺伺何起・況南服之人・尤善習水・舟戰之法・不煩墨子爲師・飛仙可名・豈少沈光之輩・又東南財力・交廣稱雄・粟支十年・帶甲百萬・誠精其選募・嚴於角試・則水犀之手・黃頭之軍・投鞭可以斷流・囊沙可以壅水・何至如軍鎧有破被之謠・戰艦有草棚之誚乎・是知鑒於前失・力爲後圖・必牖戶之綢繆・斯金湯之永固・使一郡無早閉晏開之警・化諸夷以款關請吏之誠・是有機宜・以俟明哲・爰仿晉張孟陽劍閣銘之例・爲之銘曰。

茫茫南服・維海是宅・百蠻遠拱・五嶺懸隔・畫爲交州・達以重譯・前距要塞・中處繁劇・惟海之門・厥有虎山・雙峙天外・橫据海間・潮汐進退・帆檣往返・茲爲險道・是曰雄關・以藩粵土・以界邊徼・勢瞰滄溟・形握樞要・天地絡臍・渾沌鑿竅・屈爲粵區・作鎭南嶠・在昔海邦・雄於中土・趙劉揚波・孫盧吹煦・張帆有黨・負偶如虎・爭戰之域・是資鎭撫・今際至治・海若效靈・洪波順

軌・遠夷來庭・茲門之固・秦關趙陘・保我兆民・永護重溟。

鎮海樓銘并序

粤秀山鎮海樓・明永嘉侯朱亮祖剏建・所以表形勝之異・寓控馭之方也・制凡五重・度逾十仞・高踞城闉之上・遠瞰溟渤之外・明窗洞闔・納靈氣於雲山・碧瓦朱闌・燭寶光於牛斗・全郡得此・爲砥柱之在中流・出海瞻之・猶衡陽之見九面・蓋與羊城之雙塔・珠江之古臺・勢若互應・遙爲相望焉・明初迄今五百餘載・傾圯者再・修復者三・始燬於火・繼殘於兵・廢興紛其迭更・有基仍而勿壞・匪洪都之高閣・故趾難明・惟東魯之靈光・舊制勿替・殆有神物以呵護・俾與茲郡相終古・嗚呼偉矣。

建樓之始・厥名莫攷・迨乎其後・更定今名・詳乎舊碣之文・不無藻飾之筆・意以自有此樓・粤中之海氛於以靖・嶺外之人文由是興・語出覶聞・義乖傳信・夫術起雜流・乃聞厭勝・地原靈傑・不藉人工・鍾阜鑿而王氣息・事半無稽・銅官建而高第多・數皆偶中・吾粤自秦以來・稱霸者史僅兩見・由漢而後名世者・代不乏人・邊圉之乂安・翹材之蔚起・不繫於樓・其明證矣・況今金甌永鞏・文軫遐宣・撫邊得人・建學有法・妖異水仙之輩・餘孽無存・軼羣海鶴之才・接踵而出・此由化治之盛・兼有鍾毓之奇・乃欲歸美於樓・抑何陋也・要其無關地脈・足資治理・山川一覽・識今古之輿圖・城郭俯臨・辨損增之戶口・值海疆之有事・此可籌邊・方秋稻之告成・宜來觀稼・守此土者・登斯樓也・以續范公岳陽之記・豈惟庾亮武昌之遊乎。

復以地屬名山・中多遺蹟・呼鑾當其道・朝臺居其下・紅棉交植・青山拱揖・每當春秋佳日・此都人士・登高者・盡詞賦之才・懷古者・動蒼茫之感・元龍百尺之氣・方茲未豪・仙人十二之居・去此不遠・又或仲宣作客・登荊州而遙思生・少陵隨親・上南樓而高詠作・信亦一方之大觀・千秋之崇構也・余以邦人・暇輒登眺・爰勒其壁・以誌不朽・銘曰。

渺渺重溟・巍巍傑閣・作鎮南荒・奠基北郭・淩雲千梯・觀海一勺・怪息白鵝・名儕黃鶴・滄桑曾閱・陵谷無遷・銅柱共壽・玉山並傳・氣吞噓蜃・瘴消跕鳶・制邁般爾・居宜偓佺・屹立三城・雄長百粤・全控交趾・遙暨窮髮・禁鐘之樓・漏壺之闕・列如兒孫・視同秒忽・霞起層棟・風搖碎鈴・下俯紫澥・上薄青冥・摩星峻嶺・浴日古亭・樓成三絕・鼎峙千齡。

漢南宮侯秉正廟碑銘

溯自南服往獻・闕鐫於盤鼎・交郡遺字・曠遷於陵谷・而三古季葉・百越前哲・祀典緜紀・系牒湮攷・徵古之士・遐想遙集・斯縱楚庭之失祀・南武之軼誌・尚希崇基可稽・磨崖從事・矧踵二公之隆軌・冠五嶺之英儁・炎赤著代・析圭上等・龍門編其冊・駱越拓其址・如漢南宮侯者・顧絺構永墜・貞珉弗樹乎・侯清河之錫胄・禺陽之啓裔・牟夷之術・丱角而夙禀・保章之敎・髫歲而秉善・登孝惠之朝・治大夫之事・其謳歌也・則操土風・其規諷也・則共爾位・顯

而越吟・守莊舃之志・文而譎諫・陋曼倩之辯・侯父事高帝・定三秦・扞牧勛高・封茅典闕・不於其身・迄高后之易制・無忘乃父・記丞相之一言・人曰艾之繼起・藉乎虞邱・吾曰厥之酬庸・良由趙武也・論者或謂牝雉構釁・卯金墜緒・亞夫戡定・侯不能厠其列・朱虛籌畧・侯未聞綴其後・幸嗣先烈・遽膺大賚・異子房之勞・而爵同其貴・非雍齒之嫌・而封如其亟・且躋之崇報・薦以馨稷・未聞德雅之修・而尸祝可濫・勿侯伯和之節・而阡表恆竪・繩以曩典・疑乎僭祀・然而有舉莫廢・禮之所以從朔也・必恭敬止・詩之所以式先也・洗媪有祠・矧賢侯之烈・錫將啓宇・矧鄉國之賢・夫以侯接武門祚・生風廷陛・相繼靖職・兩世朝望・不事廉頗之競烈・直爲范文之受名・固已敬謹不伐・式此侯度・正直而壹・無愧神明矣。

抑其宜祀者猶有四焉・一邦文獻・必溯其始・革朱之傳・深疑乎里志・終陵之封・難付乎班史・侯屬初漢・權輿斯在・於滕侯蔡侯之前・克奮厥績・爲安道綏婺之伍・導彼先路・宜祀一也・析薪負荷・往代艱覯・飛將著績・而陵悵河梁・兵書傳家・而括亡趙卒・侯之繼起・克纘先志・納諫之意・游讌而不忘・希寵之念・宣職而罔顧・風節聞於學里・親譽益顯・茅胙墜於建元・子罪奚累・將同於萬石承家・無愧乎成季有後・宜祀二也・且夫孝元已往・宅已故而傳基・鄧宓云亡・墓以蹟而得址・侯之靈爽・曷嘗於茲・雖徙家長安・而神歸於沛邑・將建祀枌社・其奉勝於桐鄉・宜祀三也・粵之古祠・罕所存據・鄭嚴勇獲・闕式憑之所・畢取無害・遺肅拜之像・侯以遙世・獨傳雲構・欽其几筵・異賈祠之外祀・式其俎豆・殊翻宅之寓公・宜祀四也・廟創光和之歲・枕番山之麓・爲越館比鄰・與朝臺相望・今則茂草已鞠・蘊藻莫薦・長掖之碑久失・中郎之文孰任・不揆蕪陋・敷揚駿烈・被之元石・聲於故宮・銘曰・

二禺之英・漢劉之藩・兩葉臣度・七章漢恩・不矜不伐・乃武乃文・數侍游豫・無忘進言・上受相知・克篤前烈・名光史表・傳冠嶺傑・生後於隅・封先於畢・西京磐石・南宮符節・冢嗣繼世・闢輔播遷・杞宋同貶・胥原莫延・望崇山海・禮肅豆籩・建元失秩・光和祀賢・惟廟之崇・惟正時秉・基盤番陵・靈游五嶺・風雲迹移・金石神永・載披簡編・斯勒彝鼎。

馮焌光　字竹儒・南海人・舉咸豐乙卯順天鄉試・少治舉業・溫溫恂雅・以父玉衡謫戍伊犁・發憤治經世學・凡中外輿地天算製造之法・博綜詳究・一變爲沈毅雄壯・入曾文正公幕・保舉同知・累官至蘇松泰道・時玉衡卒戍所十餘年・焌光兩次奔喪・皆阻回亂不達・至是乞解官・求父柩運之南行・沿途哭泣・甫至滬上而卒・大吏上其事・宜付史館孝子傳，世因稱爲馮孝子・其生平好蓄書・得秘笈・必求善本互校・自爲序跋刊刻行世・其風雅又如此。

汝水說

汝水古本一瀆・今截爲二・南北異源・不復通注・今北汝河自會沙河東經郾城縣西・東會潴潁諸水・下入淮・其郾城以上古汝水也・郾城以下・乃古大㶏水・經流東入潁者也・今南汝水發源泌陽東北山・歷遂平西平上蔡汝陽新蔡縣

東南入淮．其上蔡以下．南汝水故瀆．上蔡以上．實古㶏水也．漢志定陵高陵山汝水出東南．至新蔡入淮．水經注汝水出魯陽縣大盂山東南．經定□城北．右則㶏水．左入焉東．南經奇額城．西北㶏水出焉．世亦謂之方瀆水．又東南經郾縣北鄧城西縣瓠城北．至原鹿縣故城西而南入淮．以今地考之．則郾城南境西．平東上蔡西．皆故汝水所經矣．自故道中湮．於是以郾城以上會沙河者．爲北汝．至下流則遂蒙沙河之名．以上蔡以下會㶏水者．爲南汝．其上源則並諱㶏水之目．使考古者糾紛不可理而究之．郾城以上之北汝爲古汝水．上源上蔡以下之南汝爲古汝水下流．固曉然可見也。

函谷關攷

潼關古桃林塞．杜氏曰．桃林在宏農華陰縣東．潼關是矣．王氏曰．自靈寶以西．潼關以東皆有桃林．自崤山以西．潼津以南．通稱函谷．是桃林函谷又不以一地當之矣．考秦漢二關及今潼關．相距各數百里．秦關在宏農．班志宏農有秦函谷關．今靈寶縣南函谷故關是也．漢武帝元鼎二年．從楊僕言移置新安．今新安縣東二里．函谷新關是也．至後漢建安十六年．始移函谷關於華陰．故名潼關．今關城是也．蓋自洛而陝而華．山谷阻深．隔絕行路．歷代置關．地望不同．而据險控扼則一矣。

重刻金石三例跋

昔青浦王蘭泉少司寇．嘗病近人碑版之文．承譌沿俗．其所載體例．率與潘氏昂霄王氏行之書．剌謬不合．實爲有識所哂．焌光深韙其言．嘗欲取德州盧氏所刊金石三例．摹雕行世．久之未果．一日書賈以長洲王鐵夫學博閱本見售．評點分朱藍兩筆．書法亦分數體．或行或楷．無不精妙可玩．其詳識各條．尤闡發入微．持論嚴正．潘王諸書．固爲藝林所重．學博評點之本．尤爲讀三家之書．所不可少者也．據其自識云．此書置案頭二十餘年．諷閱百遍．偶有會心．隨手點注．蓋其閱歷者深．故語無從設如此．爰召良工照原本摹雕．公諸藝林．而刻工以原本精緻．書法不一．難之．時吳君桐雲鄭君玉軒及余三弟吉雲．皆以爲此書及王氏評點之佳．不必定在書法精妙．宜仿坊間所刻何氏評點昭明文選．紀氏評點文心雕龍等書之式爲便．今焌光急欲西征．爰從吳鄭兩君及三弟之議．付諸手民．他日更當以學博所纂碑版文廣例．及同時諸公所撰金石諸編．次第校刊．乃酬宿願也．又原本雖有朱藍兩筆．不過當日隨時各就案頭丹黃之便．非若歸太僕標錄史記以朱藍等色分義例也．今必遵之．適啓閱者之疑．乃統用朱筆一色印行焉。

新刊皇甫持正文集跋

皇甫持正集．唐志作三卷．晁公武郡齋讀書志作六卷．雜文三十八篇．毛氏汲古閣刊本與讀書志合．惟白樂天嘗稱有涉江文．高彥休唐闕史記．有爲斐晉公作福先寺碑事．陶九成綴耕錄又據皇甫先生文集錄陶母碑文．今均不見集中．則宋元以來行世三十八篇之本．非完書也．恭讀欽定全唐文．所載凡四十二篇．而陶母碑及本集卷一出世之文．竟未著錄．蓋蒐採羣書．普行甄錄亦不能出．間有所遺也．茲倩

新陽趙靜涵茂才．假得昭文李君升蘭傳錄黃氏廷鑑所臨叢書堂吳匏庵先生校宋本．及錢遵王手校閱本讀之．多足校補毛本脫誤．乃參校付梓．復從全唐文補抄五篇．綴耕錄補抄一篇．爲補遺一卷．又陸放翁嘗引司空表聖論詩有云．皇甫祠部文集外．歌行亦爲遒逸．以爲持正自有詩集孤行．故文集中無詩．非不作也．今考韓昌黎詩．有陸渾山火一首和皇甫湜．用其韻．又有讀皇甫湜公安園池詩．則祠部實工吟詠．有詩集．表聖既得諸目見．放翁之論亦信而有徵．惜詩集不傳於世．僅有題浯溪石詩．刻拓本尚存．乃抄錄文集之後．又取新唐書列傳高彥休唐闕史記福先寺碑事一篇．及陸氏渭南文集書跋二首．毛氏汲古閣刊本跋王蘭泉侍郎金石萃編．題浯溪石詩案語一則．附錄卷末．以備鏡考皇甫氏著述大畧．至諸本字句．同異有可並存．及尙有可疑者．容當合李公文集孫可之集．更博考舊槧本集．及文苑英華．唐文萃等書．並宋元以來諸家著述有關三家之集者．各爲考異．以俟好古之君子論定之．光緒二年．歲次丙子．夏五月．南海馮焌光謹識。

新刊李文公集跋

申戌秋．余購得古書數十種．中有東洋文政二年刻本李文公集十八卷．凡一百二篇．公務之餘．瀏覽竟帙．其行文旨趣．與歐陽文忠公及蘇明允氏所論．一一符協．念近時印本罕．付之手民．惟譌字脫文層見疊出．乃徧訪友人所藏舊槧．僅得明嘉靖二年刊本．及毛氏汲古閣本．又有無名氏校本．互相參校．譌謬亦復不免．而嘉靖本尤甚．無名氏所校汲古本似依據一宋元舊槧．然亦不能盡善．今以欽定全唐文中所載一一對勘．多所折衷．又獲諸本所無者八篇．第唐書藝文志作十八卷．宋陳振孫書錄解題則云．蜀本分二十卷．元趙汸東山存藁書後云．十有八卷百四篇．元明以來行世大抵爲十八卷之本．嘗思歐陽公生北宋之世．云得此書於魏君．僅五十篇．國朝閻徵君若璩．當康熙間博極羣書．欲見李文公全集有年老倦於尋訪之歎．乾隆間詔修四庫全書．海內古書秘笈．徵搜殆徧．而此書四庫著錄．亦只據浙江鮑士恭家藏毛晉刊本．今兵燹之後．古籍日稀．欲更得李氏全書．駕乎諸本之上．不其難哉。

茲所見諸本．卷次大抵相同．元闕疏引見待制官及歐陽詹傳．又馬少監墓誌．嘉靖東洋及無名氏校本．有目無文．汲古本既無此三文．並不虛列其目．又少答開元封僧書一篇．今馬少監墓誌．卽從欽定全唐文補錄．合他文七篇爲補遺一卷．而答開元寺僧書．嘉靖東洋二本均脫去六七句．凡三十三字．其他字句亦間有小異．亦從全唐文本增補而參定之．又嘉靖東洋二本載有新唐書列傳．歐陽公讀李翺文幷跋．明景泰乙亥河東邢讓跋．嘉靖二年酆都黃景虁序．而東洋本前又多成化乙未玉融何宜序．末又多趙汸書後一篇．今悉錄存．更恭載欽定四庫全書提要於首．集後又曾錄舊唐書列傳．及毛子晉跋．而鄞縣全庶常祖望鮚埼亭集外編．有李習之論．於文公學行風節．闡發盡致．亦坿錄之．以俟知人論世．講求典禮之君子詳焉．光緒元年．歲次乙亥．春二月．南海馮焌光書於上海道署。

新刊孫可之集跋

明震澤王文恪公．嘗獲內閣所藏孫可之集十卷．文三十五篇．手錄校梓．爲毛氏汲古閣刊本所祖．據可之自序及陳氏書錄解題．蓋猶唐人相傳原編．唐書藝文志及通志通考．皆作經緯集三卷．與自序迥異．未之詳也．往者於靜涵書簏見王氏原刻．頗有脫誤．復倩假李君升蘭傳錄黃氏廷鑑所臨吳門讀未見書齋校宋本．及元和顧千里手校宋本．細讀一過．黃顧二君所校．雖各據宋本．亦時有異同．而黃氏跋云．宋本謬誤亦多．不盡錄．李君云．又見古里村瞿氏藏王濟之本．亦顧千翁手校．與張氏毛本小有同異．復重勘一過．蓋李君傳錄顧氏校本．初假之於張君子眞．後又假之古里瞿氏．雖同出顧氏之手．而顧氏於校本又前後不一也．今讀欽定全唐文所錄三十五篇．字句復有優於諸校本．不知所據又何舊帙也。

蓋古書多一刊本．卽多一同異．雖好學深思．必欲折衷盡合唐人之舊．勢所未能．今姑以管見所及．參校重刊．他日當取諸本同異條記於後．讀者詳之可也．惟集中屢云．得爲文眞訣於來無擇．來無擇得之於皇甫持正．皇甫持正得之於韓吏部退之．想見古人纂述成家．往往有師法淵源可紀．第三家之集．卓然行遠．來公之文．亦當介乎皇甫孫氏之間者．今竟無傳．其事跡亦不少概見．殆爲長慶大和會昌之間一隱君子．不欲以文辭自鳴者與．光緒二年．歲次丙子．春三月．南海馮焌光謹識。

葉衍蘭 字蘭臺．一字南雪．番禺人．父英華．工詩詞．有斜月杏花屋詩四卷．花影吹笙詞二卷．衍蘭咸豐丙辰進士．選庶吉士．散館改主事．分戶部．累擢郎中．儤値樞垣二十餘年．潔己奉職．杜絕苞苴．退値唯與輦下名流吟嘯爲樂．忤某邸告歸．行裝書畫數簏外．無長物也．少時以詠鴛鴦得名．人以崔珏比之．尤擅塡詞．體格綿麗．工小篆行楷．間作丹青亦嫣然深秀．精鑒賞．收藏書畫皆入妙品．晚年主講越華書院．提倡風雅．年已古稀．蠅頭細書．精整不懈．所刊黎二樵批點李昌谷詩一冊．人皆寶之．著有淸雲閣詩一卷．秋夢盦詞二卷．續一卷。

粵東三家詞鈔序

余與伯眉芙生爲總角交．舞勺之年．卽共學爲詞．翦燭聯吟．擘牋鬬句．無間晨夕．弱冠餬口四方．音塵頓隔．咸豐丙辰．余通籍假旋．楞華詞已付梓．迨光緒壬午解組歸．伯眉墓有宿草矣．因與芙生互訂詞稿．剞劂甫竟．芙生又歸道山．余孤絃獨張．抑鬱誰語．海內詞人．有澑澠味合者．不憚馳書千里．以通縞紵．杭城譚仲修張蘊梅論交尤摯．仲修有篋中詞之刻．曾將三人詞選入續編．別采數十闋．標爲粵東三家．復得蘊梅補葺遺漏．校讐聲律．與仲修各加弁言．先後寄粵．余惟故人唱和之情．與良友切磋之誼．均不可沒．遂鏤板以行．嗟夫．卅年舊雨．一曲春風．湖海題襟．恍如夢幻．余冉冉老矣．憂愁幽思．學道未能．日惟焚香寫經．以懺少年綺語之過．而疇昔朋箋酬唱．謬役心脾者．猶不能割置焉．亦結習之未忘也．士衡之誚．法秀之訶．弗暇計已。

李文田

字仲約・一字若農・順德人・咸豐己未一甲第三名進士・授編修・歷官至禮部侍郎・直南書房，督學順天・江西・典試江浙・才彥多出其門・文田學問淹貫・名重海內・而不欲以文學見稱・常思發攄忠讜・一救世敝・其諫修圓明園疏・世無傳稿・詧見李慈銘越縵堂日記・中日之變・請起用恭親王・請停萬壽點景，請免償中日賠款・慷慨激烈・皆人所不敢言・指斥要人・不少假借・或面爭至痛哭・是以鬱鬱・遂卒於位・年六十三・後十餘年・番禺梁文忠疏請易名・追謚文誠・所著有元聖武親征錄注一卷・元秘史注十五卷・雙溪醉隱集箋六卷・西遊錄注一卷・朔方備乘札一卷・和林金石錄一卷・和林詩一卷・撼龍經注一卷・已刊行・元聖武親征錄注・元秘史注尤精博・為世所稱・別有元史地名考・西使記注・塞北路程考・進四庫全書表注・詩文集・金石跋尾若干卷・稿藏於家。

請起用恭親王摺

奏為時艱日亟・倭寇方張・擬請特旨起用親舊公忠・以際阽危・而支大局・恭摺仰祈聖鑒事・竊惟倭人啓釁・侵軼外藩・宵旰焦勞・凡在臣民・皆當仰體宸懷・亟圖補救・事在今日・猶瞻顧懼罪・不敢質言・國家養士之報安在・況臣等內廷儤直・身受厚恩者乎・夫倭患之貽誤於前日者・不足言矣・此際前茅失利・藩籬全潰・疆臣無囊底之智・當軸窮發蹤之方・上無以酬浩蕩之施・外無以塞臺諫之劾・推原其故・毋亦當國者處疏遠之地・而懷疑畏之罪也・夫同一李鴻章・何以前時所向有功・今日一籌莫展・同一倭國・何以往時犯臺灣而不利・今日窺朝鮮而有功・外朝諸臣・皆病政府非才・不知以今日事勢揆之・固然其無足怪也・夫以禮親王世鐸之才思平庸・其不足以驅駕李鴻章亦明矣・領袖如此・餘人之退聽者可知・政府之執政權者如此・總署之稟承政府者又可知・一旦事會艱危・計惟仰稟宸謨・規避擔荷・救過不暇・何論立功・此次軍務遂至仰煩宸廑・添派大臣會議・夫既增派・則政府安用・政府尚不足恃・會議又安有權・無惑乎其無功也・疆臣視政府為避趨・政府又聽疆臣為進退・兩相推諉・卽互相貽誤・究其用意・避處分焉而已・一歸宸斷・庶隱然自立於無過之地・縱有降謫・為罪亦輕・此其為計甚工・而不知國家已陰受其病也・然而勢使之然也・夫事勢至今日・無人不知恭親王之當棄瑕錄用矣・然而政府不敢言・前日不言而今言・是自求禍也・外廷不敢言・以為言之未必用・且罪在不測也・夫時事至艱危・而猶避不測之罪・是國家養士・終無食報之日也・養士又安用哉。

夫恭親王之過失・自在皇太后皇上洞鑒之中・臣等亦無勞多瀆矣・特念咸豐末年・時事之難・有逾今日・計其才具・在當日實收指臂之助・揆以當日之成效・責以今日之時艱・或冀一番振作・若慮不堪任使再有負乘・則以皇太后之聖明・臣知其不敢再負聖恩・自速官謗・臣愚以為今日者・允宜開張聖聽・豁除瑕纇・庶收其識塗之效・以贖其往日之徽・如得請於皇太后・則國家之福・實式憑之・語曰・君子不施其親・又曰・故舊無大故・則不棄其於今日・事理若合符節・詩曰・發言盈庭・誰敢執其咎・今樞廷無執咎之人・而築室有道謀之患・豈發言盈廷・無一人能決是非・足以啓聖心而贊廟謨者・臣實恥之・臣實痛之・計皇太后皇上聖慮崇深・未必不曾紓宸眷・但願早收一日之用・或早成一日之功・宇內生靈・免於塗炭・其有繫於億萬年丕基之遠者・實

非淺鮮．遲久後用．無論挽回匪易．一經敗壞．方議拯救．縱使及事．所傷實多．臣等受恩深重．不揆狂瞽．諺所謂狂夫之言．聖人擇焉．臣無任戰兢待命之至。

請停點景摺

奏爲訛言可慮．籲請暫停點景．但行朝賀．以靜肘腋．而弭不虞．恭摺仰祈聖鑒事．竊臣等伏讀八月二十六日上諭．朕欽奉慈禧端佑康頤昭豫莊誠壽恭欽獻崇熙皇太后懿旨．本年十月予六旬慶辰典禮．著仍在宮中舉行等因．欽此．仰見思患預防．明見萬里．曷勝欽佩．第念耳目之觀．非聖懷所役．而臺萊之祝．實臣下同殷．一旦撤停．在瞻仰盛典者．豈乏向隅之望．以故承辦諸臣．於裁減之中．仍寓鋪張之意．臣等歡忻下悃．何獨不然．惟伏聞近日倭人行蹤詭祕．津沽內外．不少漢奸．日來都城多有面生可疑之人．以瞻仰點景爲名．形狀兇惡．行蹤靡定．民情驚駭．竟有置盛典而不觀．反思向鄉村遁逃．爲避患計者．連日洋人．紛紛出京．各處教堂．種種聚談不一．若點景依然熱鬧．止係稍移地段．萬一偶然小警．匪徒乘機竊發．臣等備員差使．縱有意外．不足可惜．而變生肘腋．恐非六班及周廬直宿諸大臣．一時所能猝辦．應如何防患未然之處．用敢籲請聖明深維事理．況皇太后膺天鍾慶．福冠古今．轉盼七旬萬壽．近在十年．且期頤億齡．非可數計．將來紅旗報捷．隨時補行．何時非萬壽之時．何日非祝釐之日．此時安危所係．實在呼吸之間．必區區於一半月之內．汲汲舖張．諸臣所見誠爲未廣．臣等忝同儤直．既有聞見．不敢不具摺密陳．伏祈皇太后皇上聖鑒。

請免償倭欵摺

奏爲償款一局．爲謀國之主腦．謀國得失．繫天朝之盛衰．用敢披瀝愚忱．仰祈聖鑒事．光緒二十一年五月二十六日奉諭旨．戶部奏償款太鉅．請飭通盤籌畫一摺．際此時事艱難．國用匱乏．中外臣工．各宜合力同心．共同匡濟．著戶部咨行大學士六部九卿．暨直省將軍督撫．各抒所見．如有可興之利．可裁之費．能集鉅款以應急需者．卽行詳晰陳奏．用備朝廷採擇．欽此．臣以迂拙之才．居疏遠之地．凡時局之更變．皆事後而方知．況今日當軸之任．不盡素餐仰屋之籌．亦負時望．原當箝口結舌．坐候轉機．亦何必預慮淪胥．妄增朦議．顧就愚見所及．動輒寒心．以古今未有之亡徵．行童豎皆知之拙．計聖明采菲．下及羣僚．洪範所謂謀及卿士．謀及庶人．今之謂矣．夫中國千萬之富．殆無其人．有之則李鴻章而已．百萬者每省僅三數人．十萬者僅數百人．此就瀕海言之耳．潮汐不及之地．上戶不過五萬．中戶一二萬．號巨富矣．盡富戶而查抄之．百萬者抄二百家而可．十萬者抄二十家而後可．此剜肉醫瘡之計也．不可行者．一也。

頗聞孫毓汶采赫德之論．謂中國有四萬萬人．賦銀一兩可得四萬萬兩．臣謹考之康熙間聖祖令天下舉報戶口豐歉之數．然止得大概．有因貧諱匿者．有舖張鳴盛者．四萬萬乃懸揣之辭．實則南多北少．南人多往南洋各島覓食．近且遷流各國．斷難遍稅．卽稅亦外國抽收之耳．中國州縣大較千

五百餘・其一縣至三五十萬人者・大率都會聚萃之地・非縣縣如此・外國人少・能以機器致富・故人可歲賦數十圓至三五圓不等・又所抽商賈輻輳・寸金寸土之民・每人歲入自萬千至數百圓不等・名爲稅入・實則商賈捐貲・養兵自衞・與中國市鎮辦團保甲等・今中國無議院之合謀・無廓充之口岸・無護商之實政・但知抽人稅而已・貧極則難剝・怨甚則變生・此緣木求魚之計也・不可行者・二也。

自捐納保舉法行・州縣官十九皆捐班軍功・其性皆虎狼蛇蠍・民無所逋・大率以入教爲護符・村鄉富戶半皆教民・甚至有教生教紳之目・沿海富戶則並不入教・每被州縣訛索・亦能假洋人文書自衞・必欲盡法抽收・則旬日之內・皆異言左衽・此爲叢敺爵之計也・不可行者・三也。

夫中土非無人稅・但沿前明一條鞭法・寓丁於地・故曰地丁耳・宋行青苗免役錢・致靖康之禍・明增遼餉練餉・而闖獻一亂・明社遂屋・今豈有可抽之人稅・其可抽者・大率中土之良民・雖殺不入教・雖死不犯法・雖寃不叛上者也・則安忍舍無數骫法之民・而專虐之哉・若謂舍此無可抽・則飲酖止渴之計也・不可行者・四也。

且今日取諸民者・殆無孔不搜・無術不盡矣・又復名不正・言不順・曰以事倭寇・又復不患貧・不患寡・曰二萬萬夫・百姓納官者一・而耗於納者由一二倍至十倍不等・如漕米多至七八倍・地丁多至三四倍・其大較也・今取之民者二萬萬・則民之奉上者四萬萬・民無二萬萬之出息・而有四萬萬之追呼・業已一窮於生齒之繁・再窮於利權之失・三窮於機器之奪・今又四窮於兵餉之賠・既不知卹・又從而虐之・臣不知患之所終極也・此投身飼虎之計也・不可行者・五也。

明社之屋・亡於內亂・不亡於外侮・似聞李鴻章之論・謂民不能亂・亂則淮軍剿之・今亂民投倭者・聞其敗淮軍矣・未聞淮軍敗亂民也・萬數千之亂民・假倭人旗幟・足敗淮軍・安見淮軍能止亂哉・孟子有言・蓋亦反其本矣・方今雖極屯剝・然天無絕人之路・轉機所在・當軸諸臣・亟宜知所變計・顧皆默默不敢改圖・殆誤於連衡之計耳・夫就今日大勢而論・俄拊蒙古之背・壤地相接・我果遠交近攻・則連英倭以拒俄・何莫非策・奈我成積弱・倭乃新讐・乃李鴻章欲結一助倭攻我之英・而怒一欲我合從之俄・此如韓魏連燕中山以攻秦・秦近攻而燕不能救也・況又竭韓魏之物力以事中山・而忘虎狼秦之在肘腋也・不亦愚哉・李鴻章慮中國不連衡於英・故置淮軍於敗地・窮中國以賠款・意謂俯首帖耳・惟英倭是聽・於是英倭得以中國二萬萬鉅款以戰俄人・如此則中國一窮於英倭・再窮於强俄・一舉而殘吾地矣・不知李鴻章身家性命安在・而暇助英倭哉・此誠所謂老悖不念子孫者也・若之何皇太后皇上不熟察之也・語曰・苟無民何有君・今若竭百姓之餘喘・而取二萬萬之款以弭倭而結英・此李鴻章孫毓汶之喪心昧良・膽大敢爲・至百姓相率而變教民・投外國・稟他人之號令・而不知親上死長・此孫毓汶李鴻章所不能禁也・然則今日在乎收人心而已・收人心・然後能圖存・圖存然後能立國・能禦侮・能籌款・又然後論賠款・否則款既無所出・賠亦無已時・計旬日之間・言利之臣必紛紛繼進・然必務財用之小人・止能災害並至・決無補於

萬一・自來如漢桑宏羊・唐劉晏・元之阿合馬盧世榮桑哥皆以取百姓之財・不得其死・上下五千年・縱橫七萬里・未聞取民二萬萬之策・倭人而索我此數・彼亦自絕於天・臣不知恭親王翁同龢李鴻藻衆望具瞻・何以隨聲附和・絕無救正・何以不面折廷諍・涕泣以爭・豈此事既行・猶可立國・抑謂處無可挽回之日・吁嗟袖手而莫敢救也・此臣所爲淚盡繼血・而莫可解者也・臣亦知孫毓汶李鴻章既誤以二萬萬許人・駟馬之追・原非三二大臣所敢以爲己任・然三空四盡之後・不謀防守則極危・再謀防守又□何法・隱憂方大・流弊無窮・臣愚以爲雖孫吳復生・只有竭二萬萬爲守國之謀・斷無索二萬萬爲彊敵之策・儒生見地・豈免迂拘・體國大臣・或有奇計・臣無任激切屏營悚惶待命之至。

再風聞北洋有裁撤防兵之議・意欲專用淮人・臣益增疑揣・方今遼南未還・又增倭隊・彼方添竈・我遽歸師・即謂餉糈艱難・量加裁撤・亦當視强弱爲取舍・豈宜以楚皖爲去留・疆臣專汰自用・各軍嘖有煩言・事體安危・判於呼吸・以兵家古事言之・明季剿餉練餉・傾天下力以豢遼兵・其後僨事者・自李如松以至耿孔・皆遼將也・宋季經制錢總制錢・傾天下力以養荆湖兵・其後誤國者呂文煥夏貴皆荆湖將也・兵柄忌一家・驕軍難獨任・湘淮並峙・朝廷不宜有所偏重・致灰海內忠憤之氣・以啓奸雄輕侮之心・願皇上與親賢大臣密議・力持天下・幸甚。

撼龍經注自序

宋陳振孫直齋書錄解題・有辨龍經一卷・疑龍經一卷・撼龍無聞焉・此本題曰撼龍經・然全書始終無一撼字・若辨字則屢屢見之・如龍家最要子細辨・識龍須識辨疑處之類・似撼龍本名辨龍・然陳振孫不題撰人・宋張子微玉髓經穴髓摘元篇・或曰先生不取九星・而天輔天弼乃以名穴・何也・曰・予不取九星以立名之舛・而取吉凶之義尤謬・故不取也・劉允中注言貪狼等名穴・北斗七星無此名・乃後人立之・又如貪巨武專指爲吉・廉文等專指爲凶・此皆取義之謬云云・則張劉所論・俱卽此經・是此經出於北宋以前之明證・蔡元定玉髓經發揮・引楊公撼龍經云・迎龍高則要齊眉・低則平心不可移・奪他造化無多事・此是神仙一指迷・又引惟有朝山識倖心・稱爲撼龍・今此語在疑龍經上卷・而迎龍四語兩經皆無之・則此經頗爲宋後刪竄矣・辨龍疑龍本分兩卷・或宋人並爲一書統名撼龍・其後又以前半爲撼龍・而後半仍稱疑龍歟・廖瑀泄天機曰・景純葬書最精要・其次龍經妙・蓋合撼疑名之矣。

自來皆稱此書爲楊公撰・相傳楊名筠松・亦稱爲楊救貧・然不詳何時人・以其更出宋前・故率稱唐人・今考經中以洛陽爲京師・而稱京兆府曰長安・或曰關中・則其人已入後唐之代・非昭宗前人明矣・經中惟彭蠡一語・偶涉江西・然則世稱贛人・殆亦傅會・蓋以其足跡所歷・核之五代職方・則三河之地・言之獨詳・關隴以西・江淮以南・則遜彼詳贍・蓋皆後唐州軍之地也・兩更之傳家有其本而自明・徐之漠刻入天機會元・始亂其舊・第以巨武兩篇互爲改易・嗣後形家皆家方山爲巨・圓嶠爲武・作俑實自徐始・今天機會元具存・徐尚堪考正・雖白馬非馬・本可隨意命名・而前後

文義遂不相應・國朝高大司農始議釐定・然核其所校・多從徐本考出・非眞別有古本・術家轉相鈔寫・譌誤日滋・徐本脫漏固多・然片文隻義尙有勝他本者・今以徐本參校李國木葉泰各本・寫定冀就條理・輒以暇日爲之作注・其諸禁祕之義・經所珍惜無聞焉爾・世有瑰異之士・徧歷五嶽以發揮此經未盡之旨・斯則景純所謂擁篲淸道・企望塵躅者焉。

雙溪醉隱集跋

光緒十六年門人江陰繆小山編修・從江左入都・鈔得此集・以其足與湛然集相配・尤有資於元史也・亟命工鈔之・手校一過・所謂如掃落葉・愈掃愈多・既無別本可對・姑以意改定而已・是集之貴・在於攷證・元人輿地非以文詞爲重・吾意如此・故凡屬地名・必以史文校之・若文義則以悬意改定之・取雅恊足矣・不必元文定如是也・輿地惟館臣當年校正時・改本多有不可尋求元文者・元文出永樂大典・近年大典多爲書辦竊去・流出外洋・或散落民間・不可蹤跡・可慨也已。

皇淸誥贈資政大夫靜安李公墓誌銘

公諱偉行・本名稷興・以字行・別字靜安・順德縣人也・先世自南宋寶祐中遷廣南東道・宅居南海・明景泰中割置今縣・遂爲縣人・曾祖諱昌門・祖諱伏麟・並潛德弗曜・父諱祉書・以曾孫文田出仕・得被恩贈階與公同・公生而岐嶷・少失怙恃・居喪盡禮・鄉黨稱焉・會家計中落・讓產弱弟・行賈於外・縣人曾氏知公長者・傾意任之・既曾氏謝世・後嗣弗繩・蕩析離居・相繼淪殞・公爲擇賢繼嗣・筦攝家政・曾氏故業得以復振・推其行誼・足貫神明・洎公垂暮家居・曾氏子孫俱成立矣・歲時伏臘・斗酒存問・誦德弗衰・而公植產不踰千金・數十年間自食其力・敎者復生・生者不媿・古人所重・曷以加焉・公賦性渾厚・身長八尺・飮酒百鍾・怡然不醉・里閈羣處・不聞訢誶・傭販陶漁・每有論價・未嘗較直・流風餘韻・至今稱之・夫人歐陽氏・以乾隆四十四年十一月二十三日先公而卒・壽三十有四・子三人・長諱吉慶・次諱吉兆・又次卽先贈君也・別具墓表・公以道光六年八月二十七日卒於本縣故鄉・宅後是謂鶴峯・族葬其間・公墓在焉。

遭家不造・嗣續雕落・公子伯仲・相繼卽世・公有五孫・存者廑半・先贈君年踰耳順・奄喪家督・門庭蕭然・伊鬱誰語・距公歿後數年事耳・於是改卜公父宅兆・文田兄弟始就誕育・公墓所在・尙未及改・贈君年垂七十・溘然見背・文田生十四年矣・少孤就傅・懵然無覺・然捧手辟咡・遺訓猶在・弱冠以後・玷登朝藉・益復措意斯事・以冀纘承先人之志・遭逢聖恩・賜直禁籞・四周星琯・三典文柄・頃以母老・陳情歸養・重展公墓・惄然靡安・光緒元年・乃得葬地於番禺縣白雲山師子嶺・其地左倚崇山・右臨省會・珠海琶州・釐然在目・公之獲此・積祉所鍾・乃二年四月二十四遷葬茲山之麓・夫人祔焉・公年八十六・卒後四十七年・至同治十一年始蒙誥命贈中議大夫・歐陽氏爲淑人・光緒元年又以覃恩贈資政大夫・歐陽氏爲夫人・敢勒石表墓・並爲銘曰。

猗歟我公．實稟瓌姿．見義必爲．處利匪移．誰謂未學．雖賢遜之．善積慶餘．繄公所貽．善積有待．慶餘有會．何悟閔凶．而臻昌大．潮漯弗更．鬱葱何賴．明德載光．遺馨未艾．惟茲學會．後據崇山．千巖競秀．萬派交環．煙涵海際．日浴天關．青烏永奠．白鶴來還．逮事未能．遺徽已邈．緬想音容．如聞卓躒．繩武有慙．詒謀孔樂．用諗方來．庶知大畧。

皇清贈資政大夫節齋李公墓志銘

公諱吉和．字悅禮．號節齋．此縣人也．宋南渡寶祐中．始祖宣義郎來宅南海．明景泰中劏置順德．吾族居上村．隸馬寧司之雲步堡焉．公其第十九世也．祖諱社書．父諱謖興．並贈資政大夫．公生十月而公母歐陽太夫人見背．庶母歐陽太夫人撫公成立．少奉嚴訓．以孝行聞於鄉里．稍長就傅．以書法見重於時．弱冠後．公父年且老．又先代多用服賈治生業．遂亦棄所習．俾公父就養於家．公長子顯球亦能書．皆公家教所成就也．顯球生二十六歲卒．時公年五十一．公有友曰胡雄．爲公相先代宅兆．謂違温冥之禁．廼改葬公祖於縣之白藤鄉．文田兄弟始就誕育．孩提之日．從公展拜先墓．公瞻視碑碣．顧盼林岫．輒穆然歎曰．斯道不墜．我後其將興乎．公以道光二十七年十月十日疾終南海侶山僦寓．壽六十九．公篤宗族之誼．晚歲見族人失業．鬻產賚之．坐此致窘．公怡然無悶．而家計益落．緣是不能歸葬．殯南海石灣山中．墓地沮洳．同治三年改殯本縣小灣堡牛山．十三年文田以生母年老．疏請歸養．光緒五年始克營葬於本縣甘竹鄉臥木山．夫人祔焉．夫人同縣福岸何氏．以道光二十二年八月十九日先公而卒．壽六十二．公子顯球所自出也．側室徐夫人生文田文熙文冏．文田登咸豐已未進士及第．歷官翰林院侍讀學士．文冏中同治庚午順天舉人．公以同治中贈儒林郎．進中議大夫．光緒元年贈資政大夫．夫人同治中贈安人．進淑人．光緒元年贈夫人。

銘曰．吾氏之先．歷十九傳．生贈公兮．世濟其美．綿延勿絕．冗厥宗兮．猗歟贈公．弱不好弄．長益恭兮．中遭多難．喪我家督．情所恫兮．有問必先．克念厥紹．馬鬣封兮．鬱鬱佳城．庇及後嗣．溯茲功兮．根本盛大．斯獲厥報．福斯豐兮．臥木之隴．越在甘竹．衆山宮兮．鬱水紆迴．朝海拱辰．障而東兮．左擘西樵．右挹龍山．氣蘢葱兮．陰陽沖和．下有石槨．適所容兮．樂哉斯丘．苟非盛德．疇克逢兮．靈其有知．庶或睠斯．與昔同兮．在予小子．少丁孤露．媿箕弓兮．幸託堂構．國恩下被．誓資忠兮．永念遺訓．涕泗橫集．長無窮兮．掩暎松楸．體魄所依．四天崇兮．後有千齡．詵詵蟄蟄．銘鼎鍾兮。

會辦南北洋大臣兼理各國事務大臣原任江蘇福建巡撫丁公行狀

公姓丁氏．諱日昌．字雨生．豐順湯坑鄉人．先世居長樂排嶺鄉．國朝九軍賊竄郡邑．公始祖集衆禦之．衆潰．挈二子避患湯坑．遂家焉．公曾祖諱世美．祖諱捷華．考諱賢拔．累贈光祿大夫．曾祖妣鄭氏．祖妣羅氏．妣袁氏．累贈一品夫人．袁夫人先贈公卒．繼妣黃氏誥封一品夫人．贈公

世業農・敬禮儒士・士窮無歸者・必代謀館穀・稱意而去・勇於爲善・里中巨姓故樂鬥・殘殺無算・贈公聞鬥・跣足往排解・人呼爲赤腳公・親兩造事不釋・恆居閒密塾資財・事解則喜形於色・太夫人治家有則・明大義・慷慨急難・成贈公息爭之志・嘗有某與某爭水田・集衆將索鬥・非代分築堤瀦水・爭不息・太夫人索簪珥嫁衣出典・取貲爲兩姓任隄費・事遂寢・贈公有丈夫子七人・公暨弟遇齊爲黃夫人出・公姿稟穎異・少孤・有至性・事太夫人以孝稱・家貧・隨兄讀於外・弱冠應試冠其曹・逾年食餼・惠潮嘉道李公煜璋奇其才・修士相見禮・遂佐李公幕・甲寅土匪擾潮州・公督勇剿賊益力・賊謀執家屬脅之・卒計脫於難・東津某姓巨族也・陰濟賊爲用・公馳書諭曉之・黨羽解落・乘夜率鄉勇搗其巢・擒賊首吳忠恕・寇乃就平・咸豐六年・公由廩貢生選瓊州訓導・旋以守城功・奉旨以知縣用・九年蒞萬安縣任。

萬安當水陸要衝・兵燹後・民失業・白梅土坡窰頭百嘉等處・私設釐卞擾商民・又有借助餉科派中飽者・誣從逆恐喝得錢者・持軍需夙費滋累鋪戶者・結無籍游勇刼奪閭閻者・公籲陳大府裁汰之・江右習健訟・訟棍書差朋比爲民害・公下車諗弊竇・先期提六房舊牘檢閱・分類別門・呈期將副狀吊進・悉心研求・遇此案與舊案相涉者・鉤決疑滯・得可乘之隙・摘錄梗概・備面折之用・洎坐堂皇・抵隙蹈瑕・虛實是非迎刃而解・批准傳審之案・每案止標一票・每票止標一差・詢赴差道路遠近・官給盤川・限其提集・到案日期・嚴立賞罰者・誣告嚴加創懲・案不輕准・准必審結・旋經粵撫耆奏調辦理本省釐務・八月攝廬陵縣事・十一年七月江督曾札調赴營差委・公在皖・上江省吏治・條陳丁漕利弊情形・又議丁漕減價章程數十則・核議州縣攤捐款應裁應留數十則・同治紀元・髮逆陷高州・粵督調赴高川營幫辦軍務・公請於燕塘設炮局・督鑄開花炮・是夏克復信宜城・合淝李相調赴滬督辦製造局・十一月克復無錫金匱城・升用直隸州知州・賞戴花翎・旋委辦營務處・克復常州府城・生擒逆首陳坤書・補用知府・時蘇州府城尚淪於寇・粵商客蘇者億萬計・公謀之李相・以大義諭粵商・使內援・卒以三年二月克復蘇州・奉旨以道員用・四年正月授蘇松太道兼管海關。

滬自通商以來・華夷錯置・事盤錯難理・公遇事與英領事巴夏禮力爭・如驅洋兵出紮城外檄・犯事輪船充公・索回吳淞口炮台地基・裁撤會防營供應英法兵費・禁洋兵收洋涇濱賭規・拏英教士陸和尚正法・拔除浦東至川沙電線・資遣外洋流氓返國・捕奸儈通事某置獄・沒入其私購洋人機器廠・移建製造局於南郭等事・皆力爲其難・不少假借・八月調兩淮鹽運司・公以兩淮利源・一在鹽務・一在釐務・爲清鹽務釐務之弊・未幾有署理蘇撫辦理通商之命・公懇辭・旋奉命來粵查辦中外交涉事・六年升任蘇藩・密陳修約章程・謂宜親美以攜英法之交・强布路斯以樹英法之敵・中國異日之憂・當以俄爲最・而英與法水陸相倚・狼狽爲姦・明年換約・英法頗費調停・爲陳制之刼之先之之說・逾年升任蘇撫。

時江南底定五年・民氣凋殘・政籍盪廢・公抉剔弊叢・芟鋤豪猾・前後清理積案二十七萬宗・立法之善・曰月報詞

訟．冊曰錢糧斗則．簡明告示．奉旨通飭各省仿行．先是吳中歲漕粟．易河運爲海運．兵燹後沙船歲不修．海運章程放失無可考．公條上事宜．設法募船趲運．運不繼借用夾板．漕乃暢行．撫標兵承綠營舊制．窳惰不可用．公條奏減兵增餉之議．得旨如所請．於江海防水師章程多所參定．旋奉命赴津查辦事件．九年奉母諱歸．條奏練兵簡器造船籌餉用人持久事宜．詳議切實辦法．甲戌服闋。

乙亥奉旨赴津幫辦北洋事務．十一月補授福建巡撫．兼辦船政．丙子夏水災．公露立城上六晝夜．拯溺無算．又檄海關暫停米稅．遣輪船招商運米．穀價既平．菜色立變．閩中吏治因循．獄多瘦斃．公嚴催各屬清理．旋訊釋府廳州縣新舊監犯五百三十二名．押犯一千二百四十六名．其疑讞陳牘．派幹員會同訊斷．除桀黠害民仍礅禁外．餘皆省釋．旋因生番未靖．力疾渡臺．奏臺灣若不認眞整頓．不出數年．日本必出全力窺取．擬開辦輪路礦務．縷陳十利十害．復奏臺中硫磺煤油樟腦茶葉等項．應擴充開辦．且固臺防．必先練兵．欲練兵必先籌餉．不如以開墾之衆資兵衛．以開墾之利助軍需．得旨獎諭．丁丑請開缺調理．奉旨准其在籍專摺奏事．戊寅晉豫饑．人相食．公竭力籌捐．派員至臺灣新加坡暹羅等處推廣捐務．得捐款二百餘萬．旋馳辦烏石山洋務．閩人立碑誌之．己卯閏三月賞總督銜．派令專駐南洋．會同沈葆楨及各督撫將海防事宜實力籌辦．所有南洋沿海水師弁兵統歸節制．又著充兼理各國事務大臣．公具疏力辭．縷陳海防事宜十六條．奉旨采擇施行．原摺留中．於是知上之恩眷隆矣。

公性嗜書．所蓄多宋元校鈔．工詩古文詞．遺著有詩文全集．巡滬公牘．淮鹺摘要．藩吳公牘．撫吳公牘．吳閩奏稿．手訂法人遊探記．地球圖說．西法兵畧七種．持靜齋書目各若干卷．藏於家。

方公之治吳也．耳目周燭．吏無隱情．猶慮民瘼壅於上聞也．時微服潛行．凡州縣一舉一動．衙蠹土豪之累民者．一四之或繫或釋．與縣牌不符者．錢漕徵收之匿示浮收者．屍場之需索者．驛站埠頭之藉端訛詐者．雖在僻遠．必詗察無隱．及公治閩．一如治吳．加以事關中外交涉．必斷斷與爭．力持大局．引約据法．往復詰難．始得一事就理．如丹國公司電線一案．德國安納船人命一案．拆毀法國教堂一案．英國滿得利船主一案．均於未渡臺前次第審結．他如追賑撫卹．則日國船案就緒之情形也．押英公司買辦追出六十萬兩銀案．則義和行印票案就緒之情形也．莫子平請洋人私抽釐捐．因請革去領事繙譯．此戴領事包庇之案．審有端倪也．與威妥瑪磋商將教堂移置城外．此烏石山焚燬之案所以了結也．蓋公壯歲時諳練條約公法．譯書購報於各國．成敗利鈍強弱之故．洞若觀火．故能料於未然．而知其將必然．壬午歲合淝相李公丁母艱．奏公授直督．電聞遽逝．尋賜祭葬．並將生平事蹟宣付史館立傳。

未幾有甲申越南之變．又未幾有甲午臺澎及東省之變．皆公所昔年燭照而龜數者．人謂公若在．必有以處此．不知公當家居．曾密陳日本不南犯臺灣．必北圖高麗．宜爲未雨綢繆．俄羅斯雄視東方．倘造成由西而東之輪路．則東三省有唇亡齒寒之患．法國常派地學者由緬至川測量險要．其志

可知．且越南廹近法人．宜代商自强事宜．並聯絡外交以爲憑藉．若延至一二年後．誠恐爲琉球之續．泰西各國無不有與國之交際至深者．中國無之．宜聯絡美英德三國．爲異日合併拒俄之計．奏累上．格不得行．且設淫辭助之攻．齎志以沒世．今不幸言中矣．天下事變．來者無窮．弭變者其將有進於斯耶．抑未也。

公生於道光癸未年六月初一日．終於光緒壬午年正月初十日．享壽六十．卜葬於揭城之東．配李夫人．誥封一品夫人．温恭柔惠．相夫起家．以光緒癸未年八月疾終．壽六十二．子惠衡．江西補用知府．惠馨．癸巳副貢．江蘇補用知府．惠康附貢生．戶部主事．惠吉太學生．惠宣廩膳生．女四人．孫十五人．寶英附貢生．試用縣．寶元廩膳生．候選縣丞．寶泰寶光均附生．餘幼讀．公之孤綜公生平事實抵京．乞爲撰述．將以請謚於考功．謹具歷官事蹟．撰次於左。

甘竹灘石硯銘

贈公佳城．地曰甘竹．右灘隴隴．上有臥木．厥土青色．其質如玉．斵爲硯材．後嗣式穀。

梁僧寶　原名思問．字伯乞．順德人．咸豐己未進士．授主事．升郎中．擢御史．歷官至鴻臚寺少卿．僧寶性狷狹不諧俗．嫉科場積弊．磨勘試卷不少假借．司文衡者．多牽連被黜降．以此不安於位．引疾歸．杜門著書．有古易義．尚書涇渭錄．毛詩可歌．三禮問對．經籍纂詁訂訛．字書三要．說文條系．隸正切韻．蒙求四聲．韻語譜等書．尤精天算．所著古術今測若干卷．存。

古術今測自序

古帝王御天下．授時其首務矣．於易取革．法隨世變．五德遞嬗．當王者貴而孔子從周．亦曰吾得夏時．孟子惡鑿．乃言天之高．星辰之遠．苟求其故．千歲之日至可坐而致．聖與賢皆不狃於近若此．後儒老道高談．詢以前代成憲．或瞠目無一語．吁可怪哉．漢書藝文志古術多家．惜今不存．其曰黃帝五家歷三十三卷．不言五家爲何．宜卽司馬子長史記自敘所謂五家之文怫異者．正義以爲黃帝顓頊夏殷周是也．志別有顓頊歷二十一卷．又有夏殷周魯歷十四卷．意五家者．其總會之書．增黃帝而去魯乎．子長疑其怫異．蓋暴秦爐餘或雜以僞記．今且並此亡之．然周魯法於春秋經左氏傳具詳．繇此上推其可矣．尚書大傳備言三代正朔．續漢書歷志又言諸家歷元．而爾雅釋天歲．歲首甲寅．實黃帝搬法之本．引而伸之．折而衷之．兼總而條貫之．思過半矣．論者顧紛如聚訟．罔識指歸．何哉．余少有志乎茲事．旁搜故藉．信其信．闕其疑．積歲研窮．得輒手記．中閒困於吏役．訖用無成．四十遂初．乃卒前業．書之大要．以五家爲主．自顓頊以下．立法各殊．皆從黃帝調歷斷取近距爲元．未覩所謂怫異．毋乃法本如是．而子長所見轉失眞乎．魯法既別作春秋日宮諧四卷．此不具論．念非兼通五家．則魯法亦莫能明也．仍以魯坿．便尋討焉。

春秋之世三正竝行．宋用殷法丑正．杞用夏法．秦用顓頊法．皆寅正．若晉之寅正．則又自爲法．據左傳朔晦而推得之．故又以晉法坿魯後焉．夫推步至今日．視古益密益

精·大輅椎輪·奚勞遠舉·然此學者事也·章蔀紀元·蓋如井田封建之非可復行·然而不知則陋也·夫不知古術猶之可也·不知而槩薄古人則過也·昔蔡伯喈云·三光之行·遲速進退·不必若一·術家以算追而求之·取合於當時而已·故有古今之術·今術不能上通於古·亦猶古術不能下通於今·達哉言乎·雖然·以古通今誠難·以今則古頗亦易耳·第知其不能異於今·且異而不能異也·殆庶幾矣·書成·諮曰古術今測·管蠡小見·彥哲匡諸。

林彭年

原名殿芳·字朝珊·南海人·咸豐庚申一甲等二名進士·官編修·出知雲南慶遠府知府·卒官·彭年當咸豐初元·嘗因計偕上王侍郎茂蔭書·論髮逆之亂·謂宜舉賢能·黜貪懦·詞甚剴切·及官詞垣·復疏陳捻禍·條畫攻剿守險招撫之策甚備·其後捻之勦定·卒如其策·而當時屢疏留中·旋官萬里·身後遺著湮沒不傳·論者惜之。

上王侍郎茂蔭書

治有治本·亂有亂源·不究治本·欲求治而不能·不究亂源·欲弭亂而不可·今日之源何在·令長之貪酷者是已·試以粤西言之·粤西之未亂也·官吏宦於其省·覩其箐深林密·視同天牢地獄之不可居·觀其俗樸民頑·視同鳥獸蠻夷之不足惜·然既仕於其地·無可脫逃·遂以遷擢爲緩圖·以取盈爲急務·彼此則效·無非欲肥囊槖而長子孫·其辣手忍心誠有不堪言者·然州縣而上有知府道員·道上有三司·三司之上有兩院·彼其人皆有察吏安民之責·豈於屬員之賢否·漫無分別哉·無奈不學俱欲之物·浸灌滋入於骨髓者已深·互相徇庇·上下交征·末員恃大吏爲狐城·大吏借屬員爲外府·小民疾首痛心已非朝夕·一旦有風塵之警·奸民起乘之·游民附之·愚民貧民之無所得食·因逼脅而樂從之·而大亂之局成矣·然貪鄙之夫·多夜郎自大·其始易視斯民·謂不難滅此朝食也·及滋蔓愈衆·撲滅愈難·遂張皇其事·告急於大吏·大吏並無措置·但發號令·行文書·一則曰調兵·再則曰籌餉而已·洎夫所調者皆有名無實之兵·所籌者皆絕無僅有之餉·自知進退失据·勦撫兩窮·不得已以盜賊遺君父·夫封疆重臣·至以盜賊遺君父·天下事尚可言哉。

愚歷觀古今治亂之故·大抵弭盜於造謀之始·散以一二良吏而有餘·勦賊於衆著之時·治以數萬雄師而不足·今有救之之策者·曰揀慈惠以繫民心·曰擇計臣以司出納·曰選名將以振國威·此三者皆至言也·而愚謂必以廉介爲根柢者·蓋爲牧令者·平日不以自私自利剝民膏·而後能以去食去兵堅民信·典度支者必能輕貨財·外榮寵·氣節不挫於權豪·而後敢薰社鼠·逐城狐·正賦不侵於中飽·若夫備公侯干城腹心之選·似乎尚韜畧·貴權謀·賞或吝·兵不來·軍無餉·士不往·爲將者不能舍一己易得之財·而欲爲兵者舍一己難捐之命·不可得也·由是以思·將必用廉介之人·決矣·夫仁慈智慧果敢·而又濟以廉能·此古人所謂人傑也·非可以呈文取之·資格求之·憑掣簽之箭而拔之也·非大臣公忠爲國不避嫌·不避怨·物色於賣漿屠狗之間·賞識於俘虜蠻夷之末·人材豈能脫穎而自出哉·近日仕風與古先異·當其索居閒處·自謂優游以棲樂國·勝於鞅掌而赴危途·及

夫委質從王．又謂冒險以立奇功．不若安居而無大過．委曲悏選如自性生．故邊疆無任事之人．台院鮮敢言之士．君臣上下不相係維．如萍浮於江湖中．汎汎然而偶相値也．則時局之變．愚不測其所終也。

鄧承修　字伯訥．一字鐵香．歸善人．辛酉舉人．刑部郎中．轉浙江道御史．累擢鴻臚寺鄉．總理各國事務大臣．會勘中越分界事竣回京．尋乞養歸．卒年五十二．承修自居言路．彈劾不避權貴．法越事起．陳說兵事．疏凡十三上．多見采納．旋值譯署．爲要人所忌．藉疏救中允恭煦事．擬旨嚴斥．承修謇諤如故．在總署與同官數爭辯不勝．退輒扼腕太息．奉使勘界．兩次出關．分圖定界．收回嘉隆河．八莊．分茅嶺．十萬山．三不要諸地．而江平．黃竹．白龍尾．屢爭未決之地．廷議徇法使請．在京商定．非其本意也．歸里主豐湖講席．建尙志堂．提倡古學．嘗手題聯云．暫此息羈鞅．何處下漁竿．尋亦辭退．竟不復出．卒後十餘年．粵督張人駿奏陳學行．宣付史館．今淸史稿有傳．所著語冰閣奏疏若干卷．附中越畫界來往電文一卷．存。

請勤修省疏　同治十三年

奏爲水旱數見．請勤修省以召天和．謹竭愚忱．仰祈聖鑒事．臣竊見去夏霖雨．涉秋不止．畿輔東南田廬多被漂沒．老弱流離．捐瘠道路．而歷冬無雪．麥苗焦枯．聖心憂勞．賑恤備至．祈禱精虔．至今未有消復之應．臣聞天人一理．感應之機．捷如影響．故天之仁愛人君．必出災異而告之．人君敬謹天戒．則修德政以回之．昔虞有水患．舜言洚水警予．商世亢旱．湯以六事自責．歷觀古今之帝王．未有不遇災而懼．念治憂危．恭維列祖列宗．任賢納諫．節用愛人．二百餘年厚澤深仁．淪肌浹髓．雖四方多故．而人心不搖．我兩宮皇太后．因時事艱難．兢兢業業．委任親賢．虛懷聽受．措置得宜．故能以次削平禍亂．此皆憂勤所至．非徒氣運適然也。

皇上親政以來．殲除醜虜．邊陲肅清．天下莫不延頸企足而望太平．臣聞亂極思治．治或生亂．惟聖智之君．能審察於幾先．而保持於未事．昔唐元宗承貞觀之餘．任姚崇之輔．卽位之初．敕出珠玉錦繡服玩於正殿前焚之．故開元之始．比於貞觀．厥後恃其承平．奢欲無度．竭天下之財．不足供一人之用．海內虛耗．忠言不聞．馴至天寶之亂．夫元宗英主也．一念敬畏而成開元之治．一念侈肆而而致天寶之亂．人君敬肆之心．卽治亂安危之所繫．不可以不察也。

皇上宵旰焦勞．勤求治理．夫豈有幾微之失．足以召祲致災．在微臣私憂過計．以爲人事之修省．不可不杜漸而防微．伏望皇上思祖宗締造之艱難．念今日中興之不易．體兩宮皇太后惓惓付託之心．慰天下臣民殷殷望治之意．以古爲鑒．益加修省．且明飭內外臣工及有言責者．極言時政得失．卽有關於聖德者．亦許直陳無隱．毋得蓄縮畏避．自安緘默．必於新政有裨．庶災沴可消．天和可迓矣．臣迂疏寡識．縷縷愚忱．冒瀆天威．不勝惶恐待罪之至。

請調輔臣入贊樞務疏　光緒六年

奏爲時局艱危．請飭調輔臣入贊樞密．以固人心．恭摺仰祈聖鑒事．臣竊見俄人訂約以來．在朝之臣．因循遲慢．

屢失事機．及遇邊奏急來．則中外震駭．舉動倉惶．絕無處置．夫虜性貪狠．畏強侮弱．難示以怯．今約未成而遽釋崇厚．是示之怯也．使敵人窺我怯懦不可以禮意交．惟可以勢力脅．則將來條約愈多．反覆要求．必倍於往時．臣不知朝廷此時將欲許之耶．抑拒之耶．將欲許之．則償兵費．割要隘．所謂割地賂秦．猶抱薪救火也．且敵人惟利是視耳．一國得利．則各國環視而起．必將伺隙別有要求．將欲拒之耶．則虜使在廷．寇兵壓境．不知諸臣果有奇謀勝算以倍之否．苟無謀以應之．則是豈可不爲寒心哉。

竊惟國家備邊防海二十餘年．任用諸臣．不可謂不專．靡餉不可謂不多．一旦稍有齟齬．不能運一籌．發一策．舉數萬里之地受制於人．有刑賞之柄．而不敢用．有義憤之氣．而不得伸．豈天下事果不可爲哉．良由所急者非其用．所任者非其人．在朝無決勝之人．輔臣無素定之策也．譬如拙於奕者．終日苦心勞思而不免於覆敗．及善者爲之．一指顧間可轉敗而爲勝．今日之謀國．奕之拙者也．雖欲不敗得乎．臣伏讀十四日上諭．前因時事艱難．迭經諭令軍機大臣．隨時匡弼．力戒因循等因．欽此．是該臣等泄泄沓沓．未能匡弼．已在聖明洞鑒之中．卽當爲改弦易轍之計．豈可坐聽貽誤．再失事機。

臣竊視今之大臣．志慮忠純．曉暢戎機．善謀能斷者．無如督臣左宗棠．朝廷必欲拯今日之急．安宗廟社稷．莫若令左宗棠入輔．而委以軍國之大柄．使之內修政事．外總兵權．黜貪庸．明賞罰．修戰守．通下情．使朝野上下有所恃而不恐．民心已固．則邦本不搖．帷幄有人．則羣帥用命．然後可戰可和．操之自我．臣日夜思維．當今之要．無踰於此．或謂左宗棠經營西事．朝廷肩若長城．今若一旦調回．得無有西顧之憂乎．不知左宗棠之統西師．亦未身親戎馬．不過居中調度而已．今若令其入贊樞密．其調度猶是也．且一隅之任．何如天下．封疆之重．曷若樞垣．固不待智者而決矣．況劉錦棠金順張曜諸臣．皆已久歷邊陲．百戰之餘．左宗棠共事日久．豈無眞知灼見．應請飭令其保擇素負威望．足勝將帥之任者．卽行接統．俾得迅速來都．早資倚畀．此乃國家安危所繫．臣不敢避妄瀆之誅．冒昧狂言．伏望皇太后皇上決擇施行．則天下幸甚。

劾督臣徇私瀆請疏 光緒七年

奏爲大吏徇私瀆請．請旨仍將卹典撤銷．以釋羣言．而杜欺罔事．臣伏讀正月二十八日上諭．前因李瀚章奏總兵周有全．夙著戰功．積勞病故．請旨優卹．當經降旨照軍營立功後積勞病故例議卹．並將事跡宣付史館．准在立功省分建立專祠．所請應否予謚．未經允准．茲據翰林院侍講張楷奏稱．該故員濫膺異數．請旨撤銷等語．周有全從前尚有戰功．業經加恩賜卹．該侍講所請撤銷之處．着無庸議．惟飾終令典．原以彰忠藎而示來茲．嗣後各該督撫遇有請卹人員．必須核其功績卓著．克孚衆論者．方准奏懇恩施．以昭慎重．不得率行瀆請．欽此．仰見聖明洞鑒．已燭其欺．而示之儆．特重違大臣之請．又業經允准．未便收回成命耳．不知聖人貴無我之明．大舜有從人之美．小則改正．大則罷免．書之史冊．並爲美談．臣是以區區不已．罄竭愚忱．冀

瀆宸聽．竊以予謚立傳建祠三者之設．所以待殊勳．旌碩德．人臣不易副．朝廷不妄施．軍興以來．奏請頗多冒濫．然亦不過鑽營顯仕．洊擢高官而已．從未有敢以崇德報功之曠典．而辱及貢諛獻媚之私人．若李瀚章所請之故總兵周有全者也。

査周有全本長隨賤役．始由從九而曚保監司．撫臣嚴樹森劾之於前．繼以巡鹽濫殺無辜．科臣王立清劾之於後．屢登白簡．不齒清流．鄂省之人．怨入骨髓．今乃爲之立傳建祠．傳中作何等語．愚民未必周知．惟煌煌新祠．往來指摘．不與朝廷褒德勸功之意．大相刺謬耶．邇來冒軍賞者多矣．然可以欺朝廷．不可以欺大吏．可以欺大吏．而不可以欺士民．故如省建祠多出紳民之請．誠以感恩報德．人有同情．該侍講籍隸湖北．自非迫於公憤．何敢於已成之詔命．變亂墨白．妄肆譏彈．臣以爲周有全無間關百戰功．非俊俊九德士．徒以駔儈之才．柔佞之性．巧事上官．祇圖富貴於生前．不知竹帛馨香爲何物．即如該督所稱．廓清江面．殺賊多名．此等虛勞．盈千累萬．洊至專閫．已足酬勞．何必更乞特恩．致乖清議．夫朝廷所恃以鼓舞天下者．惟此賞功罰罪事事核實耳．但未經舉發．朝廷或可諉爲不知．不可以知而不問．今督臣所請者如彼．侍講所劾者如此．若不嚴加詰責．則疆吏無所忌憚．諭旨亦屬靡支．非所以明賞罰而厲風紀也．應請宸斷．飭部仍將已故總兵周有全建祠立傳之旨撤銷．以息羣言．以杜欺罔．至李瀚章身任兼圻．背公啓濫．陷朝廷以過舉．便一己之私圖．應如何嚴飭．聖心自有權衡．非微臣所敢議矣。

請任賢去邪以應天譴疏　光緒七年

奏爲星象示變．宜任賢去邪．以固邦本．而應天譴．謹摺仰祈聖鑒事．伏見邇者彗星見於北方．初指紫微．近犯鉤陳．朝廷祇懼．明詔內外臣工．各修厥職．仰見皇太后皇上修德省愆．敬天畏命．甚盛心也．臣愚不知占驗．惟謹繹聖諭所謂以實不以文者．固非僅下一紙詔書．空言誡諭而已．雖詔旨未令臣等指陳時政闕失．臣忝備風憲之官．豈忍自安緘默．仰負聖明．況詔書又諭臣等同加修省．勉修職業．則臣之所以修職業以修省者．祇在於盡言．是以不避狂妄．一效其愚．臣聞變異者．天之仁愛人君．使之恐以致福也．伏見皇太后垂簾聽政．皇上沖齡踐祚．主德清明．曾無闕失．彗星之出．殆爲朝夕贊襄．共濟艱難．如樞輔諸臣者．或未能當天意乎．商書曰．股肱惟人．良臣惟聖．君之倚良臣．猶人之須手足也．手足不能舉．則無以爲人．大臣不任事．則無以爲國．竊見大學士寶鋆．久贊樞機．値此時事多艱．自應竭誠盡節．以上報主知．下塞人望．而近年屢請病假．恣逸於家．養痾自便．處之晏然．臣逸君勞．於義安忍．且性好詼諧．逢人狎侮．鄙正論爲無知．視國事如兒戲．而望儀型四方．表率百羣．難矣．戶部侍郎王文韶本次禾梲之材．斗筲之器．身爲曹郎．日以奔競著名．已爲清論所不予．不數年而外任封疆．內居機密．家資巨萬．衆所共知．儻詢其所由來．必有不堪問者．且該侍郎既身日月之光．其子自應守滿盈之戒．乃到部未久．屢占優差．物議沸騰．傲然不恤．方今時事艱難．外患孔亟．辦理之要．首在內

治・所謂內治者・正朝廷以清其源也・若如寶鋆王文韶之老猾貪庸・豈足以當重任而禦外侮耶・應請量予罷斥・以應天心。

大學士左宗棠以邊境召還・膺不次之擢・受特達之知・報稱之義・自應如何・方其入朝・中外喁喁望治・今數月矣・絕未見有設施・即其自請治畿輔河渠・固屬根本之計・然天下事豈無更大於此者・臣謂左宗棠正宜殫竭血誠・破除情面・劾貪狡不職之輩・拔緩急可恃之才・勿瞻顧同官・周旋時局・庶足以答朝廷之心・慰士民之望・臣聞國事所關・莫先刑賞・大臣之責・不顧嫌疑・昔宋仁宗銳意太平・責成輔相・爲開天章閣・召輔臣條對・范仲淹退而上十事・以明黜陟・抑僥倖爲言・富弼上當世之務十餘條・亦以進賢退不肖爲己任・他如姚崇之相明皇・李德裕之相武宗・莫不以分別邪正・舉直錯枉爲第一事・左宗棠受任以來・豈竟一無所聞見乎・抑亦未免弇阿卷縮・知而不言乎・臣願左宗棠當以姚李范富自期・朝廷亦當責以天下之重・使得盡陳其所欲爲・必曰方今何事可憂・何人可任・何利可興・何害可除・何者爲先務・何者且緩圖・責之專而毋掣其肘・若不效・則重治其罪・毋阻於邪說・毋惑於浮言・所以固邦本而弭天災者・無過於此・臣位卑言高・激切上陳・無任屏營悚惶之至。

再臣正繕摺間・伏讀諭旨左庶子陳寶琛奏劾大學士寶鋆畏難巧卸・瞻徇情面・已經皇太后皇上嚴加訓飭・臣本無庸再瀆・惟是臣摺內所陳尚有切要之事・宜達聖聽者・不揣冒昧・仍繕就恭呈御覽・以備採擇・謹奏。

請飭查關稅侵蝕以裕國用疏 光緒八年

奏爲庫款支絀・請飭查關稅侵蝕・以裕國用・而杜漏卮・恭摺仰祈聖鑒事・竊自軍興以來・國用匱乏・加以水旱頻仍・供億繁費・會計之臣・東羅西掘・或害重而利微・或弊多而益小・徵稅不遺於尺帛・帑項無補於絲毫・海內虛耗・百姓困苦・蓋未有如今日者也・夫天地生財祇有此數・不在國則在民・今庫款無一歲之積・閭閻蓋藏之家・既不在國・又不在民・臣熟思其故・博訪人言・雖耗糜多端・而其大要有二・一曰內府之浮冒・一曰關稅之侵蝕・浮冒之弊・諸臣已屢有陳奏・久垂睿鑒・無俟臣言・至於關稅之侵蝕之弊・十餘年來日增月益・迨不可以數計・其見諸奏牘者・如前任兩廣督臣劉坤一・署理海關纔數月耳・已溢銀十五萬兩・其實缺之胥吏僕役可知・柯玉棟一閩海關書吏耳・不數年而家資巨萬・捐納江蘇候補知府・書吏如此・則正任可知・至津海關密邇京畿・其在人耳目・如餽遺過客・供億上官・歲須數萬金・皆取償於此・則飽入私囊・重載而歸者可知也・他如上海登萊蕪湖漢口新關・九江夔州肇慶梧州歸綏道山海關・凡有關稅者・無不侵蝕・多者十餘萬・少亦七八萬・綜而計之・歲不下數百萬・今部臣晝維夜算・欲額外求一錢辦公而不可得・而坐視此數十百萬之民脂民膏・悉付之狼吞虎噬而不問・此臣所不可解也。

且國家取民・田賦而外・祇有榷稅・所以裕國課・資正供・惟此二者而已・然錢糧之分數・即州縣之考成・有侵蝕者則監追參劾隨之・其考核之嚴如此・至於榷稅・則賺私入

己纍纍數百萬．聞之如不聞．見之如不見．譬如一家之中．主持者日數鹽問米．計及錙銖．至於豪奴悍役侵尅其資財．私鬻其田產．而顧不知察．有是理乎．又不獨此也．因其貨利以結納長官．彌縫要路．既以差而得富．復富而市官．賄賂日彰．官邪益著．吏治何由不壞．財用何得不竭。

臣愚欲乞特派大臣．廉介如前侍郎彭玉麟．精覈如前撫臣丁日昌閻敬銘．密查確數．據實參奏．並飭下各督撫所屬有關稅者．妥議章程．或於徵收溢額之中．酌留一二以為緩急辦公之用．其餘飭令悉數解部中．開單呈覽．以備稽核．如前項侵蝕情弊．或督撫扶同隱匿．別經御史糾彈．一併從嚴治罪．其差滿人員．果有行芳履潔．盡公忘私者．朝廷擢其一二．以示褒異．使賢有所勸而為．不肖者有所懲而不敢為．裕國用而杜漏卮．計無踰於此者．或謂積痼已深．一旦革之．去一弊更生一弊．窒一穴復穿一穴．浮收需索之費．將更倍於曩時．臣以為此不必慮也．臣之所慮者．在於紀綱不振．賞罰不行耳．夫黷貨者人之情．畏罪者亦人之情．彼見朝廷賞必信．罰必行．縱愛身家．獨不愛性命耶．昔齊威王為政．烹一阿大夫．封一即墨大夫．而齊國大治．轉移之權．固操在上耳．我皇太后皇上誠大奮乾綱．將天下不足治．豈惟區區積弊可除哉．臣智識短淺．一得之言．是否有當．伏乞聖鑒採擇施行．則天下幸甚。

乞罷樞臣疏　光緒八年

奏為樞臣被劾無據．事實有因．請旨先行罷斥．以回天變．以塞人言．恭摺仰祈聖鑒事．竊見天象示警．臣忝司言職．其細者既不欲瀆陳．而其大者又自維未敢輕發．傍惶日夜．寢饋難安．臣伏讀二十四日上諭．本月中旬彗星見於東南．此必用人行政實多闕失．二十七日又讀上諭．醇親王翁同和奏．遵旨詳詢洪良品據實覆奏一摺．此案必須崔尊彝潘英章到案．與周瑞清及戶部承辦司員及書吏號商當面對質．庶案虛實不難立見．仍着麟書潘祖蔭將此案澈底根究．務期水落石出．以成信讞．仰見我皇太后皇上敬謹天戒．訓飭臣工．臣不勝欽佩．但此等曖昧營私之事．苟非經手過付之人．萬無確據．即有據矣．非嚴刑質訊．豈肯吐實．況所參之王文韶未解樞柄．在麟書潘祖蔭皆受國厚恩．未必遽為廻護．而承審之司員．則難保不聲氣潛通．預為消弭．且崔尊彝等雖奉嚴旨催傳．輾轉須時．遷延日久．何弊不生．實臣未敢必其澈底根究也。

臣竊謂進退大臣與胥吏有別．胥吏必贓證俱確．始可按治．大臣當以素行以定其品評．朝廷即當以賢否而嚴其黜陟．以臣觀之．景廉素稱謹飭．不應晚節頓更．但此案事閱兩年．贓逾巨萬．堂司書役．盡飽貪囊．景廉總司會計．未聞有所舉發．縱非受賄．難免瞻徇．或者以瞻徇遂指為受賄亦未可知．至於王文韶賦性貪邪．為曹郎日．即以奔競著名．出權關道．私開錢鋪．惟利是圖．及躋樞要．力小任重．不恤人言．貪穢之聲．流聞道路．議者謂前大學士沈桂芬履行潔清．惟援引王文韶以負朝廷．實為知人之累．衆口僉同．此天下之言．非臣一人所能揑飾也．伏見我皇太后皇上用人行政．莫不虛心採納．至公至明．如前吏部尚書萬有藜．人本平庸．所參亦無確據．祇以衆望不孚．遽行斥退．

夫吏部名爲六官之長．其事不過奉行．朝廷尚不肯曲予姑容．樞臣有總攬天下之權．進退百僚之責．乃政令所出．治忽所關．顧以貪庸巧詐之人．濫厠其間耶．方今人才雜揉．吏事滋蠹．紀綱隳壞．賄賂公行．天變於上．人怨於下．挽回之術．惟在任人．若王詔文者．才不足以濟奸．而貪可以誤國．若不速行罷斥．令貪鄙之徒互相汲引．布滿朝列．源之不淸．其流必濁．朝廷雖日詔臣工共勤修省．不過一紙空文．而欲以回天變．塞人言．難矣。

臣位卑言尊．或不足據．乞特旨派一二親信大臣．詢以王文韶素行若何．公論若何．令其激發天良．據實上對．如臣言不誣．乞即將王文韶先行罷斥．使朋比者失其護符．訊辦者無所顧忌．朝廷有剔弊除奸之意．庶此案有水落石出之時．臣言不實．則甘伏訕上之罪．以謝左右．臣與王文韶素無仇嫌．但念聖明之朝．而貪黜在位．皆由臣等不能盡言竭論所致．區區愚忱．欲已而不能自已．伏乞皇太后皇上留神聽納．則天下幸甚．謹奏。

訟戍員陳國瑞疏 光緒九年

奏爲已故戍員戰功卓著．遺愛在民．懇恩開復原官．准建專祠．以順輿情．以昭激勸事．竊在戍已故總兵陳國瑞．賦性忠勇．不避艱危．隨同忠親王轉戰山東安徽湖北直隸河南等省．平苗沛霖．敗張洛刑．剿流寇張總愚伍桂．斬葛小元龔曜諸悍賊．國瑞功最多．其尤著者．則在山東．當咸豐十年間．兗沂曹三府土匪蠭起．號數十萬．內則憑巢據穴．外則勾結捻首張洛刑．往來肆擾．同治二年．國瑞率所部二千人進兵沂州．攻長城．破援賊李成等十餘萬衆．遂克之．降仲村賊宋三綱．斬其軍師孫化祥．旂山望山數十鄉之賊．皆望風乞降．逐兗州敎匪．匪首宋繼明．據白蓮池老巢．憑恃險阻．列柵數重．國瑞督銳卒數十．緣崖去登．身中數鎗．血流被體．軍士冒繼進．連破之．殲賊萬餘．訊釋難民無數．歡聲徧野．兗沂悉平．敎匪滋亂五年．官軍屢勦屢撫．賊勢愈熾．國瑞數千之衆．旬月之間．擒渠搗穴．巨寇廓淸．兗沂之人．得以安枕者．國瑞之力也．曾以戰功洊升提督．特命幫辦僧忠親王軍務．曹州之役．諸將皆以救援不及獲咎．國瑞獨以受傷積勞免議．朝廷豈有私於國瑞哉．嘉其忠勇也．其治軍．用法嚴而自奉約．居平無博奕之戲．聲色之娛．所得賞賜．悉以給將卒．用能得其死力．所過秋毛無犯．故去久而民益思之．然其失在不能克己．而好以氣凌人．同時諸將多以忌國瑞者．卒以私忿涉訟．褫職遣戍．在朝廷賞功罰罪．一秉至公．使國瑞尚在．必當棄瑕錄瑜．以收異日之用．不料舊傷復發．年逾四十．遽爾溘逝．身歿之後．家無弱子．旅櫬蕭條．此天下士所聞而傷心也。

臣聞明主用人．不以功廢法．不以過掩功．所以勸武功．勵戎士也，軍興以來．凡積勞病故之員．一經臣下奏請．無不立沛恩施．而其間粉飾鋪張．或以微勞而見錄．或以私交而濫及者．何可勝數．陳國瑞幸遇聖明．得奮其智能．效力行間．位爲上將．徒以小過．戍死邊荒．未蒙追錄．死者不能自列．生者莫爲之訟．臣竊痛之．伏乞朝廷不忘鼓鼙之念．俯施帷蓋之仁．湔洗前愆．獎其忠力．加恩開復原官．量與褒錫．使介胄之臣．知所慕義．庶激勸之道．

着於存亡・聞該員讁戍時・道過山東・父老持牛酒相勞送・祝其來歸者・絡繹於道・又舉人鄭淑詹等六十餘人・僉合詞赴都察院呈請代奏乞恩・以違例不允・今陳國瑞已故・可否飭下該督撫查明該員立功之處・准其建立專祠・以順輿情・出自逾格鴻施・臣無任悚切懇籲之至。

劾疆臣喪師辱國疏 光緒十年

奏為疆臣謬玩・辱國喪師・罪無可逭・請旨從嚴懲處・以伸國法事・臣惟破格用人者・聖主之苦心・信賞必罰者・國家之大律・竊見唐炯徐延旭二臣以道府外吏・不一二年間上躐封圻・外連邊帥・中朝士大夫幾疑朝廷用人之驟・然自髮匪蜂起擾亂東南・文宗顯皇帝知人善任・一時巡撫如胡林翼李續宜等・皆以營官驟膺不次之擢・卒能削平大憝・克成厥勳・如二臣者・才能相埒・有虛聲・朝廷愛惜邊材・畀以重任・雖昧知人之明・尙非有心之失・及唐炯不待諭旨率爾退師・致令越軍失援・山西淪陷・罪狀昭然矣・我皇上赫然震怒・宜於此時聲其專命之罪・正以失律之誅・法及一人・羣師悚息・乃謹予薄譴・仍促進師・徐延旭聞之・以為邊臣得罪・罪止摘頂而已・革留而已・始則驕蹇若忘・乃遷延坐視山西之陷・未幾北甯之師復失・覆轍相仍・人無鬬志・誠恐自茲以往・沿邊諸將・藐玩朝命・皆唐炯也・望風逃遁・皆徐延旭也・雖有堅城誰與守・雖有利器誰與為用・軍法逗留畏懦者斬・主將守城・不固守而棄去者皆斬・自古及今・未有賞罰不當・功罪不明・而能克敵制勝者・以臣觀之・唐炯於守錦州時頗著勞苦・然器不易盈・騁其逸足・屢誤事機・所謂泛駕之馬・定施羈勒者也・徐延旭眞妄人矣・守梧州時・所禽馘者・不過一二探丸胠篋之輩・其著越國圖說於方向道理・尙且懵無黑白・又大言自詡為知兵・年近七十・嗜好痼深・所謂臃腫之木・無當斧斤者也・朝廷不察・遽委以重寄・以新造卒當乘勝之師・措置乖方・北甯之敗・固不待智者而決矣。

雷擊霆駭・事會之來・正在今日・伏望皇太后皇上怵已敗之由・為未然之計・既令潘鼎新出關接統諸軍・以圖規復・必當治唐炯徐延旭失律之罪・以儆效尤・若謂唐炯小有才能・棄瑕錄長・亦宜解任・交岑毓英差遣・戴罪立功・倘仍復違・卽正軍律・不得再邀寬典・至趙沃久在粵西・馭兵無律・惟利是圖・黃桂蘭素無威望・性多疑忌・前坐視山西之失・擁兵不救・所稱撥助劉軍新靖四營歸唐景嵩統帶者・實則任意扣留・握兵自衞・此次潰師・北甯不守・情罪尤重・應令岑毓英確查・請旨卽於軍前正法・朝廷一震之威・明及萬里・伸國典以振軍心・在此一舉・臣不勝激切待命之至。

急籌戰守議 光緒十四年

奏為敵情叵測・請嚴飭督臣・力求實在把握・急籌戰守・免墮奸謀・恭摺仰祈聖鑒事・本月初六日恭奉上諭・近日越事益亟・迭諭沿海諸臣妥籌守邊・據李鴻章電稱・法國水師總兵福祿諾令稅務司德璀琳面呈信函・請准從中講解等因・欽此・朝廷以保境息民為心・未嘗非計・飭令廷臣悉心詳議・仰見我皇太后皇上統籌全局・詢及細微・際此時艱・

臣等何敢故爲高論・上罔宸聽・惟閱李鴻章摺件有於心未盡喩者・竊惟謀國必量事勢・制勝貴審敵情・若不辨其爲嘗試之詞・猝然見信・未有不墮彼奸謀・而沮我士氣者・夫法人自據山西・以破北甯・攻太原・旬日之間戰無不克・其輕量中國可知・法不和於山西未失之前・而和於北甯既失之後・有是理耶・德璀琳中國一司事耳・福祿諾亦該國水師一偏裨耳・無國書之重・又非公使之名・其意以爲我兵新破・而特爲此不根之言・以窺吾虛實・我若允其所請・是不折一兵不糜一餉・已坐享其利矣・拒之・彼必修好爲辭・則曲歸於我・臣等聞法兵雖勝・而數月勞師集餉・勢已不支・又北圻新定・其民未附・安知非懼我增兵大舉・而故爲此要挾之詞・且李鴻章果以和議爲可恃耶・自各國通商以來・邀求恐喝・無歲不有・我强則和約可保・我弱則和約皆虛・即如該督臣所據德璀琳函稱・兵費可以免議・而又慮法國爲强國・議院持論每有異同・難保無傾邪生事之徒・別創新議・或要我以不能行之事・是該督臣前後所陳・已毫無把握・他復何所責哉・至所云不損國體・不貽後患・不過强爲粉飾之詞・查越南屬我藩封二百餘年・一旦不臣不貢・拱手與人・所謂國體者何在・山西北甯盡歸法人・而我不圖規復・縱使畫疆無險可阨・滇粵豈能自守・且使英俄各國揆吾怯弱易與・必環視而起其狡猾・如福祿諾者・何可勝數・若皆以兵船相脅・朝廷將若之何・此乃禍患之始・臣不知疆臣又果有何策以善其後也。

夫以今日之事勢揆之・兵疲餉絀・息民保境・未始非旦夕之謀・惟歷觀前古・敵國外患未有不戰而能和者・李鴻章治兵二十餘年・不以喪師辱國爲恥・乃云起自田里・託爲審勢量力・持重待時之言・以文其爱身誤國之罪・此臣等所爲痛恨而不能已於言也・臣愚以爲李鴻章身任畿疆・任專責重・當董督諸軍・力籌戰守・如法人果有悔禍之心・乞和修好・亦須體念實情・不得以敵國游移無據之詞・遽瀆宸聽・應請特旨密諭李鴻章就其原摺所陳此次和議條約中・分界通商何者應行・何者難准・兵費是否必能免・商福祿諾德璀琳所稟是否該國公議・逐一指陳・如果所云不貽後患・不損國體・該督臣確有把握・朝廷意在息民・原不必責以戰事・若有迂延反覆等弊・是該督臣巧爲嘗試・國法具在・自問能否當此重咎・飭令據實覆奏・並請嚴諭沿邊沿海各督撫臣・力籌守禦・一面留與可和之機・一面示以必戰之局・庶不致臨事倉惶・進退無據・一誤再誤・致墮奸謀。

請派大員節制軍務以一事權疏 光緒十年

奏爲統籌越南軍務・請旨派威望最著之大臣・節制兩省・以一事權・恭摺仰祈聖鑒事・竊以法人先踞越圻・復擾閩海・朝廷特命滇粵兩帥分道出師・原欲批亢擣虛・攻其必救・乃數月以來・諸將多懷顧望・或以水溢告・或以瘴癘聞・或曰傷病過多・或曰餉糈日絀・遷延觀望・類多不實不盡之詞・臣細繹奏報・旁采見聞・而知其弊・一在將帥之不和・一在事權之不一・即如劉永福梟將也・而岑毓英以紀律繩之・且有間言矣・王德榜宿將也・而潘鼎新以意見區之・即懷退矣・湘淮之軍・夙習行伍・而不知地利・粵桂之卒・熟知風土・而不洽將情・畸重畸輕・或進或退・所謂連兵進

討者・僅覃修綱黃守忠等一二偏裨之隊・方友升周壽昌千百挫衄之餘・近惟蘇元春一軍進剋陸岸・頗振軍威・而旁無勁旅・後無重援・脫有不虞・滇粵必震・大可爲慮・綜計兩省主客防兵不下三四萬・而兵與兵不相習・將與將不相能・統帥疆臣・又復觀望遲徊・各懷畛域・階前萬里・臣實憂之・臣竊見髮逆搆亂・一時名將多隆阿鮑超等・各以小故輒起猜嫌・卒賴胡林翼曾國藩示以大義・處以平情・卒能萬衆一心克平寇亂・軍志曰・易於三軍・難於一帥・言成敗禍福之所關・其鉅如此也。

臣愚欲乞朝廷特簡一威望素著之大臣・如彭玉麟等・隆以將軍之位號・督辦兩省征南軍務・令其統率親軍・輕車倍道・尅日出關・不必招募新兵・轉稽時日・卽就關外所有兵勇・整齊號令・申儆嚴明・無論湘淮滇粵・及劉團新集之軍・總以開布公誠・賞信罰必・聲威所至・壁壘一新・然後簡軍實・厚餉需・聯衆情・除積習・庶可以言守・可以言攻・顧或謂海氛正亟・似不宜改調重臣遠圖南服・臣粵人也・豈不計慮及此・但環顧內外諸臣・剛果血誠・不避艱險・天下所共信者・惟彭玉麟一人・如以粵海需人・尙煩聖慮・則乞諭令前督臣楊岳斌馳往廣東接辦・其人雖剛果不及彭玉麟・而樸處勇敢・則聖明所洞鑒也・臣竊觀今日之大勢・敵能來犯・我不能往攻・敵能疲我以肆楚之謀・我不能撓敵以救魏之策・我以沿海萬餘里設防而不足・敵以兵輪十數號擾我而有餘・惟此越南一隅・彼此各腳踏實地步・我攻則彼救・我實則彼失・戰事之終始・兵機之轉圜・實繫乎此・此臣所以每飯不忘者也・事關安危・區區愚忱・有所見聞・不敢遂自塞默。

辭總署兼銜疏　光緒十年

奏爲總署事煩責重・微臣弗克荷任・懇恩收回成命・恭摺瀝陳・仰祈聖鑒事・竊臣於本月初一日奉上諭・鴻臚寺卿鄧承修著在總理各國事務衙門行走・欽此・聞命之下・五中慙悚・不知所措・竊以總理各國事務衙門・交涉中外・任事責專・外睦鄰好・內揚國威・誠如聖諭所云・非體用兼備・能持大體之員・不足勝任・臣之弱劣・何以克當・臣聞察能而授官者・明主之權衡・量力而受任者・人臣之直節・故官無曠職・動必有成・自法夷搆釁・背理逆天・人神共憤・朝廷指揮經畫・宵旰焦勞・出任臣工・皆當效命竭忠・受恩如臣・豈敢安逸自甘・希圖諉卸・但臣賦性戇直・與物多忤・職非慮遠・才不逮人・凡所敷奏・率皆據理直陳・並非熟悉外情・留心公法・若朝廷用臣不察其非・臣處之不以爲過・希榮昧進・曾不知寵任既溢其涯・顚覆亦隨而至・臣何足惜・有辱天眷・前轍具在・豈可復蹈・伏乞聖慈俯鑒愚忱・收回成命・仍令臣得追倍卿貳・隨事納言・臣感逾格之恩・必當力圖報稱・不避嫌怨・少負初心・且人各有所能・臣少習武事・長慕馳驅・際此多事之秋・正臣子捐軀之日・朝廷若不以臣爲不肖・改就武職・令統領偏師・執戟荷戈・出入鋒鏑・雖赴水火所不敢辭・伏冀皇太后皇上察其言實由衷・事非矯飾・用臣所長・憫臣所短・收回渥命・別簡賢員・臣不勝感激屏營之至。

潘存 字孺初・文昌人・咸豐辛酉舉人・官戶部員外郎・同治初・在都下與會稽李慈銘・遂溪陳喬森齊名・光緒初復爲松雲十友推重・尤與歸善鄧承修善・每有章疏・時與商定・然不務標榜・闇然郎署如故也・尤工八法・與承修及宜都楊守敬嘗彙魏晉至唐碑帖精刻・依康熙字典偏旁分部類聚・名曰楷法溯源・楊爲雙鉤刋印行世・號稱精審・鄧之書名遍海內・其實則瓣香於存・世罕知者・至其通達治體・立身萬仞・自足千古・區區藝術・其餘事也。

水經注要删題詞

楚北楊君惺吾・博覽羣籍・好深湛之思・凡所論述・妙悟若百詩・篤實若竹汀・博辨苦大可・尤精輿地之學・嘗謂此事在漢以應仲遠爲陋・在唐以杜君卿爲疏・此必有洞見癥結・而後敢爲斯言・所謂眼高四海空無人者也・所撰歷史輿地圖・貫穿乙部・隋書地理志考證・算及巧曆・而水經注疏神光所照・直與酈亭共語・足使謝山卻步・趙戴變色・文起梅村・未堪比數・霾緼歲久・煥若神明・曠世絕學・獨有千古・大雅宏達・不我河漢・光緒己卯十二月・文昌潘存。

陳喬森 原名桂林・字一山・又字逸珊・遂溪人・咸豐辛酉舉人・官戶部主事・在部時・與會稽李慈銘・文昌潘存齊名・都下號三才子・詩文雄駿・兼善山水・湘鄉曾文正彭剛直・南皮張文襄・奉新許文敏・皆推重之・著有海客詩文雜存。

吳迴溪先生家傳

迴溪先生姓吳氏・諱懋清・字澄觀・高州吳川人・世居水潭鄉・以避海氛・奉母遷茂名之赤嶺橫塘鄉・其郡人謂之橫塘先生・父諱光禮・有隱德・事載邑乘・先生年十二・能誦十三經・稍長益肆力於箋注義疏・漢唐以來作者・皆搜剔纂錄・以爲生古人後・讀書始得如是・三十四中副榜・越三年中式舉人・辛未會試不第・館京師・於時連平顏公伯燾・海康陳公昌齊・定安張公岳崧・與邑人林公召棠・皆推重之・名籍都下・先生容質樸偉・其學巨儲而約舉・喜深湛之思・其爲文抉經源道・匯於古人之法・其沛乎獨得・則又置身今人之上・而不苟隨・故卒無所遇・癸未再報罷・遂浩然歸・著書自娛・既林公召棠亦告養歸・以女妻其子士彬・蓋始終尊其德也・所居重巒窈窱・蔚薈數里・而長子方翎號聰明彊記・日藝花竹・檢圖書瀹茗侍・有以自樂・故暮年雖病目・精思不衰・其敎人以敦行爲本・稽古爲先・言動必遵繩墨・時出所著誘後進・學者以列弟子籍爲榮・道光癸卯年七十矣・以老不赴銓・例得京職・授中書科中書銜・明年方翎沒・又次年先生以疾卒・先生家素貧・及稍贍・念母喜惠戚族・常儲錢帛食物以需・遇父忌日・輒隕涕・置祭田・築廟妥塋・自禰以上・其伯父有足疾・侍養如父・弟懋基亦舉於鄉・屢困禮部試・出爲校官・代敎子治家二十年・又割產與貧姊舅氏・爲從子姪失所者婚娶・晝佃業・歲饑則罄囷賑・距鄉二里許・鑑江漲發・常購槥瘞流屍・先是左右鄉多訟門・自先生情櫛而理噢之・咸退讓而謹良焉・是以知不知皆謂先生篤行君子也。

余不及見先生・先生沒十六年・始與士彬爲同年生・屢造其廬・獲次其遺書・凡先生所著・有尚書解五卷・尚書古

今文測七卷・尚書三文訂譌七卷・今古文尚書問答二卷・尚書訂定古本七卷・詩經解五卷・詩經測九卷・毛詩訂本七卷・毛詩復古錄六卷・周官測七卷・周官鄭注訂譌十二卷・儀禮測八卷・大戴禮記測十三卷・春秋傳注訂譌一卷・纂輯十三經注疏十九卷・四書解十二卷・四書權解十九卷・論語考八卷・孟子考十八卷・朱文公儀禮通解弗第一卷・國語韋注訂譌四卷・地理雜著十八卷・天問測一卷・詩賦雜文十三卷・論曰・國朝學尚根柢・故多通經致用之儒・卽或不見知・猶抱殘守闕不自悔也・先生其一矣・嘗過其遊息之地・手所植松萬樹・謖謖煙水閒・鄰里萃聚其下・言其盛德・先生苟得志・此非徒獨善明矣・乃遂不得施設・惜哉。

淸禮部左侍郎麗秋陳公誄文幷序

維光緒甲午年冬十二月十四日・禮部左侍郎吳川陳公考終於在告・吾族人皆悼痛奔赴・並以其訃及行狀來・誠以序述・無負公生平之知・公有長者之德・烈士之才・沉深博大・能遍歷艱苦・著有成勞・卓建顯績・雖生於吾族・非特吾族之光・實爲吾粵之偉・非特吾粵之偉・實爲國家所重・外而萬國・亦耳目其名貌・孚信敬服・學達天人・器兼文武・余雖受公之知最深・而所以知公者・正如望嶽測海・然余當弱冠・好倜儻・家貧陷於尺籍中・公以吾族子孫之傑・所以養而敎之・培而使之長・揚而使之成・誼雖師弟・恩則父母・故自授業門下凡四十載・公之學問道德・出處建白・皆予追隨侍御・積久如入岱衡・識其崔巍・泛溟渤・識其灝渺・卽在公相顧復之先・言與不言・已以斯事相期許・然則公之始終大節・敢使其盛而無傳哉・使之盛而傳・余之學則不足・而感知報德之志・則有餘・敢舍有餘委於不足哉。

公南宋宰相諱文龍之後・自宋開族於吳川・至今支派繁衍・名曰乾塘族・凡二十一世而公生・能繼祖德・祖儒・宿封光祿大夫醒堂公・有隱德・鄉里耆老常言之・考庠貢生・封光祿大夫懿圃公・志學勤道・踐履純實・及敎以有用於世爲主・公髫齡則聰穎・背誦如流・及稍長・魁梧雄健・有薄賈隨無武絳灌無文之氣・常持杜木竿躍過屋墉・抱巨石墩周廣庭四角・然折節四部間・手不釋卷・訓詁詞章・窮年孜兀・以有用於世爲主・蓋承祖父敎・學力深・故鋒稜斂・悉民物・無不兩善也・年十八進庠・越年爲廩膳生・丁酉以行優貢居京師・刻苦制藝・練習時務・知名願望之士・多與針芥・賢公卿將相・或延至爲賓主・倚爲條畫・困阨顚蹶・更不等齊・幾乎十餘稔・始登咸豐元年順天鄉試・癸丑進士・欽點翰林院庶常・充國史館纂修・桂相國請從直隸差務・奏奬六品翎頂・屬意固深・亦異數也・丙辰散館・改授刑部主事・山東淸吏司・主稿愍辟恤囚・罪無失出入・於公得平・歐陽求生無以過也・戊午英吉利寇粵・公以兩廣總督黃宗漢奏・襄辦夷務・事竣丁內艱・家居語及海外夷諸國不逞・常忿恨犂庭・弗獲其人而已・又不得一試張撻伐也・是時高州知府蔣公聘請主講高文書院・遠邇賢俊皆集・余始於海濱・奉公命著弟子錄從游・適西賊陳金剛自容管連陷信宜・郡城震撼戒嚴・親見公握槊誓衆・飛檄籌糧・助觀察道英公提督軍門崑公守戰・賊逼自殺其魁醜就降・上功欽加四品銜・賞換藏花翎・公以助大吏平小寇・是渤海安潢池之威・

險非徐吾・深鄉國之奇功・固讓不獲・重內獎也・於是以儒者知兵聞。

先是公本素抱爲學・內行以孝悌忠信爲規・外用以經理敷濟爲要・以小學爲四子五經之階梯・以三通爲二十四史之總匯・求其體用俱備・故主講鄉郡・於漢常稱賈長沙諸葛武鄉侯・於晉常稱陶士行・於唐常稱陸宣公・於宋常稱范汝南・於明常稱王陽明・推而拓之・將求有體用之材・爲國效力・故郡亂靖數載・倡建昭忠節孝祠・倡文會・爇膏火・資諒誘・慨談無非是事・余亦所以親聞之・涉其藩而接其緒也・旋丁外艱・起復刑部原職・湘鄉曾公奏取委清積案・又賑濟直隸・凡所爲商善後・商中西水陸軍務・罔不中窾稱辦・旋告葬親假一年・及返京師・是時泰西所號三大洲諸國・陰謀而陽犯・主和主戰・迄無定論・朝廷宵旰・爲日久矣・恭師招公・咨以洋務・即以器識遠大・沉毅有爲薦・曾文正以實心孤詣・智勇深沉・歷練既久・斂抑才氣・而精悍堅卓・不避險艱・實有責重任遠之志薦・李傅相以夙抱偉志・以用世自命・挹其容貌・則粥粥若無能・絕不矜才使氣・與之討論時事・皆洞燭幾微・蓋有遠畧具內心者薦・初命以攜帶幼童往歐洲學習技藝・蓋試艱險也・任滿・皆得彼國治亂要領以還・奉旨以三四品京堂候補・是年特授太常正卿・奉使美日秘三國欽差大臣・賞二品頂戴・往因敷布朝庭懷柔之大・天幬地載・日月所照・雨露所被・皆固郊交・使之四顧不敢獨訌・安輯華民之播遷・億衆使之內屬於無外・夏因有干羽之舞・漢因有槃木之歌矣・其尊國體・揚國威・上孚密勿・遠及荒遐・不可輕洩・然其本末宏鉅矣・九萬里重溟・有王化・遵正朔・不可易致・然其賢勞著矣・可謂學而行矣・軺返復命・授宗人府丞・稽察覺羅宗學・轉都察院左副都御史・總理各國事務大臣・署兵部右侍郎・禮部左侍郎・皆有以報聖眷之隆・光緒申申以病乞歸數年・平日爲國焦勞・至病重尤念時艱以薨・時享年七十有九歲矣・公之歸・以俸餘建本族祖祠・贍卹積儲・慕晏子之分君賜・范氏之置義田・族人上至祖宗・下至子孫・皆身受其寵榮・宜宗族之豪俊・人人皆繼其學業・以報國恩・今龍蛇之夢既形・麟鳳之來不再・能不悼痛以誄之哉。

誄曰・我陳於始・宰相宋年・三教諭後・來自莆田・文章功業・公全紹延・華於史館・實於郎曹・長城戎馬・大海使舠・人安其逸・我任其勞・罷隆暮歲・急流勇退・不爲富迷・不爲貴醉・懷闕江湖・超然無累・既張天步・亦永帝祚・乃尋耆英・重論儒素・少伯子房・而誰不慕・惟我族人・能得其眞・惟我小子・受教益親・君父忠孝・民物信仁・聖賢道理・豪傑經綸・揭提即覿・諂藏更伸・公之蓋棺・萬國嘆喟・矧茲族人・受業子弟・賜謚在朝・名德一揆・心喪廬居・緣情制禮・嗚呼哀哉・同獻奠醴。

擬柳子厚乞巧文

河東柳子・太拙難醫・有倔強骨・無柔媚姿・公眞名淡・叔可呼癡・放居寂寞・散步猶夷・送窮何術・感遇何時・橫弄筆墨・偭矩錯規・乍離蝸渚・旋登鳳池・一跌不返・九死何辭・自憐蠢蠢・難對蚩蚩・惟拙之故・返而自知・恭聞天孫・渡河有役・一水迢迢・雙星脉脉・履塡鵲

橋・問支磯石・雲錦披芳・霞纏佩赤・銀漢彌明・瑤天自碧・妾夢闌珊・郎顔咫尺・日可千年・會宜七夕・恭聞天孫・巧超人世・爲章於天・垂愛於帝・星宿襟期・神仙聰麗・月魄盈胸・冰容在睇・婺女聯琚・嫦娥捧袂・操手都清・置思無滯・既得餘閒・又殫妙惠・爲拔凡根・肯安慧蔕・誰家綉閣・幾處粧樓・靜院將夜・深宮識秋・南邦名媛・東閣清流・鄒陽枚乘・毛施孟娵・藻思艷想・小舞微謳・庭陳瓜果・案置觥籌・香羅扇小・細紵衣柔・玉環響袖・珠簾上鈎・帶隨風捲・燈若星稠・閃螢遠至・鳴蟹乍休・似有密語・與天孫謀・擊盤射覆・韻牌亦收・銀針在手・綵線凝眸・巧誰乞得・談話優游・此皆游戲・余亦何求。

柳子再拜・大笑而言・一生閱歷・謹告天孫・僕當稺歲・霞舉軒軒・地名勝侶・家是名門・自謂卓犖・笑駒在轅・獨探淵奥・敢抉籬藩・學驚虎觀・氣奪兔園・賈鼂並在・屈宋齊奔・貫穿經史・考據根源・國語可議・封建可論・爲文精悍・欲息頻喧・驚其長老・壓倒衆尊・嶄然頭角・雲夢可吞・王公爭識・跌宕乾坤・人疑天上・智珠永存・氣雄一代・孰謂愚昏・勇於爲人・自投羅網・比匿囚纍・牽聯朋黨・萬里投荒・衆仙拍掌・蠻路崎嶇・峒丁愚莽・桂嶺雖遙・探山姑獎・瀟水閒居・銛邱獨往・山魅逢迎・瘴煙供養・公記徒工・一書難上・苦逐鞭麾・浪稱刺史・拜跪才疎・撫循吏鄙・乃復幽憂・日虞讒毁・壯志盡灰・慚顔常泚・遠想墓廬・長辭鄉里・頭蓬礙冠・足垢沾履・寢不衿裯・食忘簠簋・髮白齒搖・涕垂心死・戀闕懷恩・中宵數起・兒盡蠻音・妻同獠氏・夢不離鄉・痛將入髓・胸蹊已茅・心花莫蕊・我生不辰・自苦乃爾・能非最拙・是謂極愚・胸多塊壘・腹盡荒蕪・故動得咎・行而無徒・惟卿齊聖・別具洪鑪・鑿其鈍竅・提耳而呼・鍊骨使媚・塗顔使愉・揉性使順・鞭心使蘇・誓不強項・無再守株・文章今樣・繩墨時趨・惟此至巧・庶彙所娛・不敢多乞・願獲錙銖。

天孫曰否・爾胡爲然・凡百生民・罔不在天・或頑或哲・或醜或妍・夭或殤子・壽或彭籛・富貴或昧・側陋或賢・造物有柄・大巧無權・惟此塵海・雜愛與憐・譏譽失實・各執其煙・鉛刀雪皎・鏌鋣棄捐・綉裳無色・抱布卻鮮・巧者若鬼・拙者如仙・人皆謂予・爲巧嬋娟・如何萬載・尚欠聘錢・釵釧勞瘁・機杼纏綿・文絲觸斷・綉履磨穿・七襄安在・獨織長年・郎居渚上・妾望洲邊・白榆滴露・丹桂生煙・星房誰偶・斗室孤眠・雲多慘淡・月少團圓・廢朝何擬・見女情牽・乃遭鉅譎・虛奏鸞絃・爾亦何慕・惟巧求焉・生此世間・胡不遐思・折由於才・累生於嗜・鼠以技窮・猩因血醉・勁末缺鋼・長途困驥・籠鳥多文・盤花多媚・返樸歸眞・居然深邃・俯仰依阿・禍患將至・憤言自舒・胡思往事・董屈伯喈・一敗塗地・季長客梁・永招物議・爾不自尊・乃含釣餌・黔驢詎譏・越犬誰刺・混迹風塵・巧爲凶器・失巧胡傷・得巧宜避・嗟嗟柳子・勉哉劫歟・柳子曰吁・惟予不敏・鳳不離羅・厥爲遠引・聞天孫言・心如結軫・緬彼佳人・難執其靷・辱在泥塗・僊固不忍・徒倚長吟・幻形息蜃・北斗猶横・彎蟾垂

盡·零露生涼·蛩吟漸緊·林雨蕭疏·高眠未穩。

林達泉 大埔人·咸豐辛酉舉人·豐順丁中丞日昌撫蘇·器其才·延至幕中·歷宰崇明江陰·擢補海州直隸州知州·皆有惠政·福建造船大臣沈葆楨奏調署台北府知府·朝廷特許之·蓋異數也·赴任後·規畫過勞得咯血疾·丁艱歸·尋卒。

全臺形勢論

全臺形勢·翼蔽東南·幅員綿邈·據目前而論·則臺灣為府治所在·鎮道建節·為扼要之區·通全局而籌·則臺灣地處下游·如人居矮屋之中·不能昂首四顧·未若臺北地居上游·控制全臺·犄角福建·尤有振衣千仞·濯足萬里之概也·請言其畧·大凡省郡輻輳之區·必據山高水會之勝·臺灣逼近海濱·地勢卑薄·北有蔦松溪·南有二贊行溪·皆源短流弱·驟盈驟涸·而臺北則平原沃壤·週廻數百里·實為海外天府之域·其山則北自三貂大坪林·開屏列幛·迤邐而來·又有觀音大屯二山·雄峙水口·以為拱護·其水則二甲·九三角·湧水返腳·三溪源遠流長·百有餘里均會於艋舺·由關渡出虎尾入海·全台之水皆不會·而三溪之水獨會·全台之水皆舟楫不通·而三溪獨通·此山水之勝一也·昔晉人諶去故降也·韓獻子以郇瑕氏土薄水淺·其惡易覯·民有沈溺重膇之疾·不如新田土厚水淺·居之不疾·有汾澮以除其惡·晉侯從之·遂遷新田·以古證今·台灣府治地既有斥鹵·泉尤不潔·隔宿之茶·油起水面而色黑·且有形如敗絮·半浮半沉於茶之中者·故飲其水多痞滿洩瀉之疾·而台北則有三溪洪流·蕩滌垢汚·又泉脈甘美·飲之舒泰·此水泉之勝二也·台南所產以糖為大宗·而台北則菁華所萃·茶米油煤礦樟腦靛青木料籐等產二三百萬金·故其富庶甲於全台·此物產之勝三也·全台通商口岸·台南則有安平旂後·而安平自夏徂秋·風起水湧高二三丈·從前安瀾大雅輪船·皆以泊安平而擱淺毀壞·聞洋人於阿非利州之大浪山猶敢保險·而安平獨否·蓋地球內至危極險之口·未有若安平者·至於旂後則內巷漸淤·近議用機器開挖·聞亦未易暢通·是南二口·一險一淤·於通商實無大益·若夫台北二口·雞籠則潮漲潮退·均可灣泊·滬尾則每逢潮漲·巨舟可入·故全台通商互市在台北者·恆十之七八·在台南者·不過二三而已·此口岸之勝四也·且滬尾雞籠二口·皆於福州口為對渡·水程不過六更·朝發而夕可至·並無橫洋之險·若由福州至安平·必歷黑水溝抵澎湖守風·次日無風·乃敢徑渡·不惟遠倍台北·險亦倍之·夫人情舍遠而趨近·舍危而就安·若不走滬尾雞籠·而走安平·是舍其近且安而趨走遠且險也·智者當不若是·此又遠近安危之迥異·其勝五也·況台北與福州地勢既近·呼應極靈·督撫在省調度·左提右挈·萬一台疆有事·內地師船·猶如一葦之航·即內地有事·台北亦可遣偏師以相援應·此又與閩省相為表裏·其勝六也·綜而計之·就台論台·台北之勝於台南者四·就閩論台·台北之勝於台南者·亦有二焉·兼茲六勝·竊意台北經營措置·少則五年·多則十載·台灣巡道當移駐台北·不惟風氣日闢·勢不能遏·亦形勢扼要·理有固然也。

或曰巡道駐紮台灣久矣．子乃欲移之台北．毋乃作聰明而亂舊章歟．予曰．不然．明祖創業金陵．而永樂移之北京．我朝龍興東土．亦由瀋陽而遼陽．而順天．與世推移．初無成見．曩者台北未開．故形勢趨重台南．今者台北既開．故形勢趨重台北．猶之昔日渡台初．但以鹿耳爲進口．後又以鹿港爲進口．今則鹿耳既塞．鹿港亦淤．而轉以雞籠滬尾旂後爲通商之口．安在其必循舊轍也．昔藍鹿洲氏以半線以上宜設縣治．今果如其議．後之視今．亦猶今之視昔．世之君子．當勿以予言爲河漢也夫。

客說

楚南江閩粵滇黔之間．聚族而居．有所謂客家者．其稱客．越疆無殊．其爲言．易地如一．余嘗思其名．聽其音．訪其里居之磽瘠．考於史冊之昭垂．而不禁慨然曰．嗚呼．唐虞三代之盛．吾不獲睹矣．唐虞三代之遺裔與其遺民．吾猶將於客焉遇之．請言其畧．禮月令云．鴻雁來賓．賓之爲言．客也．鴻雁產於北而來於南．故曰賓也．其於客也亦然．客始產於北．繼僑於南．故謂之客也．客之對爲主人．主人者．土人也．故今之言土客．猶世之言主客．主客之分．卽土客之分也．是爲客之名．土之音．遷地弗爲良．大江以北．姑勿論矣．大江以南．徽音異蘇．蘇異浙．浙異閩．閩異粵．粵異於滇黔．滇黔異於楚南江右．其土既殊．其音卽異．惟於客也．否．客於縣．而他縣之客同此音也．客於府．而他府之客同此音也．於道於省．無不如此．是稱客無殊．其音卽無異也．且土之音或不叶於韻．客則東髮而授語孟．卽與部頒之韻不相遜廷．蓋官韻爲歷代之元音．客卽爲先民之逸韻．故自吻合無間．其有間．則雜於土風耳．非其朔也．是爲客之音。

至其里居之磽瘠．則以土籍於先．客籍於後．先則擇肥而棄瘠．後則取其所棄而已足．無暇於擇．故土之占籍多平原沃野．食土之毛而已充然有餘．客之村落．依山倚壑．男女皆耕織．無敢自惰．又種竹樹以爲樵販．無不盡之地利．其壯者多傭力四方．以營於衣食．蓋當客之初來．其膏腴盡爲土人所墾．故有司卽土人之所棄．若深林叢菁狐狸之所居．豺狼之所嘷．俾客羣聚州處．披荊斬棘以自贍給．故客勤而卒苦於貧．土逸而恆溺於富．此先後之異也。

間嘗按之史冊．詳爲稽核客之源流．殆託始於漢季．盛於東晉六朝．而極以南宋．何以明之．客之先．皆北產也．居豐鎬河洛齊魯之交．或爲帝王之胄．或爲侯伯之裔．或爲耕鑿之民．皆涵濡沐浴於禮樂詩書之澤．數千百年．自漢中平以還．中原雲擾．孫氏父子割據江表．九郡八十一州之地．能招集賢能．北方之士多依以成名．而客於是乎濫觴焉．遞於東晉元帝．五胡亂華．冠帶數千里之區．腥氈塞路．於是乎豪傑之徒．相與挈家渡江．匡扶王室．其時著姓則有王謝之家．王謝河東太原人也．自餘衣冠之族．則有八姓．若林邵胡何等族．俱入閩中．其他流民避亂江南．有司爲之立南徐南司等州．謂之僑軍州．昔軍州今州縣謂之僑．卽今言客耳．降及南宋．金源劃淮漢以北．疆以戎索．其隨康王而南．或官於南而不能歸北者．並散處於大江東西．五嶺南北．及帝昺南遷．遺民益蔓延於南海之疆．與土人望衡

對宇・往來交際・迭爲賓主・或聯婚媾・長其子孫・蓋既千數百年於茲矣。

由是觀之・大江以北無所謂客・北卽客之土・大江以南客無異客・客乃土之耦・生今之世・而欲求唐虞三代之遺風流俗・客其一線之延也・故漢通匈奴・而漢之名噪於長城以北・唐通波斯・而唐之名著於歐羅以西・客爲唐虞三代之遺・避亂而南・而大江以南因有客家・漢囘門猶曰戎不亂華・土客鬥奈何指客爲匪・嗚呼・客自漢以來千有餘年・祖孫父子與土人並列編氓・土客之名有殊・而自朝廷觀之・胥著籍之民也・客與土鬥・客非與官仇・世之有司聽土人之誣揑・遂因械鬥而目以叛逆・竟助土人而驅之滅之・必使無俾易種於斯土也・嗚呼・何不溯其所由來也・故爲之說・以俟哀矜者之平其情解其怨焉。

張忠武公述畧

今上御極之三年・夏六月・江南平・天子乃告廟推恩・褒封功臣・自曾公國藩以下・爲侯伯子男若而人・復追贈藎臣宣力行間・齎志以沒者若而人・而張忠武公贈給一等輕車都尉世職・所以奬勳勞・揚忠烈也・謹按張公諱國樑・廣東高要縣人・縣連西粵・故多盜・公初陷賊中・名家祥・今制府勞公崇光藩粵西時・諗公忠勇可大用・招之出・爲請於朝・易今名・公志旣明・由是思自見・無何・髮逆起粵西・諸將帥擁兵觀望・賊衆十餘萬・圍桂林不克・徑趨湖南・公受揆帥賽尙阿檄・隨提督向榮追賊及於道州・斬馘數千・賊喧傳能以妖咒陣殺人・人信之・及是始稍稍敢與賊遇・公沿途追剿・又敗賊於永興・於耒陽・解長沙圍・殺賊尤衆・公雖殺賊多・而賊所過・裹脅號稱百萬・兩廣總督徐廣縉避賊於衡州・兩江總督陸建瀛棄軍於九江・賊乘勢掠舟蔽江而下・殘武昌・破漢陽・濱江州郡瓦解・遂長驅陷江寧・蓋咸豐三年正月也・江南旣陷・賊魁洪秀全據城建僞號・黨布江南北・公隨向帥至江寧・敗賊於二甕橋・奪壘爲大營・與城中賊相持・公自出克復東壩・克復秣陵關・次克復安徽太平府・賊伺公在太平・大出城中賊撲大營・自上方門至雨花臺・絡繹不絕・公馳回苦戰・解重圍・斬殺淹斃復萬計。

初・公在粵西爲右江鎭標千總・積功洊升・至是簡放漳州鎭總兵・謝恩奉旨嘉奬・溫諭以猛勇之中加以愼重・公感激涕零・益思滅賊自效・十二月鎭江江寧賊出擾・自石埠橋東陽・排頭菴・龍潭・東西兩堰關・高資港・六里店・下蜀街・上下二百里・警報如織・向帥令鄧提督紹良總統諸軍・而屬公五百勇往來策應・鄧久無功・四年二月・乃調鄧駐龍潭・而以公爲總統・公在六里店休士六日・撫軍吉抗檄調丹陽句容米隨・至二十七日攻燬下蜀街・二十八日斷賊接應・大破賊衆・復連日敗賊於高資港・於東陽・於石埠橋・不半月賊悉敗走・向帥札令駐石埠橋棲霞山腳・以圖大舉・而江北之賊・復煽陷江浦浦口二城・圍六合・溫令紹原上向帥籲・必得張公・公渡江至龍池集・賊營葛塘集・公毀其環列炮臺・三大營皆破・遂解六合圍・復江浦浦口・渡江南旋・上以功賞加提督銜・會別賊陷江西吉安等府・蜂擁南下・破寧國府・楚雄協蔡應龍參將楊瑞乾全軍沒・賊由灣沚黃池犯高淳溧水・徑撲葉陵關・公扶病往援・以數千人破賊數萬・

賊退扎谷里村・列陣抗拒・公率銳蹂陣・斃賊無算・餘黨退踞小丹陽・公定計踊勦・而鎮江軍飛報吉撫軍陣亡・周參將陷沒・余提軍被圍京峴山・公回軍馳救・賊大敗・棄京峴山而逃・當是時・賊惟公是懼・公赴京峴丹陽・餘賊乘機破溧水・江南城賊復大隊撲大營・大營失利・檄公回・軍火不至・砲傷於足・向帥退扎丹陽・六月二日賊至丹陽・公力戰拒之・丹陽定而向帥薨・上以和春代。

是月奉旨幫辦和春軍務・簡放湖南提督・賞穿黃馬褂・公奮厲感恩知・滅賊之志彌篤・進解金壇之圍・堂侄張朝元突圍入稍後・幾手刃死・復克復句容・移勦鎮江・大破援賊・復鎮江・殲城中賊殆盡・奉旨給世襲三等輕車都尉・乃議三路進圍江寧・先破秣陵關援賊・築長圍困之・八年四月賞換雙眼花翎・八月調補江南提督・是月江北德帥軍潰・揚州儀徵六合江浦浦口俱陷・公渡江復揚州太平府・援賊破溧水・公復南敗賊衆・復其城・薛老小以江浦獻公・渡江受降・偽英王陳玉成綽號四眼狗・最梟悍・聞公在江浦・自安慶率衆十餘萬來犯・苦戰卻之・十年正月克九洑洲・江西肅清・江南城外下關賊紛紛投降・城中賊糧盡・官軍合圍益力・公喜謂賊可滅矣・偽忠王李秀成見勢不支・復自安慶部賊十餘萬渡江趨太平・走寧國廣德・直犯杭州省城・公派提督張玉良選勁勇萬餘・由蘇常往援・至則城陷數日矣・賊聞以爲公來自大營・虛卽棄城回竄寧國・陳玉成亦渡江而南會秀成於建平・遂陷東壩溧水句容等處・窺大營。

公自接辦總統以來・連年血戰・驍將虎坤元戴文英等皆陣沒・舊所部親兵死傷過半・方遣弁如粵招募・大營事亟・軍至常州・總督何桂清適在常留爲衞・至令箭趣之・不遣行・擁常州軍餉百萬・又不以給・陳李二賊偵知・遂約城中賊四出圍逼・三月十五日公嚴陣與決・天寒大雪・將士饑凍無鬥志・乃突圍退保鎮江・和春駐丹陽・檄公至丹陽・周閱城防・馬顚公墜・傷右臂・二十九日力疾出營・賊數十萬猝至・公揮戈大呼殺賊・方戰而賊分股入矣・衆見城中火起兵潰・公死之・公死數日・蘇常相繼陷・和春縊於丹陽・何桂清遁上海・奏奉上諭・張國樑以末弁自率所部由廣西隨向榮追勦逆匪・轉戰數省・洊升提督・續因該員奮勇・疊著戰功・復加恩給予世襲三等輕車都尉・該提督受恩深重・益思報效・不料本年三月間金陵潰散・和春退守丹陽・張國樑由鎮江出援・策馬渡河・人馬沒於水中・先後據薛煥等奏報・朕以其屍身未獲是以未卽開缺・原冀其人尚在・出爲國家宣勞・茲已日久無踪・想係陣亡無疑・張國樑行軍日久・克復多城・爲賊匪所畏懼・東南倚爲長城・一旦爲國捐軀・誠爲所憫・倘張國樑若在・蘇常何至糜爛若此・思念藎臣・殊深愴惻・張國樑着加恩賞加太子太保銜・照提督陣亡例・交部從優議卹・所有任內一切處分悉予開復・入祀京城昭忠祠・並於死事地方及原籍建立專祠・應得卹典・該部查議具奏・該提督嗣子幾人・俟服闋後・着該省督撫給咨送部引見・候朕施恩・用示眷念勳臣有加無已至意・欽此・予謚曰忠武。

論曰・予遊江南・江南人爲予言忠武金玉子女無所愛・而獨愛士卒與民・故賊望旂避之・而百姓至家畫像以祀・忠武非有道歟・何功之反不易竟也・蓋是時忠武名爲副帥・而節制聽於人・又大江南北馳驅援勦・皆獨任之・忠武能急

人・而無人能急忠武・是以難也・忠武亡・天子乃授節曾侯專閫以寄・一時將帥如左李彭楊諸賢・皆能奮其力以相應・故卒有成・嗚呼道德功名任自爲・在逢其會耳・而卽以功論・汾陽臨淮亦何嘗不嘆睢陽爲難及哉。

歐樾華 曲江人・咸豐辛酉拔貢・同治甲子舉人・修曲江縣志時・稱其精核。

曲江縣志序

自秦氏置郡縣・漢因其制・而方書地志盛行於世・邑乘一編・古小史之遺也・曲江隸粵上游・漢附桂陽・吳以其地置始興郡・唐置韶州邑・俱倚郭・歷朝沿革・備詳國史・而山川人物見始興記・及新舊圖經者・視他邑爲詳・時未有專志也・宋興・蘇公思恭探討舊聞・裒輯曲江一書・詳郡志所未詳・文獻之徵・此其權輿・自是以後・數百年未有起而修者・延及勝國・全帙失傳・潘邑侯復敏乃再纂此書・則又彬彬儕於外史矣・國朝定鼎・淩邑侯作聖・周邑侯韓瑞・相繼增輯・康熙丁卯秦邑侯熙祚重加讎校・其主文者陳崑國先生也・迄今二百年・世遠風移・事多待輯・欣逢南豐張邑侯來涖斯治・人和政暇・百廢俱興・擬援琴之餘・纂輯新志・歲在壬申・乃廣延儒士・博採旁搜・凡事有關吏治民風者・備書於冊・嗣以委余曰・此邑中掌故也・請參究而冊訂之・余維志備史才・何敢以管見妄言筆削・然抱殘守缺・士有同心・乃勉起繇力・宗述舊志・參以史例・條綜諸說・以冀成書・適邑侯以受代去・臨岐匆匆・未及商也・矜懷珥筆・幾歷兩年・始成編帙・都分十六卷・復偕廖子誌光悉心校訂・而未敢信也。

甲戌秋・余計偕南旋・邑侯復來・尹甫下車輒詢是・爲出手帙以獻・乃欣然隨條覆覈・辨疆域・訪田賦・攷學校・詳武備・再四相商・期歸嚴潔・書成・付之剞氏・喜曰後之收斯邑者・詳求利病・是書亦豹管一斑也。

夫曲江蕞爾地・自天下觀之・太倉粒米耳・然其於韶也・爲腹心・於粵也・爲咽喉・規形勢者率稱劇邑・前咸豐年游寇竄擾・郭治幸完・仡仡江城・控扼嶺表・是知欲治粵之北境・必先治韶・欲治韶・必先治曲江也・今邑侯當此瘡痍甫復・勤求治術・休息斯民・又復咨古證今・惓惓以修志爲急務・其爲斯邑計・蓋已攬全郡之勢矣・余以荒殖・竊附述古・用備熙朝輶軒採風・芻蕘一得・負慚實甚・所幸掇拾編次・尚不至無徵耳・如補闕畧・請俟君子。

張品楨 字肖廬・南海人・咸豐間諸生・少孤貧力學・尚氣節・能文章・博覽多聞・凡於天文地理岐黃青烏之術・靡弗通・年古稀外・精神心力未嘗稍懈・日中仍手不釋卷・所著清修閣稿・其門人黃仲簡陳惕蕃付之梓云。

趙高論

千古小人女子之禍・其亦有爲而然歟・吳之亡也・亡於西子・人皆知其心之爲越矣・秦之亡也・亡於趙高・果何所爲哉・殆未易得而知者・昔始皇崩・趙高說李斯矯詔胡亥・而殺太子扶蘇・秦社隨屋・人皆咎高奸險・予獨竊有疑焉・

何疑乎是・蓋秦之兼幷・非有可王之德・六國之覆亡・非有可滅之罪・秦恃其詐力・烹滅天下之侯王・生民罹其荼毒・人皆有致死之心焉・特其峻法嚴刑・莫敢竊發・使沙邱之計不行・則扶蘇襲位・蒙恬秉政・秦勢難以動搖・秦苟享其成・則六國之氣莫伸・生民之恨終不得而洩・故秦以暴虐得之・高旋以詐佞敗之・嗚呼・若高者・其殆有所使之乎・書曰・撫我則后・虐我則讎・秦皇流毒於天下・凡含生負氣之倫・無不共讎・其蓄於心也久矣・故荆軻之劍・高漸離之筑・張良之椎・紛起迭興・卒無能濟・然吾謂軻等事雖成・不過戕其一身・不若趙高之舌鋒・遽斬其數百年之血食爲尤忍・夫必使之廢長立少・盡誅鋤其能臣謀士・俾根株悉拔・然後劉項勝廣之力可以逞・不知天魄其德・而假手於高以降之罰耶・抑高之心有所甚激・不憚損棄身命以洩其借亡之忿耶・是二者・均未可知・要其事則當時所共快者也。

而或者曰・荆軻之劍・爲燕讎也・漸離之筑・爲友讎也・張良之椎・爲韓讎也・高爲秦之宦豎・何憾於秦而讎之耶・曰・高雖委身於秦・蒙其豢養・安知其心果無所憾耶・考周穆王封造父於趙城・後世因以爲氏・及晉獻公賜趙夙耿以爲大夫・其後遂大於晉・秦滅六國・趙蒙禍獨慘・以長平之役・白起詐坑趙降卒四十餘萬・故趙人尤痛心焉・高殆趙王之支屬歟・若果然・則高雖爲秦之囚人・要不失爲趙宗之義士矣・或又曰・神不歆非類・始皇以呂氏而潛奪嬴秦之宗祀・而趙之先世與秦同祖・秦先公有知・其默相夫高也・審矣・是說也・吾尤以爲信。

駁柳子厚四維論

管子以禮義廉恥爲四維・柳子厚疑其非管子之言・夫管子一書・眞僞予不敢知・若禮義廉恥是謂四維・四維不張・國乃滅亡・此四語誠千古不刊之論・乃柳子謂聖人立天之道曰仁義・廉恥乃義中小節・不得與義抗而爲維・見其有二維・未見其維四・其論理則似是矣・而用則各有當也・如柳子之說則過於拘矣・夫寡廉鮮恥・不得謂之合義・是義誠可以統廉恥・然亦有不能盡統者・故古人於義之外・復標廉恥之名・則廉恥固立身之大節・不得而小覷之也・且如夷齊雖不仕周・而踐其土・食其毛・未爲非義・乃必採薇而食・以至餓死・而不悔・是廉且足以掩義矣・又如原思之辭粟・於義固無當・然使當時得遂其辭・豈不足以激末俗・是安得不謂之廉乎・蓋嘗思之・取不合義・則爲小人・辭不合義・仍不失爲君子・況國之六計・以廉爲尙・則廉固自有主名・而非小節可知矣。

昔子貢問士・子曰・行己有恥・使恥不足爲維・子何不直曰行己有義乎・孟子謂人不可以無恥・又曰恥之於人大矣・則凡不仁不智無禮無義之事・皆宜恥之・不得專以義概之也・且論語一書・皆羣弟子親承夫子指授所記・亦以文行忠信爲四教・彼忠信非修行中事乎・世有不忠不信・而可謂之修行者乎・有修行之人・而自外於忠信者乎・柳子必將曰・吾見有二教・無四教矣・尙書以水火金木土穀爲六府・彼金木與穀皆從土出・柳子又將曰・吾見有三府與六府矣・推此類以論古書・多有可議者・要之・管子之言欲以維世・

苟不深原作者之旨・徒執繩墨之論・句鑱字劊・務伸己見・則古書具在・其不見非於章句之士幾何哉。

于忠肅論

忠臣爲國不恤其身・義固宜然・然謀慮稍疏・則奸人得以誣陷・良可惜也・夫明之社稷・賴于謙而再造・寇準之耿烈・李綱之忠純・兩無所愧・惟景泰易儲・始終緘默・致抱奇寃・吾不能無憾焉・昔侯朝宗之論曰・于謙非社稷臣也・故不諫易儲・袁簡齋駁之曰・于謙社稷臣也・故不諫易儲・是簡齋徒欲以詞相競・然二說者・皆非持平之論也・簡齋謂英宗棄社稷而陷身虜廷・不可復有天下・則其子當廢・比之吏棄城・將棄軍・不宜復償其官・蔭其子孫・其論甚辯・要不可執是爲斷・夫吏棄城・將棄軍・不特不可償其官・蔭其子孫・且當按失地喪師之律誅之・何者・其權固有所操也・若英宗者・其權果孰操之・而孰誅之乎・今有人傭於主人之家・而喪其牛羊・虧其資本・爲主人者・怒而黜之可也・若其父作賈於外・資本缺折赤手而回・爲子者可從而黜之乎・然爲社稷計・凡承宗祧而主社稷者皆吾君・故喪一君立一君可也・即易一儲復置一儲亦奚不可・是謙不諫於易儲之日・容或可說・及見濟薨・國本未定・章綸鍾同二人以請復儲位下獄・謙於此時從旁贊助一言・以平日魚水之相得・當必見聽・即不然・當景泰不豫・謙苟密進一疏・或糾率百官開陳大義・俾景泰成其君德之明・而全其骨肉之愛・豈不甚善・縱天聽不能遽回・亦可塞外廷之議・則他日雖有徐石輩百人・何從媒孽其罪・謙獨少此一舉・其非保身之哲・而爲盛德之累・豈無因哉。

若王文等屬意襄王世子・其事尤悖・其時上皇在南宮・故太子猶在苑內・乃欲別議所立・勢必不行・趙盾賈季之事・可爲明鑒・以人心匪一・藉擁戴而圖恩澤者衆也・如以擇賢論・則襄王世子果賢乎・故太子果不肖乎・均未可知・謙之智斷不出此・然史載王文與太監王誠謀迎立時・謙爲少保・握重權・謀立大事非謙不能決・乃不聞有一語正其事・非不知史之代爲諱歟・抑謙實不與聞也・謙以蓋世勳名・致殞其身・人謂貽禍於力關和議・以謙有社稷爲重君爲輕之語・不知所以起羣小之誣・而觸英宗之怒者・固不在此也・則謂謙非社稷臣不可・而以不諫易儲爲社稷臣・尤大不可也。

荆軻論

事有奮發乎千百年之前・而震驚夫千百年之後・雖庸夫俗子皆耳其名而駭之重之・而賢者竟有不滿焉・噫・異矣・昔荆軻刺秦王・綱目書燕太子丹使盜刺秦王不克・夫以軻爲盜・侯朝宗袁簡齋諸人咸指其非・似無容贅・而論有未暢・故復縷陳之・軻之入秦也・太子丹使之・如以盜論・當窮主藏之人・則宜罪太子丹・今書丹仍繫以燕太子・則丹之欲爲國雪恥・爲此不得已之計・非如嚴仲子之僅爲一己洩其私憤也・固不得與聶政同論・夫秦政以無道而欲盜人之國・且將以無道而盜其天下・人人得而甘心焉・若幸而有濟・則六國猶得一綫之延・而先王之典籍法制・不至蕩然澌滅・其有功於天下後世爲何如・今不幸至以身殉・固無可言・然其志亦

可哀矣・其氣亦可壯矣・夫目爲盜者・必其人作而不義・如齊豹爲衞司寇賊殺衞侯之兄公孟並逐其君・所謂艱難其身以險危大人・故春秋以盜書・俾求名而不得以懲亂也・又如鄭尉止司臣殺子駟子國子耳・並劫鄭伯以如北宮・春秋亦以盜書・明其以下賊上倡亂國中・蔑法亂紀・罪在不赦・故不得逃斧鉞之誅・今太子丹與秦政同爲列國君主・非有上下之分也・秦政恃其詐力・欲芟夷人之社稷・殄滅人之宗祀・燕度不能勝・而以計圖之・此事理所宜然・綱目乃儕之齊豹尉止之儔・其毋乃非春秋意乎。

昔公孫述遣刺客刺來歙與岑彭・綱目未嘗以盜書・亦以述與光武並起草茅・以圖帝業・爲所使者各忠所事・故據事直書・不必存褒貶之見・惟盜殺武元衡・盜擊裴度傷首之例・則宜以盜書・言惡有所歸・罪在藩鎮也・今以軻爲盜・則罪軻乎・抑罪丹也・如以是罪軻・則軻奮不顧身・欲爲燕除凌辱之恥・此烈俠之士・非桀犬吠堯比也・非圖異日之寵祿而然也・其胸懷磊磊・豈不上燭霄漢・使當南渡時・得如荆軻其人・梟金主之首以報宋・則中原可以不亡・兩宮可以返旆・其功豈在趙普諸臣下・如以是罪丹・則丹坐視其國之將亡・而不出一策以相救・是尚得爲人子乎・厥後陳勝吳廣一叛卒耳・乃書起兵於蘄・非以秦有可族之罪而義之耶・何厚於勝廣・而薄於軻也・至謂丹不量力而激強秦之怒・又咎軻劍術未精・此皆事後之論・又不足與之深辨也已。

郡縣論書後

顧亭林先生所著郡縣論・目擊當時之郡縣遷調無常・動多牽制・其賢有德者・縱有惠愛之心・不能久居其職・則利未遑興・害未遑革・何以大展其才・其不肖者・視如傳舍・民生休戚漠不相關・但求饜其谿壑・一旦更代・卽萬家悲哭有所不聞・噫・其弊如此・治道奚以有成・民風何以日起哉・故其勢不得不變・變之之法・顧氏欲寓封建於郡縣之中・夫封建之不可復・柳州所論綦詳・今徵諸漢唐及明之藩封鎮帥而益信・若寓封建於郡縣・則化古今之成迹・而變通其制・其用意良善・但其中有不可行者・何以言之・蓋縣令不得行其志・以監制者多・今尊其秩・重其權・則措置得以自由・至三任稱職・便得私其疆土・傳其子弟・世世守之・其有貪汚不職者・嚴其刑罰・俾及身廢斥・則一縣之事・卽一家之事・孰敢漠視其民・以自干法紀・不難盡化天下而爲循吏・是縣令信得其人矣・然終於此而已矣・雖有英奇特達之材・不得而超遷也。

而本論又云・每數縣爲郡・郡設一太守・三年一代・設遣御史一年一代・其督撫司道悉罷・然則爲太守與御史者・其人於何途取之・又謂在京則公卿以上・倣漢人三府辟召之法・參而用之・然其人而皆伊傅周召之賢・則朝布衣而夕三公・自可無愧・苟辟召非人・則以草茅而肩重任・鮮不傾仆者矣・夫爲縣令者・旣得以茅土長世・而爲太守御史及冢宰六卿諸職・反無尺土以貽子孫・是法偏重於下・而反輕於上矣・且爲太守御史者・使皆虛己奉公則可・否則視賄賂之輕重・以別其令之賢否・民情之向背・難盡上聞・九重之高・還未能偏燭・其中去留豈盡得當・反多滋擾之端・夫令爲親民之官・旣以久任方習其風土・悉其民情・若御史爲察吏之

官・豈一年遽知其令之情僞・則患不在令之虐待其民・反在上司之曲枉其令矣・況前代每有改土歸流・今乃欲改流歸土・制度之紛繁・更難條貫。

本論又云取士之制・畧用古人鄉舉里選之意・縣舉賢能之士問歲一人・試於部上者爲郎・無定員郎之額・高第者得出而補令・次者爲丞・於近都用之・丞九年以上得補令・丞以下爲簿尉之屬・聽令自擇・報名於吏部・其區畫似甚周詳・但畫地取人・所得未必盡賢・其賢者必多遺棄・蓋天地生才・必有鍾毓之處・如元愷聚於一家・荀陳產於一郡・載籍所紀・歷歷不誣・卽以近日之人才考之・其儒雅淹貫者・多叢聚省會之區・其邊鄙州縣・翹然秀出者・閒世而一見・若此法果行・則數傳而後・以季氏之奸邪・將肆然於孔顏之上矣。

本論又云・令得私百里之地・倘一旦有變・不至如劉淵石勒黃巢王仙芝輩橫行千里・如入無人之境・必有效死勿去之守・合縱締交之拒・此亦人情所必至・但時勢變亂・豈數縣糾結所能濟・彼六國時・亦嘗合縱締交・何以白起王翦之師・竟如入無人之境・且彼若能糾結以禦敵・亦能糾結以拒違王命・盤據既久・其不稱職者・朝廷欲有所黜革而不能・如唐之藩鎮・以數州之地・屢煩征討之師・此其明驗・況南蒯陽貨之流・代有其人・天下之大・得此十數輩・則日不暇給・不得謂蕞爾小邑・不能稱兵以叛也。

然則郡縣之流・至今尤甚・終不可變乎・非也・宜小變其規・不必盡易其舊・何也・今日之弊在上而不在下・欲整飭吏治・宜先淸其源・竊見三代而下・漢之吏治猶爲近古・循良卓異・代不乏人・以縣令之上止一郡守・無督撫司道以臨之・則事無虞其掣肘・非僅風氣樸醇・亦才畧易展耳・今一省之中・旣有督・又有撫・其志向未必盡同・往往一事欲舉・撓者數人・祖護徇私・種種不一・爲令者方奔走趨承之不暇・遑言興革・故今之縣令非天子之官・乃督撫之官耳・非使以子其民・直使以供其上耳・令之橐飽於民・督撫司道之橐又飽於令・上下交征・民生奚得不困・故在上之冗員宜罷則罷之・縣令少一上司之供給・則可省一節之殘剝・監制者少・則總其權於天子・久任而責其成・卽依上三任稱職之說・便遷郡守・遷御史・其尤賢者・則入爲冢宰・爲六卿・必有九年之久・其蘊蓄自可展布・且黜陟旣明・庸劣庶知所奮發・巧宦者亦無事攀援・豈不一心於民事・不必世守其土・然後能盡其才也。

夫封建之初・天子一圻・列國一同・聖王立法・儉而有節・厥後大國且多至數圻・問鼎請隧・肆無所忌・蠶食之弊・已可共見・列國之大夫・其始亦爲一邑主・惟據其土・私其民・得以陰行其惠・根蒂蟠結・漸漬侵陵・其勢始大・若晉之趙魏・齊之陳氏・其尤著也・今郡縣行之二千餘年・而無其弊・正以尺地一民・皆天子有・尺書一下・黜陟惟命・叛逆之心孰敢稍萌・縱下不能撫其民・上亦不至病於國・變更法制・固無容輕議也・雖粵西滇蜀之土司・在本朝未嘗有尾大不掉之患・然又安知其撫循規畫・必盡順夫民情・且幸有督撫之重權以鎮馭之・不然・則前明安奢之亂奚遽熄滅・故吾謂聖人復起・而郡縣科舉之制・必不能頓革・但變通盡利・久道化成・則視夫君與相之善爲調處而已・亭

林先生學問淵博．當世共推爲經濟才．卽其自負亦不在人下．所著郡縣論九篇．初閱見其若可施行．細思似難盡善．故忘其庸陋．走筆書此．聊攄管見．非敢與先生繩較．蹈蚍蜉撼大樹之譏也．自記。

朝漢臺賦

登城北以眺望兮．發懷古之幽衷．覩遺址之模糊兮．緬往代之豪雄．當中原之多故兮．嶺道絕而弗通．擁輿圖以自固兮．思剸据以長終．值漢室之龍興兮．爰櫜矢而韔弓．甘北面而朝漢兮．敢自逞夫英風．原茲臺之宏創兮．何屹立而嶙峋．重岡繚繞而環護兮．勢峭削而孰鄰．相嶺岫而荒度兮．復翦闢夫荆榛．旣高凌夫碧漢兮．亦俯瞰夫重闉．矗雕欄與楨欀兮．列陛戟而逡巡．感皇家之厚賜兮．思棄故而就新．知天命之有屬兮．守率土之皆臣．溯秦鹿之紛逐兮．矢壯志之番番．任囂首畫此策兮．信才略莫踰夫尉佗．雖方隅之僻處兮．冀賢哲之咸羅．竊帝號以自娛兮．界自徼夫牂牁．陋西甌與東閩兮．奮劍盾之橫磨．恨高后之信讒兮．遂自激夫頹波．況風聞之慘怛兮．肯甘效夫止戈．逮文皇之嗣統兮．曾莫追夫前軌．遣陸賈以責言兮．何眞誠之爾爾。

怵天威之咫尺兮．願自今而更始．指疆域以分治兮．犬牙任其錯履．欣日月之重覩兮．幸湛恩之無已．旣族黨其存問兮．敢忘南粤之賜璽．叨寵榮之疊降兮．奚負隅之素恃．爰版築之頓興兮．識天地之崇卑．朔望登而拜獻兮．儼躬承夫殿陛之朝儀．從騎喧闐而比櫛兮．庶肝膽之乍披．念赭衣之遠賜兮．風自變夫蠻夷．縱黃屋與左纛兮．仍帝制之自爲．惟稱臣而奉貢兮．心自懾夫安危．倘崛强而罔顧兮．眇虎視之眈眈．同夜郎之自大兮．奮螳臂而無慚．幸白登之坐困兮．冀驪窟之深探．蹈重瞳之覆轍兮．勢累卵而奚堪．緬鴻溝之不終割兮．王氣豈鍾夫東南．徒天亡之自速兮．諒運會之莫諳．茲改圖而內向兮．非雄心之銷歇．撫幅幁之遼曠兮．豈兵力之告竭．審邛首之難背兮．知不可乎僭竊．願垂頸而戢翼兮．遙輸處於魏闕．蔭雨露之無私兮．化理漫遺夫百粤．奈數傳而卽替兮．輒敢逞其强梁．彼呂嘉之狂悖兮．嗟國步其堪傷．看樓船之下瀨兮．宗祏倏其云亡．感斯臺之頹廢兮．悵衰草於斜陽．何如朝擁纛於呼鑾之道兮．夕嬉遊夫歌舞之岡．與卯金相始終兮．長來享而來王。

徐　灝　字子遠．自號靈州山人．原籍浙江錢塘．先世遊幕留粤．遂籍番禺．年十八．佐縣幕．敏斷過於老吏．由是迭佐名郡大邑．上參節幕．兵食大政，皆資擘畫．改官廣西．迭署柳州府通判．陸川縣知縣．慶遠府知府．皆有政聲．能以經術飭吏治．尋擢道員．年七十卒．其所學於經訓說文．諸史百氏．樂律天算．博涉多通．有專家所不逮者．南海譚瑩以爲具萬夫之稟．通四部之全．儒林文苑各分一席．信不誣也．所著有通介堂文集一卷．靈州山人詩六卷．已刊．九數比例．算學提綱若干卷．蠶桑譜二卷．洞淵餘錄二卷．攟雲閣詞二卷．皆刊入學海堂叢書中．又著通介堂文箋三十卷。

虞氏易論上

自惠定宇張臯文發明虞氏易義．其後學者多宗之．獨王伯申深詆其說．余究心此經十餘年．始亦嘗從事於仲翔之學．見其支離穿鑿．多有可疑．循其法而求之．而體例參

差・復無一定・於是探賾索隱・遠求之於本經・參以諸儒之說・久之頗有所得・乃知虞氏終不可從也・仲翔論諸卦之體・皆從十二辟來・十二辟者・復臨泰大壯夬乾息之卦・姤遯否觀剝坤消之卦・與乾坤爲十二也・夫八卦成列・然後重之爲六十四・豈有震自臨來・巽自遯來・兌自大壯來・艮自觀來者乎・乾二五之坤・成震坎艮・坤二五之乾・成巽離兌・則六子自乾坤來矣・而又從臨遯大壯觀來・且頤既從晉又從臨・大過從大壯又從兌・將何所適從乎・剝復夬姤同在十二辟之列・而無有自此四卦來者・又何說乎・師同人大有謙其體有坎有離有艮・兼六子而成卦・何以得同六子之例・亦自乾坤來乎・頤小過大過中孚反覆不衰・師比噬嗑豐賁旅豫復・皆兩象易・故不從十二辟常例・然則小畜需履訟非兩象易與・反覆不衰矣・何亦不從常例・而謂小畜自需來・履自訟來乎・且如此・則諸卦皆可以相生・何必十二辟乎・尤可異者・謂晉初動體屯・未聞火雷爲屯也・謂益三動體渙・未聞風火爲渙也・若晉厺初而取其互體・則豈有五爻成卦者乎・至若雖變小畜與豫旁・而又從豫四之坤初爲復・因取復小陽潛之義・而名之曰小畜・則卦非具卦矣・此虞氏說卦體之謬也。

其說爻象多以之正・取義如屯六二女子貞不字・謂三變之正・離爲女子・爲大腹・蒙上九擊蒙不利爲寇・利禦寇・謂五已變上動成坎・故稱寇・已非其本象矣・然猶就本位論也・訟上九或錫之鞶帶・終朝三褫之謂二・變時坤爲終・離爲日・乾爲甲・日出甲上・故稱朝三變・時艮爲手・故三褫之・則舍本位而改二三以就之・且又謂初四易位三二之正・巽爲腰帶・夫同一爻也・欲言終朝・則爲坤爲乾爲離・欲取手與鞶帶之象・則爲艮爲巽・有是理乎・睽六五厥宗噬膚・謂動而之乾・乾爲宗二體・噬嗑四變時艮爲膚・故曰厥宗噬膚・大睽五既動而之乾・則成履矣・何不取於履而取於噬嗑・其所謂噬嗑者・又須先變九二以就之・已極牽强矣・乃復以九四變而成艮・然後爲膚・是不獨爻非其爻・象非其象・且不知其爲何卦矣・此虞氏說爻象之謬也・於是又因爻象之變・而變及於象・且於文言繫詞之無所取象者・無不以變例釋之・尋其旨趣・不與經義無關・而其言之龐雜淆亂如此・眞所謂賊經害道者矣。

虞氏易論下

或曰・左傳所載占筮之法・皆主爻變而言・虞氏非古法歟・曰・虞氏以繫辭傳屢言變動・而不得其說・因誤會左氏之文・以之正爲變・後來諸儒所以依違其閒者・亦以此也・夫左傳所載者・占筮之法也・占筮故變爻・若易之象象則自有本義・而無取於變爻也・繫辭傳曰・君子居則觀其象・而玩其辭・動則觀其變・而玩其占・此之謂矣・曰・然則卦爻皆以理言・而無所取象者歟・曰・有八卦既重之爲六十四・而命之名・其所以命之者・必有以也・次序之以爲周易・由乾坤而屯而蒙・其所以次序之者・亦必有以也・既成卦而有爻・因其象而繫之辭・其所以取象者・亦必有以也・名卦之說・如象傳柔得位而上下應之・曰・小畜柔得尊位・大中而上下應之・曰・大有是也・次序之注・則取反對與旁通繫辭・傳曰・參伍以變錯綜其數是也・蓋陰陽之理・迭爲消

長．無一成不易之陰陽也．是故屯反爲蒙．需反爲訟．陽或變陰．陰或變陽矣．至於乾坤坎離之類．反覆不衰．則陽生陰．陰生陽．而旁通見焉．皆因其自然之理而成者也．此名卦序卦之義也。

若夫爻象之所取則者．則比應交互之法也．屯初至五離．象卽爲女子爲大腹．不必三變也．蒙下坎卽爲盜．艮止之．故利禦寇．艮爲狗．故不利爲寇．非五變上動也．訟乾爲圜爲金爲玉．卽鞶帶之象．互離爲日．卽爲終朝．三陽稱三互．巽爲不果．卽褫之矣．（象曰．以訟受服．亦不足貴之．釋所以褫之意．）睽上離爲腹．故稱膚下．兌爲口．有噬之象．三與五以陰噬陰．故曰厥宗噬膚也．（同人柔位．謂二也．故六二同人于宗．）何必屢變其爻以爲象哉．虞氏之註．惟就本卦取象者不誤．蓋其家五世傳孟喜易．授受固有所自．但參之以臆說耳．孟長卿說見於諸書徵引者．如釋益云．雷以動之．風以散之．萬物皆益．正義釋莧陸夬云．莧陸獸名．夬者兌．兌爲羊也．（路史疏作紀注）釋小狐汔濟．濡其尾云．坎穴也．狐穴居．小狐濟水．未濟一步下其尾．故曰汔濟濡尾．（漢上易傳）皆從本卦取義．則知仲翔非書守其師法者矣．許叔重亦傳孟易者．而說文所引易．文多與虞氏不同．亦其證也。

卦變說

孔氏廣森曰．六位窮而後變．故八純卦八交卦．各行至上而變．又行至初而變．復行至上而變．三變之後．變則復初．每卦皆統三卦．共成六十有四．自乾變者曰夬．曰大過．曰姤．自坤變者曰剝．曰頤．曰復．自天地之交卦變者曰否．萃隨旡妄．曰泰大畜蠱升．自坎變者曰渙．曰中孚．曰節．自離變者曰豐．曰小過．曰旅．自水火之交卦變者．曰旣濟．家人漸蹇曰未濟解歸妹睽．自震變者曰噬嗑．曰晉曰豫．自巽變者曰井．曰需．曰小畜．自雷風相薄之卦變者．曰恒昇．大有．大壯．曰益屯比觀．自艮變者曰謙．曰明夷．曰賁．自兌變曰履．曰訟．曰困．自山澤通氣之卦變者．曰損臨師蒙．曰咸遯同人革備矣．灝案易之變動．其義實在於此．繫辭傳曰．窮則變．變則通．通則久．蓋自上而變．曰窮徹於上下．故曰通三變復初．循環無窮．則久矣。

江氏永曰．文王之易．以反對爲次序．所謂往來上下．卽取切近相反之卦．如否反爲泰．陰往居外．陽來居內．故曰小往大來．泰反爲否．陽往居外．陰來居內．故曰大往小來．恒反爲咸．恒之初六爲咸之上六．恒之九四爲恒之九三．故曰柔上而剛下．咸反爲恒．咸之九三爲恒之九四．咸之上六爲恒之初六．故曰剛上而柔下．此說與初上之變義得相通．蓋夬姤乾之變也．剝復坤之變也．而兩卦正相反．大過頤亦乾坤之變．取其相應而爲旁通渙節．坎之變也．豐旅離之變也．而卦亦正相反．中孚小過亦取其相應而爲旁通．皆有合乎序卦之次．他如震之噬嗑晉豫．與艮之賁明夷謙相反．巽之井需小畜與兌之困訟履相反．否之萃隨旡妄與泰之昇蠱大畜相反．旣濟之家人漸蹇．與未濟之睽歸妹解相反．恒之鼎大有大壯．與咸之革同人遯相反．益之屯比觀與損之蒙師臨相反．皆因其所變而取相對者以爲次．其例竝同．繫辭傳曰．變動不居．周流六虛．上下旡常．剛柔相易．此之

謂也．又曰．六爻之動．三極之道也．三極正謂上下對易．故曰至動而不可亂也．往來之際．二與四易位．三與五易位．故曰同功而異位矣．六十四卦皆以天地水火雷風山澤爲體．而以消長進退爲用．象數有相涉．則義理自相通．故其例如此．然皆重卦以後之事也．八卦既重之爲六十四．因而比物醜類．唯變所適．而得其自然之數焉．非由其變以成六十四也．是故諸卦既備．尋其陰陽消長之理．則其數窮之變．又推其剛柔進退之迹而比次之．則爲六爻之動．其實殊塗同歸．一致而已矣．江孔二說實能發明易之大義．執其例以求之於經．若合符節．余故貫而通之．以貽讀易之士．竝圖於後．以便省覽云爾。

筮之繇說

春秋時卜筮之繇．毛西河謂或散或韻．皆臨時撰造．非有成文．其然乎．曰．否．春官大卜掌三兆之法．一曰玉兆．二曰瓦兆．三曰原兆．其經兆之體皆百有二十．其頌皆千有二百．鄭注．頌謂繇也．据此．則古有卜辭著爲成書．命之曰頌．皆韻語也．左氏僖四年傳．初晉獻公欲以驪姬爲夫人．卜之不吉．其繇曰．專之渝．攘公之羭．一薰一蕕．十年尙猶有臭．襄十年傳．鄭皇耳率師侵衞．孫文子卜追之．曰．兆如山陵．有夫出征．而喪其雄．卽卜兆之頌也．孔穎達謂大卜三兆．各有繇辭．卽此之類．其說得之．且左氏所載繇辭實指之．曰其繇則爲引用成語．而非卜人所撰．亦明矣．又經云．掌三易之法．一曰連山．二曰歸藏．三曰周易．其經卦皆八．其別皆六十有四．此□□易各有六十四

卦之繇．如三兆各有千二百之頌．□□□占筮之繇．有見於今易者．引周易也．其不見於□□□□□於連山歸藏．然示別有繇辭．與卜兆之頌同．□□□□□之僖十五年傳．初晉獻公筮嫁伯姬於秦．遇□□□□□史蘇占之．其繇有曰．震之離．亦離之．震爲雷爲火爲嬴敗姬云云．案震之離者．謂歸妹上震變爲睽．□□□也．亦離之震者．睽上六變復爲歸妹也．（易窮則變．變則通．故□□□初爻必變．詳見卦變說．此筮歸妹得上六變爲□□□睽之上六亦適當變例．故復爲歸妹．他卦不爾．）又□□左傳爲火皆兼兩卦而言．昭五年傳初穆子之生也．□□□卜筮易筮之遇明夷之謙曰謙不足不翔垂飛不．或問□廣亦兼兩卦而言．此正如焦氏易林．每卦皆兼有變卦六十四．而各爲筮辭．不然．易爻豈有兼兩者爲說者乎．且此二傳所筮．皆周易也．而其辭周易無之．然則別有繇辭著爲成書．與卜頌事同一例明矣．其他論斷之語不用韻者．乃卜筮者之說耳．延壽之書．蓋仿古繇而作．與周禮左氏參觀．則卜筮之法．大畧可知．毛氏讀周禮未審．而謂繇辭爲筮人所撰．且譏易林如神祠笅經．過矣。

今文泰誓論

劉向別錄曰．武帝末．民閒有得泰誓書於壁內者．獻之與博士．使讀說之．數月皆起．傳以教人．劉歆移書讓太常博士亦曰．泰誓後得博士集而讀之．近儒江氏艮庭．王氏鳳喈．孫氏淵如．皆采輯殘文爲之疏釋．羼入本經．王氏伯申著說萬餘言辨證．伏生之書本有泰誓．大恉以爲司馬遷作史記．訖於太初．董仲舒對策．終軍白麟奇木．對司馬相如封禪書．及元朔元年有司奏議．皆在泰誓未獻以前．而其文已引泰誓．漢書藝文志載伏生尚書二十九篇．則泰誓在其內．志又曰．孔氏得古文以考二十九篇．得多十六篇．若泰誓爲伏生今文所無．則今文但有二十八篇．而古文所多者十七篇矣．其言甚辨．學者疑焉．灝案向歆父子校書祕府．見聞眞確．民間獻泰誓．博士傳以教人．事關經典廢興．朝廷掌故．非同委巷之談．若無其事．豈得妄言之乎．馬融書序亦曰．泰誓後得．其所見書傳引泰誓而不在泰誓者甚多．舉春秋傳國語孟子孫卿書禮記所引五事以明之．其言亦確有指證．伏生之書無泰誓明矣．漢書言二十九篇者．併後得泰誓計之．蓋古文尚書．武帝之世未立學官．而民間所獻泰誓．旣與博士讀說教人．則已立學官矣．故史因而併計之．從漢制也。

藝文志言．孔安國得古文尚書以考二十九篇．得多十六篇者．非安國自言之．班固追述之辭耳．其時今文泰誓已與伏生之書併爲二十九篇．（伏生二十八篇．堯典一．皋陶謨二．禹貢三．甘誓四．湯誓五．盤庚六．高宗肜日七．西伯戡黎八．微子九．牧誓十．洪範十一．金縢十二．大誥十三．康誥十四．酒誥十五．梓材十六．召誥十七．洛誥十八．多士十九．無逸二十．君奭二十一．多方二十二．立政二十三．顧命二十四．費誓二十五．呂刑二十六．文侯之命二十七．秦誓二十八．則泰誓爲二十九．又於其中分盤庚泰國各爲三．分顧命爲康王之誥．則三十四篇．）故古文除泰誓計之．曰多十六篇．（舜典一．汨作二．九共三．大禹謨四．益稷五．五子之歌六．允征七．湯誥八．咸有一德九．

典寶十・伊訓十一・肆命十二・原命十三・武成十四・旅獒十五・冏命十六・又於其中分九共爲九則二十四篇・）王氏伯申謂孟堅不疑泰誓是也・謂不信後得則非也・孟堅以爲民間所獻・實出遺經・故藝文志不復分別・而仍取劉歆泰誓後得之說・載於傳中・彼此詳畧互見・史例如是・非謂其出於伏生書也・王氏又謂民間縱有獻者・亦與伏生同・尤不其然・唯伏生書無泰誓・故與博士讀說敎人・若久已有之・則張生歐陽生之徒久已讀而說之矣。

論衡正說篇云・孝景皇帝遣晁錯往從伏生受尙書二十餘篇・至孝宣皇帝之時・河內女子發老屋得逸易禮尙書各一篇・奏之宣帝・下示博士・然後易禮尙書各益一篇・而尙書二十九篇始定矣・此說最爲明白・所云益一篇・而尙書二十九篇始定者・正指今文泰誓而言也・然則泰誓未獻之先・諸儒已引其文者・何也・伏生雖亡泰誓而全經・則其生平所習・授徒講學之際・容有及泰誓者・此諸儒所以徵引・而尙書大傳亦載之也・抑或見於他書所引・而諸儒轉引之亦未可知耳・（或曰・泰誓既亡・諸儒引之・何以不言逸書・則知當時泰誓見存・非逸書矣・案元翔元年詔引詩云・九變復貫・知言之選・亦逸詩也・而但稱詩云・不言逸詩・則泰誓不稱逸書・其例正同也。）

竊謂今文泰誓之辭有眞出於本經・亦有雜入傳記之語・蓋伏生傳・書本無章句・口授義訓・張生歐陽生之徒・因而錄之・其後轉相授受・則有異同・彼獻泰誓者・從諸書摭拾而成・正與東晉僞古文事同一轍・故其間有淺露神怪之說・而考索未備・多所遺漏・爲馬季長所譏・平心而論・實非盡出杜撰・然必謂伏生書中已有之・則不可也・儒者讀書稽古・疑則闕之・此事在漢儒已有疑之者・而數千年後・務反其說以爲可信・又從而綴集之以羼入本經・殆非實事求是之道也・東晉古文自朱子始疑其僞・至我朝諸儒相繼討論・閱七八百年其論甫定・乃復增一今文泰誓之在疑似間者・以貽後來之惑・此何說哉。

汪　瑔

字芙生・又號穀菴・番禺人・生平博極羣籍・尤工詩詞・精漢隸書・著有隨山館詩十二卷・文四卷・詞一卷・無悶子一卷・松煙小錄一卷・瑔始客曲江縣幕・賊圍縣城・以策焚賊船數百・城賴以固・漢軍秀琨爲繪秋城夜角圖・名流題詠盈卷・其後劉忠誠公坤一・張靖達公樹聲・曾忠襄公國荃督粵・居幕府者十餘年・沈機應變，多倚重之。

謝頒賜平定粵匪捻匪紀畧表 代

爲恭謝天恩仰祈聖鑒事・本年八月二十二日由提塘齎到軍機處遵旨頒賜剿平粵匪方畧剿平捻匪方畧各一部・臣謹恭設香案叩頭謝恩祇領訖。

伏以在天垂象・耀躔度於參旗・上古龐鴻・憯威稜於睽矢・聖如軒后・當蠻野而殛疏肱・治若陶唐・討疇華而誅鑿齒・春生秋肅・既彰鴻造之無私・月緯年經・乃繼譽經而有作・我國家珠囊闡瑞・璣鏡儀珍・合九譯而共憬同文・徧八紘而普霑醲化・顧以承平融裔・煦育駢殷・農士廣而螟蟊潛滋・鉅溟深而鯨鯢胥伏・囊丸交煽・篝火爲祆・五嶺東西・初試荓蠭之螫・兩淮南北・爭營惡鳥之巢・迨勢極於鴟張・

乃形同夫蝗聚・一則憑陵要地・效李特之竊據成都・一則馳騁平原・等公祏之驛騷淮甸・蹂躪者凡數千里・逋誅者幾二十年・虺毒橫吹・罔畏夫大郡名城之阻・豬都妖妄・詎容於光天化日之中・爰乃聖策風行・神機電發・牙璋遣帥・鼓鼙思將畧之優・羽檄徵兵・荼火表軍容之肅・庚鈐決勝・百戰百克之謀・甲籙開圖・四正四奇之陣・貝州礌石・火賊心寒・京口艨艟・水仙氣盡・始則妄思旅拒・逞螳臂以無知・既而允叶師貞・碎鯨牙而盡拔・烏合黑山之衆・乃次第以殲除・鷹揚丹浦之威・遂後先而耆定・星弧夜指・光滅天狼・露布晨飛・烽銷地雁・右粥左饘・而閭閻胥樂・前歌後舞・而干羽以陳・欣看宙合之咸綏・悉賴廟謨之廣運・勝殘振旅・揮韜知王者之師・保大定功・垂筴覩煥乎之盛。

蓋自道光之庚戌・以洎同治之丙辰・三聖勤民・聿隆郅治・兩宮合德・式著徽音・申撻伐於天戈・正伭離於地典・是以豹韔籌畧・皆奉命於軒經・鼇極歡娛・共承光於嬀鏡・既彰駿烈・用泐鴻編・告太紫以成功・命汗青而紀實・述德功於始事訖事・遠勝武成二三策之文・綜本末而大書特書・何異元律六十篇之作・布在方策・仰文武之丕顯丕承・垂爲典謨・知堯舜之乃神乃聖・我皇上羹牆纘緒・圖訓繩庥・貽垂而冊府尊藏・宣示而綈囊頒賜・臣術疏泰乙・幸際昌辰・昔從負羽之征・未諳戰畧・今荷賜書之渥・喜覩昇平・金版上供・願效秋官盛典・寶文大字・幸窺夏后宏謨・繼金川青海以成編・仰皇威之有截・瞻灤水白山之佳氣・頌景祚以無疆・臣無任感激欣幸之至。

雜讞一

晉之富人鄉居患盜・募人爲首・而無械也・紀綱之僕甲進曰・某聞南市有善爲弓矢者・請市之・挾金而往・市弓十矢百以歸・富人將試之・甲曰・勿遽試也・弓矢兵器也・試於公之圃・鄉人不習見・是駴之也・且吾所有者・弓僅十・矢僅百耳・以禦寇猶有所不足・使盜偵知之・益以輕我・非計也・不若扃於室・而揚言吾所購弓百・而矢數千・以是懾盜・使不敢犯・是不戰而屈人之術也・富人聽之・明年甲死・又以乙爲紀綱之僕・會寇畧旁邑・富人有戒心・乙進而言曰・曩所市弓矢少慮不足以禦寇・今北市之爲弓矢者尤良於南・請公購・挾金而往市弓百矢千以歸・陳於庭視之・弓角澤而絃采・矢羽皆五色燦然也・富人喜曰・此可以試矣・乙曰不然・弓矢益多・則駴鄉之人益甚・寇來必我犯也・而示以禦之之具・或反生寇心而招之來・且公所募者未必習於射・使試之而不善用之・是無事而損吾貴重之器也・不若藏之便・富人又聽之・未幾乙辭去・又未幾・而寇至・亟發其藏・則膠解角反絃斷・而羽脫矣・富室始悟甲乙之欺己也・大懟以怒・而無如之何。

君子曰・甲乙小人・其黠矣哉・所市之物不足用・彼自知之・甲不死亦將如乙之辭去・使寇卒不至・甲乙之奸可終身不敗・甚矣・其黠也・雖然・弓矢之市・使之者誰也・聽其言而不試者・又誰也・度其初必嘗以小忠小信深結其主之心・然後信而任之・言無不聽・顧其言支而不切於事・一審思而反詰之・固無辭以解・而卒弗之詳焉・是非甲乙之黠・

而實富人之愚也．而懟而怒．何也．非其人而用之．不知人．不察其言之是非而聽之．不知言．不知人不知言而求事之不敗．自古以來未之有也．晉之富人．其小焉者也。

雜讔二

有富人居海濱者．欲治室於邑．問其童奴能治室乎．皆對曰．不能．富人曰．吾聞鄰邑多巧匠．吾資若輩往學之．童奴學三年而歸．使之治室．一年而不成．其友聞之．謂富人曰．童奴所學何若．子知之乎．曰．不知也．曰治室非難事也．學三年而歸不能治室者．其學不專也．使之專奈何．曰．子召諸童奴而語之．能治室者．吾優其衣食．尤能者．去其籍使爲良．則彼自注學．學且專矣．如其言．童奴之鄰邑者數十人．一年而歸．曰．能治室矣．請試之．又一年而不成．富人懟其友曰．吾聽子之言．而室卒不成．何也．其友曰．子之治室躬自督之乎．曰．否．使兄之子督之．曰．然則請召諸童奴而詰之．皆曰非某等之過也．某等有能斲者．有能甓者．有能墁者．堊者．主人之兄子不問也．能斲者使之甓．能甓者使之斲．墁者堊者莫不然．又刻覈其衣食．請購木石瓴甓之屬．輒吝其值．一年而室不成．非某等過也．其友語富人曰．然則子之室之不成無怪也．無已．吾爲子任之．子以治室之費予我．吾爲子任之．富人諾．乃集諸童奴於庭而問之．能某事則任之．不足則召鄰邑之匠以助之．豐其傭及衣食．所購木石瓴甓之屬．則厚其値而時給之．三月而室成．富人謝而問曰．吾不聞子之能治室也．而若是何也．曰．吾不能治室．而能用能治室之人．苟能用人．雖鄰邑之匠可也．何必童奴．今而後子欲治室．但求能督之者可矣．君子曰．富人之友．其知理道者歟．世之人無無室者．使皆如富人之所爲．天下之有室者少矣．富人之友其知理道者歟。

雜讔三

周生者．越人．以善醫遊吳．吳有富人病．里醫治之不效．乃延周生．富人之家所以禮生甚至也．富人飲生藥．病漸瘉．禮漸衰．生將去．而富人又病．其家之人所以禮生者乃盛於前．生復飲以藥．獨人病又漸瘉．禮又漸衰．生又將去．而其家又留之．客又謂生．富人之家所以禮子者．意亦可見矣．雖留子．子庸爲之留乎．周生曰．吾以醫爲業者也．醫者蘄於瘉人之病．不蘄於責人之禮也．禮雖漸衰不至於無禮．病雖漸瘉未至於無病．吾姑留焉．欲其病大瘉而後去也．且吾治其病已得大半．吾去而繼之者．或妄投以藥．則病必劇．劇而咎前此之醫之者．吾將爲所累．吾以醫爲業者也．吾之留．非得已也。

生之友曇礦翁聞之曰．生之業於醫誤也．不業於醫．富人安得而致之．又安得而留之．夫生固非徒工於醫者．其業醫誠非得已也．不得已而業醫．不得已而應富人之招．又不得已而爲其家所留．今不議其業醫之誤．而議其不當留．非知生者．吾聞他醫欲售其技以干富人．富人不飲．他醫知之．問富人．富人曰．吾固欲飲子之藥．而周生沮之也．故他醫藥皆怨周生．富人飲周生之藥而病瘉．又以府怨報生．嗟乎．周生其業於醫不誠大誤也哉．然而富人之病．則固已

瘉矣。

雜讖四

江南有善爲藥玉者·售於達官以爲帶·遠望之瑩然美玉也·有識玉者曰·此藥玉耳·則人皆詈之·達官詎用藥玉耶·既而達官以妄費官物敗·斥賣家物以償·出其帶以示玉工·曰·此藥玉也·價賤不足售·嗟乎·當達官未敗時·力非不能致眞玉也·顧爲藥玉者必純白而澤·眞玉往往不及·達官目眯而寶之·藥玉進而眞玉不至矣·當是時識玉者言之·人則詈之·及其既敗·則笑達官之不識玉者·即此詈人之人也·嗟乎·玉一物耳·識之亦非甚難也·而猶若是·悲夫。

辨氣

天下事皆氣爲之·故氣重·雖然·有客氣焉·眞氣焉·客氣脆·而眞氣堅·故眞氣重·雖然·氣者·由小而大·微而宏者也·得所養則不窮·失所養則易竭·故養氣尤重·今夫一介之士·軀幹不逾中人·衣冠垢敝·神采弗顯·此世俗之所易視而輕忽者也·一旦遇事奮發·慷慨激烈·言人所不敢言·爲人所不敢爲·雖天下之豪肆疆暴者當之·莫不斂抑退避·莫之敢攖·此豈非氣爲之哉·孟子曰·吾善養吾浩然之氣·道義以植之·學問以輔之·所謂養也·養之至於軼日月而並明·亙宇宙而不傾·用於世·則充之國·而國以貞·充之天下·而天下平·即不幸而遇危亡衰弱之際·亦足以處患難·任艱鉅·而不撓於行·不用於世·則處江海山林之中·而其浩然者·亦將鬱爲節義·發爲文章·屈於一時·而信於萬世·不可得而湮沒也·是故士不可無氣·氣不可不養·用不用·不論也·而欲治天下之事者·必求而用之·何哉·平居無事·庸人俗吏·一無眞氣者·足以枝梧一旦·事變猝至·非束手拱視·即引身卻避·此無他·無氣故也·無氣者·不足用·則有氣者重矣·善養氣者·大抵不肯以氣自名者也·吾懼夫世之人辨之不明·誤以客氣者流當之·囂囂僨張卒以敗事·因以謂有氣者之不可用·而以無氣者任天下事·則其爲害也·大矣·吾故詳辨之·使立己者·知所養·而用人者識其眞。

法論

治必有法·法期於行·然而簡則行·繁則不行·疏則行·密則不行·愈繁愈密·則愈不行·迨乎萬不能行·則悉舉其所立之法·破壞而決裂之·至於蕩然無法而後已·自漢而至於明·其治天下莫不有法·當其開國之始·承前世分崩離析之餘·與民更始·舉凡科條律令·類皆疎闊簡要·易知易從·故天下臣民咸相安於法之中·而因以無事·百年以後·治定業安·其君若臣以爲先世政令多所疏畧·於是因事立制·自侈明備·而一二好議論不知大體者·又從而傅會之·朝下一令·暮更一例·以其疏也而密之·以其簡也而繁之·當其立法之始·亦嘗毅然期於不可廢·而以其繁且密也·天下之人不能悉知·即知之亦不能悉行·則下之人姑以文具自便·謂爲已知已行·以應其上·上之人亦知其不能悉知而悉行也·亦姑以文具自慰·以爲既知之而行之矣·於是

上下相遁於法之中・亦姑以無事・然而廢弛粉飾之弊・固已中之矣・無事之日・已有不可終日之勢・一旦有事・則向之所謂科條律令・皆足以縶賢豪之手足・使其觸諱扞網不得展舒・而凡闒茸骫骳之流・便文自營・轉有所憑籍・爲趨避利害之計・當是時也・欲如平日相遁於法之中・勢旣有所不能・而事變之來・有出於成格之外者・不得不捐棄繩墨・以求濟旦夕・於是解散離析・不惟中葉以後之制不得復用・乃併其初之科條律令・亦皆破損毀裂・僅有存者矣・嗚呼・此豈其初立法者之所逆料哉・論語稱居敬行簡・而晉荀勖亦言省官不如省事・古人非好爲是疏闊也・以爲密而不疏・繁而不簡・繁者密者之不存・將幷其疏者簡者而失之也・治天下有本有末・道德齊禮本也・科條律令末也・而繁而密末之末也・有國家者・奈之何徒操其末而以爲治世之具也哉。

愼議

天下之事夥矣・有議之者・有爲之者・其成敗非一人之所爲也・而其議則必倡於一人・此一人者・非必有勢位氣力也・其所言亦非必自信其可見諸行事也・率已意而姑言之・以自快而已・遇一有勢位氣力者・見其說與已意同・則取而行之・在上者倡・在下者和・行之而善・功遂名立・赫然於世・世不知其說出於誰何之人也・一不當而敗壞決裂・事之小者猶可也・事之大者患且及於天下後世・而始倡此議者・或不免身受其患・嗟乎・是豈倡議者之所及料哉・從來才士失職不見用於當時・往往恣爲論說・思託空言以自見・彼旣未嘗盡歷天下之事變・而其高才博學崇論閎議・又足令見之者矍然而動心・彼其陳說古今・推究利害・率取其合於吾說者著之・至於禍患之隱伏於中者・或識所未及・或隱而不言・一爲有勢位氣力者采其說而用之・雖有深識遠慮人士・於其方欲行之之初・明辨力沮・固亦不聽・卽其隱患已萌・猶可及止之時・尙以爲吾行之而吾自已之・將爲沮我者所笑・而又冀其或可補救於後也・卒持之而不改・迨夫禍敗已成・勢不可挽・而後悔其用言之不當・舉事之不愼・則已晚矣・嗟乎・聽人之言而徒取其合於己意者・其敗宜也・彼倡議者出於一時之見・有人焉信用其說而見諸行事・度其私心未嘗不幸吾說之售・而豈知釀禍於無窮・或且身受其患也哉・使當日者言不見用・後世見者未必不愛其議論而惜其不試也・然則彼之自以爲幸者・固彼之大不幸也歟。

前後守寶錄序　魁公名聯號蔭亭滿洲人

前守寶錄五卷・後守寶錄二十卷・總二十五卷・前湖南按察使魁公所錄守寶慶時官文書也・咸豐辛酉於友人許見是書・僅後錄中十卷・其間書檄文告・類皆明達曉暢・動扼機要・而上大府一書・指陳軍事利害尤悉・意灑然異之・以爲新建南贛書亞・顧未見公自序・不知卷秩有幾・卽公仕履所至亦未之詳也・同治辛未見益陽胡文忠公遺集中・有疏言公任寶慶衡岳諸郡・以私財養士凡十餘年・志趣公忠・非庸俗所及・請賜三品卿銜・幫辦湖北水陸營務事宜・而巴陵吳氏敏樹柈湖詩錄中有輓王生治模詩序・言公意氣軒豁・生以肝膽許之・公再守寶慶・有前後守寶錄・皆生所與籌畫・始知公之生平與是書之所由始・而猶未覩其全・今年春始識公

令子月山大令．甫相見．亟詢是書．則原版散佚．將謀重刻．因力從臾之．閱十月而刻成．大令遂屬瑔爲之序。

瑔學識淺薄．何足以序公之書．顧竊有不能已於言者．國家設官分職．布列中外．而府縣獨爲守土之吏．今之知府．即古之大守．（去聲）守者．守也．言一郡之地皆所守也．廣西髮賊之亂．蹂躪東南數千里．所過名城大郡以數十計．守土之吏．或棄而不守．或守而不能終守．若此者無論已．其能守者．登陴枕戈．池隍無恙．固不可謂無功．而一城之外．人民邨落摧敗糜爛者．亦已多矣．公獨倡守城不如守隘之議．募勇士．結鄉團．分布險要．使人自爲守．又時時飭器械．耀旗鼓．取所募之士．日試而旬閱之．信賞必罰．士有必死之志．故所募僅二千人．而其氣勢嘗若有數萬人者．風聲所樹．賊氣已懾．又先事鉏絕奸宄．使無內訌外誘之憂．是以賊陷興安全州．歷永衡桂郴．迄於長沙益陽．環寶慶之南之東北凡千餘里．而卒無一賊闌入郡境．士民安堵．不見烽燧．此公保障無形之功．豈不出於嬰城野戰者之上哉．天下郡邑形勢不一．固有不能不城守者．然能守城者．必知守隘．不能守隘者．亦必不能守城．世俗之見．以爲守隘難．守城易．往往縱賊入險．困守郛郭．卒之孤注無援．陷沒相繼．夫然後知公之才識出人遠矣。

兩漢郡守多知兵能辨賊．如龔遂之於渤海．祝良之於九眞．尤爲後世所稱．然其時大守事權重．上或假以便宜．兵甲財賦隨取以足．都試可以肄卒．徵辟可以得人．故事易舉而功亦易成．公再守寶慶．當仍歲用兵凋敝之後．公私赤立．兵又恇怯不足用．迺於艱窘危迫之中．振厲奮發以結民心．鼓士氣．而上官猶有不亮者．動以文法相繩．公不悔不憤．不激不懈．堅忍委曲．事卒以濟．然則公之功之才．猶人所共見．至其苦心孤志．則公不以告人．而世亦或未之知也．是書錄書檄文告．皆王生所屬草．然亦受公意指而成．使不遇公．雖百王生何能爲．而公自序不沒生姓名．又以生無年．不竟於用．深致悼惜．則其當日肝膽意氣．必有相結以誠相感於微者．嗚呼．宜王生之爲知己死也．瑔初見是書．即心慕公之爲人．越十年而知公之生平．又十三年始識公哲嗣．獲覩是書之全．復見其重鋟以傳於世．似亦非偶然者．故於大令之屬．不辭而序之如此。

祭王補帆撫部文代

嗚呼紫澥瀾廻．丹霄星霣．望斷旟旌．悲纏台緄．將陽萎其朱芊．慶霱收其黃菌．賁痛五仞之巃嵸．太華三峯之隱嶙．瞻定景而停版．歷中道而紆軫．痛偉絜兮未終．胡元根兮遽殞．惟公黻組名宗．旄車舊族．衢騁蜚黃．山輝結綠．家聲傳槐莢之風．人望表梅花之屋．早探東觀之秘書．聿耀西京之華轂．曉維絡於地典．校鏢緗於天祿．固已苞名世之經綸．蘊宏才於瑴玉．衣錦舊里．嗚珂故鄉．征車息駕．枉矢飛芒．刻契箭而誓日．佩寶刀而耀霜．白梧則王熊慷慨．黑山則張燕摧藏．雖小試夫餘筴．已有造於維桑。

既而拜詔九乾．驅車兩淛．方總儲胥．旋陳時臬．愛人爲學道之徵．弼敎輔明刑之哲．祛宿弊於棘舍．復生徒於縣蕞．吏有嚴師．門無私謁．是以譽望風馳．英猷電發．荷簡在於北宸．總藩條於東粵．時則嶺海遐壤．東南奧區．聚萬

國梯航之會．當廿年烽燧之餘．吏治疲於期會．民力困於轉輸．緡錢疊算．杼柚猶虛．公乃翹懃自勵．軥錄是圖．擴八達四窗之量．定九柯十匠之模．察寮宷之殿最．綜度支於賦租．衡六燕而無忒．害五蝨而畢除．蘇綽則手書文告．劉晏則心計舟車．雖駢坒其勞甚．乃儲偫之裕如．三年以還．百廢皆起．府有餘財．令如流水．鄰道迎淮北之舟．大庾足江東之米．既竫心於庶政．乃垂恩於多士．謂茲交廣之間．古號文明之地．何才雋之計偕．乃罕臻夫上第．殆京國之云遙．抑師資之未備．結夏課以難工．赴春官其不易．乃開黌舍．乃置典墳．督以鄉邦之耆宿．導以臺閣之宏文．筆燕許以爲範．香馬班而兼薰．佽資斧於日下．佐膏油於夜分．孝廉之船競發．科名之草益芬．遂乃運紫宮而執斗．奏丹坒以書雲．應大魁之朕兆．喜佳話之流聞。

迨夫建牙閩越．開府瀛壖．虞愿見晉安之石．房豹變樂陵之泉．會禹甸之敷土．樹漢旌以拓邊．公乃手操龍節．目洞鯢桓．文子開五神之敎．姬公成三象之篇．惟諸羅之片壤．實農土之外寓．控鹿耳而門高．臥鯤身而石古．增土斷於庚戌．驗潮鹹於子午．將易鱗介以冠裳．化狉獉以干羽．爰分疆檕．爰握機矩．鄒君通褒余之道．韋公畺蒙段之土．工徒萬八千人．城壘一十六所。

方謂啓漢家之西域．展堯封於北戶．聯絡地維．奏功天府．何造物之不仁．俾哲人而勿祜．於虖哀哉．孰受金法．孰窺玉衡．星蝕五夜．風飈八紘．悲鳶飛兮下潦．驂鶴馭兮上征．瘴浪泊其已甚．郡敦煌而未成．城危赤嵌．濤擁滄溟．知九原之齎志．將千載以揚靈．某等昔叨埏埴．夙隸屏幪．或栽培夫散櫟．或賞識夫焦桐．拔卜商十三行之後．置顧榮百六掾之中．荷龐褫之曲被．悵塵邈之莫從．忽惕騔夫凶問．咸惝怳於鄙衷．潔桂椒以肅奠．託蕊茹以何窮．感千秋兮知己．偕一慟兮懷公。

凉　賦

長秋苑中秋氣淸．昆明池裏素波平．西風來幾日．凉痕如水生．一番踈雨有時歇．十里夕陽無限晴．於時漢宮麗妾．唐殿佳人．雀釵九朶．鸞鏡雙身．念芳序之已晚．慮幽懷之莫申．扇輕愁重．衫薄妝新．抱雲和而不寐．啓鈿合以微顰．若夫鏡檻年華．玉臺儔侶．人愛晚晴．天消殘暑．簾櫳則燕子年年．庭院則梧桐處處．既中酒以愁余．復吹簫兮和汝．碧欄十二可憐儂．紅豆一雙奈何許。

至於妾居碧瓌．郎去紫臺．魂夢離合．光陰往來．戀餘香於翠袖．憶行迹於靑苔．輕羅小扇不忍棄．斗帳流蘇誰爲開．秋夢如煙．秋情可憐．碧雲千里．新月一弦．懷美人兮天末．念佳期兮昔年．拂羅衣而猶著．幸玉簟之未捐。

於是撫景生愁．感時積思．聽凉葉於三更．憐凉花之一穗．草更綠而人遙．蓮微紅而粉墜．庭空則蝴蝶鈎魂．池冷則鴛鴦少睡．望新雁以未來．託凉蛩以道意．歌曰．誰傳秋信到銀屏．桐葉飄階月透櫺．記取闌干紅一角．更無人處拜雙星。

鶴舒臺賦

海東一片紅霞上．手把仙人綠玉杖．西風吹客上高臺．

福地相看意蕭爽．黃鶴一去．白雲千年．空山日月．上古神仙．問高眞兮雖遠．訪遺迹兮猶傳．想飛昇之高躅．憶安期而邈然．當期東海暫辭．南交來至．金壁不留．玉京可致．避逐鹿之紛爭．伴騎羊而遊戲．開葛令之先蹤．孅浮邱之靈異．賣藥經時．誅茆何地．念深山之闃寥．遂閒雲之偶寄。

既而九還春滿．一笑天空．神遊世外．迹棄寰中．而茲臺也．倚青峯而矗立．臨碧澗之奔谼．樹密無日．巖高有風．雖故名之或改．識舊址之猶崇．蓋地異九成之觀．而人思千歲之翁．客有託志松門．寄情蓬島．不求九節之蒲．願覓一枚之棗．趁往日而登臨．及清秋而幽討．遙看而獅海平臨．下視而羊城近抱．聆澗水兮潺潺．俯天風之浩浩．念位業於眞靈．託遐心於至道．乃爲之歌曰．臺上有仙人．騎鶴早遐舉．鶴去不更來．茲臺自終古．又爲之歌曰．臺空夜半月華明．臺下泠泠泉響清．此際何人吹鐵笛．羣仙海上正相迎。

愍川賦有序

光緒丁丑夏．嶺南廣韶惠諸郡皆大水．隄岸潰決數十處．邨落田廬墊沒．魚爛不可勝計．耆老相顧歎息．謂數十年所未有也．或言海濱多沙田．下游無所宣洩．水乃旁決爲患．又或言山中發蛟．故水暴漲．是皆不可知．要之豫備之道．亦稍疏矣．大吏既聞其事於朝．又蠲俸興發．分道賙卹．縉紳士庶亦多出己貲．汎舟運穀．鬻粥平糶．故雖諸郡竝菑．而盜賊不起．道殣猶尠．然而補救於臨時．不若綢繆於先事也．堯水湯旱．盛世不免．金穰木飢．歲行無定．是固難以意測．所可爲者人事耳．使官吏士民咸修厥德．隄防必謹．畜積必豫．水當不爲菑．菑亦當不爲甚害．余旅食茲土．目擊心惻．爰述所聞見爲愍川賦一篇．庶幾言之者無罪焉。素不工於是體．繁猥之誚．所不敢辭。

昔伊者之光被兮．灉洚水之滔天．豈天吝夫棐忱兮．知運會之適然．彼九州之蕩潏兮．胡一隅之足言．念羣黎之凋瘵兮．孰聽覩而可安．茲賁隅之奧區兮．實南交之都會．厠五嶺而阽濱兮．合三江之支派．北湞水之迅激兮．渝洽滙而始大．東臣佗之故邑兮．跨循州而瀰沛．尋二州之導源．初不踰都嶠之區外．惟西江之巨浸兮．自滇黔而東赴．歷三四千里而颯以汛湜兮．絡二十七江而藐以交沍．溯牂牁以經始兮．貫孋羊以來下．會霖雨之波漲兮．合風雷而氣怒．謂茲川之不可禦當兮．匪東北之可亞．胡今茲之獨異兮．患迴出乎恆慮．丁疆圉之紀歲兮．又長爲之晷修．儵霎霻之交作兮．越三日而未休．既東流之驟發兮．又北派以橫流．嗟瀰湃而洶湧兮．越城野而竝夷．彼千邨萬畝之綉錯櫛比兮．□一堰以爲基．豈龍鱗之或闕兮．竟蛙灶之遽菑．震陽侯之盛怒兮．挾河伯以俱來．雖山嶽其敢迕兮．何土石之勿摧．駴變故之忽發兮．雖欲遠避以何及．捲廬舍於波濤兮．變江河於城邑．紛漂流其孰援兮．爭微軀於呼吸．置嬰婗於甕盎兮．隨旋渦而呱泣．胡殘賊之忍而勿援兮．惟朱提之能拾．（有大甕盛嬰兒．懷中片紙裹白金．書姓名年籍云．有救者酬以金．無賴子見之．取其金仍棄兒水中。）

登高邱以騁望兮．覩洪流之湯湯．傍有老夫揖余言兮．既有所自而患有所生．望海濱之斥鹵兮．率築田以試耕．既

尺地之可利焉・與滄波而力爭・驗下游之日隘兮・乃橫決而妄行・慮鉅患之滋甚兮・豈積弊不可以變更・顧嶺表之民衆兮・數不贍於羣氓・惟沙潭之日闢兮・乃蒼箱之歲盈・試循常而究變兮・利與害其猶相當・亮斯言之非信兮・殆猶拘於尋常・溯先民之有言兮・貴豫防而思患・驌奔騰其忽至兮・安知非穴蛟之爲幻・考月令而當伐兮・雖一夫其可辦・當未起其蓊除兮・固功倍而事半・剗隄岸之纚連兮・足俟遮而衞扞・苟蟻穴之必懲兮・詎鯨波之爲難・吾言其猶未畢兮・老父掉首而不留・豈蠡測之未當兮・乃貽譏於謬悠・雖淺見而尠聞兮・固至理之可求・更澄慮以渺思兮・或闚夫沴戾之所由・信天道之曠遠兮・實人心之感召・占洪範之陰陽兮・握古今之樞要・徵五行之不斁兮・歷千禩而彌效・顧蒸徒之知警兮・厲修爲而自劭・念今日之猶幸兮・灩振卹之有人・既方舟以亟濟兮・復蠲俸而勸分・蘄流亡之亟復兮・覩畚臿其如雲・庶平施之有術兮・修補助之遺文・卜長養於盛世兮・占和樂以豐年。

誶曰・祝融之墟・水所宅兮・尾閭爭趨・若朝夕兮・九原丈人胡肆瘧兮・豈厲岸氓媚海若兮・嗟彼赤子丁斯厄兮・孰爲拯之登衽席兮・灑沈澹災・豈無策兮・豫之時義吾將取諸易兮。

同冠峽銘并序

同冠峽在陽山縣西北七十里許・蓋由陽山以達連州之中道也・山川之美・圖經所稱・江流詰屈・巖壑聯屬・煙霞之所往來・陰陽迷於向背・厓樹錯立・雜以修篁・沙岸乍回・閉之淺瀨・飛鳥千翼・望日夕而知歸・游魚百頭・逆春流而爭上・其中尤多飛瀑噴薄巖穴・散珠璣之千斛・合琴筑而一聲・風吹若煙・日照疑雪・嶔奇極於萬態・視聽爲之兩疲・信足以澡雪精神・發皇耳目者矣・余以戊午春月薄遊陽山・輕舲往還・再過茲峽・念其表靈異於荒遐・爲冥搜所罕及・蘊寄眞賞・聊述斯銘・銘曰。

桂陽古郡・湟水長川・千巖俠立・三峽纚連・惟茲靈境・具足澄鮮・疊翠一開・奇青萬變・仰成錦障・俯窺淨練・猨語山巔・鳥飛波面・山色江色・風聲水聲・厓危樹立・石古雲生・神仙窟宅・朝夕陰晴・古洞嵌空・驚濤飛瀑・白雨跳珠・青天散玉・勢注谿潭・響會林谷・歸艎暫過・心折靈奇・經殘酈注・碑失韓詩・古人遠矣・小子識之。

廣東文徵

改編本卷二十六

番禺吳道鎔原稿

清八

鄒伯奇 字特夫．南海諸生．通經學音韻學．而算學尤精．於經中有關天文算術先儒未發．發而未明者．一經權證．皆昭晰無疑．旁及諸子書及西法。因悟墨子書爲西法所祖．陳澧極稱之．同治初粵撫郭嵩燾以算學薦．徵不赴．舉學海堂學長．所著有學計一得二卷．補小雅度量衡三篇爲一卷．對數尺記一卷．乘方捷術三卷．存稿一卷．統名曰鄒徵君遺書幷存。

論西法皆古所有

考工記輪輻三十．以象日月也．蓋弓二十有八．以象星也．伯奇按．輪以利轉．故取象日月晦朔弦望循環不窮．蓋以覆下．故取象星辰斡繫．然不過假象以紀數．如易繫言乾坤之象凡三百有六十．當朞之日云爾．而於此可見割圜之術．古已精密．古算經不傳．至魏劉徽．宋祖冲之．元趙友欽等．或以圜容六邊起算．或以圜容四邊起算．皆屢求勾股而得圜周．及明末西人入中國．又有六宗三要二簡法．以求割圜八綫．以爲理精法密．古所未然．然錯綜加減．僅越五分而得一正弦．其每分每秒仍用中比例．至杜德美傳求弦矢捷心九條．則任設畸零之弧弦矢．皆可猝得割圜之術．於是觀止矣．嘗謂此雖出於西人．必古割圜之本法．至是而後天啓其衷．燦然復明於世．視屢求勾股者．超越何啻倍蓰哉．蓋輪人之爲輪牙．其入幅之鑿．及蓋弓宇際相距．欲其分度之均．則必有數矣．非割圜則安取之．而三十邊二十八邊又非劉趙諸法可得也．故欲得眞數輪．則以輪崇爲經．而求圜容六等邊爲本弧弦．又求本弧五分一之弦．或求圜容五等邊爲本弧弦．又求本弧六分一之弦．蓋則以蓋廣爲徑．而求圜容七等邊爲本弧弦．又求本弧四分一之弦．或求圜容四等邊爲本弧弦．又求本弦七分一之弦．或以輪蓋全徑求三十分之一．二十八分之一之通弦．夫求本弧七分一之弦．五分一之弦．及徑求通弦之法．爲六宗三要之所不備．而古攷工之所需．則西法豈能度越前古哉。

記曰望而眡其輪．欲其幎爾而下迤也．進而眡之．欲其微至也．無所取之．取諸圜也．伯奇按幎爾而下迤．卽幾何所稱圜界與幅線必爲直角也．微至者．卽八線之正割數．必大於半徑全數也．西國有圜書引見天學初函諸部攷工數語．其亦中國之圜書矣乎。

攷工記築氏爲削長尺博寸合六而成規。又弓人職云．爲天子之弓合九而成規．爲諸侯之弓合七而成規．大夫之弓合

五而成規．士之弓合三而成規．則古人於割圜弧矢之術．眞知灼見．故能言之鑿鑿．而動不失規矩．爲算學者輒以周三徑一爲古法．實未學之失也。

梅勿菴言．和仲宅西嵎人子弟．散處西域．遂爲西法之所本．伯奇則謂西人天學未必本之和仲．然盡其伎倆．猶不出墨子範圍．墨子經上云．圜一中同長也．卽幾何言圜面惟一心．圜界距心皆等之意．又云同重體合類異．二體不合．不類同異．而俱之於一也．同異交得．放有無．此比例規更體更面之意也．又云日中正南也．又經下云．景迎日．又云景之大小說在地．亦卽表度說測影之理．此墨子俱西洋數學也．西人精於制器．其所恃以爲巧者．數學之外有重學視學．重學者能擧重若輕．見鄧玉函奇器圖說．及南懷仁所纂靈臺儀象圖志．說最詳悉．然其大旨亦見墨子經說下招負衡本一段．升重法也．而輪高一段．轉重法也．視學者顯微爲著．視遠爲近．詳湯若望遠鏡說．然其機要．亦墨子經說下臨鑑而立一小．而易一大而正數語．及經說下景光至遠近臨正鑑二段．足以賅之．至若泰西之奉上帝．佛氏之明因果．則尊天明鬼之旨同源異流者耳．墨子經上云．此書旁行．正無非西國書皆旁行．亦祖其遺法．故謂西學源出墨子可也．法苑珠林以爲造書凡有三人．長名曰梵．其書右行．次曰佉盧．其書左行．少曰倉頡．其書下行．欲以西國之書駕羲黃之上．豈不謬哉。

西學之精惟在制器．然古人非不能制器也．攷工記曰．智若創物．巧者述之守之．世謂之工．百工之事皆聖人之所作也．後儒不讀攷工之書．凡有造作．輒以爲器數之末．委之拙工．古法日以消盡．遂爲西人所笑．然西人說之最新者．謂日靜地動．則漢張衡曾作地動儀矣．其言橢圜兩心差．伯奇亦嘗於緯書及靈憲廣雅參攷．得古人所定之數．日體黑點非遠鏡莫能見者．而淮南子諸書傳．日中有烏之說．卽謂此物是古人已於遠鏡窺得之．傳聞失實．乃謂烏爲烏名．蔽於所見也．乃若比例規以五金與水比較輕重體積．乃重學之一種．而史記五帝本紀正義引尚書帝命驗說五府之名義．有曰圓矩者．黑帝汁光紀之府名曰圓矩．矩法也．水精元昧．能權輕重．故謂之元矩．然則以水權輕重之術．亦古算經所當有矣。

王制九州周禮九畿禹貢五服辨

王制西不盡流沙．南不盡衡山。東不盡東海．北不盡恒山．凡四海之內．斷長補短方三千里．此言九州之界．及其方積之邊也．凡輿地幅幀不必正方．故方積之邊三千里．則其南北東西相距必不止三千里．斷長補短之云．猶算術以圓面變同積方面．其圓徑必大於方邊．爲一與八八六之比．今以地圖經緯度考之．渾源州恒山在東南北極．出地三十九度四十一分．衡山縣衡山．在西北極出地二十七度一十五分．南北相距一十二度二十六分．據西人蔣友仁坤輿全圖所說．每一度通以營造尺一百九十二里約之．共得二千三百八十七里二分．五尺爲步．三百六十步爲里．因之得四百二十九萬六千九百六十尺爲實．據周尺一里當今一千二百六十七尺二寸爲法實．如法而一．得三千三百九十里是南北徑數．以圓面變方面率之．則方邊正得三千零四里．南北不盡約爲方三

三千里．然則所言里數．據周之尺步也．鄭氏指爲殷制．竊不謂然。

周禮夏官方千里曰國畿．此言積之方邊也．其外方五百里曰侯畿．又其外方五百里曰甸畿．又其外方五百里曰男畿．又其外方五百里曰采畿．又其外方五百里曰衞畿．又其外方五百里曰蠻畿．又其外方五百里曰夷畿．其又外方五百里曰鎭畿．又其外方五百里曰蕃畿．此方邊之遞增也．然則國畿千里．九畿遞增五百里．共得方邊五千五百里．以方率變圓率．則其徑六千二百零七里．采畿以內卽王制之九州．所以建諸侯封采地．衞畿以外．卽爲四海．爾雅所謂蠻夷戎狄謂之四海是也．先儒以爲蕃畿距國畿四千五百里．則周地萬里於輿圖何以置之耶。

若禹貢五服．每增五百里而不言方．則以距王都遠近言之．故其徑五千里非謂方積之邊．舊圖五服爲正方形亦非也．又考孟子所言三代授田．夏五十畝．當周百畝．以積求邊．積倍者．邊必爲十與七零七一之比．則王制九州在禹貢綏服三百里．揆文敎之內而二百里奮武衞．適與周禮衞畿相値．其蠻夷鎭蕃．則僅當要荒二服而已．故大行人稱衞服之外爲要服．王介甫鄭漁仲皆謂周禮蕃畿在禹貢五服之外．未以尺度考之也。

夏時千里比今九百九十五里．若五千里在今地圖．緯度相距爲二十六度．已是北窮朔漠．南踰嶺海．故昔人言疆域以禹貢爲最廣．胡朏明禹貢圖據朱思本計里畫方．規方五千里．以爲五服不及五嶺．因謂嶺南非虞舜聲跡所及．又謂荒服之外．當有餘地爲外薄四海咸建五長者．不知要荒服內已是夷蠻流蔡所在．明爲四裔．則綏服之內．爲中州十二師所收也．綏服之外爲四海五長所統也．五千以外．豈復禹蹟所治哉。

國語祭公謀父曰．夫先王之制．邦內甸服．邦外侯服．侯衞賓服．蠻夷要服．戎翟荒服．此以五服爲說．邦內謂王國賓服．卽禹貢綏服也．甸服者祭．侯服者祀．卽孝經所謂四海之內各以其職來祭．賓服者享．要服者貢．荒服者王．卽詩所謂自彼氐羌．莫敢不來享．莫敢不來王．周禮大行人所謂九州之外．謂之蕃國也．然則四海不在荒服外．審矣。

五經異義謂漢地經畧萬里．遂從古尚書說以禹服五千爲一面之數．考古者多從之．不知漢書所言里數．但據著地人蹟．與經記所言里數以鳥飛準繩計者不同．考漢尺當今營造尺七寸四分六尺爲步．三百步爲里．當今一千三百三十二尺．漢千里當今七百四十里．漢中山國卽今定州北極．出地三十八度三十二分．長沙郡卽今長沙府北極．出地二十八度一十三分．南北相距十度十九分．徑直里數在今爲一千九百八十里．在漢當二千六百七十六里餘耳．而後漢郡國志中山國雒陽北一千四百里．長沙郡在雒陽南二千八百里．（今本誤作三．按零陵在雒陽南三千三百里．長沙在其北．則三字誤無疑．）南北相距四千二百里．較徑直之數加二分之一．況恒山又在其北．衡山又在其南．則漢人里數已難合於王制三千里之數．豈可援以解夏書．蓋道路迂迴．大曲中又有小曲．設如弧與弦之比．則經畧萬里．直徑之數實得六千三百七十餘里．在夏時爲四千七百三十五里．尚不踰五千也．何必改萬服爲萬里．以求合漢制哉．尚書正義引禹所受地記．

書崑崙山東南地方五千里・名曰神州・亦五服非萬里之證。

古言九州者・王制之外・若孟子海內之地方千里者九・淮南子地形訓九州之大・統方千里・廣雅釋地帝堯所治九州地二千四百三十萬八千二十四頃・按王制九州爲田八十一億畝・以夏比周二而當一・又山陵林麓三分去一・故較僅十分之三・然則亦王制之九州也・淮南地形訓凡八極之雲是雨天下・八紘八殥八澤之雲・以雨九州而和中土・周禮司險掌九州之圖・職方氏掌天下之圖・九州與天下分別言之・山海經分海內海外大荒爲三・爾雅有四極四荒四海齊州之別・齊州卽中州・然則九州中土・海內中州・皆指方三千里之地・並與王制義同。

史記騶衍以爲儒者所謂中國者・於天下乃八十一分居其一分耳・中國名曰赤縣神州・赤縣神州內自有九州・禹之序九州是也・不得爲州數・中國外如赤縣神州者九・乃所謂九州也・於是有裨海環之・人民禽獸莫能相通・如一區中者乃爲一州・如此者・乃有大瀛海環其外天地之際焉・伯奇按所稱儒者・蓋指當時孟子之屬・此言中國卽禹貢之中邦・實王制之九州耳・裨海卽今渤海・青海・騰吉斯・白哈兒・西紅海之類・瀛海卽今大洋海也・王制稱九州方三千里・爲方千里九・以八十一分乘之得爲方千里者七百二十九・以校今里止得爲方千里者・三百六十一・今測地周六萬九千餘里・與徑相乘得地球冪方千里者・一千五百二十・則所謂大九州特地球四分之一・當今亞細亞・利未亞・歐羅巴之地耳・此地之外皆汪洋大海・非古人所身歷・故卽以爲天地之際・而約其地爲中國之八十一倍・又考管子地數篇・桓公曰地數可得聞乎・管子曰・地之東西二萬八千里・南北二萬六千里・山海經・中山經・周髀算經・呂氏春秋・淮南子地形訓數並相同・按以縱橫相乘爲方千里者七百二十八・正與騶衍所稱中國於天下八十一分一相近・然則其說所傳古矣・漢後儒者不知地球之大・而但目爲迂誕・何哉。

周禮九畿方率圖

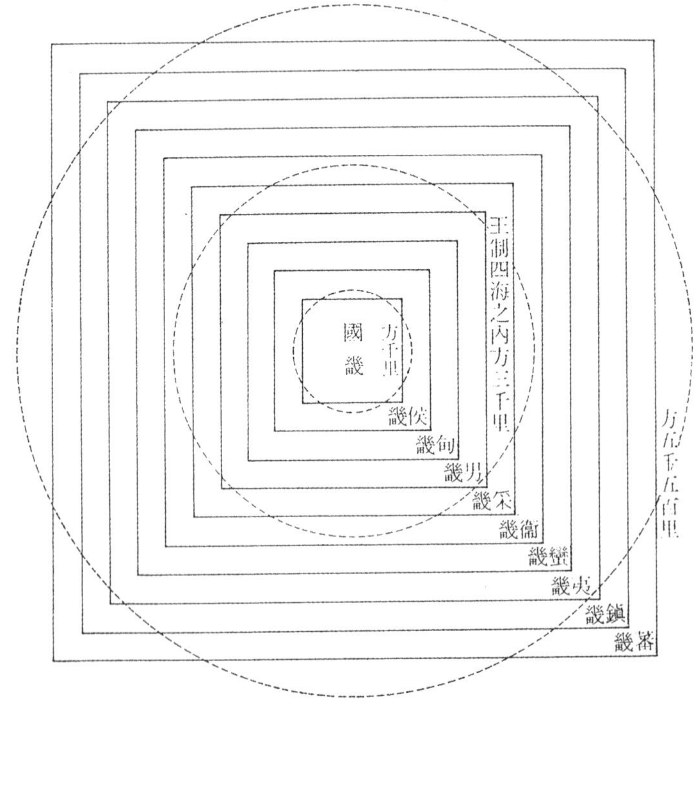

周禮九畿王制海內合圖

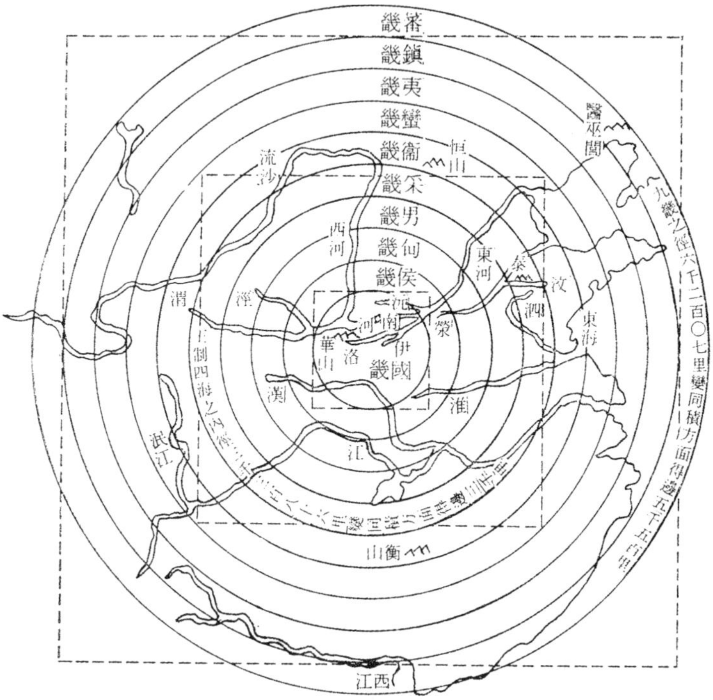

禹貢五服地圖

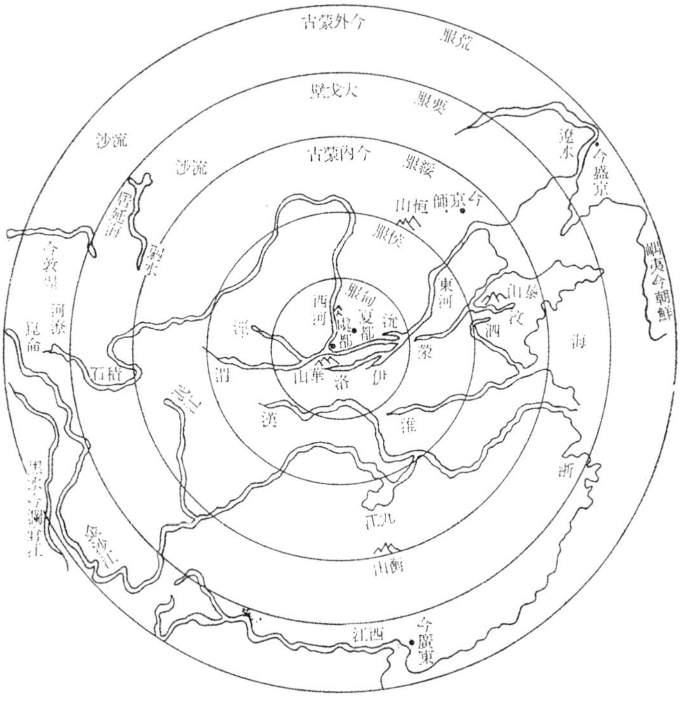

明堂會通圖說

鄒伯奇

按考工記南北七筵据一面之深倍之・加凡室二筵・共十六筵・與黃圖堂方一百四十四尺合・阮文達圖以堂在五室之外・非也・堂外四旁之室謂之房・說文房字解云・室在旁是也・然則考工記之四旁・當讀爲四房・魏書李謐傳亦引作四房・房亦謂之反坫・周書作雒解孔晁注・反坫外向室是也・是三代已有九室・不始於秦矣・室外隅地卽爲堂隅・故亦謂之坫・闌以短牆・爾雅所謂畢堂牆指此・旁四室並中五室・故大戴記盛德篇總言九室・亦通稱九房・張衡東京賦云・複廟重屋・八達九房・薛綜註云房室也・室四戶八牖・則三十六戶七十二牖・但圖五室・而虛四隅於不用・亦非也・盛德篇二九四七五三六一八云者・蓋此篇本有圖・圖中以數識九室之位也・九室厠廟个間・恐人不審・故以一二三四五六七八九之九字分左右依次而列・厥後圖亡而字存・寫書者連合而書之・自右而左・則爲二九四七五三六一八・盧注誤謂取法龜文・近人乃深求焉・以爲太乙行九宮之所本・若然是諸室周回・其象如井・異室同壁・則戶牖之數不合・室各異壁・則中間隘巷何所取義乎・又赤綴戶也・白綴牖也・亦圖中之說耳・綴者點綴・蓋以墨畫圖・復以赤點白點識別戶牖之數・如周髀經靑黑爲天・黃赤爲地之比・堂中左右个之壁當與各壁會・其寬卽與室等・其深三筵半・太廟寬五筵・則必立柱架梁以承欀棟・周書所謂旅楹也・則棟長不過丈八尺・江艮庭徵君圖廟个均三筵・以序掩室・非也・四阿者・四角設棟在四隅室之上・卽四注之交也・四注以覆四隅・八室十二堂・其霤皆堂・各注堂前・阮公圖霤注・堂後堂前非棟宇待風雨之義矣・堂廉及四隅計該空二十八柱・皆與堂之柱室之壁相參直以承屋宇・蔡邕明堂月令論所謂二十八柱・列於四方・七宿之象也・四注之脊中圍方五筵・構以平板爲方臺・對角斜線六丈三尺方寸・外繞欄檻・上蓋圜屋・謂之復廟・亦曰觀臺・卽靈臺詩正義引賈逵服虔注左傳云靈臺在大室明堂之中・是也・圜屋檐周二百一十六尺・其圜中直徑六丈八尺七寸・覆出方角外二尺五寸五分・所謂重屋也・隋書宇文愷引黃圖云屋圜楣徑二百一十六尺・法乾之策・牛宏傳同・按楣爲屋櫋聯徑・當讀如路徑・謂其屋周耳・非指圜中之指也・江氏圖以二百一十六尺爲圜屋之徑・檐出堂基方角之外六尺二寸・別立二十八柱承之・則大而無當矣・承重屋者・中衆太室・四壁外植・室旁八柱・宇文愷傳引禮圖曰於內室之上・起通天之觀・觀有四門・茲故彷彿其制焉・壁之厚・經傳無明文・以數推之・當一尺六寸弱・柱稱焉・所以定此數者何・堂廣當併兩壁度之・室計一壁・堂深則度至室戶之中柱心・人與壁心相直・設太室外四旁八柱・上承重屋之八棟・令角度皆均・則惟壁厚尺六・其數乃合・試以柱心距太室心二丈三尺五寸弱爲半徑・兩柱心相距一丈八尺爲通弦・比例得四十五度角・是平分全周八之一也・或疑壁柱薄弱・恐不勝任・曰明堂制度・以周尺構造之・若合尋常公廨耳。

太廟五筵・當今三十八坑瓦・个二筵・當今十五坑壁・尺六當今三甎・牆柱徑亦當今一尺・以此相稱・不可謂不固矣・又大戴禮稱周時德澤洽和・蒿茂大以爲宮柱・名爲蒿

宮・雖未必然・亦可想其不尚宏壯之意・或又問古帝王殿宇如此其褊狹耶・答曰・明堂之建在近郊・所以存古・阮文達論之詳矣・其朝廷寢廟在國中者・但以南面爲正・不如明堂之有四面也・而其度展拓・禮記月令正義引書多士傳云・天子堂廣九雉・三分其廣・以二爲內・五分其內・以一爲高・按雉廣三丈・則其制堂基廣二十七丈・深一十八丈・檐高三丈六尺也・明堂之檐・依宋本大戴禮盛德篇高三丈・若建在成周・日雖南至・可不及斧扆矣・脊當高四丈・取其可以吐水・復廟高如太廟・則上下稱・而屋極至地八丈一尺・蔡邕所謂黃鐘九九之實・極尊宇卑・則承圜屋宇之八柱・通長七丈可也・牖依藝文類聚引周書高三尺・上邊過人目・下邊及人腹・則四壁通明・戶廣四尺可以出入往來其戶牖間・餘壁二尺四寸矣・依周書作雒解有隄唐山牆注・謂庭中道畧高爲隄・唐畫山於牆爲山牆・按畫山非也・大抵庭周繞短垣如山以臨水際・故名山牆耳・明堂月令論外方二十四丈・除堂方餘半之・是庭深四丈八尺・阮氏圖堂基廣袤二百又七尺・則皆瀕於水矣・庭外壅以水・圜如璧・故謂之辟雍・通以橋・故有橋門・黃圖云水內徑三丈水既圜・則三丈指庭角之水濶・是水外周一百二十五丈五尺四寸・隋書牛宏傳云・水內徑三百步・是誤以水周宮垣之外也・宮方三百步・令可以射・又垣無蔽目之照・黃圖載殿門去殿七十二步・則何以張九十步之候哉・

門堂三之二則廣六筵・深四筵又六尺・室三之一者・鄭注云・室與門各居一分・蓋以明堂三之一爲兩室・則三筵・餘有三筵・凡二丈七尺之地・置門二丈一尺容大扃七個・餘左右三尺・是兩棖所在也・孔檢討廣森亦同此說・但彼設堂廣六丈三尺起度・則門旁何處置棖耶・王乘大輅建太常以出・則門當高三尋・藝文類聚引周書門方十六尺・夏制也・或問隋書宇文愷引周書明堂曰・堂方一百一十二尺・高四尺・階廣六尺三寸・室居內・方百尺・室內方六十尺・房高八尺・博四尺・宜可取信・今獨取牖戶之廣・其餘以爲夏制・何也・曰堂高四尺與周制不合・四當作三乃積畫之誤・此詳夏后氏世室之制・猶攷工記之意・而其言殷周者・蓋已闕佚・不可援以證周制也・以此參攷・則夏堂二七是兩面之深一十四步・併太室三步共十七步・以六尺六寸爲步計之・是夏制堂方一百一十二尺又二寸也・隋書牛宏傳引漢司徒馬宮議而云未詳其義・今以此推・則馬宮之意當云周人益夏后氏之堂以爲兩序・堂基方百四十四尺・大於夏后氏三十二尺・傳寫作七十二尺・遂不可通・夏堂既深七步・以周例之深七廣九・則夏堂亦廣九步・謂廣益四分脩之一者・約數耳・不然何以容五室・況又謂中室四步四尺乎・堂後容內五室・地方五十九尺四寸・此云室內方六十尺少六寸耳・此五室之界也・鄭注攷工記云・此五室居堂南北六丈・東西七丈・則是扁方形・亦非也・併旁四室則地方十五步亦已九十九尺・故舉大數爲百尺・當云室居旁百尺・此九室之界也・然則夏太廟與室个各廣三步・可證攷工記三四步四三尺之舛誤・若如鄭注所說・則是記文有如簽語・太史公謂書缺有間其佚乃時時見於他說・信哉・夏太廟深七步・則个深四步・孔氏圖夾室方十二步・而个僅深二步・何以相稱・門堂三之二・室三之一・是門側兩室三步・餘有三步凡一丈九尺八寸

之地以置門．藝文類聚引周書門方十六尺．左右餘一尺九寸．亦兩棖所在也。

又按夏室與周署等．故戶牖可相仿．周增廣太廟．中有旅楹．故室離立而堂四面通明．夏以壁承梁棟無旅楹．則五室相連．此夏周之異同也．其餘度數增減無明文者．當以步與筵之互視求之．如夏戶高八尺．階廣六尺三寸．則周戶高一丈．階廣八尺六寸也．或又問如子之言．明堂諸度數既皆攷定矣．隋宇文愷傳引黃圖云．太室方六丈．通天臺徑九尺．蔡邕明堂月令論云太廟明堂方三十六丈．通天屋徑九丈．數復歧出．棄而不取．何也．曰此亦傳寫之誤耳．魏書賈思伯傳隋書牛宏傳並引作太室方六丈．通天屋徑九尺．然丈皆當作尋．校書者眩於周書．室內方六十尺之文而改之．再訛爲三十六丈．又訛太室爲太廟明堂．遂難通矣．太室方六尋者．謂復廟之廣袤也．春秋太室屋壞．五行志曰．前堂曰太廟．中央曰太室．屋其上重者也．服虔注云太室太廟．太室之上屋也．故復廟亦混稱太室重屋．周二百一十六尺．圜內容方邊四丈八尺五寸七分．故舉大數爲六尋．六尋四丈八尺也．通天屋徑九尋者．依古率周三徑．一周二百一十六尺．是徑七十二尺矣．以其數未密．且舛訛太甚．故不取之而校正於此．又如黃圖云牖六尺亦三尺之誤．不然．則戶牖之間餘壁有幾哉．嘗謂明堂之制．散見攷工記逸周書大戴禮記．必須互證而後明．漢作明堂經．諸儒論定如見黃圖及明堂月令．論者亦必因循舊圖．不大戾於古．故今所定用九章方程．御隱雜互見之意．求其會通．校訛補缺．爰作明堂六圖．世室一圖．以證其說焉。

明堂圖一　下基

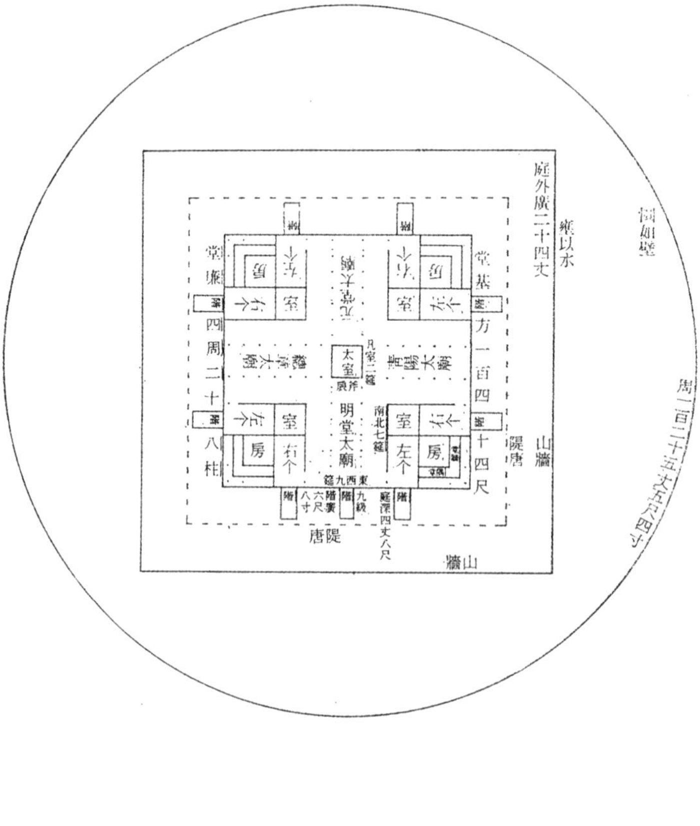

明堂圖二　擬大戴記原圖・原圖蓋以色點綴・今書字代之。

赤綴戶地　白綴牖地

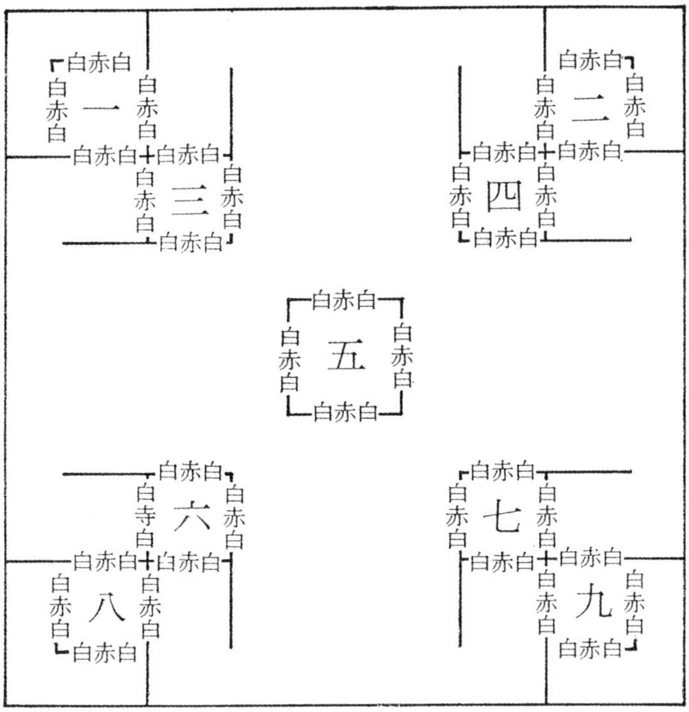

明堂圖三　上蓋

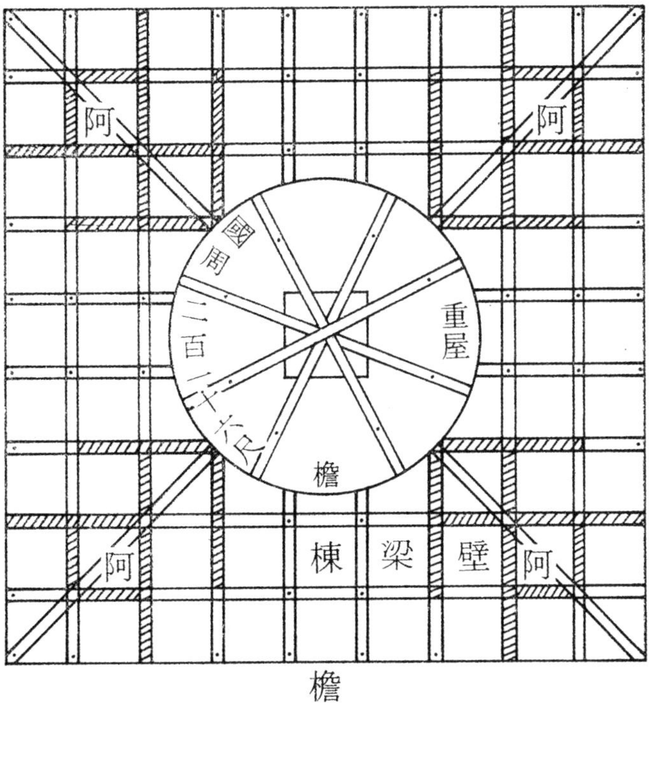

明堂圖四　度數

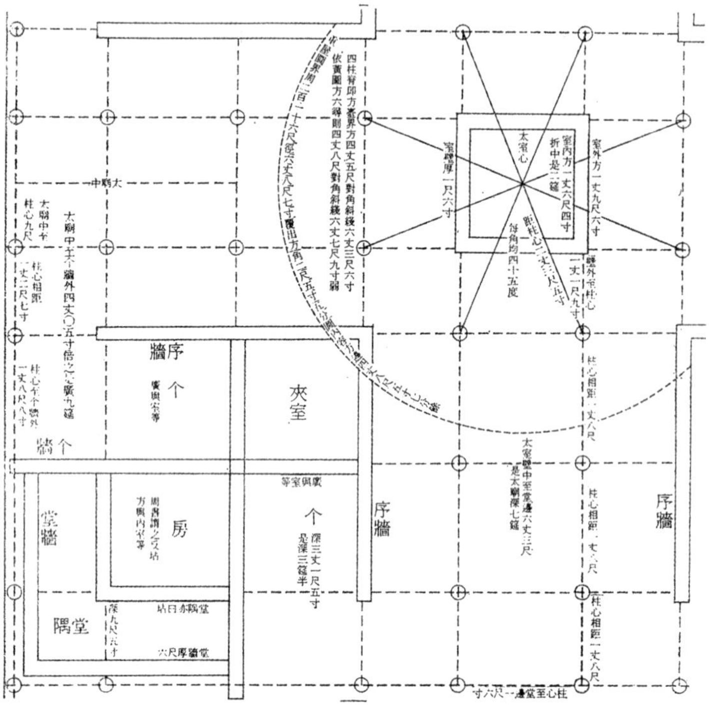

明堂圖五　堂構　止圖中架一面餘可類推

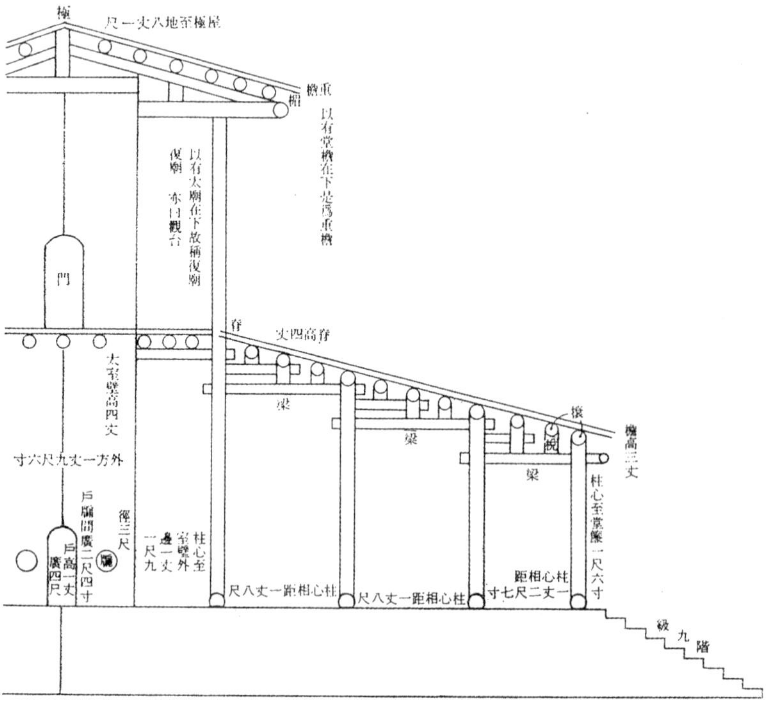

明堂圖六　門堂

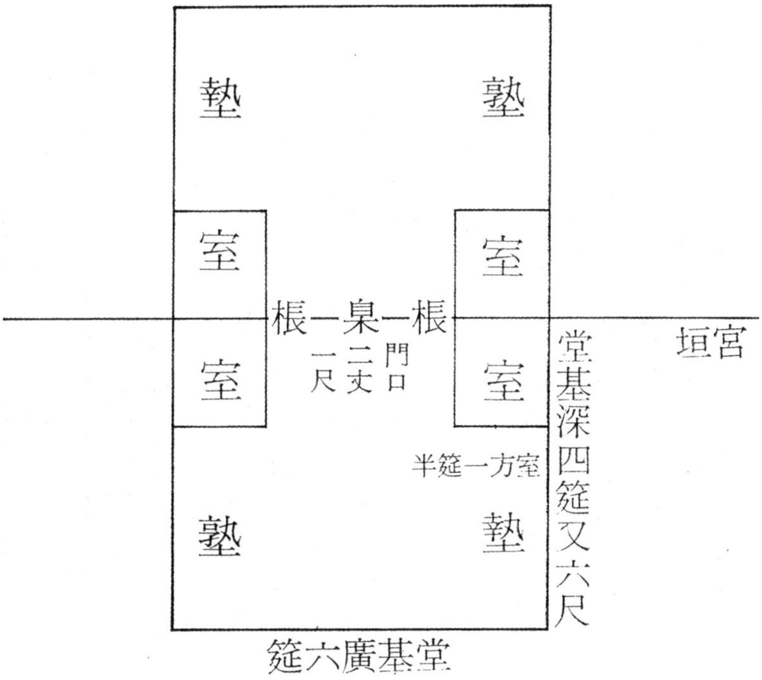

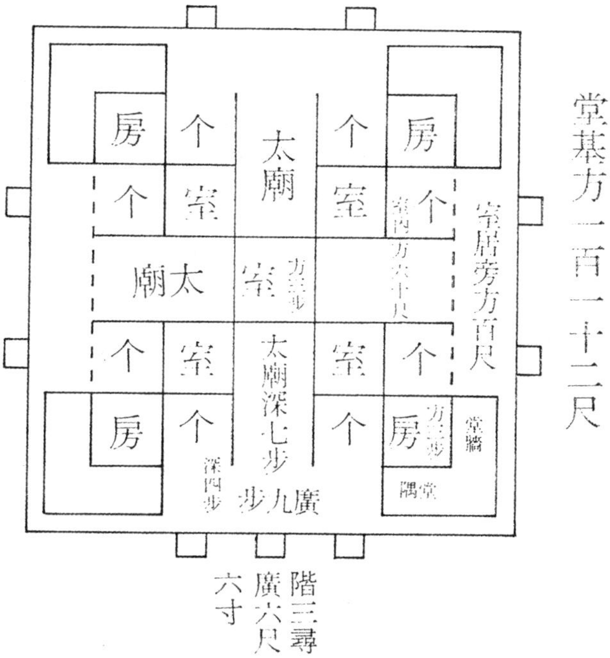

宣夜說

丁未夏夜測候中星・常至夜分不寐・晝而倦臥・客有過我者・詰其故・予告之・客曰・宣勞午夜斯爲談天家之宣夜乎・予恍然曰・宣夜之說・今而得解矣・自漢傳渾天之學・謂周髀考驗天象多所違失・至於宣夜絕無師說・逌問其是非哉・今由子之言・請得而補其說・按渾天家言天形如鳥卵・於大象最爲親切・然不濟以周髀測影揆極之術・圓出於方之理・則按度攷數未窮秒忽・然周髀晷影進退・知地勢之南

北・而不知經度・璿璣四游・知節氣之寒暑・而不知盈縮・欲知日行盈縮・必以中星加時之早晚候之・欲知偏度之東西・必以恒星入月之遲速候之・斯二者皆用力於夜・然則宣夜其測星之學乎・考堯典日晷與中星並重・其法已立・至夏而愈以精密・故夏小正雖農家言・而於昏旦中星言之鑿鑿・蓋天無體以恒星爲體・諸曜之進退無定・而恒星有定・意爲此學者於普天恒星・皆測定其經緯以爲諸動之宗・則二曜之出入交轉・五星之遲留疾逆・可按圖而索・久則七政行度可作爲叚目・因叚目而立不同心・天因不同心而設諸輪・因諸輪而變橢圜・巧算密合・皆閉戶而得・究莫不基於此・周末師說失傳・觀天者如裨灶梓愼之徒・乃覘星宿次舍爲占驗之部位而已・秦漢以來・作曆者知求端於日而不知推本於星・不以有定之實體課疏密・而以盈縮之日行綴宮度消長之歲・（實改斗分・宣夜學之不講故也。）

太歲無超辰說

周武王伐紂・歲星在午・太歲在辛未・是太歲在寅・歲星在亥・至漢初八百餘載・星當超十次・而太歲不超・則太歲在寅・歲星在丑・故淮南子天文訓・史記天官書皆云然・所稱太陰歲陰卽太歲也・至武帝太初百有餘年・歲星當超兩辰・故太歲在寅・歲星在亥・漢志叙太初歷因之・皆據實測也・惟劉歆造三統術以爲太歲當與歲星並超・使常相應・更春秋之歲名・增周初之歲譜・近人不解・遂以淮南之太陰爲太歲後二辰・非也・（此事錢辛楣與孫淵如爭執不決・見兩家文集・皆未以算術求之故爾。）

嘉量形制考

考工記㮚氏爲量深尺・方尺而圜其外・其實一鬴其臀・一寸其實一豆・其耳三寸・其實一升・重一鈞・其聲中黃鐘之宮・漢劉歆作斛・欲附合此文・乃爲口圜徑一尺四寸一分四厘二毫・令內容方尺深尺而旁庣之・則內容積一千六百二十寸・先儒不審・乃以鬴制爲外圜內方・然則當方角至少厚一分・當四派厚至二寸餘矣・以今輕重率求之・變從今尺度則圜徑九寸二分弱・深六寸四分・內除方六寸四分立方虛積・則鬴外體實積一百六十寸・每寸重半斤・尚有兩耳及底未算・已重今衡八十斤・今衡於古三倍有餘・則古衡二百四十斤有餘矣・與一鈞之數懸殊・其體又厚薄方等・亦豈能有聲耶・且鬴內如果正方體・則言內方尺足矣・又何贅言深尺乎・蓋內有容納之義・然則內方尺謂其容積千寸耳・故鄭注云・此言內方爾・圜其外者謂之脣・方下當有尺字・言其形體不方也・今設鬴爲圜體・詳繹紀文・以算術求之・鬴積千寸・四升曰豆・・四豆曰區・四區曰鬴・然則豆積六十二寸半・升積一十五寸六百二十五分・臀深一寸・實一豆・則臀內徑十八九分二厘・周二尺八寸零二厘三毫・豆底周徑卽鬴底周徑・而鬴深一尺・則口徑一尺三寸四分九厘二毫六絲三忽六微・以口徑自乘・又以底徑自乘・又以底徑乘口徑・併三數深尺乘之・又以圜率七八五三九八一六二五因之・三歸之得積千寸・又耳深三寸・實一升・則耳口徑二寸五分七厘五毫・周八寸零八厘九毫六絲二忽・以耳口徑乘周徑深三寸乘之・四歸之得一十五寸六百二十五分爲一升之積・以臀口

徑乘周徑深一寸乘之·四歸得六十二寸五百分爲一豆之積·以此形體爲重三十斤·但當厚一分餘耳·故能聲中黃鐘之宮。

近人徐養原亦知鬴體厚薄不等之謬·而以爲耳三寸自乘·再乘得二十七寸爲一升之積·則一豆積一百零八寸·一鬴積一千七百二十八寸·底皆方一尺·至口則漸侈而圜·伯奇按先王制嘉量以觀四國·深尺以起度·重鈞以爲權·聲中黃鐘以定律·雖一器而律度權衡具焉·若不言體之容積·何以爲量之則·且鬴既上圜下方·而但言耳三寸·安知其必正方而積二十七寸乎·況爲鬴而起數於升·非逕而寡失之義·蓋周人布手定尺·因以方尺之積爲鬴·以四遞析爲區豆升·猶尺度之遞析爲分厘毫·非積厘毫以爲尺也·㮚氏實龠·漢人之術·古無此煩瑣也。

㮚氏爲量圖

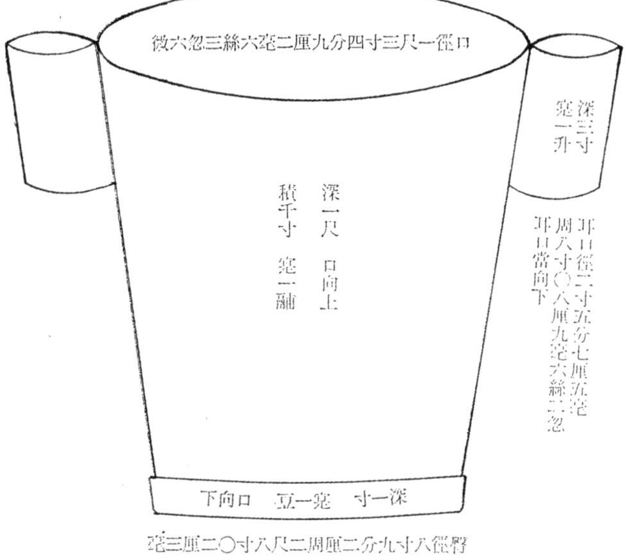

戈戟攷

戈戟皆有內有胡有援·爲鑿於柲而橫入之謂之內·其曲而下垂者謂之胡·取義於牛頷下垂也·其曲而傍出者謂之援·援引也·說文戈平頭戟也·按戈之倨句外博·而謂之平頭者·對戟之有刺言之也·方言凡戟而無刃·秦晉之間謂之釨·或謂之鏔·吳揚之間謂之戈·謂無直刃也·直刃卽刺也·說文刺直傷也·淮南子言古者修戟無刺·則戈之刺而別爲戟·其興於後世歟·說文古戟有枝·兵也·從戈幹者·蓋戟橫貫一援一內·而刺從胡中直出·若木之有榦·然異於戈之平頭也·釋名戟格也·傍有枝格也·戈之形援長倍於內·故謂之孑·取義無右臂也·戟則內四寸有半·援七寸有半·傍出如枝·可以句之·使不得出·可以格之·使不得入·故曰枝格·周禮棘門明堂位越棘大弓·左傳子都援棘·棘皆訓戟·亦謂其有枝如棘刺也·左傳言公戟其手·史言須髯如戟·皆謂如戟枝之傍出也·張揖注子虛賦曰·雄戟胡中有鉅者·然則三鋒歧出如雞距·卽方言所謂三刃枝也。

近人言戈戟·以程氏瑤田爲最詳·然未見古戟之有刺者·而以內末有刃及援之侈者·當攷工之戟·且謂卽方言之

匽戟・引周髀偃矩望高爲證・竊謂其説未安也・戟之倨句中矩・謂胡直援橫・成正方也・而但以內言之可乎・內胡援三事・戈通長十八寸・戟亦通長十八寸・而廣殺四之一・不別有刺・又安能同重三鋝乎・方言東齊秦晉之間謂其大者曰鏝胡・其曲者謂之鉤釨・鏝胡言戈胡曲處寬大漫洹・然攷工記注戈今句孑戟也・或謂之雞鳴・或謂之擁頸・凡雞鳴則句曲其頸・戈之類倨句外博似之・然則程氏之所謂戟・特戈援之侈者耳。

周髀算經偃矩以望高・謂仰矩以股直中繩在上・句平中準於下・以窺所求之高・健戟車上・援橫刺直似焉・凡句股測量之術必知正方矩度・而視其斜弦所界・成同式句股・以爲比例・即覆矩測深・臥矩知遠皆然・如戟內刄橫出・援刄衺上・成鈍角不成直角・安得取象於偃矩乎・阮太傅揅經室載龍伯戟中有直刺・蓋古戟之僅存者・若通藝錄所載・內未有刄之戟不合攷工形制・鄭注周禮司戈盾注・戈今時句孑戟・方言凡戟而無刄・吳揚之間謂之戈・是則戈戟對文則別・散文則通・通藝錄所載雖銘曰戟・未足爲據也。

深衣攷

禮記深衣云・制十有二幅以應十有二月・注裳六幅・幅分之以爲上下之殺・是十二幅專言裳・似非經意也・伯奇謂十有二幅・蓋通衣裳計之・謂衣四幅・裳八幅也・衣四幅者・中二幅及兩袂也・裳八幅者・前後正幅各二衽也・又衣前當有外襟・記文畧之也・深衣云・要縫半下・玉藻云深衣三袪・縫齊倍要・衽當旁・又云袪尺二寸・注云三袪者・謂要中之數也・袪尺二寸圍之・爲二尺四寸・三之七尺二寸・齊丈四尺四寸・伯奇按齊前後各廣七尺二寸・除中二幅四尺・尙不足三尺二寸・齊丈四尺四寸・伯奇按齊前後各廣七尺二寸・除中二幅四尺・尙不足三尺二寸・故別以一幅・交裂爲二・下廣一尺六寸・而上銳・屬於兩旁是爲衽・乃於此或縫之・或結之・使前後相聯・故曰續衽・然齊不可平・必弧曲而上・故曰鉤邊・旣衣之而衽復下垂・與中幅齊平・則下齊如權衡矣・要七尺二寸・齊復倍要則甚寬裕・故續衽或爲裕衽・釋名曰・襴屬也・衣裳上下相聯屬也・荆州謂禪衣曰布襴・亦曰襜褕・言其襜褕宏裕也・此裕衽之義也。

古尺步考

三制・古者以周尺八尺爲步・今以周尺六尺四寸爲步・古者百畝當今東田百四十六畝三十步・古者百里當今百二十一里六十步四尺二寸二分・伯奇按此一節・先儒以步法推算・皆謂與記文里畝之數不合・如五經算術・算得一百五十一畝四十七步一百六十九分步之一百五十七・孔子正義百畝當今百五十二畝七十一步・古者百里當今百二十三里一百一十五步二十寸・陳澔集説計古百畝當今百五十六畝二十五步一十六分十分寸之四・俱於算術舛誤・不足辯矣・惟梅文穆公以四率比例法算得古百畝當今百五十六畝二十五步・古百里當今百二十五里・與鄭注合・（見赤水遺珍）・余嘗疑記文錯誤・未必若是・今以算術句稽・當作古者以周尺八尺爲步・今以周尺六尺六寸爲步・古者百畝當今東田百四十六畝六十六步・古者百里・當今百二十一里三十步六尺四寸六

分・蓋訛六尺六寸爲六尺四寸・而於步畝之下・又有訛竄也・然以八尺爲實六尺六寸爲法除之・古百里當得今百二十一里六十六步四尺二寸・又以八尺自乘六十四尺爲實六尺六寸自乘四十三尺五十六寸爲法除之・得古百畝當今百四十六畝九十二步一十六尺四十八寸・而今不然者・蓋古以周尺七尺九寸九分二厘七毫爲步・畸零不盡・故舉大數爲八尺・而於畝里之數藏之・後人不達・見數不合・乃竄改畝下之六十六步・於百二十一里之下・改六尺四寸六分爲四尺二寸・以求巧合・而不顧百四十六畝下之不得爲三十步也・傳寫又有所遺亂・至於訛六尺六寸爲四寸・而數愈不相應矣・

或問六尺六寸爲步亦有徵乎・曰有考工記車人爲耒庛・長尺有一寸・中直者三尺有三寸・上句者二尺有二寸・自其庛緣其外・以至於首以弦其內・六尺有六寸與步相中也・以弦者謂據斜度之數斜度之・而得其總數六尺六寸應一步之尺數也。

如圖庛至丁爲股・丁戊爲勾・則庛至戊爲弦・又丁戊爲勾・丁丙爲股・則戊丙爲弦・又丙甲爲股・甲乙爲勾・則丙乙爲弦・又乙甲爲勾・甲至首爲股・則乙至首爲弦・若以乙己爲勾・首至己・己至戊各爲股・則首至乙・乙至戊亦皆爲弦・合其弦長得六尺六寸・故曰與步相中也・而鄭注謂緣外六尺有六寸・內弦六尺應一步之尺數・是緣外弦內・各爲一事乎。

兵車之輪崇六尺有六寸・崇六尺有六寸・輪崇與廣衡長參如一・亦六尺有六寸・戈柲六尺有六寸・皋陶長六尺有六寸・弓長六尺有六寸・謂之上制・皆與步相中之數・而於車人爲耒發之者・度野以步・於事爲近也。

然則六尺爲步非乎・曰・六尺爲步秦法也・司馬法稱六尺爲步・商君在穰苴先・其治秦・步過六尺者有罰・史記始皇本紀・稱數以六爲紀・六尺爲步・實祖鞅法・王制所言田制祿與孟子同・然則今以周尺六尺六寸爲步・謂周法也・周法而亦言周尺者・對古者以周尺爲步言之也・言古者・蓋指殷也・以數比例・殷百畝當周百四十六畝六十六步・則周百畝當殷六十八畝一十八步餘・與孟子殷人七十周人百畝之數相近而畧少・蓋所據不同也。

又考周尺卽醫家之同身尺・當今工部營造尺六寸四分・則一步當今五尺二寸二寸分四厘・一里當今一千二百六十七尺二寸・據王制・殷以周八尺弱爲步・則殷一步當今五尺一寸一分五厘四毫・一里當今一千五百三十四尺有畸・若據孟子夏后氏五十畝殷人七十畝當周百畝・以積求邊・則殷百里當周一百一十九里半有畸・夏百里當周一百四十一里半弱・則是殷以周尺七尺九寸爲步・計一里當今一千五百一十四尺有畸・夏一里當今一千七百九十二尺有畸・若均以八尺爲步・三百步爲里折之・則殷一步當今五尺零五厘弱・一尺當今六寸三分一厘弱・夏以周尺九尺三寸三分四厘爲步・計一步當今五尺九寸七分三厘有畸・一尺當今七寸四分七厘弱。

又考周尺有二・其一十寸爲尺・即醫家同身尺・所謂布手知尺・取則於男子也・與商尺相近・其一八寸爲咫・取則於婦人手長八寸也・蔡邕獨斷周尺得商尺八寸・商尺得夏尺九寸・所謂周尺・就咫言之・又男子身長八尺謂之丈夫者・亦謂以婦人之咫度之・其數滿十也・故曰丈夫・逸周書作洛解・乃作大邑成周於土中城・方千七百二十丈・按當作千七百八十二丈・以六尺六寸爲步・三百步爲里約之・正與匠人建國城方九里之數相合・沈彤周官祿田考・據太平御覽引周書作千六百二十丈此以六尺爲步竄改之也。

尺度圖

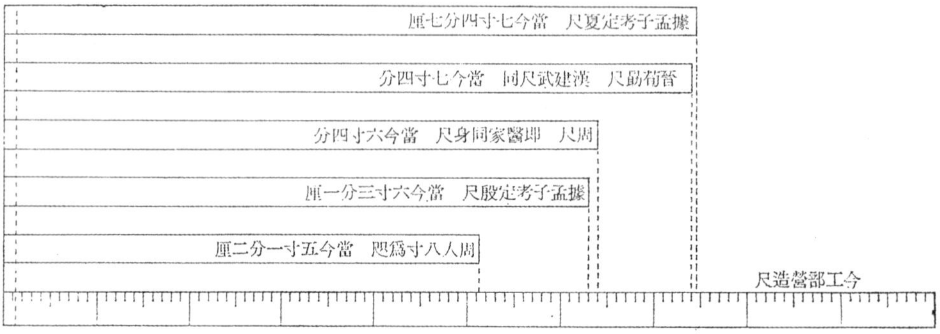

周初黃赤大距周天度里考

周禮日至之影・尺有五寸・謂之地中・伯奇按表長八尺・影長尺五寸・以八線比例・得正切〇一八七五・檢表得十度三十七分十一秒爲日上邊・視距天頂約加日半徑一十五分二秒・又約加清蒙氣差十一秒・減地半徑差二秒・得日心・實距天頂十度五十二分二十二秒・此在王城測景・王城即今河南洛陽・今實測洛陽縣北極出地三十四度四十三分二十秒・又王城在今洛陽縣西北十里・約北極出地加二分・即爲王城赤道・距天頂之度減夏至・實距天頂餘二十三度五十二分五十八秒・即爲黃赤大距・又按周髀算經立表八尺・夏至影尺六寸・冬至一丈三尺五寸・如上法求之・則夏至日距天頂一十一度三十四分・冬至日距天頂五十九度三十七分・相加折半・得北極出地三十五度三十五分半・是爲立表之所・相減折半得黃赤大距二十四度零一分半・則此爲在殷邦實測・其法立於周人遷鼎之前・周公受之商高者也・乃校今算周禮大距減八分者・據新法算書所載・周顯王時西人測得二十三度五十一分二十秒中・比例求之・是周禮尺五寸之測・實諸侯去籍時之所改耳・非營洛實測也・營洛時影當一尺四十八分・則與周髀大距畧相等・考易緯通卦驗載・夏至影一尺四十八分・冬至影一丈三尺・必是周公土圭之實測・可援以正周禮・乃傳周髀者・誤以尺六寸爲成周土中之影・趙君卿注因謂周官測景尺有五寸・蓋出周城南千里・未免曲爲之說。

困學紀聞引司馬公日景圖云・日行黃道・每歲有差・地

中當隨而轉移・故周在洛邑・漢在潁川・陽城・唐在汴州・俊儀・伯奇按黃赤大距・古大今小・故求尺五寸之影各代不同・周定洛邑爲土中者・謂當時幅員南北之中耳・非但得尺五寸影之地・卽可命爲地中・爲古今之通法也・且測景但可知南北緯度・而不能辨東西經度・若以漏刻揆日・則不論何地・自日出至日中・自日中至日入・其漏刻必等・此地圓之理也・而周禮云日東則影夕・日西則影朝・繹其義謂地近東者日出至日中・漏刻必少・日中至日入・漏刻必多・故晝漏半而影已夕也・地近西者・日出至日中・漏刻必多・日中至日入・漏刻必少・故晝漏半而影尙朝也・則與蓋天家以地爲平遠之說無異矣・夫欲以日影測地偏東西・所謂不知而作者・必非周公所爲也・若匠人識影以正朝夕・則定方向之法耳・程瑤田考工創物小記引以釋此節・未免合之則兩傷。

又考周髀算經牽牛去極二十二萬六千五百里爲冬至日所在・東井去極十三萬五百里爲夏至所在・按周初冬至日在婺女・夏至日在柳・至秦漢以後二至日始與牽牛東井相值・然以兩去極數相減折半・得四萬八千里爲黃赤大距・以周天七十一萬四千里比例・變從今度得二十四度十二分六秒・較晷影所得多十分餘・然則此數蓋傳自上古・而學者以漢術日躔所在傳之耳。

周髀算經欲知北極樞璿周四極・常以夏至夜半時・北極南遊所極・冬至夜半時・北遊所極・冬至日加酉之時・西遊所極・日加卯之時・東遊所極・此北極璿璣四遊・正北極璿璣之中・正北天之中・又云正極之所遊・冬至日加酉之時立八尺表・以繩繫表顚・希望北極中大星・引繩致地・而識其兩端・相去二尺三寸・故東西極二萬三千里・其兩端相去正東西中折之・以指表正南北・加此時者・皆以漏揆度之・伯奇按此言測北極及正南北之法・皆以北極中大星爲準・而大星不正當不動處・四遊繞樞・故古人設一小環擬其繞樞之迹・使大星常在環內・因名曰璿璣・亦名其星爲璿璣・亦謂之極星・（呂氏春秋極星與天俱遊・而天樞不移・）璿璣之心・卽北極不動處・故曰正北天之中・然設儀器必先正南北・故又識北極中大星東西所極中折之・以定南北・古人之測星也・蓋必先治地極平・乃規而環之・其周七丈一尺四寸・以準周天七十一萬四千里・半徑一丈一尺三寸六分・以準地距天之數・皆以一寸當千里・以定星辰偏東西之數・蓋如今地平儀矣・立表中心・其長八尺・人在表南・引繩希望與星參直・而識其東西所極・在地規相去二尺三寸・卽爲在天二萬三千里・折半一萬一千五百里・以今度法通之・得五度四十七分五十四秒・卽北極星偏東西之數・卽以此爲乙甲丙正弧三角形之乙角・北極樞距天頂五十四度二十四分半・爲甲乙邊求甲丙邊・得四度四十三分餘・爲星距北極樞・卽璿璣之半徑也・戴東原以爲北極璿璣卽黃極・東西極二萬三千里・卽黃極距緯二十三度・亦武斷矣・然則北極璿璣・卽北極中大星耳・而大星卽今所稱北極・五星中最明之帝星・史記天官星所謂太一常居也・今帝星乾隆甲子所測黃道經度午宮九度四十分五十九秒・以距周初二千八百餘歲・歲差五十二秒計之・正在未宮初度・故冬至日加酉之時・西游所極・日加卯之時・東游所極・然今帝星距黃極一十七度一分三十四秒・而周初黃赤大距二十四度零一分半・減去帝星距赤極四

度四十三分．餘十九度一十八分．卽爲周初帝星距黃極之數．是恒星於黃緯亦有歲差．則知古黃極不同今黃極矣．以此推之．參以日靜地動之說．則恒星卽爲不動之天．其有歲差．非循黃道東移也．生於赤極之遞遷也．黃赤大距之有多少．由於黃極之有轉動．而距赤極不等也．別具圖說詳之．而恒歲實亦有消長之故．亦因此得焉。

古人測北極取帝星．欲其明白易見．猶今人之用句陳大星也．今所稱紐星爲天樞者．不過五等小星耳．周時距不動處十度餘．自後帝星漸遠．紐星漸近．故晉唐間始以紐星測北極．以歲差約計之．當唐僖宗時最近．後又漸遠．今則遠至五度四十五分．而近人每信古測紐星卽不動處．殊未審也。

史記天官書中宮天極星其一明者．太一常居也．旁三星三公．或曰子屬．是止四星耳．不數天樞之小星．又曰後句陳四星．末大星正妃．餘三星後宮之屬也．則指句陳之四明星．亦不數其二小星．其稱北極五星．句陳六星．自晉後始也。

論語譬如北辰．爾雅北極謂之北辰．皆通指北極四星言之．凡大星如大角天狼老人北落等．可以一星爲一座．若小星則必聯數星然後成形象．則古人必不孤指一小星爲北辰．審矣．猶大火謂之大辰．伐諸之大辰．皆不必指定一星也．謂之北辰者．居天之北．以正四時．然惟不正當不動處．故可因其四遊以測日度．而知節候．註家欲解居其所爲不動．而不動處不當紐星．乃謂無星之處爲北辰．或謂紐星卽古不動處．亦臆說矣．朱子言緣人取此小星爲記認．不知唐宋人雖取此小星．而古人乃取大星也．大星卽帝星．予既詳考之矣．戴氏震强以爲黃極．試思黃極處有此大星否．抑又取黃極傍一小星以爲記乎。

錢氏大昕曰．周髀七衡圖．衡間相去一萬九千八百三十三里一百步．以三之．得五萬九千五百里．卽黃赤大距．亦卽黃極距赤極也．與璿璣距北極之數遠近懸殊．戴說蓋偶誤．伯奇按錢說亦未爲得也．考周髀設周天爲七十一萬四千里．四分之卽爲極距中衡十七萬八千五百里．又三分．爲內衡至中衡．中衡至外衡五萬九千五百里．以今度法通之．得三十度．與古大距度分不同．則非黃極距赤極之數也．謂二至日道極內外衡者．周髀家傳習之謬也．然則內外衡距中衡皆三十度．何也．曰．日距赤道最大二十四度．月距日度最大六度．倂之三十度．則外衡以南．內衡以北．非日月所及也．故自內衡至外衡．每距十度置一衡．共爲七衡．而日月緯度可察矣．七衡之制．蓋爲七環．中衡最大．內外皆漸小．卽今所稱距等圈．虞書謂之玉衡．以擬日月升降之迹．璿璣之制．則設一小環．以擬北極大星四遊之迹．使星常遊環內．俱從儀心窺望．古人蓋未有黃道儀．而璿璣以測經度．玉衡以測緯度．則日月之行不惑．而七政可齊也．（七衡之徑周髀算經所載舛誤．予別有校正．見拙著周髀算經跋。）

尙書大傳曰．旋者環也．機者微也．其變幾微而所動者大．謂之旋機．是故旋機謂之北極．又鄭康成說．其轉運者爲機．其持正者爲衡．皆以玉爲之．（見史記五帝本紀集解引）璿璣爲小環．玉衡爲大衡之不謬．然則璿璣者．置儀器

之北・以望帝星之旋樞・玉衡者・橫結儀中・以擬七曜之循赤道升降也・七曜升降其勢橫・故謂之衡・帝星旋樞其動微・故謂之璿璣・璿璣之徑取則帝星・周初距不動最近・以前則又漸遠・至唐虞又當遠至七八度・璿璣之徑比周初爲大・亦可想而知也。

鄭康成注周禮・凡日影於地千里而差一寸・斯言也・後儒駁之盡矣・伯奇謂此語本之緯書及淮南子・有自來矣・然考張衡靈憲自地至天・半於八極・則地之深亦如之・通而度之・則是渾已・將覆其數・用重勾股・懸天之景・薄地之儀・皆移千里而差一寸・又周髀言測星識地・兩端相去二尺三寸・而爲東西極二萬三千里・然則古人爲儀器・其周蓋七丈一尺四寸・擬周地七十一萬四千里・故測日影於儀・差一寸則於天爲差千里・是千里謂在天之度・一寸謂在儀之影・以圜例圜・則其數均・蓋天家習聞其說・而以天爲高平・地爲平遠・遂謂影差一寸・則立表之地相去千里・誤會圖象・此周髀所以見斥於渾天也・其說散見緯書・而淮南子尤詳・天文訓曰・欲知天之高・樹表高一丈・正南北相去千里・同日度其陰・北表二尺・南表尺九寸・是南千里陰短寸・南二萬里則無景・則直日下也・陰二尺而得高一丈者・南一而高五也・則置從此南至日下里數・因而五之・爲十萬里・則天高也・若景與表等・則高與遠等也・按此沿千里差一寸之說・而以重表測海島之術御之・其實得二尺・與尺九寸影之地・緯度差三十四分・在地祇百里餘耳・然則非得之實則也・若晉書天文志竟以立表八尺爲夏至日・去地平八萬里・重勾股求弦・得地去天頂八萬一千三百九十四里・則更失重勾股之意矣・周髀設周天爲七十一萬四千里・以密率求之・徑二十二萬七千二百七十三里・指日天言・其設數最少・張衡靈憲載八極之維・徑二億三萬二千三百里・南北則短減千里・東西則廣增千里・王充論衡說日篇・天行三百六十五度・凡積七十三萬里・以密率求之・則徑二十三萬二千二百七十二里・最與靈憲數近・海外東經注引詩緯含神霧・天地東西二億三萬三千里・南北二億三萬一千五百里・周禮疏引河圖括地象・亦云南北二億三萬一千五百里・東西二億三萬三千里・則畧多於靈憲・廣雅釋天天度條・天圜廣南北二億三萬三千五百七十五里・東西短減四里・周七億七百二十五里・從地至天一億一萬六千七百八十七里半・又畧多於緯書・（按誌書言億皆指十萬也・廣雅刻本俱作天自廣南北二億三萬三千五百里七十五里七十五步・東西短減四步・周六億十萬七百里二十五步・蓋校書者・以爲萬萬曰億・而竄改之・又訛里爲步也・今據本文從地至天之數校正・）淮南地形訓・禹乃使大章步自東極至於西極二億三萬三千五百里七十五步・使豎亥步自北極至於南極二億三萬三千五百里七十五步・按數與廣雅同・（步亦當作里・）大章豎亥乃推步天象之人・東極西極・即謂日本天之徑・非周行天地也・載入地形訓・著書之誤耳・是測日天之數・始於夏后氏矣・三代因之・所以定爲此數者・以日實徑爲千里・而視徑比例求之也・術有修改・故數有增減・以周髀設天周與日實徑比例・則是時測日視徑・當今之三十分一十五秒・正與今實測中距日視徑合・乃周髀經又有率八十寸而得一寸・日徑千二百五十里之說・則從地至天十萬里・又云從地至天八萬・皆是以

他術之粗疏竄入・非商高本法也。

按靈憲言南北短減千里・蓋若今所定冬至日・行近最卑距地近之倍數也・東西廣增千里・若今所定春分日・行近中距之倍數也・是南北短於東西二千里・緯書南北短於東西千五百里・是緯書定分至日距地高卑差七百五十里・靈憲則定分至日距地高卑差爲千里・至若廣雅言東西短減四里・則就分至日距本天心之差言・卽今所測橢圖小徑短於大徑之意・是橢圓與高卑之說・亦不始於西法也・（考靈曜言地四游升降三萬里・亦以疏日行距地高卑之故・但立術疏闊・不然則設本天之經・必大於前術十餘倍・）然此分至高卑差於本天之互視・比今爲少者・今最卑在冬至後・中距在春分後・而相距猶近・故多・古則最卑在冬至前・中距在春分前・而相距較遠・故少・靈憲作於漢・其差多・緯書始於周・其差少・亦其驗也・然則古人於分之致日・其測日視徑也・精矣。

月令正義引尚書考靈耀云・周天三百六十五度四分度之一・一度二千九百三十二里四百六十一分里之三百四十八・周天百七萬一千里・徑三十五萬七千里・（按此以周天爲整數・而以天度除之得每度里數・又按此周徑數・用周三徑一者・蓋讀書者所加・未必古術如是・下數條同・）晉書天文志引洛書甄曜度春秋考異・郵同後漢郡國志注引帝王世紀曰・周天三百六十五度四分度之一・一度二千九百三十二里・周天積百七萬九百一十三里・徑三十五萬六千九百七十一里・（按此以度里爲整數而以天度乘之・得周天里數・故與緯少異・）廣雅釋天所載同・而題曰宿度以別於上條天度・然則此皆言恒星天周徑也・蓋設恒星天・大於日天二分之一・然則古測各天周徑・比今測爲小矣・未周行地球測地半徑差故也・古人本法測有未密者・此類是也・亦有傳習謬誤者・如蓋天家以天爲平體之類是也・當分析觀之・乃得其本眞。

甲爲恒星極・　癸丁丙爲黃極・繞恒星極之迹・　子戊壬巳爲赤極・繞恒星極之迹・　丙爲周時黃極所在・戊爲周赤極・丙戊爲周黃赤大距二十四度餘・　丁爲今黃極・巳爲今赤極・丁巳爲今黃赤大距二十二度二十七分・　癸爲上古黃極・子爲上古赤極・癸子爲最大黃赤大距二十四度十二分六秒。

庚爲帝星・戊庚爲周璿璣半徑四度四十三分・　丁庚爲帝星・今距黃極十七度一分三十四秒・　壬爲唐僖宗時赤極所在・距天樞星最近・　辛爲勾陳大星・距今赤極最近。

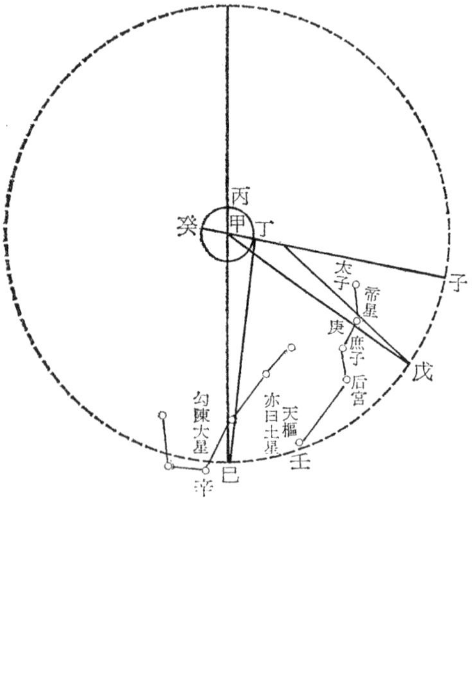

夏小正南門星考

夏小正四月初昏・南門正・伯奇按南門二星在庫樓南・道光癸未黃道經緯・南門一距黃極一百二十九度三十分十六秒・卯宮十三度五分十九秒・南門二距黃極一百三十二度二十六分五十八秒・卯宮二十七度二十八分七秒・以距夏禹卽位四千〇五十八年・年行五十二秒・約得東行五十七度半・各減經度得南門一夏時在黃經巳宮・距夏至七十五度三十五分・南門二・在巳宮・距夏至八十九度五十八分・各求赤度緯度・當時黃赤大距大小未審・姑據周髀算經・牽牛東井去極里數算得・約爲廿四度十二分爲一邊・當時黃極所在・亦未審離今黃極若干度分・亦姑據今測星距黃極爲一邊・各經度爲所夾之角・而求對角之邊・得星距赤極之數減象限・餘爲南緯・如法算得南門一・在赤道南三十度五分五十六秒・南門二・在赤道南三十七度五十八分五十秒・夏都在漢安邑・卽今之夏縣・北極出地三十五度一十一分・卽爲赤道距天頂加星南緯與象限相減・餘得南門二星加正午在地平上・共一當二十四度四十三分四秒・共二星一十六度五十分十秒。

臨海洪氏震煊作夏小正疏義・據今測星圖以爲南門在地平下作小正者・無取爾・又據孔氏廣森・邵氏晉涵謂南門卽亢宿南北兩星・伯奇按天官書其南北兩大星曰南門・卽庫樓外之南門・北字爲衍文無疑・若亢南北兩星・據今測皆四等・無緣稱爲大星・南門則一二等在當時燦然地上・固當取爲中星者・洪氏不察・古今星距赤道有遠近・而以或有明暗說之・非事實矣。

又試以對弧對角之法求其赤道經度・以黃道經度爲所知之角・距赤極爲對所知之弧・距黃極爲對所求之弧・求得對角減半周爲赤道經度・從夏至起・如法算得南門一・赤道經在午宮・距夏至五十九度四十四分五十秒・南門二・在巳宮・距夏至六十九度二十六分・四月立夏日在赤道經・距夏至前四十七度三十七分・與二星之赤道・距夏至經度相併・爲星距日度・是時日入酉正三刻四分・中星當距日一百零二度十八分・是則南門一星尙偏東五度零三分・南門二則偏東十四度四十四分・以古注說日入三刻爲昏・按古晝夜分百刻計之・則中星距日多十度四十八分・而南門一偏西五度四十五分・南門二偏東三度五十六分・故曰南門正・若依憲刻漏之法・日入地平下十八度爲昏刻・算得是時昏刻戌正一刻十四分・距日中星一百二十七度二十五分・則正者非南門・然則古人言昏旦・蓋以日出入爲斷・不必如今昏旦時刻也。

又按南門一今測爲二等星・南門二爲一等星・日入後少待卽見・在廣州可目驗・固不必日入地平下十八度・亦不必以三刻爲限也・依上計之・南門第二星以戌初三刻三分加午・是日入後三刻十四分・而第一星以戌初初刻九分加午・是日入後一刻五分・固已可取爲候矣。

終日七襄解

詩小雅跂彼織女・終日七襄・朱子集傳引箋云・駕也・駕謂更其肆也・蓋天有十二次日月所止舍所謂肆也・經星一晝一夕・左旋一周而有餘・則終日之間・自卯至酉・當更

七次也・少時讀而疑之・謂恒星每一晝夜一周過一度耳・此詩作於秋時日出卯正・入酉正則星更六次又半度耳・安得云七次也・今以恒星赤道經緯求之・乃知是時織女在赤道北三十八度・其地出至入地常越七時・則更七次・計織女每日在地平上所行也・古之爲文詞者・於星日以出地爲行・入地爲止・不必繩以實象・故淮南子言日・於且曰爰始將行・於昏曰爰止其馬・不數地下之行者・所謂知其不可知也。

釋阿

阿之本義爲曲陵・引而伸之則凡人情物理之曲・亦謂之阿・其在宮室取名於阿・不止一處・儀禮士昏禮之當阿當棟者也・考工記之四阿在簷者也・棟之義無取於阿・而當棟之處爲屋兩下之始・其形曲・有似人口上阿・（說文谷口上阿也・上象其理・）故曰阿（集韻𤭛居何切・居結棟謂之合𤭛・此阿之後增字也・）故鄭訓當阿爲當棟・非卽棟也・考工記門阿亦指屋兩下之極高處耳・淮南子天文訓天阿者・羣神之闕也・則竟謂阿爲門・散文則通也・四注之屋・則有四簷・簷之交處必成四折角・（椁之題湊同・故亦名四阿・）其上則四垂脊也・其下則承以陽馬・（據文選何平叔景福殿賦・張景陽七命注・）陽馬形爲剖立方錐四之一・（詳算經以長閣爲底・（爾雅杙長者謂之閣・）直柱及懸棟爲廉・（魯靈光殿賦・爾乃懸棟結阿・）其棟在屋角・最邪而長・爲簷之曲折處・故四阿爲四角設棟也・（詳下圖・）莊子外物篇・披髮闚門阿・釋文引司馬注以屋曲簷訓阿・最爲明析・（與鄭注考工記門阿異者・屋以中極爲最高度・故知門阿五雉・謂棟之高・此則如上林賦・偓佺之倫暴於南榮之比・故但就簷言之・）而鄭又訓四阿爲四注者・舉四正以例四隅也・且山水之曲隅皆謂之阿（楚辭山鬼若有人兮山之阿・漢書禮樂志汾之阿・）則屋曲隅亦通稱曰阿・可知也・士昏禮今文阿爲庪・或疑四阿長閣・有庪閣之義・故阿得有庪名・考鄉射禮記注正中曰棟・次曰楣・前曰庪・則庪在楣外・若以當阿爲卽此・則在西榮之下致命矣・鄭以爲入堂深示親親・故不從今文・況士屋兩下有兩榮而無四注・亦不當以四阿之制釋之。

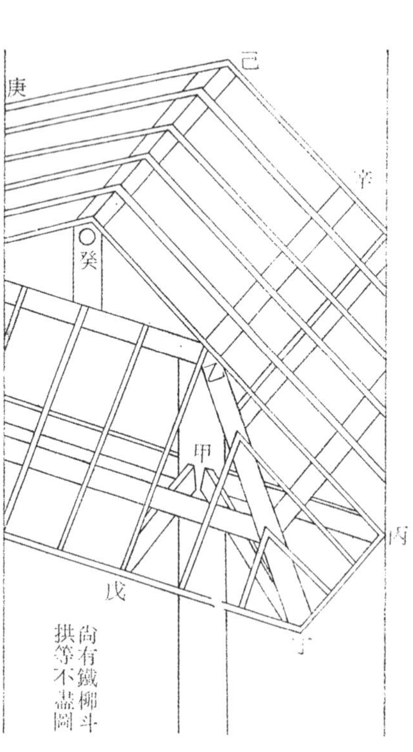

甲乙直柱也・乙丁懸棟也・甲丙甲丁甲戊皆閣也・乙丁爲乙丙丁南簷與乙戊丁西簷二面之接・卽四注之阿也。

己癸中棟也・己辛己庚兩下相交於己・爲士昏禮當阿之阿。

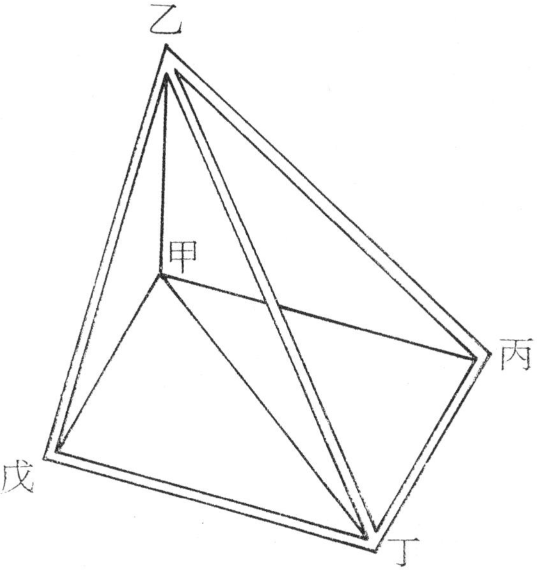

乙甲丙丁戊合之爲陽馬

補小爾雅釋度

忽一．蠶口出絲也．（史記太史公自序閒不容翾忽．正義忽一蠶口出絲也．漢書敍傳下造計秒忽．注引劉德云．忽．蜘蛛網細者也．又律歷志上無有忽微．注忽微若有若無．細於髮者也．孫子算經度之所起．起於忽。）

十忽爲秒．十秒爲豪．（見孫子算經。）

豪．兔豪也．十毫爲氂．（禮記經解差若毫氂．釋文豪依字作毫．氂本作犛．後漢岑彭傳注．毫毛也．漢書律歷志上不失毫氂．注引孟康曰毫兔豪也．十毫爲氂．又按賈誼新書六術篇云．數度之始．始於微細．有形之物．莫細於毫．是故立毫以爲度始．十毫爲髮．十髮爲氂．十氂爲分．十分爲寸．十寸爲尺．則是百髮而當一分．分乃大矣．故不從說文十髮爲程．十程爲分．誤亦同。）

氂．牛毛也．十氂爲分．（見說文氂部下．本賈子六術。又易通卦驗十馬尾爲一分。）

秒．禾芒也．十二秒而當一粟．十二粟而當一寸．（漢書敍傳下造計芒忽注．引劉德曰．秒禾芒也．說文同．淮南子天文訓．秋分蔈定而禾熟．律之數十二．故十二蔈而當一粟．十二粟而當一寸．注蔈禾穗．粟孚甲之芒也．古文作秒。）

以黍生之爲一分．（說苑辨物度量權衡．以黍生之爲一分．十分爲一寸．十寸爲一尺．十尺爲一丈．按此黍尺。）

按指爲寸．寸十分也．布手爲尺．（公羊僖三十一年傳．膚寸而合．注按指爲寸．大戴禮記王言布指知寸．說文寸十分也．人手腳一寸．動𧖴謂之寸口．从又从一．淮南主術訓．夫寸生於標．注十分爲一寸．又漢書律歷志．賈子六術．說苑辨物並同．大戴禮記注．言布手知尺．按古有指尺黍尺．此指尺也。）

十寸爲尺．（說文尺十寸也．人手卻十分．動脈爲寸口．十寸爲尺．咫尺所以指尺規榘是也．从尸从乙．乙所識也．周制寸尺咫尋常仞諸度量．皆以人之體爲法．淮南道應訓．終日行不離咫尺．注十寸爲尺．又主術訓注．又賈子六術．說苑辨物．漢書律歷志並同．禮記王制注．按禮制．周猶以十寸爲尺．蓋六國時多變亂法度．或言周尺八寸．按蔡邕獨斷夏以十寸爲尺．殷以九寸爲尺．周以八寸爲尺．是言

尺度有長短・非謂周以一尺析爲八寸也。）

十尺爲丈・十丈爲引・（說文丈十尺也・从又持十・華嚴經音義下引何承天纂要・十尺曰丈・淮南主術注說苑辨物並同・漢書律歷志・上度者分寸尺丈引也・所以度長短也・本起黃鐘之長・以子穀秬黍中者一黍之廣・度之九十分・黃鐘之長一爲一分・十分爲寸・十寸爲尺・十尺爲丈・十丈爲引・而五度審矣・其法用銅高一寸・廣二寸・長一丈・而分寸尺丈存焉・用竹爲引・高一分・廣六分・長十丈・而方法矩高廣之數・陰陽象之也・按黍大于粟・漢志以黍累尺・十黍而廣一寸・淮南子以粟累尺・故十二粟而當一寸・主術訓注十標爲一分・宋書律志十粟而當一寸・皆誤也。）

鋪四指爲扶・（禮記投壺・籌室中五扶・堂上七庭・庭中九扶・注鋪四指曰扶・一指按寸。）

側手爲膚・長不出膚爲握・握四寸也・八寸爲咫・（公羊僖三十一年傳・膚寸而合・注側手爲膚・禮記王制・宗廟之牛角握・注握謂長不出膚・國語楚語烝嘗不過把握・注握長不出把者・穀梁昭八年傳・流旁握・注握四寸也・周人醢注・切之四寸爲菹・疏一握則四寸也・說文中婦人手長八寸・謂之咫・周尺也・从尺只聲。）

一手曰握・兩手曰拱・（莊子人間世・其拱把而上者・釋文引司馬注・兩手曰拱・一手曰把・孟子告子上・拱把之桐梓・注拱合兩手也・把以一手把之也・左氏僖三十二年傳・爾墓之木拱矣・注合手曰拱・穀梁子之冢木巳拱矣・釋文同・注拱合抱也・公羊注・拱可以手對抱・呂覽制樂・比旦而大拱・注滿兩手曰拱・書序桑穀共生於朝・鄭注又書大傳七日大拱・注兩手搤之曰拱。）

九寸爲搤・徑尺爲圍・（儀禮士喪禮苴經大鬲注・鬲搤也・中人之搤圍九寸・莊子人間世絜之百圍・釋文引李注・徑尺經帶。）

一舉足曰跬・再舉足爲步・半步爲武・（詩小旻箋・無進於跬步・釋文舉足曰跬・又儀禮鄉射禮注・與跬相應・釋文一舉足曰跬・漢書息夫躬傳・未有能窺左足而先應者也・注跬半步也・言一舉足也・漢書鄒陽傳集注・半步曰跬・王莽傳下・敍傳下集注並同・又頍與跬同・荀子勸學不積頍步・解蔽・醉者越百步之溝・以爲頍步之澮也・又聲誤爲頃・禮記祭義・故君子頃步而弗敢忘・孝也・再舉足爲步・見禮記祭義・釋文半步爲武・見國語周語・不過步武尺寸之間注・又華嚴經音義下引何承天纂要・三尺曰武・六尺曰步・周禮射人注・引鄭司農貍步・謂一舉足爲一步・於今爲半步。）

五尺爲墨・六尺爲步・（國語周語・不過墨丈尋常之間・注五尺爲墨・倍墨爲丈・周禮小司徒・九夫爲井・注引司馬法六尺九步・又左氏襄二十五年傳井衍注・又國語周語注・太元元瑩天元咫步注・又莊子庚桑楚步仞之邱陵釋文・禮記坊記疏引眞義・古春秋左氏說並同・按王制古者以周尺八尺爲步・今以周尺六尺四寸爲步・以下文古今里畝之數核之・當作六尺六寸爲步・又考工記六尺六寸與相中也・是古步有八尺及六尺六寸二數・而先儒但言六尺爲步・不敢輒易・姑識於此。）

施長七尺・均長八尺・（管子地員・夫管子之匡天下也・其施七尺・注・施者大尺之名也・其長七尺・文選思元

賦注・引樂汁圖徵宋注・均長八尺・施弦以調六律五聲・後漢張衡傳注同・國語周語律所以立均出度也・注・均者・均鐘木長七尺・有弦繫之・以均鐘者度鐘大小淸濁也・與緯書尺數異。）

高八尺曰仞・（說文仞伸臂一尋八尺・从人・刃聲・漢書食貨志上注・八尺曰仞・取人伸臂之一尋也・又軔義與仞同・孟子盡心下・堂高數軔・注軔八尺也・又書旅獒爲山九仞傳・又釋文・又家語・致思有懸水三十仞注・又管子・乘馬十分去一・四則去三注・又淮南原道・夏鯀作三仞之城注・又書旅獒疏引聖證論・又漢書賈誼傳鳳皇翔於千刃兮注・司馬相如傳上・長千仞注・山海經西山經・太華之山其高五千仞注・並云八尺曰仞・孟子音義下引丁音・先儒以七尺爲仞・又論語子張・夫子之牆數仞・集解引苞注・又書旅獒爲山九仞・疏引鄭注・又文選上林賦長千仞注・引司馬彪・又書旅獒釋文・又儀禮鄉射・禮記・杠長三仞注・又禮記祭義仞有三尺釋文・又論語子張皇疏・又華嚴經音義下引何承天纂要・又莊子達生・縣水三十仞釋文・庚桑楚步仞之邱陵釋文・又呂覽功名出魚乎十仞之下注・適威若決積水於千仞之谿注・又淮南冥覽・連鳥於百仞之上注・說林・鳳皇高翔千仞之上注・又楚辭招魂長人千仞注・並云七尺曰仞・漢書食貨志上有石城十仞注・引應劭仞五尺六寸也・按仞之數・程易田通藝錄堅主七尺之說・近人多從之・竊以爲非也・古者法度皆起於人身・而中人之身長八尺・故以度高與人等・卽名爲仞・仞之言認・認則有所止之故・軔又爲止車之木・从人从刃・謂以人爲度・刻而識之・卽尺之从尸从乙有所識之意・凡人身之高・與伸臂一尋等・說文仞人伸臂一尋下・疑有缺文・必非謂仞得名於伸臂也・考工記廣尺深尺謂之畎・廣二尺深二尺謂之遂・廣四尺深四尺謂之溝・廣八尺深八尺謂之洫・廣二尋深二仞謂之澮・畎遂溝洫澮皆人所爲・其數每遞倍而正方・故知尋仞名異而度同・易田又引玉篇度深曰測・說文測之言側爲證・按以此說通之算術・卽葭生水中一問・以句及股弦・較求股之法・故曰覆矩・以測深・而非側身度之之謂也・小爾雅四尺謂之仞・經籍無此說。）

廣八尺曰尋・倍尋曰常・（方言一周官之法度廣爲尋・說文度人之兩臂爲尋八尺也・大戴記王言舒肘知尋・詩閟宮是尋是尺・傳八尺曰尋・又考工記殳長尋有四尺注・廬人注・儀禮鄉射禮記以鴻脰韜上二尋注・卿侯上个五尋注・覲禮壇有十二尋注・禮記雜記下兩五尋注・左氏昭二十三年傳注・殳長丈二疏・成十二年傳爭尋以盡其民注・襄十一年傳人尋約注・釋名釋兵・華嚴經音義下引何承天纂要・史記屈原賈生傳・彼尋常之汚瀆兮・集解引應劭後漢崔駰傳注・莊子庚桑楚夫尋常之溝釋文・呂覽悔過穴深尋注・淮南氾論內之尋常而不塞注・文選吳都賦櫂本千尋劉注・左氏哀十一年傳人尋約注・國語周語其察色也・不過墨丈尋常之間注・晉語而無尋尺之祿注・並以八尺爲尋・史記張儀傳蹄間三尋・索隱曰七尺曰尋・此說獨異・儀禮公食大夫・禮記司宮具几與蒲筵常・緇布純加萑席尋注・丈六尺曰常・半常曰尋・考工記酋矛常有四尺注・倍尋曰常・廬人車戰常注同・釋名釋兵車戟曰常長丈六尺・車上所持也・八尺曰尋・倍尋曰常・

故稱常也・又國語周語注・左氏成十年傳注・史記屈原賈生傳集解・莊子庚尋楚釋文・淮南氾論注・文選西京賦・經百常而莖擢注・並云倍尋曰常・小爾雅倍仞謂之尋・經籍無此說。）

環八尺爲一圍・（見莊子人間世三圍四圍釋文引崔注。）

人長八尺・三分之一爲矩・半矩謂之宣・一宣有半謂之欘・一欘有半謂之柯・一柯有半謂之磬折・（考工記車人之事・半矩謂之宣・注・矩法也・所法者人也・人長八尺・而大節三・頭也・腹也・脛也・以三通率之・則矩二尺六寸三分寸之二・餘皆考工記文・按此節程易田以爲言角度之事・說詳通藝錄・以非鄭義・故不錄。）

車輪轉一周爲嶲・（禮記曲禮上立視五嶲注・嶲猶規也・謂輪轉之度・嶲或爲槖・釋文車轉一周爲嶲・一周一丈九尺八寸也・按此以周三徑一率之・若密率輪崇六尺六寸・其周二丈零七寸三分四厘有畸。）

涂度以軌・軌廣八尺・（考工記室中度以几・堂上度以筵・宮中度以尋・野度以步・涂度以軌・又經涂九軌注・軌謂轍廣・乘車六尺六寸・旁加七寸・凡八尺是謂轍廣。）

侯道以弓・弓制六尺・（周禮射人注・侯道者・各以弓爲度・九節者・九十弓・七節者・七十弓・五節者・五十弓・弓之下制長六尺。）

布八十縷爲升・亦謂之緵・（儀禮喪服冠六升注・布八十縷爲升・國語魯語妾衣不過七升之布注同・漢書王莽傳中緵布二匹注・引孟康曰緵八十縷也・史記孝景本紀令徒隸衣七緵布・正義同。）

制幣丈八尺・純四䋣・（儀禮既夕贈用制幣注・丈八尺曰制・周禮內宰出其度量淳制注・故書淳爲敦・杜子春讀敦爲純・純謂幅廣也・制謂匹長・元謂純制・天子巡守禮所云制幣丈八尺・純四䋣・何答曰巡守禮制丈八尺・咫八寸・四咫三尺二寸・又太廣四當爲三・三八二十四・二尺四寸・幅廣也・古三四積畫・是以三誤爲四也。）

二丈爲一端・二端爲一兩・兩謂之匹・（左氏昭二十六年傳以幣錦二兩注・二丈爲一端・二端爲一兩・所謂匹也・同禮媒氏注・五兩十端也・疏・古者二端相向・卷之共爲一兩・左氏閔二年傳重錦三十兩注・以二丈雙行・故曰兩・說文匹四丈也・从八匸・八揲一匹・八亦聲・漢書食貨志下・布帛廣二尺二寸爲幅・長四丈爲匹・禮記雜記下注・五兩五尋則每卷二丈也・合之則四十尺・今謂之匹・猶匹偶之云・與儀禮聘禮疏合卷爲匹・左氏閔二年傳疏・謂之匹者・兩兩合卷・若匹耦然也。）

五兩爲一束・（儀禮士冠禮束帛儷皮注・束帛十端也・士昏禮元纁束帛注・公食大夫禮受宰夫束帛以侑・注同・管子治國春糴以束注・束十疋也・儀禮既夕襄贈用制幣元纁束注・束十制五合・左氏襄十九年傳賄荀偃束錦・易賁束帛戔戔釋文・引子夏傳五匹爲束・穆天子傳一勞用束帛加璧注・五兩爲一束・禮記雜記下納幣一束・束五兩・兩五尋注・十箇爲束・貴成數兩・兩者合其卷・是謂五兩・周禮大宗伯注・束帛而表以皮爲之飾疏・束者十端・每端丈八尺・皆兩端合卷・總爲五匹故云束帛也・湘山野錄引易賁束帛戔戔・賈服說束白五匹。）

丈爲版．版廣二尺．五版爲堵．三堵爲雉．或曰八尺爲版．五堵爲雉．（詩鴻雁百堵皆作．傳一丈爲板．五板爲堵．國策趙策不沉者三板耳注．廣二尺曰板．說文堵垣也．五版爲一堵．禮記儒行環堵之室注．詩緜百堵皆興箋．幷云五版爲堵．禮記坊記都城不過百雉注．雉度名也．高一丈長三丈爲雉．考工記匠人王宮門阿之制五雉注．雉長三丈．高一丈．又左氏隱元年傳賈注．又詩□□正義引書大傳．築宮仞有三尺注．又初學記居處部引書大傳．天子之堂高九雉注．並云雉長三丈．後漢班彪傳上注．三堵爲雉．左氏隱元年傳都城過百雉注．三堵曰雉．家語相魯邑無百雉之城注同．公羊定十二年傳．雉者何．五板而堵．五堵而雉．何休注八尺曰板．禮記儒行環堵之室注．五堵爲雉．左傳隱元年正義．引許慎五經異義．戴禮及韓詩說．八尺爲板．五板爲堵．五堵爲雉．板廣二尺．積高五板爲一丈．五堵爲雉．雉長四丈．古周禮及左氏說一丈爲板．板廣二尺．五板爲堵．一堵之墻長丈高丈．三堵爲雉．一堵之牆長三丈．高一丈．以度其長者用其長．以度其高者用其高也．毛詩鴻雁正義引異義．周禮說雉高一丈．長三丈．韓詩說八尺爲板．五板爲堵．五堵爲雉．鄭辨之云．左氏傳說鄭莊公弟段居京城．祭仲曰都城過百雉．國之害也．先王之制．大都不過三國之一．中五之一．小九之一．今京不度．非制也．古之雉制書傳各不得其詳．今以左氏說鄭伯之城方五里．積五百步也．大都三國之一．則五百步也．五百步爲百雉．則知雉五步．五步於度長三丈．則雉長三丈也．雉之度量於是定．可知矣．禮記檀弓今一日三斬板而已封注．板蓋廣二尺．長六尺．疏知板長六尺者．以春秋左氏說雉長三丈．高一丈．公羊傳云五板爲堵．則板廣二尺．故五板高一丈也．五堵爲雉．按五堵而爲雉．則堵長六尺．故詩箋云．雉長三丈．則板六尺．謹按雉長三丈者．三堵爲雉．而板長一丈．此一說也．五堵而雉者．雉長四丈．而板長八尺．此又一說也．鄭注詩禮合三丈五堵爲一．故有板長六尺之說．此鄭析義也。）

周制三百步爲里．（穀梁宣十五年傳．古者三百步爲里．家語王言周制三百步爲里。）

廣一步長百步爲一畝．（韓詩外傳四．廣一步長百步爲一畝．又穀梁文十一年傳．身橫九畝．注同．呂覽任地所以成畝也．注廣六尺爲畝．說文六尺爲步．步百爲畝．周禮小司徒注．引司馬法同．國語周語或在畎畝注．百步爲畝．鹽鐵論未通古者制．田百步爲畝．先帝哀憐百姓之愁苦．衣食不足．制田二百四十步爲一畝。）

畝百爲夫．亦謂之頃．（韓詩外傳四．廣百步長百步爲百畝．考工記匠人田首倍之注．百畝方百步地．左氏襄廿五年傳．夫井衍沃注．畝百爲夫．公羊宣十五年傳注．一夫一婦受田百畝．公田十畝．廬舍二畝半．凡爲田一頃十二畝半．八家而九頃．共爲一井。）

夫三爲屋．屋三爲井．井方一里．（周禮小司徒注．引司馬法六尺爲步．步百爲畝．畝百爲夫．夫三爲屋．屋三爲井．又考夫屋注．司烜氏邦若屋誅注．並同．考工記匠人注．一井之中三屋．九夫．三三相具．釋名釋州國．周制九夫爲井．其制似井字也．周禮小司徒考工記匠人．並云九夫爲井．又穀梁哀十二年經用田賦注．詩甫田歲取十千箋．禮

記郊特牲・丘乘共粢盛疏・坊記疏・引司馬法一切經音義一・引國語賈注・並同・穀梁宣十五年傳・古者三百步爲里・名曰井田・韓詩外傳四・廣三百步・長三百步爲一里・方里爲一井。孟子方里而井・井九百畝。）

井十爲通・通十爲成・十成爲終・十終爲同・同方百里・（並見周禮小司徒注引司馬法・又詩甫田・歲取十千箋・井十爲通・通十爲成・又考工記匠人・方十里爲成・方百里爲同・左氏哀元年有田一成注・國語楚語賦皆千乘注・里封不備一同注・詩文王有聲築城伊淢箋・淮南本經諸侯一同注・左氏昭廿三年傳土不過同注家□□□□□□語正論列國一同注・水經河水引風俗通・並云然。）

五十畝曰畦・二十五畝爲小畦・（說文畦・田五十畝曰畦・離騷畦留夷與揭車兮注・畦共呼種之名・五十畝爲畦・一切經音義十七引蒼頡田五十畝曰畦・畦畤也・史記貨殖傳千畦薑韭集解引徐廣曰・一畦二十五畝・索隱引劉熙注孟子云・今俗以二十五畝爲小畦・以五十畝爲大畦。）

三十畝曰畹・或曰十二畝爲畹・（說文畹・田三十畝也・文選魏都賦下畹高堂・劉注引班固・畹三十畝也・離騷余既滋蘭之九畹兮□□□□□□十二畝爲畹・或曰田之長爲畹也。）

補小爾雅釋量

六十四黍爲圭・四圭曰撮・（漢書律歷志上・量多少者不失圭撮注・六十四黍爲一圭・四圭曰撮・三指撮之也・又廣韻引孟子注六十四黍爲一圭・說文撮四圭也・一曰兩指撮也・又千金須知・刀圭者・如梧桐子大・一撮者四刀圭・按累六十四黍・橫四直四・高正與梧桐子等。）

千二百黍實龠・龠二爲合・（漢書律歷志以子穀秬黍中者千有二百・實其龠以井水準其槩・合龠爲合・又合者・合龠之量也・又夫量者躍於龠・合於合・廣雅釋器・龠二曰合・國語周語律度量衡注・龠二爲合・合重一兩・廣韻引孟子十圭爲一合・按圭當作撮・說苑辨物十龠爲一合・十字亦誤・或據此以改漢志・非也・又孫子算經・量之所起・起於粟・六粟爲圭・十圭爲抄・十抄爲撮・十撮爲勺・十勺爲合・按考工記梓人・勺一升・是十合爲勺・非十勺爲合・又核其數至六萬粟一合・古量不必是之大也・然承譌踵謬・至今沿用之矣。）

十合爲升・十升爲斗・十斗爲斛・斛謂之甬・（幷見漢書律歷志上說苑辨物同・廣雅釋器十合曰升・說文升十龠也・按龠當爲合・又斗十升也・斛十斗也・儀禮聘禮記・十斗曰斛・呂覽仲秋齊斗甬注・甬量器也・禮記月令角斗甬注・甬今斛也・爾雅釋樂・柷如黍甬・釋文甬卽斛也・又讀詩記引崔集注・古者爲升・上徑一寸・下徑六分・其深八分・以此數計積・則一升四百一十分・考漢志・黃鐘之龠・八百一十分・則一升之積一萬六千二百分・考工記鬴積千寸・容六斗四升・則一升亦容積一萬五千六百二十五分・與讀詩記所引相差四十倍・不足依據也。）

四升爲豆・四豆爲區・（考工記㮚氏量之以爲鬴注・四升曰豆・四豆曰區・四區曰釜・左氏昭三年傳注・廣雅釋器並同・又考工記藝人注・豆實四升・儀禮士喪禮稻米一豆

注・豆四升・考工記梓人食一豆肉・飲一豆酒・中人之食也・注・豆當爲斗・按周禮廩人・人四鬴上也・人三鬴中也・人二鬴下也・注・此皆謂一月食米也・六斗四升曰鬴・按以上歲一月四鬴計之・一日再食・則每食四升十五分升之四・而謂食一斗肉・豈不使勝食既之義乎・後漢郎顗傳注・四斗爲豆・亦誤。）

四區爲釜・（鬴爲釜・考工記陶人爲甗實二注・量六斗四升曰鬴・又㮚氏注・又周禮廩人注・論語雍也與之釜集解引馬注・又皇疏又左氏昭三年傳注・並同・又左傳陳氏三量皆登一焉注・區二斗・釜八斗・按管子輕重丁・齊西之粟・釜百泉・則鏂二十也・齊東之粟釜十泉・則鏂二泉也・鏂卽區・率釜大於區五倍・豈非陳氏新量・五五而加則區二斗五升・釜一斛二斗五升也。）

釜十則鍾・（見左氏昭三年傳・又考工記㮚氏注・廣雅釋器並同・又左氏襄廿九年傳・戶一鐘・注六斛四斗曰鐘・後漢郎顗傳注・鄭炎傳注・莊子人間世粟則受三鍾・釋文引司馬注・管子輕重乙・十鍾之家不行注・左昭三年傳注・禮記王制上・農夫食九人疏・史記貨殖傳果菜千鍾正義・漢書食貨志下・必有萬鍾之藏注・引孟康主父偃傳・率三十鍾而致一石・注亦同・又莊子田子方斞斛不敢入於四境・釋文引李注六斛四斗曰斞・司馬注讀曰鍾。）

豆寔三而成㪷・庾寔二㪷・（並考工記文注・鄭司農云・㪷讀爲斛・㪷受三斗・聘禮記有斛・元謂豆寔三而成㪷・則㪷受斗二升・疏云先鄭其言自相亂・後鄭皆不從之也・又廣雅鍾十曰斞・）（曹憲音庾小於庾亦非。）

缶庾也・（禮器五獻之尊門外缶・鄭注缶大小未聞國語魯語・出稷禾秉芻缶米注・缶庾也・十六斗曰庾・按禮器疏云・今以小爲貴・近者小而遠者大・缶在門外則大於壺矣・是此缶當依韋注之十六斛・與陶人之庾寔二㪷者異矣・又左氏昭廿六年傳杜注・又賈注・又論語雍也與之庾集解引包注・又皇疏・又國語周語野有庾積注・引唐尚書文並云十六斗曰庾。）

十六斗曰籔・十籔曰秉・（並儀禮聘禮記文注・今江淮之間量名有爲籔者・今文籔爲逾・疏逾卽庾也・廣雅釋器・十庾曰秉，國語魯語出稷禾秉芻缶米注・十注曰秉・秉一百六十斗也・論語雍也冉子與之粟五秉・集解引司馬注十六斛爲秉・皇疏儀禮聘禮記注同・又秉有五藪・注藪數名也・秉有五藪・二十四斛也・小爾雅藪二有半謂之缶・缶二謂之鍾・是缶四斛・鍾八斛・於古無稽。）

受五斗曰筥・半量曰半・（儀禮聘禮米百筥・筥半斛・一切經音義十五引字林・筥籍也・飯器受五升・秦謂筥也・按此與經異・史記項羽本紀索隱引・王劭半量器名・容半升也・又集解引徐廣・半五升器也・又漢書李陵傳集注五升曰半・又項籍傳注・引孟康五斗器名。）

滿手曰溢・兩手曰匊・（儀禮喪服傳朝一溢米・釋文引王肅・劉逵・袁準・孔倫・葛洪注・滿手曰溢・又鄭注・又既夕記注・又禮記間傳釋文・引劉注並云二十兩曰溢・喪大記注二十兩曰溢・於粟米法一溢爲米一升二十四分升之一・此據粟米重數求量・然百二十斤爲石・與絫黍不合・則亦非定話也・詩椒聊蕃衍盈升傳・兩手曰匊・采綠傳同・

禮記曲禮受珠玉者以掬・釋文兩手曰掬・掬匊同耳・小爾雅一手之盛謂之溢・兩手謂二掬・掬四謂之豆・是半升爲溢也。）

容十二斛爲鼓・（禮記曲禮上獻米者操量鼓・注量鼓量器名・又釋文引隱義樂浪人呼容十二石者爲鼓・管子地數・民自有石鼓之粟者不行・注・鼓十二斛・廣雅釋器斛謂之鼓・按此未詳其量。）

禾一把爲秉・四秉曰筥・筥穧也・（說文秉未束也・从又禾・周禮掌客・車秉有五籔注・米禾之秉筥字同數・異禾之秉手把耳・詩大田箋疏・秉刈禾之把也・儀禮聘禮記四秉曰筥・注・筥穧禾也・若今萊陽之間刈稻聚把有名爲筥者・國語魯語出稯禾秉芻缶米注・四秉曰筥・周禮掌客・米百有二十筥・稯謂一穧也・按此亦釋禾之秉筥字・此節米筥則半斛也・廣雅釋器秉十曰筥十當作四。）

筥十曰稯・五稯爲秭・二秭爲秅・（儀禮聘禮記十筥曰稯・十稯曰秅・四百秉爲一秭・廣雅釋器・筥十曰稯・國語魯語出稯禾秉・芻缶米注・十筥曰秅・稯六百四十斛也・按此誤以禾秉同於米・秉十六斛・說文五稯爲秭・二秭爲秅・聘禮車三秅注・三秅千二百秉。）

補小爾雅釋衡

絫黍之重也・十絫爲銖・（說文絫十黍之重也・銖權十分・黍之重也・漢書律曆志上・不失黍絫注・引應劭十黍爲絫・注十絫爲一銖・禮記儒行・雖分國如錙銖疏・引算法同儀禮既夕注・二十兩曰溢疏・銖爲十絫・說苑辨物十六黍爲豆・六豆爲一銖・按此比百黍畧少・荀子富國割國之錙銖以賂之・注・十黍之重爲銖・有脫誤。）

二十四銖爲兩・兩・龠也・（說文二十四銖爲一兩・鬼谷子本經陰符七術・以鎰稱銖注・考工記冶氏疏・挑氏疏・禮記檀弓上疏・儒行疏引算法・儀禮既夕禮記疏並同・一切經音義二十引・風俗兩通二銖則兩也・有譌脫耳・漢書律歷上・一龠重十二銖・兩之爲兩。）

十六兩爲斤・（漢書律歷志上・說苑辨物・儀禮既夕禮記疏・考工記挑氏疏並同。）

三十斤爲鈞・（漢書律歷志上・說苑辨物・說文金部・左氏定八年傳・顏高之弓六鈞注・考工記㮚氏・重一鈞注・輪注・稱兩輪鈞石同疏・周禮大司寇人鈞金注・禮記月令鈞衡石注・文選西京賦・洪鐘萬鈞薛注・管子小匡・小罪入以鈞金注・後漢趙典傳注・馮衍傳注・陳忠傳注・呂覽適音大不出鈞注・仲秋正鈞石注・家語正論・趙簡子賦・晉固一鼓鐵注並同・孟子梁惠王上・吾力足以舉百鈞・注・百鈞三千斤也。）

四鈞爲石・（後漢書律歷志上・說苑辨物・後漢馮衍傳注・陳忠傳注・家語正論・趙簡子賦晉國一鼓鐵注・並云四鈞爲石・禮記月令衡石注・百二十斤曰石・又國語周語重不過石注・史記秦始皇紀・衡石量書集解・漢書刑法志曰・縣石之一注・引服虔枚乘傳至石必差注・淮南說林萬石俱熯注・考工記輪人注・稱兩輪鈞石同・疏並同・說苑辨物十斗爲一石・國語周語關石龢鈞注・石今之斛也・按古以斛爲量名・石爲重數・其以石爲斛・蓋後世以同重而通稱・故喪大

記疏云・古秤有二法・說左傳者百二十斤爲石・則一斗十二斤・其寔一斛不必重一石・說文䄷百二十斤也・稻一䄷爲秉・二十斤・禾黍一䄷爲粟十六升大半升・文次秭秅下・是爲禾把之名・其非米量審矣・孫子作戰篇葸升一石・曹公注・葸豆稭也・秆禾藁也・石者一百二十斤也・亦與䄷同義。）

四石爲鼓・（家語正論趙簡子賦晉國一鼓鐵注・三十斤謂之鈞・鈞四謂之石・石四謂之鼓・左氏昭廿九年傳疏・引服虔云・鼓量名也・曲禮日獻米者操量鼓・又云・鼓可操之以將命・卽豆區之類・非大器也・唯用一鼓則不足以成鼎・家賦一鼎而鐵又太多・且金鐵之物・當稱之以權衡・數之以鈞石・豈用量米之器量之哉・謹按曲禮獻米所操・乃器量之名・晉國鼓鐵之賦・則權衡之數・且㮚氏爲量・其重一鈞・刑鼎一鼓・增嘉量十六培・容積等是・當受十斛・亦不爲小矣・若以鼓米量鐵・則粲黍一斛六十二斤半・鐵重十倍・鼓十二斛・計鼎七千五百斤。）

一人所負爲儋・（漢書蒯通傳・守儋石之祿者・注・儋者一人之所負擔也・又引應劭齊人名小罌爲儋・受二斛・史記貨殖傳索隱引孟康儋石罌・石罌受一石・故云儋石・漢書明帝紀注・擔音丁濫反・言一石之儲・字或作儋。）

六銖曰錙・八銖曰錘・（並見說文金部・淮南說山有千金之璧・而無錙錘之濫・諸注・冠錙錘之冠・注並同・又禮記儒行雖分國如錙銖注・荀子議兵得一首者・則賜贖錙金注・並云八兩曰錙・淮南銓言雖劗國之錙錘以事人注・六兩曰錙・倍錙曰錘・一切經音義二十引風俗通・三錘則錙・按六銖曰錙四分兩之一・八銖曰錘・三分兩之一・皆謂其輕微也・乃以八兩六兩而倍之・其輕微之謂何。）

東萊稱或以大半兩爲鈞・十鈞爲環・環重六兩・大半兩・（見考工記冶氏・重三鋝注・戴東原曰環本作鍰。）

北方以二十兩爲三鋝・（說文鋝解・引周禮曰重三鋝・北方以二十兩爲三鋝・考工記冶氏注・則三鋝爲一斤四兩・又釋文引賈逵說・俗儒以鋝重六兩・小爾雅兩有半曰捷・倍捷曰舉・倍舉曰鋝・按捷舉無徵。）

鍰亦鋝也・（考工記冶氏注・鍰重六兩大半兩・鍰鋝似同矣・書呂刑疏引考工記・戈矛重三鋝・馬注鋝量名・當與呂刑鍰同・說文鍰鋝也・弓人膠三鋝注・鋝鍰也・尚書正義舜典引鄭駁異義云・贖死罪千鍰・鍰六兩大半兩・爲四百一十六斤十兩大半兩銅・與今贖死罪金三斤爲價相依附・又書呂刑其罰百鍰・其罰千鍰・史記周本紀作其罰百率・其罰千率。）

或曰百鍰爲三斤・鍰重十一銖二十五分銖之十三也・（說文鍰鋝也・从金爰聲・虞書曰罰百鍰・又鋝十一銖・二十五分銖之十三也・周禮秋官職金疏引夏侯歐陽說云・墨罰疑赦・其罰百率・古以六兩爲率・古尚書百鍰・鍰者率也・一率十一銖二十五分銖之十三也・百鍰爲三斤・鄭元以爲古之率多作鍰。）

二十兩曰鎰・一鎰爲一金・（孟子公孫丑下・王餽兼金一百而不受注・一百・百鎰也・古者以一鎰爲一金・鎰二十兩也・國策周策三十金下注・鎰二十兩也・又梁惠王下・雖萬鎰注・禮記問傳朝一鍰米・釋文引劉注・儀禮喪服傳注・

又釋文引謝慈注・既夕記注・漢書食貨志下黃金以鎰爲名注・引孟康張良傳金百鎰注・引服虔史記平準書黃金以鎰爲名解・引孟康並云二十兩曰鎰・又史記燕召公世家子之因遺代百金・正義引臣瓚秦以一鎰爲一金・國策齊策乃使人操十金注・二十兩爲一金。）

或曰一斤爲一金・二十四兩爲鎰・（文選王命論所願不過一金注・引韋昭・一斤爲金・漢書張良傳注・秦以鎰名金・若漢之論斤・公羊隱五年傳・百金之魚公張之注・百金猶百萬也・古者以金重一斤・若今萬錢矣・國策秦策萬鎰注・二十四兩爲一鎰・文選詠懷詩注・引國策賈注・一鎰二十四兩・吳都賦金鎰磊砢・劉注・二十四兩爲鎰。）

垸・量名・（見考工記冶氏注・引鄭司農讀爲丸疏・先鄭直云・垸・量名・讀爲丸者・其垸是稱兩之名・非斛量之號・又讀爲丸・未知欲何取義・鄭引之在下者・以其垸之度量・其名注未聞・無以破之・故引之在下也・按家語五帝德設五量注・五量權衡升斛尺丈里步十百・是量亦權度之通名・戴東原云・鍰讀如丸・十一銖二十五分銖之十三・其垸假借字也・按權衡之名・字同數異者多矣・不可以音近而臆度之・故不取・又攷工記弓人絲三邸漆三斞注・邸斞輕重未聞・今亦闕而不敍・至如三代圖器皆有輕重大小之數・然非出度之物・故亦不取・又小爾雅斤十謂之衡・衡有半謂之秤・攷唐宋人方書始有藥一秤之說・非經典所用・亦不具釋。）

刻夏紫笙算書遺稿序

夏子笙名鸞翔・杭州人也・同治二年遊廣東・三年五月卒於廣州旅舍・南豐吳子登太守得其算書遺稿・曰少廣縋鑿・曰洞方術圖解・曰致曲術・曰致曲圖解・曰萬象一源・屬彙刻之以傳・紫笙爲項梅侶高弟子・又於戴諤士爲世好・年少聰穎・講究曲線諸術・洞析圓出於方之理・滙通各法・更推演以窮其變・所著書詞簡而意賅・精而法密・近今海內爲此學者十餘家・紫笙蓋又後來居上者矣・昔沈存中以隙積會圓二術・古書所無・自言深思而得之・今按會圓卽弧田面線相求・爲郭苦思三乘方求矢之啓端・然所得非密周・孔巽軒又推至七乘方畧近之・乃不及杜德美法之脗合・隙積卽堆垜・其術僅明立體・亦未及四元・玉鑑之推至多乘也・蓋人心之靈・有開必先・欲窮其極・在人之善變而已・又授時術以垜積招差・求日行盈縮・其意蓋引申於綴術・是曲線與堆垜相通・已露端倪・及西法出・專以諸輪三角相求・遂無有理會之者・今則以微分積馭曲線・無所不通・然後知隙積之有裨於會圓者・固其要也・紫笙諸書成非一時・故其術有互見者・亦有具題而缺術者・今並仍之・不加芟削・後有同好熟讀而精思之・當更有無限觸發也・徐鈞卿中丞有務民義齋算學・先自梓行・海內算家已得而讀之・惟造各表簡法・截球解義橢圓求周術・未合爲一編・皆變而易通・簡而益密・亦子登所抄存・以卷帙無多・難以孤行・並刻之欲聚其類也。

道鄉集跋

伯奇族居南海泌冲．謹按譜牒．系出鄒忠公之後．忠公南遷雄州．李君鴻以弱女事忠臣．遂生季子．諱相．及忠公歸常州．相與母留處雄州．生三子．其仲諱繼孔．卽吾族始遷之祖也．伯奇少讀宗史．知忠公有遺書名道鄉集四十卷．購求二十年不得．問之所識藏書家．亦未有見者．咸豐丁巳友人金芑堂孝廉北上．請其代爲搜訪二年．遂得於都城瑠璃廠．往返萬里．緘以贈余．不勝欣感．此本爲晉陵二十六世裔孫鄒禾重刋．陽湖李兆洛所校．後附年譜．載元豐七年甲子長子柄生．字德久．紹聖元年甲戌次子栩生．字德廣．兆洛附論云．公有冠子柄文云．二十而冠．禮故有儀．十五而冠．義亦從宜．其時公已謫湖外．未赴韶州．而德久公年止十五．則當生於元祐戊辰己巳間．又云公以癸未謫昭州．夫人與兩子並寄零陵．若德廣生於甲戌．其時固已十歲．遇赦量移．又歷兩年之外．公先後作詩示子．不應無一語及之．其洗幼子文有據瀟湘上遊之句．或當生於南遷而未赴昭州之日云云．

謹按兆洛此論非也．年譜所載．必有依據．柄之冠也．年方十九．故引禮文以見．不必二十而冠耳．豈可泥此定其年爲十五乎．公謫昭州．家口寄零陵．家書訓飭何必盡見於詩．且詩存無多．將示詩所不及．遂謂無此子可乎．年譜書栩生於甲戌．既不能臆斷其誤．然時未南遷．而洗幼子文有據瀟湘上遊之句．是生於南遷之後．其爲季子相而作．可知也．蓋相爲公外婦之子．雜居嶺表．故爲墓誌年譜者．皆厥畧失載．李兆洛不知其詳．而因集內存洗幼子文．未得其人以實之．遂欲改年譜以求合．此不能闕疑之過也．伯奇詳稽家譜．知身之所自來．復恭讀遺書．得相印證．敢不明辨李兆洛懸揣之謬．並記求得歲月．念辟處之固陋．感良友之信義．以示後人其珍藏無忽．咸豐十年歲在庚申七月二日．二十三世裔孫南海鄒伯奇謹跋。

鄒仲庸 南海人．伯奇弟．學海堂專課生。

月令中星考

月令昏旦中星．皆舉其大畧而已．蓋二十八宿．其星體有廣狹．相去有遠近．昏旦之時．前星已過於午．後星未至正南．則亦以前星爲中．又星有明暗．見有早晚．明者昏早見．而旦晚沒．暗者則昏晚見．而旦早沒．所以用古今中星距度以歲除之．求其年數．或多或少．不能確準．不如依渾蓋通憲法．寫一黃道星圖．又寫一赤極距黃極二十三度半．赤度經緯格．以赤極繞黃極旋轉而求之．設仲冬中氣冬至在牛宿第三星．據道光癸未黃道星表．牛宿三在黃道子宮初度零二分二十八秒加癸未．至今年甲戌歲差四十三分二十一秒．爲子宮初度四十五分四十九秒．又加入丑宮三十度．實得三十度四十五分四十九秒．度分化秒共得一十一萬零七百四十九秒．以歲差五十一秒除之．約得二千一百七十一年．減秦至今二千零八十四年．尚餘八十七年．從周末上推得周赧王元年．又設冬至在牛宿第五星．據道星表牛宿午在子宮二度四十七分一十秒加癸未．至今年甲戌．歲差四十三分二十一

秒・爲子宮三度三十分三十一秒・又加入丑宮三十度・實得三十三度三十分三十一秒・度分化秒共得一十二萬零六百三十一秒・以歲差五十一秒除之・約得二千三百六十五年・滅秦至今二千零八十四年・尙餘二百八十一年・從周末上推得周敬王十一年・此二法俱得仲冬大雪節日在斗・季冬小寒節日在女・孟春立春節日在室・仲春驚蟄節日在奎・季春清明節日在胃・孟夏立夏節日在畢・仲夏芒種節日在井・季夏小暑節日在柳・孟秋立秋節日在翼・仲秋白露節日在角・季秋寒露節日在氐・霜降中氣日在房・孟冬立冬節日在尾・俱與月令合・設敬王前九十年若定王時・則冬至過牛宿第五星一度・除彼時小寒節日入於虛・立夏節日入於參・赧王後九十年若秦朝則冬至退在牛宿第三星西一度餘・彼時立春節日退於危・立秋節日退於張・白露節日退於軫・皆不合於月令・是月令中星敬王時始有此星象・知月令非起於周初・又敬王時已有此星象・知月令更非起於秦代矣・通典曰・月令本出於管子・卽周時人也・至秦呂不韋編爲呂氏春秋・漢戴聖又取集成禮記・證其根本非周・是也。

今爲圖約取中數・冬至在牛宿之中・將周末至敬王二百八十一年滅去赧王至周末八十七年・餘一百九十四年・折半得九十七年・由敬王下推得周威烈王十六年是爲作月令書之時代・戴氏東原尙書補傳・以爲月令作於周末・極爲知言・今以圖觀之・月令所書・皆初氣也・如以爲中氣・祇季秋日在房合耳・餘俱不合・故知非中氣也・假如以初氣爲中氣・與月令合矣・蓋卽以圖之大雪節爲冬至也・計一節該黃道十五度歲差七十年乘之・得一千零五十年・由周威烈王十五年下推一千零五十年・得李唐初載日躔・遠不及周秦・故知月令所紀非中氣也・謹爲圖於左・觀圖之法・設座北向・定節氣於左・則上爲昏中星・又旋節氣於右・則上爲旦中星・冬令中星距日不及九十度者・晝短故也・春夏秋三時中星距日俱過九十度者・晝長故也・並附月令本文以便觀覽。

孟春之月・日在營室昏參中・旦尾中。

仲春之月・日在奎昏弧中・旦建星中。

季春之月・日在胃昏七星中・旦牽牛中。

孟夏之月・日在畢昏翼中・旦婺女中。

仲夏之月・在東井昏亢中・旦危中。

季夏之月・日在柳昏火中・旦奎中。

孟秋之月・日在翼昏建星中・旦畢中。

仲秋之月・日在角昏牽牛中・旦觜觿中。

季秋之月・日在房昏虛中・旦柳中。

孟冬之月・日在尾昏危中・旦七星中。

仲冬之月・日在斗昏東壁中・旦軫中。

季冬之月・日在婺女昏婁中・旦氐中。

孔繼藩 字惠疇・南海諸生・鄒伯奇弟子・精天算之學・伯奇以女弟妻之。

平晷銘 并序

晝日晷者多矣・或平或立・或面南面東面西・或有節氣・或無節氣・其爲晷不同・而用勾股八線以晝晷則同・御製數理精蘊・有地平日晷・作節氣線法程・春海侍郎用以晝

於圜扇・法先作子午赤道兩線・十字相交・次以北極出地四十度爲準・作勾股形・立於子午線上・（勾線之末適當子午赤道兩線相交處）爲晷表・勾線上指赤道・股線上指北極・股弦相聯處・卽北極出地之角度・勾弦相聯處・卽出地之餘度・乃以勾線之長爲半徑・比例得各時刻距度之切線・從赤道線作識・又從股弦相聯處向所識作線・卽得午正前後各時刻線矣・次從勾線上之末・作一橫線與勾線成直角・仍以勾線爲半徑・比例得各節氣距緯之切線・作識於橫線上・卽從勾端向所識處作線・與午正線相交・其交點卽午正各節氣日影界也・若求未初節氣線・則以十五度之割線爲半徑・（未初與午正相距十五度・其勾端至未初線與赤道線交處之影線卽割線・）作橫線與之成直角・如上法・凡例得各節氣距緯之切線・從橫線作識・又從割線之端向所識作線與未作線相交・其交處又未初節氣線之日影界也・餘可類推・夫太陽雖由黃道而行時刻・因實赤道而定午正時太陽正・對晷表之勾影射道線・午正前後則偏東西若干度・其切線之長・卽其影之長・故以勾線爲半徑・而得時刻線也。

又春秋分日行赤道・而晷表之勾線亦指赤道・則勾末之赤道線卽春秋分線・午正時太陽從勾線直射赤道線無影・春分以後・秋分以前・日在赤道北・則影在其南・春分以前・秋分以後・日在赤道南・則影在其北・故以勾線爲半徑・而取各距緯之切線・爲各節氣之影界・至於未初春秋分時・日影至未初線與赤道線交處・亦成一立勾股形・原勾爲勾・影之長爲股・勾股相聯爲弦・而弦線實卽未初距午正十五度之割線・故以割線爲半徑・如前法取各節氣之切線・爲未初各節氣日影界也・但割線與原股爲直角亦成一立勾股形・蓋原股爲過極經圈・割線爲赤道影線・經圈與赤道無在非直角・日晷寫立於平・故以原股爲半徑作圈・而取割線之度・以截圜界・乃成平勾股形・與立勾股形等也・此晷不用南鍼・緣畫線時俱按正南北線而成・故及此時節・其影卽指此時節線・而南北自正・又晷表之勾線原爲斜置・今表用直置者・識影祇以表端之一點爲率・斜表之端在此・直表之端亦在此・故其影之所至必同也・侍郎遺集有銘・今粵人用粵東北極出地之度如法製扇・亦宜爲之銘・而先詳其理法於右・銘曰・

晝晷之法・準乎天行・勾股八勾・法所由生・勾指赤道・股指北極・出地爲表・日影可得・高四十度・京師之數・二十三度・粵人所步・時勾爲經・節線爲緯・經緯不差・南鍼曷貴・平以寫渾・蓋天之遺・圜扇寫圜・程公所基・吾爲粵人・因地作晷・著爲銘詞・用剖斯理・

平晷第一圖

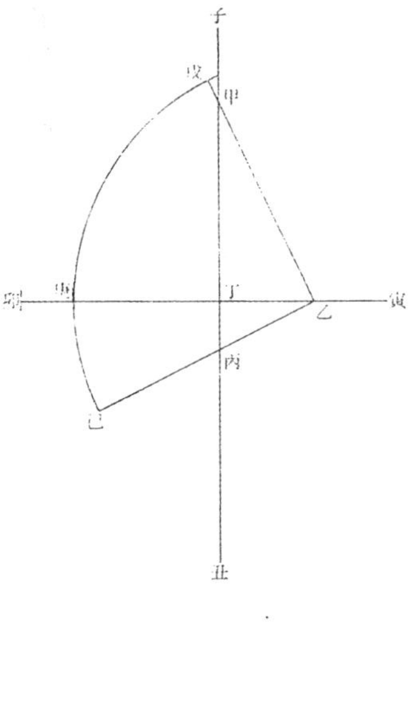

平晷第二圖

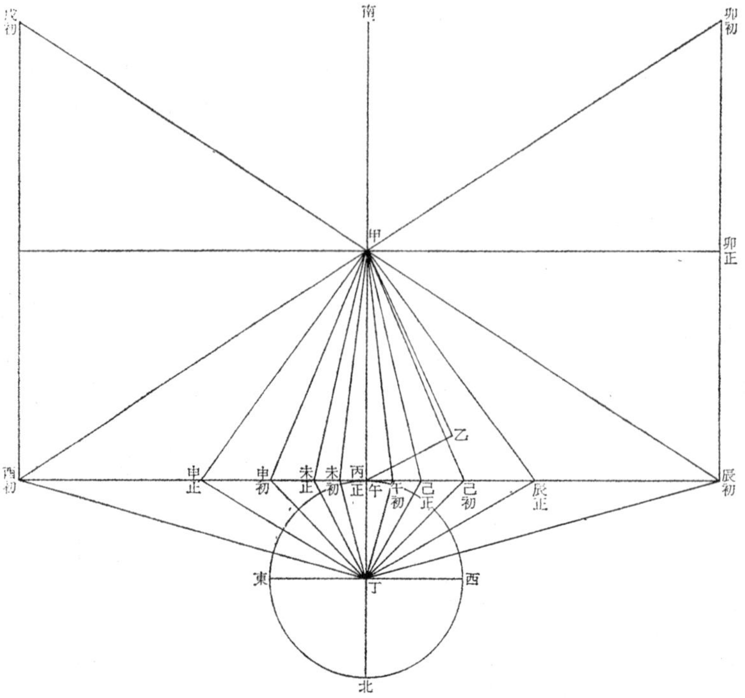
南
戌初
卯初
甲
卯正
乙
酉初
申正
申初
未正
未初
辰正
辰初
東
丁
西
北

平晷第三圖

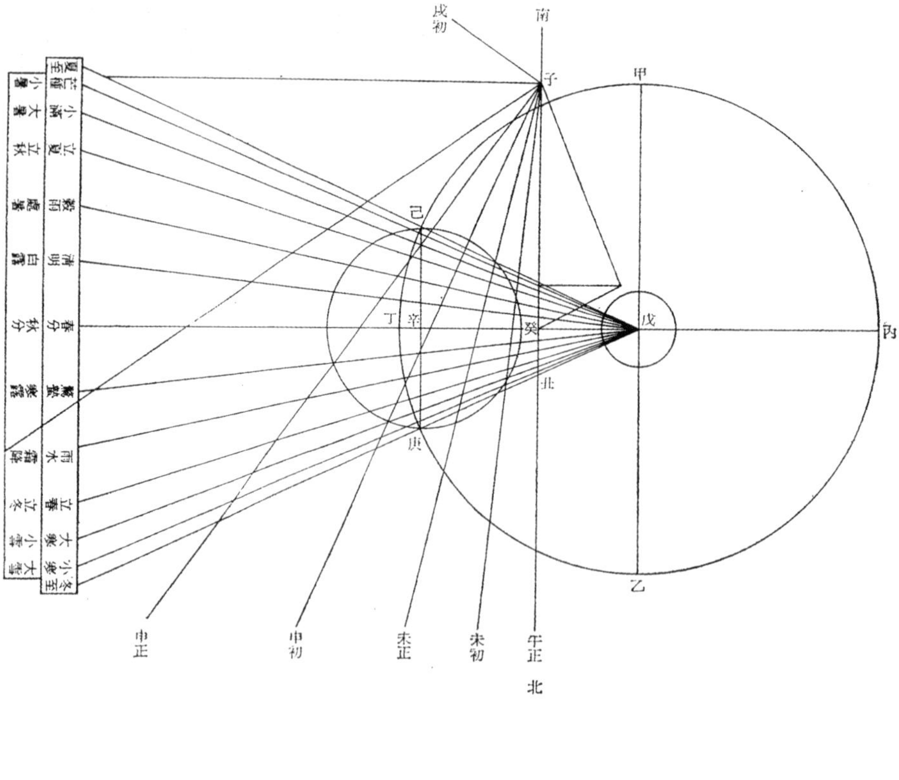
戌初
南
子
甲
己
丁
辛
癸
戊
丙
庚
乙
夏至
芒種 小暑
小滿 大暑
立夏 立秋
穀雨 處暑
清明 白露
春分 秋分
驚蟄 寒露
雨水 霜降
立春 立冬
大寒 小雪
小寒 大雪
冬至
申正
申初
未正
未初
午正
北

伊德齡 南海人・學海堂專課生・鄒伯奇弟子・精天算。

綴術考

北齊祖冲之造綴術・唐重其書・立於學官・今雖不存・然卽宋人之言推之・其法亦尚可見・沈存中曰・求星辰之行步氣朔消長謂之綴術・謂不可以形察・但以算數綴之而已・據沈氏之言・則綴術是祖氏積候既久而成・此推步之法者也・秦氏九章有綴術推星一條・其法以木星之伏見日數進退行之度・推每日之遞差・五星俱宜倣此・而秦氏自序有云・綴術三式謂之內算・言其秘也・九章擊術謂之外算・對內言也・按分內外者・蓋綴術推星必以臺官候簿爲據・非外人所得知・故曰內算・言其移也・古人造歷無不以候簿爲重・宋衞朴爲司天監時・嘗欲造候簿・歷官沮之・故衞朴止專明擊術・而於綴術猶未有成書・以無候簿故也・凡推五星之伏見順逆・求日月之盈縮遲疾・步氣朔之消長・皆賴測候・得其實行乃通・以所歷周率分得其平行・復以平行加減實行・然後進退損益之數可知・故測候愈精・而立法愈密・祖氏綴術・唯此足以當之・若天平圓周徑弧矢相求・本有形可見者也・劉徽祖冲之求密率・皆用勾股屢求・然求之極細・則不勝其煩・及西人杜德美爲捷法・習之者初不解其故・以爲與劉祖之法有異矣・董方立作割圜連比例圖解明之・乃知其根仍起於極小勾股・其作爲屢乘屢除遞加遞減之法・列所得數雖似垜積招差・而其實出於勾弦冪連比例之率・是其數仍生於有形・傳所謂象而後有數者也。至求日月星之行止・可據測候實行以求其遞差不同之數・初不知其象何如・所謂無形可察・但以算數綴之也・西法始有次輪均輪橢圓之法・竟似數生於象矣・而究其立法之根・乃因盈縮之極數借次輪之象以顯之・數有不合・又加均輪以湊之・仍未密合・乃又更爲橢圓行均分積以齊之・以求日行可矣・而求月行・則復有盈縮・於是有負圈焉・有朔望輪焉・求星之行・則有伏見歲輪焉・又以日行高卑而增減歲輪焉・豈果能乘虛御風而見有此輪耶・然則何以定此輪徑之大小哉・亦以算數綴之而已・故其法隨時修改・則其輪徑必隨時增減・如崇禎戊辰所定太陽本輪半徑二十六萬八千八百一十二・均輪半徑八萬九千六百零四・以其實測得加減最大之均數二度三分有奇故也・康熙間所定本輪半徑約二十五萬一千五百九十六・均輪半徑約八萬三千八百六十五・以其時實測得最大之均・一度五十五分故也・顧其大不知何時始・其小不知何時復・唯隨時測驗修改耳・此雖借象於虛・實則皆生於數・非如擊術之求高深廣遠・因形而得數者也・而古人綴術・但求得數而已足・本不立此輪象・故曰無形可察・此所以與擊術有別也。

近人羅茗香因讀四元玉鑑・於如像招數一門有所會通・更取明氏捷法・御以天元知密率・亦可招差其弧與弦矢互求之法・與授時算草之垜積招差・一一符合・且以祖氏之綴術失傳已久・其法屢見於秦氏書・卽太衍之連環求等・遞加遞減・亦與明氏捷法相近・爰融會諸家法意爲撰綴術輯補二卷・則羅氏書但是發明割圜之術・有合於垜積招差耳・然割圜連比例之原・仍不出勾股之法・既不出於勾股・則猶是有

形可察・又安得謂以算數綴之・然則可形察者・但是鞶術・不可謂之綴術也・西人勤於測候・故天學日上・近各國天文臺更以候簿互相考究・立法之妙・其後實不可量・而中國臺官止據舊測・絕不講候簿・則祖氏千秋絕業之旨終晦・且恐將來於各國新法・孰爲難言・孰爲不誣・亦無據而辨・惜哉。

陳士龍　里貫仕履未詳・著有理數究隱。

理數究隱自序

天地古今之所流行者・理與數而已・異端讖緯言數而不言理・俗儒拘牽言理而不言數・蓋言數而不言理・則入於支離・言理而不言數・則滯於聞見・二者交相病也・夫理與數猶火有煙・相合而不能相離・是以上蟠於天・下際於地・洎乎人事之吉凶消長・萬物之生息盈虛・皆莫不有一定之理數・空虛元渺・磅礴無涯・默運古今・眞精莫測・卽邵子所謂天地間之至妙至妙者也・夫以至妙之理數・而欲一一窮究而會通之・則雖聖人亦有所弗知者・雖然・六合以外・聖人存而弗論・六合以內・聖人察而致詳・蓋理與數放之雖彌六合・而卷之則不外乎身心・中和致則天地位・萬物育・中和悖則五行汨・萬事乖・以一身而準天地・宰萬物・則其考覈安敢或懈也・溯自辛嚳聚星辰・虞舜齊七政・秦漢以來・猶測渾天九州之華離・井田之經界・言天文地理者・有自來矣・若夫八卦畫於伏羲・九疇肇自大禹・田何京房輩述陰陽災異事・取乎數・迨程朱取理・而聖經大煥・卜筮箕疇吉凶讖所趨避・樂律一道・極於微渺・伶倫之定・后夔之播・尙已・三代以後・古樂散亡・張蒼王朴之徒・日以尺寸累黍相窮究・奚若朱子蔡西山・直求聲氣本源之爲精切耶・至於皇極經世・人或疑其誕・然所起之數在日月星辰・顯而易見者・非窮理之至安能言之・凡此皆所謂上蟠於天・下際於地・理數虛元・磅礴莫測者也。

余自弱冠後卽留心於是・亦嘗收視返聽・耽思旁訊・閱歷久一旦豁然知天下古今之所流行者・惟理數之自然・因而輯之・名曰理數究隱・分爲一十七卷・採錄前言・間附己意・極知僭踰無所逃罪・然要期明乎一定之理數・庶不致入於支離・滯於聞見・墮異端俗學之途云爾。

黎維樅　字籚廷・南海人・原籍新會・貢生・候選訓導・學海堂學長・監越華書院十餘年・善駢文・工畫・榜所居曰蓮根館。

卞貞忠公贊幷序

夫移孝作忠・世臣所以報國・見危授命・志士所以成仁・是故馬革殘屍・致身者不戾全歸之旨・犀軒直蓋・表節者榮於九錫之加・而況忠義萃於一門・馨烈流乎幽壤・如卞忠貞公者・可謂無負於國・而足以傳家矣・公以六龍之家聲・爲名父子・病五馬之世運・爲顧命臣・瓦石常含・棟梁自任・方其居憂辭職・已深不匱之思・正色立朝・豈尙風流之望・劾王式而人倫益重・糾樂謨而父命無私・比戴若思之

巖巖・同刁元亮之察察・莫不鶩痾折節・翼亮盡規・乃本家法以正朝常・而竟攖家禍・立身名以重臣節・而卒搆身危・蓋許國之義既明・此身不爲己有・討賊之功未就・丈夫何以家爲・此公所以委質重於三朝・而赴義偕乎二子也・時則典午運屯・夷庚道塞・應陽跋扈・姑孰傾危・庾亮竟下徵書・誤鄺生之左計・阮孚請除外郡・裕梅福之先幾・公則箸借張良・策陳鼂錯・未能銷印・誰悟徙薪・養虎之勢既成・亡羊之悔何及・蓋早知白公衞藩・不堪卵翼・越椒知政・已豢豺狼矣。

無何祖納聯兵・宣城赴難・既阻雷池之戍・空駐潯陽之軍・青雀渡於橫江・蒼鷹擊於南道・公乃手援桴鼓・身率樓船・舳走黃龍・濤翻白馬・典韋乂臨危之戟・張遼衝再合之圍・中項伏弢・裂背而瘡痛皆起・流血及屨・束胸而距躍無前・迨至聽一甄兩甄之鳴・凶鋒已逼・抱九天九地之智・兵力俱窮・直以茹劍爲含飴之甘・瞑目畢見天之志・逢大夫之子・竟死孝爲國殤・辟司徒之妻・亦無憾乎家難・是不獨虞潭之賢母・大義能明・桓彝之將軍・厚恩思報・已假令司農・兔召京邑・嚴防士行・釋居外之嫌・茂宏重安東之節・元舅不疑人作賊・貴游非放浪成風・何致望廷尉於山頭・招亂臣於轂下・一旦養癰遺患・愎諫懷慚・然後歎少年之德信未孚・同列之塵氛恐汚・雖闕廷泥首・請爲山河之投・而重地擁兵・莫解西陵之難・此非徒料事之不明・抑亦視公而多愧也・又或建康早衞・不阻外援・石頭分兵・預知設伏・藉温嶠以進討・用陶侃之善謀・則戎服登舟・騶虞之幡畢舉・流涕誓衆・蒼兕之號能靈・小丹陽奪彼先聲・大桁頭賚其後勁・何至孤軍路絕・血飲重泉・一柱天傾・哀騰七萃・公能不沒而猶視・死尚張拳也哉。

他日者・青溪柵畔・先軫歸元・白石壘邊・漸臺臠肉・雖終軍被害・卒梟南越之頭・來歙殉身・終奪公孫之魄・褒贈而隆謚典・祠祭以慰英魂・宜乎孝子忠臣・翟徵士聞而興歎・破家爲國・尙書郎議更榮封・悼許穆之卒師・葬加侯禮・重展禽而表墓・令禁樵蘇・是知淺色黃衫・無愧蓋棺之斂服・且喜爭輝青史・益添附傳之佳兒・骨肉一坵・英靈千古・上彥昇之表・所由誦先烈以銜哀・奠何點之觴・能過墟墓而生敬也。

贊曰・桓桓卞公・惟貞濟忠・生爲人傑・死爲鬼雄・臣既死忠・子亦死孝・殉國忘家・是則是效・碧血濺野・白虺貫天・裂創飲刃・透爪握拳・慟哭崩城・輿尸歸葬・賢婦感激・義聲悲壯・三軍茹痛・九原銜恩・榮以策帛・表其墓門・元甲負土・黃封讀祭・石馬感懷・銅駝隕涕・五胡擾攘・兩晉邱墟・吹笳警寇・擊楫愁余・公如不死・可以協力・父子成軍・後先衞翊・東山子弟・破賊授智・江左夷吾・滅親昌義・公如不死・兒輩同袍・親於手足・屬於裏毛・公乎竟死・衞霍無多・公原不死・氣作山河・惜哉世臣・一門節烈・侍中右衞・同茲慘滅・壯哉志士・喬梓遺芳・髮膚無忝・日月爭光・誰無君親・誰無鞠育・鑒此汗青・以詒有穀。

虞必芳 字子馨・番禺人・布衣・陳澧弟子・澧稱其文沈博絕麗・並時無兩・張維屏謂乾坤淸氣・獨鍾斯人・譚瑩自謂不如・值學署火焚三千人・必芳爲文祭之・人比汪中・今不傳。

綠鳩賦 有序

水濱有黃魚焉・季秋化爲鳥・似鳩而色綠・出水集巖樹間・輒爲人所得以充庖廚・余竊感斯鳥・由潛而見・自罹於羅・有類夫士之躁進而獲咎者・故爲賦之・其辭曰・

維陰接之鼓盪兮・亦何生而不育・或戾天以孤騫兮・或潛淵而隱伏・難飛躍其已殊兮・固生意之各足・何斯鳥之特異兮・乃奮迹乎纖鱗・朝依蒲而掉尾兮・夕棲樹以藏身・辭水族而高舉兮・託毛宗而結鄰・既傳翼而予之足兮・諒難返乎江濱・雖采色之翩翩兮・乃有類於鸚鵡・易黃裳而綠衣兮・欲爭耀乎淸組・笑披褐其已拙兮・欣戴勝之能侶・時引吭而傳響兮・效呼晴與喚雨・矜鯤化以鵬摶兮・甯斯人而敢予悔・嗟羅氏之忍酷兮・偏翳葉以潛窺・網罟紛其密布兮・將掩羣以爲期・羌顧影而自得兮・曾斂翅而未知・忽危機其既及兮・欲遠引而已遲。

憶春水之方生兮・波渺漫其溝壑・黿曳尾以蹣跚兮・鯉揚鬐而奮躍・雖賦形之已渺兮・亦泳游其可樂・苟觸綸而卽逝兮・何香餌之爲虐・彼賓爵與飛雉兮・時方赴乎洪濤・託淸流而滅迹兮・懼矰繳以潛逃・胡潮汐之不狎兮・翻馳思乎林皋・委微軀於鼎鑊兮・供染指於老饕・縱文采其不滅兮・究何益乎號咷・緬君子之明哲兮・固思患而已深・膏以明而自燒兮・奉達士之良箴・悅山梁之幽寂兮・貞素履於高岑・彼弋人其可篡兮・起冥鴻之遠音・苟世網之見羈兮・恐悔吝之相尋・竊有感於斯鳥兮・聊染翰而寫心。

兩漢循吏贊幷序

上古之世遐哉邈乎・名位甫建・君民猶一・公堂介壽・可任其稱觥・瑤玉致飾・靡辭夫陟巘・大抵性情既洽・則痌瘝可貢・耳目相接・則燭照不遺・故殷宗遯野・爰知民依・周公戒主・先陳稼穡・是知行慶施惠・甄綜於一人・承流宣化・責成於五等・迨至叔季・權歸卿相・孫叔治楚・民樂其生・子產相鄭・人頌其惠・亦凜凜乎有其遺意焉・降及後世・貴賤殊品・上下異勢・冕旒穆穆・瞻矚已窮・堂宇巍巍・扳躋殆絕・制禮作樂・九重以瘁其神・論道經邦・百辟以盡其職・其於閭閻之疾苦・草野之艱難・或未暇及焉・然則宣上德意・與吾民休息者・其親民之吏乎・求之簡策・亦有其人・有若子賤鳴琴・巫馬戴月・治蒲以三著善美・武城則絃歌可聞・並皆遺愛一時・垂譽千禩・斯儒術之實效・循吏之權輿也。

強秦御宇・政尚嚴刻・裂邦國爲郡縣・廢侯伯爲守令・武健之吏・紛然四出・是以張耳受笞背之辱・呂母懷復仇之志・雖酷吏之傳・闕於史策・而殘賊之風・被於天壤・將由出身加民者・類嗜嚴厲與・語曰・視景知表・覩指知歸・蓋上之所好下必甚焉・漢及秦政・禁罔疏闊・至於文景・專務育民・遂能移風易俗・幾至刑措・孝宣興於仄陋・備知民情・刺史守相・尤妙其選・治效朝聞・璽書夕勉・增秩賜

爵．旌表厥庸．擢黃霸之持平．褒王成之異等．於時吏治蒸蒸．黎民乂安．稱中興焉．是故寬厚淸靜．相國導夫先路．光武長於居以廉平．郡守蹈其遐軌．循吏之稱．於斯爲盛．民間．頗達情僞．膺圖受籙．務用安靜．廣求民瘼．觀納風謠．風旨所踰．靡然草偃．凡臨宰邦邑者．競能其官．良吏輩出．與西漢等．嗚呼美矣．至矣．弗可及矣．夫天下大器也．牧民盛業也．器大則不可以獨任．業盛則不可以苟治．古之聖王．知其然也．於是乎愼選司牧．以撫循之．政平訟理．決寃饑之全無．衣食滋殖．卜濫寒之已免．愁恨之心息．歌詠之聲作．雖有一二文深之吏．嚴酷之徒．或流毒於方隅．或遺害於一邑．而河流混濁．潤及千里．岱雲膚寸．澤徧天下．所謂與我共此者．其惟良二千石乎．大哉王言．其知本矣。

蓋嘗卽循吏論之．較其功烈．旣有遜乎武臣．語其謀猷．亦莫媲乎策士．而彼僥一時之利．此貽百世之澤．被澤者深．則思亂者弭．民志旣堅．國基爰固．彼炎漢之祚．一亂於王莽．再亂於董卓．而父老流涕．見漢官之威儀．臣民勸進．上漢中之尊號．五銖廢而可復．九鼎危而又安．豈有殊猷異道．要結民心與．亦其愛民之術．見諸任吏矣．然則輟采捐玦．以酬其德．奉祠立祀．以永其愛．循吏之榮．國家之福也．暇日流覽前史．意有所感．不揣謭劣．列而贊之．亦以著制治之源．爲牧民之式云爾。

西漢六人．文翁．王成．黃霸．召信臣．朱邑．龔遂。

東漢十四人．衞諷．茨充．許荆．任廷．王煥．王景．任峻．秦彭．孟嘗．劉矩．劉寵．仇覽．第五訪．童恢。

皇皇炎漢．西東是宅．卜年四百．世有令辟．解此繁密．蕩彼毒螫．雅化風馳．嚴威冰釋．聿紓其患．靡朘其生．特選良吏．以惠編民．黔黎受澤．卿士輸誠．君德既厚．吏治爰宏．穆矣文翁．爲蜀郡守．始立學官．廣闢文囿．飭厲必先．濯磨罔後．學比齊魯．道在善誘．作君作師．是曰父母．媲彼吳公．循吏稱首．明明孝宣．重任守相．攷行質言．杜欺絕妄．卓哉王成．首蒙顯賞．開此淳風．萬民景仰．增加或僞．勞來匪罔．治甚有聲．斯言不爽．猗與次公．治效軼倫．名損相國．材長治民．殖財節用．振寡贍貧．雞豚以畜．鳳皇乃馴．王言昭賁．君子賢人．雖慚丙魏．足媲信臣．後惟杜母．前則召父．吁嗟南陽．得所恃怙．惟此召父．興利何溥．疏導水泉．汜澤斥鹵．溝瀆既通．灌漑爰普．以富我民．以飫我土．司農奮跡．實甲嗇夫．緩刑尚德．務老恤孤．惠化始洽．民情永孚．位登九列．魂戀遐區．子孫奉祀．未若鄉閭．歲時祠祭．謳歌塞途．少卿知治．亂繩是譬．文法無拘．便宜從事．恤彼饑寒．宥其罪戾．鈎鉏競持．兵弩散棄．人湔前非．郡擁餘積．盜賊悉平．靡告勞勩．赫赫衞茨．迭守桂陽．新尹舊尹．相得益彰．害絕徭役．利興蠶桑．吁嗟兩賢．沒世莫忘．少張繼之．亦爲名守．閱墻致訟．返躬引咎．自汚顯弟．譽騰衆口．以是率下．民德歸厚．抑抑長孫．幼而遜志．弱冠服官．植行純懿．首祀古賢．繼禮多士．嫁娶以時．禮聘同廢．使我有子．任君所賜．種羌畏威．夜郎慕義．德化無虧．干城攸寄．仲通沈深．理水着奇．既治汴渠．復收芍陂．災息利興．身沒名垂．欲尋偉

績．請覲浚儀．洛陽之令．典司京輦．稚子清修．首膺其選．早就奄昏．部民涙泫．絃歌薦食．載在祀典．惟彼任峻．克繼前徽．文理未及．亦屬風威．糾盜惟敏．斷獄以稀．英名俱泰．貞軌雙輝．茂陵伯平．世僚無曠．進由外戚．屈為時望．宥屬化民．仁風爰暢．田有肥瘠．賦別中上．三品見差．奸吏沮喪．厥制莫齊．從懷惆悵．堂堂伯周．爰振清風．珠去復還．商貨流通．百性乂業．糧食以豐．緬維仕郡．極枉效忠．申雪孝婦．媲美于公．莫高其門．躬自耕傭．忿恚可忍．縣官難入．曲直未分．縲絏已及．叔方垂訓．訟者感泣．刑獄衰止．道遺不拾．榮祖仁惠．出守會稽．簡除煩苛．卧治金閨．吏絕於道．民安於畦．受一大錢．歸裝可齎．教化旣夷．誅罰乃用．蔚矣季智．御下殊衆．甘謝鷹鸇．自命鸞鳳．化彼鴟夷．孝經可誦．父母在庭．蒲亭致頌．畢學歸鄉．翩然解鞚．積穀衞民．云備凶災．如何饑饉．倉庾莫開．上言須報．溝壑徒哀．猗與仲謀．賑給實力．出粟賦民．靡俟嚴敕．希蹤鐔顯．擅赦盜賊．璽書特嘉．民免顛踣．漢宗作令．治行尤茂．威所令下．下及猛獸．伏罪致戮．併冤見宥．察獄以情．諒匪悠謬．肅肅漢京．克任羣傑．詵詵衆賢．克建鴻烈．或稱神明．或着廉潔．樹立殊途．慈愛合轍．載挹清芬．緬思雅節．簡策或朽．名譽無缺。

明太祖功臣頌幷序

蓋聞騶虞嘯而谷風起．應龍興而祥雲集．素秋弭節．則蟋蟀宵吟．嚴霜厲威．則鷹隼奮擊．是以上有桓撥之主．下有翊戴之臣．如伊萊之輔殷宗．若望散之佐周室．主聖臣賢．千載一遇．降及後世．征伐彌棼．得人者興．古今一轍．若夫分本匹夫．名著帝錄．不階尺寸之柄．洊歷九五之位．則惟漢明二祖爲尤盛焉．蓋嘗論之．漢高魚服民間．效職亭長．雲氣垂晝．聚之祥神．毋昭夜號之異．帝王符瑞．章章可覩．故得俊傑歸心．賢豪效足．蕭何張良之徒．運籌幄內．韓信彭越之屬．宣力閫外．明祖起於布衣．贅於郭氏．置身偏裨之列．周旋羣盜之間．地鮮數圻．衆才一旅．當是時也．士誠友諒割據吳楚．國珍玉珍憑陵川浙．莫不爭收杞梓．競採芝蘭．夫林無靜木．則飛鳥迷所棲．川無安流．則遊鱗失其性．其有銳於立功．昧於擇主．懷琬琰以就焚．握明珠而致碎者．粗得屈指．殆難更僕．而此諸臣．獨能懷才待時．陳力就列．勳勞勒於鼎鍾．姓氏傳於竹帛．遇合之致不其偉與．追維締構．慨想元勳．徐常效其馳驅．劉李資其籌畫．或犂庭掃穴．或畧地攻城．或致命遂志．有國士之風．或斬將搴旗．秦武夫之績．爪牙之效旣著．腹心之任宜隆．而列侯之中．屢加譴責．六王而外．不少誅夷．及胡藍之獄興．尤株連之禍酷．夫披堅執銳之士．販噲屠狗之夫．逞其血氣之剛．何知明哲之訓．是故寵過則跋戾時形．權重則猜嫌易起．功名之際．理有固然．獨至東京列將．罔聞斧鉞之誅．北宋功臣．靡慨網羅之密．身名並泰．休戚與同．豈非倚任之事優．而保全之道得哉。

至於明祖則不然．時則春秋已高．太孫又弱．念社稷之重．廑磐石之安．長城壞而不疑．功狗烹而罔恤．豈不以梟雄弗覊．將貽少主之憂．鐘簴無虞．始貽萬年之利乎．然而

齊黃速亂・靖難興師・雖殊易姓之殃・不免出亡之禍・夫亞夫堅壁・凶燄遂燂・慶之攻城・罪人斯得・自古强藩搆釁・宗室稱戈・實資授鉞之臣・用著破斧之烈・向使開國之佐・沒世猶存・折衝於樽俎之間・坐鎮於封疆之地・孫吳在位・頗牧盈朝・則成祖雖懷淮南謀逆之心・蓄管叔流言之志・必不敢矯誣祖訓・妄搆兵端・卽使救死不遑・長驅犯闕・而百戰之士・不乏於行間・九伐之師・先抵其城下・進無所得・退失所據・又何至啓金川之門・起宮中之火哉・嗚呼・趙括能軍・莫解長平之困・少卿敗績・終隳飛將之聲・非特任將之不明・抑由專閫之莫屬・貽厥孫謀・何其戾與。

暇日流覽明史・意有所觸・竊不自揆・系之以頌・洪武二年立功臣廟於雞鳴山・論功列祀二十一人・今更有所增損・凡二十二人・取而序之云爾。

明明上天・惟德是輔・有元不綱・用絕其緒・陳項雲興・充密飈舉・億姓何依・九圍無主・赫赫高祖・興於滁州・永言塗炭・大拯橫流・鸞皇振羽・騏驥服輈・羣雄旣滅・天祿來求・韓國迎謁・爰受主知・參謀帷幄・戮力匡時・綢繆饋餉・濟我六師・績媲酇侯・帝錫制詞・富極貴溢・居高忘危・依違寡斷・自陷誅夷。李善長

巍巍中山・有此武功・推轂帝廷・是任元戎・初平江表・繼定山東・沛茲霖雨・掃彼雰霿・統師北伐・元運告終・干戈載戢・車書大同・濟武以仁・事主惟忠・礪山帶河・垂祚無窮。徐達

開平桓桓・有力如虎・初從渡江・兵薄牛渚・挺戈直前・遂奪險阻・鏖戰鄱陽・餘勇可賈・脫主於危・困寇以武・屢爲軍鋒・橫行莫禦・言副將軍・混一區宇・名儕中山・功冠祈父。常遇春

昔漢文成・躬爲帝師・蹻足勸立・良謨擅奇・堂堂劉公・足追前規・學窮天人・策係安危・踢牀寤主・叛將來歸・敷陳王道・語秘莫窺・讖諱術數・求之已卑・見阨奸人。大名永垂。劉基

猗與景濂・帝稱其字・從容講幄・剖析經義・輔導東宮・翺翔清移・典冊豐碑・聿傳巨製・秉德不回・主恩中替・緣坐孫謀・茂州安置・望絕賜環・顚仆蜀地・正德紀年・乃聞追謚。宋濂

興王啓宇・至于處州・惟四先生・帝切旁求・誠意文憲・佐命爲優・琛惟授命・溢乃宣猷。葉琛・章溢

美矣岐陽・躬冒飛鏃・開平云殂・師旅爰屬・疾趨應昌・元師挫衂・嫡嗣成擒・名王受戮・旣釋兜鍪・還被儒服・說禮敦詩・希蹤卻縠。李文忠

矯矯甯河・馳驅盡瘁・垂翅洪都・奮翼關外・血染崑崙・威馳遠塞・天不假年・功實稱最。鄧愈

黔甯驍勇・受命平滇・奇兵間發・言縱戈鋋・南方底定・國威以宣・爰及苗裔・茅土永傳。沐英

鳥盡弓藏・昔人所歎・自非明哲・鮮克免難・穆穆東甌・鴻業交替・願解兵權・歸骨里閈・獨享遐齡・功名彌燦・恭愼全身・勳臣之冠。湯和

宋國英武・數將大兵・閉于讒慝・重賞不行・猜嫌日搆・莫鑒忠誠・晚節賜死・曾無罪名。馮勝

潁國奮發・效命行閒・旣定西蜀・復平南蠻・功多罪

寡・卒罹憂患・身死爵除・爲臣獨難・傅友德
烈烈永忠・智勇超邁・戡定嶺南・勳名莫逮・瓜步覆舟・林兒遇害・帝心用銜・卒以取敗。廖永忠
江國海國・難弟難兄・手足從王・弁荷寵榮・生膺顯爵・沒享褒盛・廣野曲周・茲焉復生。吳 良・吳國寶
蘄國紿敵・强寇爰摧・蔽遮金陵・厥功已奇・從征武昌・英名載馳・黔首頌德・善於撫綏・康茂才
吳漢相持・戰於康郎・水淺舟膠・幾危白檣・號國飛舸・來復興王・據敵上遊・友諒以亡。俞通海
越國持軍・首務紀律・禮賢好士・諸將鮮匹・出鎮金華・變起倉卒・苗將復叛・碎首而殁。胡大海
金華告變・處州是仍・烈烈泗國・投箸而興・揮劍迎敵・攢槊刺膺・身沒名垂・祀於大烝。耿再成
蔡國追奔・在險彌振・潛山之役・身被鋒刃・總我舟師・前驅競進・釆石力戰・遂沒於陣。張德勝
制禮作樂・三代是期・詵詵姑孰・實居其司・參彙衆說・垂憲來茲・陋彼稷嗣・徒雜秦儀。陶 安
濟濟羣賢・降神崧嶽・振翼高衢・揚鑣巨壑・奮武揆文・析珪擔爵・媲美雲臺・爭輝麟閣・載挹英風・言稽駿烈・明祚克隆・國政無缺・敢作頌詞・美此前哲・簡策或朽・聲名不滅。

擬江文通閩中草木頌頌粤中草木 幷序

僕一介之微・處五嶺之外・文釆未昌・見擯作者・每念草木之倫・結英擢秀・藻縟園囿・輝耀巖谷・未嘗不對之色沮・慨然以興・且僕非怫鬱於寥寞・踴躍於標榜也・魂夢所懼・不植將落・無奪松柏之後凋・有慚瓠瓜之可食・方擬翺翔翰林・彪炳文苑・以求千載之業・尙何暇爭榮於朝槿・貽笑於小草乎・天之降材・不遺遠裔・唯瑰偉絶特者稱焉・不表而出之・則朽腐泉壑耳・是用忘其不文・援翰舒藴・擇夫亢者・各繫以頌・非徒媚此嘉卉・亦以著東南之美・不僅會稽之竹箭云爾。

番禺之都・位居炎方・離火含明・震木效祥・盤盤木棉・雷電而章・光景靡極・萬國所望。木棉
伊南有材・瑰異空義・貍首拳曲・麝臍馥芬・冀任梁棟・何辭斧斤・大匠不至・蘭蕙云焚。花貍
臥根祇園・攢枝鷲嶺・花雨晝飛・甘露宵警・賢愚共珍・今古常靖・萬里移植・詎嗟泛梗。菩提
碧葉斂柯・紫榮吐萼・霞光外姸・電影旁爍・蘢蓯廣陌・粉臒幽壑・鬱茲文明・恣爾薰灼。羽桐
華賤妖姸・梅實孤峻・六出表奇・一陽貞信・雜卉俯首・嚴霜轉瞬・速軼後彫・近矜先進。梅
泡木之生・實唯高明・不日不月・匪芽匪萌・樵爨詎辱・波濤不驚・大椿爭壽・孤松幷榮。泡木
藥樹孤標・利用誰識・竦幹攢青・流膏凝黑・高踞峯巒・下俯荆棘・蜂蝶不窺・苔蘚敢蝕。藥樹
絳露欲墮・紅雲半開・虬珠十斛・火齊千枚・飲我瓊液・侑君玉罍・伊果之秀・乃粵之才。荔枝
翠莢奮舒・青蔓潛蟄・華實幷茂・芬香細襲・同涵珠露・共餌玉粒・味美釜錡・根棄原隰。落花生

抽條遠林・結苞芳徑・香蜜沖融・金丸圓瑩・寵目檀珍・靈望爭勝・同時幷薦・匪甘婢媵。黃皮

日月鬱勃・雲霞迍邅・是產沉香・價售萬千・氣王百藥・芬流八埏・體骨自重・精神永全。沉香

澗谷養性・山林隱姿・丹成儻致・劍挺何奇・珍逾海棗・震跨瓊芝・謂予不信・請視安期。菖蒲

吉利上草・良耀之次・辟蠱解毒・延年益智・夷陂如一・服食無二・岐黃未嘗・圖經所棄。吉利草

嘉爾鐵樹・生於丹嶠・時無啓柯・世少齊妙・黃金矢堅・紫瓊藏耀・百年一花・開乃四照。鐵樹

蒼朮祛穢・黃精通神・詎及仙茅・抱朴養眞・翹蔓叢棘・櫂秀荒榛・野鹿恣啖・山羊空鄰。仙茅

趙齊嬰 字子韶・幼時趙氏養爲子・遂襲其姓・居廣州城北・隸番禺籍・應學政試不售・自以不知所生・不復與試・性狷介・爲古學顓銳勤篤・尤究心地理・同治三年詔各直省繪地圖以進・粵大吏命地方官繪圖而開局總核之・齊嬰與其事・以官所繪圖與志書舊圖齟齬不合・晝夜鉤稽・校後遂病・夜起仆地・越日卒・陳澧銘其墓・稱爲番禺賢士・嘗考雷翥海外至西域諸國土・著漢書西域傳圖考四卷・學海堂有刻本・番禺志著錄・今存。

張燕公變府兵爲彍騎得失論

世之論者・謂三代而下兵制之善・莫如唐之府兵・今反覆唐志・究其本末・其立法之初・已與三代時異矣・古者天子六軍卽選之六鄉之民・未嘗徵諸侯兵入爲宿衞・而諸侯各君其國・各子其民・卽有出疆之役・亦不踰時而罷・故農事不失・而兵易集也・古者王圻不過千里・其六鄉以三劑致民・而六遂則槪以下劑致民・所以優之・是凡軍旅徒役於六遂・已從其優・未嘗勞民於千里之外・烏有宿衞之司・而使天下人僕僕於道路者哉・古者諸侯不得專封・大夫不得專地・若編戶齊民・買賣由己・是專地也・故三代之制・民年二十受田・六十歸田・不以田自私・故法可久而不敝・卽豪强或有兼幷・其始本非買之於民・有賢君相董而正之・於民不爲虐・於國不爲貪・至唐則不然・每丁授口分田八十畝・世業田二十畝・徙鄉貧無以葬者得賣世業田・徙鄉寬者・得幷賣口分田・是則敎之以買賣矣・夫民所以內贍私家・外趨公事者・以有田也・而田之所入無多・非撙節用之・恒苦不給・當更代之期・復有遠行之役・其在五百里內者・往來猶便・其在二千里外者・無事時且猶不給・一旦使之備弓矢・具餱糧・踴躍從公・必無之事也・在用之者・以爲一月而無損於民・而地之遠者・往返之間・非半歲不能畢事・卽更代如期・其累已不勝言・此民所以輕徙其鄉・流爲無業之游民・卒至於宿衞不備・而改爲一切召募者也・說者或謂唐之亡由於府兵之廢・或咎燕公不能陳府兵之敝而罷之・皆非確論・使燕公欲復府兵之舊・必將括天下過制之田・悉還之民・不知後世之兼幷・與古之兼幷不同・古之兼幷・取之以勢力・後世之兼幷・得之以貨財・立法之初・旣有徙鄉許賣之令・安能禁民之不買・不能禁民之不買・又安能取民所已買者而悉奪之・旣不可奪而還之民・又安可驅無業之游民・更番迭上以爲京師衞・旣不可驅游民爲宿衞・又安可使根本

重地無環衞之人．故當元宗時．計無有出於此者．燕公適乘其會耳．其後德宗雖有復府兵之議．亦僅欲施之屯田軍士．未嘗盡天下之兵．皆欲以府兵之法治之．益其勢有不得不處於分者也。

況兵農之分亦不始於燕公．後周建德間改軍士爲侍官．募百姓充之．除其縣籍．知其時已不復寓兵於農．又其上則漢書武紀之勇敢．昭紀之犇命．宣紀之伉健應募．王溫舒傳之豪吏．趙充國傳之私從．皆募民爲之．而非選之於農者也．又其上則商鞅誘三晉之民耕於內．而使秦人應敵於外．兵農之分．實始於此．蓋古者役不踰時．師行遠不過千里．又必所伐之國罪惡昭著．然後用師．故時不久而兵不勞．卽春秋時五霸迭興．已大異三王之世．而左氏所敍列國戰爭之事．從未聞有暴露經年．久而不返者．至於戰國務相吞幷．於是始有長征遠戍之兵．自秦以後天下一家．一方有難．三面救之．徵發步騎．多者踰數十萬．少者亦不下萬人．久者或經數年．淺者亦踰歲月．於此時猶欲執寓兵於農之說．必至內無以墾田疇．而賦無所出．外無以給餽運．而兵不宿飽．公私交困．而國不可爲矣．況於無事之時．使之更番月上．勞於奔走哉．燕公知宿衞之病民．而田里之不能復正也．斟酌變通．改爲召募．元宗亦能委心任用．不狃於成見．不拘於舊制．毅然行之．故一時兵號最强．如高偘獲車鼻．裴行儉斬泥孰匐．其明效也．厥後將之不得其人．選之不得其法．拊循不得其道．訓練不得其宜．彍騎廢而方鎭强．則李林甫魚朝恩諸人爲之．燕公不任其咎也．然必謂召募勝於府兵．又不盡然．但當視其地因其人．久戍之兵．當以屯田．使之有室家之戀．而不至輕於逃亡．分防之兵．當以召募．使之專操練之方．而不至妨其職守．是在因時制宜．參而用之．不可豫爲之策者也。

楊子雲太元測法考

楊子雲作太元用卦氣之法．而少變之．而漢書本傳不言其本卦氣．本傳皆據子雲自序之文．故隱其法而不言．惟言思渾天以作元．及與歷相應而已．蓋自卦氣之說行．於是易與歷爲一．故言歷者皆推本於易．如漢歷莫善於三統．唐歷莫善於大衍．其法實本當時實測．而皆遷就附會以合於易．此通弊也．子雲則先有卦氣之說．而欲爲一書以擬之．適太初歷日法八十一與其三重九營之數相當．而四分則卦氣之舊法．故云與太初歷相應．亦有顓頊之歷也．夫因卦氣配歷之意而作太元．作之既成．非特隱卦氣之說不言．且並取法於歷之故亦隱之．但云與之相應則故移之．而神其術矣．案漢書律歷志三統術日法八十一與太初歷同．劉歆蓋本太初歷而爲之．然日法八十一惟以推日月合朔．當時測得二十九日又八十一分日之四十三而合朔故也．其推周天別用一千五百三十九爲日法．則據太初術十九年七閏爲月二百三十五．以每月二十九日又八十一分日之四十三乘之．得六千九百三十九日八十一分日之六十一．以十九年分之．每年三百六十五日．餘四日又八十一分日之六十一不盡．以此餘分通分納于十九分之．得每年餘分．然不受除．故卽以十九乘日法八十一命爲統母元．以八十一首極元統會章．用太初歷於統母．已不能兼通．而配周歲日數．則用日法八十一而分之．不知

太初歷强於四分二法．必不能合也．元卽法歷而作．已不免勉强遷就．況言易而牽合於歷．猶之言歷而牽合於易．同爲附會乎．又案卦氣之法．周歲三百六十五日四分日之一．每日分爲八十分．以六十卦分主之無餘分．而元則每首值四日半．八十一首不能盡用歲．日分於八十一首後．別出踦贏二贊．而贏贊僅值四分日之一．又與諸贊例不合．此皆遷就求合．而本傳云．自然之道．則近誣矣．案繫傳云．乾之策二百一十有六．坤之策百四十有四．凡三百六十當期之日．是卦氣之法．未嘗非易義所存．而充之以至元統章會．則因揲蓍象閏之法．引而伸之．觸類而長之．然謂之不失易義．則可以之盡易．是聖人作易僅爲呂侯之用也．可乎．子雲作太元以擬卦氣．卽擬而當．於易之大旨已先失之．況其所擬者．又惟取六十四卦之名．改易名字．而佶倔其辭．使人難曉而已．是作元不如贊易之爲愈也。

水經注温水浪水考

嘗謂水道之說．通人所難．吾越僻處遐陬．水道源流．前人或囿於分域．或誤於傳聞．如酈氏水經註．言水道者奉爲法守．而考據之下．頗未盡善．於温水譌誤尤多．豈非生値北朝．其所據之本有未善乎．不揣愚陋．詳加考訂．一以漢書地理志爲本．浪水亦西江之源也．因並及．烏乎．豈好爲據摭前人哉．誠不忍墨守前人之誤而重其失也。

按水經以温水爲鬱水之源．注則豚水爲鬱水之源．與温水合．温水出夜郎西北流．豚水出夜郎東北流．則二水同出而分流．何以並得逕談藁縣．又於豚水言楚將莊蹻泝沅伐夜郎．則謂夜郎於沅水爲近．葉榆水注與僕水同注滇池．滇池在今雲南雲南府治．温水註云．西會大澤．與葉榆僕水合．則大澤卽滇池．旣謂夜郎温水近沅水．何以能西會大澤．漢地志言温水出牂牁郡鐔封縣．東至廣鬱入鬱．鬱水東至四會入海．鬱水今廣東西江．今循西江上源爲西洋江等水．皆東南流．注則言西北流西南流西流．與今川流殊異．蓋注以温水近沅水．而温水入鬱水爲廣東西江．今鬱水上源距沅水之源．南鬱水則當與潭水合．而經言温水爲鬱．故不得不言與温水合．以彌縫之也．紅水河上源爲北盤江．酈謂豚水近沅水．則以今之豐甯河爲源矣．注言鬱水合温水至阿林．潭水注之．阿林今桂平地．柳江至此合鬱江處．此注無誤．然謂紅水河入鬱江後合柳江仍誤也。

至浪水篇言浪水至潭中與鄰水合潭中．今馬平地．蓋潭水桑君時亦名鄰水．故存水篇言至中注於潭．此言至潭中合鄰水也．酈於温水篇言潭水浪水各自注鬱．不知以何水爲浪水．今並無之．此注言水出無陽歷潭中注於浪水．無陽卽鐔成．今並無一水南流入義江者．（義江卽浪江．見後）酈說誤也．案漢志益州郡銅瀨下言．迷水東至談藁入温．牂牁郡鐔封下言．温水東至廣鬱入鬱．則温水納迷水而後入鬱也．志言鬱水首受夜郎．豚水經言温水出夜郎．則豚温二水同出夜郎．志言温逕於鐔封．知於鐔封比近夜郎．温水流二縣界也．今西洋江源出雲南廣南府西北境．東南流至廣西百色廳．西南境者卽河東流注之水．出雲南富土州．西洋江爲温水．此則迷水也．温水與豚水同在夜郎．今西洋江之東爲泗城府治．淩雲縣之泗河東南流至百色廳．東南入西洋江卽

豚水・志言鬱水首受夜郎・今百色廳以下西洋江・古通謂之鬱水矣・是淩雲及寶甯東境爲夜郎地・其西境爲鐔封地・雲南富土州爲銅瀨地・小鎭安爲談藁地・百色爲廣鬱地・經言温水出夜郎至廣鬱爲鬱水是也。

漢志句町下言・文象水東至增食入鬱・又有盧唯水・來細水・伐水・今西洋江至隆安北境浤滰江・自西來注之・蓋卽文象水也・盧唯三水蓋文象水之支流・與鬱林郡領方下言斤員水入鬱・臨塵下言朱涯入領方・增食下言驩水入朱涯・驩水出增食・與文象水爲近・今浤滰江西南有歸順河・出歸順州東南流至大平府治・西入龍江・則歸順河爲驩水・龍江爲朱涯水・但龍江源出越南國・源流甚長・至於朱涯水不言其流・則源流甚短・蓋朱涯今龍江南憑祥土州水也・今之龍江蓋志所言侵離水・行七百里者也・蓋漢時以今龍州以上之水爲侵離水・以下爲朱涯水也・朱涯水入領方者・入領方之斤員水也・今在州之東有橋龍江合龍江・至南甯府治宣化縣西境入鬱江・南甯府治乾隆府廳州縣志謂領方地・則橋龍江爲斤員水矣・但經言斤江水(卽志之斤員也・經又作斤南・)出交趾至領方注鬱・蓋誤以志之侵離爲斤江水・故經於侵黎水不言其源流・知其與漢志互易也・則此經之斤南水・當以今龍江當之・經言東北入於鬱・此卽浪水之鬱溪也・不然旣鬱水矣・何以言入於鬱乎・蓋浪水鬱水合爲溪・猶江漢滙爲彭蠡也・今無此溪・蓋堙沒耳・酈由不知此爲鬱溪・故今分温鬱爲二水・此致誤之由也。

浪水至潭中合鄰水・今柳江至馬平縣洛清江・上承義江南流注之・卽浪水也・洛清江上源又有黃源水・知義江卽浪水者・義江距柳江爲近・志言潭出鐔成・經言浪出鐔成二水・同在鐔成發源爲近也・東南至潯州府治桂平縣東合鬱江・桂平漢阿林地・但經言浪水至猛陵爲鬱・漢桂平非猛陵地・據府廳州縣志謂平南爲猛陵地・然則今柳江東北爲猛陵・西南爲阿林也・志言浪水至四會入海・經言浪水至南海番禺入海・浪鬱合流・故各言其一耳・今西江入海處有二・一由三水縣東南流至新會縣入海・新會漢四會地・一逕番禺縣南・東南入海也・經言又東至龍川爲涅水・今廣東東江・夫東西二江並由番禺入海・以地居下游也・東江西流・而西江轉東流・而上同一水・而所流之順逆有如此者乎・經又言屆北爲員水入海・案東江源出江西長甯縣・其東爲福建武平縣化龍溪・東南入廣東爲韓江・入海二水源雖相距不遠・而一則西南流・一則東南流・絕不相通・安得云屆北爲員水乎・此則經之不可從者也。

漢書西域傳圖考自序

自序云・言西域之書・以史記大宛列傳爲最古・其時西域猶未盡通・故言之不詳・至宣帝時・置都護・竝護南北道・西域諸國皆臣屬於漢・班孟堅氏生當東漢・親見蘭臺圖籍・其弟超又護屬國・故所爲西域傳敍次詳明・遠近向背・皆有準據・今去漢遠矣・按圖考之・于闐一國・葱嶺兩河・確鑿不疑・其餘諸國雖湮沒・然循其河流・察其向背・畧可得而言也・我朝區宇廣遠・葱嶺以東視同郡縣・葱嶺以西亦載在輿圖・士大夫博稽地理・考覈頗詳・而彼此參差・時有不合・今以乾隆內府地圖爲主・以考證書自漢以後・本朝以

前・凡諸史傳及水經注亦復旁搜博采・其有不知・蓋闕如也・班氏言出西域有兩道・循其塗徑乃有條理・今排比傳文・爲南道圖考第一・北道圖考第二・南道以西圖考第三・北道以西圖考第四・漢名今名相並書之・覽者相其山川・察其形勢・葱嶺以外・南暨印度・大約可知・近者夷患孔棘・每讀班氏此傳・爲之掩卷・而歎彼爲中國禍者・以侵據印度故也・若洞悉地形・則或有豪傑之才・籌及於此者・是編之作・或非徒考古之空文爾。

黎永椿 字震伯・番禺人・陳澧弟子・少孤力學・嘗讀說文・苦檢字之難・著說文通檢一書・澧爲之序・張文襄著書目答問・極稱其便，屢擧不第・以諸生終。

陳東塾先生漢書地理水道圖說跋

陳先生著成漢書地理誌水道圖說七卷・刻梓十餘年矣・永椿習地理之學・常讀此書・以其無目錄・難於尋檢・請於先生而補之・編寫之餘・竊歎其綱擧目張・有條而不紊也・卷一西北諸水・卷二東北諸水・卷三河水及入河諸水・卷四河南江北諸水・卷五江水及入江諸水・江南諸水・卷六鬱水及入鬱諸水・卷七西南諸水・地勢北高而南下・西高而東下・順其自然之勢也・先生著此書・考索極博・而采取甚約・惟以簡明爲主・使讀者一覽而得・嘗告永椿云・當時考豚水鬱水・不得夜郎母撥所在・廢書而歎者屢月・其後以地圖水道排比勾稽而竟得之・永椿謂豚水鬱水固難考矣・滹淊沱滹・沱別河・滹沱別水・尤爲糾紛・屯氏河・屯氏別河・清河・張甲河・尤爲淆雜・周水・類水・麋水・壺水尤爲茫昧・今日按圖續之・瞭如指掌・想見當時心力目力幾於費盡也。

先生著成此書・未見洪氏頤煊漢志水道考證頗以爲憾・後乃得之・其書亦編排班志之文・其序與先生之序又有畧同之語・先生稱之以爲實獲我心・永椿取其書與此書比而觀之・其中大有舛錯者・如沽水治水同在今天津入海・相距甚近・南籍端水呼蠶水弱水谷水柗陝水灌水泥水則皆在甘肅境・而洪氏以此七水置之沽水治水之間・又如穀水漸江水合流入錢塘江・桓水則在四川・勞水僕水貪水卽水周水廛水壺水迷水橋水文象水兪元橋水則在雲南・豚水鬱水斤員水朱淮水驩水剛水定周水橋水離水合水則在廣西・温水牢水則在廣東・潭水勝休河水則在貴州・秦水則在湖南・而洪氏以此在二十八水置之穀水漸江水之間・蓋不繪圖・故編排舛錯・而不自知遠不及此書之精密・以此益知爲地理之學・不可無圖也・目錄寫成・幷附管見於後・同治十一年三月。

高學燿 字星宜・番禺人・歲貢生・肄業學海堂・專習禮記・出陳澧門・曾爲澧校漢儒通義・同治五年編輯廣東圖說・當局延爲繪圖彙總校・弟學瀛同治癸亥進士・翰林院編修。

盤庚說

商書盤庚三篇・其分篇本古文家說・自孔臨淮所傳孔子壁中書序・以逮漢儒傳古文者・胥無異言也・唯此盤庚所

作·雖說傳古文者率不能無異詞·蒙案盤庚本序云·盤庚五遷治亳·殷民咨胥怨作·盤庚三篇繹序言治亳殷·曰將原·其時謀遷都而言·是其所謂作者·固自盤庚時創始言之·史記殷本紀云·帝盤庚崩·弟小辛立·是爲帝小辛·帝小辛立·殷復衰·百姓思盤庚·迺作盤庚三篇·蒙案書序明作自盤庚·例與仲丁河亶甲祖乙諸篇同(詳商書諸序)·而此言作在帝小辛時·以司馬子長嘗從安國問故其載書恆多古文說(詳前漢儒林傳)·當不若是其與序相違(見孔疏)·核本紀所述言迺作·而書本序不言·迺是孔序綜舉其作之創始·以賅其成·此言迺作者·蓋以迺爲終事之詞·如後世實錄告成·宣付史館之制·子長例本史乘·故祇循其中三篇告成而言·遂迺緩至帝小辛時也·鄭君本注唯主詳申序說·故云祖乙居耿·後奢侈踰禮·土地迫近山川·嘗圮焉·至陽甲立·盤庚爲之臣·乃謀徙居湯舊都·上篇是爲臣時事·中下篇盤庚爲君時事·蒙案此注特爲分析言之者·蓋以序祇統言作自盤庚·而其創始時猶爲陽甲臣·因參核經文而知其上篇當爲臣時事·意非與序相違也·知其時尚屬爲臣中事·則上篇所云我王來既·爰宅於茲·此稱我王特謂祖乙宅於茲·謂祖乙居耿·是周爲陽甲籲衆之言也·下所云王命衆悉至於庭·此稱王爲傳陽甲之命·例與上盤庚斆於民別也·下述王若曰·此亦盤庚代宣陽甲之言·猶多士多方·周公述成王命稱王若曰·其例正同(詳王西莊尚書後案)·下又云·王播告之·孫淵如疏云·播說文引商書作譒·云敷也·此亦傳陽甲敷告之言·例與上王命衆同也·鄭以此上篇爲盤庚爲臣時事·正爲孔序綜言作自盤庚·而析言其創造之始·以曉人也·其明中下篇在盤庚爲君時事·揆諸經文·若中篇所云明聽朕言·無荒失朕命·又云欽念以忱·動予一人·宜皆爲君時之詞矣。

又下篇所云·肆予冲人·非廢厥謀·下云朕不肩好貨·敢共生生·若斯自述·宜亦皆爲君之詞矣·鄭君釋書淵源孔學(詳堯典疏引書贊)·其說固有所據·斯與書序意有相發·要無相違·第序唯綜言作自盤庚·鄭爲序注爰析而言之·以明上篇作在爲臣時者·固其始事·中下篇作在爲君時者·皆其繼事·至其事終告成·猶待史臣敍其事而分別錄之(互參孔冲遠序疏·說自見)·故緩至帝小辛時·百姓思盤庚之徙治亳·殷循行湯政·遂乃集其誥文·錄存國史·故三篇中冠首一則曰盤庚遷於殷·次則曰盤庚作·三則曰盤庚既遷·此皆以君名特冠篇端·其顯爲後來史臣敍述之體·要非其自敍之詞也·且如上篇云盤庚斆於民·中篇云盤庚乃登進厥民·篇中時以盤庚冠於發言之始·蓋亦史家告成時·參以載筆之體·亦非盤庚自表之詞也·此子長本紀所爲舉其實錄告成·時在帝小辛嗣位後·故別於書序之說而云然·究其歸亦足以補序所未及也·蓋古王者功德昭垂·雖文誥譒敷·率皆由後王宣諸史館·而史臣別其篇次·迺加以敍題·是本紀所謂迺作云爾者·職是之故·近儒主鄭說雖明其與序義相因而未審子長所述·亦未嘗不與書序鄭注互相足·謹爲會通其指要·以見子長與鄭義皆師承孔學·固當剖別而申其說云。

劉昌齡 字星南・番禺人・增貢生・學海堂學長・陳澧弟子・光緒十四年學使汪鳴鑾以昌齡與舉人金錫齡・砥行通經・品端學贍・均堪矜式士林・奏請獎勵・賞翰林院待詔銜。

羣經今文古文家法攷

漢儒傳經各有家法・今文古文當時謂之古今學・（見後漢書鄭元傳・）馬端臨經籍考云・漢之所謂古文者科斗書・今文者隸書也・蓋民間所同誦習之本則爲今文・古文乃孔壁中書・及雖非出於孔壁而亦與壁中書同用古文者也・漢書藝文志魯恭王壞孔子宅而得古文尚書・及禮記論語孝經凡數十篇・皆古字也・此以孔壁中書而稱古文者也・案志言尚書古文四十六卷爲五十七篇・以考伏生二十九篇得多十六篇・又言禮古經五十六卷出於魯淹中・及孔氏學十七篇文相似・（學十七篇・卽上文所謂高堂生傳士禮十七篇・戴德戴聖慶普三家立於學官者也・）多三十九篇・此卽劉歆移太常博士書所謂得古文於壞壁之中・逸禮有三十九書十六篇也・漢書儒林傳言孔氏有古文尚書・孔安國以今文讀之・因以起其家・授都尉・□司馬遷・是爲古文尚書家法所自始・又杜林得漆書古文授衞宏・徐巡疑其亦孔壁中本也・伏生以所藏二十九篇授張生歐陽生・其後有歐陽大小夏侯之學・是爲今文尚書家法所自始・禮古經五十六卷無顯家・高堂生以下皆傳今文十七篇者・猶之周禮本古文・杜子春諸人皆就故書通其讀・亦別無今文顯家・故惟二禮未嘗分古今文家法也・志又言論語古二十一篇出孔子壁中・兩子張・孝經古文孔氏一篇二十二章・此卽許氏說文自敘所謂其稱論語孝經皆古文也・古文論語孔安國爲之傳・齊論語二十二篇唯王陽名家・魯論語二十篇・龔奮夏侯勝韋賢扶卿蕭望之張禹皆名家・是爲今文・古文孝經亦孔安國爲之傳・今文孝經則長孫氏江翁后蒼翼奉張禹各自名家也・其非壁中書而稱古文者・許氏五經異義・於詩則或云今齊魯韓說・或云古毛詩說・於春秋則或云今公羊穀梁說・或云古左氏說・（異義又云古周禮說・然周禮別無今文顯家・其云古周禮說・乃對戴氏之今文而稱古也・）後漢書亦以毛詩左氏春秋爲古學・儒林傳言衞宏少與河南鄭興俱好古學・九江謝曼卿善毛詩・宏從曼卿受學・因作毛詩序・由是古學大興・鄭興傳・興好古學・尤明左氏周官・賈逵傳・弱冠能誦左氏傳・雖爲古學兼通五家穀梁之說是也・又後漢書儒林傳・東萊費直傳易爲費氏學・本以古字號古文易・此皆非出於孔壁・而亦與壁中書同用古文者也。

案漢書藝文志言毛詩二十九卷・毛詩故訓傳三十卷・初學記云・荀卿授魯國毛亨・作詁訓傳以授趙國毛萇・時人謂亨爲大毛公・萇爲小毛公・自小毛公授賈長卿以下古毛詩說也・申培與楚元王及穆生白生同受業浮邱伯・以授王臧趙綰孔安國周霸夏寬魯賜繆生徐偃慶忌江公許生徐公・號曰魯詩・轅固生作詩傳以授夏侯・始昌號曰齊詩・韓嬰作內外傳數萬言・以授賁生及趙子・號曰韓詩・皆今文・志又言春秋古經十二篇・左氏傳三十卷・（許氏說文自敘云・孔子書六經・左邱明述春秋傳皆以古文・又云古文孔子壁中書也・壁中書者・魯恭王壞孔子宅而得禮記尚書春秋論語孝經・又北平侯張蒼獻春秋左氏傳・其以春秋爲孔壁中書・與藝文志不

合．段注疑其恐非事寔．意經傳皆北平張蒼所獻．或當然也．）儒林傳云．漢興張蒼賈誼張敞劉公子皆修春秋左氏傳．自賈誼授貫公以下．古春秋左氏說也．胡毋生治公羊春秋．與董仲舒同業．仲舒弟子嬴公授魯眭孟．其後有嚴顧之學．瑯邪江公受穀梁春秋於魯申公．傳子至孫爲博士．榮廣皓星公二人受焉．其後有尹胡申章房氏之學．皆今文．志又言田何傳易．訖於宣元．有施孟梁邱京氏列於學官．而民間有費高二家之說．劉向以以古文易經校施孟梁邱經．或脫去旡咎悔亡．唯費氏經與古文同．儒林傳云．費直治易長於卦筮亡章句．徒以彖象系辭十篇文言解說上下經．王璜傳之古文易也．田何授丁寬．寬授田王孫．王孫授施讎孟喜梁邱賀．由是易有施孟梁邱之學．京房受易焦延壽．有京氏之學．又有高氏學．皆今文．惟今古文之家法各別．斯今古文之爭辯遂興．若焦延壽之受易於孟喜．而翟牧白生不肯仞．榮廣之受穀梁於江公．而公羊大師眭孟等爲所困．此猶非今古文之分也．甘露之雜論同異於石渠閣．建初之考詳同異於白虎觀．今古文之同異固在所必及矣．然猶非專以今古文而爭辯也。

其專以今古文而爭辯者．劉歆移書太常博士．見漢書歆本傳．范升陳元李育賈逵之徒．爭論古今學．後馬融荅北地太守劉瓌．及玄荅何休．義据通深．由是古學遂明．見後漢書鄭玄傳．韓歆欲爲費氏易左氏春秋立博士．詔下其議．范升與韓歆及許淑等互相辯難．日中乃罷．又奏左氏之失凡十四事．時難者以太史公多引左氏．升又上太史公違戾五經．謬孔子言．及左氏春秋不可錄三十一事．見升本傳．又時議欲立左氏傳．陳元詣闕上疏．范升復與元相辯難．見元本傳．又肅宗使賈逵擿出左氏傳大義．長於二傳者三十事．見逵本傳．又李育作難左氏義四十一事．見育本傳．大抵今文之立學官也．在古文之先．古文得立學官則多賴諸儒爭辯之力．逮於有唐．爭辯孝經孔鄭二注者．猶復聚訟不休．駸駸乎有范升陳元等之遺風焉．然家法雖殊．究之各有得失．兩漢大儒．亦時有兼通其學者．伏生以今文尚書授歐陽生．歐陽生授倪寬．寬又受業孔安國．司馬遷從孔安國問．故今考史記所載說則多用古文．經則多用今文．（詳古文尚書撰異）是倪寬司馬遷兼通尚書古今文學也．（孔氏有古文尚書孔安國以今文讀之．則安國固通伏生今文。）

汝南尹更始事蔡千秋從受穀梁春秋．又從清河張禹（如淳曰．非成帝師張禹）受左氏傳．取其變理合者．以爲章句．傳子咸．及翟方進房鳳胡常．常以明穀梁春秋爲博士．又傳左氏．是尹更始胡常兼通春秋古今文學也．東京諸儒兼通古今文尤多．若尹敏初習歐陽尚書．後受古文兼善穀梁左氏春秋．鄭興少學公羊春秋．晚善左氏傳．賈逵父徽從劉歆受左氏春秋．又受古文尚書於塗惲．逵悉傳父業．弱冠能誦左氏傳．以大夏侯尚書敎授．雖爲古學．兼通五家穀梁之說．又撰歐陽大小夏侯尚書古文同異．復撰齊魯韓詩與毛氏異同．至許君作五經異義．凡古今文諸家之異說．皆備列而折其衷．及鄭君囊括大典．網羅衆家於易．先通京氏．又受馬融費氏易傳作易注．於尙書則從張恭祖受古文．作古文尙書．又注伏生書傳於詩．則先通韓氏．其後作箋．乃宗毛爲主．於春秋則發公羊墨守．鍼左氏膏肓．起穀梁廢疾．於論

語則就魯論張包・周之篇章・考之齊古而爲之注・且駁許君五經異義・而後生之疑而莫正者・自是畧知所歸矣・昔班固有言・兼而存之是在其中・治經者・苟能以許鄭爲宗・則觀其會通・又何至異端紛紜・互相詭激也。

易當位不當位說

虞仲翔注繫辭傳雜物撰德云・乾六爻二四上非正・坤六爻初三五非正・注旡咎善補過云・失位爲咎悔・變而之正・故善補過注・說卦傳變化既成萬物云・乾道變化・各正性命・成既濟定故既成萬物・尋虞氏之義・六爻之位・必以剛居剛・以柔居柔・如既濟六爻而後爲得當・其失位者亦必變而之正・如既濟案乾彖傳云・乾道變化各正性命・保合太和・乃利貞既濟・彖傳云・利貞剛柔正而位當也・雜卦傳既濟定也・則虞義皆本於十翼既濟剛柔正而位當・故乾六爻二四上非正・坤六爻初三五非正也・變化各正乃利貞・故變之正則成既濟定也・彖傳言當位不當位者・既濟而外・噬嗑雖不當位・利用獄也・謂六五也・遯剛當位而應與時行也・謂九五也・蹇當位貞吉以正邦也・謂九五也・歸妹征凶位不當也・謂九四也・節當位以節中正以通・謂九五也・若未濟雖不當位・剛柔應也・與既濟剛柔正而位當相對爲文・則兼謂六爻皆不當也・以虞氏成既濟定之例核之・無不相合・象傳言當位不當位者・臨賁蹇之當・皆六四也・履否兌中孚之正當・皆九五也・履否豫臨噬嗑睽震兌中孚未濟之不當・歸妹之未當・皆六三也・晉夬萃困豐小過之不當・解之未當・皆九四也・大壯之不當・六五也・以虞氏成既濟定之例核之・亦無不相合・惟噬嗑六五言當・需上六言不當・困上六言未當・似與諸卦之例不合・虞注噬嗑六五云貞正厲危也・變而得正故旡咎・案以貞爲變而得正・卽乾彖傳變化各正・乃利貞之義・變而得正・故旡咎・卽繫辭傳旡咎善補過之義・是當位仍謂九五也。

需上六虞義今無可考・集解引荀注云・上降居三・雖不當位・承陽有寔・故終吉・無大失・案象傳雖不當位・承上不速之客來言之・不速之客三人・其爲指下三陽無疑・則三人來・爲下三陽上升亦無疑・（荀義謂需道已終・雲上升極則降・還入地・雲雨入地則下三陽動而爲雨・升在上坎降在自至乾下也・見集解・）乾上升則坎下降・故上六當降居三・宋衷注雲上於天云・雲上於天・須時而降・義同於荀・是不當仍謂六三也・虞注困上六云・葛藟謂三也・又云三未變當位應上・案師六五象傳云・弟子輿尸使不當也・輿尸謂六三・（六三師或輿尸）則不當亦謂六三・困上六葛藟謂六三・則未當亦必謂六三・上六之葛藟指六三・猶六三之蒺藜指九二也・是未當仍謂六三也。

近儒焦里堂易通釋・乃謂諸卦之生生・始於乾二之坤五・乾六爻初三五已定・所動而行者・二四上也・乾二之坤五爲始・乾四之坤初應之・乾上之坤三亦應之・推之六十四卦之旁通皆然・初四三上先行則剛柔正・而位不當必二五先行・而初四三上應之・然後爲剛柔正而位當・然象傳或言當或言正當・既濟象傳又言剛柔正而位當・未聞有剛柔正而位不當者也・焦說穿鑿於荀虞諸家之外・竊以爲不可從。

唐光瀛　番禺縣學生·以月令一書先儒蔡邕馬融等多以爲周公作·因取篇中與周時不符者辨之·爲月令考一卷。

月令攷

月令者·本呂氏春秋之文·漢儒始編入禮記·顧有以爲周公所作者·爲此說者蔡邕馬融賈逵王肅孔晁張華輩·而證之以逸周書·解經家往往從之·孔疏四證辨之頗明·而篇中時事與周時不符者尙多·今畧舉而辨之·案周以建子爲正月·而月令所言時令皆從夏時·或以爲周亦兼用夏正之故·考周時之書無有專用夏正者·如詩十月之交·四有維夏·二月初吉·維莫之春·皆据周正·惟豳風七月流火·爲陳先公風化所由之作·后稷公劉皆爲夏時諸侯·追述當年自不得不用夏正·故於周正則言日·如一之日·二之日是也·周禮正月之吉亦皆周正·惟中有參用夏正者·則以歲字別之·如正歲·歲十二月是也·若月令果爲周公所用·豈有舍周正不用·而一一皆用夏正者乎·此可疑者一也·古未有以五帝主五方者·此本於鄒衍五運之說·後人因推其相生以爲德始於木·故太皥司春·木生火·故炎帝司夏·中央土地·故黃帝以土繼火·少皥以金繼土·顓頊以水繼金·不知古所祀者五天帝·而非以古之五帝主之也·五天帝者·天有五行則有五行之帝·故於祀上帝之外·別立祀五帝之禮·木德之帝名靈威仰·火德之帝名赤熛怒·土德之帝名含樞紐·金德之帝名曰招拒·水德之帝名汁光紀·雖緯書之言未盡可信·然要非太皥諸神可知·況少皥爲黃帝之子·父子之間其德自異·此可疑者二也·四時之祭·所先不同·古無有也·而月令春祭先脾·夏祭先肺·中央祭先心·秋祭先肝·冬祭先腎·若有不可移易者·陳氏以五行生克及所屬所居兼言之·支離窒礙·自相矛盾·張氏以爲中央祭先心之心·當作腎·冬祭先腎當作心·則專主所克不必兼言·然其義皆鑿·反覆觀之·未見其可·惟注疏以四時之位五臟之上下次之者·稍爲近是·然究失之拘·周公制禮當不若是·此可疑者三也·王者嚮明而治·自有常處·若定爲春居青陽·夏居明堂·秋居總章·冬居玄堂·而每月又分爲左个太廟右个·遷徙往來·莫有定止·豈南面嚮明之義耶·考周制止有明堂爲朝諸侯之所·而青陽總章玄堂皆無聞焉·此可疑者四也·天子乘車雖有五輅·而所用各有異宜·天子之馬不過選其良者充閑廄·備馳驅·天子之旂爲太常·畫日月星象於上·自有定色·天子之服·繪六章於衣·以法乾·繡六章於裳·以效坤·天子之玉·大圭鎭圭衡璜琚瑀·其色皆白·又豈能皆隨四時而分五色乎·鄭注云·凡此車馬衣服·皆所取於殷時·而有變焉·非周制也·周公所作不應變用殷制而反舍周制不用·此可疑者五也·古者天子之膳·春以牛膏養脾·夏以犬膏養肺·秋以雞膏養肝·冬以羊膏養心·膳食牛宜稌·羊宜黍·豕宜稷·犬宜粱·此云春食麥與羊·夏食菽與雞·秋食麻與犬·冬食黍與彘·中央食稷與牛·與古制皆不合·此可疑者六也。

有此六疑·更生五證·如占歷代之侯者·必以中星爲据·而歷代中星亦有推移·如堯時冬至日在虛一度·日入而昴中·所謂日短星昴是也·以歲差之法計之·七十年差一

度・至周初日當在女八度・至秦莊襄元年共差二十七度・冬至日當在牛三度・今月令仲冬之月日在斗・疏引三統術以爲大雪在斗・冬至在牛・此言在斗者・斗度寬・牛度狹・故約言之・與歲差之度正合・則月令星象自當定爲不韋之時矣・此一證也・月令孟春之月・言蟄蟲始振・仲春之月・言始雨水・是以驚蟄爲正月節氣・雨水爲二月節矣・漢初亦以立春爲正月節・驚蟄爲正月中氣・雨水爲二月節・春分爲二月中氣・自前漢末劉歆作三統術・然後改雨水爲正月中・驚蟄爲二月節・蓋漢初悉遵秦正・故驚蟄雨水二節皆與月令相同・此二證也・周爲封建之天下・無所謂百縣者・自秦廢封建立郡縣・始有百縣之稱・月令乃命百縣雩祀・大合百縣之秩芻・合諸侯制百縣・爲來歲受朔日・皆言百縣・考不韋時・六國雖未幷呑・而小國之入附於秦及夷爲縣者已不少・故不韋立爲此法・其與諸侯竝稱・亦重之也・若周時雖有名縣者・祇爲畿內之地・同於鄉遂之屬・不得稱百縣・且與所頒之政多不合・此三證也・夏季之月命漁師伐蛟取鼉登龜取黿・鄭注四者甲類・秋乃登・成周禮獻人職云・秋獻龜魚・龜人職云・凡取龜用秋時・此夏之秋也・作月令者・以爲此秋据周之時以誤案・凡言四時者・皆据夏正而言・尚書大傳云・夏以孟春月爲正・商以季冬月爲正・周以仲冬月爲正・白虎通云・四時不隨正朔變・周禮各說皆言秋時・則不必明言夏正而卽爲夏正・可知若月令爲周公之書・自當與周禮相同・何以反誤・蓋不韋時諸儒各著所聞・以爲周禮必爲周正・以周之八月計之在夏正當在六月・故記於此・而不知四時皆以夏正爲定・故誤也・此四證也・周無四監之官・月令乃命四監大合百縣之秩芻・以養犧牲・注疏以爲卽山虞澤虞林衡川衡之官・然虞衡之官無稱監者・徐師曾曰・四監秦官也・下文爲民祈福亦秦制・周人郊廟大祭・祀不言祈・又漢文詔曰・古者祭祀不祈・知此則月令之爲秦書無疑矣・此五證也・有六疑而知爲非周公所作・卽五證而確知爲不韋之書・後人解經者・每以呂氏春秋爲不足道・而反多方遠引・欲求强合於周所爲・誤矣。

至或以呂爲秦人・秦正建亥以十月爲歲首・何以篇中皆据夏時・不知呂氏春秋之作在不韋爲相時・秦之建亥在始皇二十六年・是時不韋死已十四年矣・作春秋時・安知後來有建亥之事・而先着以爲令乎・況秦之建亥改正朔而不改月時・與周之改正朔而幷改月時者有異・案史記及通鑑・秦政二十六年幷天下・從水德・以十月爲歲首・而又書元年冬十月・是秦祇改正朔・而時月之名一仍夏正・不韋爲相時・政年尙幼・凡國之政令皆不韋主之・其集諸儒爲春秋・蓋亦知周正之未盡善・而竊取夫子夏時之語・於是參酌古今・兼用其制・觀其懸諸國門・莫能易其一字・使秦遵而行之・安見不可爲一代之典章乎・至通典注云・月令本出於管子・呂不韋編爲春秋・戴聖集成禮記幷周制・今考管子四時五行篇與此迥異・且月令皆據夏正・間雜秦制・此云幷周制・亦皆不合・此爲臆說無疑。

但此書既集諸儒所聞而成・其間必有所昉・今以可舉者證之・如夏之小正・殷之王居明堂禮・周之時訓・皆其所取法・小正時訓至今尙存・得失異同自可立辨・惟王居明堂禮久已遺軼・嘗從各經中所引者鈔出之・如孟春出十五里迎

歲・仲春帶以弓韣禮之禖下・其子必得天材・季春出疫於郊・以攘春氣・孟夏毋宿於國・仲秋九門磔攘・以發陳氣・禦止疾疫・命庶民畢入於室・曰時殺將至・毋罹其災・乃命國醵・季秋徐道致梁以利農也・孟冬之月命農畢積聚・繫收牛馬・季冬命國爲酒・以合三族・君子說・小人樂・以上各條・皆與今本月令畧同・蓋不韋作春秋時・彙集各書遞相祖述・間有損益更變之處・漢初諸儒取而刪合之・遂名之曰月令・卽今月令是也・若逸周書之月令・其文雖闕・而他書所引者・尚有可徵・如論語注引周書月令・有更火之文・召誥正義引周書月令云・三日粵朏・又如反舌無聲・佞人在側等句・皆今月令所無・則周書月令當是別有一篇・不得謂今之月令卽爲周書之月令矣・漢時又有明堂月令・蔡邕有明堂月令章句・說文霥字注・引明堂月令曰霥雨・舫字注引明堂月令曰舫人・廣韻注引明堂月令曰腐草爲蠲・又月令注所云今月令者卽明堂月令・與今本月令亦有小異・蓋卽漢代取月令之文・而更加損益・以行於當時者・淮南子有時則訓篇・與此亦異・至唐元宗黜月令舊文・更附益時事・李林甫作注・改置禮記第一・今開成石經所改者・卽唐月令歷也・明黃道周撰月令明義・亦別立經文・如孟春之月・日在參昏昴中旦房中・仲春之月・日在東壁昏參中旦箕中之類・是道周又自爲月令矣・總而論之・月令者・言紀十二月之令耳・逸周書之月令・不必卽爲呂氏之月令・呂氏之月令・不必盡同後世之月令・今執曰周書有月令篇名之說・而必欲以呂氏之月令卽指爲周書之月令・何異執淮南之時則訓・而卽指爲周公之訓乎・古來紀時令諸書・如夏小正豳風・易通卦驗與此篇之時令遲早不同者・甚多說者以爲節氣可推移之故・姑存之以俟博雅之訂正焉。

曹秉濬　字朗川・番禺人・同治壬戌進士・官編修・出守江西南康府・署饒州贛州府・調補南昌府・卒官・秉濬督學福建・以宋儒陳瓘攻王氏新學・衞道甚力・疏請從祀聖廟・官南康時・濬蓼花池水道達彭蠡湖・使環池田萬餘畝居民數千家免於水患・贛人至今誦之・所著有味蘇齋文集一卷・詩賦各二卷。

盧秀書院記

去南康郡治西南三十五里丫髻山麓有盧秀書院者・星子紳潘君先鈐建以爲邑之士肄業所也・地故有廟曰龍駒寺・歲久圮・而山水頗清美・書院其舊址也・今年春縣人士來告訖功・且請爲記・余謂事創舉者雖細故必書・況一人之力任一邑之事・興學育才有繫於人心風俗者甚大・而崖畧弗志・後靡所徵・爲善者何以勸焉・此余所欲記也・星子隸郡首邑・介湖山之間・其土磽而民樸・昔紫陽闢白鹿洞以作書院講學・盛極一時・邦之人被澤尤近・今遺跡固在・然天下士皆就學・非一縣所得專也・咸豐同治以來・兵禍相繼・士益貧・文教益弛・鄉曲寒畯・經歲不親治書・高明之才・又無所觀摩・而進其業・蓋休蔭不逮者幾數十年・潘君以蜀中宰解組歸鄉・謀所以興之・慨然解囊金・亟膺是役・相基會作・閱一歲餘而觀厥成・可謂知所務矣。

嗟夫・今世士大夫在位・苟竊俸祿積累多貲・一旦去官・歸則治宮室田園・爲子孫生產之計・歲時休暇・以樹林

池沼自娛樂．其視宗族里鄰困苦顛連而無告者．漠然不一動其心．至於邑中子弟才不才．學能成與否．輒曰風氣使然．非吾人所有事．鄉鄰有義舉不倡率之．而引避之．且沮抑之者．比比然也．潘君此舉其於人賢不肖爲何如哉．雖然．記以紀實也．無其實而有其名不可以示後．潘君既惓惓於人才．其必責成效計久遠．而不徒爲觀美之具焉可矣．多士樂書院而講習之．其必求實學．勵前修．而毋爲羣居以終日焉可矣．名實之符．道德之歸也．豈遠人哉．是則余作記意也．若夫度之數．目之詳．堂舍經營之序．與夫束修膏火租息之所資．或自有記．或圖冊存於官．皆不復道也。

彭澤縣凌雲閣記

自古賢士君子出而長民宰．治一方．其於境內山川風土津梁河渠與夫學校人才農田水利之屬．凡繫乎民生利病興衰者．莫不博采精討而整飭之．以其餘力作爲樓閣臺榭．歲時休暇偕縉紳耆老相與優游宴樂於其中．是故豐樂則名亭也．超然則名臺也．餘韻流風．千秋頌嘆．此豈徒登臨觀覽之勝哉．夫以善政美俗有所以永此名者．而名著焉．彭澤爲江右奧區．聞人代出．兵燹後閭閻凋敝．百務廢弛．自光緒八年長沙羅君少垣來知縣事．氣象一變．其爲民謀者．教養樂利．政靡不舉．而猶著者．迺迴塘興水利．沿堤植楊柳數萬株．嘖嘖行路．嘗因浚塘餘土積高阜．命工閣於其上．顏曰凌雲．落成者四年矣。

今歲十月．余勘水災至縣．羅君導予登閣．俯見大江前橫．帆檣隱見．與垂柳夕陽相掩映．西南枕山爲城．隨岡巒陂陁雉堞．森錯其下．萬屋鱗次．炊煙欲遠欲近．彌望迤東數里外．浮青散紫．照耀波際．巍然竦然．有若壯夫當關．空依傍而獨立者．小孤山也．眺賞未已．羅君告余曰．彭城三面負山．北隅獨陷．茲閣補其闕也．比年邑人士科第踵接．意者其有當乎．余曰．吁．由君言是形勢．王相之說也．夫川原高下．調盈劑虛．政刑家者盛道之．故其間或應或不應．其地亦有傳有不傳．此存乎人而已．彼乎礪山帶河之阻．金城湯池之固．豪傑所必爭也．然彼以之興．此以之敗．名區勝蹟．散布海內．其爲高人達士所相度而經營者．比比也．乃或不移時．淪落荆榛．聲聞闃寂．而其傳者歷久彌芳．歌童牧豎．猶能指其處．稱述當時以爲快．蓋地無常勝．名可永存．理固然也．獨斯閣也歟哉．今君之所以治彭者．既得其道矣．願與邦之人益交相勉．求所謂善政美俗．庶以永此名者．則閣之幸也．羅君韙余言．遂書而爲之記。

曹秉哲　字吉三．秉濬弟．同治乙丑進士．官編修．轉御史．出爲甘肅蘭州道．丁艱歸．服闋授河南彰衞懷道．擢山東按察使．官河道時．值小楊莊大堤漫決．日夜籌堵．奔馳風雪中．拯救災民不下十萬人．卒後河南撫臣裕寬疏陳其實心愛民．不避艱險．請宣付史館．入循吏傳．所著有紫荆吟館詩集四卷。

紫荆吟館詩集自序

昔袁簡齋先生謂詩不必人人皆作．蓋以詩本性情．與詩有近不近之別．固無强託風雅也．余少失學．遭時多故．荒廢仍年．文章著作固無足稱．即詩之一道．亦未能肆力及

之・然意緒所觸・時習吟哦・閱者恒以爲暗於古合・此殆性情所近歟・至於通籍後・供職春明・花月流連・友朋贈答・身世之感慨・時事之悲歌・悉皆鬱勃於中・發不自禁・歲月積久・篇帙遂繁・初未嘗彙而存之也・嗣爲同里詩人張延秋鄧子俊輩見之・謂余詩發於性情・眞氣流溢行間・未可概湮沒也・由是益鼓舞・所作日夥・雖其間交淺味短可汰者甚多・第以託物起興寄遠寫懷・往往因其詩得以想見當時情與事・及其地與人・則姑存焉不無取也・嗟乎・拙陋如予・何足言詩・更何敢以詩問世・顧念區區心力在此・誠有如張鄧諸君所云者・又何忍令其湮沒耶・他日藏諸家塾・俾後世子孫知余數十載碌碌風塵・尙能有此清興・俗而不俗・而披覽一過・凡余之品誼遭際事業皆可得其梗概焉・則以此集作年譜觀可・作家訓觀亦無不可。

楊頤

字蓉甫・茂名人・同治乙丑進士・授編修・累遷至兵部右侍郎・頤未通籍時・以舉人在籍辦團・爲巡撫郭嵩燾所齮齕・再赴會試・是科入詞館・年已四十餘・歷官三十年・洊擢卿貳・常孑身居京師・泊然自處・迭主鄉試・門下日盛・延接後進・和平溫厚・人樂親之・至於吏治・民生利病所在・剴切入告・不避嫌怨・諸疏今不盡傳・戊戌政變・新舊交爭・獨不與其事・而於朝局若有深憂・是冬引疾歸・尋卒・王祭酒先謙誌其墓。

劾疆臣臚陳故將事蹟詞多失實疏

臣恭讀六月上諭・楊昌濬奏提督戰功卓著・懇恩優恤一摺・已故記名提督河州鎭總兵沈玉遂・着照軍營立功後積勞病故例・從優議卹・生平戰蹟宣附史館立傳・附祀陝西左宗棠專祠・並於淮河州捐建專祠・以彰勞勳等因・欽此・旋閱邸鈔原摺內稱・同治二年粵寇餘黨陳金缸等・尙擁衆十餘萬踞守高州・旁擾附近州縣・該提督僅率五千人星夜馳往・單騎陷陣・盪平城外數十石壘・竟克高州語・不勝駭異・臣籍隸廣東茂名縣・爲高州附郭邑・咸豐十一年春間賊破信宜縣城・距郡治九十里・猝來攻撲・臣挈家入城・招集潰勇鄉團・隨同地方官紳禦守匝月・始有有副將潘其泰管帶西勇一千八百人來援・賊衆兵單・屢次失利・繼則參將方耀卓興先後管帶潮勇各四五千人來援・郡局又添募關鎭邦張國富張朝有陸龍芝莫善喜梁效賢等・管帶東莞欽州保安茂北等勇各一二千人協同堵剿・將弁各路屯紮・軍無統帥・互相觀望・日久無功・同治二年提臣壽滋高・督師號令始一・夏間疊破南山白花塘等處賊巢・兇鋒大挫・其黨鄭金劉超震懾・始思反正・秋冬間遂將逆首陳金缸幷親信黨羽二百餘人駢誅・薙髮歸順・獻回信城・當是時・攻堅斬馘方卓兩軍之力爲多・未聞湘勇前來助戰・督撫臣奏牘具存・可稽核也・至鄭金投誠後・改名紹忠・給予官職・洊膺專閫・立功伊始・尤可證也・回憶當時賊勢蔓延・廣肇道梗・餉糈軍火往往匱乏・將弁頓兵譁索・郡局常須捐借接濟・三年中艱險情形・至今歷歷在目・倘其時忽有沈玉遂大枝湘勇到郡協防鋒鏑・遺黎懽聲雷動・臣豈得毫無聞見・又其時提臣駐札郡垣・調遣將士・營中坐夫不敷・郡局常須抽撥練丁隨營支應・沈玉遂一軍何處安營・何處進仗・臣又安得毫無所聞見・查是時高郡城池並未失陷・信宜收復由於投誠・原摺內沈玉遂單騎陷

陣・竟克高州等語・固屬子虛・卽所稱沈玉遂僅率五千人星夜馳往之說・亦均烏有。

伏思賞罰者・聖主馭世之大權・官爵酬庸・不容稍濫・至建立專祠・則圭組錫於生前・俎豆榮於身後・中興將相受之無愧者・曾有幾人・今楊昌濬以代人乞恩之故・竟致揑敍戰蹟・恣爲誇誕・以眩惑宸聰・實乖大臣敬愼之誼・臣職司風紀・據實糾彈・請旨飭下史館將沈玉遂本傳核明更正・原摺內倘仍有鋪陳失實者・應令一律删削・以成信史・並請敕部臣將楊昌濬察例懲處・以儆誕妄・俾疆吏咸惕然於竹帛馨香・乃朝廷褒忠卹勞異數・毋敢張大其詞・率爾干請・庶名器不至褻越・而綱紀藉以維持。

奏請停止台砲經費以甦民困疏

竊臣恭閱本年六月邸鈔・上諭御史鄭恩賀奏請裁併各省釐局等語・着各省督撫將現設釐局悉心籌畫・酌留水陸衝要處所・其餘零星局卡卽着核實删減・毋得以無可裁併爲詞・一奏塞責・仍將裁定數目迅速覆奏・欽此・臣莊誦之下・感激涕零・爲天下商民同慶・查釐捐之繁・以廣東爲最・釐捐之弊・亦以廣東爲最・緣釐局委員名爲優差・非巧於營求不能到手・官圖私飽・兼顧考成・吏胥狡猾・又從而煽誘之・以挾制分肥・而弊端遂不可究詰・但抽釐助餉・各省皆然・其釐卡積弊之淺深輕重・則視督撫大吏之貪廉勤惰爲樞紐・惟粵省台砲經費一項・釐捐之外・別立名目・蠹國病民・其事爲各省所無・粵人痛心疾首・無可如何・臣謹爲我皇上縷晰陳之。

溯自越南事起・前督臣張之洞創立海防證費名目・凡民間日用所需・未納牙釐者有捐・已納牙釐者加捐・行無大小・貨無貴賤・一概抽收・是時沿海設防・商民敵愾急公・雖極困苦・猶能相諒・迨邊境安靖數年・而此項經費亦未撤・輿情已多怨懟・然猶諉曰資遣防軍・籌還洋債・姑緩撤以供挹注也・乃張之洞去粵奏明停止・而今督臣李瀚章又復立台砲經費名目・照舊抽捐・其實粵東砲台・自彭玉麟在粵時・竭力經營・已臻完固・卽稍有補苴・但就向有之稅釐酌撥一二・足敷辦理・固無藉新設之台砲經費爲也・況開辦伊始督臣曾經奏明・一俟築台設砲事稍就緒・卽行停止・而今閱五年・抽收如故・查光緒十六年原奏稱每年可得二十九萬五千兩有奇・統計五年抽捐已百五十萬兩矣・豈事尚無頭緒乎・而停止之期未聞入告・何也・蓋其初亦知重歛病民・深懼朝廷詰駁・姑爲此語以邀允准・久而忘之・原奏具在・可復核也・且原奏云・勸諭大宗生理行戶人等・量力報效・聽商認繳・臣訪查各行抽捐條款・如炭蠟澄麪土麪洋麪醬料檳榔餅食石灰篾片牛皮蒲苞蓆草鹹魚鮮果等行・一律抽捐・零星朘削所得幾何・何謂大宗生理・至市易稍大者・如綢緞行・豆油行・火柴行・土糖行・生麪行・西豬行・東豬欄・出口炮竹行・火水油行・東江木排行等項・則又多歸官辦理・何謂聽商認繳・且官取費於商・商取費於貨・苟非加價發售・正額之外・兼獲贏餘・誰肯承攬認繳・而原奏云・有之而物價不增・裁之而物價不減・果可信乎。

伏查粵省山海交錯・農居其四・商居其六・故恤商爲治粵之要・今以省城而論・海關有稅・廣府有稅・行釐有捐・

又添收台砲經費一項・則一物而收費四次・年來商販蕭條・貧富交病・盜賊肆行・城鄉刼案日數十起・而官府宴坐衙齋・不加軫念・杞人之憂・豈有極耶・天下大利・丁漕正賦外・約有四宗・曰海關・曰鹽場・曰勸捐・曰抽釐・他省或有其一・或有其二三・惟粵東兼而有之・倘經畫得宜・涓滴歸公・不惟度支無缺・尙可積儲以備緩急・何須格外苛斂・使民不堪命也・聞撫臣剛毅涖任・曾將零星物貨刪減十餘項・而其餘數十行仍係重重盤剝・所關民生日用甚鉅・伏望飭下督撫臣將台砲經費立卽停收・庶積困漸蘇・元氣漸復・粵民感荷鴻慈・異時或有艱難・必能出財力以供佐軍府之急・臣又查工部定例・凡工程至千兩以上者・必奏明辦理・今台砲經費數愈百萬・應否責成經手人員造册報部核銷之處・出自聖裁・臣未敢擅爲擬議・臣爲粵東安攘・關係東南大局起見・冒昧陳請。

廖鶴年

字翰昌・號雲鼞・番禺人・同治乙丑會試第一名進士・以腕疾不中楷書・援例改兵部主事・在都與南皮張文襄之洞・錢塘汪侍郞鳴鑾・同邑張編修鼎華唱和・爲蓮溪詩社・居恒喜究心地志・於西北邊防尤多考論・合肥李文忠欲延入幕・爲忌者所阻・又擬薦充俄使參贊・鶴年以親老固辭・旋乞養歸・課徒郡學中・從遊者數百人・時基督敎盛行・著論三篇凡數萬言・痛陳其害・旣而痛哭自焚其稿・鬱鬱若有狹疾者・光緒辛己卒・所爲詩文稿多散佚。

陸磬石四書考序

陸磬石先生學行篤實・說經字字務得翔確・授徒會垣・爲及門講四子書・義有綴輯・必自箚記・積久成帙・進退羣說・悉有據依・吾粵自儀徵以經學提倡・士夫多嗜考古・間以搜逸舉碎爲能・先生敎人從四子書入手・謂先其切者近者・是書援引淹雅・剗削踳駁・大而天文輿地・次而朝廟賓祭之典・小而衣服飲食之節・一名一物之微・靡不擇之精而語之詳・思力淵邃・輒補漢宋儒所不逮。

歲戊寅・余家居課徒・從文孫石孫假先生遺稿講解・因得見全書・乃若顧亭林張惕庵一輩人著述・先生性嚴重・居鄉行古鄉亭介甲法・莠民歛肅・又嘗率鄉團襲破新造官山山門等處賊巢・今讀是書・斷制謹嚴・猶見條敎部署遺意・石孫奉藏稿付梓・屬爲序・姻鄙中鶴年後兩輩・未敢僭・辭弗獲・謹著其學問行事於簡端・讀者可以見先生矣。

沙亭屈氏十二世祖可齋公墓銘

沙亭屈氏以光緒四年修其十二世可齋公墓・環以石・按屈氏譜・公諱遲・字可齋・其始祖宋迪功郎曰禹勤・始遷粵・公其十二世孫也・其生卒日詳譜・公生明中葉・其德望著於里閭・而鴻飛蝺遊・高尙不友・以賜冠帶終其身・其墓地卽在其鄉・曰流渠坑・雁峯屏其後・煙管高蹠・風雲合沓・東距獅子洋・魚龍百變・皆挹之襟袖・由明至今三百年・皆以爲美壤之最・歲已遠・不無傾圮・是舉不可已也。

公十傳孫建生・余從姑之夫也・手創其事・旣成・屬余以銘之曰・屈公佳城傳於明・閱三百載安厥藏・卜食其墨曰允臧・俾其後嗣莫與京・築之以石用厥良・菑者斯剔灌者攘・扑者托者相扶將・使公魂魄安且康・生金之字漫不亡・

簪纓羅列陳酒漿・摐金伐鼓椎牛羊・去公十世乃大昌・我銘立石誌斯慶・流渠山高水而長・鬱鬱松柏樂茲鄉・易世而後潛德光・孫又生孫公與卿・更千萬家環塚旁。

梁金韜 字巨川・南海人・同治丁卯舉人・久遊九江朱次琦之門・居家居鄉皆奉爲師法・故不徒以文章名・而文亦雄健入古・著有愛古堂文集五卷・詩集十四卷・北征日記一卷・皆鈔本・存其弟子梁慶桂家。

與友人論私謚書

客臘在九江喪次・足下有私謚之議・時人叢事晷・足下未畢其說・金韜亦未深辨・竊以爲必不可・考私謚之起・權輿於黔婁謚康・柳下謚惠・漢晉以後・風流彌繁・宋世大程子卒・文潞國議謚曰明道・厥弟伊川從之・惟橫渠張子之歿・當時欲私謚・以司馬溫公爭之而止・繇宋事觀之。予謚出自君父・私謚寔干國之典・且以其先帝仁宗明道年號・爲臣下私謚尤失檢・張子則因溫公愛人以德・至今垂爲美譚・則私謚之可不可・昭昭矣・且吾儒皆誦法孔子・卽以證之・子疾病・子路使門人爲臣・夫子以爲行詐・以爲欺天・竊繇是事推之・禮載孔子歿・喪用三代禮・疑亦記禮之訛・不然・則羣弟子尊師之過・夫子周人也・嘗曰吾從周・生時方守時王之制・死迺生今反古可乎・史記列孔子於世家・雖出尊聖之心・後世有爵有土・或亦太史公有以啓之・究之當在列傳・不當在世家・王介甫駁之・是也。

大抵古來名人賢士・往往存異視聖賢之見・以爲大聖大賢不當與尋常之人同・故子路羣弟子司馬遷文潞國程伊川皆不免推尊過當・蹈於踰越禮分・不知聖賢正以守禮循分爲尊・不以踰禮越分爲尊耳・今國制必官一品・及侍從有勞・死於王事・迺得謚・先師子襄夫子三者俱非・則亦安其無謚之分・猶孔子安其無臣之分・已矣・與其以程子待先師・不如以張子待先師・幷不如孔子待先師・足下以爲何如・抑尤有說・先師出爲循吏・處爲大儒・將來俎豆馨香之報・正未有艾・明世陳白沙先生因崇祀聖廟・官止檢討・而追謚文恭・我朝陸稼書先生・因崇祀聖廟・官止御史・而追謚清獻・然則今雖無謚・焉知後世論定不膺特謚鉅典邪・幸少安毋躁。

答梁吉人書

前二年僕疑史記南越傳所稱下橫浦今不得其地・足下以謂橫浦卽上文所言下湟水・橫當作潢・蓋假借字・幷寄來金壇段氏說文注・命於洭溱湟三字求之・所以賜教甚厚・抑竊疑橫浦未可混於湟水也・考漢元鼎五年・伐越之師分四路・在今西北兩江西江上流・今廣西桂林興安縣・桂江卽古離水・南流至梧州蒼梧縣與潯江合・當日故歸義越侯二人爲戈船下・厲將軍出零陵・或下離水・或抵蒼梧卽此・其馳義侯因巴蜀罪人・發夜郎兵下牂柯江・則潯江上流北盤江・卽古牂柯也・此兩路在西江者也・其北江兩路・衞尉路博德爲伏波將軍出桂陽下匯水者・蓋自今連州江而來・滙水漢書作湟水・酈道元水經注作洭水・其寔皆今連州江・或作淮水・則字訛矣・主爵都尉楊僕爲樓船將軍出豫章下橫浦者・則自今江西度大庾嶺・沿湞江而來・南行歷今南雄一州・韶州一府・至英德縣連州江口・迺與洭水合・兩路分明・相距六七

百里．斷未可混而一之．足下按今輿圖自明．不煩多說也．惟是湞江發源大庾．僕昔公車北行．曾至其地．未聞何處是橫浦．竊考之本傳．佗嘗移檄告橫浦陽山湟谿關．索隱引南康記云．南野縣大庾嶺三十里至橫浦有秦關．其下謂爲塞上．以南康記所言道里方位推之．今大庾嶺上梅關．正古橫浦關．關在嶺上．則橫浦在嶺之南．趾無疑也．嶺之南趾卽湞江．則橫浦卽湞江．寔無疑義．近細讀漢書南粤傳．仍作出豫章下橫浦．而武帝紀直作出豫章下湞水．迺恍然大悟．橫浦卽爲湞水．益無疑義矣．鄙見如此．足下再有所見．幸以教我。

曩得書．値冬殘．塵務卒卒．涉春重有妻喪．哀瞀不能屬筆．故書至累年迺報．今春屬代子襄師撰槐軒先師墓銘．訖今亦未下筆．蓋代師立言．又施之先師．譬之繪乾坤之容．畫日月之光．心志不無悚懾．然先師淸德雅望在人口．非門下士阿好．雖微足下請．僕亦將著之傳誄．以志不忘．幸無促迫．遲當有以報命．金韜再拜。

海瑞論

天下有言人所不能言．君子終不敢言其言．爲人所不能爲．君子終不願爲其爲．是何也．言其所言．或非中庸之言．爲其所爲．或非中庸之爲也．有明嘉靖時．世廟失德多矣．其屠戮諫臣也酷矣．公獨奮不慮死．指乘輿．冒忌諱．瀕死而弗悔．及其膺民社而持風憲也．心淸手辣．以廉矯貪．以剛起懦．嘗言欲天下治安．必行井田．不得已而限田．又不得已而均稅．尚可存古人遺意．因之所至力行淸丈．頒一條鞭法．鉏豪彊．扶貧弱．或至薦紳富民受屈而不及計．又謂貪吏風行．非虐刑不足懲之．因舉太祖法剝皮囊草．及洪武三十年定律．枉法八十貫論絞．謂今當用此懲貪．嗚呼．公蓋直情徑行．驚天下後世而不顧者也．確乎金石．不足爲堅．震呼風霆．不足爲威．皜乎霜雪．不足爲絜也．雖然．揆諸中庸行之．道或異此．古之君子．其性情也眞．其學養也到．學到故於事理無所蔽．養到故於氣質無所倚．以之納諫．進其言．量其能．受而直不疑於訐．以之行政．與其利先防其害．而剛不失於猛．以之律身．嚴於己或恕於物．而淸不鄰於刻．不然率性情而行之．未見其適中而無偏也．若公者性情有餘．而學養未到也．然天下有公．墨吏豪民可以少息矣。

古今錢錄自序

自來紀錢者曰志．曰譜．曰錄．其義一也．獨從錄之名．蓋鈔記以備遺忘．不敢言著書也．舊譜或作泉．今古文異也．茲作錢．從今也．曰古今及本朝也．及本朝者何．錄錢非徒玩物．令覽者參考古近．校量大小輕重精粗．得圜法之是．以爲寶泉寶源鼓鑄之準也．其錄之之序．首歷代．各堆以其時之僭僞．雖近時髮賊亦錄也．近人或以不錄僭僞爲尊王．不知錄之非予之也．正明著其僭僞以示後世也．雖奉禁革銷燬不能盡絕者．勢也．不錄之百世下反疑爲不知何代帝王也．後唐得順天錢．不知爲史思明．明熹廟得天啓錢．不知爲徐壽輝．是眞前事也．且亦史法也．漢書於王莽改官制．改郡縣名．改錢幣．靡弗書也．次外國．次不知朝代．

而以古今吉語之錢終焉・不分厭勝・厭勝元取避凶趨吉・逢凶化吉也・不分龍魚鹿馬事物・此等錢亦意取吉祥也・故統坿諸吉語也・前人多以外國錢與歷朝相混・如太平興寶背有丁字者・本宋太祖太宗時安南主丁部領改元太平・及子丁璿仍號太平之錢・而張台李孝美董逌洪遵均讀作大興・以爲北燕馮宏所鑄・天福鎮寶背有黎字者・本宋太宗太平五年・安南黎桓篡丁璿而立・改元天福之錢・而李孝美讀作天鎮福寶天道・直以爲五代石晉之錢・且臆撰曰見・晉氏舊史皆誤也・又如臺主衣庫錢・一面左環・讀之曰錢中之王・一面先上下後・左右讀之曰十千五銖・蓋値萬錢也・文義甚明白・而顧烜讀作中王之錢五銖七千・舊譜讀作中王之錢五銖卍千・敦素讀作錢中之王是矣・背文仍讀作五銖・千萬亦誤也・若斯之類・不可更僕數。

甚矣博物之難也・今悉考正・不敢沿踵譌謬以誤後人・愼之至也・其錄之之例・先求其備・次尚其古・三擇其精・四取其重且大・故有一品重收者・必於古焉精焉重且大焉有取者也・今錢如同治幕有丁財貴壽・光緒幕有萬象庚新等類・嗜古者或以出自今時民鑄・棄弗錄・不知此等錢自古有之也・五銖錢有君宜侯王・大泉五十有龜蛇星劍・皆當時民鑄也・錄古而棄今・非通例也・故備收之也・凡三百餘種・二千餘名・非敢云備・考諸譜・求諸市・觀諸友朋・庶乎應有盡有也・惟古今布古刀弗盡錄・錄其物可信・文無疑者・物未見・文不識者弗錄・闕疑之義也・抑二者近時倪氏古今錢畧・李氏古泉匯所載多至數百品・亦云備矣・詳人所畧・亦畧人所詳・著書之例也。

讀元儒張養浩三事忠告跋

同治甲子僑寓羊城西偏之訶林・冬夜方求借讀元儒張養浩三事忠告書・中言居官之道特詳・廟堂風憲牧民都爲三卷・元距今爲時尚近・其中於當今立朝親民利病者甚夥・惜流傳不廣・不能家有其書・或有之又多不寓目・考元史本傳・養浩以濟南儒生・至大初拜監察御史・錚錚有風節・疏政弊・忤時相・至當路不能容・屹不少挫・最後文宗天歷二年關中大饑・特起爲西臺中丞・卒以勤民而野死・其生平植朝風槩・勤民惠績・有足敬者・其書亦皆讀書閱世有得之言・此宜脩學致用之士編摩不遺者・乃竟儕諸若存若亡之數・蓋天下風氣使然・非一朝一夕之故矣・古今之學術・自宋儒以後・判爲二・一曰漢儒・經訓之學・一曰宋儒・性理之學・元明兩代承宋季講學風氣・儒者多以言心性取名・而所談心性・半非躬行有得・克裨實用・故逮我朝・顧亭林朱竹垞閻百詩胡朏明諸先輩・尊尚經古・力起而矯之・嗣是碩學名儒猋發雲起・風氣遂變・顧二百餘年以來・學者承其風氣・以漢儒爲門戶・詆宋明諸儒爲空疏・又多棄心任目・是古非今・其下者更注蟲魚・考金石・掇拾破碎以自矜博奧・一言也・箋釋至數萬言・一事也・辯論至數十輩・及返諸身心・試之行事・則書與我不相習・古與今不相宜者・皆是也・蓋清談於晉・辭賦於六朝・講學於宋明諸儒・詞曲於元・訓詁於本朝・皆風氣使然・非英襟偉識・卓然不爲風氣囿者・不能出其範圍也・由宋而來五百有餘歲矣・學者非馳於心非虛渺・則流與記誦醜博・非出於迂腐空疏・則入於口

耳支離・至於國家政事之得失・地方民生之利病・反寘而不講・烏虖・此是編所以等於若存若亡也・夫讀書者何・求其有用耳・苟有用・三代可也・兩漢可也・宋可也・元明訖今亦可也・何區別爲哉・故愚嘗謂學問文章・經世才畧・不源於古則不深・不案諸近今則不切・譬諸備物致用・日羅列乎禹鼎湯盤殷瑚周簋・而遺布帛菽粟・如之何其飢可食・寒可衣也・是編卷帙無多・非謂經世才畧盡於是・然與飢寒不可衣食者異矣・用備論之以告世之脩學致用不趨風氣者。

海潮賦

緊元化之斡運・妙翕張以敷施・陰魄迭以相代・蓂朔合而屢移・中大氣之鼓盪・孕靈海而渺瀰・渾洪荒而宙合・際潮汐之有期・爾其神州之外・禺彊是宅・萬派會歸・百谷總集・江河恣其吐呑・洲島供其蕩潏・翻羲御於扶桑之津・蹺娥魄於金樞之穴・盤渦激湍・彯沙礐石・微波而山嶽陷・不雨而雷電擊・乘蹻侈於衆仙・司靈奉爲水伯・斯則潮未上也・而已足悸魂而慄魄・若乃月臨卯酉・波涌崔嵬・天地若動・竅穴乍開・滂渤濆薄・訇磕喧豗・瞥白鷺之下翔・畱銀山之倒推・誤奮怒於狂颶・驚迅鳴於蟄雷・既而水立濤飛・澎湃橫決・帷蓋疾張・匹練迸裂・宇宙爲其播揚・烏兔遭其蝕齧・有如共工之怒・天柱摧折・軋盤涌裔・雄鷙莫當・西極弱水・東盡扶桑・銀島嶼以皛淼・縞追厈而噏光・有如鉅鹿之戰・萬馬騰驤・南堰北決・西畔東傾・獸不及走・鳥不及鳴・落九天之潰流・崩五嶽之崖聲・又如樂毅破齊・到無堅城・前陳未墮・後勁再接・窮曲隨隈・隃厈陵隰・馳浩蜺以絜長・挾奔猋而鬥急・又如李陵逐北・使氣深入。

於是達九江・連五湖・平溪澗・滿溝渠・庶彙挾之而走・羣靈隨之以趨・則有靈夫子・元長史・蛇母蝦姑・蝌奴鱊婢・項縮槎頭之鯿・額點錦鱗之鯉・三足之鼈晨飛・雙珠之蚌夜起・鼉御風以挂颿・蜃淩虛而結市・旗豎巨鰍之鬣・鞭麾長絹之尾・合沓紛綸・怪奇譎詭・舉迷離於雷轟電掣之中・胥出沒於浪攪波翻之裏・更若方壺員嶠・安期羨門・駕鯉雲涌・騎鯨浪翻・貝闕從官・龍宮侍女・翳袖揚袿・命儔歗侶・雖仙怪之殊塗・竝踏潮以謳舞・淸吟鮫女之簫・雄震馮夷之鼓・又或轉物候時之客・聶耳窮髮之邦・或舶衺而泛遠・或賫玉以來王・鷁首若駛・雞鳴未央・順流千里・載翺載翔・於斯時也・眸未遑轉・筆不及紀・衍奭齒之而舌卷・賁育目之而色死・枚叔不能發其凡・木生不能賦其似・亦極天下之殊觀・而蔑以加此矣。

若其陸進疾退・轉盼俄空・素車回而漸落・雪陣迴而欲東・譬戰勝而凱旋・卷萬甲以來同・紛馬歸而牛散・麗皎日於天中・昔之衆靈雜遝・百怪景從・蜿旌十丈・雲纛千重・與夫虢林禽鳥・出水魚龍・汩乘流而下降・杳不知其所終・徒惝怳以兀坐・詫來去之無蹤・要而論之・象莫著於兩間・理原包於萬彙・消孰納之使歸・長孰驅之使至・且朝夕之有恒・巨億萬載而罔異・呼也何由・吸也何自・闢胡爲而使闔・寤胡爲而還寐・盛胡爲而忽衰・笑胡爲而轉涕・亮造化之千變・總盈虛之一致・若夫蠡測之見・目論之儒・謂長退繇出入於鰌穴・盈縮係升沈於地輿・是猶河伯之欣然自喜・而適見其拘於虛也。

清 九

何如璋 字子莪．大埔人．同治戊辰進士．官編修．時東南大亂初平．而泰西諸國已環列虎視．如璋究心當世之務．充出使日本大臣．力爭國權．所根據條約公法．皆中窾要．晉少詹事。督福建船政．甲申馬江之役．與海防會辦張佩綸同被嚴譴戍軍．戍管城子析疑三十六卷．尋賜環．主講韓山書院以終。

奏陳商務請力籌抵制疏

奏爲商務喫虧．貽害極大．請力籌抵制．以裕民生．而固邦本．恭摺仰祈聖鑒事．竊維國依民而立．民以財而聚．財者生民衣食之源．國用所從出也．上世土曠民稀．專務農以盡地利．今則生齒之繁十倍於古．力耕不給．故必經商並務農．本末兼資．庶足濟王政之窮．而各安生業．自與各國通商．利害尤有關係．若商務吃虧．金銀輸出．則民生困．國計亦窮．此宜急籌防制者也．伏讀十一月二十八日上諭．獎廉懲貪．諄諄告戒．所以爲民生計者至周矣．臣竊有請者．則以西人朘削．較貪吏侵漁爲尤酷．蓋貪吏之侵漁．財猶用之內地．西人之朘削．財直輸之外洋也．查中外結約通商．其始不過五口．繼則增至十九口．而假借游歷通商一語．因之內地亦復通商．然西人猶慮其通商不能暢行也．又藉子口半稅單以輕其貨值．而擴其銷路．其汲汲然謀之者．無非欲取我財貨．奪我生計耳．三十年中巧取橫侵．愈推愈廣．流弊日鉅．受害滋深．綜計約有數端．敬爲我皇太后皇上分晰陳之。

通商之法．要在懋遷有無．始可便民而裕國．若出入貨物不能相抵．則彼有所贏．必此有所絀．故西人特行保護之方．查各國進口貨物．若洋布．若洋藥．若呢羽．若煤鐵玻璃等類．不下數十百種．而中土出口者．絲茶糖之外．皆西人所不購．乃絲意法各國製之．茶則印度日本植之．蔗則東南洋傳種爭栽．均旣歲有所增．以漸奪中土之利．故近年進口日多．勢成偏重．徒以彼無用之貨．易吾有用之金．其弊一也．然使進口之貨．中土無則利民用而廣交易．雖耗損貲財．尚不致奪吾本然之利．乃查進口之貨．海產若魚蝦海菜．陸產若米麥藥材．工產若竹木雜器雕漆磁銅等物．皆不異中土之產．市廛貿易．祇有此數．外產日盛．則內產不得不衰．夫行鹽引地．侵佔鄰私．銷淮銷川．皆吾百姓．揆之人失人得之義．要不出於寰中．而司鹾者．尚欲百方堵截．嚴禁鄰私．毋許侵佔．何也．本然之利不忍失也．今異國之

產灌輸吾國・更甚於私鹽之佔引地・聽其銷流日廣・則吾民之生路日窮・其弊二也・然苟征課之權操之自我・則設法限制・尚可杜喧賓奪主之嫌・乃內地商貨・有關稅・有釐金・有雜捐抽繳之費・名目甚繁・外商則租界既免釐捐・內地祇輸半稅・且皆糾合公司・本鉅勢强・以壟斷之心・行兼併之術・又假吾優待之條・以恣其刼奪・遂令坐賈行商・紛紛敗北・其弊三也・查歐美通例・凡外國商船不准貿易內港・誠恐奪民生業也・今則內江外海・皆任洋舶往來・不特運銷外產・而且攬載土貨・並攬及各地陸運之土貨・致使操舟負販者・大半失所流離・近雖設局招商購船自運・而稽之稅關・不過十之一二・卽此儎運一款・坐困者當不止數十萬家・其弊四也・自通市以來・各省稅關以虧額告者多矣・抑知稅虧者一・民之所虧者百・不可不察也・臨淸之鐵稅既減・則山陝之鐵業必微・外洋之藥材銷・則雲貴川廣之藥材必賤滯・今試以大者言之・洋布一宗歲約值三千餘萬・洋布多則土布必少・而向之販布者・失其業・卽向之種棉而紡織者・亦失其業・衡以中人之產・每歲不下數百萬家・矧存此三千萬金・則市肆流通・四方周轉・賫以爲生者・更難指數也・今舉而輸之外洋・小民復可所賴・其弊五也・此不特奪民生業也・又壞己國之人心・查歐美美國・其外來商人均歸地方官管轄・故彼此相安・可久行而無弊・今管理外商・悉由領事・租界一隅・幾同化外・地方禁令外人不惟不遵・且明犯之以爲利・遇有交涉之案・類曲法以相寬・馴致入敎之徒亦恃强以相抗・有司畏懦・隱忍容之・徒長匪類之奸・又叢小民之怨・其弊六也・且不特壞人心也・又損國計・各國稅則皆由自定・得持盈虛而增減之・以恤民而富國・今海關稅額必與西人議定而後行・既非平交之道・又泰西征收進口之稅・類以值百抽三十爲準・有加至五十七十者・我僅值百而征其五・而進口之貨・又有減焉・此實爲天下至輕之稅・外商意猶未饜求・內地釐金議行子口半稅・但圖暢行銷之路・明虧吾制用之經・貪肆縱横・不盡取中土菁華不止・其弊七也。

總之・七弊生一害・則以貿易不能相抵・而金銀濫出之故・西人互市以來・其始以金易貨・繼則出入相當・近乃添口岸以擴商路・行半稅以輕貨値・銷流日廣・進口日多・而又爭及錐刀・百方搜括・小民生計・盡飽貪囊・核前五年稅務司冊報貨價一款・既經歲虧金銀一千餘萬・加以船載之噸數・市場之棧租・當不下二三千萬・而西人恃强要索者・未有已也・國用之所取給・民生之所仰資・一旦告罄・雖善者何以爲之謀乎・三代盛時・國之征賦・民之貿易布帛耳・菽粟耳・降而錢幣・又降而金銀・世變遷流・日趨便利・至今日各國通商・尤以金銀爲樞紐・倘聞邊境購器有資・或遇偏災・泛舟尤便・但公司之流行自挹注而不窮・故金銀者・國家之根本・而民生之精血也・中國條約嚴禁銅錢輸出・誠以國之重寶・不可予人・然今日之金銀重於銅錢・苟金銀濫出・銅錢亦難以流通・年來海宇乂安・治具畢張・而草野窮困・皆有不可終日之勢・正坐此金銀濫出之故也・日本同在亞洲亦受西人挾制・察其廢藩以後・非不力圖自强・第以進口過多・遂致金銀匱竭・現所流通者・祇有紙幣・公私交困・民怨嗷嗷・幾不可以爲國・中國之富雖勝於日本・然使歲虧鉅萬・勢必不能久支・前事覆轍・實可寒心・臣數年奉

使・反覆考求・乃知西人借兵力以擴商路・因商務以取人財・比秦之割地・契丹之歲幣・其操術爲尤巧・貽害爲尤深。

竊念通商之局・千古所無・勢不能絕市而閉關・事惟有變通以救弊・救之之術・一在興貨殖以保民財・生財之道・不外開源節流・令殖己國之產・以杜外洋之貨・若洋布等類廣爲栽植・如法製造・自鬻之而自用之・第使取之官中・家給而戶足・則外洋少售鉅萬之貨・卽中國歲留鉅萬之金・源日開・流日節・民生裕・國用足矣・一在飭武備以振國威・舊日條約皆由威逼勢劫而成・故商務喫虧過甚・乃西人得寸進尺・貪壑難盈・誅求不已・行且攘奪・自非上下一心・通籌經費・於海陸軍政實力講求・何以杜狡謀而紓隱患乎・況豐財和衆・武之善經・果其內備克修・權由自主・將向來通商諸弊・亦不難設法維持・至於尋常交際・不妨稍假情文・用昭柔遠之經・庶合善鄰之義・其有妨小民生業者・則一律堅持・事卽細微・不可輕許・蓋以一事一時計之・似無大損・合各國計之・則所傷實多矣・合數年計之・則所虧尤鉅矣・涓涓不塞・將成江河・迨至勢窮害極・强隣詘逼・上無可籌之餉・下無可練之兵・卽欲設法支持・後悔復奚及乎・臣比年在外・商務之利害曲折再三研求・實見其關繫國計民生者如此・用敢詳悉披陳・伏乞皇太后皇上留神聽納・飭下中外大臣亟圖防制・熟籌而力行之・天下幸甚。

內地通商利害議

竊以外交之利害・視商務之盛衰・商務之盛衰・視金錢之出入・入口之貨物太多・則出口之金錢亦鉅・日朘月削・民生日絀・國計亦日因之而窮・此固今日切要之圖・不可不預籌防制者也・中國政體・素不重商・漢時至特加租稅以困辱之・誠以業商者過盛・則以壟斷之心・行兼併之術・必於民生有礙・惟晚近泰西各國專重商務・往往以兵力擴充其商路・待其脂膏吸盡・國勢虛耗・又益以兵力求逞其大欲・如土耳其印度其前事矣・中國自與西人通商・其始不過五口・繼增十九口・而假遊歷通商一語・因之內地亦復通商・然西人猶慮其貨物不能推行盡利也・則又藉子口半稅單以輕其貨値・而擴其銷路・其汲汲然謀之者・無非欲取我貨物・隘我生計耳・幸而中國人民以洋人物產不同・不甚購取・而稽之海關稅冊・每歲流出金銀旣在一千餘萬之外・斯固擧國之人所爲痛心疾首者・然西人條約・當日事勢・實不能不許・今日旣許之・則又無可如何・只好待吾自强・再圖補救矣・至日本與我立約在西人之後・其修好之初・意在於聯近交・卽約中內地之禁・亦意在防外寇・而近年以來・日人精神所注・乃專在內地通商・欲博取中土之財・以稍補西隣之失・夫隣厚則我薄・彼利則我害・斯固事理之至顯者也・如璋隨時究察日本之求通內地・屢與西人一體均沾爲言・而我國之待日人實有不能與西人强同者・蓋有不宜輕許之故五・有貽害極大者四・敢再分晰陳之。

通商之法・要在懋遷有無・許可便民而裕國・苟彼此物產相同・則彼有所贏・必有所絀・故西人特行加稅保護之方・以殖己國之產・而杜外來之貨・今日我國海關稅權不能自主・則加稅固未易言・（泰西各國每因外來之貨侵奪己產・則重課外貨輸入稅・使貨價增貴不能與己產相爭・謂之

保護稅・西曆一千八百四十三四年間・美利加以己國礦產不旺・於英國輸入鐵條・每一百噸價值三十六員者・課稅二十四員・輸入鉛塊每百磅值價三員者・課稅三員・近者法人以英國輸入絲帶等項・奪織工之業・驟加重稅・至值百員者稅百員・或至稅二百員・）查日本出口貨・海產若魚蝦海菜・陸產若豆麥藥材・土產若竹木雜器雕漆磁銅等物・皆不異中土之產・爲民間所習用・若任其直輸內地・則倭貨銷售日廣・內地之業此者・皆漸蹙其生機・不宜輕許者・一也・然使道遠費艱・轉輸不便・則彼物成本較重或尚無礙民生・乃此邦密邇近隣・居東海適中之地・上而北洋之口・下而閩粵臺瓊・中而浙滬江漢・皆一航可通・較之我南北往來・車牛輦負・取徑捷而運費輕・若任其直輸內地・恐商權盡爲彼奪・夫行鹽引地・浸灌橫私・淮鹽川鹽・皆吾百姓・揆諸楚人失楚人得之義・要不出乎寰中・而司鹽務者・尚欲百方截堵・嚴禁隣私・毋許侵佔・何也・本然之利不忍失也・今異國之產・灌輸吾國・更甚於私鹽之佔引地・而任其擴充於內地・則內地物產銷路日窮・民生將日困・不宜輕許者・二也・然苟征課之權操之自我・則設法限制・尚可杜喧賓奪主之嫌・乃內地之產・有關稅・有厘金有雜捐抽繳之費・名目甚繁・外產則納完子口半稅外・一概豁免・其在通商口岸貨相等者・價尚相若・一經輸入內地・則彼省厘捐・品類雖同而價值頓異・小民日用・惟取便宜・斷無舍外來賤值之物・轉購土物之理・則內地商人必至於敗折・不宜輕許者・三也・然使虧損者祇在商賈・猶可言也・乃外產廣銷・自內產積滯・卽各地種植工作之人・亦將無所獲利而失業・是弊實中於民生・市廛交易・本有程度・外產多則內產減・稅厘之入亦日微・且外產橫侵・生民重困・究其所極・勢將蠲稅厘以補救之・是弊並中於國計・不宜輕許者・四也・西人遠隔重洋・雖互市久通・流寓尚少・又類多富豪殷實・顧惜聲名・而領照入內地者・猶或滋事・包攬華人子口稅單亦且不免・今日本地近民貧・貪而見小・加以形貌同・文字同・內地之禁一開・其挾貲而至者・無論矣・卽肩挑負販之徒・必將般千累萬・紛至沓來・甚至無業游手・亦儘可包攬華人子口稅單・借以餬口・勾引奸民肆行僞詐・幸而發覺・地方官又不能以法相繩・必送回該國領事・徒損己國之威・又叢小民之怨・不宜輕許者・五也。

匪特此也・且又有貽害極大者・向來中東商務・彼此之輸出入大概相同・其後中國所來之藥材書紙等類・彼以崇尚西法屏棄不用・所輸入者・祇有蔗糖一種・歲僅值二百餘萬・彼乃勸民廣種・並議加值百取三十之重稅・以杜其來・而於中土需用之物・或加意擴充・或傳種加植・或如式仿造・近年輸出益廣・乃增至五百餘萬・是出入相抵之外・已歲輸彼國金銀二百餘萬矣・若許其直輸內地・則漸推漸廣・來貨日多・每歲當增至一千餘萬・核近四年稅務司冊報・與各西國交易・經已歲虧八千餘萬・今若又歲輸鉅款與日・將中土現有之金銀・不久立見匱竭矣・國用之所取給・民生之所仰資・一旦告罄・雖有善者・何以爲謀乎・是貽害之大者一・三代盛時・國之征賦・民之貿易・布帛耳・菽粟耳・降而錢幣・又降而金銀・世變遷流・日趨便利・雖聖哲不能違時復古也・今則萬國通商・尤以金銀爲關鍵・一方饑饉可移

數萬里之糗糧・一日兵事或費數萬金之軍火・故西人謂金銀者・國家之根本・而兵士之精血也・中國條約嚴禁銅錢輸出・誠以國家重寶・不可與人・禁之向有深意・然今日之金銀重於銅錢・苟金銀濫出・則銅錢難以流通・年來國家太平・年穀豐登・而百姓汲汲然有困窮之歎・正坐此金銀濫出之故也・日本廢藩以後・非不力圖自强・第以輸入之貨過多・遂至金銀匱竭・據其大藏省商況年報・謂德川末造・全國共有金銀一億六千萬・開港以後・流出金銀共有一億伍千餘萬之多・舉向來積蓄・一掃而空・所流通者・祇有紙幣・公私交困・民怨嗷嗷・幾不可以爲國・中國之富・雖勝於日本・而每歲流出一千餘萬不爲設法防制・勢必不能久支・前車覆轍・實可寒心・是貽害之大者二・論亞洲大局・中東兩國本宜聯絡於一氣・以壯聲援・第潛察其政畧・人心輕詐・已不可親・貧弱又無可恃・制馭之方・惟有峻防之・使不得與西人勾連・則彼此相衡・大小懸絕・彼自有所懾而不敢動・今若許之西人者概許之日人・是離者縱之使合・彼必將轉依附・肆其要求・西人所欲索於我者・日人從而先之・日人所欲得於我者・西人又從而助之・卽內地通商一節而推廣之・浸假而請開行設棧矣・浸假而請加設領事矣・得步進步・隨事糾纏・於交涉益形棘手・是貽害之大者三・且日人之飛揚跋扈・日懷異圖・此國人所共知者・而天下皆決其不能爲我邊患・誠以政畧人心雖不可知・而國之貧瘠勢有一定也・今假以通商之利・予以鉅萬之資・則彼日富而勢益强・欲求於近日之跧伏・恐不可得矣・又況今日各國爭奪成風・和好終難久恃・萬一我與別國有事・日本近居東海・所繫非輕・苟條規各分界限・則利益無可均沾・彼雖不能助我・尙可望中立於局外・若令與西人一律・則別國要償於我者・彼亦得之・或且反助敵邦・乘吾危以邀厚利・斯又貽害之尤大者矣。

如璋少小讀書・於商務茫然未悉・旣而身居局內・反覆考求・乃知西人之借兵而擴商務・因商務以取人財・比秦之割地・契丹之歲幣・其操術爲尤巧・貽害爲尤深・竊念今日時勢・通商已不能無弊・而輸入內地之子口稅單・行於外商・不行於華商・則商人之業失而弊益大・西人內地通商已不能無弊・而日人之物產同・種類同・聽其浸灌・則小民之業失而弊尤大・日本改約一事・從前柳原前光言之・森有禮言之・我總署皆極力斥駁・如璋迭奉鈞函・亦謂此事必不可許・仰見保護民生之至意・無任欽佩・將來改約屆期・日本如再瀆請・竊以爲許其購其土貨・不許其運銷倭產・亦無不可・卽或不然・日人仿造西式貨物・許其一律衆銷・其與我物產相同者・仍不得運入內地・則所分在西人之利・而華人之業可保全・亦無不可・若彼心欲以內地通商一體均沾爲請・是欲奪我億萬赤子之生計・以富其隣・理直氣壯・自應堅拒・前曾文正公上疏籌議改約・謂關係於小民生業者・卽使決裂亦不能從・誠爲至論・況今日之日本・斷不能因此啓釁乎・用敢籲求堅持前議・力卻要求・民生幸甚・天下幸甚。

主持朝鮮外交議

朝鮮一國居亞細亞要衝・其西北諸境與吉奉毘連・爲中

國左臂・朝鮮存則外捍大洋・內擁黃海・成山釜山之間・聲援聯絡・朝鮮若亡・則我之左臂遂斷・藩籬盡撤・後患不可復言・故津滬數千里海道直達・斯神京門戶益固・而北洋一帶無單寒阻梗之憂・泰西論者・皆謂朝鮮之在亞細亞・猶歐羅巴之土耳其・為形勝之所必爭・自我大清龍興東土・先定朝鮮而後伐明・當康熙乾隆時無事不以上聞・幾不異內地郡縣・其與越南之疏遠・緬甸之褊僻・相去萬萬・而二百餘年・字小以德・事大以禮・朝鮮託庇宇下・得以安全・恩深誼固・相安無事・可謂幸矣・今日北有至强之俄羅斯與之為隣・蓋俄自得樺大洲全島・又經營黑龍江之東・屯戍圖們江口・高屋建瓴・久有實偪處此之勢・朝鮮危則中國之勢日亟・故論今日中國之勢・能於朝鮮設駐箚辦事大臣・比蒙古西藏之例・凡其內國之政治・及外國之條約・皆由中國為之主持・庶外人不敢覬覦・斯為上策・顧時方多事・鞭長莫及・此策固未能遽行・不得已而思其次・莫若取俄國一人欲佔之勢・與天下萬國互均而維持之・令朝鮮與美德英法諸國通商之為善也・頻年以來・我總署及南北洋大臣・合力同心・共圖此舉・徒以朝鮮僻處東陲・風氣所囿・聽我藐藐・幾無如何・逮乎今日形勢危逼・彼乃幡然改圖・豈非天牖其衷・為該國危急存亡之一轉機乎。

雖然・如璋嘗考泰西屬國・皆主其政治・每謂亞細亞貢獻之國・不得與屬土論・又考泰西通例・屬國與夫半主之國・與人結約多由其統轄之國主政・兩國戰爭・局外之國中立其間・不得偏助・惟屬國乃不在此例・今欲救朝鮮為俄吞噬之急・不得不藉他國之力以相維持・然聽令朝鮮自行與人結約・則他國皆認為自主・而中國之屬國・忽棄其名・救急在一時・貽害在他日・不可不預為之計也・如璋因又遍查萬國公法・德意志聯邦向各有立約之權・今中國許令朝鮮與人立約原無不可・惟應請朝廷會遣一幹練明白能悉外交利害之員・往朝鮮代為主持結約・庶屬國之分・因之益明・他日或有外隙・而操縱由我・足以固北洋鎖鑰・此至計也・即或不然・應請由總署奏請諭旨・飭令朝鮮國王與他國結約・並飭其於條約開端・即聲明茲朝鮮國奉中國命願與某某國結約云云・則大義既明・屏藩自固・如璋竊念朝鮮之於中國・戴高履厚・素稱恭順・從前法國教士一案・我一言即釋拘囚・而朝鮮告於日本者・每曰上國・曰天朝・彼近日國是稍破舊習・觀其君臣上下私相告誡一辭曰・清人之厚意甚於日本・則由朝廷勅諭・彼自當唯命是聽・而泰西諸國正當求成請盟未可必得之時・由我主持・彼自欣感・況又有德意志聯邦之例可援・則奉中國命云云・外國亦無辭可拒也。

若朝鮮既經開港之後・應飭令彼國襲用中國龍旗・或圜繞於雲・微示區別・以崇體制・應飭令朝鮮商人來中國貿易・亦令華商前往釜山元山津等處通商・以通聲息・又飭令彼國學生來京師同文館習泰西語言・來福州船政局上海製造局習造船簡器・來直隸江蘇等處練軍習洋鎗・以修武備・總之今日時移事變・中國之待朝鮮・總須稍變舊章・方能補救・如璋又念現今俄海軍卿理疏富斯基・率兵船數十艘屯泊暉春・天寒冰凍・必將南下・若不幸而鯨吞蠶食・肆其毒惡・則朝鮮必將割地以求自存・臥榻鼾睡・後患滋深・即幸無此事・而俄之西比利亞欲藉朝鮮之人以開拓・藉朝鮮之米

以轉輸．蓄志已非一日．苟盡率兵船以劫盟約．朝鮮亦何敢不從．朝鮮一土．今日鎖港．明日必開．明日鎖港．後日必開．萬不能閉關也．必矣．顧與其爲他人威迫勢劫以成不公不平所損實多之條約．則何如自中國急圖之．以攬大權．以收後效．夫亞細亞諸小國衰微久矣．越南既割地與法．緬甸受制於英．徼天之幸．朝鮮尚能瓦存．而固守舊習．執迷不悟．屢勸不悛．至於今日悔於厥心．既有措手不及之嘆．而當此形逼勢切．間不容髮之際．幸有一線生機．時會不可再來．則安得不圖所以補救．如璋實不勝憂悶屏營之至而發此議。

與劉峴莊制府論日本議改條約書

竊如璋等於本月初五日肅呈一緘．當邀垂鑒．日本近情一切如常．惟有欲與西人改約一事．蓋彼國近年以來．頗悉外交利害．知舊日條約成於威迫．亟亟欲圖更改．去歲既與美國商訂矣．復改之於英德諸國．至於近日．乃送新擬約稿於西國諸使．查其大意．其最要者．一欲加外貨進口之稅．一欲管外國流寓之人．蓋泰西諸國互相往來．此國商民在彼國者．悉歸彼國地方官管轄．其領事官不過約束之．照料之而已．惟在亞細亞領事．得以己國法審斷己民．西人謂之治外法權．謂所治之地外而有行法之權也．如璋攷南京舊約猶不過曰設領事官管理商賈事宜．與地方官公文往來而已．未嘗曰有犯罪者歸彼懲辦也．蓋歐西之人．知治外法權爲天下極不均平之政．立約之始猶未遽施之於我．及戊午結約．乃有此條．日本亦於是年定約．同受此患．條約之言曰．領事與地方官會同公平訊斷．無論其狥情偏縱也．即曰持平．而刑法有彼輕此重之分．禁令有彼無此有之異．利益遂有彼得此失之殊．彼外人者．事事便利．而不肯姦民．因有冒禁貪利，假借外人以行其私者．是十數國之法律並行於吾地．而吾反因之枉法也．且自有商民歸領事管轄之言．遂若舉租界之地亦與之共治．至有吾民互訟之案．彼亦出坐堂皇．參議所斷者．且有不法之事．我方示禁而租界爲逋逃主宰淵藪．肆無忌憚者．斯又法外用法．權外縱權．我條約之所未聞．彼外部之所未悉．不肖領事踵事而加之厲者也．此日本所以欲令外人悉歸己管也。

又泰西諸國海關稅則輕重．皆由己定．布告各國．俾令遵行而已．未有與他國協議而後定者．蓋泰西各國以商爲重．全國君臣上下．所皇皇然朝思而夕行者．惟懼金錢之流出於外．欲我國之產廣輸於人國．於是誡國人以訓農．以惠工．且輕減出口之稅．使之本輕而得利．欲人國之產勿入我國．於是不必需之物．其必需者移植而種之．效法而製之．且重征進口之稅．使物價翔貴．他人無所侔利．誠見夫漏卮不塞．金錢流出．日朘月削．國必孱弱也．故收稅之權必由自主．得以時其盈虛而增減之．所以富國也．而我與日本海關稅則．必與西人議而後能行．天下萬國收進口貨類．以值百抽三十爲準．且有稅及五十七十者．今我稅乃值百抽五而已．此爲天下至輕之稅．而外國商人意猶未饜．且欲內地通行．一概免釐．議納子口半稅．又欲議減稅．議減釐．貪得之心有加無已．此日本所以欲議加稅．悉由自主也．夫商人歸領事自管．因法律風氣各有不齊．恐一時實難更變．惟通

商一事・實難加意防維・查中國自通商以來每歲輸出入貨・除相抵外・流出金錢歲約千餘萬・日本小國・因金銀溢出之故・至於今日上下窮困・舉國囂然・弊端已見・中國雖不若日本之窮・而日積月累・無法以維持・後患奚可復問・古人與鄰國往來・所謂創鉅痛深者・莫大於輸幣割地二事・今金錢流出之數比之歲幣不止十倍・而割地予人・猶人之一身去其一指・其他尚可自保・若金錢流出・則如精血日吸日盡・羸弱枯瘠・殆不可救藥矣・夫歐西諸國若英若法若美若德・尚無利我土地之心・惟日取我財・無形隱患・關係甚大・故論今日之要務・莫要於練兵自强・練兵非必欲戰・惟兵力足恃・然後可以力救商務・議改條約・蓋必能保其財源・而後乃可以保國命也・方今俄事波瀾未平・即幸而無事・力圖自强・仍不可以少緩・謹因日本議改條約事・附呈鄙見・惟我公進而教之。

與總署總辦論日本改訂稅則書

美使近日來再見面・渠接政府來文後・不知曾與日本言及否・美使在此多年・與日本交誼較密・遇事每持公道・亦或左袒・惟此案・彼意終始以日本為不是・且聽其勸解如何・再作道理耳・日本加進口稅・免出口稅一事・喧傳既歷年餘・美約既改・許其照行・而英德二國閒頗持之・近派森有禮使英・岡本上野為外務大少輔・聞皆為此事・蓋合通國上下全力以謀之・而眼光所注・尤在奪我國之利・昨見泰西公使言・既次第送稿・其中所開貨物・惟羽呢之類值百加抽十五元・獨於我國之糖乃加至值百抽三十元・查其海關出入之數・自明治十一年六月至十二年六月・輸入之糖五千二百三十九萬餘斤・值價二百九十三萬餘元・準舊日值百抽五之數・輸入關稅凡十五萬圓・今加三十・則一歲輸稅既增至九十萬元矣・價值日昂・購買日少・商人益難以牟利・此即西人保護之法・殆不異關門而拒之也。

查我國與日本通商・係日用飲食必需之物・向來進出貨相抵・兩國俱利・至去歲一年我輸入於彼者值四百六十六萬餘元・彼輸出於我者值五百七十三萬餘元・相抵之外・既暗虧一百萬元・我所輸入四百六十餘萬之數・其中砂糖一宗・即值價近三百萬・若加稅事行・則糖不能輸入・勢將每年拱手而送三四百萬於日本・又出口免稅則輸出於我之貨將日見日多・日朘月削・為數益鉅・直無異輸歲幣而齎盜糧也・又絲茶減稅輸出・西人利其價賤・向之購於我者・必移而購之日本・而我國之絲茶益難銷售・西人受利而我受害・是又操同室之戈・紾兄之臂而奪之食也・此中之關係・較爭地為尤大・查現在情形・泰西各國都既咨商・此間絕不關照・揣其意・西人雖允・不難强我以必行・其用心亦殊可惡・英德之輸入於日本者・皆倍於輸出・故二國皆有所不願・然日本全國上下合力一心・恐外國礙難盡拒・不能不分別酌改・在日本亦明知泰西通例・未能因稅務而啓兵端・故敢於發議耳・以今日萬國聚而謀我・除力圖自强・徐謀保護抵制之法・別無善策・縷縷愚忱・謹此肅布。

管子析疑總論

管子言道・以曰喩心・獨揭道之本原・與大學中庸相表

裏・考其所學・師承周禮・誦法先王・故能總百代之長・撮五家之要・而顯其功於天下・若老氏者・特其支流耳・曷嘗睹王道之歸乎・五家者何・曰道・曰儒・曰名・曰法・曰陰陽・黃帝之治道也・（史記五帝紀・順天地之紀・幽明之占・死生之說・存亡之難・是以道治也・）堯舜之治陰陽也・（虞書敬授人時・又曰察璇璣玉衡以齊七政・是以時治也・）夏后之治名也・（書禹貢三邦底貢厥名・周語有不貢則修名・又呂刑禹平水土主名山川・是以名治也・）有殷之治法也・（商書駿厲嚴肅・又制官刑敬于有位・是以法治也・）有周之治儒也・（周制尙文・姬公制禮爲儒敎之宗・是以儒治也・）國準篇桓公曰・今當時之王者立何而可・管子對曰・請兼用五家而勿盡・卽此義也・間嘗取本書綜而論之・牧民立政・儒之本也・形勢心術・道之原也・權修君臣・則以名課其實也・法禁明法・則以法立其制也・四時五行・則以陰陽序其事也・至於樞言所集・抉五家之精・以明其體・幼官所施・會五家之通・以妙其用・五輔曰・德有六興・義有七體・禮有八經・法有五務・權有三度・其所爲貫穿五者以財成・輔相左右・斯民不既・執王道之大衡・爲千古治術所莫外乎・太史公論六家要旨曰・夫陰陽儒墨名法道德・此務爲治者也・直所從言之・異路有省不省耳・又曰道家使人精神專一・動合無形・贍足萬物・其爲術也・因陰陽之大順・采儒墨之善・撮名法之要・與時遷移・應物變化・立俗施事・無所不宜・其說實本管子・而乃兼用六家・殆以墨者遠託夏禹歟・然所言彊本尙賢・固管子緒餘也・漢書藝文志・諸子十家其可觀者九家而已・是於六家外・添縱橫雜農三家・夫農爲本務・與兵並重・是立國之要基・五家之所同・不待言也・若縱橫也・雜也・政由心害・術與道岐・直言治者所不取・班志列之九家・則其識遠不如遷・固未能上窺管子矣・夫道出於天・先王御世大經也・兼五家之緒・則道之用以宏・列九家之門・則道之區轉隘・穀梁序曰・九流分而微言隱・吾得爲之續曰・五家合而大道昌・世之講求經濟者・卽此書悉心以求・何難得治術要領乎・隋志冠之於法・固不足以知之・卽漢志入之於道・亦未足以盡之・

莊子天下篇古之所謂道術者・果惡乎在・曰・無乎不在・曰・神何由降・明何由出・聖有所生・王有所成・皆原於一・不離於宗・謂之天・人不離於精・謂之神・人不離於眞謂之至・人以天爲宗・以德爲本・以道爲門・兆於變化・謂之聖人・以仁爲恩・以義爲理・以禮爲行・以樂爲和・薰然慈仁・謂之君子・以法爲分・以名爲表・以參爲驗・以稽爲決・其數一二三四是也・（天爲宗・陰陽也・德爲本・道也・仁約恩四語・儒也・以法爲分一段・名也・古人備此五者・而道術之體用本末乃全・）百官以此相齒・以事爲常・以衣食爲主・蕃息畜藏・老弱孤寡爲意・皆有以養民之理也・古之人其備乎・配神明・醇天地・育萬物・和天下・澤及百姓・明於本數・係於末度・六通四辟・小大精粗・其運無乎不在・此段敘道術極詳・所謂備者卽備此五家之道・蓋義本管子老墨之流・則道之一偏・豈得云備。

凡治一國與治天下不同・治一統天下與治列邦天下不同・治封建天下與治郡縣天下又不同・管子治齊師周官之法而變通之・則以國與天下勢異也・非變固不能變・此管子之

善讀周禮也・易曰・變而通之以盡利・卽其義也・後世讀周禮者・或疑其繁瑣・以爲非聖人之書・其信者乃泥古不化・欲一切依仿行之・極於窒碍不通而後止・蓋不知今之時與古殊・郡縣之勢與封建殊・徒慕周禮・莫能探周公制作之原・故試之輙敗・皆不善讀周禮之過也・管子乃超然遠矣・周禮一書・有王都之制・無列邦之制・意當時諸侯惡其害己・皆去其籍・乃至後世失傳歟・或以職方所掌・九服各殊・王者宅中國治・但總大綱・各國諸侯因其俗異其宜・不必盡頒天家之制歟・管子生春秋之世・相桓創霸・因時爲業・凡所措注・不必盡合周官・而無一非周公立法之意・用能繼五帝三王之後・特樹九合一匡殊績・管子不誠偉人哉・世之讀周禮者・先讀此書焉・庶有以得聖與賢規劃之迹也。

管子治齊・莫善於因・因者道之綱也・故本書中再三言之・心術篇其處也若無知・其應物也若偶之・靜因之道也・勢篇・人因人聖・人因天九・守篇主因・聖人因之・故能掌之・因之循理故能長久・侈靡篇・視其不可使因以爲民等・擇其好名・因使掌民・霸言篇・夫善用國者・因大國之重・以其勢小之・因彊國之權・以其勢弱之・因重國之形・以其勢輕之・史遷云・有法無法・因時爲業・有度無度・因物與合・義殆本此・更徵諸仲之行事・因高國之守而分三軍・則卒五定矣・因山海之利而分二官・則鹽鐵饒・苴茱可牧也・因爲貲壤・而戎馬無賦於民・刑罰可省也・因贖甲兵・而軍械自充於府・因貧富之不均・則與時化以變禮俗也・因商賈之豪奪・則中國衡以飭市政也・舉善法而嚴用之・因舊章而事不擾・擇沈亂而先征之・因敵隙而功易成・反鄰邦因正封疆・厚游士資糧・因招豪傑・其所爲因・應咸宜者・因未易一一數也・而且因禍爲福・轉敗爲功・侵蔡之役・桓公實怒小姬・仲因伐楚爲召陵之盟・北征之舉・桓公實伐山戎・仲因令燕修召公之政・柯之會・桓公欲背曹沫之盟・仲乃因而信之・諸侯歸之・譬若市人・是其佐桓圖霸・動有成功・非仲之因勢利導不及此・太史公曰・將順其美・匡救其惡・故上下能相親愛・其斯爲善因之效乎。

世之議管仲者曰・雜霸曰功利・曰權謀術數・夫雜者參也・錯也・道之合也・兩儀合而生明・四時合而紀歲・五色合而成文・五行合而利用・六爻合而卦以列・八音合而樂以和・天地之理莫不皆然・而於治術尤爲要・管子之雜・非以其兼用五家乎・五家之治相反也・而實相因・分則偏・合則備・管子綜百代之要以酌其宜・參之錯之・乃以集王道之全・書所謂允執厥中者・此也・雜焉何害・漢書藝文志・雜家者流蓋出於議官・兼儒墨・合名法・知國體之有此・見王治之無不貫・此其所長也・及蕩者爲之・則漫羨而無所歸心・能持其中則得矣・若其不王而霸・則時會爲之・非必操術獨異也・霸言曰・彊國衆而言王勢者・愚人之智也・彊國少而施霸道者・敗事之謀也・當桓之時・秦啓於雍・晉興於冀・楚奮於荆・九州之內・大邦鼎峙・齊雖欲王・又孰從而王之・況乎周德雖衰・天命未改・未有代德而有二王・固天下之所惡也・管子尊周者也・下拜尙凜天威・胡忍出此・意我夫子器小之言・亦惜其所處之時與地然耳・史遷不察・而謂桓公旣賢・乃不勉之至王・豈知言哉・至於功利之說・則尤乖謬・侈靡曰・王者上事・霸者上功・功者事之功也・

利者事之利也．名雖殊．其實一也．蓋功非以矜己而可以興人．利非可以懷私而可以濟衆．周禮夏官司勳掌六卿賞地之法以等其功．王功曰勳．國功曰功．民功曰庸．事功曰勞．治功曰力．戰功曰多．天官大宰以九．兩繫邦國之民．六曰主以利得民．地官旅師．施其惠．散其利．管子之言猶周禮之指也．荀子云挈國以呼功利．其所謂功利．特貪躁者所爲耳．烏足以語王霸大畧乎．或曰子之辨雜霸功利則然矣．若責以權謀術數．恐管氏無能自解也．余曰唯唯否否．余讀其書而知管子之出於正也．權非反經．謂權之事重輕．而操其準也．謀非用詐．謂謀之事難易而燭其幾也．術猶遂也．所由適乎道也．數即計也．所以治其要也．霸言曰．欲用天下之權者．必先布德諸侯．又曰德義勝之．智謀勝之．又曰．先王取天下也．術術乎大德哉．物利之謂也．又曰明大數者得人．審小計者失人．故欲得失必先定謀慮．便地形．利權稱．親與國．視時而動．王者之術也．理世不在敦古．摶國不在善攻．霸王不在成曲．是以舉失而國危．形過而摧倒．謀易而禍反．計得而彊信．功得而名從．權重而令行．固其數也．管子之言若此．是其所用權謀術數者．特以順時布德耳．匡天下耳．正諸侯耳．安得以後世機械變詐之名．而反加之管子哉。

漢書藝文志．名家者流蓋出於禮官．古者名位不同．禮亦異數．孔子曰．必也正名乎．名不正則言不順．言不順則事不成．此其所長也．及析者爲之．則苟鉤鈲析亂也。

傅子曰．管子書半是後之好事者所加．輕重篇尤鄙俗．孔潁達曰．輕重篇或是後人所加．黃東發曰輕重篇瑣屑甚矣．未必皆管子之眞．余嘗取是書悉心究之．舊本輕重共十九篇．亡三篇．其國畜一篇．管子所自著．臣乘馬．乘馬數事．語海．王山．國軌．山權．數山．至數七篇．則齊史之文與國畜篇互相發明．其地數．揆度．國準．輕重．甲乙丁戊共七篇．乃齊東野人之語．間有詞義不謬者．當是前七篇錯卷．作僞者故意雜亂以混其眞．卷末輕重已一篇．專記時令非輕重也．子政校讐不審．誤攙入者耳．齊自太公開國．與萊夷錯處．阻河帶濟．山海奧區．通商工．便魚鹽．民多歸之．駸駸乎富强之業矣．春秋以來．生齒日繁．地方斯盡．患轉在於人滿．侈靡曰．地重人載．毀敝而養不足．事末作．而民興之．固其勢也．管子因時立制．操輕重之法．重本飭末．時斂散杜．並兼輕田賦以舒民力．正市籍以濟國用．貧富以均．公私以給．乃管子治齊絕大作用．國蓄一篇言之綦詳．史遷所云貴輕重．愼權衡．卽指此也．夫榖與貨相權．農與末相資．舍此無以爲治也．故土曠則抑末．驅民而歸農．人滿則飭末．通商以利用．漢興承戰國暴秦之弊．重力而困商賈．特以土地未闢．一時權宜之法耳．若其關聯門市．遠通貨賄．趨末者衆．道在有以飭之．飭之內．調通本事．利不奪於豪民．飭之外．謹守重流財．不稅於天下．斯固國家安危所繫也．豈得以爲末務而忽之哉．管子仿周禮關市之政．爲輕重之法以權之．徵貴賤．守高下．觀終始．御其大．準以制．天下利不外傾而國用足．故諸侯不服以出戰．諸侯賓服以行仁義．此乃其霸齊大畧也．論者不察．徒以鹽筴之征．後世遵用．糾仲爲作俑而詬之也．不亦謬乎。

漢藝文志．法家者流．蓋出於理官．信賞必罰．以輔禮制．易曰．先王以明罰飭法（今易飭作勑．）此其所長也．乃刻者爲之．則無敎化．去仁義．專任刑法．而欲以致治．至於殘害至親．傷恩薄厚．考證引東萊呂氏曰．六經孔孟之敎與人之公心合．故治世宗之．申商韓非之說與人之私情合．故末世宗之．按此乃迂儒一偏之見．謂申商之刻薄．其行法失之嚴則可．若因議申商欲並棄治之法．則大不可．周公儒之聖者也．周官分職．夏秋二官與司徒並重．敎以興化．法以定分．二者相輔而行．豈能偏廢．蓋法立令行．乃不便於小人之私．人之情欲廢法者多．故紛然以法爲不便．儒者不深察治道之綱領．又信其言而筆之書．馴致末流法制蕩然．而終於不可收拾也。

黄氏東發曰．管子之書．其別有五．心術內業等篇．影附道家以爲高．所言過矣．夫管子之道乃古聖相傳心法．視老子列莊之道有別．謂老莊之徒依託管子則可．謂管子影附道家固非其實也．今卽其書而深考之．其心術一篇．則以心術喻治術．吾儒外王之學也．其內業一篇．乃吾儒作聖之功．爲弟子職．要其大成．故名曰內業．篇中首言養氣．次言治心．治心以中．養氣以和．原其氣所由生曰精．極其氣所由化曰神．究其心之所之曰意．循其心之所發曰情．其所爲動靜交脩者．惟以懲忿窒慾爲亟．是故止怒莫若詩．去憂莫若樂．節樂莫若禮．守禮莫若敬．守敬莫曰靜．內靜外敬．能反其性．性將大定．味其所言．與大學中庸後先一揆．粹然直能提其要而抉其精．擧秦漢以下．讀書談道者．固末由出其範圍也．吾夫子稱之曰仁．殆以此乎．老莊晚出．所稱虛靜之旨．養生之論．不過得其一端．道其所道．非管子之所謂道也．若云影附爲道家所爲．安得反而加之管子哉．弟子職一篇．詳言小學規則．去虛邪．式正直．凡言與行必思中以爲紀．其所爲端厥始基者．與易蒙卦養正之旨相符．以弟子職正其始．以內業序其成．而吾儒作聖之功於焉大備．管子之言有合於聖人之道者在此．劉子政云．道約言要可以曉合經義．非溢美也．讀者詳之．

管子析疑序

結繩之治易爲書契．文字興焉．道術著焉．唐虞以前尙已．尙書所載典謨訓誥及誓命之辭．類皆史臣所紀述．未有著書明道．成一家言以詔後世者．有之自管子始．（六韜鬻子皆僞書．）管子承太公之遺．所學出於周禮．迹其相齊四十年．九合諸侯．一匡天下．本生平所規畫者．筆之於書．故能綜貫百王．不名一家．要厥指歸．皆可施於實用．苟得王者之心以行之．雖歷世可以無弊．夫子亟稱其仁．而許之曰．人詎非以人參天地不能踐形者．不可爲人．如管子者．乃天壤不可少之人乎．周之東也．王綱不振．齊桓首創伯圖．尊周攘楚．微管仲之力不及此．晉公子在齊七年．凡仲所設施皆親見之．及返國得位．師其法繼齊稱霸．子孫世守．主盟中夏者百有餘年．不可謂非管子之流澤也．故其書遞相傳習．下至戰國．挾策干時之士．無不依託管子．而寖失其眞．漢興此書盛行．惟賈生獨窺其要．鼂錯治法家言而亦時遵其說．史遷曰．余讀管氏書．詳哉其言之也．蓋當時最重其書．民間無不讀者．迨漢武帝罷黜百家．稍稍衰矣．

成哀間向校秘書取中管子書三百八十九篇・太中大夫卜圭書二十七篇・國富參書四十一篇・射聲校尉立書十一篇・太史書九十六篇・合中外書以校・除復重四百八十四篇・定著八十六篇・觀序所言除復重不別眞僞・遂使外書依托者・雜厠其間・爲此書累・是則子政之過也・向言管子書務富國安民・道約言要・可以曉合經義・意子政當日所見尙無全書也・否則如重令法法等篇之蕪穢駁雜・何以稱爲約要乎・又何以曉合經義乎。

漢書藝文志管子列道家・隋書經籍志乃列法家・殆漢儒所傳習者爲眞・管子遷流日久・但有向所校定之本・史臣不辨其僞・竟列之法家首・論者乃詆譏爲雜霸・至以管商並稱・僨矣・夫管子之學周公太公之學也・管子所傳之道・五帝三王之道也・其言禮義廉恥・則治世之綱・安民之要也・其言術數權謀・則措施之準・制用之宜也・本書具在可考・而知俗儒不察・一切鄙而棄之・反以空言爲經濟・是率人背道而馳・使三代下無眞治術也・良可慨已・史記列傳以管晏次伯夷・夫伯夷讓國由世家而列傳也・其挾義假儻・立功名於天下者・三代以來・實推管子爲第一・晏子固齊人也・子長心慕脫驂・因附之於仲・此史遷之微旨也・葉氏水心曰・山林處士妄意窺測・借以自名・王術始變・而後世信之・轉相疏剔・幽蹊曲徑・遂與道絕・其與管子爲有合於道也・所見誠有卓然者・余嘗取管子而熟復之・治心曰中和・治身曰恭敬・愛人曰同其好惡・富國曰權其輕重・服遠睦隣曰修其德禮・以區區之齊在海濱・因時立制・本周官之法而會其通・不泥古・不隨今・施之一國而有餘・放之四海而皆準・卽俟之百世而不惑・樞言曰・道之在天者・日也・其在人者・心也一語・而扶道之大原・固無所之而不當矣。

舊本眞僞相雜・譌謬相仍・讀之令人沈悶・舊附房注・或以爲尹氏疏解淺妄・疑坊間所僞托・劉續補注殊少發明・朱長春管子榷・了無精義・王氏讀書雜志所校正者・稍有依據・然不過十之一二・欲辨晰之而未有暇也・乙酉秋謫居塞北・杜門不出・乃得詳加研究・僞者別之・譌者正之・舊志乖謬者通而證明之・積六閱月・成管子析疑三十六卷・詎敢謂遂得此書要領乎・但舉平日蓄疑者爲之・章分句析・引其緒而別其眞・斯固私衷深爲欣幸者・自維學殖荒陋・行篋苦難得書・偶有引據・恐多謬誤・惟望博雅君子糾其失・益開其疑・俾此書之眞・大明於三千年下・凡讀者有以睹厥指歸・不復致疑於管子・所裨於道術者非淺尠也・夫豈特一人之私幸哉。

校管子書原序・凡中外書五百六十四以校・除復重四百八十四篇・定著八十六篇・計五百六十四數・除去四百八十四得八十篇・序云定著八十六篇・本無六字・後人依託者・攙入僞文・因加六字・以符其數・殆東漢時妄人所爲・故漢書藝文志亦沿其謬・定爲八十六篇・實祇八十篇也・至隋唐亡缺十篇・僅存七十篇矣・其攙入僞文・重令第十五・法法第十六・君臣下第三十一・任法第四十五・禁藏第五十三・輕重戊第八十四・共六篇・以重令等五篇・乃習法家者之言・詞義蕪雜凌亂・如出一手・輕重戊篇・魯梁綈一事耳・依樣化作四五段・尤淺妄可笑・子政校讐時・但除復重・故經言各篇

內有後人附益者・有連解合反以得存爲一篇者・又雜入僞文四篇・大臣霸形正世治國是也・惟其文僞而近古・不似重令等篇乖謬・子政合校時・不及細爲別擇耳。

陳瀚 字梅坪・南海人・同治庚午舉人・爲學海堂學長・瀚一試禮闈即不再赴・授徒省垣・手訂學規・切易縝密・學者多宗之・著有崇古堂集。

古今治盜各有得失論

治盜不如治民・治民不如治吏・至於民吏不治而盜賊四出・則惟有治兵而已矣・兵又不治・糜國帑・隳軍實・而天下廼有危亡之憂・斯三者古今得失之林也・然則治有法乎・曰・在人不在法・以人用法則法行・以法用人則法不行・昔者盛治之世・民各安其俗・樂其業・至於老死不識兵甲・後世陵夷衰微・風俗敎化敗亂而不可復振・而盜賊出矣・罷民無事・呰窳偸息・其小者跳盪閭里・患苦其鄉之人・其大者攻剽椎埋・掘冢鑄幣・靡所不爲・藐上奸法・走死地若騖・甚者攻名城・劫府庫・殺長吏矣・上之人既無所以化民之方・廼不得不求治盜之法・雖然・吾不敢謂其法之有得而無失也・請勿論近事・論古者・三代以前邈矣・自漢以來其治盜可考而知也・特言其效・約有數端・大畧刑誅恩撫術用三者而已矣・嚴延年之治河南也・尹賞之治長安也・此用刑而得者也・然或則株累及數里・或則收捕至數百人・不問其情之輕重・而概以刑加之民・不見德而惟戮是聞・吾懼其不知恥尤不知畏也・夫以漢武帝遣繡衣持節・誅斬多者萬餘級・連坐數千人・而盜賊滋起・至於作沈命法而不能制・此前事之已驗者也・果可以爲得乎・龔遂之治渤海也・張綱之治廣陵也・此用恩而得者也・然賊未平而先撤・捕兵未交而遽招降・此二公一時之權宜・非萬世常行之道也・嗚呼・前明闖獻之禍・非陳奇瑜熊文燦等之誤用恩撫・何以至此・是可以爲殷鑒矣・至如張敞治長安・虞詡治朝歌・則又用術而得者也・然一則貰其酋豪・一則誘相劫掠・是長姦而教惡也・渠魁者受賞・而脅從者見刺・積惡者免誅・而初罪者受戮・二公者雖獲一時之安・要非所以化民而示後也・昔趙廣漢治潁川・擇豪桀大姓之可用者・使告訐・令强宗大族相爲仇讐・繇是賊黨散落・其後民以成俗・朝廷選用良二千石而不能禁・嗚呼・孰謂用術者之可以無失乎・且夫王者之所以治天下者・恩與威兩端・然常審乎彼此强弱之勢・以爲用恩用武之法・當賊燄方張・非威不濟・及其銷沮蹴蹜・而後以恩行之・恩行濟之以威・威行濟之以恩・故恩與威者・帝王所以張弛天下之具・而卽以懷畏羣小之心・及夫恩威兩窮・廼救之以術・此勢之不得已也・雖然・吾終不敢謂其法之有得而無失也。

請又勿論古・論今者・今之論治盜者・其大約亦有數端・曰保甲也・團練也・雕剿也・斯三者今之所謂得也・雖然吾亦不敢謂其法之有得而無失也・王守仁撫南贛・以爲盜賊之起由於有司不能撫緝・而民間又無禦盜之方・廼飭州縣行保甲法・其後南贛之盜以次衰息・可盡以爲失乎・王安石始立保甲法・諸州藉民而教之・政令苛急・民以大擾・往

往去爲盜．可盡以爲得乎．至於團練之與保甲又相爲表裏者也．其大要則用士用民．以一方之士民衞一方之土地．人自爲戰．家自爲守．朝廷無養兵之費．而地方資保障之功．其法豈不甚善．而特恐官司之恩信．不足以起士民忠義之氣．而士民之應之者．有不實不力之弊．徒擾擾焉科畎畝．出錢穀．儲器械．賊來披靡．莫有荷戈爭先出死力者．徒爲是藉寇兵而齎盜糧之事．而地方之患更深．且地方非有大變故之時．則其人無震動恪恭之意．官司催促視爲具文．督之太嚴又生他變．近者胡文忠公官貴州．以爲治盜之方．淸內匪莫如保甲．禦外賊莫如團練．所著保甲團練條約．及團練必要諸篇．所在頒發多有成績．然其論曰．保甲團練第一良法．亦第一弊政．嗚呼．使行之未得其人．其不能有得而無失也．必矣．若夫雕勦之法．非有精勤搜捕．耐勞任怨之人．則亦徒作虛聲恐喝之計．而況兵來賊遁．兵去復還．深山窮谷藏聚非難．大邑通都溷蹤亦易．賊行如鼠．兵行如牛．以牛捕鼠．勢不可得．昔人有偵知賊會空舍．謀共劫人．坐語未訖．而吏卽掩捕者．今也盛軍容．張旗幟．視捕小寇如遇大敵．則惟有逐之出境而已．習熟故常．人不知畏．又何怪乎．尤可異者．今之論曰．用士以率民．用民以捕盜．於是有族戶縛獻之法．其說似爲得之．而特慮其所以用士民者．未盡士民之用．於是盜仇民．民仇士．其所謂安輯士民者．適以爲士民之擾．而盜賊之勢逾張．夫士之與民．非有勢之足以相加也．徒以空言勸勉．誘民縛賊自獻．於官固已出萬難之中．冒一朝之險矣．及夫縛賊入官．多方詰難．獄成不決．爲之上者．未問閭閻之擾．徒居長厚之名．士民皇皇．如猛虎在柙．懼其出而噬人也．則又棄產業．廢時日．走道路．公庭之上辯說萬端．猶懼不足以相勝．於是爲之士者．適以重其身之過．而爲之民者慮賊之有以相報．而亦悔其爲士所用也．而盜賊益揚揚得志矣．此又可爲長太息者也。

且夫治天下之大患者．必推其患之所由來．而亟治其受患之處．必究其患之所終極．而預絕其後之患．是故太上德化之．其次教告之．其次震懾之．其下者事至而迺爲之備．禍起而後與之爭．晚近以來．未有不備於事至之時．而爭於禍起之後者也．雖然事至矣．禍起矣．獨可不備可不爭乎．吾故曰．治盜不如治民．治民不如治吏．至於民吏不治而盜賊四起．其勢不得不治兵．然而力已勞．費已鉅矣．何言乎治盜．不如治民也．盜亦民也．未盜則皆民也．故不治盜無以安民．而不安民亦無以治盜．縱盜以殃民．與勦民以勦盜二者均失之．而其究皆驅民以爲盜．善治盜者．不恃吾有捕盜之方．而恃吾有治民之法．使民有不欲爲盜．與不敢爲盜之心．由是盜之勢日孤．盜之勢日益孤．而民之心日益固矣．故曰治盜不如治民．然而治無事時之民易．治有事時之民難．勸農桑．淸訟獄．修學校．明教化．此治於無事時者也．若有事之日．則未暇及此．賑貧窮．扶良善．懲姦黨．散邪謀．務使爲民者得以自存．而斷不棄民於盜．則盜弱而民強．盜弱而民強．則盜有所憚而不敢發．卽發矣而其勢亦不能久．此亂之所以易弭也．昔蘇洵有言．未亂易治也．旣亂易治也．有亂之萌．無亂之形．是謂將亂．將亂難治．不可以有亂急．不可以無亂弛．權衡緩急之間．斯固重賴有人矣。

何言乎治民不如治吏也．民生之利害懸於吏．民俗之盛衰原於吏．民心之聚散繇於吏．一日不得其吏．則一日之民不治．一方不得其吏．則一方之民不治．夫不治之民．若之何不窮且盜也．是故有封疆之大吏．有州縣之長吏．而州縣之吏其視民較近．有平庸之俗吏．有貪汚之蠹吏．其害民更深．吏之貪也．有性成使然者．有習染使然者．更有逼迫使然者．而其弊終歸於害民．治民者如牧馬然．去其害馬者而已．貪人敗類．自古傷之．當其未遇．營求梯進始得一官．及其服官之時．乃其快意肆志之日．彼之視民．如以餓虎羣羊．而禁其無攫食不可得也．民之視彼．又如羣羊見餓虎．而禁其無逃散亦不可得也．嗟夫．此逃散之民將安歸乎．歸於盜耳．未爲盜則苦於盜．又苦於官．既爲盜．則所苦較未盜稍減．此民之所以決去焉而不顧者也．今夫振衣者必挈其領．舉網者必提其綱．吏者民之綱領也．綱領不治．而徒致力於纖細之處．亦可謂不知務矣．故曰治民不如治吏．而治吏必去貪吏．其次則苛酷宜治也．次則奔競宜治也．貪者去而廉者出矣．酷者去而慈良者出矣．奔競躁進者去．而以道事人守正不阿者出矣．人情經整頓之後．未有不爭自濯磨者．而後擇之愼．用之專．任久以責其成功．地方雖有小變．一二賢有司足以安之．古人稱得一良令．如得勝兵三千人．得一良守．如得勝兵三萬人者．豈虛語哉．若夫治兵則將官之責也．設兵以衛民．而兵之來更甚於盜．故前明有賊來如梳．兵來如篦之說．豈兵不可治若此哉．有職其咎者矣．近日胡文忠有言．古之治兵者先求將而後選兵．今之治兵者先選兵而不擇將．此其所以失也．故其要在於擇人而使之．敢問擇人之道何以．曰吏事兵事其用人殊．其觀人一也．臨之以財而觀其廉．咨之以謀而觀其識．期之以事而觀其信．嘗之以險而觀其勇．知人任人如是而已．推誠以與人．正色以率屬．風采懍懍．下僚敬畏．則又重賴有人在．

廣盧師納涼賦 幷序

盧子行納涼賦寥寥九十餘言．詞意未盡．夏日避暑餘閒．因廣斯賦．又以所言者天子之事．非吾人之所得與也．乃復廣其所未言者以著於終篇．辭曰．

盛德在火．赤帝持權．神州結暑．赫日經天．石鑠金爛．山枯海煎．草寂不動．林暄欲然．弛冠裳而萎薾．局寢殿以盤旋．既無若木之蔭．安得南皮之船．於是天子迺緣朝陰．發玉輅．下三階．登廉路．鸞聲玲瓏而風和．鳳蓋苓麗而雲布．爾迺戾夫迎風之舘．造夫避暑之宮．陟喬基之巋嵲．悅嶢觀之穹窿．梁飛棟浮．而停焱其上．雲譎波詭．而變態其中．金闥靜深而閟冷．綺窗交疏而虛通．井幹峨峨而造尺．洞房窅窅而生風．下潛陰而怵慄．上反宇以帡幪．黻帳時動夫颸飅．檐鈴目震於西東．明月之珠．夜光之璧．粲如列星．滿若素魄．招涼奪炎．含青吐白．火齊珊瑚．熊熊奕奕．光動藻扃．寒生綺席．固已輕箑不御．而炎威遠適矣。

天子迺被纖絺．臨廣殿．雲屏開．雪藕薦．水玉削盤．冰紈裁扇．桃笙象簟．惟所息宴．迺有神池沆瀁．藻殿宏開．橫流植石．激沫濡臺．洴洴漫漫．渟渟泂泂．濺雪浮霜．屏熱捐埃．其中則有神山峩峩．倒景湛波．象滄海之瀛

洲・陋鄷鄗之卷阿・似谷雲之時起・帀水國而寒多・下有菁藻被岸・蕓荷發池・蒨兮澤蘭・菁兮江蘺・珍果的皪・神木參差・族茂宗生・殗葉交枝・粲朱華而煜爚・鏡綠水之漣漪・儵因猋而散錦・廼爥燿乎其陂・若廼赤鱗之魚・錦羽之鳥・鱍鱍清流・翽翽翠篠・吹浪坻暝・騰陰樹褷・隨風澹淡・照水要紹・於是辭雲輅・登龍舟・張組幃・臨中流・朱李摘・甘瓜浮・鼓聲讙・櫂女謳・鳥飛翔・魚泳游・草木扇其祥風・皇歡洽於中洲・爾廼弭檝夫陰厓・擥芳夫蘭杜・霽天顏之肅穆・寬侍臣之笑舞・奏淥水於華堂・聆白雪於前浦・薰弦撥而南風・調玉琯而暘谷・觴洞庭之橘酒・俎崑岡之麟脯・朱顏既酡・華酌罷撫。

然而天子想其麥心之將萌・而忘百姓之疾苦也・廼顧侍臣而言曰・方今溽暑屆節・祝融司方・萬戶病暍・羣生畏陽・而予一人獨居於陰苑・清眺於華廊・信炎歊之遠徙・而煩熱之皆忘矣・然而南國農人・大暑出穫・日高炙背・水熱沸腳・安得元陰・以紓農作・東都蠶婦・酷晝條桑・熱焱入懷・乾葉盛筐・首蓬向日・汗下霑裳・安得和風・蘇彼姬姜・至若九市開場・萬人並立・赤日方升・紅塵四帀・負擔未弛・腰背俱溼・只無清漿・與之注挹・負郊之士・編席爲門・局足偪室・及肩短垣・土灶煙蒸・清夜猶喧・又無廣厦・澤彼煩怨・若夫孤客遠征・辭秦赴楚・野闊塵高・日長道阻・人病燥而枯顏・馬徐行而畏暑・惡能被以潤澤・慰我羈旅・或廼十郡良家之子・期門羽獵之兵・辭鄉遠去・負羽從征・炎沙列幕・旱磧移營・芒泉沸鹵・熱霧屯城・暫得休舍・旋聞戰聲・則又當念邊庭之苦・慰暴露之情者也・且夫居高而忘庳・損下以益上・此近古之所同・而非前王之所尙也・方將開法宮・朝明堂・進羣臣・登賢良・迓純祜・若時暘・使甘露零於閭閻・醴泉涌於路旁・仁風遠被於海隅・協氣旁流於八荒・然後坐涼臺・處清室・削六氣以調躬・聽八風而定律・蕩炎釋燥・宇宙齊堂・不亦樂乎・於是侍臣拜手而言曰・德盛矣哉。洋洋乎下臣之所欲・而百姓之所望也。

下篇

予既爲廣納涼之賦・客過而見之曰・此特言天子之事耳・夫畏明而匿陰・病熱而思風者・凡人之同志也・今子伏於湫隘・固在下位而徒侈言宮囿之樂・不亦異乎・願子更纙文辭・攡藻意・竭情揣稱・以發吾人之鬱思・予曰唯唯。

若夫南浦魚舍・東郊農屯・綠稼蒙畝・白波踵門・廼有大樹施蔭・根蟠枝繁・上則飂飁韻發・鳥雀聲喧・蕩厥餘綠・瀉於平原・下則席坐百人・箕踞而言・一邱自足・南面何論・然而解衣脫巾・露足卸履・人擾擾以凜風・聲嘈嘈而聒耳・徒自外其形骸・庸見誚於君子・至若寒谷無底・羣峯連陰・酷日蔽虧・崇莽灌深・飛泉墜於嶮壁・鬱雲涌夫喬林・珍禽妮嚧而百族・古木槎枒而千尋・潤瀌瀌而鏘流・聲象伯牙之操琴・風策策而繁鳴・又似琅玕之妙音・雖赫炎之盛夏・猶震凜而不禁・王孫於是長往・幽人於焉行吟・然而山河寂寥・登降𡰝巇・煙雲不通・徑路常絕・雖足蹻而可升・已膚汗其盡泄・又若華臺顯敞・藻宇幽清・綺井承靈・文窗納明・籠池絡岸・綠葉未英・水木交媚・暑埃不生・廼使麗人蕩橈・芳餌投沚・蕙露蘭煙・滾風珮水・捉菱葉而波

陳瀚

搖・射荷花而鴨起・嬌服鏡夫流中・緒風函於褒裏・遂命旨酒・簇嘉蔬・寒芳鼎之鰞兔・凍晶盤之膾魚・調腸適胃・取樂何如・然而白日苦短・夕陽易落・眼花耳熱・歡止悲作・中酒成狂・醺腸自灼・則又貴介之豪情・非吾人之所樂也。

若迺坐迫室・搜素帷・卷帙壓・窗軒卑・蓬網路・葛纓籬・晨夕自得・詠歌於斯・謝塵壒之行客・守冰心以自持・漱六藝之芳氣・蘊九秋之清思・澹乎無欲・泊然自怡・室虛白而霜皎・管騰文而露垂・涼匪招而自生・暑已去而不知・忽猋舉而身輕・吹魂夢於九嶷・儼鶴鳴而猿導・意重華之在斯・比陶窗之高臥・謂羲皇其可追・矍然自醒・涼月初上・虛檐寫陰・白露厲響・獨坐空除・時發清賞・風刁調而竹喧・地明白而水朗・此固遠夫帝室之清華・而已絕塵寰之熱想矣・予言未終・客容已爽・遽起而言曰・有是哉・迺今而後請謝塵鞅・敬繹子言・予懷頓敞。

擬杜少陵雕賦 幷序

臣聞鷙鳥累百・不如一鶚・大臣立朝・正色處中・萬夫願望・何以異茲・臣本儒生・家承素業・自先世恕預・振翼蓬棘・入爲名臣・亡祖故尚書膳部員外郎先臣審言・潛精墳籍・養素邱園・中宗之朝・授之顯秩・文學之士・遐邇嚮風・臣承先人之學・待罪輦轂下有年矣・行能雖無算於時・然文辭卓躒・橫思敏捷・雖不能上薄風雅・方諸司馬相如楊雄枚皋・臣竊揆之不敢多讓・今種學績文之士・類皆翺翔於天路矣・惟臣厲志鉛素・而衣食不足・伏惟所天哀其窮而拔擢之・聊一引首長鳴焉・臣以爲天下之鳥・惟雕最鷙・力能執羊犬・扼獐鹿・其雄者可搏虎豹・使得列諸旌門・英風猛光・遠近知畏・雖鷹隼擊・反不足重也・臣竊壯其有大臣凜烈之風・謹獻斯賦・昧死進表以聞・臣甫頓首頓首・死罪死罪。

當夫野闊秋高・林風怒號・初翻勁翮・乍解霜絛・奮雄心而擊搏・橫大漠以騰翺・逐亡魂於坱圠・聚殺氣於蓬蒿・獨奮厥武・不居其勞・此雕之大畧也・徒觀其尾長丈餘・骨若鐵削・整翰風生・怒目電落・氣無猛之不吞・視無微之不灼・勢將拉蒼鳩・蹴元鶴・腳鷹獐・腦猱玃・拳拗木而鷹鷊僵・喝磨砦而齜髗愕・蓋雖未施觜爪之威・而雄姿已震於林壑・至若窮莽探薄・索伏摎屯・尾颷厲而林竦・翼雲垂而晝昏・鳥不及舉・獸不克奔・搤雄虺而斷首・擊亡熊而折蹯・逐鶡音於遐路・宣鷙力於中原・誓掃景跡・以清乾坤・斯又足嘉也・毛羽雖悴・筋力未衰・保身待用・昂首觀時・雖奮翮於碧落・常注想於彤墀・惟才雄而世妒・故貌瘠而神疲・集君門而影孑・仰天路而聲悲・苟茲游之不遂・將去此以安之。

倘使愛其異質・收此殊材・被之華飾・出彼蒿萊・命虞人而狎擾・隨乘輿而去來・容與碧玉之館・襄羊流蘇之臺・足使羣凶膽折・惡祟神摧・巨狀蹲而妖伏・洪音發而霾開・而或獵場恣鬬・騎士夙練・車訇馬驟・流星逐電・乘輿乃出華林・辭玉殿・左繁弱之神弓・右忘歸之勁箭・則有甂林狂突・負嵎力戰・磨牙抵戟・舞爪斷螺・獠徒股栗・衛士色變・乃攫身而翹踕・遂側翼而伺便・奮神力之一擊・雖猛類而立斷・觸貙肩而骨碎・剖狼胡而血濺・萬馬歡躍・三軍喜

忭・亦足稱一時之雄也・是宜憩以長樂之觀・棲以萬年之柯・飽以神禾之穗・飲以太液之波・極翔舞之態度・感君王之意多・則飛騰之氣・怪鳥望風而匿影・武猛之色・妖狐屏跡而藏阿。

若其饑無以餐・倦無所止・落落其身・脩脩其尾・貌與時乖・才爲世鄙・逝將擇扶桑之高枝・飲蓬萊之弱水・陋衆雛之忝竊・與大鵬而俱徙・達哀音於九重・遂一舉而千里・亦如鴻飛之游於冥冥・而弋人從望夫涯涘。

梅花雀賦 并序

梅花雀・海鳥也・朱喙赤羽・背負白點・狀若梅花・暹邏諸國多有之・始時航海者販於島夷・載之舶涉重洋以歸・其後粵城人往往買畜之・性嗜丁香水・而不能忍饑・且畏寒・一日缺粟則死・天將雪・爲製籠衣・否則凍僵以斃・其質微小・得其肉不足供啖・鷹鸇不屑搏也・然負其文采・且又善鳴・以故貴公子憐之・嗟夫・綿力薄材不爲衆忌・而聲音顏色委曲求容・物之取妍於人・有如是乎・徐而思之・彼其身在萬里・固有所迫而然也・張茂先云・言有淺而可以託深・類有微而可以喩大・是之謂矣・乃爲賦曰。

大海之濱・炎墟之垠・文禽詭色・誕育其身・其爲類也則藐・其爲體也甚小・朱文綠斑・皁裏頳表・鮮倅葩舒・鬵混月皦・來從珊瑚之洲・命曰梅花之鳥・翳梅花之高格・維人世其罕同・何茲鳥之濫竊・迺嘉名兮是蒙・既貪喙夫稌秫・終自羅夫罦罿・鎩羽毛而受緤・赧顏色而入籠・託昌披之浪迹・委陋賤之微躬・不自持夫口腹・至取笑於兒童・甘變音而媚主・敢厲翮而摩空・嗟名實其不副・雖掩襲而難工・但以紫頷赧皎・錦衣葳蕤・有如絳蕚・啓秀山籬・綴羽疑冰・翩身似玉・又如素萼・抗條水曲・微月倒景・緒風落毫・還疑琼瓣・飄墮江皋・距飾匪金・足皴類鐵・又如殲枝・拗幽庭雪。

是皆比儗罍肖・形容匪眞・貌雖甚姣・品豈足珍・以求食而依倚・故不采於詩人・悲茲禽之骫靡・實遭際而使然・既離羣而謝侶・懼觸罪而招譽・歷大海之泱漭・歸人寰之喧闐・羽摧頹於萬里・心震蕩於重淵・涉風波而去國・希僶俛以終年・望故巢而不見・抗清聲其可憐・將翱翔以自遠・諒凍餒其難全・幸君子之德寵・効孅軀而翩翾・知奮翼之難逝・故修容而取妍・嗟夫・羈臣絕徼・逐客窮邊・抑心避禍・斂氣圖全・彼時賢之卓犖・猶頹靡夫迍邅・矧斯禽之莚脃・敢撟首而孤騫・惟不愼於汝止・故無罪而拘攣。

區德霖 字鶴洲・新會人・同治辛未進士・官吏部員外郎・引疾歸・遂不再出・國變後杜門著書・絕迹城市・年逾八十・鄉舉重逢・德霖深自韜晦・不爲人知・以遺佚終。

規復越南以制法疏

奏爲夷情叵測・非和議所能馴・方今敵寇已深・亟宜定謀決戰・以免牽制・而滋貽誤・敬陳管見・恭摺仰祈聖鑒事・竊西夷遺患・不自今日・而今日之患・事變愈亟・凶燄愈張・非大加創懲・固無以抒目前之憂・亦恐生他國之心・而貽百年之慮・夫法人不可以情理喩也・不可以恩信撫也・

法在泰西著名貪狠．自拿破崙用兵．遠掠近攻．西土强邦．皆其仇敵．猶且屢蹶屢起．不恤滅亡．其商於中國也．入口貨船視他國較少．惟以掠地耀兵爲武．彼欲乘機侮奪挺刃尋仇也．匪伊朝夕矣．特以西洋至中國計程四萬里．途長水險．轉輸爲難．而南洋諸島先爲西班牙荷蘭英吉利分據．粤東港澳又爲葡萄牙英國營立埔頭．四顧茫茫．東道無主．是以徘徊審顧．狡謀併力以取越南．越南之事去．而中國之患亟矣．查越地居四洲之中．界雲南兩粤之間．縱橫三千餘里．每歲財賦所入．可賅東南數省．法人併之．因其山海之奥深．煙戶之稠密．土產金鐵米煤貨寶之豐饒．西貢檣帆貿易租稅之暢旺．於是籍田爲糧．練民爲兵．鑄金爲器．斂財爲寶．驅我藩屬．攻我疆圻．以舟師窺粤東．順風揚帆．一二日可至廉瓊欽萬等府州．從而窺臺灣．窺津滬．皆意中事也．以陸軍擾粤．而山行數日可至憑祥思明等府州．從此擾滇南．擾黔蜀．亦意中事也．法人在越如無賴當門．處處設防．時時告警．今日議款．明日又來．款無已時．來無定候．警不一處．亦防無了期．語云．一日縱敵．數世之患．而况撤藩籬以資敵．又屢縱之．其爲患可勝言哉。

乃者風聞法擧越南．移師內向．多方要挾．情狀百變．臣固知法人得志於越．其凶暴必至於此也．臣尤恐中國再徇其請．其凶暴將不至於此也．自古待强寇．不外戰守和三字．而必以能戰爲把握．譬如下棋相搏相纏．兩軍皆竭．然後斂手議和．從未有兵刃未交．遽成和局者．更未有斂兵不戰．弛防不守．以飼寇爲和．而和可恃者．微臣管見．竊謂今日之事無所謂和也．惟決於戰而已矣．猥曰和也．亦先決於戰而已矣．戰事必審機在中．敵人之所急奪．敵人之所恃．則莫如取越南．越南一日入法．中原一日不靖．爲塞源拔根之計．固非取越南不可．卽以今事論之．彼游弋海口數兵船．係謂越事已定．因抽越南之戰兵以窺內地者也．我南向爭越．彼必轉椗回救．先其所急自顧不暇．何暇放人．孫臏伐魏以救趙．巫臣用吳以疲楚．擣其要害．撓其進止．兵法所謂奇正相生者．且法所恃以募兵籌餉．水陸轉運者．今日之越南也．我運兵攻越．節節兜裹．則彼轉運不靈．而兵餉從此絀．請以臣所聞縷晰陳之。

方法人之謀越也．謂指顧而定．需餉無多．迨劉永福慷慨誓師．激發忠誠．士皆效死．奪其梟師．殲其精鋭．於是卹死亡有費．補軍械有費．醫瘡痍有費．招募裝載又有費．合以行糧月餉數逾千萬．搜刮既盡．貸於四鄰．蓋自黷武經年．法人之財力竭矣．聞去冬香港洋行於法國銀票不能行用．勢已岌岌不支．使再持數月．潰敗立形．粤人額手稱慶．咸謂亡秦有日矣．自今春徐唐失機．驟倡和議．敵遂居然撫有全越．自謂銀窟金穴．盡隸版圖．方死灰之復燃．遂夜郎而自大．查法人權利之法．有地稅有舖稅．有船稅．商稅．人稅．出口有稅．入口有稅．工作夜行亦有稅．西貢一區歲獲租稅千萬．若全有越地．重以丁糧各雜稅．歲獲無算．或事急稱貸．指某關某埠爲劵．億萬立致．此其所以大也．然其盤踞未久．名義未定．衆心未固．擬請諭下統兵大臣．提師深入．恢復藩封．使中外曉然越非法有．則彼指劵不行．西貢被兵．人驚風鶴．商賈奔逃．則彼權稅無出．並諭飭統兵大臣會同劉軍．使遍示越民去逆效順．則彼徵輸又

窮・李左車所謂先聲而後實者・大抵西人用兵・以財力之豐歉爲强弱・其財既散・則其兵不聚・聞西兵來華・向不逾萬・卽如此次越南之役・西來法兵不過數千・何也・途長餉重・形格而勢禁也・語云・千里襲人・士有饑色・而況四萬里之勞費・何以堪此・查西人遠鬭・每兵給安家洋銀二三十圓・月餉一二十圓・盤費一百餘圓・計用兵一萬・相持一年・已費三百餘萬兩・而醫傷之費・卹死之費・及兵器兵船各鉅費・尤汗漫無紀・又船行一兩月・風濤潪泚・到站須安頓數旬・驚魂始定・加以水土不服・寒暑休兵・約計兩兵始得一兵之用・一歲不得半歲之用・敵來兵一萬・除病歿醫調休養外・可用者五六千耳・其初戰劉永福也・選兵數千・並被芟戮・再接再厲・復爲劉軍所乘・焚斬之餘・慘遭屠醢・法兵心寒股慄・以後募兵國中・應者寥寥・乃以重貲招延客兵及被甲黑夷・亦殺傷過半・傳言客軍一隊費逾百萬・黑夷每名洋銀六百圓・陣亡卹賞尤劇・若越南終不可得・雖傾法國不足償債・卽令法中商民俱困・專視越爲外府・外府一去・生計遂窮・而索欠索餉索命者紛至沓來・萬無以應・恐法之內變作矣・謂能毒余・臣不信也。

惟是入越之軍・當劈分兩路・陸路由諒山入・知會劉永福規取東京・水路由海防柳紅河・招致粤東水勇襲取西貢・夫水路並進多樹之敵者・使之疲於奔命也・聞駐越法兵爲數無幾・多係賄招中國游民與越南土著・厚集其勢・每營法軍祇十之二三・我軍數道並起・則法人接應不暇・顧此失彼・兵少則不利於分・防多則萬難爲守・其勢然也・古之善用兵者・有正必有奇・諒山一軍・宜以諸帥爲正兵・以劉軍爲奇兵・正兵結隊而行・隨次而進・奇兵矯若遊龍・來如風雨・正兵露・奇兵藏・正兵遲・奇兵迅・非熟於地利・老於行陣・明於進退者・不能任也・劉永福具有三長・且威望已著・所將數千・捷於臂指・殆天生是人以爲朝廷用者・惟是欲盡其長・須勿掣其肘・擬請旨假以便宜・使自成一軍・相機進取・並得自行奏報有功者・開單保奬・並諭疆吏帥臣濟以軍餉火器・源源不絕・則辦理可期得力矣・至西貢者・濱臨海疆・敵之老巢也・所有籌餉輸糧皆取辦於此・敵駐重兵以扼守・攻拔頗難・我中國兵船高堅不如敵・海上用兵斷難取勝・然而不破其巢穴・則敵不散・不絕其餉源・則敵不困・似宜特簡知兵大臣・調集粤閩水師・擇其熟海道能水戰者・優給月餉・分隸前軍以爲正兵・兩省疆吏徧諭各處水勇義民・不論其爲蛋戶・爲鹽梟・爲販夫・爲海寇・皆準出海立功以爲奇兵・夫七洲洋・長沙・石塘・昆崙之間・沙旋碓矗・危險迭生・西舶至此・視爲厲禁・此用奇之地也・海上旬日之間・常有大雺霧・咫尺不見・此用奇之時也・南方夏秋之月・山嵐水氣相激而成颶風・風挾雨下・以十二時爲準・溺舟破屋・火氣不燃・比又用奇之時也・凡老於魚販者・皆先期知之・又如敵船行店・皆用有華人・夷兵缺少亦招客民充補・此輩利則爲之・海寇鹽梟皆用奇之人也・疆臣大帥先與民約・所有器用資財土地得自法人者・聽民自有之・欲官者論功・照官弁一律保奬・此法行而智者竭其慮・勇者輕其身・使敵人在在可危・而奇異之才亦由此選矣。

顧或者曰・我攻越南・法得籍口興師・是釁由我開也・倘彼分兵竄擾行省・我亦先其急・何暇攻人・戰事一

開・兵運禍結・不如議款・不知法果興師・何須籍口・如謂越今屬法・我攻其屬・因而興師・試問二百餘年越果誰屬・人取我屬・何不籍口興師乎・時至今日・亦以强弱爲曲直耳・至謂分擾行省・以臣觀之・法人無此長力也・語云・强弩之末・不穿魯縞・法人爭越兩載・糜餉老師・至今國債未償・越事未定・而又分兵擾我・彼亦不能久矣・若謂我先所急・無暇攻人・夫入越之師自在也・籌防之師自在也・入越者爲滇粵諸軍・籌防者爲東南沿海諸省・布置既定・何事回救・不但此也・即敵攻沿海省分・祇宜各自爲戰・不可調兵遠援・以蹈覆轍・比如賊犯粵東・閩浙師船祇宜哨至境外・或斷賊接濟・或截賊哨船・巡布聲援・密通消息・不得遠離本界・擅入鄰境・尤不許鄰省徵調・何也・調兵出境・敵易乘虛・其病一也・客兵遠來・曠時糜餉・又過紛擾・其病二也・礁砂潮汐・茫然弗知・其病三也・不服水土・疾疫流亡・其病四也・主客不和・兩幸其敗・其病五也・船隻器械・各有主名・移舟移餉・徒滋弊混・其病六也・夫一省額兵自足敷一省之用・又補以城鄉之壯勇・以禦無多之遠寇・何憂不足・祇在收其雄梟・優其口糧・勿以資敵・又愼揀將帥・時加訓練・使臨敵心壯手定・有擊必中・自能制勝・何事於分・又何事於調哉・又謂戰事一開・兵連禍結・此固保境息民之盛心・然法蘭西蝸角小邦耳・國治二千餘里・民居三千餘萬・疆土尚不逮越南・自嘉慶年拿破崙搆兵・斃於俄・擄於英・而兵民幾盡・近復斐夷於普・而人財俱盡・未及百年・覆敗三次・今又鬬越・與劉永福相持兩載・知夷情者・咸謂其國空虛・無能爲役矣・國小而民乏・遠近搆怨・皆幸其亡・即使傾國而來・亦勢難持久・且彼斃於俄・擄於英・斐夷於普・皆鼠竄雌伏・不敢尋仇・彼不能報復於鄰封・而能往來七萬餘里之重洋・連兵以爲中國禍哉。

至欲議款以息戰・臣則謂息戰之無待款也・以彼苦心經營者越南耳・今者取越之心已慰・戰越之款未償・縱欲用兵亦須俟異日・其海面兵船數十・非心乎戰者也・係謂戰勝凱旋・沾沾自喜・持此以耀武潢池・揚威他國・以暴其揚厲之氣・縱游觀之情・就便恫喝要挾・求而得則愈形醉飽・不得然後託他國轉圜・以專議越南一事・意在越而言在款・詭譎情狀・可先機而決者・夫敵不可款・天下之同情也・倡言款敵・生人所忿也・得失之機・是非之公・無待臣言・臣之區區祇以越事爲請耳・方今聖明在上・薄海同心・坐論有籌策之臣・東南有長城之任・取越有辭・棄越有害・果何爲而不取・而臣更有請者・西人船堅礮利・善於擊中・氣球飛彈・易於驚人・往往窺探瀕海礮臺・或守禦虛弱之處・悉銳來攻・偶有疏失・疆吏則張皇賊勢・以爲萬難抵敵・因而議和・其柔滑者・又恐戰事不利・名敗身危・於是望風議欵・倖一日之偸安・釀無窮之隱患・其尤甚者・竟託言廷議・和戰未決・徘徊觀望・守禦不修・如前兩廣督臣葉名琛安坐被擒・猶謂不敢浪戰・恐以開邊釁見罪・此皆前事之失・因和議輾轉貽誤者也・今者法人外强中虛・易於驅除・倘戰事已決・惟望主臣一心・持以堅定・雖小有勝負・勿更前議・昔光武爲漢中興令主・其勞馮異曰始・雖垂翅回谿・終能奮翼澠池・此堅定以爲勝也・吳漢從征不利・諸將惶懼・光武遣人覘大司馬何爲・還言方修戰具・光武歎曰・吳公差强人

意．此君臣堅定以爲勝也．又聞英人初有美國土．自華盛頓起而抗之．九敗而氣不衰．遂能立國．夫光武固可法可傳．若華盛頓一夷目耳．美國窮荒草昧耳．猶堅定不撓若是．況周原膴膴．我聖祖列宗留貽之厚．又際國運中興．師武臣力．何敵不摧．是在朝廷定謀決戰．持以堅定而已矣．臣一介迂愚．智慮疎淺．仰見朝廷憂勞邊事．搏採羣言．是以激發下忱．敬陳管見．伏祈皇太后皇上聖鑒．臣不勝懇切屏營之至。

王國瑞　字進之．又號峻芝．番禺人．少居陳東塾先生門下．課其二子一女．咸豐戊午同避兵橫沙．始執弟子禮．嫥治許書．於音韻訓詁之學．剖析微眇．洞見癥結．而持論通達．無拘牽之習．東塾稱其人品純粹．學有根柢．讀書記中嘗引其說。及門諸弟子皆未得與此也．同治癸酉中舉人．大挑一等．以知縣分發福建．歷權順昌新竹仙游崇安閩縣詔安等縣事．咸著循聲．補授寧德．甫一載．遭國變．僑居福州不得歸．年八十餘病卒．宦囊蕭然．唯餘書數十篋而已．有學蔭軒集六卷．侯官吳增祺作序．言其薈萃百家．孕育閎富．論者謂非過譽云。

論經解

說經之文．乃文之最高者．不可不講究也．大抵以簡明而不漏．詳明而不冗．二者爲最佳．而簡者較難．簡而明．簡而不漏則尤難．如漢注可謂簡矣．而時或有不明與漏畧之處．唐疏可謂詳明矣．而時或有冗贅之處．然則簡明而不漏．詳明而不冗．此二者未易能也．二者之外．論其文體之佳者亦有三．曰平寔．曰謹嚴．曰雅飭．所謂平寔者．不得馳騁才氣．更不得杜撰空言．務使信而有徵．故寧樸而勿巧．夫是謂之平寔也．所謂謹嚴者．援引必提其要．論斷務持其平．剪支蔓之詞．芟蕪雜之語．夫是之謂謹嚴也．所謂雅飭者．吐屬出以經義．解說勿雜俚詞．樸而有文．質而不俗．夫是之謂雅飭也．此三者．說經之文必如是而後可也。

說經之法如此．而說經之弊亦可得而論焉．夫經之有待於解者．所以析其疑義．辨其是非也．然疑義與是非有考之數日而可定者．有考之千百年而始定者．有考之終古而不能定者．夫終古而不能定者．何也．蓋古人文法太簡．後世去古已遠．其典章制度無由盡見．但據古人之說而考之．故往往有依此解而可通．依彼解而亦可通．否則依此解而不可通．依彼解而亦不可通者．似此則當存其說可矣．若於不可通者．而必求其通．於不可解而必求其解．則穿鑿附會．逞臆武斷．此說經之大病也．知其法與弊．則庶乎可以說經矣。

陳白沙王陽明道學異同得失辨

白沙教人從靜中養出端倪．陽明教人致良知．此兩先生講學之大宗也．明儒學案云．有明之學．至白沙始入精微．其喫緊工夫．全在涵養．喜怒未發而非空．萬感交集而不動．至陽明而後大也．兩先生之學最爲相近．不知陽明後來從不說起．其故何也．又云．有明學術白沙開其端．至姚江而始大明．竊謂陽明之學與白沙雖相近．而寔不相同．陽明別立宗旨．白沙之學則出於周濂溪．靜者．白沙謂張廷寔曰．此一靜字自濂溪主靜發源．後來程門諸公遞相傳受．至

於豫章延平尤專提此教人・學者必多靜坐・方有入處・此白沙自道其學之淵源也・然白沙之學雖出自濂溪・而與濂溪不盡同・濂溪之宗旨在於守靜以制動・但以靜本・非厭夫動・而第株守・夫靜如白沙所謂・去耳目支離之用・全虛圓不測之神・靜坐陽春臺・絕無戶外跡者比也・蓋學術之分・因時遞變・白沙之學寔則出一派・能翛然物外・不以富貴爲意・世謂其有春風沂水氣象・近之矣。

至白沙之教學者・專以默坐澄心・使於靜中養出端倪・王陽明則專提致良知三字・默不假坐・心不待澄・不習不慮・出之自有天・則此其學術與白沙不同處也・陽明之所謂致良知者・蓋傅會大學之知・摘大學致知二字・摘孟子良知二字・而成致良知三字・强解大學以就己說・而又傅會中庸之中・且爲無善無惡心之體等語・夫謂無善無惡・則同於告子所謂性無善無不善・又同於禪家所謂不思善・不思惡・是本來面目・則已流於禪學矣・至其所謂致良知者・本不誤也・仁義是良擴充・卽是致良知與孟子之旨本合・無如陽明學術之偏・謂不在讀書・不在學古人・但致良知而已・此則大誤・夫良知者・不學不慮者也・若致良知則必以學與慮致之矣・如曰致良知可不學・然則亦可不慮乎・慮者思也・學而不思則罔・思而不學則殆・學思偏廢其一固不可也・況學思二者皆廢哉・此陽明之學所以不能無弊也・而惟其故・皆緣陽明欲奪朱子之席・故自立宗旨・獨出己見・以與朱子立異・明史偁明初諸儒皆朱子流裔・師承有自・矩矱秩然・謹守正傳・無敢改錯・學術之分・則自白沙姚江始・此千古之定論也・然則白沙陽明之學・皆屬別派・非孔孟正宗・今爲考其異同得失而論之如此。

文字說

說文敍云・倉頡之初作書・蓋依類象形・故謂之文・其後形聲相益・卽謂之字・是作書祇有此二法・一爲依類象形・一爲形聲相益而已・無所謂六書也・說文敍又云・周禮六歲入小學・保氏教國子・先以六書・是六書乃保氏教人識字之法・而非作書之法也・教人識字必分之爲六書者・若今教學僮識字・分類教之・取其易於識別耳・然則六書之目・蓋起於後世・非倉頡據此以爲作書之例也・故許君先言文字始於倉頡・後言保氏教國子以六書・其前後分析了然矣・作書之二法・其依類象形者・獨體之文也・其形聲相益者・合體之字也・然依類象形之中・有畫成其物者則爲象形・有不畫成其物者則爲指事・形聲相益之中・有形與形相益者・則爲會意・有形與聲相益者・則爲形聲・形與聲相益之中・有百數十字仍同一意相授者・則爲轉注・其假此以施於彼者・則爲假借・故由作書二法而細分之・則爲六書・此後世教人識字之法・非倉頡設此六例以作書也・據此言之・則漢書藝文志謂六書爲造字之本・其說似未然矣。

孝經與禮記爲近說

四庫提要謂孝經與禮記爲近・謂其文體之相近也・禮記四十九篇・文體不一・惟仲尼燕居・孔子閒居・其篇首敍次之語・直與孝經同・孝經每章之末・引詩以結之・又與坊記表記緇衣諸篇同・孝經所云資與事父以事君而敬同・資於事

父以事母而愛同・毀不滅性・無以死傷生・喪不過三年・示民有終也等語・幷見喪服四制・然則孝經之與禮記相近・信而有徵矣・孝經假曾子爲問答・與仲尼燕居之假子張子貢子游・孔子閒居之假子夏同一例・幷是主客之詞・不必寔有其問也・如謂非假設之辭・則曾子豈不知事父母幾諫・而有子從父令之問乎・邢疏引劉炫述義云・莊周之斥鷃笑鵬罔兩問影・屈原之漁父鼓枻大卜拂龜・馬卿之烏有無是・楊雄之翰林子墨・豈非師祖製作以爲模楷者乎・劉氏以莊屈楊馬之文爲比・意以爲俱是主客之詞・其見最卓・蓋凡論說・若止一人言之・則無由更端而伸其辨難・惟設爲一問一答・則可以窮其緒而析其疑・此作文之一格也・然其體亦有二・有假一人以爲問答者・如孝經之類是・有不假其人但空作問詞而答之者・如三年問之類是・讀古人書・當明斯義・若不知此而以假設之詞爲眞・則不獨莊屈之言爲不可解・而孔孟之徒其見誣於後人者亦多矣・如論語宰我問三年之喪一章・亦是設爲問答・否則安於食稻衣錦之對・曾謂列於言語之科者・而竟出此言乎・孔子曰・子生三年然後免於父母之懷・夫三年之喪・天下之達喪也・此見於三年問・幷非斥宰我之言・則論語所記殆亦設爲問答耳・宰我此章亦是說孝・茲因說孝經而並論之。

孟子性善說

孟子道性善・趙注云人生皆有善性・人無有不善・趙注云・人皆有善性・人之不學而能者・趙注云・人仁義之心少而皆有之也・是趙邠卿屢言皆有二字・此最得孟子之旨・試以七篇證之・如惻隱羞惡恭敬是非之心・皆云人皆有之・又云非獨賢者有是心也・人皆有之・又云人皆有不忍人之心・今人乍見孺子將入於井・皆有怵惕惻隱之心・又云人皆有所不忍・人皆有所不爲・然則孟子所謂性善者・言人人性中皆有善・如聖賢之性固善矣・卽盜跖之性亦未嘗無善・此之謂皆有也・人性皆有善・而有多有少則不同・臯陶謨天敍有典・孔疏云・人之常性・自然而有・但人性有多少耳・然則性之善有多少・有純善之人・而無純惡之人也・說文云・性人之陽氣・性善者也・此許君篤信孟子而不惑於異說・其識卓矣・荀子云・人之性惡・其善者僞也・（性惡篇）此荀子言性惡大異於孟子者也・而荀子又云・塗之人可爲禹・皆有可以知仁義法正之質・皆有可以能仁義法正之具・然則其可以爲禹明矣・（上同）此荀子不能堅持其性惡之說・而與孟子性善之說無異者也・其曰塗之人可爲禹・卽孟子所謂人皆可以爲堯舜・人之性善・乃可以爲禹・若人之性惡・則但可爲桀紂耳・烏可爲禹乎・然則性善明矣・其一則曰皆有・再則曰皆有・又與孟子所謂皆有適合也・其曰可以知・可以能・卽孟子所謂良知良能也・其曰仁義法正之質・仁義法正之具・此質此具是與有生俱來・非由於學者也・性也・然則性善又明矣。

由此觀之・荀子言性惡・適足以證成性善耳・論衡云・周人世碩以爲人性有善有惡・在所養焉・宓子賤漆雕開公孫龍子之徒・亦論性情與世子相出入・皆言性有善有惡・孟子以爲人性皆善・未爲寔也・又云盜跖非人之竊也・莊蹻刺人之濫也・（本性篇・）案世碩諸儒所言人性有善有惡・本與

孟子無異・王充所舉盜跖莊蹻誠惡矣・然以跖而非人之窃・以蹻而刺人之濫・則跖蹻之性亦有善矣・參考諸說雖各不同・而其寔卒說歸性善而不自知也・至若楊雄言人性善惡混・韓昌黎言性有三品・此以孟子言性善荀子言性惡而調停・其知孟子性善但謂人性皆有善耳・非謂人人性中皆純善而無惡也・明乎此則孟子性善之說了無疑義矣。

潮州荔枝詞序

凡人性情之所好・必有物焉以寄之・不於此卽於彼・未有懸而無薄者也・王介甫云・天播五行於萬靈・人固備能有之・有之則不能無分乎清濁・清濁所分・好惡形焉・其好之濁者・如好聲色・好貨財是也・其好之淸者・如好書畫・好骨董是也・好之濁者無論矣・好之清者究亦不過雅人深致・實於性情毫無裨益・能陶寫性情・抒所見而闡蘊抱者・其惟詩乎・謝君安臣於世俗無所好・好一於詩・所著潮州荔枝詞百首・以詩隸事・倣竹枝詞爲之・所以紀風土物產也・昔元郭豫亨以七言律詩詠梅・分前後集各一百首・今謝君以七絕詩詠荔亦一百首・適與郭集後先暉映・倘所謂物必有偶者非耶・余昔讀朱竹垞曝書亭集啖福州荔詩云・粵人誇粵閩誇閩・次第胸中我能審・究未知粵荔與閩荔孰優孰劣也・及讀福州長慶寺題壁云・粵中所產掛綠斯其最矣・福州佳者尙未敵嶺南之黑葉・則優劣判然矣・余與謝君俱粵人・不敢右粵左閩・但以竹垞之說爲定評可也。

嶺南物產甚富・卽潮州之物產亦不止荔子一種・而謝君獨斤斤於詠荔者・非於荔有癖好・特借荔以成詩・觀其自注・引用集志羣書・無慮百數十種・是所讀書多矣・夫天地間新奇之物・予人以可好者・百世不窮・而人之好之者・非一端所能盡・然於一端可概其全體矣・余與謝君往來甚密・觀其人沈默寡言・質樸肫摯・與人交雖纖瑣細事必踐其言・淵淵乎其有古風矣・是殆秉天地之清氣以生・不可於一端覘其全體乎・異日作爲文章・其書滿家・不僅寄性情於吟詠・是此編者・其著作之嚆矢也夫。

律例擥要序 代

世之習刑律者・動曰申韓・夫申韓乃法家言・非先王祥刑之令典也・粵稽陶唐以前・刑制不可得聞矣・自帝舜有鞭扑流宅之刑・卽今之笞杖流徙也・周禮正月之吉・懸刑象之法於象・魏使萬人觀之・浹旬而斂・其職掌於司寇・所以弼司徒之敎也・是刑律爲先王治世之典章・其非申韓家法所得襲其名・風俗通稱皐陶謨虞造律・是爲言律之始・魏李悝著法經六篇・是爲律例之始・自是以來・漢蕭何張湯趙禹輩・下逮魏晉隋唐・代有增減・洎高宗命長孫無忌撰唐律疏義・最得古今之平・宋明多采用之・今律例分吏戶禮兵刑工六類・而以名例冠於篇首・則自洪武二十二年刑部請編類頒行始也・大清律例參用明律・詳加考定・道取協中・悉斟酌於天理人情之至・如親屬得相容隱・卽所謂父爲子隱・子爲父隱也・如過失誤殺傷人・尙得夾簽聲請・惟誣告則加等治罪・卽所謂宥過無大・刑故無小也・此特舉其合於經義者言之・其他衡情定罪・或畧迹而原心・或推見以至隱・莫不辨析毫芒・權衡至當・長民者家置一編・精思熟習・自能聽斷

明於上．牒訟息於下．所患一行作吏．馳騖於簿書錢穀．反置律例不講．或苦其繁而不知所用．則未得其要故也．至近年編定刑事新律．其得失則非余之所知矣。

黃劍農大令輯律例擘要一書．提綱挈領．縷析條分．於律例能舉其要．誠讀律之津梁．執法之圭臬也．劍農本儒家子．晉書刑法志云．馬融鄭康成諸儒各爲漢律章句．然則律者．本儒士之學．矧以儒士出爲循吏．其可置律不講乎哉．王仲宣有言．大凡執法之吏．不闚先王之典．搢紳之儒．不通律令之要．雖欲無察刻．弗能得矣．是律令之要乃搢紳之儒必當講求者也．余嘗謂天下之治亂．繫乎州縣．州縣之治亂．繫乎牧令．蓋牧令者．親民之官．天下者．州縣之積也．故合百十州縣爲一省．合十數省爲一天下．主一州．則一州之民生治亂所屬．主一縣．則一縣之民生治亂所屬．牧令之官不綦重乎．劍農出宰永定．是一縣之民治亂所屬也．觀其所爲書．平日既留心庶獄．則臨民聽斷必能精審無疑．異時政平訟理．人心悅服．胥於是編卜之矣．故於其行也．樂道其善而爲之序。

重修源氏族譜序

族何以有譜．譜其族之親疏遠近也．親盡則曷爲譜之．以祖之所自出也．祖之所自出孰爲昭．孰爲穆．非譜無以別之．故不厭其詳也．譜必備及男女．何也．男女爲人之大倫．子息由是而生也．譜必溯其祖自某方來．何也．遷徙靡常．而故里不可忘也．故族有譜．而凡遠祖近宗．別子庶姓．秩然不紊．反本窮源．舍此莫由．追溯其所繫者大矣．禮大傳曰．尊祖故敬宗．敬宗故收族．族不離散．祖宗彌尊．非譜奚其收其渙羣哉．蘇洵族譜引云．觀吾之譜者．孝悌之心可以油然而生矣．吾所與相視如塗人者．其初兄弟也．兄弟其初一人之身也．悲夫．夫一人之身分而至於塗人．吾譜之所以作也．觀於蘇氏此論．則知族譜之所以作．正以戒同宗共族者勿視爲塗人．必使孝悌之心油然而生．乃無負於作譜之初心也。

源氏之祖灊夫公．自宋咸淳甲戌由南雄珠璣巷徙居是鄉．舊有族譜．闕而失修．迄今已越七十餘年矣．慮其久而缺畧愈甚也．於是世孫某等倡儀重修之．來請序於余．余考源氏之始祖．見於北史唐書．可得而述焉．北史源賀傳云．賀西平樂都人．河西王禿髮傉檀之子也．傉檀爲乞伏熾盤所滅．自樂都奔魏．賀偉容貌．善風姿．魏太武素聞其名．及見．器其機辯．賜爵西平侯．謂曰．卿與朕同源．因事分姓．今可爲源氏．此源氏得姓之始也．又考舊唐書源乾曜傳云．乾曜相州臨漳人．比都侍郎師之孫也．舉進士．累遷諫議大夫．尋遷戶部侍郎．兼御史中丞．無幾轉尙書左丞．擢拜黃門侍郎．同紫微黃門平章事．帝幸東都．以京兆尹留守京師．政存寬簡．不嚴而理．又號舊唐書源休傳云．休相州臨漳人．京兆尹京興之子也．休以幹局累授監察御史．殿中侍御史．遷給事中御史．中丞左庶子．歷考史傳．源氏顯於北朝唐代之際．自是厥後．宋史無傳焉．蓋已無顯者矣．灊夫公自宋居南雄．自北而南．其卽西平侯平章事御史中丞之遺裔歟．吾不得而知也．然其祖得姓之始．則已斑斑可考矣．今因修族譜．故爲考其知者著於序．他日源遠而流益

分・本大而枝愈茂・庶不致數典而忘其祖・而蘇氏所謂觀吾之譜者・孝悌之心可以油然而生・則尤跂予望之者矣。

重修順昌縣明倫堂碑記

順昌自炎宋以來・迄於明代清初・科名鼎盛・載於邑志・班班可考・至於今不得領鄉薦者五十餘年矣・江山如舊・何昔盛而今衰也・豈山川鍾毓之秀・有時而改變歟・抑亦士之列於膠庠者・勵學有未至歟・然吾聞之・士先器識而後文藝・區區科第不足計數・蓋設學所以明人倫也・故學宮特建明倫堂・士之登斯堂者・宜顧名而思義・夫所謂明倫者・父子君臣夫婦兄弟朋友・道不外於日用倫常・行無過踐履篤實・語其近則夫婦之愚可以與知・而至其極則大聖大賢莫之能外・孔孟之書具在・其義已詳言之矣・此邑爲理學名邦・自廖高峯槎溪兩先生著名於宋代・矜式鄉閭・而楊龜山羅豫章李延平朱夫子諸賢・又皆産於延建・相去咫尺・後之秀宜踵其傳・所謂近聖人之居・去世未遠・薰其德而善良可以濡染漸摩以成佳士・是所望於此邦俊秀・講求入德之門・以造乎人倫之至・庶幾上不負國家建國明倫之盛典・下不墜鄉先賢倡明導學之遺風・豈不懿歟。

本邑明倫堂建於學之西偏・歲久頹落・垣牆傾圮・空無藩籬・牧牛羊者皆得蹂躪於其間・余慮無以仰承聖天子興學重道之意・爰於進諸紳謀重修之・適有武童沈成斌者・於興學第捐銀一百六十兩爲入藉與考之費・遂提此款以充公貲・凡棟桷楹榱之殘缺・易之・廓廡垣墻之坍塌者修之・自門徂堂・新築西墻・迤麗環繞以作屏藩・工不待勞・財不待募・經始於己丑臘月・落成於庚寅某日・自今以往・藏修息遊之地・既堅既好・彼都人士・苟因是而興起焉・將見文行交修・蒸蒸日上・追蹤盛時不難矣・是役也・敦匠董工・黽勉襄事者・蕭君爲龍・張君秉襄・謝君際麟・高君聯梯・張君秉奎・劉君朝銓・張君春棣・謝君春華也。

新建崇安縣中西學堂碑記

粵稽儒家宗旨・明體達用・聖人格致之學・凡一切算術天文地理將才相畧・本已統括其中・自鄉會試取文・殿試取字・士之工制藝精楷法者・不十年可得清要・於此中求可使絕域・可濟時艱之選・則甚難其人・是以朝廷銳意變法・百度更新・奉光緒某年月日諭旨・令各省府州縣徧設學堂・肄業分爲二科・以經史政治法律通商理財等事隸政科・以聲光電化農工醫算等事隸藝科・又分大學中學小學蒙學・其等級循序而進・秩如也・此雖節取外洋成法・實則儒家達用格致・無所不賅・非有外於聖學也。

崇邑新設中西學堂・就考棚添房四十楹爲生童肄業之所・其經費則從廣積佛惠五夫三倉・各提息穀八萬斤・倣朱子遺法・春放秋收・取加二息・悉入學堂・又於保甲局武彝宮節省項下・酌撥三四百金・另撥公款四百餘元・及充公茶山田畝山場・均爲學堂經費・從此歲有常款・中西教習之脩脯・內課生童之餐膳月課・季考之膏獎・胥於是出・惟願諸生深研中學以明體・精通西學以達用・算術原在六藝中・尤爲當務之急・其他仰觀天文・俯察地理・制强敵則抒將才・安天下則恢相業・濟時艱而使絕域・悉基於此・異日才兼文

武・名播華洋・庶無負國家興學育才之盛意・而本縣與諸紳締造經營・實莫大之榮幸矣・是役也・經始於壬寅十月・告成於癸卯四月・□司事爲附生劉繼唐・例得並書・是爲記。

石德芬 原名炳樞・字星巢・一字惺菴・番禺人・母史能詩・有芙蓉館稿・德芬中同治癸酉舉人・屢上公車不第・以知府分發廣西・改四川・擢道員・早歲已有文名，講授里中・弟子數百人，成就甚衆・國變後・仍客京師・授徒以終・著有惺菴遺詩八卷。

畫戟清香樓集自序

戊己之際・於役川邊・營於溪山・四圍高牙大纛・迺矗之百尺樓上・贊皇籌邊・受降城戍・是其象歟・於時早作暮息・樓居者一年・案牘之塡委・與圖書之剳列・手自料簡・秩如也・公餘挾一卷・據胡牀・神與古會・遂不免涉及吟詠・此則邊居之樂・而豈唯邊居之樂耶・閒嘗聞諸長老之言曰・顧亭林先生赴關中・遇山川扼塞・見郡國蕭條・未嘗不發篋陳書・考其得失之所由・曁夫利病之所在・矧今策馬徼外・往往行數百里闃無人焉・謂是洪荒・則榛莽中隱隱有廬阯・謂是藏地・則邊吏乘鄣於此・堆痕堞影豈可沬焉・蓋由漢而來・珠崖之闇棄・與甌脫之入居也・非一日矣。

是歲趙季和尙書平定德格・其地縱二千餘里・橫千餘里・儼然西北一都會焉・迺於地之中央・畫分四區・石渠厤隴・更慶登科・設流官以領其事・於焉畜牧蔽埜・稞麥鋪菜・具天然不涸之泉源・有亘古長生之藥草・而余得於其間・剜苔剔蘚・據唐古忒文字・以識其風土所宜・則又邊居之一樂也・顧輶軒職掌未易竊附・自維蒐采尙有缺焉・況犖犖大者乎・紀載之不及・則唯於吟詠間一寓之・益嗇然笑我之無能爲役矣・唐韋蘇州郡齋詩曰・兵衞森畫戟・燕寢凝清香・此情此景・與余居適有合也・因以名其樓・即以名其集・己酉十月番禺石德芬星巢甫自序。

讀定興相國籌瞻疏稿書後

烏虖・自元昊之擾偪鎮戎也・而宋之邊患亟・自俺答之入居河套也・而明之關隘危・地利不爭・伊誰之責・人事不睦・伊誰之諐・吾讀定興籌瞻疏稿終篇・而不能不嘅然於當日樞府之無人也・遡樞密之名肇自宋代・節度使不稱其職・樞密院寔尸其咎・今西川節度使已得其人矣・而樞密院迺頓之挫之・掣其肘使弗得伸・力而討諸原・暫而兎諸國・謂之何哉・謂之何哉・然詳考當日此事之源委・則定興亦不得謂非疏也・何也・趙充國之策河湟・必布寘屯田而後動焉・伏波之征交阯・必指畫形勢而後行焉・今案籌瞻疏中未具圖說先上・一疏也・仁義之師不以譎・則管仲伐戎之功・擒縱之故在攻心・則諸葛平蠻之術・嗣聞關外人言・定興所任張繼者・緣瞻事赴德格・誑土司家屬而械繫之・檻致成都・彝民嘖有煩言・而定興不察・二疏也・韓淮陰之奪陳倉也・則明修暗度之機勝・王全賓之破西蜀也・則分道夾攻之計行・今疏陳兩路並進・寔皆進自上游・千氣萬力僅乃克之・三疏也・瞻對者居川邊與圖之中心・爲入蜀必經之門戶・爲馴藏使伏之機關・爲外人不得窺伺之重闈・爲內地富有儲藏之奧

府·不具圖說·政府焉得而知·不戢鄰封·軍食奚由而給·不握首尾·勝算何自而操·當是時也·地既得而復棄·師徒勞而無功·長藏人驕抗之心·失邊甿暱就之意·寖尋十年·蠶食愈滋·鴟張愈肆·定興疏中之言固已驗矣·案瞻對分上中下三區·上區與章谷爲鄰·由章谷屬之瓦龍進一日溝·而三關而墨科·則有鵶礱江水爲限·藏人得瞻後·駐重兵守之·中樞左松林口·右嘓嚨·右與德格贈科爲近·下區三壩又分上中下·其間穹壩下壩也·與裡塘屬之崇善爲鄰·噶壩中壩也·與德格屬之下昌泰爲鄰·牙壩上壩也·與德格屬之上昌泰爲鄰·而區中三肩膊·則白利暨絨壩·又皆有路可通·且已越過江水·或監其腦·或扼其吭·或拊其背·或曳其足·或張網四面而全掩之·皆吾國力之所能爲者也·定興之留此稿本·其有深意存焉否乎·吾知相公必引領西望·以其未竟之緒·蕲之後之能者·賡續而完成之無疑也。

平定德格內亂紀畧

德格卽登爾克忒·川邊北路宣慰司之境也·去成都三千餘里·去京師八千餘里·界線延袤·東達絨八义六百里·西達察木多八百里·南達巴塘一千一百里·北達西寧一千五百里·縱横合算·儼然中國一小省會焉·其封襲世次·官司有册不具詳·茲就本事敘之·而其家庭肇釁之繇·與夫地方受害之故·無平不陂·無往不復·報應之理·捷於影響·爲人上者·可以鑒矣。

先是義士司澤旺多爾濟羅追彭錯克者·娶於朱倭·無子·復納一婦·曰玉米者登仁呷·生子名多吉生格·是時老土司老矣·而玉米者登仁呷素性妖·棄位而姣·續產一子·名昂翁降白仁青·人言嘖嘖·則謂此非老土司苗裔也·而老土司亦若悟其非己子也者·又若逆防其他日奪長也者·未十歲卽爲之披薙·建一大喇嘛寺居之·寺貌莊嚴·牛羊倉廩咸備·昂逆年漸長·不甘爲僧·結黨脅其父出印信而幽之·時鹿大學士傳霖爲川督·有所聞·檄直牧張繼往勘其事確·則收其印信幷家屬·迻成都備鞫問·鹿適去任·恭將軍壽代之·以其事白諸朝·旨飭老土司速回德格經理事務·仍令長子幫辦·一二年果能稱職·卽具奏請襲·於是由駐藏大臣發還印信·老土司遂率其婦子出關·方以爲復我邦族矣·比及打箭鑪·則玉米者登仁呷病死·老土司繼之·衆頭人擁立其長子以歸·此光緒二十三年事也·迨二十九年昂逆糾野番數百人攻入土寨·逐其兄而奪之印·多吉生格逃之藏·以避其鋒·昂逆益恣肆無忌·雄據一方·生殺之惟命·予奪之惟命·百姓苦之·入藏求舊主歸·衆縶昂逆檻之樓上·而還印信其兄·此又光緒三十三年事也·居無何·防範漸弛·有甲工乍丫二黨人乘不備·刼昂逆出·走數百里殺俄野番·昂逆又外餌鄰封·內結土戶·潛圖再舉·三十四年八月糾衆復入·多吉生格慮不敵·倉皇出走·遣頭目松棍赴打箭鑪·朔諸文武官署·咸以道遠·運糧艱·兵力絀·置未辦。

會襄平趙尚書以駐藏大臣兼管川滇邊務持節來·頭目松棍具狀進·備訊始未·以謂事關內亂·案懸十年·不與申理·將邊吏解體·蠻夷貳心·屬土豈復爲我有·非所以副朝命·固疆圻也·乃密以用兵事上陳·取進止·諭曰·德格土司多吉生格之弟昂翁降白仁青怙惡不悛·一再生事·實難姑

容．著趙爾豐遣兵驅捕．務獲懲辦．卽派多吉生格爲土司．請旨接襲．時冬十月十有四日也．邊地正寒．四山皆雪．馬蹄行冰凌上．不愼則踣．德格居北邊．北路朔風撲人．手足皸瘃．顧士卒蓄銳久．摩厲而進．不以爲苦也．行草地千一百餘里．抵德格境．先期檄土司蠻兵守要隘．毋許昂逆潰圍出．嗣我軍至．諜者來告曰．昂逆逃矣．有土千戶策古阿登翼之行．沿途殺掠甚慘．我軍乃屯境上．別遣馬隊五百．步隊二百追之．逆黨禦我於贈科．搗其巢．縶其頭目訊之．則昂逆曁阿登竄入俄洛色達野番游牧之地而去矣．趙季和尙書乃止戈安民．定策弭亂．編蠻丁戶口．藉逆黨貲財．綜計千戶土官三十．百戶土官三百．蓋凡三百餘家矣．土司皆有憑藉．祇以所餘奉土司．故指臂之使不靈．肘腋之患常伏．於是裁其千戶百戶名目．別立排長．十戶一排．排各有長．有事則排長逕達於土司．一切遵受約束．戶租田糧於土司是納．復爲土司區畫．以所入租糧行所宜新政．練兵也．興學也．開墾也．畜牧也．森林也．工藝也．六條中有細目．如種棉植茶織絨製革．尤其土地之所宜焉．新政日出不窮．財賦亦歲增不匱矣．土司而賢也．則擧全權畀之．而不賢也．則天子使吏治其境．而莞其度支焉．如是將內亂不生．外患不作．川邊其庶有豸乎．是役也．德芬從事其間．謹濡筆記之．以備蒐志乘者之采擇。

謝國珍 字聘三．嘉應州人．同治癸酉拔貢．著有味腴山房文集．嘉應平寇紀畧等書．嘉應州志幷注存．又有味腴山房詩鈔四卷．續鈔一卷．注未見。

嘉應平寇紀畧序

國家承平日久．文恬武嬉．父老子弟不知兵革爲何事．一旦寇賊竊發．猝不能禦．至一鄉則破一鄉．至一城則破一城．幾如飄風捲葉．所向披靡．勢使然也．洪秀全以匹夫倡亂廣西．不二年而裹脅數百萬．踞僞都．僭僞號．封僞王．蹂躪十餘省．雖不及康熙中三藩之猖獗．較之嘉慶間川楚教匪．有過之無不及焉．而臺灣之朱一貴林爽文．臨清之王倫．淸縣之李文成更不足比數矣．咸豐癸丑賊之陷金陵也．維時歲星次房．於分野屬宋．賊遽選精銳三十萬．由鳳陽等路長驅北向．幾欲踏破燕雲．識者已知其必敗．未幾僧忠親王大破李開芳林鳳祿．擒斬殆盡．北犯已窮．其醜類覬覦東南．蔓衍四出．所在鴟張．十餘年來．淪陷六百餘城．生靈塗炭．暴骨郊原．大江以南郡縣．每有數百里無人跡者．而捻匪張樂行苟沛霖張總愚任桂等賊．時出沒於畿輔濟皖豫楚秦晉之間．迄無寧日．朝廷之焦勞甚矣．所幸列聖之德澤在人．深入肌髓．閭閻無思亂之心．草野有同仇之志．團練義旅．無地無之．轉戰數年．而平賊之將帥出焉．賊是以不得逞其志。

嘉應地處天南．非賊必爭之所．因江南老巢已克．大憝伏誅．餘孽游魂．死灰欲熸．不得不南竄閩廣．爲苟延殘喘之謀．漳州克復．流入鎭平．鎭平食盡．流入連平．時江西湖南已有重兵扼守．不得竄．而廣州又無隙可乘．遂復折而東．旋陷嘉應．未幾大兵四集．一鼓蕩平．十餘年叛亂逆賊．結局於此．固由諸賊罪惡貫盈．網無或漏．要非諸臣運

籌決勝・戮力同心・不能風馳電掣・妖氛盡掃也・珍也生長是邦・礫鼠哀鴻・親爲目擊・恐日久事將湮沒而無徵也・故爲之序次其事・都爲一編・俾後之人於吾鄉戡亂之事・有所參稽・知極惡窮兇難逃斧鑕・庶跋扈之志無有而萌・長使四海永清・八荒無事・共享昇平之福・豈不懿哉。

譚宗浚 原名懋安・字叔裕・南海人・瑩子・同治甲戌一甲第二名進士・由編修授雲南督糧道・署按察使・以病告歸・至廣西隆安道卒・宗浚承家學・能文章・在館職時・方奏修國史儒林文苑傳・手定條例・同官稱其博覈・既膺察典・以不願外任辭・掌院顧持之力・遠宦窮邊・鬱鬱不得志・遂以不起・論者惜之・所著有希古堂文甲集二卷・乙集六卷・荔村草堂詩鈔十卷・並存・惟遼史本末十五卷燬於火。

擬續修儒林文苑傳條例議

一・儒林須著作有關於經學・或述程朱奧義・或闡鄭孔傳箋者・方行采錄・至文苑傳則博洽多聞・淹通史學者爲上・而攻詩古文詞者次之・亦史例也・其或著述佳而品行可議者・概所不收・以示黜華崇實之意・（阮文達公前次所定儒林文苑凡例本如此・）亦有品行端方而著作未爲精審者・雖復專集盈尺・或講學毫無心得・或詩文並非專家・近儒似此者甚多・亦不能一一備錄・蓋史例貴謹嚴・既以儒林文苑稱・自仍以著作爲斷・倘其人事業氣節有可取・將來國史大傳及郡邑志乘儘自可傳・正不必强厠於經師詞客之列・轉沒其眞耳・（館中底藁如王伯勉李森光均有爲撰傳者・其實王在吏曹以清節稱・李則直臣也・列之儒林文苑・均似未安・餘倣此。）

一・讀書貴化門戶之見・苟悅甘而忌辛・是丹而非素・斯通儒所弗取也・國朝漢學宋學軌轍互歧・各有專長・未容偏廢・而江藩宋學淵源錄・必擇其聲華闇澹者始錄之・至方東樹漢學商兌・又攘臂詬爭・幾於灌夫罵坐・信乎楚失而齊亦未爲得矣・若夫談詩學者・尊王朱而輕查趙・論古文者宗錢王而薄方劉・入主出奴・交相訾毀・此編均兩收之・務取持平・不爲偏嗜・庶不至有左右袒之譏。

一・國朝聲教覃敷・凡海澨山陬・涵泳聖涯・莫不戶許鄭而家濂洛・前傳撰自阮文達公所錄・皆大江南北・暨兩浙山左諸行省人爲多・其餘邊徼未及博采・書甫成而陶文毅公陳恭甫編修均未所取・稍隘其說・具見印心石屋集左海文編中・此次所錄・固不敢務博貪多・貽譏叢雜・然如山陝甘肅河南四川兩廣滇黔等行省・其學行文章出衆者・多則采錄數人・少亦一二人・以著熙朝文治之盛・且使遐方僻壤・誦述儒業者・咸有所觀感興奮焉。

一・學問之事遠有端緒・非可嚮壁虛造・架空游談也・國朝理學宗派多沿勝代諸賢・如中州承夏峯之傳・關陝闡三元之緒・江左奉東林爲圭臬・浙中推蕺山爲大宗・閩則紹漳浦之緒餘・粵則守江門之舊說・此其大較也・其有自標創解・不肯株守鄉先生緒論・而著作確有見地者・尤爲亟爲甄錄・以闡幽光・若夫著作寥寥・但輯一二語錄格言・不脫時文講章習氣者・擬悉不登・以免蕪雜・至彭尺木羅臺山顏習齋輩宗派稍異・甚或類於狂禪・茲存其人・而仍著其流弊・亦宋元學案附錄李屏山鳴道集之意云爾。

一・經學莫盛於國朝・除前傳所錄外・此次續收者・若張惠言焦循姚配中曾釗之治易・孫星衍江聲王鳴盛之治書・陳奐馬瑞辰胡承珙陳壽棋陳喬樅林伯桐馮登府之治詩・胡培翬金日追金鶚程瑤田褚寅亮孔廣森王聘珍之治三禮・李貽德梁履繩劉文淇之治左傳・劉逢祿孔廣森凌曙之治公羊・許桂林柳興宗侯康之治穀梁・劉寶楠劉台拱宋翔鳳之治論語・焦循周廣業之治孟子・郝懿行之治爾雅・段玉裁鈕樹玉桂馥嚴可均王筠之治說文・皆卓有師承・能得先聖以來微言大義・初擬仿漢書儒林傳例・於每經先詳著其師法授受源流而附列各傳於後・但如此則與嘉慶中所修傳體例不同・且儒林傳既漢學宋學兼收・亦未便畫分卷帙・故茲仍以時代先後爲次・而附著鄙說於此。

一・讀經不可不明算學・古來若甄鸞五經算術・王應麟六經天文編・皆足爲治經之助。前次儒林傳所收王錫闡薛鳳祚梅文鼎諸人・亦皆兼綜經術者也・邇來算學大明・承學之儒無不洞悉五曹九數・茲編所錄・斷限稍嚴・必其精測算而通經義者始采之・餘則概從割愛・凡阮文達公羅士琳疇人傳前後所紀・祇錄一二・不復能備載焉。

一・文苑與書家相似而實不同・文苑以詞章爲主・所以纂言紀事・鋪藻揚芬・斯華國之雄詞・騰今之鉅製也・若書法則六藝之一・與藝術同科足矣・古來若羲獻歐虞顏柳蘇米趙董輩・其詞章學行・事本別有足傳・非因其書法而立傳也・若漢張芝師宜官曹喜梁鵠・唐蔡有鄰李陽冰孫虔禮釋懷素・當時筆札流傳・早已環如球璧・而漢唐二書均不爲立傳者・蓋體例應爾・國朝若陳奕禧王樹汪士鋐王文治梁同書鄭燮金農鄧石如陳希祖郭尚先等・書法冠絕一時・而詩文未臻高詣・蓋書苑中人・非文苑中人也・概從闕如・以符史例。

一・文苑似是而非者甚多・曰應試詩賦家・（近時如顧元熙金甡等皆是・）曰注家・（近時如倪璠之注庾子山集・仇兆鰲之注杜詩・王琦之注李太白李長吉詩・馮應榴王文誥之注蘇詩・馮浩之注李義山詩・靳榮藩之注吳梅村詩・均稱淹博・）曰評選家・（近時如徐綽之全唐詩錄・郭元釪之全金詩・皆采入四庫・）曰收藏家・（近時如李振宜書目・收藏宋元槧最多・又鮑廷博張金吾輩藏書極富・且多善本者也・）曰詞曲家・（近時如錢芳標湘瑟詞・李符耒邊詞・成德飲水詞・承齡冰蠶詞・周之琦金梁夢月詞・項鴻祿憶雲詞・在倚聲家皆推上乘・）然考詩賦試士・始於唐人・當馳稱場屋者・若王棨黃滔浩虛舟林滋輩・新舊唐書皆不列入文苑傳・誠以其格稍卑・不能與駢散文古近詩並稱也・若宋則任淵李壁施元之等之精於注釋・郭茂倩陳起等之善於評選・黃伯思陳振孫等之富於收藏・姜夔吳文英史達祖高觀國等之工於詞曲・皆不入文苑傳・其體例謹嚴如此・今悉仿之・以示限斷・此外更有占驗家・術數家・繪畫家・篆刻家・骨董家・直技藝者流・蓋非文苑比矣・至時文亦場屋之製・然明史有陳艾章羅數人合傳・今特仿之以熊劉文儲數人合一傳・外此不能偏及也・應存應刪・仍候總裁酌定。

一・明史有孔孟顏曾各傳・蓋仿史記世家例也・前次阮文達公嘗取衍聖公孔興燮以下彙爲一傳・後有議其著作不盡工者・故館中進呈時・旋刪去此篇・今按聖裔中若孔廣森之治公羊春秋大戴禮・允爲一時絕學・至孔尚任孔繼涵之博雅

好古．抑其次也．顏光敏爲復聖之後．以詞章博贍稱．今悉爲立傳．以著四氏學之多才俊．若其譜系承襲．則翰林院禮部有案可稽．不慮湮沒難考．故不復詳贅。

一．理學詞章均賴提倡得人．庶能漸開風氣．國朝若湯文正公熊文端公張清恪公陸清獻公李文貞公蔡文勤公楊文定公陳文恭公王文端公倭文端公．皆能以理學倡導一時．俾承學之士有所矜式．之數公者．國史皆有專傳．又勳業燦然．不徒以理學著也．至士大夫能宏獎風流者．若王漁洋在揚州．畢秋帆在關中．曾賓谷在兩淮．俱極壇坫敦槃之盛．然仍不過仿竟陵之剡燭．續漢上之題襟而已．惟地方官吏能振興文教者．則成就尤多．如謝金圃督學江左．而拔萃盡屬通儒．朱笥河督學閩中．而士子多通經術．惠半農督粵學．而何勞並荷品題．洪稚存督黔學．而鄭莫均從私淑．與夫阮文達公在浙建詁經精舍．在粵建學海堂．數十年間人才蔚起．茲皆詳著之．以見得士之盛．亦以知獷頑之俗．荒瘠之區．無不可廸之以實學．是在主持風雅者加意焉可耳。

一．文人每多好古．歐陽公所謂勤一世以用心於文字．爲可悲也．然史例宜嚴．萬無人人徧立專傳之理．按劉知幾史通列傳篇云．商山四皓．事列王陽之首．廬江毛義．名在劉平之上．是古人史例固有存其名而不必徧立傳者．今仿其意．如都中十子則總敘於顏光敏傳．太倉十子則總敘於黃與堅傳．江左十五子則總敘於顧嗣立傳．吳中七子則總敘於曹仁虎傳．俾一是足採者．皆牽連附見．不致名字翳如．其或著作可觀．而事迹不具．抑或事迹雖具．而著作第居中駟者．均不立傳．擬倣異時續脩藝文志．即將著作存目．庶不沒其嘔心撰述之勤焉。

一．阮文達公原擬例云．國朝人才輩出．天下之大．山林之僻．學者萬千．今僅列百數十人．雖亦謹嚴．恐有挂漏云云．今茲甄錄．亦同斯旨．拾遺蒐逸．所望於同志及後賢。

復友人書

昨日聞尊論．謂夷務之誤皆由阮文達公在粵東．但知課士刻書．而一切政事諸多廢弛．任令洋商魚肉．夷人以故激而思逞．斯談漢學之咎也．僕故粵人．宜知粵事．驟聞斯語．不禁悚驚．夫謂漢學專尙考據．不合於程朱可也．謂夷亂由於漢學．無乃因金元猾夏而歸罪紫陽．因闖獻流賊而歸罪新建耶．僕聞故老云．嘉慶以後．督撫不受洋商陋規者．祇五人．謂蔣總督攸銛．朱莊恪公桂楨．盧敏肅公坤．祁恭恪公墳．暨阮公也．夫既不受其陋規．而任令其舞弊．此必無之理．又阮公治洋商頗嚴．其修廣東通志．即用洋商罰款．又嘗擒獲私販洋煙之葉恒樹．置之重法．此粵人所共知者．惟道光二年英夷有護貨兵船闖入內洋．衆人洶洶．謂當用武．阮公但飭閉關絕市．俟其兵船出口．始嚴諭夷人遞甘結悔罪而已．時多議其寬縱者．故先敎授公送行序亦微諷及之．其寔阮公以前若策制府楞．若吳制府熊光．若吉制府慶．若蔣制府攸銛．及後來盧敏肅公．皆嘗有是事．亦皆如此辦法．非阮公獨寬縱也．竊疑足下之論．無乃誤以後任之事爲阮公事乎。

考阮公以道光六年去粵．嗣任者爲大庾相國李鴻賓．性

愎而貪・中寔恇怯・少在翰林・即與臨川李氏聯譜・及督學時・李氏稍衰・而奢汰如昔・有郎中李秉文昆弟等・恒出入衙署・代通苞苴・世稱李六爺者也・先是康熙間開海禁時・市易萃於粤東・迨乾隆中定爲十三行洋商・每一洋商出缺・則十二商聯保・或有虧帑・則十二洋商攤賠・著爲定例・有容阿華者・英吉利領事類地孌奴也・盡告以洋商獲利之厚・殖產之豐・類地聞而豔之・然自揣夷人斷無能充中國洋商之理・時適有洋商闕額未補・類地令容阿華具稟承充・而陰助貲本・諸洋商皆不肯・曰容阿華流品不清・羞與爲伍・且若固家徒四壁・萬一虧帑・誰肯任之・容阿華固詭譎・則挾貲餌秉文曰・若能爲我關說・當以三萬金相壽・而賄制府六萬金・翌日制府符下・果嚴諭衆洋商不得勒阻刁難・其闕額即令容阿華充補・衆相視愕然・是時類地聞之・揚揚得意・恒踞坐洋樓大言曰・吾以爲中國宰相總督如天帝・如尊神・不知若何嚴重・豈料纔消六萬金・便肯營私骩法耶・於是始有輕中國官吏之意矣・後容阿華充洋商甫一年・買妓妾・建洋房・淫侈無度・虧帑纍纍・并類地之貲本亦消耗無餘・輒逃往南洋・名捕弗獲・李鴻賓既得賄内慙・而官帑又虛懸無著・則婉諭諸洋商曰・汝等前既未有聯保・則此項亦無容攤賠・但設法彌補可也・時洋商有以抽分之說進者・（即如近年之抽釐・）鴻賓遽允之・其寔洋貨入口甚多・計一年抽分已足抵償容氏虧項・而衆洋商藉端漁利・恫喝僥幸・鴻賓又恐洋商發其覆・絕不敢問・於是夷人憤然・有訴南海縣丞者・訴西關汛者・訴澳門同知者・甚有闖入五仙門詣督轅欲求剖辨者・鴻賓皆噤不發聲・最可笑者・西關汛把總王某眊而聵・俗呼爲盲眼王・當夷人呈訴時・以鞾尖踢夷人・悻悻徑去・鴻賓聞之大驚・召王痛責曰・若官如豆大・敢擅開邊釁貽朝廷憂乎・速往謝夷人・毋失中外歡好・王固崛强不肯往・再偵之則夷人又續稟哀求矣・鴻賓聞之又大喜・執王手慰勞曰・若年雖耄・威震華戎・此大將才也・即超署都司・其怯懦如此。

厥後盧敏肅公督粤・雖除去抽分之令・而繼任爲總督鄧廷楨・又縱容副將韓肇慶在躉船銷販洋煙・於是夷人益知中國官吏貪婪・無足顧畏・而邊患始亟・是故縱洋商漁夷人者李鴻賓・非阮公也・縱躉船販私煙者鄧廷楨・非阮公也・而推原禍本・則鴻賓寔爲厲階・嗟乎國家之敗由官邪也・官之失德・寵賂彰也・從古未有操守不廉而可任邊事者・今自夷務決裂以來・髮逆內訌・捻回交煽・度支告匱・元氣日凋・詩云・誰生厲階・至今爲梗・悲夫・悲夫・但鴻賓雖任專閫・踐台司・而名不甚挂人齒頰・阮公則以治漢學稱・又聞其再入都時・見後進翰林稍貴倨・諸翰林多嫉之・或造言謗譏・足下所聞・諒必由此・然此說一開・將使大賢負不白之寃・又使天下士皆口呿舌繲・習爲固陋・而不敢治經・此尤學術人心之患・不可不辨也・此非僕阿好之言・請足下博訪粤人・當有知其顛末者・願平心論斷・毋徒爲詆漢學者揚波煽焰・則幸矣。

西漢學術論

夫士習之盛衰・關乎政治之得失・自古學術之正・莫如漢代・西漢承周秦之餘習・開東漢之先聲・其補偏救弊之

功・誠有不可沒者・按周官儒以道得民注・儒有道藝・古六藝稱六經・孔子後儒分爲八・有子張氏子思氏顏氏孟氏漆雕氏仲良氏公孫氏樂正氏之儒・羣輔錄顏氏傳詩爲道・孟氏傳書爲道・漆雕氏傳禮爲道・仲良氏傳樂爲道・樂正氏傳春秋爲道・公孫氏傳易爲道・是儒以經藝得名・漢初去古未遠・其時當尙有師法・考漢高祖命叔孫通定禮儀之後・文學固已漸興・而其傳未廣・又一絀於呂后之亂・再絀於黃老之言・武帝卽位・慨然變之・而大義未明・無所匡正・迨至宣帝嘗受詩・通孝經論語・甘露三年詔諸儒講五經同異・乃立梁邱易・大小夏侯尙書・穀梁春秋博士・元帝繼之・天下始靡然向風矣・今以班書證之・如昭帝紀云・詔曰・朕夙興夜寐・脩古帝王之事・通保傳・傳孝經論語・尙書未云有明・其令三輔太常・舉賢良各二人・是舉賢良必須通經也・吾邱壽王傳・以善格五待詔・詔使從董仲舒受春秋・叙傳云王鳳薦伯宜勸學・拜爲中常侍・時上方嚮學・鄭寬中張禹朝夕入說尙書論語於金華殿中・詔伯受焉・是給事中待詔諸人・亦須通經也・張敞傳云・發伏禁姦・不如廣漢・然敞本治春秋・以經術自輔其政・頗雜儒雅・往往表賢顯善・不醇用誅罰・是牧守之官・亦須通經也・韋元成傳・久之上欲感諷憲王・輔以禮讓之臣・乃召拜元成爲淮陽中尉・王式傳云・爲昌邑王師・治事者責問曰・師何以亡諫書式・對曰・臣以三百五篇朝夕授王・至於忠臣孝子之篇・未嘗不爲王反復誦之也・至於危亡失道之君・未嘗不爲王深陳之也・臣以三百五篇諫・是以無諫書・是王國傳相之官・亦須通經也・平當傳云・當以經明禹貢・使行河・是治河之官・亦須通經也・張湯傳云・是時上方鄉文學・湯決大獄・欲傳古義・乃請博士弟子治尙書春秋・補廷尉史・雋不疑傳・不疑叱縛衞太子迻詔獄・天子與大將軍聞而嘉之曰・公卿大臣當用經術・明於大義・是讞訟之官・亦須通經也・樓護傳云・繇是辭其父學經傳・爲京兆吏・是椽史諸人・亦須通經也・薛宣傳云・時天子好儒雅・宣經術・又淺上亦輕焉・是宰相亦須通經也。

又有已服官而始通經者・如丙吉傳云・吉本起獄法小吏・後學詩禮・皆通大義・于定國傳云・超爲廷尉・定國乃迎師學春秋・身執經・北面備弟子禮・是已・有晚年而始通經者・如朱雲傳云・容貌甚壯・以勇力聞・年四十乃從博士白子友受易・又從前將軍蕭望之受論語・主父偃傳云・學長短縱橫術・晚乃學春秋百家之言・是已・有居患難而求通經者・如黃霸傳云・霸因從勝受尙書・獄中再踰冬・積三歲乃出・是已・有因微賤而求通經者・如翟方進傳云・方進旣厭爲小吏・欲西至京師受經・是已・其餘授受源流・班史儒林傳所列綦詳・然有不列於儒林傳而爲經師家法所關者・如魏相傳云・相明易經・有師法・張禹傳云・有詔太子太傅蕭望之問禹對易及論語大義・望之善焉・奏禹經學精習・有師法・韋賢傳云・兼通禮尙書・以詩教授・號稱鄒魯大儒・夏侯勝傳云・勝從父子建・自師事勝及歐陽高・左右采獲・建卒・自顓門名經・翟方進傳云・方進雖受穀梁・然好左氏傳・天文星歷・其左氏則國師劉歆師・其星歷則長安令田終術師也・蕭望之傳云・事同縣后倉且十年・又從夏侯勝受論語禮服・此皆未列於儒林傳者也・有班史不爲立傳・而所習經術有可考者・如馮逡之習易・見於馮世傳・滱中翁之習

詩・見於宣帝紀・浮邱伯穆生白公申公劉辟彊之習詩・見於楚元王傳・韋賞之習詩・見於韋賢傳・吳章之習書・見於張敞傳・孔安國孔延年孔霸之習書・見於孔光傳・嬴公之習春秋・見於眭弘傳・褚大之明經・見於兒寬傳・金涉之明經・見於金日磾傳・馮商之明易・見於張湯傳論・恒寬之明春秋・見於公孫賀等諸人傳論・蔡公段嘉之明易・見藝文志・此皆班史之未爲立傳者也・大抵漢學最重家法・若賈山涉獵不爲醇儒・史則著之以爲異・又如孟喜傳・上聞喜改師法・遂不用喜・可知學必以顓經爲貴。

雖同習一經・而師法必不容背其授受之嚴・至於如此・獨是范書於諸人傳中・凡其明經者・無不盡言其家數・而班史則不盡然・今按班史儒林傳外・凡言及家數者・梁邱易則王駿・施氏易則張禹・京氏易則谷永・韓詩則蔡義・魯詩則薛廣德龔舍・齊詩則夏侯始昌翼奉蕭望之・嚴氏春秋則馬宮・僅十餘人・餘則第言其通某經・並泛言其通經而不詳列其家數・遂至傳授之源不甚可考・昔人謂范史儒林傳・所言家數不如班史之備・不知班史列傳所言家數・亦不如范史之詳・二書亦各有優劣歟・或曰・漢代尊崇黃老・與魏晉崇尚老莊無異・故其學不如古・此正不然・竊謂黃老莊列爲古今學術治術一大關鑰・宗黃老者西漢之學・宗莊列者西晉之學・漢時無以老莊並稱者・惟漢書稱嚴君平依老子嚴周之指・著書數萬言・而其教未盛・迨陳壽魏志曹植傳・末言晏好老莊言・王粲傳末言籍以莊周爲模則・于康則云好言老莊・曹植七啓言仰老莊之遺風・老莊之名殆肇於此・其寔則老莊並稱・譬如孔墨並列・其意似若相涉・其教絕不相同・故一則成爲清淨之宗・一則流爲放誕之習・固不得以典午之頹風・例文景之盛治也・觀漢崇老子則注老子者・半皆漢以前人・若鄰氏經傳・傅氏經說・徐氏經說・見於漢書藝文志・漢文帝時・河上公注・長陵三老毋邱望之注・隱士嚴遵注・見於隋書經籍志・魏晉崇尚莊子而注莊子者・皆魏以後人・若向秀崔譔司馬彪郭象李頤李軌徐邈簡文帝張機李叔之周弘正戴詵梁曠諸書・俱見於隋書經籍志・王元古李充等俱見於新唐書藝文志・若莊子五十二篇・則漢志惟僅存其目・大抵六朝諸名士・類以矯情勝物・否則逞機辨於詞鋒・攄辭華於內藏・不特非老氏無爲之旨・亦並非釋氏寂滅之宗・蓋始終慕莊列之放誕・而加甚者焉・其視西漢之恬淡篤實者・去之遠矣。

要而論之・西漢之風俗不及東漢・而學術則爲東漢所始・蓋東漢承王莽諂靡之習・故矯之以淩厲・而其失也偏・西漢承暴秦剽輕之餘・故矯之以温文・而其失也懦・然自漢興以來・功利之說深・任俠之風熾・觀高帝時之陸賈蒯通・景帝時之爰盎鼂錯・武帝時之徐樂主父偃等・尚不免有此習・至宣元之後・其風遂衰・蓋未始非諸儒倡導之力・雖其末流所極・如孔光張禹輩・誠不免以阿附爲譏・而凡奇計詭謀・徼倖於國家之危險者・蓋絕無有・可知禮樂文章・實足以範圍乎天下之心思・而使之自靖・又烏得以其流弊所及・而謂當時之學無足取哉・若其傳述之源・班史儒林傳具載之・茲不復論。

東漢風俗論上

譚宗浚

昔程子云・東漢之氣節可一變至道・豈不信哉・蓋嘗觀東漢激厲名節之端・有遠過歷朝者數事・一曰取士之當・如光武卽位・而先褒卓茂・下蜀而先表譙元・是已・一曰嚴士之嚴・如張佚之不許陰識傳太子・左雄之不許徐淑應州郡命・是已・一曰舉士之寬・如童翊之廉讓・雷義之交誼・皆以一節而得被徵・是已・一曰教士之備・如徐防之請正章句・翟酺之請立學舍・皆以一言而得施行・是已・由是上以是取・卽下以是應・一時名儒碩輔・類皆能卓然自立・范史所載・無容縷陳・然有其人・不以氣節名・而其節操有足取者・尚可畧述一二・如來歷之諫廢太子・馬嚴之見忤權貴・此外戚之知勵氣節者也・祭遵之殺舍兒・皇甫規之拒宦寺・此名將之知勵氣節者也・錫光拒王莽之命・劉矩忤梁冀之旨・此循吏之知勵氣節者也・周紆彈糾於馬竇・陽球按劾於節甫・此酷吏之知勵氣節者也・崔琦獻白鵠之賦・李尤上濟陰之書・此文士之知勵氣節者也・袁着之彈劾貴臣・杜根之懇請歸政・此下士之知勵氣節者也・欒巴理陳蕃之冤・公沙穆按劉敞之地・此術士之知勵氣節者也・耿闔之妻爲耿闔而育孤・范滂之母勸范滂以就義・此婦人之知勵氣節者也。

加以一節之眚・卽名位攸關・考廉范傳云・世伏其好義・然依倚大將軍竇憲・世之以此爲譏・賈逵傳云・然不脩小節・當世頗譏焉・故不至大官・度尚傳云・不脩學行・不爲鄉里所推舉・崔寔傳云・從兄烈有重名於北州・入錢五百萬・得爲司徒・於是聲譽衰減・蓋一時之淸議・實足繫乎人心・其有力持其正者・若桓彬嚴絕於馮方・馬融見斥於吳祐・皆皦然不汙・以至蘇不韋之報仇・崔寔之酤釀・史弼之行賂・一爲時論所薄・至求諸賢爲之辨論・乃能復振・又如陳球傳・魏郡太守求納貨財・球不與・太守怒而笞督郵・欲令逐球・督郵不肯・曰繁陽令有異政・受命逐之・將致議於天下矣・趙咨傳云・曹暠以咨過郡界不見・恆爲天下笑・遂棄印綬追及見之・又黨禍起時・皇甫規至自恥不得與・景毅以子爲李膺門徒・不肯脫漏名籍・當時以名爲治・一至於此・故爭勉於濯磨・爭高於聲譽・彼胡廣聯姻於丁肅・陳忠誤爭於來歷・許劭不睦於從兄・黃允致議於出婦・鄉論所薄・譏刺終身・范史特爲著之・有以也。

或疑諸人大節炳然・而在朝不聞有所建立・此則由光武不任大臣之過也・侯霸傳・韓歆代霸爲司徒・好直言・無隱諱・帝每不能容・後歐陽歙戴涉相代爲司徒・坐事下獄死・自是大臣難居相位・馮勤傳・先是三公多見罪過・帝賢勤・欲令以善自終・嘗因讌見・從容戒之・蓋其時正承王莽之餘・多以嚴切爲主・觀於申屠剛之所諫・鍾離意之所爭・宋均論刻黠之非・桓譚謂醻賞之薄・則其時之政治畧可概見・卒之權歸於外戚・又歸於宦寺・迨至秕政日聞・而袁安淸忠・但云流涕・陳蕃抗節・終以被戕・甚而皇甫嵩張温諸人・手握兵權・尺籍一下・束身歸命・權所偏重・莫能自持・逮黨錮之獄興・尤株連之禍亟・而所稱蘊道德而能文學者・半殲害於閹豎之手・悲夫・然考黨錮諸人之行・與當時諸儒亦稍異・蓋漢儒以治經爲家法・今考黨錮傳中惟劉淑傳云・少學・明五經・魏明傳云・從博士郤仲信學春秋圖緯・

餘若膺密滂眐諸人・史皆不言其所習之經・蓋黨錮諸人・皆以淩厲自矜・與儒林諸人稍異・然並時而不相非・與後世之角立門戶者迥別・又其褒引所及・未嘗濫及僉人・視乎宋明洛蜀東林之流・良莠不齊・梟鸞並列名者・殆遠過之・嗚呼・此又以見東漢人心之樸厚・迥非唐宋以來所能及・又不僅其氣節之足稱而已也。

東漢風俗論下

或曰・東漢之風俗既超越前古・而其流弊一變為魏晉清談之俗者・此何以故・曰・此又當時一二好異者之過・而非諸儒尊訓詁・重名節之過也・蓋漢自明章而後・經術大興・然始則嬖孽之盈朝・繼則權閹之柄國・及黨錮一起・株累尤多・於是畸節之徒・慨然思有以變之・或自詭於清狂・或相高於浮譽・如戴良傳云・良少誕節・母憙驢鳴・良嘗學之以娛樂焉・及母卒・兄伯鸞居廬啜粥・非禮不行・良獨食肉飲酒・哀至乃哭・此則杜預短喪・阮籍廢禮之先聲也・黃瓊傳云・自頃徵聘之士胡元安薛孟嘗朱仲招顧季鴻等・其功業皆無可採・故俗論皆言處士純盜虛聲・此則鄧颺浮誕・王衍虛名之作俑也・臧洪傳云・前刺史焦和好立虛譽・能清談・時黃巾羣盜處處飇起・和不理戎警・但坐列巫史禜禱羣臣・衆遂潰散・此則蕭繹老子・王凝鬼兵之先導也・向栩傳云・性卓詭不倫・狀如學道・又似狂生・好被髮・著絳帩頭・不好語言・而喜長嘯・賓客從就・輒伏而不視・有弟子名為顏淵子貢季路冉有之輩・時人莫能測之・此則思光任縱・彥國酣呼之初祖也・而皆起於桓靈之末・蓋其時紀綱既弛・士習漸漓・不待王何諸人揚其波・而煽其焰・而風俗之厚・不及明章以前・審矣・猶幸異說雖興・流傳未廣・加以服鄭諸儒・恪守師承・特尊詁訓・使天下得所指歸・而不至潰決滅裂・而無所範・故嘗謂北海諸人・其表章聖經之功猶後・其維持名教之功獨多・然一簣不足障江河・一刄不足殘林藪・迨至羣雄角逐・三國鼎分・魏武帝至求汙辱之名・可笑之行・不仁不孝・而有用兵治國之術者・於是詐力相矜・澆漓日甚・其流弊至於六代隋唐而未已・為可慨也。

竊謂魏晉諸人・能守漢儒之家法・則其風俗不至於敗壞・佛法自明帝時已入中國・而史所稱學浮屠之術者・僅楚王英笮融二人・此外絕無遵其教者・即如黃老之術盛於西漢・至東漢時已漸微・范史所記宗其教者・若任隗鄭均楊厚樊瑞范升淳于恭翟酺周勰向栩折像向萇高恢矯慎等十餘人・惟范升能通論語孝經梁邱易・及翟酺能善圖緯天文歷算・餘不言其通經・亦無所著述・即如秦景竺法蘭蔡愔等・范史俱不列於方伎傳・勝魏書之志釋老多矣・蓋漢學最重家法・恪遵師說・不肯稍背・其有偶為好異者・當時即目以為非・又且兼習五經不過許鄭賈服數大儒・皆習一經或兼通一二經者・蓋學以專而能精・雖同為聖經而學有未深・不敢稍為旁騖・又況舍闕里之微言・遵大雄之別教・陰違聖理・顯蹈歧趨・若正始之談元・姚江之禪學・吾知漢儒必有夷然不屑者・是則漢儒衛道之功・本遠過於唐宋・或徒以章句目之・已失漢儒本旨・使歷代以來能守其法・則釋氏必無所施其僞・即有一二流傳・亦不過與百家雜技者流・同為君子所弗尚・而亦無待於宋人之闢矣・然則為學者・但當務乎篤實之

功・以求化平風俗・而顧可以好異之心偶參之哉・故曰・觀暴秦之可變爲兩漢・知風俗所以厚・觀兩漢之可變爲魏晉・知風俗所以衰。

金文最序

昔劉知幾史通載文篇・譏世之作史者・連章疏錄一字無廢・非復史書・變成文集・余竊謂不然・夫文章者・所以羽翼史傳也・古來史傳沿訛・往往藉私集文章爲之訂正・惡得概指爲雕蟲小技哉・曩嘗讀遼金元三史・苦其脫漏舛訛・不一而足・欲取當時諸人著述證其異同・然遼時文字之禁甚嚴・迄今傳作愈稀・無從采摭・元則周南瑞輯之於前・蘇天爵編之於後・事迹皆磊落可觀・惟金源文章・未有爲之纂輯者・國朝康熙三十年・奉旨編定全金詩・於是編什聲歌・粲然大備・而文獨闕如・聞武進莊氏芝階嘗輯有金文雅十卷・然篇帙寥寥・未爲鉅製・信乎拾遺蒐墜・尚有待於後人也。

昭文張氏月霄・博雅好古・嘗輯成金文最一百二十卷・阮文達公亟稱之・世多以金偏安一隅・又國祚稍促・遂謂其文不及宋元・不知有元一代・文章皆自金源啓之・無論遺山老人・才力沈雄・超出南宋諸公之上・卽如趙閑閑王滹南等・視虞范輩何多讓焉・至其卷帙繁富較之姚氏文粹・呂氏文鑑・蘇氏文類幾倍之。蓋姚氏等意主於論文・故刪錄必嚴・鑒裁必審・若張氏則意在備一朝掌故・爲他日重修金史之資・旨趣旣殊・體裁遂別・或有議其蔓衍者・無乃知二五而不知十歟・顧余獨疑元修金史・經營日久・與遼史元史成於倉猝者不同・預纂修者・又皆一時碩彥・而衞紹王紀至不能舉其事實・又全史所錄・文字祇有梁襄諫北幸一書・今張氏於數百年後獨能掇拾網羅・洪纖畢備・設使歐陽原功揭傒斯李好文輩見之・亦當前賢畏後生矣。

張氏自家落後・書籍多散於嶺南・是書爲伍紫垣方伯購得・先舍人公曾與借鈔・並勸付剞劂・方伯欣然任之・未幾夷寇陷廣州・事遂中綴・今方伯之哲嗣子昇比部・始勉成先志・付諸梓人・而余亦竊隨編定・每檢先舍人公晚年所校勘・朱墨爛然・輒抱手澤之感・子昇瞻懷先德・當亦同此情也。

石麟士大令詩序

自古循吏罕能詩・陶潛在彭澤・姚合在武功・詩工矣・而政績不傳・若唐元結在道州・其殆以詩人而能吏事者乎・觀其舂陵行・賊退示官吏詩・藹然仁者之言・又能以餘暇集賓佐於浯溪上・飲酒賦詩・文采風流・標映千古・信非俗吏所能及矣・今見之麟士石君・君筮仕閩中・所至有惠政・當道光時・海內晏然・民物滋盛・與天寶離亂者不同・然官吏之貪恣・盜賊之橫悍・財賦之困匱・夷狄之跋扈・已隱然槎栟其間・君慨然悼之・故其詩憂深而慮遠・若預知十數年後之亂萌者・其視道州之遺際・又何以異耶。

余嘗讀古今論詩者・大都論詩足以感人心・窮物變・此非知詩者也。夫詩之作・其淺者足以驚天地而泣鬼神・而其節者則幷足以固人心而維國運・昔詩六月序云・小雅盡廢・四夷交侵・言詩廢而天下亂也・及其復興也・鴻雁之詩曰・雖多劬勞・其究安宅・雲漢之詩曰・大命近止・無棄有成・

凡盛衰得失．其見於詩者如此．是故其詞哀以懼者．則人有悔心．其詞慷以慨者．則人有奮志．而後一二智畧之士．遂得感喟興發．各出其才勇．以成翊贊之功．然則謂周室中興．不成於方召．而成於崧高烝民江漢常武諸詩人也．亦無不可．三代而後．詩義寖佚．惟杜少陵陸務觀所作．憂時傷亂．猶有三百篇遺音．今麟士詩不知視陸杜何如．要於古詩人之義．其斷必有合也．余未與君相見．顧嘗於亡友朱秋甄集識君名字．故因君門人之請而序之．自君歿後凡十數年．東西羣醜．悉已蕩定．然而吏治日偸．民財日匱．安得如君數十輩．落落然參錯天下．爲邦國萬物吐氣乎．余覽君詩亦如少陵同元使君舂陵行．竊願斐然有作也。

後希古堂文會序

往者道光初．嘉應吳石華蘭修．南海曾勉士釗兩先生．結希古堂會．以古文相砥礪．與斯會者凡十八人．勉士爲之序．今載面城樓集中．不數年其會竟廢．宗浚少時聞其事而豔之．惜後來無能繼起者．屢嘗欲與同志倡復振興．又以溺於科舉之文．猝猝未暇也．今年春．與南海梁君庚生．順德馬君貞榆言之．皆欣然許諾．於是合同志凡十餘人．爲後希古堂會。宗浚因爲之序曰。

嗚呼．世運之弊也．沈黝冥塞．莫知紀極．故奇才蔚焉．文風之壞也．疲苶緩弛．散漫無紀．故志士奮焉．當道光咸豐閒．寇賊驛騷．士之瓌琦卓異者．多奔走逃亡之不暇．故見聞日陋．而學殖愈荒．即閒爲文章．亦皆噍殺灰頹．庸庸委靡．然則倡復而振興之者．謂非有待於吾輩哉．宗浚嘗謂國朝魏叔子．文有策士縱横氣．至侯汪等益駮雜不純．惟桐城方氏姚氏所作文．頗有波瀾意度．實爲一代正宗．詆之者謂其平正冲澹則有餘．浸淫醲郁則不足．絜之古人相去尚不可以道里計．斯誠洞見癥結之言．雖然．今之詆桐城者．其所自作之文．則皆未能沈浸醲郁也．其波瀾意度並不及桐城也．不失之繁縟．即失之鎖碎．夫如是則彼亦一是非．此亦一是非．安能闔其口而奪之氣哉．荀子云．鍥而舍之．朽木不入．鍥而不舍．金石可鏤．吾願爲文者．但當好學深思．先求乎波瀾意度之所在．由於根柢於六籍．肴核於百家．鎔滓範精．擷秀傾瀝．以蘄至乎所云沈浸醲郁者．愼毋高自標許．而所作不逮乎所見也。

趙秋谷聲調譜跋

右聲調譜一卷．趙執信秋谷撰．是書四庫提要已著錄．相傳秋谷問聲調於漁洋．漁洋祕不以告．秋谷乃就唐人詩排比鉤稽．自得其法．因筆之於書．以發漁洋之覆．嘗考平仄之分．實天籟之自然．莫知其所自始．按禮記王制同律鄭注云．同陰律也．疏云．所以先言陰律者．以同爲平聲．平爲發語之本．今古悉然．是則平仄一節．先儒且以釋經．況詩以永言．其不得不致嚴於平仄明矣．大抵從前名人於聲調一說．無不了了於胸中．或知而不言．或言之而不盡其法．其實則不自秋谷始．並不自漁洋始．茲流覽古籍．得數證焉．皎然詩式云．（詩式或以爲僞書．然亦在明以前．）用律不滯．由深於聲對．此語似爲古詩而發．按趙譜於秦越人洞中咏小注云．下句是律．上句第五字必平．□第三字平亦拗以

別律．又上言下句是律之調如此．非謂此句．而此句亦律也．此律句之法與詩式所言脗合．此一證也．楊文公談苑云．粘之平仄．其呆處也．至可平可仄之活變字眼．尤當審愼用之．使歸於應弦合節．此妙又在神明於粘之外矣．按此卽趙氏平仄相救之法．此二證也．談苑又云詩之平仄固貴不失．而卽其所用之平仄．又有輕重剛柔之別．斟酌得宜．令宮商相協．此並非止言平仄而已也．按趙譜於杜詩草木歲月晚句注云．木月二字入聲妙．五仄無一入聲．依然無調也．又云．凡拗律詩無八句純拗者．其中必有諧句．均足與談苑相發明．此三證也．朱文公集贈人詩．知君亦念我．相望兩咨嗟．自注云．望平聲．蓋望字讀仄音於義理無礙．然上句已是拗律．下句自不能更用律句．故注明平聲以別之．此與趙譜總之兩句一聯中不得與律詩相配之說合．此四證也．苕溪漁隱云．對句之平仄相反．其第三則粘第二．第五則粘第四．第七則粘第六．第八則仍與首句同也．按此最淺無足道．然亦足爲講聲調者之先聲．此五證也．四溟詩話云．夫平仄以成句．抑揚以合韻．揚多抑少則調勻．抑少揚多則調促．若杜常華清宮詩．朝元閣上西風急．都入長楊作雨聲．上句二入聲．抑揚相稱．歌則爲中和調矣．王昌齡長信秋詞．玉顏不及寒鴉色．猶帶昭陽日影來．上句四入聲．抑之太過．下句一入聲．歌則疾徐有節矣．按此說近苛細．然亦足見聲律至微．必不可以不講．此六證也．李子鱗云．五律七律其一三五雖屬可平可仄．而音節之和否．全在此等處．作者須於此留心．雖名家亦或故變易其平仄以示矯健．然終不可不取定則也．按趙譜於一三五不論之說．攻之甚力．如杜牧詩．行人碧溪渡小注云．第四字拗平．第三字斷斷用仄．今人不論者非．又云律詩平平仄仄平．此是正格．若仄平平仄平．變而仍律者也．仄平仄仄平則古詩句矣．此格人多不知．由一三五不論一語誤之也．其語最爲痛快．而不知子鱗先有此說．此七證也．

至於單拗雙拗古人論之已詳．趙氏不過益明其說．惟所論古詩實有獨見．而七古爲尤嚴．蓋五古專避律句．說尙易明．惟七古拗救之法甚多．總以第五字爲最要．大抵寬於仄韻．而嚴於平韻．寬於出句．而嚴於對句．其四平切腳．及五平切腳者．則謂之落調．惟用柏梁體．及如杜之太常樓船聲嗷嘈．（荊南兵馬使太常卿趙公大食刀歌．）韓之風怒不休何軒軒．（火山行．）文學穰穰囷滄稠（劉生詩．）之類．則均不在此例．其有用之而失者．若李賀之吳絲蜀桐張高秋（李憑箜篌引．）李商隱之咏神聖功書之碑．（韓碑．）杜之胡爲見羈虞羅中．（冬狩行．）泊乎吾生何飄零．（晚晴．）冰壺玉衡懸淸秋（寄裴施州）等句．俱於聲調有礙．考飴山文集．是書有秋谷門人仲是保序一篇云．唐詩聲調迄元已微．又古史手亭答問亦云．唐宋元明詩大家無一字不諧．明何李邊徐王李輩亦然．袁中郎之流便不了了矣．此說似不盡然．無論元明詩多失調．就宋而論．蘇黃並稱大家．蘇詩尙無此弊．而黃詩則頗不免．卽如七古中之草堂丈人非熊羆．（贈鄭郊．）徑思著鞭隨詩翁（觀伯時畫馬．）且莫著書藏名山．（再次韻呈廖明畧．）淪湯試春柳加餐．（送曹子方福建路運判．兼簡運使張仲謀．）東連五溪西氐羌．（和謝公定征南謠．）從漢至今無楊雄（和舍弟中秋月．）

諸句・以趙譜律之・殊爲落調・如王半山（如和王微之登高齋三首・忽憶雲歸胡爲哉之類・）楊誠齋（如過霅川大溪・菰蒲際天青無邊之類・）陸放翁（如十二月十一日視築堤詩・蜿蜿其長高隆隆之類・）諸人集中・尤屬連篇累牘不可勝紀・宋詩之不及唐詩者・不盡因此・然亦可見其詩律之細・不逮唐人矣。

至近人翟氏聲調譜拾遺・於趙譜殊無所發明・不過因趙氏之法・別取數詩・畧爲點定・其五律詩李白南陽送客一首・（詩云・斗酒勿爲薄・寸心貴不忘・坐惜故人去・偏令游子傷・離顔怨芳草・春思結垂楊・揮手再三別・臨岐空斷腸・）戴叔倫送友人東歸一首・（詩云・萬里楊柳色・出關送故人・輕煙揚流水・落日飛行塵・積夢江濤闊・憶家兄弟貧・徘徊灞亭上・不語自傷春・）謂其次句第三字不拗救・又仄平及仄仄平用古詩句法・自謂足補趙譜所未備・不知趙譜於杜牧送盧常秀才詩・已明言亦可不救・又云上句第三字仄・下句第三字斷宜平・此在首聯唐人亦有不拘者・是此法趙譜已明言之・翟氏復欲訂其謬誤・未免失之拘泥・且其次句用古句・本以上句拗律・故可連用・原非獨於律句中用一古句也・況古人詩往往有前人爲之而後人斷不可學者・如李頎開山幽居祇樹林一句・（或作開士・毛大可嘗闢其謬必開山爲是・）楊誠齋人物至今何水部・風流不減韋蘇州一聯・（宋人多不講音韻之學・疑誠齋讀韋作仄聲・故有此誤・若吳梅村千軍推韋粲之類・然十駕齋養新錄謂王阮亭詩・班管題詩吳祭酒・紅顔度曲袁荆州・句法實本於此・可知偶爾涉筆・卽自成一格也・）岑嘉州使君席夜送嚴河南赴長水一首・（詩云・倚歌急管雜青絲・銀燭金杯映翠眉・使君地主能相送・河尹天明坐莫辭・春城月出人皆醉・野戍花深馬去遲・寄聲報爾山翁道・今日河南勝昔時・）其詩蓋全首失粘也・）使刻意學之・豈不可哂・若盡以繩趙譜所未備・不太苛乎・惟趙氏謂七律無八句俱拗者・此譜引杜詩題省中院壁一首・鄭駙馬宅宴洞中一首・九日一首正之・亦資考據・至趙譜有李賀十二月樂詞十三首・平仄多不可解・其詩古律句每多雜用・卽如起句之上樓迎春歸・卽爲五平切腳・亦屬落調・未免自相矛盾・置之不（原謄印稿註・此處有遺漏・）

讀史記衛青霍去病傳書後

三代而後・中國多困於夷狄・其能振中國之威者・惟秦漢唐耳・秦不足道・唐初擒頡利・滅高昌・所併皆小國・然後葉亦不能無邊患・獨漢帝舉天下之全力以事匈奴・十數年間・漠北盡空・至宣帝時・呼韓遂來朝・且遣子入侍・其時出軍絕漠・惟衛霍之功居多・余讀史記衛將軍驃騎列傳・指摘其短特甚・心竊疑之・後讀李廣傳・而後知太史公恩怨之詞・果不足憑信也・嘗考李廣屢爲邊郡太守・雖數與匈奴戰・然未聞斬一渠・拓一地也・史所稱匈奴畏之號曰飛將軍・未免近於夸飾・至行軍無部伍・嘗爲胡兒所得・又屢以失道致敗・其材畧不及衛霍遠甚・太史公坐李陵事・幽於縲紲・故爲李廣作佳傳以報之・而於陷廣至死之衛青・詆毀不遺餘力・遂於驃騎亦均有微詞・其云廣家世受射・以良家子從軍擊胡・則與大將軍之出身淫賤爲人奴隸者異矣・廣廉得賜・輒分其麾下・身爲二千石・四十餘年・家無餘財・則

賞與大將軍以五百金爲王夫人親壽者異矣．廣之將兵乏絕之處．見水士卒不盡飲．廣不近水．士卒不盡食．廣不嘗食．則與驃騎將軍重車餘棄粱肉．士卒乏糧．或不能自振．尙穿域蹋鞠者異矣．至李廣傳贊云．死之日天下知與不知．皆爲盡哀．彼其忠實心．誠信於士大夫．而衞青傳贊則著其不肯招士．又云驃騎亦放此．此尤太史公微旨所在．蓋李廣雖無戰功而喜士大夫者也．故史公則深許之．且盡諱其喪師失律之罪．而惜之曰數奇．衞霍雖有戰功而不喜士大夫者也．故史公則深貶之．且盡沒其禽渠獲醜之功．而指之曰天幸。

千載而下．讀李廣傳者．皆尊之曰奇才．曰良將．讀衞霍傳者．皆鄙之曰庸奴．曰貴幸．文人之筆．能令其是非顚倒．吁可畏哉．司馬遷素號良史才．不虛美．不隱善．獨感激於李陵之私誼．遂以愛憎爲善惡．古所云不有人禍．則有大刑者．正以此其身下蠶室．爲世嗤點．非不幸也．余獨怪衞霍雖有肺腑親．然其初本微賤耳．武帝拔之於汚泥之中．遂能成大業．建大功．致身通顯．吁．帝誠知人善任哉。

讀張爲主客圖書後

詩有六義．風雅頌爲經．而比興賦爲緯．蓋詩之爲言志也．未有無志而可言詩者．自兩漢以迄魏晉．傳詩不多．然篇篇皆有用意所在．姑約畧之．如曹子建詩云．飄飄放志意．千秋長若斯．隱然有規諷子桓友愛不終意．郭宏農詩云．燕昭無靈氣．漢武非仙才．隱然有規諷王敦不宜叛道意．持此推測．十得八九．其於比興賦之義未大相遠也．宋齊後好爲輕艷之詞．於是始有以佳句名者．如史所傳王筠柳惲詩句．皆其濫觴．若顏之推家訓載蕭慤芙蓉露下落．楊柳月中疏句．則北朝亦霑染其習矣．唐代承之．沿流忘本．其集諸家警句彙爲一篇者．殆始於張爲主客圖乎．余取鏡煙堂刻閱之．了無深意．卽如卷首以白太傅爲廣大敎化主．錄其讀史一首．秦中吟一首．寓意一首．及得意減別恨數聯．試問足盡白太傅所長否．餘皆爭奇鬥異於字句之間．而惡俗語如曹鄴之能將一人手．掩盡天下目．衞準之莫言閑話是閑話．往往事從閑話來．亦間收一二．後世乳臭小兒．目僅識丁．偶有一聯新巧．采入名公詩話中．輒沾沾然自詡詩人．附庸風雅．皆張爲輩階之厲也。

觀古來數大家．若射洪太白子美香山義山昌黎六一半山東坡山谷．皆氣象闊大．興寄深遠．篇篇有意．不屑於琢句見長．惟陸放翁古詩雄拔．而律詩獨善．屬對工緻．寫景圓秀．故詩格視詩家較卑．至賈島方干許渾姚合九僧四靈輩．雖佳句纍纍如貫珠．如編貝．其於古人比興賦之旨．終身何嘗夢見．直謂之不知詩可矣．故昔人論唐詩．有初盛中晚之分．非中晚之人才力遠不及初盛也．其論詩之旨先誤也。

西樵山賦

若夫煙雲離合．有東樵之奇觀焉．凋壑幽深．有西樵之勝矚焉．爾乃坻堮駢連．岡巒糾厲．元氣之所胚渾．秀靈之所蘊蓄．通華脉於巨溟．峙神基於炎服．其爲廣也．其爲邃也．宜其爲獨也．於時朱夏告徂．素商弭節．雲采錦散．天容鏡澈．望簪岑之遙．矗矗蹇光．涉乎樵湖．睇灣環而極視．蔚秀萼之挺敷．狀若翠鬟峨峨而獻㜸．又若雲錦亂費

以横鋪．疑空翠之可攬．將濾袂而襲裾．忽層飆之輕漾．又積煙其有無．懼山靈之匿祕．閟塵趾於仙都．紛繵廻而紆顏．心振蕩而失愉．既抵澳隈．遂循澗麓．始叩經於元關．忽離凡而捐俗．乍披薛而識厓．彼眄蘼而循谷．泉交蓄泄之流．樹雜古今之木．登雲泉之高館．絶飛檐之𦎪𦎪．謝炎歊之毒瓅．襲顥虬之舒涼．華榱輝而礙日．虛室邃以含霜．怪石蹲於前砌．飛雲涌於畫梁．若乃庨剔巖區．披轉叢薄．珍木交挺．瓊柯雜錯．輕籟上穹．哀音下壑．泂泂沄沄．不可測度．既臨絶澗．乃俯清流．嘘霱疑□□□□．纖蘼曳以微動．斥草墜而弗留．聚渟碧之一鑑．散圓青之萬漚．外若儵篁蓄吹於陽厓．靈草茁茁於玉圃．游鯈瀺灂以跳波．雛鳥翾翻而結侶．龍潭灌潤乎神淵．蝠洞垂形乎仙乳．斯悉尋常物產之滋．固可畧而勿舉也。

瞻疊嶺之隇陝．復緣磴而左顧．杉栝肅其清陰．莓苔紆其轍步．石壁忽剖．靈扉豁開．倏砰磕而殷殷．象百里之驚雷．愕萬峯之摧裂．心咍礙而尚猜．何轟豗之駴聽．復宮徵其克諧．及至躋乎其巔．則浩浩霆翻．轟轟雷掣．劃兮飆馳．斟兮雲凸．擊石石移．摧林林折．盆磙滿坑．餘怒未絶．川原避其震威．陂堰嘘其漂沫．澒洞乎炎荒之煙．飛騰乎太始之雪．相與窺濕瀑．坐崟嵜．援琴興逸．舉袂神怡．賡濯纓於楚什．詠流杯於周詩．披余襟兮風榭．晞余髮兮晴厓．彼五垢之塵濁．將一洸而滌之．既乃踐蒙茸．披麗䍜．遵夷涂．望平陸．循下徑而陟上峯．見鱗鱗之白屋．髫童往來．雞犬追逐．甽澮縱横．田疇衍沃．廟社蔽於巨榕．垣墻蔭乎修竹．漱滋潤於雲腴．吸芬芳於山淥．境類乎盤谷之幽．地儼乎仙源之岫．指翠巖而漸近．策藜杖以遄征．遵修坂之迢迢．翼微飋之泠泠．忽若蹝鹿蹻而乘鶴翰．將褰舉乎太清．則見蒼隙露濡．采壁霞絢．芝秀千名．苔斑萬變．洞勢韜寒．林容表蒨．徑當晝而露陰．嶺未昏而月見．倏鏘洋之入聽．結遙響於緒風．類仙宮之梵唄．疑帝所之笙鏞．始□訇於淺瀨．終漩澓於奔潨．信靈區之蓄祕．故洊坎而發蒙．登陟既疲．臻乎巉絶．懿大科之奇峯．表天中而郅揭．東窺乎獅海之掀騰．西指乎崧臺之巀嶭．漠漠濛濛．緜緜疊疊．霞暉自陰．千里滅沒．馳遐覽於區中．眇凝思於天末．疑雺晦之韜含．歷鴻濛而未豁．仰紫閶而叩帝閽．謂匏瓜其可掇．若此者．岑巒之奧邃．岫嶺之縈紆．斯固騷人墨客所爲縱覽而極娛也。

至於先哲嘉聲．前賢逸躅．榮暉被於山川．美蔭留於草木．斯又足以遵古宇而拓區．懷今情而結馥．昔秘書之偶寓．興美利於茶田．蔚留題於秀句．興邱壑而爭鮮．偉矣何公．遯世無悶．散髮松阿．銜杯菌巘．芬藻未湔．高風猶緬．緊抱眞之介節．與邴管而同儔．混往來於麋鹿．輕榮利於蜉蝣．景孤芳之獨絶．洵龍逸而螭游．惟明代之鉅儒．喜聚徒而講學．開坐席於雷何．接心傳於閩洛．彼新會之門牆．挺鉅公於湛霍．忘珪組之榮華．悅雲霞之襟託．巖巒悉建乎緇帷．林野並輝乎丹雘．故當其時．英髦濟濟．冑子莘莘．豆籩是肄．弦誦相聞．門無題鳳之客．座悉雕龍之賓．其學行則人人以爲姚董．其德望則家家擬於荀陳．至若屈鄺畸人．張黎逸士．驚翰濤掀．瓌詞霧詭．偶翠墨之鐫華．被餘輝於桑梓．夫考神蹤於祕牒．稽勝蹟於圖經．一以爲神僧

之禪窟・一以爲羽人之福庭・過之者膜拜・談之者誇稱・獨斯地則壇坫曾開・名賢戾止・詩書之場・冠蓋之里・同誦讀於河汾・類追隨於華市・過墨井者尚有遺蹤・詣書室者非無故址・羌歷禩而經年・尚未汚於二氏・斯益窮六合而極九州・尚未足與斯媲美也・又何異不其之舊寓鄭君・鹿洞之曾居朱子・迄今述前徽・景芳軌・縱舊宇之既蕪・復精廬之遞起・誠百世而聞風・接遺音於正始・彼東樵之雄偉・並著迹於曩編・然而奧祕但誇乎洞府・神奇空侈乎眞仙・桂父煉丹之窟・麻姑賣酒之田・靈禽搗藥以啁哳・飛蝶化衣而蹁躚・雄風生於啞虎之穴・甘澍沛於神龜之淵・徒詭幻耳・奚足取焉。

且夫川以潤而玭琫生・山以深而材實茂・則斯又爲濱海之奧區・南禺之神囿・以故木產梼梧・藥滋苓枸・果毓蕉橙・蔬豐葵韭・苟卜居而結鄰・信少雙而寡偶・昔楊侯愛蹲鴟而居岷山・葛令餌丹砂而求句漏・倘薜萿於斯鄉・亦何事別求乎林藪・重曰・攀桂枝兮淹留・眇延佇兮企靈修・指清泉兮堪濯燕・羨白石兮爲糧餱・吁白龍兮來下・吾將共耕乎山之幽。

述畫賦 有序

昔唐竇泉有述書賦・其自序云・刊訛誤於形聲・定目存於指掌・可謂富矣・然畫亦藝事之一・昔人所以審名物・知遠近也・而綿邈千載・題詠罕及・不其異歟・余庋疏往籍・鳩耆曩篇・不揣固陋・妄爲斯作・至其優劣得失・則皆纂集前人之說・而不敢妄下己意・蓋仿竇氏之體・而不盡沿其例云・詞曰・

涉文囿以遐覽・悅繪事之稱神・效三長以呈技・該六法而扇芬・涵煙雲於尺素・睨江海於一塵・意卽近而創矩・情邁古而構新・包庶彙於萬狀・羌俶詭而鮮倫・其始也・則收視返聽・經營結構・膠千慮而微芒・赴百象而馳驟・情鬱轖而欲達・狀曈曨而似覯・總萬轡而齊條・奮千□而擷秀・宅景則神融・範迹則形透・選能則懷懌・振響則聲腠・極衆藝之標能・始咸推於領袖・然後搖毫浴簡・殺粉調鉛・淡還罨靄・濃或暄妍・況乎若良駿之驀乎重澗・渺兮若游魚之脫於深淵・思歘歘以欲回・景馮馮而愈鮮・鵠山水而並赴・範風雲而走連・參化育之微渺・極形模之昭宣・則見夫元氣淋漓・機神翔翥・野會川冲・綺交脈注・炳犟綉於璘彬・納鑪鞲於鼓鑄・剖豪芒而寄心・循險仄而紆步・或似疎而忽密・或若晦而更露・或尋源而委曲・或隨末而散引・體堃籥而緯情・驅元炁而作馭・拚飛走於寸毫・沛波濤於尺素・慘巡林而秋肅・歡仰昊而春煦・肖妍醜而效形・揖渟峙而得趣・籠物彙之高致・超寰區之妙悟・既嚴謹而精微・亦縱橫而迅赴・別有殊尤・絕類庶彙・異名取工・一物求肖・一形發皇・耳目雕鏤・影聲馨覃・精而莫究・時涉筆而卽成・弋高翰之墜羽・勻餘花之晚馨・匪競能於深匠・藉陶鑄於襟靈・疏醴泉之異派・擢嘉條之別莖・想取材之各當・宜瑋麗之並呈・要惟其製有萬殊・理惟一致・顓門者・藉以名家・兼善者・因而寄意・其取局也務遠・其擬則也求備・其賦飾也貴腴・其肖象也取緻・窮離羽之析芒・比駢憐之奏技・戒複後而沓前・恐偏勝而致累・或似增而實減・或似簡而仍費・在

製局之孔閎・毋亂伍以失次・惟襟軸之清英・始下筆而可貴・繩徑涂之步趨・判朱紫之眞僞・括千齡於悠久・回六氣於歡悴・緬程軌之在人・孰嗣響其弗替。

故由晉唐以迄於我朝・經百代・歷千家・而靡有或異也・爰蒐前籍・爰證古賢・史皇肇其初祖・舜妹娰其流傳・虞章服而有象・夏彝鼎而有鐫・或數公輸之設巧・或誇烈裔之兼全・旗則隼旟有別・器則龍簴斯懸・問輪廓之易失・豈形神而或存・漢則西京一朝・延壽稱最・終珍翠以貽殃・見盛名之爲累・（按西京雜記尚有陳敞劉白數人・然西京雜記本僞書也・故不取・）伯喈平子・先後馳聲・張則絕藝而莫紀・蔡則遺範而可名・並涵淵頴・同振芳聲・觥觥葛公・世載其美・餘事所留・逸跡斯起・游藝之勝・矜彼趙（岐）劉（褒）・變寒燠於轉瞬・象賢喆於曩儔・既炫奇而顯異・亦綿密以清遒・陋耳食之相許・謂神品之獨優・（李嗣眞畫後品・以趙岐劉褒爲上一品・然考二人不聞有圖畫流傳・恐徒震其名・未覩其迹也・）若此者・通靈已化・寶繪難求・彼曩哲之衡論・亦規儗以無由矣・

魏晉以來・專門斯覩・振雕鶚以齊騫・驤驊騮而踵武・弗興名迹・蔚乎江東・包千彙而爲象・搆百狀以爲容・如翔天之儀鳳・若戲海之眞龍・大矣元運・悠哉化工・其廣無方・其妙無窮・櫟張衛而爲聖・冠魏晉而稱宗・（吳曹弗興・吳興人・）典午一朝・明帝獨善・沈着超越・妙筆斯擅・詭佛老之奇容・亦妖露以百變・（晉明帝）遐哉衛協・涉犖經奇・如華嶽蟠峙於萬仞・河濟流注於四時・挺壯氣而獨奮・跨羣雄而莫追・開法則於千禩・體安閑之妙姿・偉神聖之莫測・恐中品以非宜・（晉衛協・謝赫古品畫錄・古畫皆畧・至協始精・六法之中・迨爲兼善・又李嗣眞畫後品・以協在中品上・在張僧繇楊契丹之下・）公曾雍雍・範戎法則・洵極妙而參神・恨鮮聞乎手迹・（荀勗字公曾・潁川人・）過江之秀・仲將是稱・書則逸少之所本・畫則明帝之所承・如德門之耆舊・範端恪之儀型・（王□字仲將・瑯琊人・）羲獻二王・書法稱聖・時涉筆之偶餘・亦超妙以雄勁・（王羲之王獻之並瑯琊人・）靈秀之氣獨鍾・顧生思入微而窮細・體變古而極精・朗襟抱之矯異・羌聖詣之絕敻・語其豪也・則並乘於川岳・語其細也・則不爽於權衡・極揮霍而變動・羌莫得而備徵・如仙人之超化・卻塵累而弗攖・譬佛法之莊妙・感微契於幽冥・巍然而峯巒聳・曠然而江海清・云筆迹之未逮・詎是推乎定評・（顧愷之字長康・無錫人・謝赫云迹不逮意・聲過其實・）安道翩翩・風骨遒峻・連綿巧拔・清和朗潤・如範金之在鎔・若鑄泥之成印・彼累葉而嗣芬・信家風而獨振・（戴逵字安道・譙國人・子勃亦能畫・弟容亦然・）探微氣韻・邈然寡倫・參靈酌妙・適道存眞・如寒暑之應令・比日星之散文・法自然之妙運・與顧愷而並珍・譬禪家之妙悟・各頓漸而相因・彼神奇以莫測・此軌範而可循・迨從心而就矩・仍變化以無垠・（陸探微吳人・）卓矣陸綏・飄然風采・一點一拂・體魄斯在・卷軸莫傳・千載同慨・（陸綏探微子・）顧袁兩君・筆氣岸異・麻紙所書・見賞後世・承師法而有餘・恨畧少於新意・如騏驥之駕車・期千里而未至・（顧寶先袁舊二人皆師陸探微・）

六朝遺畫・謝稚爲多・足徵好事・每備蒐羅・求妙迹之

所至・若揀金而披紗・（謝稚陳郡陽夏人・）士温纖弱・畧含雋永・逸而能奇・柔而能整・若輕草之拂落花・微雲之棲遠嶺・（劉瑱字士温・彭城安上里人・）惠遠師顧・具體而微・狀騏驥之奮迅・乃振筆以如龍・格以刱而特妙・意以新而始奇・猶扶風之豪士・負逸氣而不羈・（毛惠遠滎陽陽武人・）謝赫則點刷精姸・恨傷媚嫵・雖狀貌之惟肖・未神明於規矩・如大匠之經營・美繪飾於纂組・矜絕巧之靡踰・乏棟梁之搘柱・（謝赫南齊人・）僧繇壯偉・佛像是長・五光並會・萬象在旁・如洪源驅流而浩浩・鄧材鬱影而蒼蒼・聳雲濤之變幻・森劍戟之鋒鋩・淵靈莫測・磅礴無方・評之者心服・見之者神揚・殆韶樂之妙化・雖肉味以可忘・縱未嫺於聖貌・彼一眚以何傷・（張僧繇吳中人・）姚最續畫品云・聖賢□矚・小乏神氣・豈可求備於一人・）善果儒童・並承家訓・迹務形似・意求獨奮・惜筆力之未充・鮮靈機之獨運・如蘭艾儕列・珠礫淆紊・（善果儒童・並張僧繇子・）野王輕蒨・特妙草蟲・卽形刱法・意象爲工・如翩翩之翬雉・迅逸之輕鴻・（顧野王字希馮・吳郡吳人也・）子華彬彬・妙盡胸臆・多不可減・少不可益・譬新豐之有營・卽雞犬而皆識・（楊子華北齊時人・）

有隋之美・董展並稱・展則畧疎於風韻・董則稍乏於鋒稜・子虔下筆・簡易流便・始結構以盤旋・終績采以華絢・如蜀道千折・剡谿百轉・伯仁則平遠簡淡・豐贍玲瓏・統萬殊而變化・運一氣而鴻濛・如吟霜之唳雁・積霰之孤松・並以意寄寰中・情超物外・籠天地於縑毫・瀉江湖於襟帶・變法則於曩朝・開門徑於唐代・若薛滕之交爭・猶吳楚之兩大・（展子虔河北人・董伯仁汝南人・）二鄭温温・文有其質・法士廉善於機神・法輪獨稱於縝密・形骸旣肖・矩步不失・若春圃之森條・秋林之落實・（鄭法士鄭法輪・並隋時人・）契丹之風骨高騫・神明凜然・格深穩而嶜崒・意冥一而精專・若羽毛之豐滿・將高飛而戾天・（楊契丹亦隋時人・）精彩逼人・獨有尙子・比展鄭而有餘・師顧陸而未似・刱戰筆之奇蹤・時兀傲以自喜・如敗葉枯枝・蕭颯千里・（孫尙子亦隋時人・）僧亮則奇氣獨挺・得於生知・頓挫劉亮・高下咸宜・若散仙之游戲・乏檢束之自持・（田僧亮亦隋時人・學於董展・）若此事著前圖・名標往籙・可擬議而狀其模形・可企慕而得其器局・譬先海而後河・宜淵源之備錄・雖蟫斷而食殘・可追懷於軌躅・倘闕漏而弗詳・恐貽譏乎賤目・窮岱覽於配林・溯江源於岷谷・感今昔於前修・緬遺蹤於芳淑・且夫垂衣由於卉製・大輅肇於推輪・染素者久而變故・張弦者易而更新・矜刱意而自變・改舊製而靡循・故始則人物之稱擅・繼且山水之是珍・沿至於禽魚花卉・蟲鳥草木・蓋日趨於簡易・而古意漸淪也。

然而逸軌聯鑣・高才繼足・涉滄海而卽見遺珠・入元圃而彌多積玉・二閻競爽・崛起唐初・儀采肅穆・氣象安舒・若爻閭設而百官仰・塗山會而萬國趨・迨涉筆之甫就・沛雍容其有餘・宣彩矚於華曜・析微芒於錙銖・瞬鵾鵬之奮擊・蔚龍象之宏敷・罄讚歎而莫擬・驗神彩之湛如・（閻立德閻章本・雍州萬年人・）乙僧瑰奇・涉筆不苟・狀游絲而糾蟠・錯繆鐵而交鈕・彼詭越以稱奇・究風氣之所囿・類寒飈之振厲・比怪石之醜獰・（尉遲乙僧于闐國人・）孝師變

相．始於入冥．目震膽悚．骨駭心驚．如奇士之寄迹．因詭越以得名．（張孝師唐人．）仲容妙墨．輕脫寡偶．極濃淡而賦色．量尺寸而運肘．如浴渚輕鳧．垂蹊弱柳．（殷仲容天后時人．）嗣通廉悍．洒然不羣．擺脫凡近．超越埃氛．如狷介之志士．終磊落以出塵．時高舉以肆志．詎隨俗以屈伸．（薛稷字嗣通．蒲州汾陰人）．思訓丹青．特鍾其美．變古人之體格．獨妙製之自始．五色緯而雲霞宣．八音會而韶鈞起．猶巨闕與明堂．冠神京而偉麗．淩百代而獨秀．闊千輩而莫比．嗟賴俗與甜邪．誤癡兒之摹擬．（唐宗室李思訓）．昭道則窮工極巧．盡態備妍．鶩細膩而綿密．偉天機之獨全．如冶春融麗．風日增鮮．要豐贍而有骨．始筆妙之獨傳．（唐宗室李昭道）。

猗歟吳公．允矣巨製．總能剛而能柔．該入粗而入細．具奇姿而滅沒．秉逸氣而雄偉．曠淩越於九流．極臯牢於衆藝．猶饗帝之牲牢．若薦妣之嘉醴．倘譬之於聖門．則集成而大備．其超妙者．開南宗之先．其綿麗者．兼北派之異．或一像而萬殊．極雄妙於氣勢．諒造化之在胸．何矩度之能計．（吳道子字道元．東京陽翟人．）楚公勁逸．參妙入微．陗坡陀而險騺．悉順從乎指揮．如刺客之睥睨．意尙存乎殺機．（姜皎字楚公．奉州上邽人．）紹政錚錚．亦是華妙．其神惟動．其法惟肖．如古鏡砭人．纖毫畢照．（馮紹政元宗時人．）張萱名筆．秀媚可嘉．特饒風釆．未洗鉛華．如點林之皓雪．乃映浦之明霞．倘取裁於風雅．恐有乖於無邪．（張萱京兆人．）摩詰蕭散．獨存敏悟．參氣化而標能．創經圖而獨具．矯神志之不凡．若遺蛻於塵務．如佩服趨朝．自矜風度．又如西極之化人．淩煙霞而吸風露．轉浩蕩於波瀾．闢新頴以門路．稱畫聖而何慚．曠千載而擅譽．（王維字摩詰．太原祁人．）弱齊溫敏．洒脫胸懷．沈着而動．蹊徑詎乖．如櫨梨之上味．雖一啜以彌佳．（鄭虔字弱齊．鄭州滎陽人．）江都畫馬．氣惟用壯．驍騰而似蹴沙場．倏忽而欲翻屛障．如舞劍渾脫．頓挫豪宕．（江都王緒．）擅名鼎足．乃有韓曹．韓畫肉而特妙．曹取勢而特高．極通靈於相法．備雕刻於纖毫．如奇士說劍．顧盼自豪．（曹霸．韓幹．）偉哉畢宏．與古方駕．詭怪肆而奔騰．蔑桀驁而淩跨．見之者迷離．逢之者驚咤．如潰陸而決隄．挾泥沙而並下．（畢宏天寶中御史．）越筆點簇．獨推韋君．意遠而擢深石．氣高而淩秋雲．如衣蘿而帶薜．想傲氣之難馴．（韋偃京兆人．）巧峭巉嵯．玲瓏屜屭．伊王宰之擅能．想筆迹之崛起．如申韓著書．刻深自喜．（王宰蜀人．）太沖畫筆．天縱所生．狀川原之平迤．窮獸畜之性情．若名家之器具．雖纖悉以備精．（韓滉字太沖．京兆長安人．）文通放誕．歷落嵜嶔．鼓陰陽於萬氣．製權衡於一心．如怒猊之抉石．比激電之搜林．平原開而畫谿．崩崖窈而夜陰．猶飲羽之神技．將再至以難尋．（張璪字文通．）子夏孤高．擨迹自已．頗類清遒．時形峻駛．如野服幽人．未入城市．（劉商字子夏．彭城人．）潑墨之勝．王默特名．或揮或掃．時縱時橫．得於神骨．遺於模形．類山鬼之叫嘯．似野狐之通靈．彼顚狂而縱馳．豈規步之可繩．（王默亦唐人．）仲朗則繪筆參靈．時見思致．一影百妍．百狀一媚．如瓔珞莊嚴．姿容端麗．又如雙燕之翔翔．乃翩翩而

作勢。雖骨格稍恨於少遒。而標致實徵其寡二。（周昉字仲朗。京兆人。）

動物之狀。畫牛爲難。依回隴畝。游戲遠灘。伊戴嵩之形製。乃飛動而可觀。如埏範之在我。悉契合以無端。（戴嵩亦唐人。）邊鸞之妙筆輕盈。巧思特極。緩步雍容。明睞嬿嬧。如大隄之游女。藉珠翠以增飾。（邊鸞京兆人。）陳庶梁廣。並稱曩編。縟豐肌而豔骨。惜形神之未全。如小草之作花。自點綴之可憐。（陳庶梁廣。並唐時人。）范瓊寫生。精彩發越。或善相而慈悲。或奇形而慘殺。如神咒之通靈。祭枯芽而立茁。（范瓊蜀人。）孫位豪快。氣勢莫當。描眞龍之蜿蜿。狀驚流之湯湯。如鸞弧挺刃。列柱排梁。橫翔而走沙石。突出而摩刀槍。（孫位東越人。）南本之奇蹤兀嵂。沈著幽鬱。既下際而上蟠。亦左縈而右拂。如緣葱嶺而涉交河。羌膽魄而戰慄。（張南本亦唐人。）懿張詢之遺墨。樹絕妙之體裁。變化未極。生面能開。如泛舟於溟渤。尙未到於瀛萊。（張詢南海人。）光允之容與徘徊。獨存筆法。勻膩無瑕。飄搖相映。如一縷之游絲。乃霏微以不定。（刁光允雍京人。）浩然涉筆。氣韻特超。蟠萬頃之宏阯。鬱千層之孤標。包九有。總萬條。重而不滯。輕而不佻。如天台與句曲。路極轉以尙遙。彼凡界而凝望。如夐峙於煙霞。（荆浩字浩然。河南沁水人。）美哉關仝。參微造極。兼包旁羅。細分密析。如迴風之過水。初靡見乎痕迹。懿波瀾之老成。乃鼓舞而辟易。又如良將之掘兵。頤使指揮。而神勇無敵。彼軍令之森嚴。又不遺於纖悉。（關仝長安人。）此二子者。就己以成範。因天以爲師。大則峯巒靡複。小則毫芒不遺。曠町畦而獨闢。隨化象而遷移。在靈迹之可觀。斯絕擅於規爲矣。贊華畫馬。頗覺權奇。雖饒意態。未極風規。如良玉在礦。終非所宜。（唐東丹王李贊華。）胡瓌精思。運筆妙曲。如才士與幽人。亦有時而炫服。繁富有餘。神駿不足。（胡瓌山後契丹人。）花卉之作。徐熙獨優。形不求似。意不欲周。偶點筆以微染。卽婉約而清適。如弄珠之神女。或散髮以遨遊。謝吸啖於煙火。時媚約以自修。（徐熙鍾陵人。）陸晃筆迹。殆同天授。謀局未成。應時卽就。如般匠經營。不煩宿構。（陸晃嘉禾人。）文矩巧思。天妙莫鄰。細如入縷。輕若棲塵。如繁弦與碎管。乃惻惻之動人。（周文矩建康句容人。）仲元之師法吳生。意摹往作。製極纖工。筆鮮騰趠。如絕脰而扛鼎。究有慙於烏獲。（曹仲元建康豐城人。）乾暉簡淡。用筆清疎。如出樊之逸翰。若泳藻之游魚。既形相而曲盡。時輕拂其自如。若晦叔之堅緻。庶騈馳而翼驅。（郭乾暉北海人。隱字晦叔。天台人。）子瓌恬逸。工於敷彩。若入道之宮人。乃鉛華之尙在。（杜子瓌成都人。）李昇之思心造物。意出先賢。不從師授。乃得眞詮。如佳客之入座。自胸次而洒然。（李昇成都人。）昌祐之精麗從容。特見生趣。每得似而形眞。匪期工而意寓。如輕倩銖衣。未禁風露。又如絕代之施嬙。眄明睞而善顧。（滕昌祐字勝華。先本吳人。後家於蜀。）師訓振振。筆意剔透。如森竦之將門。若禮義之世冑。有子延昌。亦足比秀。（蒲師訓蜀人。子延昌。並工畫。）

宋則徽廟聖翰。乃足名家。揣巧思而不越。稽度數而無差。如春雲舒卷。秋月清華。若小景之布置。時麗密之有

加．（宋徽宗．）高廟之宸藻翾翻．聊以寄志．雖乏精深．時見逸氣．如文弱書生．頗諳世事．（宋高宗．）營邱健筆．蔚乎大宗．景鬱鬱而絕秀．氣博博而獨雄．橫沈深於象外．拓豪邁於懷中．譬之物也．則豫章聳而松柏靡雕．虎嘯而虤彪從．若聞韶以觀止．將讚嘆以奚容．感故鄉之遼越．託豪楮而寫胸．狀荒涼之景況．愴悲思而莫窮．（李成字成熙．營邱人．）名世之英．范寬特重．落紙而峯岳剛峭．出筆而波濤洶湧．想舊格而老蒼．見風袖而岸竦．如幽燕之老將．偉精爽而特聳．彼鋒稜之尚存．猶顧視而足恐．（范寬名中正．字仲立．華原人．）若茲則變化開闔．離奇荒唐．氣俶儻而突兀．情淋漓而慨慷．雖或矜乎詭異．要順理而成章．想翄局之一變．改遺製而更張．念橫流於滄海．誰舊法之細詳．叔達雍容．筆鬆氣逸．淸靈則秋水澄空．淑麗則層霄冠日、寂不致枯．縱不致溢．淡遠其神．凝鍊在骨．如高僧之蕭閑．蘊道氣而抱質．時妙論之偶抒．覺秀氣之挺拔．豈塵累之能攖．覺萬緣之盡失．（董源字叔達．鍾陵人．）猗歟要叔．轉益多師．獨摹體勢．不爽毫厘．逸韻自異．奇端莫窺．如風日之流美．見蜀錦之乍披．雖采色之互異．覺濃淡之總宜．（黃筌字要叔．成都人．）恕先則書畫二途．並臻奇妙．篆則曲得形神．畫則備工綮要．時潑墨以迷離．不暇求乎形肖．情脫縱以經奇．狀詭怪而奔峭．及乎引置安詳．煊色晃耀．重樓複閣之逶迤．曲榭迴廊之繚繞．並析秒芒．獨窮奧窔．如狂士大呼．祖跣絕叫．偶莊語之自持．時端坐以微笑．信絕技之有餘．非凡流之可料．（郭忠恕字恕先．河南洛陽人．）士元衆體兼善爲難．氣平適而自遂．情舒緩而獨安．如梟雁之清洒．終耳目之近觀．（王士元汝南宛邱人．）伯鸞永訓．亦稱矯矯．備盡精微．並窮大小．如般倕運斤．刻意工巧．（黃居寀字伯鸞．筌之子．）國器名筆．獨喜師吳．如王謝之子弟．克自繩乎步趨．（王瓘字國器．河南洛陽人．）子專詳詭．骨力深入．頗尚粗疎．時形峻急．如謇諤之大臣．聳廷諍而特立．（石恪字子專蜀人．）高益之精專徵一．骨峻格遒．如乳虎之尚稚．氣已見乎食牛．（高益本契丹涿郡人．後入中國．）仲翔盡筆龍水．尤工狀蜿蜒．而伸屈紛奮．迅而旁衝．如僧彌之慧力．已漸見乎神通．（董羽字仲翔江陵人．）畫虎有色．世載其業．奇狀魁梧．高懷巖業．如鄉閭之惡少．頗自矜乎剽俠．（包貴．貴子．俱宣城人。）

美哉三徐．振聲嗣響．筆墨並嫻．秒忽不爽．如宛洛之遨遊．乃風流之自賞．（徐崇嗣．徐崇勳．徐崇矩．俱熙孫．）文季之禽鳥竹木．樹石亭臺．精於布置．密於安排．惟奇狀之百出．有生色之獨開．如發射之百中．仍巧妙以莫階．（燕文貴吳興人．）子沖繪容．擅稱前古．偶逸氣之橫生．得傳神於阿堵．如郭象之注莊．乃時顯乎才語．（牟谷字子沖．）孫白之水紋波態．妙製自矜．紆迴往復．瀲灩渟泓．如萬縷之細緻．將縑素之可成．（孫白善畫水．）道甯蒼老．雄快高簡．澗壑深刻．林木凌亂．如鷙鳥之摩霄．想鋒翮之橫健．（許道甯河間人．）浣深用筆端倪．獨深千巒．競勢萬壑．迸音如飛仙之乘蹻．倏來去而莫尋．（翟浣深營邱人．）趙昌遺筆．光豔莫比．嬛娟便巧．柔紋細理．如冶葉與昌條．時弄姿而旖旎．惜風骨之莫持．固識人之所

鄙．（趙昌劍南人．）獰猿之妙．乃得㢢之．運筆繚曲．遺意深奇．如松花之作飯．曾莫□於枵饑．（易元吉字㢢之．長沙人．）燕肅渾然．製思自我．味象澄懷．易施貼妥．如枯僧之脩削．結寒林而趺坐．（燕肅字穆之．本燕薊人．後家曹南．）克明幽致．小景所長．工排比而鋪敍．尠壯麗而飛揚．如輕裘而便服．僅適體而自將．（高克明絳州人．）復古豪橫．筆氣勁直．時磊落以孤標．復沈動而見力．如遠塞之濃春．猶自帶乎寒色．（宋迪字復古．洛陽人．）坦之摹古．用筆稍繁．如虎賁之對坐．究生氣之不存．（孟顯字坦之．華池人．）郭熙之山水廻旋．萬轉不竭．紆徐未已．嶄然獨絕．如梁棟之大材．廻萬牛而橫掣．（郭熙河南溫人．）永昇緊健．神志寡儔．如跧虎出檻．饑鷹脫韝．（蒲永昇成都人．）子西清贍．風致楚楚．猶鍊氣而餐霞．尙延佇於輕舉．伊介弟之呈能．亦接武而堪數．（崔白字子西．崔慤字中並濠梁人．）艾宣涉筆．野趣特多．如老梅之壓雪．愈崛强以婆娑．（艾宣鍾陵人．）句龍搆意．頗存古質．雖樸野以自矜．亦細栗以縝密．如懷葛之高風．有古趣之橫溢．（句龍字子爽．蜀人．）與可墨竹．絕類鮮雙．象孤標之拂雪．見皓節之淩霜．如舞劍之獨出．與天地而低昂．嘆神姿之颯爽．想浩氣之騰驤．（文同字與可．湖州人．）子瞻逸迹．偶爲墨戲．如野老葛中．岸然自異．惟因人而更傳．想胸襟之託寄．（蘇軾字子瞻．眉州人．）伯時高談．妙筆自天．不假思索．自合機權．如佛力之無量．已參化而通元．持慧定而自得．貫幽明而畢宣．時率筆而見意．徒自索於眞筌．（李公麟字伯時．舒州人．）晉卿小品．時見神王．如凡俗之塵居．聞仙樂而嘹亮．（王詵字晉卿．太原人．）天啓夷曠．氣宇莫攀．狀槎枒之怪樹．貌禿峭之寒山．若老鶴之擧止．時生硬以不閑．（蔡肇字天啓．閏州丹陽人．）旡咎墨蹟．頗覺淸老．迄未抵於成家．終有慚於過巧．如玉屑滿篋．未爲至寶．（晁補之字旡咎．濟州鉅野人．）大年之纖淨明潔．柔苒不勝．如邊幅之稍狹．雖剪裁以無能．（趙令□字大年．宋宗室。）

元章之骨格蒼然．驚奇越俗．景窮萬丈．氣盈百幅．力充積而飛騰．象豪橫而馳逐．喜縱筆於開張．忌跅弛於拘束．若長流注而萬岸溢．疾風加而百草伏．伊踸踔而不常．可震駴乎心曲．要其筆具屈伸．氣存涵蓄．原獨往而獨來．亦能伸而能縮．猶論詩之宗昌黎．評書之許張旭．哂剽擬之太多．謂遺法之可續．紛亂葉與粗枝．曾何當乎一蹴．慼流派之日遷．誰克留乎渾穆．（米芾字元章．吳人．）友仁則雖承家法．亦本天機．態惟歷落．狀則嶔巇．如挺拔之三峯．若連綿之九疑．（米友仁字元暉．芾子．）宗瀆之英．二趙特震．自有眞氣．殊無俗韻．如野士之蕭閒．常遯世以旡悶．（趙伯駒字千里．趙伯驌字希遠．並宋宗室．）補之高秀．尤善墨梅．挺出橫壓．生機獨開．如姑射之明豔．自迴絕於塵埃．（楊旡咎字補之．）松年則意氣不凡．超然流伍．極刻鏤於形神．曠峻□於牆宇．如岳瀆之朝正．見森嚴之鹵薄．（劉松年錢塘人）．遙父雅靜．澹然素姿．始鬆秀以聳削．終惝怳而迷離．如麋鹿之野性．居幽澤而自怡．（馬遠字遙父．）禹玉則筆露遠神．胸涵妙境．師祖訓而微少繁縟．學范寬而頗饒新穎．情畧見其蕭閒．意惟求乎疎警．

如出峽之樓船・有帆檣之乍整・（夏珪字禹玉・錢塘人・）子固飄逸・容與徜徉・既師董范・亦效湯楊・如靜女之貞素・特偏宜乎淡粧・（趙孟堅字子固・宋宗室・）所南孤蹤・超絕人表・振奇芳之森森・想挺骨之矯矯・如苦雨淒風・狷狖助嘯・（鄭思肖字所南・三山人・）聖予創意・描筆頗粗・備諸怪異・迥脫形模・如古鼎之斑駁・蝕舊痕之翠腴・雖齧缺之無補・猶比貴於璠璵・（龔開字聖予・淮陰人・）庭筠之高潔鮮儔・凌空邑露・如雅士幽貞・自存體素・（金王庭筠號黃華老人・）

然而路以康莊而各達・琴以專一而難工・學唐人者纖而廓・宗宋人者獷而雄・驗宗派之遞嬗・知靈淑之獨鍾・惟變化之特出・覺格製之靡窮・偉矣子昂・神氣獨上・淨浣滌於靈襟・廣包羅於元象・業縝澤以精微・復清超而秀朗・如垂珠散工以趨朝・大濩雲韶而振響・摹廊廟則莊嚴・擬山林則莽蒼・雖率意以無心・亦拔奇而俶儻・（趙孟頫字子昂・吳興人・）仲穆嗣業・不墜家聲・格氣常韻・意思不平・如大理之寶玦・發異彩之光晶・緊惟麟鳳・舊緒並承・喻燭龍之儕爓火・埒木之例寸莛・（孟頫子雍・字仲穆・）孫麟字彥俊・鳳字允文・並善畫・）彥敬超卓・蘊德獨厚・師董而遠證源流・學米而宛傳指授・既寂寞而窮幽・亦奔騰而赴手・如相馬於方臯・遑克辨乎牝牡・（高克恭字彥敬・其先西域人・後占籍大同・）舜舉曠達・瞻與連綿・界分左右・色別中邊・如嫕娟之脩竹・想風骨以湮然・（錢選字舜舉・霅川人）仲賓寫竹・世罕其侶・映露疑垂・近風欲舉・如爽快之拼剪・猶操撾之急鼓・（李衎字仲賓・世爲燕人・）振鵬纖細・縟而不繁・雖稱婉弱・終見詳勻・如碎裁於古錦・乃格製之尚存・（王振鵬字朋梅・永嘉人・）敬仲精思・亦得位置・痕迹俱融・態度自異・猶良醞之饜人・乃想像而心醉・（柯九思字敬仲・台州人・）子久則蒼秀雄俊・平遠清幽・淡而不簡・濃而不浮・意刻出以靈動・情遠寄以夷猶・如仙山之車木・猶道氣之尚留・又如翔雲之逸鵠・泛渚之輕鷗・態飄逸而自得・豈羅網以求能・（黃公望字子久・平江常熟人・或作永嘉人・）叔明蘊秀・藹然濃郁・似正仍奇・將廻復續・韻雖美而不甜・筆雖繁而不蹙・如老樹之著花・有繁英之碎簇・（王蒙字叔明・吳興人・）元鎮高簡・細參微茫・似乎寔詭・似嫩仍蒼・如古調之獨奏・不求叶於宮商・惟質樸而雋永・匪振厲而旁皇・及其至也・離聲味・參陰陽・趣以淡而仍旨・節以短而愈長・彼豔聲而繁奏・適足等乎粃糠・（倪瓚字元鎮・無錫人・）仲圭之莽莽蒼蒼・離奇錯綜・既墨氣之孤奇・亦筆情之豪縱・如清嘯於天邊・有逌然之鸞鳳・（吳鎮字仲圭・嘉興魏塘人・）子昭工麗・豔逸備陳・擅規模之巧密・乏風骨之嶙峋・如琳瑯之滿目・非自有之奇珍・（盛懋字子昭・臨安人・）温温又元・清盈綽約・如仲宣之能文・恨乃在於體弱・（曹知由字又元・華亭人・）

明則宣宗御製・特擅工能・體逸志正・神閑氣清・如翩鴻偶戲・良駿先鳴・（明宣宗・）仲溫墨竹・既逸且正・如檐鐸吟風・藉清塵聽・（宋克字仲溫・長洲人・）元章孤寂・畫梅特精・橫斜逸榦・點綴繁英・如寒鐵之屈錯・仍勁氣之棱棱・（王冕字元章・諸暨人・）止仲高奇・潑墨橫恣・如豪士酒歌・唾壺擊碎・（王行字止仲・吳人・）履道平

淡・娟潔自脩・如晴空笛韻・清響四流・（周砥字履道・吳郡人・）以愚之雅逸清疏・逍遙汗漫・宗董巨而雍容・學倪黃而浩瀚・如甲煎之濃熏・自清香之四散・（華希顏字以愚・毘陵人・）寫竹之法・章草是同・寓形雄壯・搆伏虛空・望之而似凝碧霧・卽之而若動炎風・孟端特肖其爽駿・仲昭獨見其玲瓏・如龍蛇之跳脫・雖拏攫以莫從・（王紱字孟端・吳縣人・夏昶字仲昭・崑山人・）子成高簡・範我矩步・如中朝之大官・特諳練於世故・（蔣子成宜興人・）夷曠之致・獨有景昭・旣嫻采繪・亦善淡描・獨存逸氣・畧振芳標・如黃蘆淺水・景色偏饒・（邊文進字景昭・沙縣人・）公濟精深・意存獨造・如松柏凌霜・漸趨蒼老・（沈遇字公濟・吳縣人・）文進之靈機引觸・妙緒紛披・不矜能於詭狀・自獨寫乎襟期・契幽情之靜逸・發豔色之華滋・如大官之樂律・有分制之合宜・（戴進字文進・錢塘人・）以善畫才・曠古道絕・放筆而竹石效靈・取勢而風雲飄瞥・如鐵畫銀鉤・森然斬截・（林良字以善・南海人・）景和布色・絢采紛敷・氣不傷巧・貌不過腴・如香車與寶馬・自照曜於通衢・（楊塤字景和・漆工・）公綬優游・精思冥會・意凌煙霄・迹謝埃壒・如儒將翛然・輕裘緩帶・（姚綬字公綬嘉興人・）子長之骨力傲岸・規格嶔岑・穿溟涬而運意・叩元寂而求音・如田家之樸趣・良古風之可欽・（李孔修字子長・南海人・）次翁之逸翰雲飛・百觀不厭・驗氣骨而但覺離奇・按條理而亦徵詳贍・如武士之能文・乃從容以帶劍・（吳偉字次翁・夏江人。）

石田奮出・壇坫特雄・鏤密思而獨運・極妙技以成功・師董李者・得其幽勝・學吳趙者・得其沖融・鋒秀挺而內斂・力深穩而外充・如鼎鼐調而酸鹹足和・洪鑪煽而渣滓胥融・端倪在手・元氣運胸・景窮幽緻・態極夷沖・偶點筆而莫率・仍製格以舂容・類列宿之同環極・猶江河之合朝宗・（沈周字啓南・長洲人・）誰其繼之・衡山嗣轍・不規規以求形・自落落以獨絕・見爛漫於天眞・想高標於孤節・或堅緻而微茫・或簡淡而清潔・運化氣於宏襟・掩前蹤於往哲・猶香風披拂而細熏・皓月澄空而高揭・信入化而入神・豈猶煩於縷列・（文徵明原名壁・一字徵仲・長洲人・）廷振之精神奕奕・骨采飛騰・如五陵紈綺・豪俠自矜・旣華麗而飾美・亦骨格以峻嶒・（呂紀字廷振・鄞人・）又若髮翠豪金・抽黃配白・美寔父之稱奇・運精能於胸臆・極雕鏤於彩文・着敷勻於粉澤・如三齊官服・妙工組織・雖風骨之稍微・偶藻繪之是藉・知不廢於江河・宜特推乎妙迹・（仇英字寔父・太倉人・）伯虎天縱・神筆無方・輕容豔冶・煒麗喬皇・如霞錦萬丈・驪龍獻光・旣穠豔而深至・亦粲列以成行・時斂筆而簡淡・復高逸以擅場・捲回瀾而散紫・屹層阜而凌蒼・（唐寅字伯虎・吳人・）道復翩翩・不繁不簡・布豔質而濃敷・寫疎枝而歷亂・如海山之出雲・炫逸采於天半・（陳淳字道復・長洲人・）叔寶野逸・媚趣橫斜・如繩樞甕牖・時得奇花・（錢穀字叔寶・）宗呂之布置停勻・輕微妥貼・韻趣自存・形神未洽・如未炙之新簧・聲嘹亮而猶澀・（高穀字宗呂・）仲山遺迹・蒼老有餘・如魚梵之清響・參天籟於太虛・（王問字仲山・無錫人・）祿之奇筆・迴非近玩・飄逸飛揚・平達舒緩・如世外漁樵・不妨蕭散・

（王穀祥字祿之·長洲人·）叔平雋逸·洒落可觀·如迎風之粉蝶·若照水之輕鸞·（陸治字叔平·吳縣人·）文長之怪偉邁倫·不拘繩尺·匪密匪疏·亦斜亦直·如粗服亂頭·恰存本色·（徐渭字文長·山陰人·）少谷高妙·眞氣流行·狀形細肖·寓意微精·如太湖之奇石·嵌細密以瓏玲·時斑駁以蒼潤·看古豔之橫生·（周之冕字少谷·長洲人·）文中荒怪·脫去筆墨·如險服驚人·詎循軌則·（吳彬字文中·莆田人·）波臣寫像·遺似得神·詡格製而奇創·隨化象而屈伸·如百發而百中·曾貫蝨而若輪·（曾鯨字波臣·莆田人·）

猗歟華亭·製格獨創·開後代之津梁·闢古法之榛莽·景以峭而彌幽·筆以繁而愈曠·猶黃鐘鳴而瓦釜失聲·隱括裁而楩楠並仰·惜贋本之紛繁·本易致於模仿·嘆衡鑒之誰眞·徒虛存於想像·（董其昌字元宰·華亭人·）子愿謹拙·古法獨呈·樸而愈秀·勁而愈輕·如大晟之樂曲·乃足詡乎正聲·（邢桐字子愿·臨邑人·）孟陽綴筆·飛動鮮偶·如晴巖出雲·浩氣流走·（程嘉燧字孟陽·嘉定人·）長蘅揮洒·董巨是宗·如壽藤與古木·有生氣之獨濃·（李流芳字長蘅·嘉定人·）龍友之使筆如風·奇趣橫溢·顧視而粉素皆空·橫揮而川原若失·如快馬斫陣·勁敵無匹·（楊文聰字龍友·貴州人·）田叔蒼古·濃淡得中·如出林之勁草·已先受乎驚風·（藍漢字田叔·浙江人·）青蚓淡描·亦工作意·匪模範以稱工·自幽貞而有致·如梵相眉棱·窅然深邃·（崔子忠字青蚓·順天人·）章侯工細·豔緻豐盈·饜飫膏澤·咀嚼華英·沈郁者五醞之酒·照耀者七寶之城·辨纖微於銖黍·窮巧妙於經營·（陳洪綬字章侯·諸暨人。）

我國家之開基·扇仁風·振鴻業·擅技者雲趨·成名者霧接·世祖章皇帝·丹青運迹·翰藻寄懷·仰聖功之獨至·曾莫測其津涯·高宗純皇帝奎翰怡神·超前絕後·凡儤直之詞臣·均得承於指授·包萬象以無言·歷千春而不朽·以故高賢踵赴·羣士響臻·彼英□之開挺·蓋日異而月新也·尺木矯異·振筆驚奇·如旌旗橫指於直塞·大鐘憑叫於水湄·叱神鬼而盡泣·走風雲而四垂·羌膽墮而魂戰·情顱領而莫持·（蕭雲從字尺木·蕪湖人·）心月孤標·峭然骨器·卷舒自如·蹊徑自異·如中冷之品泉·有淡消之眞味·（孟永光字心月·會稽人·）青主古淡·幽蹤獨怡·如太羹與元酒·豈牲醴之所施·（傅山字青主·太原人·）侯齋清高·岸然氣宇·蕭寥無人·翩欲仙舉·如高梧戰風·老樹翻雨·（徐枋字俟齋·吳人·）擅名競秀·卓矣三王·如鸑鷟並鳴而奏響·騕褭同跨而服箱·煙客幽深·曠矣逸蹟·既樸且華·不喧不寂·極醞釀於風流·涵綿邈於咫尺·如空山之窈深·有畦徑之自闢·（王時敏字煙客·太倉人·）麓臺夷曠·突過其先·雍容淡與·巧麗芊綿·如規矩隨心而脗合·律度齊氣而節宣·妙氣韻之雄秀·參易簡之微權·惟骨力以深穩·覺形神之內全·何後人之摹擬·比一律於千篇·致甜俗之見誚·嗟流極而變遷·慨揚波其已甚·誰眞訣之獨傳·（王原祁字麓臺·時敏孫·）石谷清高·綿密芊麗·矯坦逸於元襟·鶩揮霍於別製·如離騷之大才·紛奇麗以俶詭·原清絕以滔滔·乃冠絕於一世·（王翬字石谷·虞山人·）至於布置之景·元照爲優·如山房之清曉·有灝氣之行流（王鑑

字元照・太倉人・）正叔之倖色端詳・筆意深美・宗文董而自欲亂眞・摹徐黃而殆將繼體・如握塵以清談・乃自饒乎名理・溯盛事於元嘉・託餘風於正始・（惲格一名壽平・字正叔・武進人・）穆之遒健・蒼然老色・匪曰工能・惟求自適・如意奮脫條・精穿鳴鏑・（張穆字穆之・東莞人・）漁山深秀・藹然屈紆・如散人之來往・意乃在於江湖・（吳歷字漁山・常熟人。）

雪个詭奇・耻沿舊習・如野井飛燐・衰風振葉・又如野樹之槎枒・非近玩之可狎・（朱耷字雪个・號八大山人・）端伯圖繪・近宗尚書・蘊秀色而包孕・寄密思而紆徐・如參禪於曹洞・亦妙機之自攄・（程正揆字端伯・湖北人・）二瞻之遠仿大癡・幽秀自喜・如羽士升壇・願聞宗旨・（查士標字二瞻・海陽人・）孝章傲逸・古拙自如・奇鋒縱恣・野趣清疏・如山澤之枯槁・每恥蹈於時趨・（金俊明字孝章・吳縣人・）愼齋峻拔・筆致深婉・如名家之少年・自克存乎風範・（禹之鼎字愼齋・江都人・）豪挺壯健・尊古特名・規形不滯・皴染即成・如空腸之得酒・乃芒角之怒橫・（黃鼎字尊古・常熟人・）頤公運筆。盧雁特妙・如四靈作詩・頗得遒峭・（邊壽民字頤公・山陽人・）秋岳神品・力避膚庸・意委曲而畢達・象窈秀而莫窮・如縋幽鑿險・仙路時逢・見源靈之空寂・渾莫問乎游蹤・（華嵒字秋岳・臨汀人・）江上之染筆峯巒・煙飛霧起・如枯澗之聽泉・滌箏琶之俗耳・（笪重文號江上・句容人・）惟松石之高致・有鶴菴之特殊・胥細鍼而密布・走怪墨而橫濡・如勇士拔矩・氣雄萬夫・（錢瑞徵字鶴菴・浙江人・）南華工妙・筆勢斂速・奔騰而萬簡全揮・迴顧而千毫已禿・如富室之珍肴・乃咄嗟而具足・（張鵬翀字南華・嘉定人・）得天之構思深密・氣象翩翻・如故侯之門第・有樽俎之尙存（張照字得天・華亭人・）小山精思・取裁擇審・意畧華觀・冥通元感・如園客文絲・蕃人異錦・（鄒一惟字小山・無錫人・）南沙風致・神思標揚・如天人采女・妙相端莊・有雋骨之獨挺・豈塵世之可望・（蔣廷錫號南沙・常熟人・）七香寫生・微芒細入・如秋花蕭條・淒豔欲泣・（改琦字七香・本西域人・）畫蘭之技・籜石特長・既絲抽而葉颺・亦雨潤以風狂・如空谷之幽致・乃時聞乎靜芳・（錢載字籜石・秀水人・）文佐之平遠瀰漫・殊得野態・如泛舟洞庭・月色無地・（上官周字文佐・）板橋怪肆・名振一時・如劍俠之超舉・矯凌風而莫追・（鄭燮字板橋・興化人・）富陽兩公・累世載德・偉繪事之稱能・亦情態而莫測・如十香馥郁而濃熏・五組紛羅而炫色・蔚爲龍而爲光・足羽儀乎上國・（董邦達號東山・董誥字蔗林・俱富陽人・）壽門樸拙・勁氣特留・如秦碑漢隸・古逸寡儔・（金農字壽門・錢塘人・）簡民遒秀・刻意新警・既備幽思・亦窮要領・如白雲滿山・空僧坐定・四無人聲・但見清磬・（黎簡字簡民・順德人・）兩峯之瓶思巧僻・特富畫才・如頑仙之被謫・混城市而往來・（羅聘字兩峯・揚州人・）二樹詭奇・逸韻仍倍・如寒草青青枯尙在・（童鈺字二樹・山陰人・）鐵生削骨峻嶒風標獨戛・驗獨行之踽踽・想奏響之錚錚・如閭里之傲士・輕軒冕之浮榮・（奚岡字鐵生・杭州人。）

若夫遍考藝林・還評閨秀・振響彤編・蜚聲文囿・崔徽

媚筆・翩然可親・如芙蕖之出水・羌不染乎纖塵・（崔徵・唐河內人・）仲姬纖妍・筆趣橫出・判密閒疎・披文相質・猶遠浦之颸微波・寒林之動朝日・（管仲姬趙子昂室・）文英輕蒨・頗見清新・如乍參蒲褐・初脫凡塵・（文英徵明女・）豔逸豐盈・仇媛稱最・特表蕭閒・彌徵細膩・如龍目側生・美冠海內・（仇媛仇英之女・）惲冰點染・時覺霏微・猶法華之小品・亦自具乎靈機・（惲冰壽平之女・）徐粲之拂抹清靈・藉抒哀思・如慘綠芭蕉・經春尙悴・（徐粲陳名夏室・）南樓振筆・動合形模・雲霞鮮媚・煙墨模糊・如九峯雨後・三泖春餘・經御藻之題品・洵曠古而絕無・美身名之並泰・想福慧之雙俱・（南樓老人尙書錢陳羣母。）

別有羽士矜奇・禪僧結社・亦格製以能工・羌性情而各寫・入神之作・首數貫休・貌莊嚴於羅漢・證古貌之清修・如彌天之龍象・乃願力之獨優・（僧貫休號禪月・）巨然神品・特掓別派・情開曈曨・景運深靄・以奇取形・藉幽寫態・闢畫苑之榛蕪・疏詞林之蔚會・猶麟皮奏而僻處同宣・鳳燭然而昏衢失晦・洵藝苑之絕超・並關荆而作配・（釋巨然・）超然之力傲嵩嶽・志凌滄洲・如挽强引滿・尙未調桑・（釋超然・）允矣惠崇・灑翰矜貴・繪小景而荒涼・寓閒情而游戲・如荇菜之作羹・乃藉清乎滋味・（釋惠崇・）方壺逸軌・超然太空・流水行雲之浩蕩・驚波注浪之沖瀜・如憑虛御氣・直駕溟濛・（道士方從義・號方壺・）伯雨之竹木峯巒・鮮□標格・如孏帶與唐巾・亦並登乎講席（道士張伯雨・）石濤峻駛・雄勁自誇・雕造物而愁泣・橫幹軸而槎枒・如霧雨之昏晦・比蛟蚌之屈拏・宜拔戟以一隊・洵足詡乎名家・（釋道濟號石濤・）邈矣介邱・奇境獨接・煙靄阻深・羣峯傲兀・如屈曲之屏風・終難供乎摺疊・（釋髡殘字介邱・）漸江清洒・妙迹獨臻・如苦茗之甘澈・有奇芬之乍聞・挺孤標而清越・拂蒼翠而絪緼・（釋宏仁號漸江。）

若斯者・年閱千齡・名傳百輩・蒐逸今聞・徵名往載・涉文海而靡窮・挹餘芬而不墜・猶八音列而一縣並備其鏗鏘・五色陳而寸縷亦壯其藻繪・伊入室而升堂・有脩姱之漸逮・貴意適而情調・慮模擬以傷氣・藉陶育於性情・豈哲人而可廢・慨今古之靡常・極遷流於川逝・哀姓字之泯如・託傳名於絕詣・或鼠嚙而蝨殘・或灰滅而塵翳・感標忽於年華・緬精能於奇藝・爰有星辰之繪・山岳之圖・畫尊罍而古繆・畫鹵薄而齊趨・經史圖於北闕・宮殿繪於南都・其忠孝則張收有刻・其賢否則班固有摹・周易毛詩之剖別・雲臺麟閣之規模・諒懲勸之有在・耀千秋而弗渝・炯潰墨西神動・斐綴纓而狀殊・藉考訂於掌故・詎篆刻之徒須・（言畫之用・）外如油畫飾於晉車・玉畫呈於陳殿・手畫而高古猶生・綉畫而紛紜百變・象或飾於雞缸・奇偶徵乎螺甸・塑像則楊惠曾精・鑄鐵則湯鵬僅見・分異路於歧涂・別精文於素練・驗細理而內嵌・炳奇芬而外絢・由繪苑以旁推・始涉獵而兼擅・（言畫之變）更若一技百器・一物異名・牛膠蟻鉶・頭綠大青・丹宜濃淡・鉛判重輕・千層之紙・百幅之屏・墨則分乎凹凸・筆則判乎敗精・絹摹蟬翼・硯取鸜睛・證□隋世・掌之故府・至唐則內殿有儲・遞宋而宣和撰譜・米芾之舫曾移・周密之書宜補・美都（穆）項（墨林）以曾留・詡董（元宰）陳（眉公）而舊貯・清河書畫之雕鎪・

鐵網珊瑚之覗縷・無善不臻・無美不覩・披囊景幽・開軸煙聚・外若悅生堂所臨摹・鈐山堂所舊署・斯並希世之奇珍・宜畧備而蒐取者也。

夫技以能而特絕・物以久而漸希・作之者牛尾之衆・成之者麟角之奇・運豪杪於腕底・走山河於寸思・固精神之畢萃・豈顏狀之空遺・若復含華吐寔・鑽堅析微・規矩則於自我・恥因蹈於前規・振標格以屹立・感幽明而可追・則夫意因已而獨異・事證往而得師・誴殊趣而共指・俟吾徒之所爲・羌如曲榭春晴・層樓秋淺・看舊障之標題・喜畫乂之拓展・結余情於古歡・窮幽勝而獨遣・詠山水以方滋・狎烟巒而在眼・聚千秩之古今・窮萬軸之舒卷・與夫剔字𪎭彝・摹形碑板・並意氣之若忘・看神情以蕭散・快知己之若逢・欣翰墨而結伴・將塵軌以並袪・聊優游而息偃・即使耳窮萬響・口饜百牢・衣裘彪炳・案牘煩勞・吾誠不能競俗志之所尚・改平生之舊操・幸游藝以志道・誓永世以游翺。

亂曰・偉矣丹素・炳奇蹟兮・千祀雖遠・若面覿兮・先喆有作・紛絡繹兮・元覽所託・若自適兮・如彼珍貝・聚市舶兮・如彼芝蘭・播廣澤兮・日積月累・惟充斥兮・永言勿諼・庶無懌兮。

恭擬平定髮逆捻逆頌

臣聞三辰繫象・紫庭臨拱衛之垣・萬派朝宗・碧澥萃歸流之勢・是以圓顱方趾・共隸帡幪・沙度繩行・咸輸琛賮・其有修蛇肆孽・封豕爲災・思梗化於堯年・頻稽誅於禹服・鯤溟久靖・偏揚浩沜於洪波・鼇極常清・獨煽瀰漫於妖霧・包獍心而反噬・恃螳臂而自矜・宜薙獮之靡遺・實翦除之待亟已・欽惟皇帝陛下・鼎位凝庥・乾維御宇・均五方於鶴几・協氣旁流・齊七政於雞渾・仁風載暢・凡自長檢而外・蟠木以南・封離之三十六區・爰劍之四十餘族・莫不奉函競進・解辮來歸・叨盭綬以增榮・飲朱提而被德・僑陳如之遺使・隔鳶海以輸誠・吐谷渾之來朝・詣螭坳而忭舞・況復雄州緊縣・赤埴靑壚・原軒畫所會區・實羲圖所並治者哉・乃有髮逆洪秀全者・鼈令游魂・蛙聲小醜・擾攘湘鄂・占據江淮・幾同跋尾之狼・殆類拖腸之鼠・始則鳴狐惑衆・等陳涉以揭竿・繼則妖鳥呼羣・効董昌而僭號・捻逆張落刑・性猶虺蝎・迹則駈蛩・業同炅母之生心・頗藉夜郎而自大・鬭宣嘯聚・藪澤潛藏・朱粲刲屠・村墟殆盡・並復且前且卻・或縱或擒・連雞每巧於結營・狡兎自矜其置窟・黑山別帥・各欲逞其驍雄・赤火眞人・遽欲援於妖讖・實兇殘之已極・原稔惡之宜誅・梟鳴社而將亡・麇入營而易破・此則洞庭負固・未容或格以虞干・韋顧憑陵・必待伸乎湯鉞者也。

我文宗顯皇帝。珠鈐授籙・玉帳施謀・倍釐推轂之心・乃重覆甌之卜・特命兩江總督曾國藩督辦軍務・唐休璟練知邊事・合拜元戎・李藥師老具壯謀・仍充總管・誓鑿凶門而獨出・擬營方陳而直前・雖期十日之誅・未見三年之克・我皇上鍾祥翠水・纂祚丹陵・格六鳳以行天・馭雙龍而踐極・玉音遞降・頻諮尅進於師期・銅禁深居・獨覽指陳於封事・時則督辦軍務浙江巡撫曾國荃・氣憤凌雲・忠還貫日・胡僧祐羽儀鼓蓋・並覺精明・馬仙琕帷幕衾屏・咸皆備具・沈白馬而誓衆・騎黃騮以入軍・摩挲笑指於鞞刀・警備仍防乎櫓

井・提督蕭孚泗・水師提督黃翼升・總兵李臣典等・或望著三明・或聲馳八鎮・射樓棼而著矢・拔行栗以開營・見桓康者敢事侜張・聞崔楷者端難𤅊獬・王廣之願求節馬・壯氣可知・侯安都自得臂鷹・威名共憚・隨營義勇及湘楚各軍等・則鷅鶹部曲・慷慨臨戎・鸚鵡才人・倉皇捧檄・袒肩上騎・跣足入船・彎宛轉之良弓・斫栟櫚之大紲・跳矛被甲・誰當郭默之鋒・把矟拔刀・夙是耿豪之志・於是連輜遞進・鼓鼙長驅・雨驟風馳・雲屯霧合・連錢萬隊・飛黃茲白之羣・栘杙千艘・挾電凌波之號・弩名霹靂・震玉虎以晨驚・刀號逡巡・聽銅龍而夜吼・始平皖口・繼克吳淞・欣勝算之獨操・擬長圍之遂合・堅巢迭破・全摧落鴈之都・烈焰轟翻・盡掃野賭之艦。

僞嗣洪福瑱危同幕燕・據恃城狐・呂光亡而呂纂仍存・李特死而李流擅立・秦城塗漆・未易輕攀・蜀峽連絙・原難直進・憑其窟穴・老我兵戎・曾無集泮之懷・翻作負嵎之勢・鴟書是縱・尙期坐致於援師・馬褐難需・輒欲自矜乎掩襲・我軍牙璋繼調・彈羽紛馳・砰訇而林壑飛騰・叱咤則江河震盪・楊公則矢穿榻上・鎮定自如・王鎮惡矟裂手中・驍騰愈奮・以某月日進軍龍膊十山等處時也・堅碉限日・絕壁憑天・旌旗蔽地而爭來・戈戟拓山而遽上・裹氈遞入・如登劍閣之峯・拔幟先呼・直擣宜陽之郭・白棓橫進・銀槍迭揮・著翅皆飛・張拳互搏・雖復灌夫入壁・傷體重蘇・周泰斫營・瘢痕遍積・未足以喻其險也・未足以擬其勞也・然後渠答爭投・梯衝亂舞・造巢車而俯瞰・平臨殷玉之營・鑿地道以潛通・直抵杜稜之帳・鼓排遞落・鐵礮驚摧・無妨九拒而九攻・奚異八戰而八克・樓船深入・是呂嘉覆敗之徵・刹表徐標・即任約逃亡之地・遂以某月日收復金陵城・逆酋洪福瑱魚爛既亡・鼯逃莫暇・折蟠龍之柱・業被摧焚・奔射鴈之樓・或遭夷戮・遂復擒生蹋伏・誅叛除凶・弛釋其俘囚・係纍其族類・獲蓋登之僞印・尙見緘題・斲侯景之遺棺・特加剖僇・莽頭既漆・歡呼合遍於漸臺・蚩髆橫分・腥穢尙淪於蠻野・罪人既得・餘黨並擒・特爲解網以推仁・詎至歐刀而濫罰・輸誠並到・無殊月竁之降・反側全安・豈慮天山之梏・豐功既克・捷奏馳聞。

我皇上方講道徹宮・受釐宣室・璽書迭下・屢期耿弇之成功・驛遞俄傳・遽覩陳湯之吉語・天顏有懌・至德不居・入大廟以告虔・詣慈闈而展禮・瑤觴再獻・還升雉鼎之香・玉輦徐移・親捧龍樓之膳・以至譽文樹碣・蟻垤覃津・升中則泥檢函封・受賀則爻閭位置・播笙鏞於魯殿・芾泮流馨・景弓劍於橋陵・芝房孕秀・漢酺有賜・給文繻青綺之錢・唐樂方陳・增虁吼雕爭之曲・慶儀既洽・鉅賚爰加・特宏龍雒之封・屢下鵠頭之板・吉士瞻之金印・早兆榮施・蕭思話之銀鐺・疊蒙錫予・葱珩赤芾・貝胄朱綅・祭彤之鼓蓋頻頒・蔣欽之帳幃迭賜・尙以元凶之俘馘・或防餘醜之披猖・宵衣未釋其勤劬・夕奏俄傳其戡靖・欃雲盡落・鼓鼙靜鯨島之濱・毒瘴全消・烽燧息虎林之地・帝德宏矣・武功昭矣・信可以垂光而作烈者歟。

皇上猶以爲業懔思艱・功勤繼治・念南紀已除乎宿寇・而北州未翦乎兕渠・騁豺虎之交橫・恣鵂鶹之叫聚・衝鋒被殞・名臣致損乎岑彭・釁社難寬・醜類冀誅乎王濬・始命兩

江總督毅勇侯曾國藩懍膺閫寄・旋命兩湖總督肅毅伯李鴻章踵任戎旃・遂乃徒御燀燀・輣車茀茀・招搖失影・時翻姑蔑之旗・列缺飛鋋・遽激安陽之箭・鳴笳吹而震地・翔旝動而捎雲・奇才皆賓叟青羌・器具則韓章鶡幟・沈充趫捷・無妨應募以偕來・趙草豪雄・端合偏軍而自領・逆捻任柱賴文光者・妖旗是執・神斧暫逃・憑陵於拒馬之河・嘯伏於高雞之泊・諳榆是食・旱扇狂風・削艿自營・還誇阻固・提督劉銘傳等四甄遞擊・兩廣徐分・留贊入陣而抗歌・宗越移營而結隊・長繩預具・飛騎而卽縛葛榮・大槊橫揮・應手而遽誅魯爽・渠魁既執・黨惡咸淸・全平蟲落之妖祠・盡戮鳥飛之小使・散華陽之馬・任籥浮雲・買勃海之牛・咸耕春雨・此則東捻之平也。

又若逆捻張總愚者・鹿鋌久窮・鴟張忽奮・杜洛周之聚寇・憑絕塞以潛蹤・慕容皝之行師・乘堅冰而暗襲・方竄逃於晉絳・旋蹂躪於滄瀛・提督潘鼎新等・背水能軍・防河列戍・營中射雉・亦寓兵機・塢裏捕魚・密疑敵志・我陣既臨於高壁・彼軍旋陷於決隄・孫恩入水以將逃・董襲浮河而遽殞・屍骸疊積・如封謝祿之山・械甲無存・盡付歷陽之浸・此則北捻之平也・由是妖祲盡除・封章入告・赤囊密奏・方馳丙吉之書・銅鼓遙傳・似獻蘭欽之捷・皇上辰居獨諡・乙覽親披・爰班杕杜之師・更沛苴茅之賞・大觿火鑑・特廣恩施・豹尾龍章・榮加寵命・椎成劍賜・篤就鎧頒・鬚眉悉繪於南宮・旌節仍開乎北府・賀齊入覲・俾舞象以爲歡・朱弁高官・合珥蟬而示異・凡諸慶典・咸視前儀・昔則羣寇之猘狂・今且二凶之盡滅・譬黃巢之既戮・而秦宗權亦盡誅戕・類劉闢之甫平・而吳元濟旋皆授首・煌煌乎丕天之大律・錫極之宏規・足耀日而銜天・亦楫遐而孋邇・朱垠已靖・詎銷鋒於鐘鐻之金・翠檢宜鐫・定增慶於昭華之玉・信所謂襄六爲七・咸五登三・下足慰乎輿情・上可光乎祖烈者已。

且夫夷凶靖暴・至武也・除殘拯虐・至仁也・仗義伸威・至順也・凝禧錫美・至庥也・雖三捷或因乎將略・而萬幾實懍於宸衷・是皆由我皇上松棟凝神・蘿圖薦瑞・威弧下炳・先摧九虎之軍・睽矢勝殘・自息三饒之暴・故得勢同破竹・易若炳蓬・策勳而功懋介珪・振旅而歡騰釋甲・應詹之平山賊・剖銅劵以定盟・馬援之破溪蠻・扣銀釵而環拜・從此衢尊共飫・棡鼓同賡・欣函夏以無塵・憶防秋而永罷・犀渠鶴膝・盡喜銷兵・鯛醬魚膠・爭來納賮・譜朱鷺鐃歌之什・節奏同宜・約黃龍清酒之盟・撟虔盡定・營罷稱乎君子・山仍號乎功臣・名王脫帽以爭來・荒服占風而受吏・鴻臚按序・悅般之鼓曲宜增・雞卜奉祠・越巂之烽塵永息・臣粗窺豹管・幸厠鸞臺・常懷捧日之忱。喜遂普天之慶・竊意周平玁狁・吉甫猶歌・漢克先零・史岑尚頌・矧茲盛業・敢缺鋪揚・聊掇拾乎蕪詞・殆自忘其淺識・遠想凫旌列賀・咸輸千八百國之珍奇・仍期魚海常通・長祝億萬千年之仁壽・敢獻頌云。

於皇維清・誕膺寶命・翠扆開圖・素鱗兆慶・六幕龢夷・四瀛底定・道契璿衡・化光玉鏡・其一 我皇踐極・纂祚承基・承三握象・明兩作儀・蹈堯轢舜・軼佶儕羲・龍階察祲・鶉閣調時・其二 南底珠崖・北窮日戶・象寶遙通・鵠潼載飫・斞樽於衢・委貝於府・孰敢强梁・疇懷旅距・其三 蠢

茲髮逆．獨扇猖狂．鯨牙噴毒．蝸角爭强．爭驅螻蟻．競沸蜩螗．矜其地險．藐我天常．其四 亦厥有年．擾騷南北．惟彼捻渠．是羽是翼．張角砂鳴．裴優霧逼．有咻其音．有虓其力．其五 皇威赫怒．整我師徒．龍牙授節．虎帳分符．曰夷厥醜．曰宥厥俘．霜伸秋肅．露灑春濡．其六 桓桓武臣．矯矯多士．電轉翻旗．星流激矢．過險悉摧．乘堅必靡．原野迴合．山河伏起．其七 長圍既固．列壁還高．山轟鴛焰．水鬬梟艘．穴中鼠匿．釜底魚逃．破同拉朽．勢易吹毛．其八 惟彼髮醜．既夷既獲．惟彼捻類．是剖是斮．恨血塗砧．腥膏染鍔．藪密批熊．溪平靜鱷．其九 妖徒既克．急遞爰馳．雪晴鳷觀．日麗龍墀．天容乍穆．御覽徐披．彤階受賀．紫構增鼇．其十 天子曰嘻．緊豈余力．入廟修儀．告陵獻績．岱嶽升壇．圜橋立石．禮講受俘．恩覃賜帛．其十一 爰宏鉅典．用錫戎功．棘槐秩晉．蒲穀班崇．香醪湛綠．瑞錦縈紅．貂冠掩映．鞶帶瓏璁．其十二 業懋銀繩．詳昭寶籙．龕靖八夤．威懷九服．魚韡呈珍．蚨珠委屬．集慶垂庥．承禧建福．其十三 遐稽往籍．載考詩歌．碑傳瀚海．篇紀元和．況茲偉烈．爣耀難磨．小臣作頌．敢繼卷阿．其十四

菊坡精舍書藏銘

菊坡精舍書藏何爲作也．蓋仿焦山寺靈隱寺書藏而作也．考周之藏室．史聃守之．自漢以來．積書之地無以藏（去聲）名者．惟釋道二氏各有藏經．彼緇黃者流．恆愛護之．珍重之．或扃鑰嚴密．以爲山門之寶．至於儒書則不然．佔畢之徒．齒豁頭童．披誦胝沫．有叩以經史之名而不知者．搢紳之流．彯組拖綬．躐位台鼎．有問以經史之義而不識者．甚而國子監奉旨頒行直省學宮各書．校官不知藏弆．士子不知諷習．重性貤繆．泯沒澌滅．蕩然罔存．嗚呼．其視經典之尊重．曾不如二氏之莊嚴也．是不誠大可悼耶。

今鹽運使鍾公．篤於愛士．既刻殿板十三經注疏．通志堂經解二書．又仿江浙書藏條例．貯書於菊坡精舍中．其嘉惠士林如此．昔余嘗慨學中藏書有數難．故家大族．向鮮祕本．其難一．文人墨客．尠知汲古．其難二．地隔中州．郵寄迢遞．其難三．暑月卑溼．易致蛀損．其難四．今鍾公乃能毅然行之而不疑．雖其書之傳否不可知．要其沾溉後輩之心．則斷斷乎必傳於後無疑也．抑余有慨者．焦山靈隱兩書藏．皆始於阮文達公．其時嘉慶中葉耳．不三十年而寇陷鎮江．又不四十年而賊陷浙江．寸楮零縑．蕩爲灰燼．今粵東雖經兵燹後．而物力漸復．人文轉多．學士文夫猶能拾前聖之遺緒．稽曩朝之墜典．條儒先之故訓．萃英流之撰述．相與爬剔搜疏．商榷編次．是誠可幸也夫．是誠可幸也夫．銘曰。

南溟奧區．百貨充斥．有貝有琛．羽毛齒革．火齊珊瑚．市溢衢積．胡不聚書．豐此學殖．趧趧我公．來斯建旟．如風之偃．如露之濡．士習窳陋．公聞而吁．士風騰逴．公聞而愉．公謂邦人．無然玩愒．藏此積編．以式士類．有史有經．碑頌銘志．涂分徑殊．粲已明備．如涉瀛渤．汪洋渺瀰．既探其委．又汛其涯．如采楨幹．盤魄詭奇．既披其根．又將其枝．惟古於書．所肇道藝．惟今於

書·所期榮貴·要惟篤學·事豈相戾·含英咀華·蔚爲國器·王山之下·越井之濱·寶氣滃鬱·卿雲蝹蜦·千百餘禩·遞有至人·發此縢櫝·烔然永新。

擬蔡中郎釋誨

有假是先生誨於履道公子曰·蓋聞先哲有訓·行藏惟時·世治則贊其務·世亂則拯其衰·士君子之致用·惟其宜也·今皇澤沛九垓·治光八紀·朱草茁而賓連生·銀甕出而山車起·丹丹有重譯之使·盤盤協同文之軌·德無遠而不宣·化靡𢆶而不治·樵夫解笑於危冠·羽林悉通乎經史·聖天子猶復乾乾日稷·亹亹不遑·賁輪帛於山藪·委珪贊於巖廊·璧水有於論之頌·河濱無伐檀之章·公卿端委而論道·喆士矯奮而思翔·如應龍之騰雲·翼處風·沛渿霖·不崇朝而四岳也·如良駿之驤首·驀長澗·下絕谷·不瞬息而四方也·今夫子韞櫝百氏·喉衿六經·曠流覽於文籍·窮幽探於遠冥·曾不能涉丹地·升紫庭·矞紖頌·扇芳馨·拘挈己之小節·昧觀變之權衡·甘淡泊於藜藿·恥援引於簪纓·時闚謻以相責·乃拘愁而屢形·是猶南轅而入代·北去而適荆·臨穴疾呼·而欲期響遠·坐井遙矚·而欲求眂明也·徒自困耳·何足語於昔人之所稱也哉·盍亦蓬累而行·與時偃仰·振奇謨於朱脣·運神策於玉掌·方揚芬以飛文·詎枯槁於沈壤。

客言未已·公子憮然有間·乃軒渠而笑曰·烏若是乎·若子者·所謂憑欒朐之觀·忘自修之實·譬熒末與醯雞·曾不覩夫天日者也·居·吾將語汝·粤若鴻濛甫闢·太素絪縕·瞑瞑植植·莫莫紜紜·帝紀爰設·王綱乃陳·俗無琱飾·世無繁文·三五以降·漓朴肇分·詐僞滋彰·德政罔聞·或鳳跂而佐治·或龍逸而隱淪·或朱紱而膺務·或卉服而全眞·故力牧效能於帝世·赤松超舉乎埃塵·皐陶贊謨於玉陛·許由栐巢於潁濱·莘媵進身於鼎俎·務光服餌於鉛銀·尼父妄行於菡萏·石門司職於晨昏·此數子者·豈不欲同軌而共趨哉·固夫顯晦殊致·而夷險異遵也·方今明明在朝·穆穆在位·家擅名議·人懷笇計·英謀雨集·軼材雲萃·遡徂璘彬·囘翔客裔·搜瑜瑾於剛林·采芝蘭於荒穢·凌天翮而高舉·總雲衢而引轡·累魁父不益其崇·捐瀾汋不增其勢·倘徽循以希榮·豈余心之所貴·且夫曲房隧須·非必勝於窐衡也·象白鳳丸·非必旨於藜羹也·車軨馬駱·非必勝於徐行也·徒豐其屋·徒困其形·勞悴爾躬·害積爾生·熙熙攘攘·惟利是營·媛媛姝姝·惟利是爭·勢移則渙·勢合則弁·媚行烟視·絢權死名·憂或來於無端·患或伏於未萌·進而不已則蹶·高而不已則傾·嗟厚味之釀毒·防安逸之縱情·慮鞅鞅之爲患·奚嶢嶢之足矜。

抑又聞之·雞羽焚而淸風興·蘆灰暈而太陰闕·不周匿而耀靈徂·寒谷冱而元冰冽·盛衰何常·循環靡絕·過剛者摧·過健者拔·盍琭珞而自將·奉奇謀於先哲·戒直木之先戕·恐甘泉之易竭·秉絕籥而是安·詎或輕乎剸節·方當弋獵乎詩書之囿·消搖乎道義之場·齊內外於張單·一壽夭於彭殤·貴恬裕之自足·超希微而自忘·辨貞亮而結佩·播秋蘭而振芳·榮老子之知止·悅南國之徜徉·喻被褐而懷玉·奚外物之足傷·夫天地之間·物各有定·小人尺寸而計功·

君子安常而守正．顧不宜哉．菀枯榮悴．巋然在天．林林萃萃．孰知其然．走貊嗜鐵．飛鼯甘煙．夔一足而用．蛇兩頭而全．鈴爲小而鐘爲大．軾取方而轂取圓．彼物性之同異．尚難事乎變遷．緊婞直而致累．固昔人之所傳．詐痼疾而莫解．詎韁鎖而足牽．奚夸毗之可慕．奚窶乏之足憐．今吾子植德靡聞．貧賤是恥．徇鶩利於庸流．求改節於狷士．是猶割唇而補瘡．削足而就履．索干莫於刈葵．冀棟梁於剔齒．洵管窺筐舉之爲．不自知其鼻鄙者也．若乃婁敬進說於輓輅．陳平獻策於陰謀．蒯生馳辨於相背．陸賈奉使於蠻陬．長沙髆論於宣室．釋之爭議於縶囚．主父慨懷於鼎食．公孫致位於通侯．壽王待詔於格五．東方取寵於徘優．翰伯矜奇於市販．郭解著稱於俠游．吾誠不能爭長於數子．故無暇比擬而推求．客乃惢然失色而退。

公子援琴而歌曰．反余身兮太虛．導虎綬兮鸞輿．偕佺喬兮故侶．訪彭咸兮舊居．等天地兮稊米．譬朝夕兮蓬廬．窮探索兮九乾．曠汗漫兮八區．家抱璞而游處兮．吾焉知夫衆變之所如。

李　穠　新會人，同治六年任樂昌訓導．與修縣志。

西石巖記

泐溪嶺踞泐溪上流．故名．離城北門三里許．高三四十丈．週遭數里．山隈有洞．號西石巖．建寺於斯．多歷年所．巖上峻斗．雜樹叢生．根盤幹脩．四時蒼翠．喬松十數株．鱗作之而亭亭張蓋．微風徐動．濤聲滿耳．巖口廣六尺．高丈餘．中空類廳堂．春夏之交．水涔涔滴．因構木爲龕．崇奉大士．咸豐初．紅賊擾亂燬焉．遷祠巖外．正中一洞．俗謂通幽．似屬妄言妄聽．今已堵塞．留竇尺許．鐫以石碑．碑刻龜蛇讚．字奇古．相傳自武當山飛來者．左爲黑巖．巖口石床如龕．平坦滑淨．可坐數人．昔六祖遊黃梅歸．曾憩於此．此巖晦深莫測．有遊者然炬囊灰．命儔偕入．徑竇多歧．從寬廠而進．散灰以識所經．或升如登陂．或降如下阪．旋左旋右．高卑廣狹不等．時値金伏．寒風刺骨．上多石乳．懸若椈枝．其下漬者凝結肖物．每觸首礙足．拾石子欲脫一具撞擊．甫加．響聲雷鳴．及造深處．類多蛇蛻．懼而卻步．不敢復窮其勝．計所歷已二三里矣．右爲光巖．其一欹斜北轉．高七八尺．廣稱是．約二十丈．分二道以出．一達寺之北亭．一抵亭基下．亭久圮．未復葺治．其一通透光明．返影斜照．約十餘丈．達寺北之池．仙徑七十二福地．巖居一焉．陸羽題名隱約留巖石上．旁刊書室二字．端楷秀徑．圜可竟尋．此間過夏．溽暑俱忘也。

孔廣陶　字少唐．南海人．國學生．官分部郎中．編修繼勳子．編修爲雲泉七子詩壇之一．耳濡目染．故所著鴻爪雪泥遊記．雅贍可觀．家藏書甚富．顏所藏書處曰三十三萬卷樓．得北堂書鈔．校刊行世．海內寶之。

校刊北堂書鈔序

國朝乾嘉間．諸儒攷證經史．博涉流畧．旁及唐宋以來

類書・遺文逸簡・甄采精覈・顧藝文類聚・初學記・太平御覽等傳本尚夥・獨北堂書鈔・肇於隋・顯於唐・幾絕於宋・靡亂於明・居今日而欲求元書・不可得矣・徵諸舊聞・大江南北尚有三二鈔存・羣推錢遵王得朱竹垞本・黃蕘圃得李滄葦本・孫淵如得陶九成影宋本・陽湖既得・則招同・嚴鐵橋・王文簡・錢既勤・洪鈞軒・顧千里・王石華諸名輩・開館分校・翼扶徵學・以故孫本益著・無何・由金陵入錢塘・入閩中・自孫氏歷何氏陳氏・最後復歸周氏・世遂相傳爲千金本云・廣陶辛未出都・即物色此書・既稔陳氏所藏・亟擬購之・議未成・孫本早已入周・黎召民光祿持節使閩・爲介傅節子太守達於周君季貺・慨然許假元書・於時辛巳六月也。

既抵舍・則大喜・乃鳩工影鈔・鈔迄又不敢輕假俗校・輒自以舊鈔新影・按行比勘・細辨諸家舊校・分五色筆錄之・尋又獲觀黃蕘圃本・踳駮尤甚・復出此本校閱・則尚有前後悖盭・並有三四讀不能曉者・諸先喆奮筆乙之・至豐豊東宋典與陶陰其末焉者耳・以鐵橋之賅洽・文簡之精勤・鈞軒亦有所依據・猶未能完善・蓋讐校之難也・校近書易・校古書難・予雖謬欲再校・然以諸先正之博碩淵懿・尚不能救之於未亡之前・而鄙人乃欲全之於已壞之後・豈曰易易・顧終弗自揆・先釐正百有餘事・並補編元引書目・始恍然非輯佚無以辨存亡・非分彙無以收散漫・遂校輯並舉・中間爲讎攸幾奪・海氛乍張・又作輟者四易寒暑矣・因再與起例發凡・先生且欣欣然爲邪許之助・遂盡出魏晉以上古舊本・並唐宋類書善本・邇年輯佚稿本・不下千有餘種・取資證左・互相析辨・昭熙昭杰昭鋆三兒・亦並力搜討・凡二十有五月而書成・昌黎云・雖不無一二遺者・已得其十之七八矣。

嘗論永興信本・時望畧同此書・不與藝文類聚並出・宋眞宗取諸趙安人家不昭二館纂定・元季陶九成得影鈔而親識之・又不及校誤・至明陳禹謨始爲校刻・然刪補盡失其舊・國朝四庫館開・以陳刻著錄・陽湖孫氏既得嚴氏諸先生讐正・僅梓數十卷・卒無完帙・以迄於今・歷千二百九十年・猶有人爬梳搜剔・幾還舊觀・且並梓之・以待四庫之采・以完鐵橋未竟之志・以延虞永興幾亡未亡之緒・此豈余始願所及此哉・昔亭林顧子・竹垞朱子・均以廣韻不亡・比之斯文未喪・識者歎爲特識・予謂以書鈔視廣韻・未知奚如・要其書既有裨於四部・即是傳實有繫於斯文・後之君子・循誦習傳・或將有少裨實用者・其亦諒予今日搜補之苦衷也夫。

茹棻

新會廩生・文見學海堂二集。

勵志賦

倣張衡思元賦體兼用其韻

緬兩儀之遞嬗兮・寒暑順而不違・節循虛其駛逝兮・駒奔隙而難追・悼年華之何速兮・朱顏忽而中衰・惟古人之不朽兮・勵志士之貞節・時汲汲以彌縫兮・求安行而不跌・騁雄心以孤往兮・矢淵懷之百結・抗重霄而高寄兮・竦百尺之虬枝・期芳潔以自愛兮・佩沅芷與江蘺・白珪玷而可磨兮・素行墮而終虧・葆太初之皎皎兮・恆抱璞以自珍・余德闇而百修兮・令名積而愈聞・毋假日以消搖兮・惕移蔭而淬勤・緊吾人之尚志兮・溯古訓而倍殷・堯舜性而生安兮・後辟渉

其莫及．苟垂拱以省成兮．匪勳績之不立．何疇咨而儆予兮．獨憂勤而寡合．湯武皇皇以自克兮．懼狃欲而失眞．夙夜惕而莫康兮．終危厲其必信．聖域優而可入兮．誠何愧乎反身．惟元公之勤施兮．甘吐握而勞已．旣光明於上下兮．乃身安而國理。勖幼冲以無逸兮．願終始而自改．述三宗之勞勞兮．期步趨乎前趾．仰不遑於穆考兮．誠日昃而未已．嗟曠廢之無成兮．知宅身之有方．委詩書於塵積兮．孰與發其馨香．馬致遠而銜轡兮．牛任重而服箱．苟食焉而怠事兮．無人各其必殃．覽聖君與良佐兮．孰放軼而可常．不振迅以自勵兮．譬欲濟而無航．雖苦心而瘁志兮．存素願之所營．被忠信爲甲冑兮．秩禮義以爲裳．心湛若其瑩鑑兮．德温如而鏘珩．從銖積而寸累兮．亦日引而月長．審因循之爲累兮．毋偃仰而自藏．身歎唉而無用兮．名闇汶而不芳．歲閱歲其如流兮．積慫兢於露霜．論尙友於古人兮．疇曩哲之與伉．雖頎然而具體兮．亦形住而神亡．賢哲同此矻矻兮．固悉數而愈彰。

　蘇習符而刺股兮．卒佩印而遂情．朱樵蘇而高歌兮．亦綰綬而揚名．竊螢爝之餘焰兮．叩牛角之清聲．志專一之靡他兮．屏百慮而不營．愚公守而不移兮．山險峙其忽平．信一簣之可恃兮．地轉瞬而嶢峥．矢果確其無難兮．用去悔而納禎．三軍勇而能奪兮．匹夫獨而可逞．度量曠其相越兮．毋一得以自鳴．導涓涓於江河兮．養兩葉於春榮．念所生之無忝兮．乃存順而沒甯．伊耕莘以樂道兮．待幣聘而趣裝．吟梁父而高寄兮．亮抱膝於南陽．肩天下之重任兮．斯人中之賢英．胡脅降而竄澤兮．武牧羝於海荒．望烏白而馬角兮．寄餘生於微芒．卒泰山之比重兮．詎鴻毛之見輕．忠烈森其凜凜兮．綱常植而不傾．殺身可以成仁兮．時取義而舍生．屈放廢而幻遊兮．期税駕乎扶桑．玉招魂而不返兮．虛桂醑與蘭粻．志干雲而直上兮．騁馬首於崑岡．姒胼胝於八載兮．恒刊木而隨山．誓羽淵而幹蠱兮．終洒淡而踐言．君與父共不貳兮．懦與立其如鄰．哀雷鳴於瓦釜兮．甘寂處於江濱．當元圭之未錫兮．勞赤埴與白墳．酎入關之孱王兮．慰熊化之游魂．終棄繻以長往兮．邁壯志而遊遨．繫單于於闕下兮．解縈思之鬱陶．鬖乘風而愉快兮．破萬里之雲濤．孰老死於牖下兮．獨抑鬱其無聊。

　嗟弧矢之四方兮．余曷爲乎在茲．嘆十九而童心兮．安玩愒而娛嬉．馬題橋以慷慨兮．終負弩而建旗．淹悠忽其不振兮．事乃敗於躊躇．至誠開於金石兮．中孚格乎豚魚．遺古訓之昭昭兮．詎信昔而誣余．超投筆而從戎兮．顧西域而云徂．終封侯而食肉兮．與衞霍而爲徒．淮陰窮而未濟兮．時徬徨乎中野．受漂母之一飯兮．日睨視乎河渚．甘袴下而無忤兮．疇物色而見予．倏登壇以發帝兮．衆翹首而延佇．令置冢可萬家兮．久彼蒼之臨安．勾踐困於石室兮．問孱屈其焉如．卒沼吳而稱霸兮．與桓文而並書．差媚施其不悟兮．乃亡國而殉諸．雖二雄之互爭兮．譬蟲豸之吞噬．越惟忍其乃濟兮．用保國而長世．事有志其竟成兮．爰彰明而昭喇．梁五噫而攄憤兮．樂任春而寄廡．范攬轡而澄清兮．欲修乎漢緒．彼高潔以自勵兮．孰踐迹而步武．申僵立於秦庭兮．九頓首而後處．豈忘身以自苦兮．悲冠履之失所．賦同仇以偕作兮．返舊都而定主．胥懷讐而邁吳兮．亮不察於故

后・時吹簫而遊市兮・莫煩寃之自剖・迨滅逞以得志兮・乃安外而存內・鬼神鑒其精誠兮・心質直而可對・豫國士以酬知兮・動趙襄之執訊・歷九死而未悔兮・期得仇而剸刃・既被獲以詭詞兮・謂釋怨之可信・爰呑炭而聲易兮・復漆身以自瘮・實風塵之奇士兮・允艱險而蹈仁・嬴無道而暴虐兮・貽荼毒於生民・起道路之側目兮・嘆所生之不辰・楚雖亡而有所籍兮・終三戶以亡秦・良既生而韓滅兮・遷陽九與百六・思毀家而報國兮・甘餘生之不育・椎一擊而中副兮・狙遠去而不復・因佐漢而爲師兮・洵才大而莫蓄。

登高邱以橫覽兮・身渺焉而寡儔・通千載爲一旦兮・隘六合而暫遊・感芳春之怡悅兮・倏石鑠而金流・洞庭波而木落兮・遽寒風之騷騷・人膠擾乎其中兮・實纏縛以自糾・魚相期於江湖兮・鳥相望於叢條・苟素願之弗遂兮・咸含喟而增愁・何苟且以自安兮・反下喬而入幽・縱末路而始悔兮・雖遷改其曷瘳・伊上蟠而下際兮・孰非吾志之所周・俗沈昏於醉飽兮・放吾意而不禁・歌匏葉而焉濟兮・面大川之碄碄・學苟怠而作輟兮・莫廸德於沈潛・驚華言而有聞兮・乃心奓而氣浮・中游移以無定兮・瞻盛轍而末由・志比君之出令兮・詎作事而可休・履富貴而自持兮・無盛滿之見劉・處貧賤而奮發兮・雖詩書可療饑・志無立而不成兮・祇遇合之疾遲・姜脫簪而警晏兮・爲中興之賢妃・共柏舟以自誓兮・稱守節之娥眉・女曠隔於異代兮・因頌美而流徽・況賢聖以自期兮・希沒世之有光・同草木之儆朽腐兮・昧天地之元黃・紛苶然而志喪兮・詎丈夫之足嘉・爰箴心以自儆・用刻意而作歌。

歌曰・二氣亭毒・吐實含葩・靈根自萎・遺此春和・先哲有言・山川可移・志帥既定・客氣奚多・既一志以專尙兮・乃遵道而啓行・陟東山之巍巍兮・涉洙泗之洋洋・以經訓爲菑畬兮・以道德爲津梁・和夏絃於由室兮・成晝寢於予牀・沾化雨之潤澤兮・挹豪泉之神漿・羌造奧而臻極兮・若操券而合符・七十子之卓卓兮・固聖敎之宏敷・惟殫精而畢慮兮・乃不域於所居・顏坐忘於心齋兮・宿仁義以爲廬・聞絃歌而遂志兮・戒權使之勿迓・曾不懈於一息兮・時勤勤於夙夜・仲雖剛而冉弱兮・終同歸而殊途・賜屢中而羔魚兮・亦齊軌而順路・判成德與達材兮・恍乘時而澤布・經大匠之裁成兮・質孰得而低昂・能自致於青雲兮・亘明星之煌煌・列孔門之高足兮・咸距躍而超驤・雖附驥而必顯兮・亦實至而名颺・卑烱介而弗渝兮・黴回泬如探湯・著後生之美則兮・宜祖搆而不忘・孔金聲而始事兮・揚素威而鳴鉦・持木鐸以徇道兮・用振警乎頑冥・舉斯世之混濁兮・廓天地而一清・幸傳道之有徒兮・歌伐木之嚶嚶・歷九洲而相君兮・用周流而徂征・席皇皇其未煖兮・期極濟乎生靈・世莫知而宗予兮・乃還轅乎故宮・正雅頌之得所兮・奏和樂之彤彤・考治亂於春秋兮・適獲麟而告終・絕韋編而翼易兮・思逆數而知來。

斷古昔於唐虞兮・典終始曰欽哉・首國風之關雎兮・樂雙飛而翺翔・禮三百其尙敬兮・誦明訓之闃闃・嫻服習乎洪邑兮・佩鳴玉而鏘鏘・承末流而窺竊兮・附泰山於毫芒・將濟世而居正兮・淸殘虓於參狠・垂道經以訓世兮・發大聲之磅硠・日月愁其不再兮・歎川流之湯湯・信自昔之有立兮・

盡悚仄而匪皇·揮魯戈而返舍兮·逐羲馭而齊驤·等寸陰於尺璧兮·懼靈曜之迭逿·惟委任以無事兮·恆紆徐而容裔·圖安飽而遂已兮·莫奉志以高厲·引義心而不入兮·勸緣督而自外·天君坐而廢錮兮·靈臺蔽其暗藹·矯供志以迅往兮·勒奔馬而旋歸·縱沈思之獨邁兮·絕邪慮之徘徊·將韞櫝而寶煥兮·亦被褐而玉懷·騁長轡兮凌修塗·崇實有兮紛晻曖·獨命駕兮息常閒·警逸豫於疇昔兮·收淫放於厥心·被法服之皎皎兮·曳德佩之參參·蘭膏焚而繼晷兮·芰裳襲而颶風·學海春而變化兮·秋馳騁乎藝林·甫息踊於更龍兮·俄警發乎曉禽·敦素尚之無爽兮·揚朱絃之清音·奏流水而邈綿兮·慕高山之嶔崟·朝乾乾以不息兮·求無忝乎初服·夕惕若以自省兮·懼余身之未敕·羌飲冰而勵雪兮·任俯仰而不悳·氣承志以有為兮·無佚宕而逍遙·志御氣以為主兮·乃獨運而奏勞。

系曰·長繩繫日悵不留·志士有志多苦憂·庸庸千佰常自娛·置身六合室一區·汶然俯仰隨世俗·善斤性斧縱所欲·大猷元漠知者稀·稻粱擾擾恬不飛·紛紜塵垢誰能離·歎息志士不我攜·無心試就商厥謀·示我大道增遐思。

何躍龍 南海生員·海學堂專課生·文見學海堂四集。

干令升晉紀總論跋

考之晉書本傳·中興來未置史官·王導疏請令升撰集·乃著晉紀·自宣帝迄愍帝·凡二十卷·奏之·此其總論也·按自宣迄愍五十三年·令升撰晉紀於元帝時·晉之始終盛衰·乃其見聞所及·故此論歷敍開基不厚·付託非人·經制無常·風俗浮僞·皆言之娓娓·同見本原一篇之中·固已括全書之大旨矣·夫晉之賈后·與漢之呂后畧同·晉惠之鈍懦·亦與漢惠之柔懦畧同·呂后殺韓彭·殺三趙王·如惠帝非其所出·亦必不免·惠帝薨·遂臨朝稱制·授諸呂與兵·然周勃左袒一呼·大事遂定·朱虛不敢專於內·齊王不敢抗於外·匈奴不敢窺於邊·晉則賈后首禍·八王搆難·戎狄乘隙·河洛遂虛·何哉·漢之政令明也·漢惟政令明·經制定·故非劉氏不王·王陵得而事之·呂后欲害趙王·周昌得而拒之·產祿欲據南北軍·絳侯得而用之·為呂后者·雖欲悍然不顧·而有所不敢·晉武帝自平吳以來·君臣娛樂·視漢皇之規模宏遠已不侔矣·而又貽謀不善·有齊王攸之賢而不知任·有張華衛瓘之才而不用·知有郭欽江統之策·而不知採·所聽者乃馮紞荀勗之言·所信者乃賈充楊駿之輩·所任為腹心與圖後事者·亦僅王佑之徒·身死未久·禍起宮闈·毒流海內·禮教陵夷·延於江左·而猶莫之振·篇中謂禍之由來有漸·豈繫一婦人之惡·可謂探原之論矣。

夫以內亂而論·漢亦有諸呂·以親藩而論·漢亦有大國·以外侮而論·漢亦有頓冒·以清談而論·漢亦尚黃老·以弛兵而論·漢亦去關傳·然漢不亂而晉亂者·此固樹本固不固之分·亦由積累厚不厚之別也·晉之樹本既無遠謨積累·復異於先代·其凌逼魏帝至於至尊飲刃·以成其篡·明帝問王導前世所以得天下·聞高貴鄉公事·以面覆床·曰·如公言·晉祚安得長·以司馬子孫而猶有此言·則其不愜於

人心可知矣．欲長享天心．久有天下得乎．元帝偏安得延一線．說者猶有牛繼馬後之謠．此非秉筆之虛誣．實由典午篡弒之爲．羣情共嫉．樂覩其危亡以爲快．見其宗祀猶未遽絕．故爲以呂易秦之說．使之不亡猶亡而後已．人心如此．則當時雖無惠帝賈后．而欲祈天永命．顧可得耶．令升身爲晉臣．故畧言神受之事．以諱其篡．然觀其以周家忠厚相形．而謂晉功烈於百王．事捷於三代．則諷刺之意．已隱於言外．然至宣景遭多難之時．務伐英雄．誅庶蘖以便事云云．則直揭篡逆之謀．以爲萬世戒矣．其論武帝革命．亦卽此意．今晉紀全本不可得見．惟此篇與論革命篇賴蕭選以存．第唐以前晉史凡十八家．其王隱何法盛臧榮緒等書．則史通雜說．書事稱謂．書志諸篇深詆其謬．獨謂令升先覺．遠述邱明．重立凡例史例．中興於斯爲盛．（序例篇．）則可知其書盡善．不僅總論爲然．惜乎不得全書而讀之也。

編校按：此文謄印稿入沈桐作．而題目無一跋字．今依作者考列爲何躍龍作。

潘珍堂　南海生員．文見學海堂四集。

周禮致太平論

周禮一書．周公集三皇五帝夏商二代之迹．以爲治天下之大法．疑之者以爲末世瀆亂不驗之書．信之者以爲周公致太平之迹也．賈公彥曰．周監二代．郁郁乎文．所以象天立官．而官益備．又曰斯道也．文武所以綱紀．周國君臨天下．周公定之．致隆平龍鳳之瑞．然則周禮雖周公所自作．實有監於古而作矣．其太宰掌建邦之六典．以助王治邦國．一曰治典．以經邦國．以治官府．以紀萬民．二曰教典．以安邦國．以教官府．以擾萬民．三曰禮典．以和邦國．以統百官．以諧萬民．四曰政典．以平邦國．以正百官．以均萬民．五曰刑典．以詰邦國．以刑百官．以糾萬民．六曰事典．以富邦國．以任百官．以生萬民．此明經國之大綱．治政之條目．括囊大典網羅歷代者無論矣。

卽如邦賦鄭康成謂口率出泉．前人以爲疑者也．不知古有九職．卽有九功之稅．有民數．卽有力役之征．小司徒之法．上地家七人．可任也者家三人．中地家六人．可任也者二家五人．下地家五人．可任也者家二人．王畿受田者二百五十六萬家．通三等地之卒．俱二家任五人．凡起徒役無過家一人．實任二百五十六萬人．若然國家徭役斷無遍及二百五十餘萬家人之理．故酌爲口泉之法．親往役者以力代錢．不親往役者以錢代役．此口率出泉所以便民．此通達治體者．乃知周公設法．鄭說此經不可易也．假令國家徭役徵及郊甸縣都．而遠方之民千里跋涉．以符豐年三日．中年二日．無年一日之數．至則胥吏索勒．爲之輪值遷延．需遲日月．其弊可勝言哉．就令官如父母．軫恤民艱．至卽派其役事．役畢無所羈留．而百里千里之編民．相率而趨三日二日之力役．裹餱糧．具畚築．負楨幹．已不勝其苦矣．近代無親役之事．從稅米以起條．名丁口銀．以代力役．卽口率出泉之法也．然窮鄉僻壤．欲其納米納條於州縣署中．猶以爲

遠・故別設糧局於各司堡・雖則費用頗繁・而官民均以爲便・則古時口率出泉以代力役・孰非體恤民情・酌爲至中至正之道哉・故即邦賦之法・可見成周太平之迹・雖當力役之征・而無陟圮之嘆也。

泉府國服爲息・鄭注引莽制・後儒更以爲疑・不知三代以上・官與民爲一體・故以泉斂滯貨・以待不時之買・喪祭之賒・俱爲可行・何疑於國服・三代以下不如古・先王之良法多不可行・何有於國服・人謂國服之法・本漢儒之傅會王莽・吾謂國服之法・實周公之鑒於夏殷・龍子論夏之貢曰・又稱貸而益之・趙邠卿注公賦・當別有不足者・又當擧貸・子倍而益滿之・焦理堂孟子正義曰・子即息也・史記殖貨傳云・子貸金千貫・又云吳楚七國兵起時・長安中列侯封君・行從軍旅齎貸子錢・子錢家莫肯與・唯無鹽氏出捐千金・貸其息什之・三月吳楚平・一歲之中・則無鹽氏之息什倍・蓋每歲萬息二千・此常息也・至窘急時・則利息必加倍於常・故云子倍益之・稱貸於子錢家以益滿・此不足之數・而所貸之子乃倍於所不足之數・（如貸萬泉爲本・以別賦・而息又加萬泉・）周公知晚近之世・貸息不一・民從官貸以治產者・乃定爲國服之法・以其於國所服事之稅以爲息・不得過贏・凡民之相貸者・亦令以國服之法行之・犯令者刑罰之・所以救夏殷季世加貴取息之弊・而又喪祭賒者無息・荒政散利・貸種食則無息・所以惠保庶民如此。後世悉不能行・徒以王莽弊政・安石青苗詆鄭氏・疑周官・不亦惑乎・後世州縣丞尉品流不一・所用保正甲長胥吏殷丁之屬・類多狡獪之徒・假其手與民交易・必多抽剝以自肥・是以王莽貸法・王安石青苗・一行而即弊・後人不審其由・從執以疑周禮・至詆爲六國陰謀之書・何其謬哉。

潘乃位 文見學海堂四集

秦楚之際諸國形勢論

秦楚之際・項羽立十八王・五年而諸國幷於漢・竊按今日地圖而論之・當時羽由魯公爲西楚霸王・王梁楚地九郡・都彭城・則今江蘇之徐州淮安海州・安徽之鳳陽潁州泗州・山東之兗州曹州濟甯・直隸之大名七府三州・及河南之開封歸德陳州汝甯許州光州四府二州・衞輝府之汲縣考城封丘延津四縣・是其地・彭城即今徐州府銅山縣・其時江東會稽吳中・則今江蘇之鎮江常州蘇州松江太倉四府一州・是其地・羽蓋遙領之・沛公爲漢王・王巴蜀漢中四十一縣・都南鄭・即今陝西之漢中興安・四川之龍安潼川保甯順慶成都雅州重慶夔州嘉定邛州眉州達州資州緜州茂州忠州十一府八州・是其地・南鄭即今漢中府南鄭縣・章邯爲雍王都廢丘・則今陝西之鳳翔乾州邠州一府二州・及西安府之興平咸陽・鄠・盩厔・醴泉五縣・甘肅之慶陽平涼涇州二府一州・是其地・廢丘即今西安府興平縣・司馬欣爲塞王・都櫟陽・則今同州商州一府一州・及西安府之耀州長安咸甯臨潼高陵藍田涇陽渭南三原同官富平一州十縣・是其地・櫟陽在今西安府臨潼縣・董翳爲翟王・都高奴・則今延安榆林鄜州綏德二府

二州・是其地・高奴即今延安府安塞縣・申陽爲河南王・都洛陽・則今河南之河南汝州一府一州・是其地・洛陽即今河南府洛陽縣・司馬卬爲殷王・都朝歌・則今河南衛輝府淇縣濬縣滑縣輝縣新鄉獲嘉六縣・及懷慶一府・是其地・朝歌即今淇縣・英布爲九江王・都六・則今安徽之安慶廬州六安和州滁州二府三州・是其地・六即今六安州・共敖爲臨江王・都江陵・則今湖北之荆州襄陽安陸宜昌四府・是其地・江陵即今荆州府江陵縣・吳芮爲衡山王・都邾・則今湖北之武昌漢陽黄州德安四府・是其地・邾即今黄州府黄安縣・田安爲濟北王・則今山東之東昌武定二府・是其地・徙魏王豹爲西魏王・都平陽・則今山西之平陽太原汾州潞安澤州蒲州平定保德忻州遼州沁州霍州隰州吉州絳州解州・河南之彰德七府十州・是其地・平陽蓋今平陽府臨汾縣・韓廣爲遼東王・則今盛京之奉天錦州・直隸之永平三府・是其地・臧荼爲燕王・都薊・則今直隸之順天遵化一府一州・及易州治易州之涞水一縣・是其地・薊即今順天府大興縣・徙齊王田氏爲膠東王・則今山東之萊州二府・是其地・田都爲齊王・都臨菑・則今山東之青州泰安濟南沂州四府・是其地・臨菑即今青州府臨淄縣・徙趙王歇爲代王・則今直隸之宣化・及易州之廣昌一縣・山西之大同朔平代州二府一州・是其地・張耳爲常山王・都信都・則今直隸之正定順德趙州冀州定州深州二府四州・是其地・信都即今順德府邢臺縣・此秦楚之際・十八王諸國封域之大畧也。

其時義帝徙長沙・都郴・則今湖南之長沙岳州寶慶衡州永州郴州桂陽澧州五府三州・是其地・郴即今郴州・陳餘在南皮・環封之三縣・則今直隸之天津府・是其地・南皮即今天津府南皮縣・及梅鋗十萬戶侯不言封地・皆在十八王諸國封域之外・若論十八王諸國之形勢・則據戰守之險要・而可以制天下者・莫若雍塞翟三國・據有關中之地・關中謂函谷關以西・函谷關在今河南陝州靈寶縣・韓生言關中阻山帶河・四塞之地・肥饒可都以霸・其言是也・羽乃不自王其地・而以王秦降將・使距塞漢道・此羽之失計也・彼章邯三人者・豈漢敵哉・就令足以敵漢・是又益一漢矣・何范增之多智・亦不計及此也・夫漢燒褒中棧道・備諸侯盜兵・非備諸侯・實誤雍王使不設備也・蓋褒中即今漢中府褒城縣・漢欲東向・必進兵棧道・先擊雍棧道・既燒則雍不設備矣・於是潛從故道進兵・故道即今甘肅秦州兩當縣・其地與漢中鳳縣相接・蓋從今兩當進兵鳳縣・今鳳縣地與鳳翔府寶雞縣相接・有大散關・今爲秦蜀要路・邯迎擊陳倉・陳倉即今寶雞縣・邯敗走好畤・又走廢丘・好畤即今乾州・今寶雞縣距乾河約二百五十里・今乾州距西安府興平縣約一百三十里・由是漢畧雍地・降塞翟・關中稍定・而天下之大勢舉矣・其時燕幷遼地・田榮幷三齊・彭越在鉅野・反梁地・鉅野即今曹州府鉅野縣・梁地即今徐州府碭山縣・由是羽立鄭昌爲韓王以鉅漢・則今河南之南陽・陝州一府一州・是其地・然是時張良方徇韓王陵・又聚兵南陽・則意昌不能有其封地・實居河南地距漢耳・漢遣薛歐王吸出武關・遊南陽迎太公呂后・武關在今陝西商州・出武關即今商南縣・其地與今南陽府淅川縣相接・是昌不能有今南陽府地也・張良自韓閒行歸漢・漢王如陝・鎮撫關外父老・陝即今陝州・則今陝州地爲張良

所有以歸漢．昌亦不能有其地以距漢也．無何．河南降．昌亦降．蓋漢旣有關外今陝州之地．則河南不能守．昌亦無地可居矣。

旣而拔隴西．拔北地．虜雍王弟章．平隴西．卽今平涼府華亭縣以西．北地卽今慶陽府．是時關中之地未定者．一廢丘耳．由是漢王自臨晉渡河．而魏王豹降．下河內而殷王虜．臨晉卽今同州府朝邑縣．渡河卽今蒲州府臨晉縣．河內卽今懷慶府．河內縣今臨晉縣．距平陽府臨汾縣．河內縣距衞輝府洪縣皆不及四百里．故渡河而魏王降．下河內而殷王虜矣．虜殷王置河內郡．漢初河內則今懷慶府及衞輝府之淇．濬．滑．輝．新鄉．獲嘉六縣．是其地．由是漢王至脩武．陳平亡楚來降．脩武卽今懷慶府脩武縣．蓋虜殷王還至此．由是漢王東伐楚．到外黃．彭越歸漢．外黃卽今開封府杞縣．由是漢王入彭城．收羽美人貨賂．置酒高會．今杞縣距徐州府銅山縣約七八百里．其時羽方擊齊至城陽．田榮走平原．羽徇齊．至北海城陽．卽今沂州府莒州．平原卽今濟南府平原縣．北海卽今青州府．由是羽從魯出胡陵．至蕭．晨擊漢軍．大戰彭城．靈壁．東睢．水上．胡陵在今兗州府魚臺縣．蕭卽今徐州府蕭縣．二縣相距二百餘里．睢水在今徐州府銅陵．睢甯二縣．靈壁蓋今鳳陽府靈壁縣．其時周呂侯將兵居下邑．漢王稍收士卒．軍碭．下邑．卽今歸德府下邑縣．碭卽今徐州府碭山縣．二縣相距約四十五里．由是漢王西過梁地．至虞．虞卽今歸德府虞城縣．由是漢王屯滎陽．與楚戰滎陽南京索間．築甬道屬河．以取敖倉粟．敖倉在今開封府河陰縣．滎陽卽今開封府滎陽縣．二縣相距三四十里．京索在今滎陽縣．由是漢王還櫟陽．灌廢丘．廢丘降．而關中之地畢定．其時雍州八十餘縣．漢置河上．渭南．中地．隴西．上郡．漢初河上則今同州府商州．是其地．渭南則今西安府．是其地．中地則今鳳翔府乾邠二州．是其地．隴西則今慶陽平涼二府．及涇州．是其地．上郡則今延安榆林二府．鄜．綏德二州．是其地．其時九江王已歸漢．魏王豹反爲楚．漢擊魏．韓信等虜魏豹．定魏地．置河東．太原．上黨郡．漢初河東則今平陽澤州蒲州三府．霍．隰．吉．絳．解．五州．是其地．太原則今太原汾州二府．平定保德．忻三州．是其地．上黨則今潞安府遼沁二州．是其地．（漢初魏郡爲今大名彰德二府．時未置魏郡．彰德地未審所屬．）趙歇還爲趙王．陳餘爲代王．韓信張耳下井陘擊趙．斬陳餘．獲趙歇．北使燕而燕服．定趙地．置常山代郡．井陘在今正定府井陘縣．其地與平定州相接．漢初常山則今正定順德二府趙．冀．定．深四州．是其地．代郡則今宣化．大同．朔平三府．及代州易州之廣昌縣．是其地．由是漢王收兵至成臯．成臯卽今開封府汜水縣．由是漢王入滎陽。

羽圍漢滎陽．漢王出滎陽至成臯．今滎靈縣距汜水縣約五六十里．由是漢王自成臯入關．今汜水縣距靈寶縣六百餘里．由是漢王從武關出軍宛葉間．宛卽今南陽府南陽縣．葉卽今南陽府葉縣．二縣相距二百餘里．距商州約八九百里．由是彭越渡睢．與項聲薛公戰下邳．下邳卽今徐州府邳州是也．由是漢王軍成臯．軍小脩武．小脩武在今懷慶府脩武縣．北距汜水縣約一百三十四里．由是盧綰劉賈渡白馬津入

楚地・佐彭越・燒楚積聚・擊破楚軍燕郭西・攻下睢陽外黃十七城・白馬津在今濬縣・其地與大名府開州相接・燕郭在今汲縣・睢陽即今歸德府商丘縣・由是羽東擊彭越・楚大司馬咎・長史欣自剄氾水上・氾水在今氾水縣・其時韓信襲破齊・齊王東走高密・高密即今萊州府高密縣・由是漢王軍廣武・羽亦軍廣武・相與臨廣武之間・羽廣武在今河陰縣・其時韓信灌嬰至城陽・虜齊王・彭越居梁地・往來苦楚兵・越往來處蓋在今歸德府商丘・拓城・寧陵三縣之間・由是羽與漢約中分天下・割鴻溝以西爲漢・以東爲楚・鴻溝在今河陰縣・由是漢王追羽至陽夏南・陽夏即今陳州府太康縣・距河陰縣約三百里・由是漢王至固陵・固陵即今光州固始縣・距太康縣約五百里・由是劉賈入楚地・圍壽春・壽春即今鳳陽府壽州・由是楚大司馬周殷畔楚・以舒屠六舉九江兵・迎黥布・竝行屠城・父舒即今廬州府舒城縣城・父即今歸德府鹿邑縣・由是圍羽垓下・垓下在今鳳陽府靈璧縣・由是羽渡淮至陰陵・迷失道・復東至東城・東城即今鳳陽府定遠縣・陰陵亦在定遠縣・定遠縣距靈璧縣約二百五十里・由是羽東欲渡烏江・自剄烏江上・而楚亡・烏江在今和州・和州距定遠縣約二百五十里・由是楚地悉定・獨魯不下・持羽頭降魯・葬羽穀城・穀城在今泰安府東阿縣・其時盧綰・劉賈虜臨江王・故衡山王吳芮光歸漢・是五年而諸國幷於漢・其形勢可按今日地圖而論之者也・蓋羽之失計在不自王關中・而漢之得計亦在先幷三秦・急定關中矣・（今許州及開封府之禹州新鄭鄢陵二縣・非梁楚地・乃韓地也・羽以鄭昌爲韓王距漢・其地當在此・又其時韓太尉信亦畧定韓地十餘城・漢王至河南・信急擊昌・昌降・則今許州及禹州新鄭鄢陵之地・意昌亦不能盡有・附正前誤・因幷記此。）

清十

何如銓 字嗣農，南海人，光緒乙亥舉人，舉菊坡精舍學海堂學長，如銓家居近桑園圍，爲南順兩邑保障，道光中，温侍郎汝适，中書汝能，請於大吏借帑八萬，取息爲歲修費，十數年來遇險搶救，皆藉其力，前纂有桑園圍志，撰不一手，文不一律，邑人倡議重修，推如銓總其事，損益前志，始江防奏議，迄藝文雜錄，彙爲十六卷，詳而能覈，論者稱之。

越王臺賦

維時清明都過·藍尾仍留·棉紅於火·草碧如油·躡履秀山之麓·命駕佗城之陬·沈初明之上通天·適逢喪亂·陸士衡之弔銅雀·如有隱憂·遂乃徘徊古蹟·棖觸春愁·客告余曰·有臺焉·昔南越王之所築也·始九仞以經營·周萬里而瞻矚·倚白雲爲屏嶂·瀦仙湖而漲淥·綺疏葱蒨以霞起·瓊寮逶迤而雲屬·簾則合浦之珠·階則英山之玉·華榱與秋嶂齊青·瑣闥與春漪競綠·偉氣象之嵬嶷·極人間之華縟·遂出警而入蹕·建高才與左纛·於時神州沈陸·草澤跳梁·狐鳴聲亂·逐鹿勢張·振三川兮鼓鼙怒·搖列郡兮烽火光·雖有子晉吹簫之館·趙王倚瑟之堂·秦阿房之歌臺舞殿·楚章華之玉陛瑤璫·亦復熏消燼滅·草綠苔黃·金埋燕市·枕冷高唐·散笙歌於臺上·委亭榭於戰場·四方多難·半壁小康·王乃諏上巳之吉辰·轉勾陳之簿鹵·九斿之龍旆傾城·七校之犀函極浦·樂奏則終日停雲·花發則滿城香雨·陳芳醴與蕙肴·飾明珠與翠羽·帷宮應教·詎無宋玉才人·輦道持輪·尚有任囂舊部·桄榔壯士之歌·翡翠賓姬之舞·七十年中·晏然鎮撫。

登斯臺也·則欲劍擊百蠻·鞭笞三戶·笑傲秦皇·睥睨漢祖·竊帝號以自娛·謂中原之乏主·將萬歲與千秋·誰共爭乎此土·豈知容臥榻之鼾睡·乃車書之未同·迨混一乎區夏·必咸隸乎幈幪·天將使領服南北·甌駱西東·來王而測海水·受吏而驗東風·澤椎髻以衣冠之盛·化箕踞以禮樂之隆·雖復淮南黥布·河西竇融·健鬥若虎·得士如熊·亦且受降有日·守險無功·橫江沉鐵·下瀨飛鐘·召田橫於海外·繫韓信於雲中·而況田常專國·嫪毐封侯·舒先判楚·鄭不朝周·虢國亡而神降·曹社屋而鬼謀·出淮陰於陘口·泊王濬於石題·蒼鷹戰艦·飛燕船樓·甲兵草木·嶺海墟邱·昔之風臺月榭·越舞蠻謳·莫不付咸陽之烈炬·恨滄海之橫流·越殿荒而鷓鴣泣·姑蘇廢而麋鹿遊·迄今幾千百

年·漢然徒見山高而水悠·當夫海宇承平·池臺鐘鼓·百雉偃烽·五羊安堵·魏絳有事於和戎·祭遵無聞於征虜·憐才則晉國祁奚·博學則陳留阮瑀·北府之參佐王郗·南國之詞人徐庾·開學海以延英·臨高臺而弔古·談陸賈之詩書·想越王之英武·大長蠻夷·式廓疆宇·亦五世而忽諸·竊一方其奚補·感興發之無常·睹城闉而憑俯·則見通闤□闠·虎踞龍蟠·陶頓之池亭縹緲·金張之甲第鬱盤·萬家春樹之裏·雙闕彩雲之端·公子以黃金飾埒·倡家以白玉爲欄·風箏則晝瞑·火燭則宵丹·凡番夷之輻輳·與士女之羅紈·雜然而不可以名狀·泱泱乎盡斯臺之大觀。

東望羅浮·南臨番禺·風雨離合·海島膏腴·洞垂虹而玉瑩·嶺飛鵝而金鋪·崖熟千年之棗·澗香九節之蒲·懸七星於檻外·侍雙女於座隅·其峯紆嶺駐·羅列於臺上者·有如越王登臨之日·而雲旆雨蓋之分趨·既眺層巒·乃觀江瀆·鬱水汪洋·牂牁迴複·灣荔則兩岸紅雲·波柳則千重碧縠·海幢雨兮煙樹深·珠江風兮寒潮蹴·珠娘孔雀之蓬·估客海鰍之舳·獅洋之市舶喧闐·虎門之師船蹋踘·其風馳浪駭·水嬉於臺下者·又如越王修禊之遊·而錦纜牙檣之相逐·然而千年觀閣·一瞬滄桑·石勒倚上東而嘯·陳勝起陽夏而王·竊越者慕龍川之令·守越者弘石門之防·銅駝倏陷·鐵牡旋亡·倚弓於越華之館·卓旗於歌舞之岡·遂使叢臺鬼嘯·全越兵荒·狐狸舞兮人跡絕·杜宇啼兮客心傷。

僕本恨人·人間何世·撫陳迹而流連·恨繁華之易逝·英雄安在·蘇子瞻所以感游·風景不殊·周伯仁於焉隕涕·乃爲之歌曰·黃屋銷沉錦石斑·呼鸞道上草漫山·只今惟有秦時月·曾見君王禊欲還·一曲方終·坐客相顧·欲訴幽懷·如怨如慕·終起而爲之亂曰·遭余駕兮山隈·望高臺兮崔以嵬·方今有道出兮梯航來·兵革銷弭兮天無偏災·願際春秋之佳日兮·常携酒而登於斯臺。

戴鴻慈

字光孺·號少懷·又號毅菴·南海人·光緒丙子進士·官編修·甲午大考一等·擢庶子·歷充江南雲南主考·福建山東雲南學政·甲辰會試總裁·累官法部尚書·協辦大學士·軍機大臣·卒贈太子少保·謚文誠·鴻慈以文學被殊擢·中日之役抗疏論列·不避權要·庚子以後變法議起·奉使東西洋考察憲政·歸而長法曹·値樞廷·遂晉協揆·國朝二百餘年·吾粵以軍機入相者惟鴻慈一人·以新政草創·考索過勞遽卒·年僅中壽·論者惜之。

奏陳援韓失利籌戰機宜疏

此次援韓失利·實由李鴻章調遣乖方·遷延貽誤·而不逞之徒·各騰異議·有謂朝鮮本中國贅疣·不早棄之以貽此患者·有謂倭人本意欲與共治朝鮮·乃我先開兵端以致失和者·有謂倭人意僅圖韓·可劃鴨綠江爲界而即無事者·有謂傾中國之兵不能禦倭·不如忍辱求和徐圖後舉者·種種妄言·無非爲李鴻章解脫·近乃聞有款議將成之說·僉謂數大臣私謀密議·爲隱忍偷安之策·竊恐款議遽定·則虧國體·而重後患·將來有噬臍莫及者·請歷排前說·披瀝陳之。

夫謂朝鮮爲中國贅疣者·不知中國大勢者也·朝鮮爲吉奉屏蔽·吉奉爲京師根本·苟一舉足·全國動搖·故我太宗文皇帝力征經營·列聖相承·胥厪怙冒·以懷遠爲保邦之

策・慮至深也・光緒初年・朝鮮苦倭逼甚矣・朝廷命李鴻章以綏靖東藩・李鴻章任用非人・信一馬建忠・而有十年十一年撤兵之事・信一俄使韋孛・而有本年五月遷延不救之事・信一衞汝貴・而有本年八月平壤不守之事・一誤再誤・以致今日・皆外視朝鮮之意・有以啓之・推原禍本・爲贅疣之說者・我祖宗神靈之所必殛也・至於兵釁之開・倭實背約・仁川之戰・我航渡送援軍・未先犯倭也・而倭乃擊沉我高陞船矣・牙山之戰・我軍往平韓亂・未先犯倭也・而倭自漢城來蹙我矣・大東溝之戰・我船渡送銘軍・未先犯倭也・而倭自仁川來乘我矣・及平壤之戰・我軍先到月餘・未敢越平壤一步・因循畏葸・坐致圍攻・乃議者猶歸咎於朝議主戰之故・夫所謂主戰者・必其勢可以不戰・而決意用兵・然後謂之主戰・若敵人節節見逼・迫我以不得不應・何主戰之有・必如議者之意・必束手待斃而後爲不開兵端乎・則謂釁自我開者・妄也・我軍已退渡鴨綠江・盡失奉天門戶九連城・距朝鮮義州纔數十里・中間江面寬者纔三四里・褰裳可渡・且鴨綠江長亘千餘里・一無險要可守・我如沿江設防・雖五六萬衆不敷分布・不惟無此兵力・亦斷無此兵法・今日之勢・平安爲奉天門戶・咸鏡爲吉林門戶・保奉天而防鴨綠・如勿防也・必以平安爲障蔽・而後鳳凰門可守・保吉林而防圖們・亦如勿防也・必以咸鏡爲鎖鑰・而後甯古塔可安・我皇上如勿棄吉奉兩省・斷無不規復朝鮮之理・規復朝鮮・斷無不尅日進兵渡江之理。

比聞葉志超電奏・遵旨全軍內渡・是因大軍新挫・倉皇退避・既已大誤於前・若不及時進占・則敵人益得休息兵力・全銳拒我・日來倭兵不動・當必於平安咸鏡之地・分據險要・建築砲臺・彼備一修・則將來我軍進攻愈難得力・刻下前敵諸軍力不爲單薄・宜諭令及時進剿・以赴戎機・夫平壤之敗・敗於衞汝貴之十六營望風先逃・非以兵單致衂・卽以爲圖大舉・稍待後援・亦宜步步爲營・爲得寸進尺之計・如必督令進戰・恐諸軍誤會日前退渡之諭旨・謂已無意朝鮮・將帥灰復讐之心・士卒阻敢死之氣・軍不理戰・敵起乘之・禍敗尚忍言哉・且三軍之戰・勝在士氣・士氣之鼓舞在上心・法越之役・我軍進攻得手・遽因李鴻章之請・率定和約・將士聞之・無不憤懣・然猶以戰勝在後・許和在先・捷報未通・以至於誤會・若萬里徵兵不爲戰用・則事機坐失・更非昔比・竊恐天下人心・妄測上意・從此無出力效死之將・從此無欣然赴召之兵・疆臣之心・知朝廷必不一戰也・而備禦勿修・耽視之邦・知中國之必不一戰也・而覬覦競起・皇上獨不爲中國萬年計乎・夫人心所繫・宗社之安危視之・是宜及今可用之鋒・早定自强之計・否則人心渙散・後患方長・敵燄日張・我疆日蹙・並目前所據有者而亦不可恃矣・則謂畫江自守者・妄也。

至於不戰遂和之害・益覺不可勝言・倭人雄據全韓・朝發夕至・得我兵費・則益充其戰守之資・散我師徒・則益肆其進攻之計・不多爲之備・則遼瀋燕齊在在有可蹈之隙・若概設重鎮・則軍火糧餉・駸駸有自敝之虞・至於無端之迫脅・非理之要求・從之則其欲無厭・不從則頓失前好・此猶歷來議款之明鑒・則謂忍辱求和者・尤萬世之罪人・天下臣民之公敵也・若賠款之說・尤屬勢所必爭・卽以法越前事而

論・法之國勢數倍於倭・而越南一役・不聞有兵費之說・今且傾國帑・借洋債以籌戰備矣・而一切委置無用之處・更籌鉅款以餉讐仇・試問一款之後・可保倭十年不犯中國乎・卽有他國居間・而事後誰能相保・天津專約甫七年耳・及今而有兵取韓京之事・夷情反覆・已有明徵・後之視今・猶今視昔・竭生民之膏血・以求旦夕之安・而安終不可恃・既和之後・仍須辦防・悉索既空・費從何出・適足以示瑕而速寇耳・且倭人素稱狡詐・設如彼一面進兵・而姑言和以懈我軍心・緩我守備・豈不重爲所紿・以貽笑萬國・此尤不可不長慮卻顧者也。

若夫籌戰機宜・約有四端・一曰作勇敢・夫兵以氣勝・坐而待敵・鋒鋭必銷・故善守者・或雕剿以攝敵心・或分枝以牽敵勢・平壤之敗・我惟呆守・彼則活攻・步步進逼・我軍幾無駐足之處・一戰而潰・職此之由・近九連城駐守之軍不敢踰鴨綠江一步・偵候不遠・哨探不行・似此情形・恐蹈平壤覆轍・應請電飭諸軍相機度勢・防剿兼施・無得株守・以致坐困・一曰籌進攻・東征之軍・奉調而至者・數且十萬有餘矣・據此一隅・雖多奚益・宜分作數枝・責奉吉諸軍以規咸鏡・責淮豫諸軍以復平安・責海軍以畧仁川・責南洋出兵艦以襲釜山・水陸並進・此正化呆兵爲活兵之法・且倭人專尚虛聲・我則乘其虛而擣之・亦足以牽制敵兵・張我形勢也・一曰偵洋情・竊觀法越前事・軍情利弊・不獨在廷建議・卽外而封疆守吏・出洋公使・以微員末秩・莫不各效見聞・集益既多・運籌自易・唯急於議和一節・徇李鴻章之意・貽譏萬國・爲大失著・而事前則軍火有資・事後則兵費罷議・未嘗不資羣策之功・今之敵情軍勢・惟北洋一人之口是憑・惟津海關道數行之報是據・糢糊脫畧・考辦無從・而疆臣軺使・箝口結舌・無敢出一語以仰贊廟謨者・以此籌戰・戰固不能・以此籌和・亦斷斷知其和之無策・是宜嚴飭樞譯諸臣・於洋務軍情・用心考求・無膠成見・一面電諭各省督撫・出使大臣等・隨時探訪・各効忠謀・羣策並進・庶以絕壅閉而資贊助・一曰嚴督責・偵軍之葉志超奉旨查辦矣・而外間覆奏尚在遷延・督運周馥奉旨東行矣・而後路糧臺未聞奏設・以及諭查軍火・則核實無期・命購艦砲・則垂成輒變・似此心存玩忽・軍務安有轉機・應請諭戒內外大臣・一切特旨指揮・務須實力奉行・如有稽遲・卽加譴責・至於荼毒韓民首先潰退之衞汝貴・應請再申嚴諭立正典刑・以慰韓人之心・而作三軍之氣・

出使歐美臚陳各國大勢疏

各國大勢・情形雖間有不同・而治理大畧相類・觀其政體・美爲合衆・而專重民權・德本聯邦・而實爲君主・奧匈同盟・仍各用其制度・法義同族・不免偏於集體・惟英人循秩序而不好激進・故其憲法出於自然之發達・行之百年而無弊・反乎此者・有憲法而不聯合之國・如瑞典挪威則分離矣・有憲法而不完全之國・如土耳其埃及則衰弱矣・有憲法不平允之國・如俄羅斯則擾亂無已時矣・種因既殊・結果亦異・故有雖改革而適以召亂者・此政體之不同也・覘其國力之不同也・窺其政畧・則俄法同盟・英日同盟・德奧義同盟・既互相倚助・以求國勢之穩固・德法摩洛哥之會議・英

俄東亞之協商．其對於中國者．德美海軍之擴張．美法屯軍之增額．又各審利害以爲商業之競爭．蓋列强對峙之中．無有一國孤立可以圖存者．勢使然也．況人民生殖日繁．智識日開．內力亦愈以膨脹．故各國政策．或因殖民而造西伯利亞之鐵路．或因商務而開巴拿馬之運河．或因國富而投資本於世界．均有深意存焉．此政畧之不同也．驗其民氣．俄民志偉大而少秩序．其國失之無教．法民好美術．而流晏逸．其國失之過奢．德民性倔强．而尚勇武．其國失之太驕．美民喜自由．而多放任．其國失之複雜．義民尚功利．而近貪詐．其國失之困貧．英人富於自治自營之精神．有獨立不羈之氣象．人格之高．風俗之厚．爲各國之所不及．此民氣之不同也。

臣等觀於各國之大勢既如此．又參綜比較．窮其得失之源．實不外君臣一心．上下相維．然後可以收擧國一致之益．否則名實相懸．有可以斷其無效．約有三端．一曰無開誠之心者．國必危．西班牙苛待殖民．致有斐律賓古巴之敗．英鑒於美民反抗．而於澳洲坎拿大兩域．予人民以自治之權．致有今日之强盛．開誠故也．俄滅波蘭．而用嚴法以禁其語言．今揭竿而起要求權利者．卽波蘭人也．又於興學練兵．皆以專制爲目的．今滿洲之役．不戰先潰．莫斯科聖彼得堡之暴動．卽出於軍人與學生也．防之愈密．而禍卽伏於所防之中．患更伏於所防之外．不開誠故也．二曰無慮遠之識者．國必弱．俄以交通之不便．而用中央集權．故其地方之自治．日以不整．美以疆域之大．而用地方分權．故其中央與地方之機關同時進步．治大國與治小國固不侔也．德以日耳曼法系趨於地方分權．雖爲君主之國．而人民有參與政治之資格．法以羅馬法系趨於中央集權．雖爲民主之國．而政務操之官吏之手．人民反無自治之能力．兩相比較．法弱於德．有由來矣．三曰無同化之力者．國必擾．美以共和政體．重視人民權利．雖人種繁雜．而同化力甚强．故能上下相安於無事．土耳其一國之中．分十數種族．語言宗教各不相同．又無統一之機關．致有今日之衰弱．俄則種族尤雜．不下數百．語言亦分四十餘種．其政府又多歧視之意見．致有今日之紛亂．奧匈兩國．雖同戴一君主．而兩族之容貌俗尚語言情性迥殊．故時起爭端．將來恐不免分離之患．蓋法制不一．畛域不化．顯然標其名爲兩種族之國．未有能享平和．臻富强者矣．此考察各國所得之實在情形也。

竊維學問以相摩而益善．國勢以相競而益强．中國地處亞東．又爲數千年文化之古國．不免挾尊己卑人之見．未嘗取世界列國之變遷而比較之．甲午以前．南北洋海陸各軍．製造各廠．同時而興．聲勢一振．例之各省．差占優勝矣．然未取列國之情狀而比較之也．故比較對於內．則滿盈自阻之心日長．比較對於外．則爭存進取之志益堅．然則謀國者．亦善用其比較而已．又臣等曠觀世界大勢．深察中國近情．非定國是無以安大計．國事之要約有六事．一曰擧國臣民．立於同等法制之下．以破除一切畛域．二曰國事採決於公論．三曰集中外所長．以謀國家人民之安全發達．四曰明宮府之體制．五曰定中央與地方之權限．六曰公布國用．及諸政務．以上六事．擬請明降諭旨．宣示天下．以定國是．約於十五年或二十年．頒布憲法．召集國會．實行一切立憲

制度・又奏實行立憲・既請明定期限・則屆期必至茫無所措・然欲廓清積弊・明定責成・必先從官制入手・擬請參酌中外統籌大局・改定全國官制・爲立憲之豫備。

論日俄拓地殖民宜急籌抵制振興實業疏

此次奉使・道經東三省地方・目擊日俄二國之經營拓地殖民・實有狡焉思逞之慮・非急籌抵制・無以固邊圉・非振興實業・無以圖富强・東省財力竭蹶・工商稀少・惟有因其已然之迹・而擴其自然之利・切要之圖・厥有二端・一曰懇植・查三省墾務・業已次第開闢・由各屬官荒・推及蒙旗・均經先後開放・顧墾務至今迄無起色者・則以放荒者・祇計荒價之多寡・而不問墾植之興衰・攬荒者・祇知壟斷以居奇・而不恤領戶之艱窘・墾務墮壞・職此之由・欲圖整理・宜取泰西小農地大農地之法・變通而並行之・曷言小農地・就本地蒙民編列戶籍・計口授地・貸其籽種・給其資糧・寬其賦稅・免其徭役・無追呼之擾・而有耕鑿之安・變榛莽之區・而爲沃饒之壤・數年之間・成效可覩・此變通小農地之說也・曷言大農地・直省大資本家・鳩集資本・組織移民開墾公司・劃給大段生荒・徙民往墾・官任保護・明示十年之後・始議升科・其運載移民之輪船火車・特別免價・或酌給半價・有能糾集大公司辦有成效者・破格奏獎・如是則移民日衆・墾地日多・較之曩時巨戶攬荒・祇圖轉售牟利・轉售無人・終成蕪曠・其利害得失相去懸絶・此變通大農地之說也・由前之說・足以裕蒙・由後之說・足以實邊・邊地多一人之移殖・卽多一人之捍禦・將來墾務既盛・可仿屯田之法・寓兵於農・移民卽以集兵・力田卽以供餉・是又操其券也。

一曰森林・山虞林衡・載在周禮・林麓之政・古昔所重・近日東西各國・林業皆設專官・誠以材木之用・利至溥也・臣此次赴俄・自入西伯利亞路線以後・森林緜亘數千里・彌望無際・其中以樺木松柏爲多・俄車伐薪以代煤・軌道兩旁積薪如墉・備沿路接濟之用・此外若墊路・若造車・及一切停車之驛場・僑民之廬舍・皆就地取材・用之不竭・而我滿洲里以內之境・林木頓疏・以原隰之廣・幅幀之長・而令濯濯童山・繁植無望・凡有製造・轉資洋木・利源外溢・所失尤多・誠宜及時振興林業・設森林局・遴選賢員・認眞督理・其入手辦法・應先周歷履勘・察其地利・辨其土宜・其不宜於穀麥者・卽劃爲籌辦森林區域・並繪圖貼說・咨會各直省督撫・明定獎格・勸諭紳商・興辦林業公司・凡一切保護之責・經營之方・皆嚴立規則・以資遵守・循此辦理・可爲邊境闢一大利源・十年以後・材木不可勝用矣・凡此兩端・若果辦理得人・實事求是・立疆圉富强之本・卽以杜鄰邦窺伺之謀・國計邊防・所關非細・將來財力稍裕・興學以迪蒙智・開礦以闢利源・廣鐵路以利交通・籌兵屯以資捍衛・又當權其緩急後先之序・以爲措施之準。

廖廷相　字澤羣・又字子亮・南海人・光緒丙子進士・官編修・廷相出番禺陳澧門・篤守師說・精硏三禮・尤長於音韻之學・歷充金山羊城應元書院院長・學海堂菊坡精舍學長・晚年主廣雅講席・嘗示諸生・將取歷代史傳中外交涉事・纂爲一書・以適時用・名曰安攘錄・自爲條例・約共成此

大業・蓋亦秉師訓也・所著書已成者・禮表十卷・羣經古今文家法考一卷・水道合表二卷・順天人物志二卷・廣雅問答六卷・讀史劄記文集各若干卷・安攘錄削簡未就・並存於家・卒年五十五・宣統元年・粵督張人駿奏請宣付國史館立傳。

上某方伯書

人日由縣遞到兩院照會・屬卽招集鄉兵・聽候調遣・仰見大吏綢繆未雨・保衛閭閻・欽佩何極・惟其中有未喩者・去年謁執事・業將鄉兵情形・剖陳一切・並將需用軍裝器械・列單請製・曾蒙賜覆照辦・今照會改令自備・不與前說相左耶・查軍裝局並無存械・倘承調集・從何領取・貽誤軍機・弟不任其咎也・際此時事多艱・凡屬部民・自無不同仇敵愾・然兵事不能猝辦・亦非可以空言・區區之吏・請爲執事陳之・四堡舊部・大半老弱新集之旅・必須更練・若報警始行征調・則驅市人而戰・勢固有所不能・以手足未習之人・而置之鋒鏑之中・情亦有所不樂・其乘急重索餉需・猶後焉者耳・荀卿有言・不敎誨不調・一則入不能守・出不能戰・則鄉兵宜早集也・耰鋤棘矜止可自衞鄉井・若出而應調・勢難獨張空拳・故利用備器・皆須官給・性命所繫・必極精良・至制勝行間・全仗鎗砲訓練・丸藥日費不貲・若備價請領・則款項何著・雖毀家紓難・古有行之・然非甕牖儒生所能企及・則器械軍火宜精製頒發也・防營近制・月餉二千金・以營五百人・人給三兩六錢計之・已費一千八百金・僅餘二百金・營哨各員餘夫雜費・一切皆取給於此・其數不敷・於是有變通辦法・此缺額所由起也。

若吾鄉營制・則不然・有一額卽有一兵・夫長廝養・遞相增減・尺籍具在・不難率由・若通融缺額・迹涉侵漁・瓜李之嫌・何敢出此・則勇糧宜實事求是也・防營近餉・月有推移・在諸將長才・自堪駕馭・然以律鄉兵則不可・田間應募・皆屬耕農・舍南畝而事戎行・糗糧所峙・藉資事畜・若軍餉偶滯・卽懸釜待炊・故三日已往・當遣歸業・聖門論政・民信爲先・則勇糧宜刻期必發也・凡此數端・似形過慮・然愼終愼始・不厭周詳・方今將卒雲集・折衝禦侮・正不乏人・自顧凡庸・豈能報稱・且一成一旅・何足重輕・執事善爲我辭・使得養拙・固所願也・若不獲命・則請如約量而後入・惟執事實嘉賴之・善乎陳和叔之言曰・今日治軍之法・在汰之使少・治之極嚴・厚其糧餉・重其賞罰・則養一兵得收一兵之用・否則養兵愈多・士若常飢・度支不給・上下交困・募勇之道・何獨不然・狂瞽之言・伏祈原宥。

召誥節性解

性字始見於尙書・尙書言性者二・西伯戡黎曰・虞性・召誥曰節性・虞鄭訓爲度・度性・卽節性也・則言節性可矣・性不可見・見之於情・情猶性也・樂記云・人生而靜・天之性感於物・而動性之欲・欲卽情也・故孟子言性皆舉惻隱羞惡辭讓是非言之・惻隱羞惡辭讓是非情也・情有萬端・好惡盡之矣・好惡無節謂之滅天理・而窮人欲・樂記之言與召誥正相足也・王制言脩禮以節民性・樂記言先王制禮敎民・平好惡而反人道之正・其義正同・平好惡卽節性也・故好人之所惡・惡人之所好・大學謂之拂人之性・中庸言發而

皆中節．是未發固不可言節也．然則召誥所謂節性．猶言節好惡．樂記曰．爲人君者．謹其所好惡而已．此召公誥成王之旨也．由好惡而生喜怒哀樂．春秋繁露曰．喜氣爲暖而當春．怒氣爲清而當秋．樂氣爲太陽而當夏．哀氣爲太陰而當冬．四氣者．天與人所同有也．非人所能畜也．故可節而不可止也．節之而順．止之而亂．此卽節性之說也．節如節氣之節．循其序而不愆．又如肢節之節．順其度而不忒．故春秋繁露又曰．肢體移易其處謂之壬人．寒暑移易其處謂之敗歲．喜怒移易其處謂之亂世．移易者．不節之爲害也．大抵情之所舒者．皆屬好．其斂者皆屬惡．好生於陽．惡生於陰．此天之所命也．好近乎仁．惡近乎義．此性之所生也．節性卽節好惡．考之經傳確有可據．阮文達公揅經室集．說性命古訓最詳．而未及此義．故特著之。

劬書室遺集序

嶺南承白沙甘泉之遺．國初如金竹潛齋諸儒．類多講求身心性命之學．迨揚州阮文達公督粤．開學海堂以經學課士．而訓詁考據之學大興．維時兼綜漢宋．粹然儒者爲林月亭鄉賢．其高弟子曰金芑堂先生．先生讀書實事求是．凡夫制度文章．名物解詁．天文地理．六書九數．無不究心．尤好尋求微言大義．窮年矻矻．論著甚富．中年遭亂．幷其藏書悉燬．此編所錄．特收拾於叢殘灰燼之餘．而碎義單辭．已多闡發．其說曰．論語論學．只是文行忠信四者．開卷首揭學．其次則言弟子．入孝出弟．謹愼愛衆親仁．而終之曰行有餘力則以學文．是所學在文．又次則言賢賢易色．事親事君交友．而終之曰．雖曰未學．吾必謂之學．是所學在行．又次則言君子不重不威．學則不固．卽繼之曰主忠信．而復及尙友改過．是學以忠信爲主．聖人之教在是．弟子之學亦在是．推之各章及諸經．言學莫不相合．又曰．禮本性生非由外鑠．故聖人因人情而爲之節文．非以苦人之具．人之所以孤立於爭奪陵犯之場．得以保其生者．恃禮而已．無此禮則無此身．故聖人教人不空言理．都說禮．此眞可謂抉經之心者矣．生平於漢宋之學無所偏．主放信六藝．約而歸諸躬行．於前儒學術．是非疑似．別白尤審．如謂謝上蔡語錄以禪證儒．分別判然．視陽儒陰釋者不同．謂王學不待層累漸進．而冀一旦之獲．則欲速者便之．不必讀書稽古．而侈談靜悟之妙．則空疏者便之．尤能箴砭姚江末流之弊．至性理諸篇．以漢儒之故訓．通宋儒之旨趣．與空談者殊科．蓋淵源既正．所養亦純．故持論具有本末．淮南子云．嘗一臠肉知鑊之味．是篇亦猶鑊之一臠云爾。

希古堂文甲乙集序

嗚呼．此希古堂集者．余友譚叔裕前輩之遺作也．君家世儒學．自髫齡受訓．日浸淫於四部中．性又聰明彊記．故下筆千言．不假思索．通籍後．尤淹貫國朝掌故．才名烜赫．傾動海內．著作之任．咸翕然推君．而君固自視欿然．讀書既博．銳意著述．恆與余相論難．憶自辛巳歲．余讀禮家居．服闋後．君屢促入都供職．至則掃徑以待．館余於宅之東軒．晨夕聚晤．賞奇析疑．至足樂也．無何．君以京察一等簡放雲南糧儲道．京師朋好咸惘然以君去失一益友．君

亦不樂外任・意殊怏怏・越日哀其平生所著付余曰・雲南水土瘴癘・殆非人居・某旣抱賈生遠徙之悲・不無盛憲憂生之戚・倘或不祿・則此區區者・比張堪妻子之託尤爲要著・余時方訝其不情・因爲序贈行・厲之道義・以釋其意・乃君出都・而余隨亦南返・郵書往復・常有東山之志・比聞君引疾歸里・方謂平生論譔・商搉有期・而隆安凶問遽至矣・悲夫・才爲造物所忌・一至此哉。

君在滇兩年・再權臬事・其間如整頓水利・平反命獄・恤孤敎士諸大端・卓卓可紀・君固不僅以文學見・而文學則君眷眷不忘者・君之孤檢遺篋・復得君自訂詩文手稿・請爲編定・余以疇昔之言・不能辭也・黎丈召民・光祿景君淸況復贈以資・因爲次第刻之・凡爲文甲集二卷・乙集六卷・詩總集若干卷・外集若干卷・君根柢盤深・故見於文者・事覈言辨・由絢爛漸歸平淡・詩醇而後肆・不名一體・律賦試帖・穠纖修短・各適其宜・尤能津梁後學・其中惟在滇諸作・時涉憤激・以其爲君手定・且傷君之以不樂損年・故存之而不忍刪也・君所著尚有遼史紀事本末十六卷・待刻・兩漢引經考・晋書注・金史紀事本末・珥筆紀聞・國朝語林各種・屬稿未成・藏於家・以君曠代之才・使得翺翔館閣・朝夕論思・必能興廢繼絕・潤色鴻業・否則解組林泉・優游歲月・亦能拾遺補闕・成一家言・惜乎不獲盡其才也・然卽此數十卷・亦足以傳矣。

廣雅書院藏書目錄序

院中藏書目錄編自朱鼎甫侍御・而余爲之整齊者也・凡分七類・四部之首冠以御製敕撰諸書・其一人所撰而兼涉各部者・別出爲雜著・合衆人所撰而成一部者・別出爲叢書・後坿齋書各種・雖未大備・而應讀之書・畧云具矣・編旣竣・因語諸生曰・讀書所以求聖人之道也・道何在・在六經・詩以道志・書以道事・禮以道行・樂以道和・易以道陰陽・春秋以道名分・後世載籍紛紜蕃變・而所道終不越此數端・所謂百家騰躍盡入環中也・故古人勸學・必先完經・治經者始於專・終於通・讀易如無詩・讀詩如無書・讀易詩書如無禮記春秋・用志不紛・乃凝於神・此專之說也・詩無達詁・易無達旨・春秋無達辭・論學可以悟詩・論詩可以悟禮・此通之說也・經者事理之權衡也・權衡具而後史之是非得失・子之情僞純駁・文之淺深優絀・得所折衷。

讀書之法・昔人言之詳矣・其大要有分・有合・分者如東坡所云・欲求古今興亡治亂・聖賢作用事迹文物・每一書皆作一次讀之・是也・合則多端・如春秋與詩相表裏・詩與禮相表裏・非總羣經不能徹一經・經有古今文・文有數家・非合衆說不能定一說・惟史亦然・正別稗雜・鉅細各舉・補正相資・此就各書言之也・紀表志傳・隱顯互見・功過錯出・此就一書言之也・子集雖一家之言・然班志九流・必源所出・非參稽互勘・則學術淵源・文章流別・亦無自而明・乃合之大凡也・分則能貫一事之始終・合則能訂諸家之同異・是故反覆乎句讀・沈潛乎訓詁者・基之始也・記事者必提其要・纂言者必鉤其元者・業之卒也・雖然・尤有進焉・學貴自得・而非黨同伐異之謂・學貴致用・而非急功近名之謂・欲見諸事業・必先體諸身心・使書自書・而我自我焉・

則無爲貴讀矣・夫騏驥一躍・不能十步・駑馬十駕・功在不舍・聖人之道・學而時習・諸生勉乎哉。

愛古堂遺集序

廖廷相

余自同治戊辰己巳間・肄業學海堂・始識梁君巨川・時君治韓文・余治戴禮・君鄉居授徒・惟會課日堂中一晤卒卒・未暇商榷・及癸酉歲冬・計偕北上・君與余皆憚海行之險・相約取途內地・藉覽山川之體勢・訪區城之名勝・同行者・則譚君叔裕・何君濟芸・鍾君礪乾也・泝湞水而上・度庾嶺・下贛江・泛棹吳越之區・驅馬齊魯燕趙之野・凡百有餘日始抵都門・五人者舟車無事・晨夕縱談・因得悉君性情學術・樸而介・博而通・蓋今之古人也・君迭試禮闈不售・歸而杜門著述・余通籍後・南北往還・相見亦罕・君歿數年・其孤戊生・乙生裒遺集・得文五卷・詩五卷・北征日記一卷・介何君來請序。

余取而讀之・如謂學問文章・經世才畧・不源於古則不深・不案諸今則不切・譬諸備物致用・日羅列禹鼎湯槃・殷瑚周簠・如遺布帛菽粟・如之何其饑可食・寒可衣也・又謂性理以切於躬行爲要・經史以施諸實用爲歸・則不必分漢宋之名・而自收體用兼備之實・此其爲學之宗旨也・至以私諡爲不可・謂潞公之待程子・不如温公之待張子・卓識宏議・實破千古之疑・其間有過高者・如以胡安定分經義治事爲不足法・夫學得性近・教因材施・擬之漢宋・似夫非類・然亦足見不苟同也・其他闡微砭俗之作・不一而足・詩則直寫性情・動與古會・非句摹字擬者比・間作駢驪語・亦復卓然大雅・蓋君爲朱子襄先生入室弟子・故立說具有本原・其論文由韓柳上溯秦漢・論詩由三唐上薄風騷・宋元以下・不屑屑也・今觀諸篇・類皆抗心希古・不負所言・其北征日記・即昔年同上公車之作・展卷一過・宛然與君徜徉山水間・乃舊遊如昨・而君之墓木拱矣・執筆書此・不禁黯然。

重刻兩漢紀序

編年之史・肇於春秋・春秋既入經部・竹書紀年又非汲冢原書・其存於今者・以兩漢紀爲最古・漢紀三十卷・荀悅刪班書爲之・亦多有補正・其闕誤者・如諸帝之諱字・壺關三老之姓・顏師古皆取以註班書・不僅如李燾跋所舉王仁王閎諫疏・顧亭林日知錄所舉宣帝賜陳遂璽書・封海昏侯詔也・後漢紀三十卷・在范書之前・袁彥伯綴會謝承司馬彪等書爲之・然如魯丕對策・范書多不及載・則綜括可知也・其體例雖準荀紀・然博採善擇・以成一家・更有難者・唐人試士・以荀紀與史漢爲一科・温公編通鑑・據文獻通考載・司馬康所述・亦多參用兩漢紀・有裨史學豈淺鮮哉・兩漢書百二十卷・此書較之僅四分之一・而四百年政治之得失・人事之盛衰・提綱絜領・端委瞭然・所論尤得其正・學者卒業班范之書・而以此總其條貫・未必非由博反約之功也・劉知幾深通史學・一則曰班荀二體・角力爭先・一則曰漢中興作史・惟袁范二家・則紀之與書固當相輔而行矣・兩漢書近有金陵重刻・而此書尤難得・今以蔣氏合刻本・校黃姬水本・重鋟諸本・以備讀兩漢書者之參考焉。

伍孝子請旌錄後序

光緒十四年十月・順德人士以孝子伍藜照請旌・得旨奉粟入祀郡學孝弟祠・搢紳咸集・列拜堂階・秩然彬然・禮也・其後嗣出觀事蹟冊・因爲序其後曰・自唐陳藏器本草拾遺・謂人肉治羸疾而刲股者・史不著書・昌黎韓氏獨以爲毀體傷義・宋儒歐陽文忠・近儒錢曉徵皆嘗辨之・大抵謂其誠亦足稱孝・不可沒耳・然余更有說焉・夫水之出也有源・木之生也有根・未有根源衰竭・而枝流獨茂盛者・人之患莫大於有身・身且不惜・則凡可以竭力於事者・當無不爲・吾即於孝子之事徵之・孝子年十八喪父・水漿不進・踰時猶哭・可謂喪過乎哀矣・其事母也・與妻子食貧・而必以甘旨進・可謂能養生矣・妻歿不遽告・懼戚親心・可謂能養志矣・母病八年・嘗湯藥・躬澣滌・時其顏色而調護之・可謂能服勞・能致憂矣・惟積誠如是・故當病革・徬徨中夜・泣血籲天・不惜自殘其身・冀得一當・此豈作而致哉・及不效・則旦夕號泣・哀毀骨立・年六十猶孺子慕焉・其時土賊方起・邑人奔散・孝子獨留廬墓・賊脅以刃・則曰・吾將從吾母於地下・豈從汝等爲亂民・迫之惟有死耳・嗚呼・士大夫平日競談節義・一過事變・輒苟且偷生者・何可勝道・而孝子獨以孱瘠之軀・悍然斥賊・其詞直氣壯・猶夫刲股之志也・傳所謂求忠必於孝者以此。

孔子曰・大孝尊親・其次弗辱・孝子誠弗辱矣・而賊卒不敢加害・又足見天理常存・人心不死・忠與孝之大可爲也・迨至無疾而終・猶遺命附葬親塋・謂庶幾魂魄常依膝下・孝子之心・始終知有父母而已・故由父母之後推之・若撫育猶子・存恤女弟・則親親之義也・樂善好施・排難解紛・則仁民之義也・殺生不忍・取魚必浮・則愛物之義也・而皆根源於孝・然則刲股者・特孝之見端・所以驗其孝・而非以概其孝・明乎此・而昌黎之論・夫又何嫌世之偷也・涼德起於家庭・而禍亂遂及於邦國・朝廷旌表之典・非一人之榮・其激厲天下之意・至深遠也・如孝子者・其亦可以風矣。

陸清獻公讀禮志疑跋

世謂漢儒講訓詁・宋儒講義理・然訓詁即義理所寓・非好學深思者・不能知也・清獻謂醴酒之用・玄酒之尚・蓋所云禮之近人情・非其至者・與七介相見・三辭三讓而至不能直情徑行者不同・合之乃見禮意・又謂造乎禰・孔疏引白虎通・推說禮意委曲得情・禮意二字最精・所謂義理也・求義理於訓詁中・此清獻之眞善讀書也・周禮者・禮制也・儀禮者・禮文也・禮記者・禮意也・祭義・冠義・昏義・燕義・聘義・射義・鄉義・飲酒義諸篇固所以發揮禮經之意・餘如禮運・禮器・樂記・學記之類・亦罔非精義所存・天理人欲之語・宋儒實取諸樂記・非特中庸大學之爲美也・故鄭注儀禮・多引禮記以釋之・其禮記未釋者・則下己意・而無不得乎先王制禮之原・如士冠禮注・古者有吉事・則樂與賢者歡成之・有凶事・則欲與賢者哀戚之・此語足括十七篇言賓大旨・鄭君解經所以斷非後人所能及也・推之周官・維王建國節注・令天下之人・各得其平・不失其所由・禮傲不長節

注・四者漫遊之道・桀紂所以自禍・皆以禮意解經・於政治人心具有關係・注中如此類者・不可枚舉・彼謂漢儒講訓詁・不講經理者・蓋未細讀鄭君注耳・國朝諸儒興漢學・然皆發明其訓詁・罕有發明義理者・故道學家得而訾之・抑知舍經學而言道學・其學易入於禪・朱子爲道學宗・而於古今名物制度・莫不探索聖賢之道・固未可以空疏入也・清獻學朱子之學・以其考核三禮注疏者・輯爲此書・其綜博無待贅論・卽禮意一語・已非尋常道學家所能見及・卽見及・亦未肯明言者也。

宋史孫奭傳書後

古無道學之名・言道學者自二程始・二程師事周茂叔・此宋史道學傳所由託始也・周氏惟太極圖・通書講性理・而跡其生平・力行博學・無所謂道學也・二程又嘗師事胡安定・此宋元學案所由託始也・安定之爲道學・僅旁見於徐中行傳・而本傳稱其經術教授・英中名臣行錄謂其患隋唐以來尚文辭而遺經業・乃以身先之・解經至有要義・懇懇爲諸生言之・又嘗別弟子之老成者爲經社・亦無所謂道學也・然則二程以前之學何・學經學也・經學非始於漢儒・孔子言詩書執禮・孟子言誦詩讀書・古昔聖賢・未有舍詩書而談義理者・五季之衰・壞亂極矣・而其時經學未絕也・達而在上者・則有張昭・昭父直以周易春秋教授・學者自遠而至・昭專以經典譔述爲事・博洽文史・旁通治亂・其窮而在下者・則有王徹・教授里中門人數百・風雨如晦・雞鳴不已・數君子有焉・孫宣公幼事王徹・徹沒・公爲門人解析微旨・門人事之・如游夏奉有若故事・則公之經術湛深可知矣・夫源之遠者其流長・根之深者其葉茂・公之以術進也・每侍講至前世亂君亡國・必反覆規諷・帝五日一朝・則引古帝王以諭之・此經術之發爲嘉模也・行封禪有諫・祀汾陰有諫・讜言法論・彪炳古今・此經術之發爲忠節也・至於諫君而君知其忠・排姦臣而臣服其義・此又經術之發爲正氣・交孚於上下者也・蓋所貴乎經學者・其非徒訓詁之謂・其謂切而體之躬行・實而見之事業也・然體明而後用達・故言經學・必自文義始。

宣公崛起北宋之初・講解諸經・校定正義・撰爲經典徽言等書・又嘗請以孟軻書鏤板・則其有功於漢唐儒者固多・卽其有功於後儒者・良不少也・公之書其傳於今者・惟孟子音義考・孟子書漢以來少推崇者・自唐楊綰始・請與論語孝經兼爲一經未行・韓昌黎又尊崇之・謂求觀聖人之道・必自孟子始・其後皮日休請廢老莊・以孟子爲主・則唐之尊孟子・其說始於楊韓・而暢於皮日休・公之進孟子音疏也・謂總羣聖之道・莫大乎六經・紹六經之傳・莫尚乎孟子・導王化之源・以救時弊・開聖人之道・以斷羣疑・其言精而贍・其旨淵而通・則宋之尊孟子・實自公始・與皮日休爲後先輝映矣・古之治經・非若後儒披閱已也・必將諷誦之・涵泳之・以求有益於身心・此音義所由作也・音義一書・其源本乎陸德明之經典釋文・其流衍乎賈昌朝之羣經音辨・師承一脈・授受堪稽・而本傳獨闕不載・是又當補入者也・世之談經濟者・蔑視詩書・談性理者・脫畧文義・而訓詁家又拘泥於章句・而不足有爲・如公之通經致用・處爲純儒・而出爲

大臣・不亦卓絕千古哉。

明史唐伯元傳書後

嗚呼・士未有不刻志勵行・而能出爲循吏・入爲直臣者・吾讀唐仁卿傳・而益信矣・史紀仁卿落落數大節・而終之以清苦淡泊・人所不堪・甘之自如・爲嶺海士夫儀表・此誠探本之論也・夫士大夫之飾貌矜情・沽名弋譽・在官而朘削自奉・不能實心爲民・在朝而唯阿取容・不能公忠體國・皆由利祿之情中之・朱子所謂人因不能咬菜根・而至於違其本心者・衆也・故聖賢之學・首重安貧・夫子美顏子之賢・一則曰・一簞食・一瓢飲・在陋巷・人不堪其憂・回也不改其樂・再則曰・回也其庶乎屢空・爲邦之畧・於此基之・蓋心不役於勢利・斯氣足以配道義也・仁卿踐履篤實・惠政及民・則其修治之純可知矣・又深疾王守仁新說・請黜陸九淵・則其學問之正可知矣・當是時・姚江之學徧天下・士之篤信程朱者無復幾人・其一二不隨人者・亦心非之・而不敢置喙・仁卿於其從祀文廟・獨能爲天下學術抗疏而爭・此其風骨之峻爲何如・海州一謫・不旋踵而起・蓋有知其非好爲訕謀矣・及夫推補諸疏留中・即乞賜罷斥・欲以一去悟主・惜乎竟允其去・而終不悟・從令仁卿得潔身之義也・綜其生平・有海剛峯之清直・而去其偏・有邱瓊山之廉介・而去其矯・雖爲天下儀表可也・故嘗謂白沙狂者也・於聖門若曾點者流・仁卿狷者也・於聖門爲原憲之亞・學白沙而失其眞・則通而流於放・學仁卿而失其眞・則介而猶近於方・士必有守而後可以有爲也・然而白沙顯而仁卿晦・故因讀其傳而竊論焉・若其言行著述・則明儒學案詳之・茲不具說。

重修南海學宮尊經閣碑銘

吾邑學宮尊經閣・剏自前明正統間提學僉事彭公琉・厥後傾修者屢矣・同治以前邑乘詳之・光緒壬午秋復圮・遷延數載・擬修輒止・緣工丈費繁・而經營之不易易也・於是邑搢紳相與謀曰・斯閣爲學宮後障・上祀文昌斗魁之神・廢而不治・非所以妥靈依・嚴廟貌也・凡事不爲則不成・合一邑之力以修一閣・何患不給・計吾邑六巡司・一主簿・並典史所屬凡六十八堡・堡凡若干鄉・鄉凡若干族・前置俊秀入學册金・按族口抽分・不勞而事舉・閣爲學中形勝之地・倣而行之・理亦宜然・又生員以迄進士・皆學中人也・宜有輸助・酌分其等・不拘其數・至邑人之宦於外者・與外人之來宦吾邑者・聞義解推・亦所樂受・合是數者・而款集矣・議既定・衆推梁君庚生任捐事・而舉霍君履初董其役・鄒君景隆助焉・遂鳩工庀材・涓日興事・規模制度・一仍舊貫・惟易楹以墉・取其厚重也・經始於己卯年八月・告成於庚辰年二月・凡土木金石之屬・皆堅緻牢實・無冒濫・無粉飾・糜白金萬兩有奇・而鳥革翬飛・美哉輪奐矣・捐數不足・以學宮嘗項挹注之・工既竣・邑人屬余紀其顚末。

余維天下郡縣・莫不有學・學多有尊經閣・原其稱名之誼・豈非以聖人之道在六經・治經之道在設誠而致行之哉・乾隆間詔頒天下府州縣各學經籍・意良善也・乃不越時・而斷簡殘編無復存者・其弁髦棄之如是・以視二氏之什襲庋藏・朝夕諷誦者且不逮・遑問其發揮蘊奧乎・誠使學中人顧

名思義．博取古賢箋注而精研之．毋溺科名．毋分明戶．體之身心而見諸事業．庶無負朝廷立學垂敎之意．而斯閣亦蔚然有光矣．吾邑地屬離明．士多樸重．仰瞻巍構．當有奮然興起．求聖人之道．而升堂入室者．故不辭而爲之記．且援古人頌禱之義．系詩以落其成．辭曰。

嶭嶭傑閣．作鎮宮牆．文昌之府．氣燭瑤光．後倚玉山．前臨珠海．右塔左樓．地靈斯匯．藐彼景敎．堂聳城隅．觚棱尖矗．如戟如戳．五行家言．謂宜厭勝．製壺蓄水．庶幾克定．豈知吾道．君子反經．經正民興．邪慝潛形．告我邦人．脩而載籍．縱忘筌蹏．勿視糟粕．昌明聖學．如日中天．南耀朱垠．靈光巍然．詩書澤長．衣冠氣盛．天祿石渠．後先輝映。

廖廷福

字錫茲．南海人，廷相弟，從陳澧遊．菊坡精舍月課，題黎美周黃牡丹詩畫卷．廷福詩有幸分心血作詩人．不敎盡染虔州草．爲澧所激賞．拔置第一．著有紅茘山房詩稿二卷。

芏塘賦

芏草一名夫王．見爾雅釋草．郭景純注謂生海邊．似莞藺．南人采以爲席．今端州白土地多種之．亦一方之美利也．然必泥淖肥沃乃可．士人目其區爲芏塘．爰爲賦曰。

客有慕羚峽之奇蹤．訪星巖之勝穴．玩物產而情留．觀土風而志切．見夫茁翠縈青．分塍表畷．異萑葦之湑湑．殊葭菼之揭揭．類浮田之老薤．緣空中而有節．蓋稽含草木狀之所未登．亦揚孚異物贊之所未列．乃詣端溪主人而問焉．曰．僕聞齊民之功．當務稼穡．一夫不耕．民有飢色．故三壤咸則於禹貢．百穀播時於后稷．今子之鄉．連阡接陌．匪稻匪粱．似綸似帛．觀土沃而膏融．寔徵科之上則．不耕穫而菑畬．混草木以甲拆．蒙始至境．未知其益．願子一言．庶袪予惑．主人曰．唯唯。

嶺海之精．嵩臺之靈．誕降異種．俾厚民生．當春而茁．以芏爲名．稽自景純之注．詳諸爾雅之經．擅夫王之懿號．借莞藺以同稱．其爲質也．柔勝斑竹．韌愈紫藤．凉疑薤葉．樸奪桃笙．編氓利賴．其用甚宏．厥性所宜．貴乎沃壤．上上其田．不則靡長．惟土脈之恒充．斯生機之可養．故欲圓擬徑指．長或逾丈．不可以滅裂．不可以鹵莽．沮洳之地．區別爲塘．端州所屬．白土一鄉．羌連畦而遍植．苟遷地而弗良．浥以雨露．厲以風霜．及其長也．撥之擷之．拔之劄之．雌黃以熏之．蘊石以壓之．於是或編或織．爲薦爲茵．度數則三尺四尺．經緯則千根萬根．節目交錯．有若魚鱗．條理分析．又曰佳紋．行販則達乎異域．徵稅則計以千緡．當夫露初星晚．半醉微醺．請衽何趾．用藉安身．棲遲偃仰．熨貼柔温．覺爲物之雖菲．寔相需之甚殷．則斯塘也．又何讓乎水耕火耨．春播夏耘。

且夫天之於我．利用備器．苟當其材．亦關生計．五穀不熟．何如荑稗．雖有絲麻．菅蒯無棄．彼菽粟與桑棉．固衣食之所繫．設盡地而爲田．屏疏材而不藝．則幼安之坐處常穿．許行之食力莫繼．勢必趍象箪之彫奇．習蛟豪之奢

麗・是徒欲以裕民・而適滋乎流弊・昔之中宿葵田・西湖菱地・江淮則葦蕩雲連・咸陽則芀陂星概・悉載圖經・咸登史志・則此惟天惟條・是栽是蒔・何莫非用天之道・分地之利乎・方今巴菰味淡・罌粟煙香・分廛列肆・納課充商・久蔓延於中土・痛根株於外洋・地力既耗・農功亦妨・而子反不之惜・獨眷眷於斯塘・何所見之太迂・而審度之未詳乎・客受而退・嗒焉若忘・舒琉璃之八尺・妥魂夢於清涼。

陶福祥

字春海・別號愛廬・番禺人・光緒丙子舉人・從同邑陳澧受經學・澧治經學於漢宋不分門戶・福祥篤守其說・嘗爲漢學箴・宋學箴以見志・中年敎授里中・英俊之士・如同邑梁鼎芬・汪兆鏞・南海楊裕芬皆出其門・藏書逾十萬卷・多精槧本・於諸家版本源流洞若觀火・收藏家多就質正・晚年舉爲學海堂菊坡精舍學長・主禺山書院講席・所著有東漢刊誤一卷・北堂書鈔校字記・夢溪筆談校字記・並存・又有愛廬文集・說經叢鈔各若干卷・存於家。

夢溪筆談校字記序

右夢溪筆談校字記・是書自馬調元於崇正間用宋乾道揚州本重刋・其署檢注云・字畫悉照宋刻・茲刻以馬氏爲底本・用汲古閣本校補・並參以陳東塾校定各條・其顯然譌誤者改之・其尙俟參訂者亦分別條記・刋既成・編爲校字記一卷・他如湯析爲毛作柝爲・貿易毛作賈易・六月日毛脫日字・脩年毛作脩平・若斯之類・雖無關閎旨・然既有同異・應並錄出・以俟後之讀者察焉。

陳君庸軒墓志銘

余友南海霍履初・行誼敦篤・余愛其有古君子風・履初因爲余言・同邑友人陳君歿已六載矣・是眞今之古人・墓壙久封・銘尙有待・出其事狀相屬。

案狀君諱永賜・字贊中・號庸軒・家貧幼失學・去而學賈・壯歲始知讀書・暇輒手一編不輟・秉性純厚・事親務得其所歡・長兄早世・撫遺孤數十年如一日・費至千金不稍吝・嘗言佞佛不若敬祖・先世祠墓咸勉力修復・其二世祖墓舊址莫辨・而鄰墓巨族與有嫌・他人必疑爲盜滅・獄訟將由是興・而卒莫能復・余所見者比比然矣・君平心下氣・訪於鄰墓・竟得之・六世祖祠圮廢・君欲重修・而力未逮・醵金數百・不足・竭力捐如其數・是皆內行犖犖大者・他族戚友朋・凡在貧乏・靡不樂施與・任勞勩・固天性使然與・未始非讀書有得也・夫在家孝友・涉性和平・不愛財而周急・不事佛而邀福・類皆當世所難・而君能之矣・嘗怪今之士夫・多市井之行・君以賈人而備士大夫之德・於戲・誠不愧古之君子・而履初之言爲不謬・端人取友可以信・履初信陳君矣・故樂爲稱道以風世焉。

銘曰・陳氏之先・遷自珠璣・鶴園分派・世澤長遺・傳祚至君・十有八世・考諱國棟・妣族盧氏・君生三子・景星慶雲・雨初最幼・宜爾振振・慶雲嗣仲・有子有姪・文孫二人・皆景星出・鬱鬱佳城・正龍之岡・如君隱德・積善餘慶。

黃遵憲　字公度・嘉慶人・光緒丙子舉人・歷官湖南鹽法道・署按察使・簡任日本公使・尋罷歸・遵憲學識通敏・究心時事・大埔何如璋使日本・辟爲參贊・嘗采日本風土政俗・及其變法始末・爲日本國志四十卷・紀述翔實・意存諷諭・論者韙之・所著人境廬詩集十一卷・存・文集若干卷未見。

日本國志敍例

周禮小行人之職・使適四方・以其萬民之利害爲一書・禮俗政事教治刑禁之順逆爲一書・以反命於王・其春官之外史氏・則掌四方之志・鄭氏曰・謂若晉之乘・楚之檮杌是也・古昔盛時・已遣輶軒使者於四方・採其歌謠・詢其風俗・又命小行人編之爲書・俾外史氏掌之・所以重邦交・考國俗者・若此其周詳鄭重也・自封建廢而爲郡縣・中國歸於一統・不復修遣使列邦之禮・若漢之匈奴・唐之回紇・固有大事・間一遣使・若南北朝・若遼宋金元・雖歲時通好・亦不過一聘問・一宴饗而已・道咸以來・海禁大開・舉從古絕域不通之國・皆鱗集麕聚重譯而至・泰西通例・各遣國使互駐都會・以固鄰好・而覘國政・內外大臣迭援是以爲請・朝廷因遣使巡視諸國・至今上光緒元二年間・遂有遣使駐箚之舉・丙子之秋・翰林侍講何公實膺出使日本大臣之任・奏以遵憲充參贊官・竊伏自念今之參贊官・卽古之小行人・外史氏之職也・使者捧龍節・乘駟馬・馳驅鞅掌・王事靡盬・蓋有所不暇於文字之末・若爲之寮屬者・又不從事於採風問俗・何以副朝廷咨諏詢謀之意・既居東二年・稍稍習其文・讀其書・與其士大夫交遊・遂發凡起例・創爲日本國志一書・朝夕編輯・甫創稿本・復奉命充美國總領事官・政務靡密・無暇卒業・蓋幾幾乎中輟矣・乙酉之秋・由美回華・星使鄭公既解任・繼之者張公・仍促余往・而兩廣制府張公又命遵憲爲巡察南洋諸島之行・遵憲念是書棄置可惜・均謝不往・家居有暇・乃閉門發篋・重事編纂・又幾閱兩載・而後書成・凡爲類十二・爲卷四十・昔契丹主有言・我於宋國之事纖悉皆知・而宋人視我國事如隔十重雲霧・以余觀日本士夫・類能讀中國之書・考中國之事・而中國士大夫好談古義足已・自封於外事・不屑措意・無論泰西・卽日本與我僅隔一衣帶水・擊柝相聞・朝發可以夕至・亦視之若海外之神山・可望而不可卽・若鄒衍之談九州・一似六合之外・荒誕不足論議也者・可不謂狹隘歟・雖然・士大夫足跡不至其地・歷世記載又不詳事・其安所憑藉以爲考證之資・其狹隘也・亦無足怪也・竊不自揆・勒爲一書・以其體近於史志・輒自稱爲外史氏・亦以外史氏職在收掌・不敢居述作之名也・抑考外史氏掌五帝三王之書・掌四方之志・今之士夫亦思古人學問・考古卽所以通今・兩不偏廢如此乎・書既成・謹誌其緣起・並以質之當世士夫之留心時務者・光緒十三年夏五月・黃遵憲公度自敍。

凡例

一・自儒者以筆削說春秋・謂降托爲子・貶荊爲人・所以示書法・是謬悠之譚也・自史臣以內辭尊本國・謂北稱索虜・南號島夷・所以崇國體・是狹陋之見也・夫史家紀述・務從實錄・無端取前古之人・他國之君・而易其名號・求之

人情．奚當於理．矧會典所載．本非朝貢之班．國書往來．待以鄰交之禮者乎．此編所書採摭諸史．曰皇曰帝．概從舊稱。

一．周禮職方掌天下之圖．以知其要．而太史公曰．吾見周譜．旁行斜上．故因而作表．蓋物非圖則不明．事非表則不詳．然三國以後．六代以前．表竟缺如．若圖繪之學．有爲六經圖者．有爲三才圖會者．書皆單行．不入於史．今所撰地理志．以圖附志後．職官諸志．以表入志中．體創自今．義因於古．以便閱者解帶觸目了然耳。

一．班固藝文之志．陳壽輔臣之贊．皆有小註其後．蕭大圜淮海亂離志．羊衒之洛陽伽藍志．孝王關東風俗傳．擴充其體．子註愈繁．蓋除煩則意有所愜．畢載則言有所妨．爲斯變體．不得不然者也．今仿其體．附以分註．其有事同時異．而連類並及．或繁辭碎義．而考證必需者．悉爲小註．附於行間．至紀載之外．間論得失．則仿裴松之之三國志．劉昭之續漢志云爾。

一．此書官名地名事名物名．皆以日本爲主．不暇別稱．（如官有老中目付之名更有契力足輕之類．而文不雅馴者．亦仍其稱．別以小註釋之．）穀梁傳所謂名從主人也．然至於敍述稱謂．則以作志者爲主．不爲內辭．（如稱君長不曰上．對別國不曰我之類．其與中國交涉者．事以彼爲主．稱以我爲主．）蘇洵所謂譜吾作也．不敢如葉隆禮之契丹國志．忽內遼而外宋．忽外遼而內宋．亦不敢如史遷之晋楚諸世家．一一稱我也。

一．此書編年紀月不得不用日本年號．惟日本史中國頗少傳本．近世如李申耆之紀元篇．林樂知之四裔年表．雖較詳贍．尚多謬誤．今別作中東年表．著之卷首．以便觀者．

一．日本紀里之法以六尺爲一間．六十間爲一町．三十六町爲一里．每一里有一萬二千九百六十尺．當中國八里有奇．計畝之法．以六尺爲一步．三十步爲一畝．十畝爲一段．十段爲一町．每一畝爲一百八十尺．當中國三十六弓．日本計錢之法．如墨西哥銀一圓爲一圓．以一圓析十分之一爲十錢．析百分之一爲一錢．以一錢析十分之一爲一釐．每一錢五六．當中國銀一分．每十錢五六．當中國銀一錢．日本丈尺之法．積十寸爲一尺．積十尺爲一丈．每一尺一寸七分三．當中國一尺．每一丈一尺七寸三．當中國一丈．日本權衡之法．積十錢爲一兩．積十六兩爲一斤．積一百兩爲一貫．每百六十二錢四三强．當中國一斤．每十六貫二四三强．當中國一百斤．日本概量之法．以十撮爲一勺．十勺爲一合．十合爲一升．十升爲一斗．十斗爲一石．大概同於中國．篇中所書．皆日本通行之法．特識於此．以發其凡。

一．志中所載紀數諸表．例以三字爲一位．例以末位爲筆數．（謂一至九．）即以最卑之位爲起算之始．如末位爲單數．其上爲十．其上爲百．其上爲千．其上爲萬．累積至九位則爲億．（十千萬爲億）例如計戶口．其最卑之位．註明口字．表中作三三三．即爲三百三十三人．又如計銀錢．其最卑之位．註明圓字．表中作三三三三三三即爲三十三萬三千三百三十三圓也．又如表中作三〇三〇三〇即爲三十萬零三千零三十．表中作三三三〇〇〇即爲三十三萬三千．所有圓圍．蓋以定位．其他依此可以類推．間有變例或以末位

為十百千萬之數・或以末位為毫釐絲忽之數・均於行間註明・以便計算・或又變二字為一位・四字為一位・亦旁綴小點・以示區別。

一・日本自維新以來・舉凡政令之沿革・制度之損益・朝令夕改・月異而歲不同・至明治十一二年・百度修明・規模較定・而以時更張者・仍復不少・今此編悉以明治十三四年為斷・其十五年以後改易新政・當付之補編・俟諸異日。

一・日本古無志書・近世源光國作大日本史・僅成兵刑二志・蒲生秀實欲作氏族食貨諸志・有志而未就・（僅有職官志・已刋行・）新井君美集中有日制貨幣考諸敍・亦有目而無書・此皆漢文之史・而殘闕不完・則考古難・維新以來・禮儀典章・頗彬彬矣・然各官長之職制章程・條教號令・雖頗足徵引・而概用和文・（卽日本文・以漢字及日本字聯綴而成者也・日本每自稱為和國・）不可勝譯・則徵今亦難・此採輯之難也・以他國之人寓居日淺・言語不達・應對為煩・則詢訪難・以外國之地裏助乏人・瀏覽所及・繕錄為勞・則抄撮亦難・此編纂之難也・既非耳目經見之書・又多名稱僻異之處・而其中事物之名・有以和文譯漢文者・有以英文繹和文再譯漢文者・或同字而異文・或有音而無義・則校讎亦頗為難・秉是三難・又乏才學・力小任重・每自兢兢・擱筆仰屋・時欲中輟・徒以積歷年歲・黽勉朝夕・經營拮据・幸以成書・其中蕪雜之譏・疏漏之誚・誠知不免・瞻仰前脩・引盼來哲・庶有達者理而董之・所為每一展卷・輒愧悚交集・旁皇竟日者矣。

一・檢昨日之歷以用之今日則妄・執古方以藥今病則謬・故傑俊貴識時・不出戶庭而論天下事則浮・坐雲霧而觀人之國則闇・故兵家貴知彼・日本變法以來・革故鼎新・舊日政令・百不存一・今所撰錄・皆詳今畧古・詳近畧遠・凡牽涉西法・尤加詳備・期適用也・若夫大八洲之事・三千年之統・欲博其事・詳其人・則有日本諸史在。

南漢千佛鐵塔銘詩序

塔為南漢劉鋹時建・第一層有銘曰・敬勸衆緣以烏金鑄造（首行）千佛塔七層於敬州修慧寺・（二行）瓶塔亭・供養處・緊歸善士・望（三行）皇躬玉歷千春・（四行）瑤圖萬歲・然願郡壇□□□（五行）康平・禾麥饒豐・民甯□□（六行）雨順調□境歌詠・□□□□（七行）方隅・次以九霄三塗□□□（八行）樂亡魂滯魄・咸證人天□□（九行）周圍・常隆瞻敬・以大寶八年（十行）乙丑歲大呂之月・設齋慶讚・（十一行）銘皆陰文・以光孝寺東西鐵塔證之・其三面當尚有題名・如乾亨寺銅鐘款・或並有衆緣弟子名・然無從尋覩矣・此塔創建至今九百餘年・廣東通志・嘉應州志皆失載・卽吳石華廣文南漢金石志・搜羅極富・亦不之及・塔高約三四丈・上七層為鐵鑄・下壘土築成・無從攀登・故不知塔頂有銘・乙丑兵燹以後・畧毀而未壞・嗣為羣兒毀傷・日久遂圮・余歸里後・求之鄰家・得塔銘一方・續得第五層全層・（由下而上・塔銘在下為第一層・餘准此・）又得第三第四層之三方・及第二層之一方・為第二層有七十七佛・（像分五層・每層小佛十六・大佛一・占小佛位四・）第三層六十七佛・（亦五層・每層小佛十四・大佛如上式）

由是推知第六層有十二佛・（當是兩層・每層六佛・）每面二百五十佛・合計則千佛也・最高之七層爲合尖頂・應無像・第四層大佛旁有小字曰・東方善德佛・北方相德佛・四方無量壽佛・南方殘缺・以釋典攷之・當是南方栴檀德佛・佛皆趺坐・歛袖乘以蓮花・自第二至第六層皆方隅・下有簷寬約四寸・簷角有蟾蜍形・似以之繫鈴者・唯第一層無簷・有立像二・在兩隅・似是四天王・其數應不在十佛中也・攷敬州於南漢主劉晟乾和三年・卽潮州之程鄉縣・升爲州・領縣一・修慧寺不入志中・寺址亦未悉所在・此塔距余家僅數牛鳴地・巋然立岡上・亦無塔亭・故老傳言・乾隆初年由前州牧王者輔・於今之齊洲寺移來・寺去塔不遠・然修慧寺何以易名・志既失載・又無碑可證矣・余所得殘整各塊・均置於人境廬・其塔銘則供息亭中・已囑温慕柳檢討補入新志中・復作此詩・以誌緣幸。

千佛塔拓文跋

又攷塔銘凡十一行・每行十一字・比之光孝寺之東西鐵塔文尤古雅・字亦遒整・金石志謂三代以後・刻金多用陽識・此文陰款尤難得・蓋陰文須別製模・又不能以泥塑木雕・故尤難也・惟釋文皆明確・惟緊歸善士四字未極顯白・又文皆駢語・獨方隅一句爲六字・以文意推之・當是上言境內・下及方隅也・東鐵塔既云保龍躬有慶・祈鳳歷無疆・萬方咸使於清平・八表永承於交泰・然後善資三有・福被四恩・頌禱之意・大抵從同・觀然後二字・知此銘中・然願二字亦當時文體如此也。

編校按・右篇內文原謄印稿所載・與上篇詩序完全相同・而詩序末句以誌緣幸下一段・似屬跋語・今將上下篇相同之文畧去・而將詩序篇後段・移作跋文。

梁鼎芬 字星海・一字節菴・番禺人・光緒庚辰進士・官編修・法越之變・疏劾合肥李相・謫降歸里・南皮張文襄督粵・歷聘爲豐湖・端溪・廣雅院長・文襄移督兩湖・辭講席・讀書焦山十年・復爲兩湖學堂監督・尋復官武昌府・擢湖北按察使・署布政使・奏劾樞臣慶親王袁世凱・傳旨申飭・引疾歸・辛亥起爲廣東宣撫使・國變後・充崇陵種樹大臣・尋命在毓慶堂行走・賞歲寒松柏額・鼎芬建家祠顏曰歲寒堂・年六十一卒・贈太子少保・謚文忠・文多散佚・門人輯其詩六卷・刊行之。

解官謝恩疏

奏爲恭報微臣交卸日期・叩謝天恩・恭摺仰祈聖鑒事・竊臣於光緒三十三年十月初七日因積勞已久・患病過重・恐未能速痊・有曠職守・十一月十三日呈請湖廣督臣趙爾巽代奏開缺・十二月二十六日奉上諭・趙爾巽奏湖北按察使梁鼎芬因病呈請開缺一摺・梁鼎芬著准開缺・欽此・本年正月十九日督臣委准補施鶴道曾廣鎔署理湖北臬篆・臣於二十四日交卸・並無經手未完事件・當卽望闕叩頭謝恩・伏念臣才非賈誼・學愧劉蕡・本孤苦之餘生・値艱難之時會・揆之古人致身之義・豈有中年乞病之章・迺者疾來無時・醫多束手・羣邪雜進・正氣潛凋・外患既滋・內維又潰・既憂傷之已過・欲補救而無功・仰荷生成・曲加憐宥・戴山覺重・臨

海知深．臣病雖入膏肓．聖恩實如天地．虎鬚曾捋．何知韓偓之危．鸞翮能全．不似嵇康之鍛．歸依親墓．松楸之蔭方長．眷戀君門．葵藿之心未死。

奏請建曲阜學堂疏

奏爲請建曲阜學堂．以遵祖訓．而崇孔教．恭摺仰祈聖鑒事．竊臣恭査乾隆三十六年春三月．我高宗純皇帝駕幸曲阜．展謁先師孔子廟．恭奉慈輿．駐蹕三日．傳之千秋．以爲隆禮盛事．今我皇太后尊師重道．皇上聖學日新．莘莘士子．靡不悅服．臣惟論語一篇．首揭學字以詔萬世．唐臣陸德明曰．以學爲首者．明人心必須學也．宋臣尹焞曰．以生知之聖猶云好學．非惟勉人也．蓋生而知者義理爾．若夫禮樂名物．古今事變．亦必待學而後有驗其實也．國朝河源縣訓導臣陳澧曰．學而時習之五字爲首．則雖有生知之質．猶必從事於學．此孔子敎人之意也．蓋孔子之學重文武．重德行道藝．設四科．卽今日分科專門之意．學在四夷．卽今日派人游學外洋之意．時習謂每日有正業．朝晝夕夜分而爲之．卽今日學堂定鐘點之意．凡今所有者．無所不包也．孔子之敎．首重孝弟．爲人孝弟則不犯上作亂．其敎人也．最愛宗國．弟子若冉有樊須子貢之倫．或以謀猷．或以勇力．或以口說．所以保全魯國者極多．故云仲尼之徒．皆忠於魯國者．此也。

今各省學堂各有增加．而曲阜一縣似尚未聞．卽使有之．其規模敎法．當甚簡畧．臣擬敬請我皇太后皇上頒發帑金．建設曲阜學堂．以示天下．湖廣督臣張之洞．道經守

正．當代儒宗．擬請特旨派令敬謹經畫此事．期於早成．各省學生．皆可精選入學．以廣孔敎敎人之法．以時習爲要．分科專門．各造其極．文武兼資．德行道藝並重．雋秀之士．選派東西洋游學．而歸本於孝弟．收效於愛國．使天下學堂．皆以此堂爲法．他日人才蔚起．正學大昌．我大清國植萬年有道之基．我皇太后皇上垂萬年不朽之譽．臣誠惶誠恐．不勝祈禱翹仰之至。

再日本講求孔子之學．有會有書．其徒如雲．其書如阜．孔敎至爲昌盛．我中國尊崇孔子數千年不能過之．實爲可恥可痛．現任湖北提學使黃紹箕受父師之敎．學問博洽．此次前往日本考察學堂辦法．與日人講論孔子之學．持議通正．日人折服．黃紹箕回鄂．臣因交替學堂各事．尚未起程北上．與之商榷累日．日望朝廷尊崇提倡．使我中國孔子之敎日益廣大．遠在日本之上．國勢自然强盛．人才自然衆多．如蒙天恩建造曲阜學堂．擬請飭下張之洞．督同黃紹箕招集天下通經守正之士．盡心經理一切辦法．請旨施行．臣有所見．亦隨時條上．謹附片具陳。

奏請追錄直臣以維風化疏

奏爲籲懇天恩．追錄直臣．以維風化．恭摺仰祈聖鑒事．竊臣於本月十五日蒙恩召見一次．不自忖量．冒陳大難削平以後．所以民安稼穡．士知禮義之故．一由於任用清正大臣．一由於優容直臣．仰荷慈懷嘉許．以爲不謬．其清正大臣．生榮死哀者．前席已陳之矣．惟此直言諸臣．有位無年．難進易退．君門一去．白首不還．謫籍彌年．終身待

雪・跡其文章所在・忠悃如新・後世猶仰其風裁・當代宜亟爲表錄・臣謹就光緒初年以來・直言最著・業已身故者・有臣十二人・若兵部左侍郎黃體芳・若禮部右侍郎宗室寶廷・若廣西巡撫于蔭霖・若翰林院侍讀學士張佩綸・若國子監祭酒宗室盛昱・王懿榮・若鴻臚寺卿鄧承修・若光祿寺少卿屠仁守・若御史朱一新李慈銘・若江蘇蘇州府知府・上書房翰林王仁堪・若禮科給事中王鵬運・皆文學邃雅・懷抱忠貞・有賈誼劉蕡之才・稱陽城馬周之選・或立朝正色・權貴不敢爲非・或改外有名・百姓實受其福・凡所敷陳之事・與所彈奏之人・爲我皇太后皇上手諭褒嘉・即日批下者不可勝數・其時庠序之士・蚩蚩者氓・仰見朝廷虛己求言・不以爲忤・而以爲忠・不慮其多・而慮其少・於是淬勵廉恥・慷慨時事・風俗之美・蓋有由矣・十數年來・凋喪已盡・世事艱難・人才寥落・追懷邦彥・靡不心惻・而我皇太后皇上詔旨之美・與諸臣章奏之忠・不獨臣能言之・京朝士夫・海內百姓・類能誦其奏稿・知其姓名・謂某疏爲吾民也・我皇太后皇上稱獎之如此・某人初得罪而終復用也・我皇太后皇上寬恕之如此・此所以人人願爲直而恥爲佞也・人人有所畏而少所犯也・伏望我皇太后皇上表章直臣・扶持正氣・將黃體芳・寶廷・于蔭霖・張佩綸・盛昱・王懿榮・鄧承修・屠仁守・朱一新・李慈銘・王仁堪・王鵬運十二人・生平事實宜付史館・所有處分・均予開復・照原官賜卹・鄧承修・朱一新母老家貧・思子成病・尤爲可憫・請旨飭下浙江廣東地方官・以時存問・用彰孝治・此於世道人心・關係不細・倘荷聖明采納・立予施行・黃體芳等感受恩眷・雖死猶生・犬馬圖報・必於來世・臣不勝惶悚待命之至。

再前國子監祭酒王先謙・覃思經術・忠愛敢言・自江蘇學政任滿後・乞病回湘・表章學術・著書滿家・士林奉爲模楷・於近日浮薄邪謬之習・最所痛斥・實爲一代大師・前內閣學士陳寶琛・英敏忠勤・在翰林時最有名望・家居二十年・栽培後生・成就甚衆・殫心時事・不辭況瘁・近聞游歷外洋・查察强國要政・各埠華僑皆敬其爲人・歡迎於道・中外所仰・卓然經世大才・御史銜吳兆泰廉靜忠雅・前蒙恩旨賞還原銜・感激流涕・在籍十餘年・日以造就人材・圖報恩遇爲事・每聞皇太后皇上聖躬康健・則有喜色・時事艱難・百姓困苦・則有戚容・心術寬坦・絕無怨尤・求之今日・實爲朝陽之鳳・以上三員・忠悃不衰・精力皆健・懇請皇太后皇上特旨・飭令來京・預備召見・聽候錄用・臣嘗讀書論世・往往見古之聖君賢相・用人之法・既當其才・又得其時・故能羣賢彙進・贊成盛治・今者・仰見皇太后皇上天顏憂勞過甚・垂念百姓痌瘝在身・臣無所裨助・不勝愧悚・黃體芳諸臣今則已矣・雖奉隆恩於身後・未能效力於生前・惟王先謙陳寶琛吳兆泰三員・及今擢用・尚有圖報之時・讜論嘉謀・必不負國・懇請皇太后皇上采納施行・天下幸甚。

奏陳化除滿漢界限疏

奏爲時局艱危・仰懇天恩・化除滿漢界限・以固邦本・而定民心・恭摺仰祈聖鑒事・臣伏見我朝定鼎以來・列祖列宗深仁厚澤・百姓咸戴垂三百年・道咸年間・盜賊蠭起・各省糜爛・而嬰城盡忠之官吏・破家殉節之士民・無省無之・

血戰十數年・死者千萬人・卒乃底定・比年兩次賠款・爲數甚鉅・皆係分派各省百姓・按縣按年・解款賠償・今已十三年矣・未聞有一人敢於違抗者・由前事觀之・各省百姓不顧性命・報我大清如此・由近事觀之・各省百姓不顧身家・報我大清如此・此皆我列祖列宗與我皇太后皇上愛民之實效也・今日世局日迫・民生日貧・已非昔時之比・而我皇太后皇上瞻念民依・恩綸屢下・時時以固結民心爲本・事事以大公無我爲懷・於是有預備立憲之詔・爲中國數千年來所未有・而且將軍都統本係滿缺・今則兼用漢人・粵閩海兩關監督・本係滿員專差・今則先後裁撤・歸本省總督兼管・不特滿漢通婚一事而已也・是化除滿漢界限之事・天下臣民皆欲言之而未言・我皇太后皇上言之且行之矣・臣賦性愚陋・未能周知天下大計・然竊見我皇太后皇上已有此如天之仁・天下臣民・翹首以待・擬請申明此義・擴充此事・卽日特沛綸音・化除滿漢界限・飭下在廷王公內外・大小臣工・各抒所見・聽候采擇・宗旨既定・辦法可以次第施行・臣尙有此事條陳・俟奉旨後・謹當奏上・臣六年之內・四覲天顏・面陳時政・直言無忌・仰蒙皇太后皇上鑒臣愚直・知臣無他・屢荷優容・不加譴責・故敢冒昧瀝陳・以報萬一・不勝悚懼屏營之至。

再此次徐錫麟鎗斃皖撫恩銘一事・聞供內有云・欲殺端方・鐵良・良弼等滿賊・滅盡滿人爲宗旨・又訊時語署臬司毓秀・能殺滿洲狗亦好・又有殺例五條・第一條滿人必殺・漢奸必殺・委員顧松因救恩銘・故徐錫麟目爲漢奸殺之・兇惡至此・自來未有・此種悍賊・來往詭秘・搜捕甚難・防不勝防・誅不勝誅・若以督撫大員日日防範・時時顧慮・心紛氣餒・尙能爲國辦事耶・臣愚以爲此時辦法・以懲首惡・戒株連爲要義・綸音所播・薄海同欽・朝廷之心・天下臣民見之・天下臣民之心・朝廷見之・於是先行化除滿漢界限・然後廣言路・正學術・禁奔競・絕苴苞・內外一心・軍民同體・雖百徐錫麟何足懼哉・若政以賄成・民心渙散・今日殺一徐錫麟・明日便增十徐錫麟・無人不恐・無處不防・中國至此・欲天下不亂・外人不來侵奪・其可得乎・臣言切分疏・自知冒犯・大局危迫・不敢不言・謹附片再陳・伏乞聖鑒。

奏陳預備立憲第一要義疏

奏爲敬陳預備立憲第一要義・恭摺仰祈聖鑒事・臣竊見近日議論紛紜・人心不定・敬念我皇太后皇上憂勞國事・宵旰弗遑・詔旨屢頒・至爲迫切・臣每讀一次・此心多一次徬徨・補救無方・實深愧悚・外間聞有新內閣之設・未知其詳・以臣愚見・今天下臣民所仰望者・在預備立憲・而預備立憲一事・則責在慶親王奕劻・該親王歷事三朝・辦事最久・高年碩望・夙夜在公・雖屢次陳請開去要差・而朝廷任用親賢・慰留至再・自必守鞠躬之義・無退位之思・臣聞該親王府中用度甚繁・所有每年廉俸・及新加軍機大臣外務部養廉銀兩・不敷尙多・於是袁世凱・周馥・楊士驤・陳夔龍等・本係平日交好・見該親王用度不足・時有應酬・臣愚以爲今日要政・既責在奕劻一身・內外臣工・奉爲標準・似未可以日用微末之事・致分賢王謀國之心・仰懇皇太后皇上每

月加奕劻養廉銀三萬兩・由度支部發給・看似爲數甚鉅・實則所全甚多・奕劻得此養廉鉅款・自可專心籌辦大事・不顧其他・京外各官・從前或有應酬・均於此次認眞停止・派員巡察・朝廷待奕劻甚厚・奕劻自待必甚嚴・無論立憲之遲速・新內閣之成否・皆以奕劻有極優養爲第一要義・此若不定・恐有他事爲外人所笑・蓋地球各國政府大臣・既無薄俸・亦無受人餽送者・高明之地・萬目所瞻・大法小廉・古訓具在・風氣所關・人材所出・非細事也。

再直隸總督袁世凱・少不讀書・好馳馬試劍・雄才大志・瞻矚不凡・以浙江温處道鑽營・得驟升侍郎・巡撫山東・曰能辦事・安奠境內・有聲於時・我皇太后皇上回鑾迎駕有功・擢至今職・其人權謀邁衆・城府阻深・能諂人又能用人・卒爲其所賣・初投拜榮祿門下・榮祿歿後・慶親王奕劻在政府・三謁不得見・甚恐・得楊士驤引薦・或云以重金數萬・又投拜奕劻門下・不知果有此事否・然自見奕劻後・交情日密・言無不從・袁世凱之權力・遂爲我朝二百餘年滿漢疆臣所未有・奕劻本老實無能之人・當用度浩繁之日・袁世凱遂利用之・老實無能則誨之以智術・日用浩繁則濟之以金錢・於是前任山東學政榮慶・北洋練兵委員徐世昌・袁世凱皆以私交薦爲軍機大臣矣・樞府要密・出自特簡・而袁世凱言之・奕劻行之・貪昏謬劣衣冠敗類之周馥・袁世凱之兒女姻親也・奢侈無度・聲名至劣之唐紹儀・市井小人・膽大無恥之楊士琦・卑下昏聵之吳重熹・亦皆袁世凱之私交也・使之爲總督・爲巡撫・爲侍郎・袁世凱言之・奕劻行之・尤可駭者・徐世昌無資望・無功績・忽爲東三省總督・其權大於各省總督數倍・朱家寶一直隸知縣耳・不數年署吉林巡撫・皆袁世凱爲之也・袁世凱自握北洋大臣・直隸總督重權・又使其黨在奉天吉林皆有兵權財權・趙爾巽在東時・與日人爭起之事・徐世昌到後・慨然與之・以實行其媚外營私之計・置大局於不問・皇太后皇上試思・自直隸而奉天・而吉林・皆袁世凱兵力所可到之地・能不寒心乎・幸段芝貴不到黑龍江耳・袁世凱揮金如土・交結朝官過客・與出洋學生・有直隸賑款數百萬兩・鐵路餘款數百萬兩・供其揮霍・故人人稱之・臣嘗讀史見漢晋已事・往往流涕・如漢末曹操・一世之雄・當其爲漢臣時・有大功於天下・不知篡漢者・操也・晋末劉裕才與操埒・當其北伐時・亦有大功於天下・不知篡晋者・裕也・前者微臣來京賜對之時・親聞皇太后皇上屢稱資治通鑑・其書最好・時時閱看・今此兩朝事・治亂興亡之故・粲然具陳・開卷可得也・袁世凱之雄・不及操裕・而就今日疆臣而論・其辦事之才・恐無有出其上者・如此之人・乃令狼抗朝列・虎步京師・臣實憂之・且聞其黨羽頗衆・時有探訪・故無有敢聲言其罪者・今新內閣將成・時日無多・安危在目・臣不敢自愛其官職・並不愛其性命・無所畏懼・謹披瀝密陳・伏乞皇太后皇上聖鑒・謹奏。

與袁某書 辛亥

某本是病軀・不聞世事・九月十六日廣州忽傳北京警耗・城市張皇・念君父有難・分應奔赴・即於十八日北上・二十三日過滬・二十六日敬悉奉旨宣慰廣東・月初到京・恭聞皇上聖躬萬安・監國攝政王視政如常・京師安定・下懷欣

慰・匪言可喻・再奉詔旨・悚惶萬分・自維才疏學淺・鄉望未孚・加以衰孱・屢藥不效・恩命至再・實非所勝・痛念今者・生民塗炭・巨禍滔天・某上不能爲朝廷效一日之忠・下不能爲鄉里辦一分之事・淸夜自思・愧死而已・衰病餘生・即日南下・故鄉烽火・聞之驚心・儻能歸依親墓・長爲大淸國一無用之民・於願足矣・我公有戡亂之才・仔肩至重・羣論所集・萬目所瞻・爲我朝二百六十年政令所無・爲我國四萬萬人性命所繫・以公心報國・則福祿自長・以眞心待人・則豪傑自至・諸葛君所謂鞠躬盡瘁・程子所謂才與誠合・實斯義也・皇天不惠・致有今日・臣節掃地・猰貐食人・八王之禍・無此奇殃・五代之亂・無此慘痛・尙望發揮忠悃・底定危邦・有綱紀則政事不足平・有政事則財用不足慮・事事可爲金科玉律・人人以爲威鳳祥麟・於是功高震主・而世不疑・至誠感神・而人自信・某老矣・或得及見世界安平之一日・豈非幸歟・效伊尹輔太甲之大忠・念涑水書魏公之史法・臨分苦語・企望何窮・干瀆威嚴・不盡百一・天寒惟爲國自愛・馳仰之至。

與江逢辰伍銓萃手札

十月二十日子時・王蘇州竟以急疾不救・傷何可言・僕正在武昌養病・二十五日聞耗・翌日東下赴喪・昨到蘇州・入門撫棺・聲淚出臆・追思生平・彌用愴痛・議事聯名於登朝之始・寫懷盡歡於辟地之時・十六年間・恍惚一夢・豈謂斯人・限於此官・量其所成・已有千古・念天下多故・繫於忠良・母老丁滋・俯仰攸賴・純懿之士・瞑而不返・行路太息・矧在親知・囊無一錢・里無一椽・白頭童齒・何以過日・往年主考吾鄉・得士至多・爲數十科所未有・其時僕在講席・可莊出闈語余曰・自閱卷之日始・未嘗四鼓睡也・間聞鴉聲・知已曙矣・校閱勤苦・實所希見・故蘭升於庭・玉出於淵・賢哲爲之褒稱・單寒因而吐氣・山居多暇・恒宿衙齋・與談人才・深望學士此榜僕多識者・就所聞見・甄其才行・嘗在百金園（鎭江府署）對坐・詳書姓氏・可當某選・一時文武之材・足備緩急之用・相顧而笑・謂可親見・人事難知・乃至於此・諸君他日勿相忘也・吾鄉風俗篤於師友・尙希摹繪道德・作爲輓詩・諸君風義・豈煩鄙人哉・官累未淸・殯暫不歸・旭莊同年犯雪先到・哀痛無止・任重可傷・賢輩得書後・迅發公啓・道遠不盡百一。

封夫人于母趙夫人墓誌銘

夫人姓趙氏・某縣人・年十九歸于某先生爲繼室・先生娶譚氏・先卒・生一子・名若霖・甫二歲夫人來歸・撫若霖如己子・若霖孝・每自言痛苦賴太夫人調護・得有今日・言之輒泣下・夫人事舅盡禮・待叔季姊妹皆愛厚・會先生在外・治生事鉅細諸務・悉以畀予夫人・體先生服賈之意・敬承色笑・和睦娣姒・家政釐舉・先生每自外歸則曰・老父健日・奉甘旨未敢少缺少懈・嘗稱我曰賢婦・叔季勤學・以兄故・益劬苦・爲之延師敬友・親執爨具・以助酒食・凡夫子心所欲爲・勞於心而及者代之如此・其未盡者・不詳言也・然此亦余職也・先生感喜・故終數十年無內顧憂・夫人性勤儉・能知大體・時蓮塘先生官京師・有直聲・語先生曰・五

叔廉正・用或不繼・非所以愛・我二人當蔬布自奉・以所節補之・先生以告弟・弟感奮・嘗以告人・以是京朝鄉里・無不知有趙夫人者・蓮塘先生既不得志・病歸・年八十矣・見夫人大喜・事如兄禮・每遇佳節及夫人生日・必拜必敬・强止之曰・若是心仍未安也・其盛德感人至此・夫人生六子・最重小學・故督課至嚴・嘗曰・汝兄弟當思祖德・毋稍暴棄・汝父孝友・遭親喪七日鬚髮皆白・愛兩弟甚至・少日晨起入塾・必持木棓往送・薄暮候之歸・日以爲常・今汝兄弟幸掇科第・不幸汝父不能畢見・然試思學於親・孝於親者何事也・勿忘國家・勿玷祖宗・勿受民間一錢・奉此終吾願足矣・嗚呼賢哉。

銘曰・夫人有子・爲按察使・不受一錢・曰母之志・一爲知縣・一爲御史・尚有文學・不齒榮利・夫人之教・乃能如此・念我畏友・福我桑梓・我作斯銘・用志風誼・萬里不阻・千齡不死。

誥封資政大夫于先生墓誌銘

大清同治某年某月某日・于先生以疾終於家・既葬二十年・其子蔭霖爲廣東按察使・還擢雲南布政使・未行・聞母喪・泣且曰・蔭霖罪無狀・父死迄今・未志其墓・茲又痛遭吾母之變・將奔赴京師・奉喪東歸・合葬於某阡・敬以文屬・鼎芬與君交至厚・日以古人相責勉・此何事・不敢辭。

謹案狀曰・先生諱某・字某・系出東海・始祖禡・由文登大水坡遷濰・曾祖某以歲飢攜家至吉林・遂爲伯都訥廳人・善醫・多效應・然不受一錢・政有陰德・祖某・性孝・好施與・環百里皆稱爲于善人・生三子・長即先生也・先生生有至性・貌端肅・好讀書・年十三家計益貧・乃跪向父曰・兒性愛書・但念父年老且勞苦・叔季少弱・不能奉甘旨・可讀書・兒願服賈・由是無大小之事・晝夜躬作・以贍家食親・語人曰・吾家有子能孝事我・子婦又賢・色養罔弗至・因告二子曰・汝之事當如汝兄・汝兄賢・以汝讀書故・始服賈・汝二人當日念兄之名・勉植名節・科第小事耳・得失不榮辱也・叔季泣受教・益自策勉・以道光甲午丙午科鄉試先後中式・季弟復中甲辰科進士・分工部主事・欲就河工知縣・以紓兄力・又非所願・先生知之・急止其事・凡京師所用・以時周備・不復知有家累・鄉里遠近・咸稱先生之名・學先生之行・善者奉爲法・不肖者不敢以聞・會是時・天下多故・在位諸臣・皆委阿苟容以取富貴・先生季弟名凌辰・世所稱蓮塘先生者・曰念兄之言・懼無以立・乃奮然特起・披瀝肝膽・上報君國・清名勁節・傳於當時・人或危之笑之・先生猶諄諄以名節相望・不知者以爲愛弟之心固如是也・夫有至行之士・其所操之技・不必皆主於儒術・而必力所至・孝親忠君・事異而性同・然則先生之功・豈止一家一鄉已哉・有子弟述其世德・閭里道其善行・名已不朽・况乎先生之爲人耶・故曰・如先生者・可法也・朱生行事多可表見・今舉其大節以告後世・亦使爲之子者・知天下皆服其先德・各有以自見也。

妻譚氏・繼娶趙氏・子七人・若霖附貢生譚夫人出・觀霖丁丑科進士・工部主事・嗣通政公・蔭霖己未科進士・雲南布政使・蔚霖甲戌科進士・直隸淶水縣知縣・藻霖生員・

鍾霖丁丑科進士・翰林院編修・蔚霖生員・候選鹽大使・趙夫人出・孫二十人・曾孫四人。

銘曰・孝親愛弟人所知・先生之心知者誰・我不諛墓不媚時・大書深刻鐫厥詞・千年幽宅靈在茲。

海珠寺祭李忠簡公文

惟我公之誕生・當嘉泰之初元・秉九月之辛氣・降大星於其門・長讀書於茲山・發光輝於鷺村・稱國器於增城・鑒忠直之所存・初端平之召對・獨抗言於理亂・恐禍至之無日・必衣冠之塗灰・忘勍敵之在前・欲恢復則已晏・激四戒以儆心・拜賜金而長歎・奚眞魏之繼用・若荆公於前朝・朝彈墨而夕進・人才少而災饒・土地割則已割・其存者亦如僑・疏可再而涕薄・曾何救於焚燒・彼嵩□之臣奸・杜劉徐之枉死・賴前後之三疏・始下詔而致仕・結章子之同心・恨後村之無恥・事多畧而不詳・恨寂寥於脫史・逮寶祐之赴闕・悲開慶之已胎・國用竭則民槁・寵賂章則臣回・既似道之執政・又大全以爲媒・祈主心之大悟・等臣志於微埃・言不行不可祿・遂去國而還家・昔三學之諸生・賦庾嶺之梅花・今一載而遽舍・豈嬖倖之所譁・洞向陽以表志・里久遠而無邪・俄星隕於城東・遂建祠於漠寺・雖巨浸而不沒・並高風而無二・海汝賢之所題・陳集生之所記・志未竟於生前・事足儆夫在位・薦菊坡之寒菓・汲文溪之清泉・敢潄詞於老少・莫缺祭於歲年・來此祠者・勿忘忠君・敬師爲賢・江滔滔兮不返・心耿耿兮寺前・尚饗。

陳伯陶　字子勵・東莞人・光緒己卯解元・壬辰進士・殿試一甲第三人・授編修・直南書房・出爲江寧提學使・母老乞歸・伯陶記聞賅洽・如杭大宗齊次風・下筆洋洋灑灑・千言立就・夙志用世・能洞審中外時局・而究悉其利病・晚遘國變・遯跡九龍・即晚宋時之官富場・二王駐蹕之所・因就其地闢瓜盧・著書以終，自號九龍眞逸・其惓惓故國・屢效孤忠・尤爲人所難能・卒後・予諡文良・蓋異數云・所著書十餘種・皆刊行。

遵旨密陳摺

奏爲遵旨密陳・仰祈聖鑒事・上月二十一日・軍機大臣面奉諭旨・日俄兩國已有和意・聞在華盛頓兩國直接開議之說・中國現在應如何因應・及將來接收東三省・應如何善後辦法・著政務處傳知各衙門・悉心籌畫・各抒所見・密行具奏・欽此・臣惟因應之要・不外理與勢兩端・而勢之所以屈・斷非理之所能爭・故必詳度乎敵人用意之所存・與事勢之所必至・然後返求諸己・有以行其抵拒之方・今日俄之戰事方終・即中國之交涉伊始・現在俄勢已戢・退入昌圖・雖吉林黑龍江諸地・尙爲所佔・臣料日人此舉・專爲堵禦强俄之計・開議之後・必要俄盡返侵地・聽彼交還・俄若低首下心勉從日議・將來我與俄約・因應非難・惟奉天一省爲日人戰勝所據・交還與否・尙未可知・若俄所佔黑吉兩地・復畀日人・則我之因應不在俄而在日・其事勢之難有非一二言所能罄者・臣敢披瀝爲我皇太后皇上陳之。

臣惟日俄直接和議・非中立國所當豫聞・然東三省我地也・日如與俄立約・陰行篡取干預・早則嫌於觸犯照會・遲

又無可挽回・其難一也・東三省既屬戰地・一日未和・一日未能交還・若和議已定・日欲交還・必須與我立約・夫以日之悉索敝賦・戰俄而勝・揆之情理・於我豈曰無勞・日如以此索謝・何以應之・其難二也・日自維新以後・變而立憲・今雖其政府舉而還我・若其國民念死綏之慘・助餉之艱・我之酬勞不滿其意・政府詎能拂兆民之欲・而全鄰國之交・其難三也・日之拒俄・雖曰為我・亦自為也・東三省為俄所欲得・日如還我・亦必俟我之戰守有備然後退兵・我圖富强・需時尚遠・收還何年・其難四也・然此謂日人之有意還我也・臣惟日人出萬死一生之計・以全力拒俄士卒・軍儲傷縻甚鉅・今所戰勝者・俄之侵地耳・海參威・哈爾濱固無恙也・日惟索俄賠款・俄必不和・然兵兇戰危・日人欲保全令名・必將遷就・既和之後・戰費萬萬於何取償・環顧歐亞・勢將及我・其難五也・或謂日之拒俄・名曰義戰・豈宜取償於我・不知日之戰勝・帑藏已空・大欲所存・必將陽冒仁義之名・陰行并吞之實・其聲稱還我者・始則以固圉難我・繼則以代庖誘我・我如俯允・則以守備之弱・而代任練兵・以糧餉之艱・而代任籌款・外雖襄我國事・內實侵我主權・高麗前車・足為殷鑒・其難六也・歐洲强國・英俄為最・德法次之・雖耽耽視我・然以通商之故・互相牽制・不利瓜分・今日人崛起東方・英與聯盟・德亦表同情於日・又法昔聯俄・近與英睦・美為英種・亦與日親・日如侵我主權・但使列邦貿易一切如恆・仗義執言・誰為我助・況於託整頓中國之美名・行堵禦强俄之實策乎・其難七也。

然處萬難之勢・豈遂不籌因應之方・臣夙夜焦思・以為有當亟行者六・一宜佈告列國・謂俄之駐兵滿洲・此為公法所不容・亦非我國所默許・今之和議不能於我取償・二宜照會日俄・凡和議上有關於東三省利權者・必須使中國預聞・否則侵我毫毛・亦難認可・三宜查明東三省官民所失・請日俄於和議既成後・妥為區畫・無使中立國獨受損傷・四宜飭東三省官吏・振刷精神・整頓地方・以甦民氣・五宜因東三省社堡團結・認眞提倡・以固民心・六宜飭各督撫大臣・廣籌兵餉・以為接收防守之備・以上六者・誠能於日俄未成議之先・早為措置・亦可少折陰謀・然日人挾戰勝之威・苟以無道行之・此固難於樽俎折衝也。

臣閱日人報紙中有云・滿洲之事・任日清兩國決定者・將來交還立約・其勢必直接交涉・且迫我以代任練兵籌餉・合拒强俄・展轉圖維・支撐非易・查泰西公例・局中干預之國・必視民心向背為從違・若徵求民意不肯相從・則我之反抗為有辭・而彼之威迫為無理・現在日俄議約未能遽定・交還戰地・當在明年・臣謂宜於此時・明降諭旨・變通會議・遇有大事・召閣部九卿翰林科道及屬官等・齊集政務處・俾得伸其公議之權・又本周禮外朝致民而詢之法・因上海廣州各處諸商會・為之設立議事章程・以次推行・徧及於十八行省・遇有大事・准其條陳政務處備擇・臣計日俄之和議既定・我國之議事會亦成・至時佈告臣民・俾之力爭・以復主權・而消外侮・此亦因應之窮・抵禦之善策也・至東三省收還之後・兵燹之餘・百端待舉・其要則在得人而已・區區管見・是否有當・謹繕摺密陳伏乞皇太后皇上聖鑒・謹奏・光緒三十一年五月日。

壬辰殿試策

陳伯陶

臣對・臣聞漢申培之言曰・爲治不在多言・顧力行何如耳・自古聖哲之君・執契握樞・儲思垂務・舉凡修德以綏邊・定儀以涖衆・儲財以保國・足食以給軍・類皆本憂勤惕勵之深心・相與力行而不怠・蓋法天出治・固以實爲不以文也・管子七法篇曰・不遠道理・故能威絕域之民・晏子諫上篇曰・飭法修禮以治國政・荀子富國篇曰・節用愛民而善藏其餘・孫子作戰篇曰・因糧於敵故軍食可足・統是四者・而力行持之・所爲恢張聖理・濬發神功者・此道德焉耳・欽惟皇帝陛下・智原文錫・敎乃日躋・兢兢然旰食宵衣・以勉臻乎修內攘外之治者・固已勅幾則戒其逸・敷政則著其優矣・迺聖懷冲挹・俯切咨詢・欲公聽以達聰・期集思而廣益・進臣等於廷・而策之以固圉臨朝積粟營田諸大政・如臣之檮昧・何補高深・顧念凝旒聽政之初・必有止輦受言之美・況復恭繹諭旨・勖以毋泛毋隱・其敢不敬獻芻言・效壤流之一助乎。

伏讀制策有曰・西藏屛蔽川滇・爲古吐蕃地・而因詳考郡縣職官之制・山川道里之形・此誠柔遠之大經也・臣謹案漢武帝欲通西南夷・阻於昆明・故其地未通中國・唐時吐蕃始大・貞觀八年・遣使入朝・此當爲西藏朝貢之始・其地分四部・東西袤廣・而南北稍狹・由中國入藏有三路・一陝西之西寧府・一四川之打箭爐廳・一雲南之麗江府・元憲宗時・始於河州置吐蕃宣慰司・又於碉門・魚通・黎雅・長河西・寧遠置六宣撫司・世祖時復郡縣其地・以僧人思巴領

之・明洪武六年置烏斯藏都指揮司・七年置長河西魚通寧遠宣慰司・此官司沿革之可考者也・吐蕃建牙之所・唐書言居跋布川或邏沙川・皆在今前藏地阿耨達大山・卽岡底斯山・其相近有四大山・四水出焉・雅魯藏布江源出於達木楚克哈巴布山・亦其一也・瀾滄江源出喀木北境・潞江源出喀薩北境・與雅魯藏布江皆南流入海・天竺卽漢身毒・元曰忻都・今謂之印度・由藏往印度約程二十日・中隔廓爾喀及哲孟雄諸小部・然印與藏人皆奉佛・勢弱而易衰・印已爲英有・如藏地者・其亦須修德以來之・耀兵以震之歟・皇上詳詢險要・以求柔遠之理・威德並行・庶幾屛藩永固也已。

制策又以五禮之目・賓其一・而因進考期覲之儀・此誠臨涖四方之首務也・臣謹案周禮大宗伯・以賓禮親邦國・朝宗覲遇會同問視其別有八・然宗覲遇皆可言朝・故朝之別又居其四・書五載一巡狩・羣后四朝・與禮記王制不同・鄭康成以爲夏殷之禮・然五年一朝・當並巡狩之年數之・實與虞書不異・秋官行人六服・卽大司馬之九服・周語之五服蓋分爲九・合之爲五也・郊特牲旅幣無方一節・證以禮器大饗其王事與之文・蓋爲諸侯庭實之禮・朝位賓主之間・先儒講說不一・熊氏謂朝無迎法・亨則有之・其說最長・古諸侯朝天子禮・今惟存儀禮覲禮一篇・然如朱子經傳通解・及杜佑通典・馬端臨通考等書・其採掇尙爲詳贍・通典又言秦罷侯置守・無復古儀・所分四目・如諸侯遣使來聘・有三代下無其禮者・然禮因時制要・可酌用於今也・皇上講求禮制・以爲臨涖之方・豈惟藩服・卽邦交亦寓其中已。

制策又以周官倉人廩人爲今京通倉所由昉・而因進求盡

善之策・此誠足國之要圖也・臣謹案倉人掌粟入之藏・廩人掌九穀之數・周官所載其制綦詳・自時厥後・秦有治粟內史・漢有治粟都尉・武帝時復置搜粟都尉・食貨志所稱以趙過能爲代田使爲搜粟都尉是也・魏時有倉部郎・後魏爲大倉尙書・隋初爲倉部侍郎・唐龍朔中改爲司庾・天寶中改爲司儲・蓋時代既異・故官名沿革不同・明永樂中遷都北京・乃置京通倉・以戶部司員經理之・宣德五年始命李昶爲戶部尙書・專督其事・厥後或以尙書・或以侍郎・遂沿爲定制・倉場屬官・明史職官志不詳載・然以食貨志考之・攢運則有郎中・監倉則有主事・此則今日之坐糧廳及倉監督也・夫前代良法行之既久・實亦不能無弊・明史稱糧長攙沙水米中・往往蒸濕浥爛至不可食・而倉場額外科取・歲至十四萬・使茍非任用得人・則典守者肆爲偸漏・而稽察者亦憚而不敢發・又何以使之徹底淸釐也乎・皇上留心天庾・藉爲足國之圖・亦愼選其人而務祛其弊而已。

制策又以三代之盛・寓兵於農・而因究及屯田之制・此猶務農講武之大端也・臣謹案漢文帝鼂錯之議・募民耕塞下・始有屯田之法・其內通田作・外戍卒伍・蓋猶有古兵農合一遺意・厥後屯田西域者・傅介子刺殺樓蘭王後・乃田伊循城・則在今哈密東南地・常惠將三校屯烏孫赤谷・則在今阿克蘇東北地・鄭吉屯田渠犂・入車渠犂・在輪臺之西・則今喀喇沙爾所屬庫勒地・車師前後國・則今土魯番濟木薩地也・中壘校尉掌西域・武帝初置・元帝時復置戊已校尉・西域都護・宣帝地節二年置・據西域列傳其名蓋始於鄭吉趙充國屯田十二使・大要不外因田致穀・威德行・而其省費省役尤爲最善・六朝唐宋言屯田者・皆沿漢法・或以兵屯・或以民屯・然而魏棗祗屯田許下・鄧艾屯田壽春・唐郭子儀屯田河中・韓重華屯田振武・皆能收其利者也・若夫行之不善・或侵佔民田・或差借耨夫・甚或屯軍戍旅・不習耕鋤・得不償費・蓋其弊有不可勝窮者矣・皇上整頓營屯・以籌戰耕之備・知徒法不能自行・庶收實效乎。

夫是四者・措之在堂階之近・而推之及海宇而遙・韓嬰詩外傳曰・道雖近・不行不至・事雖小・不爲不成・惟裕乎保邦制治之謨・並守乎無卷以忠之訓・將蜚英聲・騰茂實・人君之所以永保鴻名・而當爲稱首者・卽在於斯矣・臣尤伏願皇上愼終如始・圖易思艱・不以金湯爲已固・而更事撫綏・不以槃敦爲已修・而愈思晋接・不以倉庾爲已充・而屢殷察核・不以糗糧爲已備・而務廣耕耘・本所謂力行近仁者・黽勉以赴之・於以加勞三皇・勖勤五帝・暢九垓而泝八埏・則我國家億萬年有道之長・基此矣・臣末學新進・罔識忌諱・干冒宸嚴・不勝戰慄隕越之至・臣謹對。

致高雲麓振霄書

雲麓仁兄足下・昨接李孔曼世兄函・中附足下致蘇君幼宰書・及批拙著孝經說中一段・捧誦之下・深佩足下學術之正・與相愛之深・感何可言・然此乃僕憂憤之作・本不足稱說經・所以中著責君父一段者・則以歐洲民約狂瀾・釀爲大亂・而其藉口則曰專制・（專制二字・本以中文譯西語・大戴禮云・婦人無專制・韓詩外傳云・孔子曰・周公事文王・事無專制・漢書袁盎傳云・大臣專制・楊雄諫不受單于朝・

書云．日逐呼韓扶伏稱臣．然尚羈縻之計不專制．此譯語之典確者．故亦從通俗用之．）當日中國姦民．知列聖仁厚．不能加以無道．遂亦藉專制之說．煽惑狂愚．以成其造亂之計．夫我中國數千年來．君制之善．始於堯舜．而確定於孔子．而自秦漢以後．賢聖之君繼作．尤莫盛於本朝．故辛亥禪位後．洶洶者遂進而詆諆孔子．使君制不復生．而永絕我中興之望．夫有君之利．智者知之．愚者不知也．而無君之害．今日共產卽由是而生．其禍必更烈於洪水猛獸．僕因是懼．故反覆求之於經．論語告齊景公曰．君君臣臣．父父子子．此正名之義．聖言渾涵．本自無迹．而景公憬然曰．善哉信如君不君．臣不臣．父不父．子不子．雖有粟吾得而食諸．蓋深悟言外之旨．仲弓游夏輯論語時．謂其言有當聖心．因附記之以垂世戒．易之文言曰．積善之家．必有餘慶．積不善之家．必有餘殃．臣弑其君．子弑其父．非一朝夕之故．其所由來者漸矣．由辨之不早辨也．夫子旣正名曰弑．深著其罪惡矣．而後推原其故．曰不善餘殃．卽厲有責君父之意．故子夏曰．春秋紀君不君．臣不臣．父不父．子不子者也．此非一日之事也．有漸而至焉．（見劉向說苑．拙著已引之．）蓋卽合論語文言之辭．以申明夫子作春秋之本旨．左邱明受經仲尼．故於文公十六年．宋人弑其君杵臼．傳曰．君無道也．宣公四年．鄭公子歸生弑其君夷．傳曰．凡弑君稱君．君無道也．稱臣之罪也．殆亦深明此旨．合數說觀之．春秋之大義．固深罪臣子．而其微言亦婉責君父．故曰．微而顯．婉而成章．此蓋吾夫子大中至正之道．不滯於一偏．所以維綱常於不敝．而爲萬世長治久安之策也。

孟子學孔子者也．其言臣弑其君．子弑其父．孔子懼作春秋．大義昭然矣．然又有言曰．聞誅一夫紂矣．未聞弑君也．七篇中亦兩存之．荀卿學孔子而非孟子者也．而其正論篇則曰．湯武不弑君．說與孟子同．左氏傳傳自荀卿．此乃勸學篇所謂春秋之微．亦窺見邱明之本旨也．然邱明之傳．仍正名曰弑君．而孟荀乃並弑君之名辨之．故其義至漢轅固生與黃生．爭於景帝前而不能決．（見漢書儒林傳．）遂成爲千古之疑義．竊謂此兩義當並行不悖．乃足以維萬古之綱常．若滯於一偏．則黃生所云冠雖敝必加於首．履雖新必貫於足．合於孟子說春秋之義矣．然以之駁不弑君之說．不幾於以子之矛陷子之盾耶．鄙見以爲孟荀雖論湯武．非論春秋．然其論弑君則同．殆亦謂兩義當並行不悖也。

來教謂孔子春秋專責臣子而作責君父一義．寔爲蛇足．此欲閒執讒慝之口．而不知適足以揚其燄而助其瀾．僕著此篇時．紬繹聖言．係有兩義．前已詳之矣．至責君父一義．初亦慮閱者以爲曲學阿世．欲仿不食馬肝之意刪之．繼思我朝得天下之正．過於湯武．而其禪天下之公．同符堯舜．三代而後．一姓之興廢．夐乎莫尙．而累世深仁厚澤．愚民猶到今稱之．何嫌何疑而以專制爲諱．今讓國十餘年矣．而大盜與暴民之專制日以益酷．勢不至於人將相食不止．故竊以爲倡民貴君輕之說於光宣之際．則設淫辭而助之攻．而嚴君父無道之防．於百六之交．乃撥亂世而返之正．誠使今之居人上者．有所畏忌．亦庶幾少息其燄．而挽其瀾．而生民之禍．或不至於不救．故再四思維．仍著其說於篇中。

來教又稱杜預釋例舉此傳文．創爲奇論．藉以迎合司馬氏篡弑心理．此焦里堂之說．（見左傳補疏序．）東塾先生亦采入讀書記中．同年林君歇伯國賡因謂此爲劉歆所竄入．鄙見以爲左氏傳荀卿傳之張蒼．蒼傳之賈誼．誼又爲訓故授趙人貫公．傳習不絕．非歆所能增益．又歆移書太常．在哀帝時．莽惡未著．且莽託伊周堯舜以篡漢．亦無須藉無道一言爲解免．惟杜氏釋例．確有是迎合意．里堂發其覆而誅其隱．所論極確．然不當以是疑邱明之傳．而謂其有異於經．蓋傳之發凡自是釋經．況君臣父子之道．夫子日以誨人．弟子亦日切磋而不舍．（荀子天論云．無用之辨．不急之察．棄而不治．若夫君臣之義．父子之親．夫婦之別．則日切磋而不舍也．聖賢之學其切問近思．殆在於此．）邱明受經仲尼．而此又經中要旨．焉有立說異經之理．來教云．左氏發凡是當時之史例．非孔子之經例．據杜預序．則云周公之志．仲尼從而明之．又云其發凡以言例．皆經國之常制．周公之垂法．史書之舊章．仲尼從而修之．以成一經之通體．孔穎達云．修者治舊之名．然則經例卽史例也．如謂舊史一例．春秋經又一例．是夫子有異於周公．而左氏從史例而不從經例．寔失夫子作經之意．竊所未安．希再詳審之．（杜氏此言至確．不得因人而疑之。）

來教云．左氏好奇炫博．故於各國紀載．皆因事而備錄之．凡所謂無道者．大約皆據當世亂賊加誣其上之辭．非寔錄也．此則足下有爲言之．但邱明爲魯太史．夫子言巧言令色．足恭匿怨．而友其人．與之同恥．謂其嫉惡嚴．經不云弑．而傳載其弑事未必寔．此則有之．（襄七年．鄭伯髡頑如會未見諸侯．丙戌卒於鄵．昭元年楚子麇卒．哀十年齊侯陽生卒．傳皆謂其被弑．）若謂亂賊加誣其上之辭．而亦錄之．論其學識．不應不別黑白至此．來教云．杵臼鄭夷二事．左氏所詳列者．並無無道事寔．公子鮑之陰謀．襄夫人之淫亂．皆備列其事．而司馬司城之握節效節．或死或奔．皆著其忠．何嘗爲亂賊末減其罪．若鄭夷不過食黿一事．其事至微．豈足以爲無道之鐵證．僕因來教．尋繹傳文．竊意當時亂賊赴告．必有加誣其上之辭．而邱明不錄．故於杵白事．但記公孫壽辭．司城告人曰．君無道．吾官近懼死焉一語．鄭夷事但記公怒欲殺子公一語．以著其無道之寔．而釋經稱君．君無道之旨．至公子鮑襄夫人與子公子家之罪惡．則具詳列之．此乃邱明嫉惡之嚴．然亦體夫子深罪臣子之意．猶之經不云弑．而傳記其弑．東塾先生謂此必當時記其事者有不同．孔子則從赴不以弑逆漫加於人．左氏則兼存弑逆之說．使與經並傳於後．以此合證之．傳之記與不記．俱有深意於其間．蓋責君父之言婉．而罪臣子之義嚴．邱明素臣殆深會斯旨．揭著責君父一段．仍歸重罪臣子之意．以此質之足下．以爲何如。

僕老矣．衰病相纏．旦夕就木．自維海濱遁跡後．寸心耿耿．不忘本朝．而此篇又憂憤之作．雖據傳說經．不無紕謬．或不致貽曲學阿世之譏．而於聖人垂教之意．庶幾有合．此區區著說之意也．足下知我愛我．不遠千里展轉貽書而進教之．俾啓發愚意．欽仰何極．故敢具陳之．秋高風列．諸惟衞道自愛．不宣。

陳伯陶

民權辨

嗚呼．泰西今日可謂一民權世界矣．其有君權．特俄德與土爾．考歐洲紀元以前．希臘羅馬卽以民權立國．西人謂之市府國家．羅馬分裂．始變君權．然皆暴戾恣睢．肆行專制．迨華盛頓建邦美洲．名曰合衆．歐人聞之．風靡響應．法拿破侖假其名吞噬諸國．稱雄一時．拿破侖敗．君權復伸．抗者益力．百年以來．政體漸更．蓋人人皆苦君權而樂民權．若獸之走壙矣．竊嘗論之．歐人所以重民權者．厥有二端．一曰通商．一曰作戰．自羅馬分裂後．歐人之爲戰國者．垂千餘年．而其强者．類皆以商立國．商利行遠．遠則非其國威之所及．故立公司爲保衛．英商務最盛．嘗以一公司滅印度．故英之變民權最先．法及諸國其重商務者．亦以次更焉．惟俄與土商務最微．馴至今不變．所謂以通商之故而變民權者．此其一．美之合衆也．由英事戰爭而行苛稅．法之革命也．由魯意爲無道而召外兵．蓋既爲戰國．則以作戰之故而重斂．以重斂之故而嚴刑．孟子稱戰國之民．如水益深．如火益烈．歐人痛苦殆或過之．又其時闇主孱王．失地喪師．痛苦尤劇．不得已而互相糾合．以圖自救．故盧梭民約之論．得以行乎其間．惟德威廉一戰勝法．爲歐洲雄主．亦馴至今不變．所謂以作戰之故而變民權者．此又其一．綜而論之．作戰以利國也．泰西多以商立國．其利國卽以利商．故君權旁落．巨商富室．卽從而盜之．非盡公諸民也。

今世之言變法者．謂中國欲圖富强．宜變民權．此大不然．中國以農立國者也．自三代以來迄於今．大都重農而抑商．不使之貧富相耀．而又一統之時多．分裂之時少．卽偶有分裂如七國．如三國．如六朝．如五代．其間作戰．爭地爭城而已．不以商務也．中國今日誠稍變其重農之舊制．講求製造與之商戰．自不患於貧弱．何事民權．而或者又謂君權專制．於變法不宜．此亦不然．夫君者羣也．王者衆所歸往也．中國聖經賢傳．類無不以立君爲民爲訓．故曰天視自我民視．天聽自我民聽．又曰民之所好好之．民之所惡惡之．自三代以來迄於今．其間雖有辟王．爲之臣者未嘗不援古訓以救正之．不若泰西之君．暴戾恣睢．肆行專制也．且泰西所謂民權．是皆有君道而可行專制者也．故盧梭之論．謂英人惟選舉議員有自由權．選舉事畢．便爲奴隸．誠如其說．非聚一國之民與之議政不得爲民權．然勢有所不行．故盧梭又謂全國人自行施政之權．苟非小國必不能．且有種種弊端．比諸君主政體．其害更甚．推其用意．不過使君權別有所寄而已．不盡廢也．中國之君．自三代以來迄於今．未聞有專制如魯意者．則又何事於廢君權以爲民權．不特此也．以中國今日商務之微．苟廢君權．非商富所能有．吾意必有姦人若拿破侖者．起而攘取之．否則四方羣賊出而角逐之．其禍亂比之歐洲尤劇．數百年而不能定．如是則民生日益困而商務日益衰．勢不至於列國瓜分不止．中國之亡．卽肇於此．何富强之足云．然則如之何．曰．民權之說倡於美．而被於歐．近且浸淫及於中國．若洪水然．浩浩滔天．不能遏也．然其禍歐人先受之矣．是宜積誠入告．謂此之邪說．其所以煽誘吾民者．至利而易從．至險而可畏．非力循

古聖賢立君爲民之訓・不足以禦之・因是而兢兢焉・克自抑畏・公其好惡於民・而又厲行保商之政以救貧弱・而求富强・庶有瘳乎・如其不然・是天禍中國也・此則非予之所敢知也已。

自由辨

泰西耶教似墨・世多能言之・而其自由之說・則同於楊氏之爲我・楊氏之書不傳・然其說畧見於列子楊朱篇・禽子問楊朱曰・去子之一毛以濟一世・汝爲之乎・楊子曰・世固非一毛之所以濟・禽子曰・假濟・爲之乎・楊子弗應・禽子出語孟孫陽・孟孫陽曰・子不達夫子之心・吾請言之・有侵吞肌膚獲萬金者・若爲之乎・曰・爲之・孟孫陽曰・有斷君一節得一國・子爲之乎・禽子默然有間・孟孫陽曰・一毛微於肌膚・肌膚微於一節者矣・然則積一毛以成肌膚・積肌膚以成一節・一毛固一體萬分中之一物・奈何輕之乎・泰西自由之說・謂他人侵我毫毛・則失其自由之權・卽此意也・而或者謂自由精義在人人自由・而以他人之自由爲界・此亦同於楊氏之說・楊朱曰・古之人損一毫利天下不與也・悉天下奉一身不取也・人人不損一毫・人人不利天下・天下治矣・此亦所謂以他人之自由爲界也・然爲我自由・其大旨不外利身・孟子窮利國利家利身之弊・而謂爲不奪不饜・楊氏之說曰・恣吾體之所欲安・恣吾意之所欲行・如是而謂其不利天下・吾不之信・泰西之說曰自由貿易・曰自由行動・如是而謂其以他人之自由爲界・吾亦不之信也・是故充楊氏之爲我則爲君・而泰西自由黨亦一變而爲無君黨・吁・可畏哉。

宋東莞遺民錄序

辛亥季秋・余避地九龍・九龍古官富場地・其海濱有宋王臺焉・宋景炎駐蹕之所也・地舊屬東莞・邑志稱宗室子秋曉必瑑於國亡後西走大奚・東走甲子・每望厓山・則伏地大哭・大奚山在官富場南・吾意當時邑之道佚若秋曉者・必皆黃冠草屨・撫冬青之樹・招朱鳥之魂・相與崎嶇躑躅・哭拜於是間・宋亡逮今七百餘載・書缺有間・不可得而詳已・余閱邑志・知邑先達明袁莞沙昌祚嘗倣程篁墩例・采秋曉及所與往還李春叟・陳庚・陳紀・翟龕輩・又益以趙東山・何文季・邵積三人・撫其事行・綴以遺文・爲東莞宋八遺民錄・錄已佚・惟邑儒劉磬石（鴻漸）一序・尚載邑志中・序之言曰・同時有武夸謝翺者・事之本末・悉與必瑑相類・乃翺以往來吳越・所結交多當世英豪・其人與文・遂以大顯・而必瑑退居巖邑・錮守荒邨・故天下無有知之者・所著覆瓿集亦不傳・又曰・昔吾祖處士公玉・以家世仕宋・當厓山覆沒・卽與伯兄特奏進士司法公宗・退隱員山・先生所錄尚未之及・然則歲月旣久・所謂遺民舊簡・雲滅煙沈・雖有博雅君子・又安能一一網羅之也耶・今覆瓿集已出・余暇稽志乘・攷以他書・凡當時遺佚得二十餘人・而所謂邵積者・徧搜之不可復得・蓋舊簡堙沈・去莞沙時又三百餘載矣・嗚呼・宋之亡也・吾邑熊將軍飛・以布衣起兵勤王・往隸文山麾下・斬元將姚文虎・走黃世雄梁雄飛・遂迎趙溍入廣・進復韶州・其後元呂師夔等將兵度嶺・飛巷戰死・志稱邑人從飛死事者・有許之鑑・伍鳳諸人・然當飛起兵時・李用及子春

叟咸激以忠義．而秋曉及翟龕輩又復周旋兵間．逮飛死後．秋曉復謁文山於惠．參其軍．文山執．弟璧降．乃不得已遁歸．其以身許國之忠．百折不回．實出謝翺上．不幸宗邦淪喪．銷聲匿跡．遯遁以終其身．凡此二十餘人者．此心同．此理同．雖姓氏無傳有所不恤．其自處如是．不亦重可哀耶．余嘗登宋王臺眺海山之蒼蒼．海水之茫茫．慨然想秋曉諸人往來邱墟禾黍間．未嘗不俯仰古今．爲之涕泗滂沱．而不能已已也．因復輯此錄．自爲把翫．且以貽世之同志者．或曰．子嘗爲勝朝東粵遺民錄矣．當宋之季．吾粵區仕衡．李志道．馬南寶．陳大震．廖金鳳．李肖龍．石文光諸君子．皆盡忠所事．窮佚以終者也．盍廣爲搜采．復撰宋粵東遺民錄乎．余曰．唯唯．海濱無書．不能具也．請俟他日。

勝朝東粵遺民錄序

余與闇公避地海濱．闇公喜觀明季隱逸傳．竊歎耆獻彙徵所載．吾粵遺民寥寥無幾．暇因輯此錄以示闇公．錄成．因爲之序曰．明季士大夫敦尚節義死事之烈．爲前史所未有．盛矣哉．而嘉遯尤盛．當時海內諸大儒．若梨洲．亭林．夏峯．二曲．楊園．桴亭．船山．晚村輩．未聞有如許魯齋之士元者．吾粵雖無此魁碩之彥．而山林遺逸．以今考之．凡二百九十餘人．其書缺有間．不能得其本末者．尙不可更僕數也．蓋明季吾粵風俗以殉死爲榮．降附爲恥．國亡之後．遂相率而不仕不試．以自全其大節．其相劘以忠義．亦有可稱者．何以言之．自順治丙戌冬．李成棟佟養甲以偏師襲廣州．紹武遇害．踰年春．成棟復追桂王及於桂林．勢將殆矣．而粵之陳文忠張文烈陳忠愍三臣．振臂一呼．義兵蠭起．於時破家沈族者．踵相繼也．養甲懼．遂令成棟旋師．及三臣敗死山海．諸義士猶擁殘衆爲復讎計．會城之外．至於號令不行．李佟因是有反復爲明之舉．蓋桂王所以延其殘祚者．實維吾粵諸臣之力．至若何吾騶．王士俊．王應華．曾道唯．李覺斯．關捷先等．雖欠一死．後皆終老巖穴．無履新朝者．故貳臣傳中．吾粵士大夫乃無一人．而吾騶士俊以崇朝舊相．出輔桂王．及平靖二王圍廣州．桂王西走．吾騶猶率衆赴援．士俊亦坐閣不去．其苦心勤事．思保殘局．比之貳臣傳中馮銓王鐸等．自當有間．而此諸人．當時咸被鄉人唾罵．至於不齒．到今弗衰．此亦可見吾粵人心之正．其敦尚節義．寖成風俗者．實爲他行省所未嘗有也．嗚呼．明季去今二百七十餘年耳．今何如耶．序成擲筆爲之三歎而已。

跋焦山佳處亭冰壺詩石刻

焦山志謂此宋趙溍詩．溍字元溍．衡山人．少師忠端公葵之子．冰壺其別號也．史無溍傳．以宋元史攷之．咸淳七年十二月．淮東統領兼知鎭江府趙溍．乞祠祿不允．此石題咸淳壬申夏六月．蓋在乞祠祿之後一年．至九年四月溍爲淮西總領兼沿江制置．留守建康．德祐元年二月賈似道孫虎臣敗奔揚州．元軍次建康．溍南走．五月詔溍統軍民船屯江陰．七月溍與張世傑孫虎臣等陳舟師於焦山南北．爲元阿朮塔海所敗．是月京學生劉九臯等伏闕上書．言陳宜中擅權．黨似道．芘趙溍．潛說友．十月復趣溍及趙與可鄭瑞所募

兵・二年五月瀛國公降元・五月陳宜中立昰於福州・命吳浚趙溍等分道出兵・八月東莞人熊飛守潮廉二州・聞溍至・即以兵應之・攻梁雄飛於廣州・雄飛遁・溍入廣州・十月溍遣曾逢龍就熊飛・禦大軍於南雄・逢龍・飛・皆戰死・十二月溍棄廣州遁・其始末大畧如此・焦山志又載有咸淳壬申九月・溍與山陽陸秀夫弟淮等題名・淮見宋史忠義傳・死事甚烈・亦葵子也・溍崎嶇江浙閩廣間・雖屢蹶・尚不失臣節・惜如宜中之遁占城・不及與秀夫弟淮幷傳耳・

書過墟志後

過墟志記者・爲墅西逸叟序・稱康熙丙辰（十五年）相去凡三十餘年・其云黃亮功之死在丁亥十月（順治四年）・未幾妻劉被擄入李成棟宅・成棟叛・與其眷屬江甯・爲王所幸・考東華錄順治四年十月後至五年冬・無遣王貝勒往江南事・記者誤也・果泉跋謂王爲貝勒博洛・滿洲貝勒貝子・在王下公上・故塞思黑封貝子・已稱九王爺・考證頗確・（博洛後封端重親王・此或從其後稱之之詞・）然云順治二年博洛平兩浙・四年爲征南大將軍・討浙閩・即是志所謂浙西民叛時・六年掛定西印・討姜瓖・志云內召・當在是歲・考宗室王公傳・博洛於三年二月復命爲征南大將軍討浙閩・五月至杭州・浙江既平・進趨福州・克之・遂駐福州・四年二月凱旋・無駐江甯事・且平浙閩非四年・內召亦非六年・跋所云亦誤・今反覆求之・知此爲順治二年秋間事・試刺取豫王入南京後・博洛及李成棟用兵江浙月日證之・順治二年五月二十四日黃家鼒撫至蘇・二十九日楊文驄殺家鼒・（蘇城紀變・）豫王聞之・怒命貝勒以八萬兵下蘇杭・（鹿樵紀聞・宗室王公傳・豫王分兵半以博洛領之招撫常州蘇州・同鎮國將軍拜音圖等趨杭州・）六月初三日楊文驄遁・初四日北兵至蘇・（蘇城紀變・）李成棟隨博洛分兵克太倉・（逆臣傳・鹿樵紀聞貝勒定蘇州分兵駐太倉・）

初八日北兵往取武林・（蘇城紀變・）留侍郞李延齡守蘇州・（鹿樵紀聞・）十三日北兵至杭州・方國安與戰不和・（浙中紀畧・）貝勒博洛以書招潞王・遂出降・（明季南畧・）閏六月初八日・李延齡遣李成棟鎮守吳淞・（東塘日劄・鹿樵紀聞云貝勒命李成棟領吳淞・蓋博洛命而延齡遣之也。）

是月貝勒所委降將陳梧據嘉興叛・徐石麒與定盟爲城守計・貝勒在杭發披甲三千濟師・梧走平湖・石麒縊死・（鹿樵紀聞・明史稿石麒之死在閏六月二十六日。）

七月初一日・李成棟攻安定鎮・掠美婦處女數十人・分載入婁中・初四日破嘉定屠之・（東塘日劄。）

八月初三日・大兵克松江・（三藩紀事・）李成棟自吳淞襲擒吳志葵黃蜚於泖湖・遂陷松江・屠其民・（鹿樵紀聞・按江上孤忠錄云・貝勒既定松江・乃悉所部攻江陰・克之・考宗室王公傳云海貝勒尼堪攻克江陰・博洛傳無之・魏源聖武記謂博洛旋師所克・蓋誤・逆臣傳成棟隨博洛征浙・分克太倉嘉定南滙上海皆有功・不言松江・蓋成棟隸於貝勒故不之載也。）

是月貝勒率杭鎮陳洪範降撫張秉貞擁潞王北去・留張存仁據守・（浙東紀畧・按此事不日・疑在初旬・）明張國維

復富陽。（三藩紀事。按此事不日。疑在貝勒北歸後。明季南畧作七月。）

九月初二日。浙督張存仁奏叛賊方國安王之仁從富陽渡江犯杭城。遣副將將張杰王定國往勦。斬四千級。餘賊復踞富陽。又令定國往餘杭防勦。至關頭。奮勇掩殺。追至小嶺二十餘里。擒國安子士衍等斬之。東華錄。通鑑輯覽記在八月。蓋九月乃奏聞也。）

十月十五日。豫王班師至京。（東華錄。）是月貝勒博洛各凱旋。（宗室王公傳。）

據上所述。以此志考之。疑成棟隸博洛麾下。當時分克蘇松各屬。劉爲成棟所掠。故居成棟宅。及博洛自杭旋師。成棟獻所得婦女。故劉入江甯。志稱張媼語滿姬。言前在松江傳聞李兵歸後。復掠直塘一帶。此則成棟克松江時事。志又稱劉仲謂王非他。乃當今王爺也。入關時爲從龍第一功臣。至江南降宏光。平兩浙。貴戚而功高。貴重無比。此則博洛自杭歸時事。志又稱劉侍王後。王以浙西民叛。奉命往撫。未幾歸自浙。此則方國安自富陽犯杭城時事。（富陽餘杭俱在杭州西。故云。浙西民叛。博洛自杭歸復往撫。諸書不詳。疑未至杭而張存仁捷信至。往返無幾日也。）

志又稱。居無何。內召還京師。此則十月凱旋時事。詳諸書所紀。與志中語悉相符合。豎西序言。摭拾舊聞。綴以張媼所述。敷繹爲之。蓋張媼年耄誤記黃亮功之死在四年十月。豎西因附會爲五年。成棟叛。家屬被收時事。果泉不之考。又誤以爲博洛征浙閩時事。不知四年三月博洛已自閩凱旋至京。十月而後。安得有降宏光平兩浙之王駐節江甯。如其爲降宏光平兩浙之王。此則二年八月博洛自杭旋師時。無可疑者。至志中稱王妃忽喇氏薨於京邸。忽喇蓋納喇音譯之訛。據皇朝通志納喇氏係葉赫裔。八旗中貴族男多尙主。女亦多爲后妃。博洛爲太祖高皇帝孫。饒餘敏郡王阿巴泰子。其元妃必取貴族。或納喇氏未可知。志又稱王年四十無子。惟劉生有二子。據宗室王公傳。博洛順治九年薨。年四十。十二年王第八子齊克新襲封端重親王。十四年王第四子塔爾納封郡王。是年卒。年十五。十六年追論博洛罪。降齊克新貝勒。削塔爾納爵。十八年貝勒齊克新薨。年十二。爵除。以生卒核之。博洛下江南時年祇三十三。非四十。此或因薨年四十而誤。塔爾納生於崇德八年癸未（即崇禎十六年）。時不得云王。無子。然塔爾納長不襲封。蓋所出微。所云無子。或謂元妃無子也。（皇朝通考載。博洛祇二子。餘蓋不育。故齊克新薨後。爵遂除。）果泉跋言此志有二本。此冰玉居士本。較錫山錢嘯樓鈔本小有同異。錢本云。劉在亮功家已有一女二子。蓋傳聞異詞。至歸旂後事。不若是冊詳。然則此志又繼後人刪潤爲之。其誤或不盡出豎西矣。

跋魏王基碑

後漢書鄭康成傳。稱康城門人山陽郗慮。東萊王基。清河崔琰著名於世。魏志基傳但稱入琅邪界游學而不云及康成之門。則壽之疏畧也。基所著述。隋志有毛詩駁一卷。又毛詩答問駁。譜合八卷。唐志有雜義難十卷。經典釋文序錄稱基駁王肅申鄭義。詩茉苢疏引基駁肅說。宋王伯厚亦極稱之。碑稱基元本道化。致思六經。剖判羣言。綜析無形。以

此同時駁肅說者・有樂安孫炎・亦康成門人・至晉孫毓爲詩評朋於肅・而徐州刺史從事陳統又難孫申鄭・隋唐志載有統毛詩表隱二卷・蓋皆聞基之風而起者・此碑初出土時・上下截未刻・朱書究然・其後乃磨滅・畢秋颿武虛谷嘗言之・宋書禮志云建安十年・魏武帝禁立碑高貴卿公・甘露二年王倫卒・倫兄祗畏王典・不得爲銘撰錄行事・就刊碑陰・此則碑禁尚嚴也・基卒於景元二年・去甘露二年祗四年・當時刻未竣事・怵於禁令歟。

日本雅樂稽古所觀舞記

光緒丙午・余與同事東渡考查學校・聞有雅樂稽古所・請往觀焉・所在富士見町五丁目十四番地・時雅樂部長嚴光式・副長松平賴和・期八月十七日偕往・既至・演三舞・一名九米舞・云日本皇宗神武太皇・率九米部等擊賊於大和國兎田縣・平之後・天皇宴將士・親作國歌・使共唱之・時將士中有應歌拔劍而舞・作誅賊之狀・以娛天皇者・其後象之爲舞・因名・演時樂・人黃衣者二・扛一長箏・一藍衣者立撫之・又黃衣者三・藍衣者四・各執簫笛及木笏旁立・俄四舞人出・赤袍前垂大帶如芾・手持笏・身佩長刀・皆日本古衣冠・初舉笏對舞・舞數巡・插笏於腰・跪而拔刀・復起舞作左右回旋斬斫之勢・已跪而插刀・復舉笏・舞數巡乃畢・一名春庭花・云傳自唐時・日本調酌改易・以寫春庭愛花之狀・演時樂人十二袍服・坐分前後兩切・前切設大鼓・中左一人考擊之・其左二人・一吹觱栗・一擊羯鼓・中右一人・手按龍笛以和鼓・其右二人・一吹笙・一擊鉦・後列六人・觱栗龍笛各三・樂既作・四舞人出・素袍・繡團龍佩刀・初兩人對舞・已四人環舞・其舞蹈皆中鼓聲・數巡乃畢・一名蘭陵王・云北齊蘭陵王長恭才武而貌美・臨敵必被假面・嘗擊周師金墉城下・勇冠三軍・齊人壯之・因寫其指麾擊刺之狀・演時樂人十二・列坐如前・一舞人帶金面具・長鼻而垂頤・狀若龍頭・首冠金兜鍪・紫袍・覆以甲・甲前後皆繡團龍・右手持金鞭・長尺許・縱横麾斥・兼嫵媚之容・其舞蹈亦皆中鼓聲・良久乃畢。

三舞・皆無歌・而節以樂・久米舞箏笛相間・聲和暢而閒・春庭花蘭陵王二舞・鼓淵淵和以龍笛諸樂・聲清亮而抗・然皆安徐跌宕・聲律身度無嘈切錯雜之音・攷劉貺太樂令壁記云・破陣等八舞・聲音皆立奏樂府・謂之立部使・餘總謂之坐部・久米雖日本舊舞・疑亦仿唐立部伎爲之・貺又云坐部伎六・自長壽樂以下皆用龜茲樂・春庭花乃坐部伎・南卓羯鼓錄記宮曲名有春光好云・明皇擊羯鼓・柳杏含者皆拆・因製是曲・此舞有羯鼓・疑日本酌改之・因爲是名・蘭陵王見杜齊書・云當時武士歌謠之・謂之蘭陵王入陣曲・則是舞本有歌・然段安節樂府雜錄謂鼓架部樂有笛拍板答鼓・即腰鼓也・兩伎鼓戲有代面・始自北齊神武・第戲者衣紫・腰金・執鞭・又崔令欽教坊記・謂舞有軟舞・健舞・蘭陵王之屬謂之軟舞・據此則唐時蘭陵王舞・蓋無歌・亦唐傳也・雅樂所長言・尚有唐時數舞・是日將暮不復演。

既罷・觀樂器・大鼓直立有柄・下支四跗・羯鼓兩面而窄腰・當即安節所謂腰鼓・唐書言本戎羯之樂・故以羯名・笙十七竹・竹有孔・上無簧・龍笛横吹之・有八孔・其前一

孔極大・蓋吹處也・觱栗似簫而短・直吹之・吹處套以小扃管・其前面七孔・後二孔・龍笛與觱栗皆手按諸孔便成腔・箏長如琴瑟・別有琵琶一器・蓋皆傳自唐云・中國自明以來・唐教坊樂不可復見矣・禮失而求諸野・然哉・蓋我朝漢學家如淩次仲家・蘭甫先生・精研音樂・未能一見之也。

遊伊闕記

伊闕卽春秋傳闕塞・一名龍門・在洛陽縣西南三十里・伊水南來逕其間・兩山排峙・望之若闕・故名・今稱其西曰伊闕・曰龍門・東曰香山者・誤也・辛丑九月初四日陶與吳菊農宿河南府城・仲恭太守爲言龍門之勝・官車局韓章五亦備輿往遊・初五日朝膳畢・出南門・渡洛水・經古洛莽渠・大明渠過闕陵・復前行八里許・至龍門之西麓・麓有潛溪寺・寺前有温泉出石罅間・注爲池・池之下噴洒若飛瀑・寺內三龕駢連・中爲賓陽洞・高七八丈・壁間琢佛菩薩阿羅漢像・鉅者亦數人丈・細或寸餘・不可以數計・龕頂鐫寶蓋旛幢・極之巧・左右二龕同・特毀剝多・不若中龕完好耳・龕右磨崖鐫一穹・碑額篆伊闕・佛龕之魏文中・有文德皇后魏王等字・前後損壞・無撰人年月・歐陽集古錄載唐貞觀十五年三龕記云・魏王泰爲長孫皇后造・岑文本撰・褚遂良書・卽此碑也・唐書稱太平永乾病蹇・泰以計傾之・及太平敗・帝陰許立泰・岑文本劉洎請・遂立泰爲太子・泰爲母后作此大功德・乃奪嫡之謀・疑文本預之也・三龕之北・別有一龕・前爲齋祓堂・餘石壁鑿小佛龕・高下皆徧若蜂窠・然眞百千萬億化身矣・洛陽典史朱子幹・時奉太守命修龕・前五楹云備兩宮臨幸・子幹又言・此三龕唐造・其南有大石窟・則元魏時胡太后造・陶謂胡太后篤信浮屠・於伊闕作石窟寺・永寧寺・迭次行幸・迦藍記稱后造永寧寺爲閻浮所無・其佞佛甚至・然史言后稱制十餘年・中間爲元乂所幽禁・及再臨朝・母子之間嫌隙屢起・馴至朝政疏緩・文武解體・四方叛亂・魚爛之崩・元魏之亡・禍實基此・今仲恭於蹕路不經之地・而亦備扈遊・其殆將舉魏王泰胡太后之已事以相規誡歟。

循西麓而南・所見諸佛龕不可勝紀・中間一龕・左有唐武后如意元年石刻・廣三四尺・明萬曆間巡按趙某鐫伊闕二大字・其上文遂不全・南爲老君洞・高約十丈・龕半壁及頂盡元魏時造像・近人所按拓龍門二十種・並在此龕・蓋石窟寺遺址也・石窟之作・據魏書在宣武帝景明元年・至永平中凡爲三所・胡太后特因是爲幸耳・非造窟者・其名老君洞・不知何始・疑唐趙歸眞・宋林靈素等廢釋敎時所爲・旁一龕有北齊武平間造像・並治疾方・凡百數十種・方在孫思邈前・必有驗世・無校刋者・可惜也・覽畢・渡伊水・遊香山寺・東麓曰香山・蓋以寺名・唐李白武元衡詩皆題曰龍門香山寺・則其地本稱龍門寺・內有高家御筆五律二章・右爲白香山祠堂・時亦重葺之・備臨幸云・歸途謁闕陵・陵卽曹操以王禮葬關壯繆處・比囘城時已昏黑矣・翌晨匆匆上道・未及詣仲恭話別・仲恭名文悌・滿洲世僕鄂伯諸費楊武之四世孫・嘗官御史・有戇直聲。

陶至汴後・聞兩宮於十六日到河南府城・十九日詣

伊闕潛溪寺・香山寺及闕陵拈香・仲恭太守電汴撫稱召見一時之久・懇鑾駕多駐數天・兩宮俞允・旋聞仲恭奏請五事・一兩宮回京服素哭廟然後入・二去歲在京諸臣不能無罪・三品以上俱革職留任・三廣立王子・四尚侍不分滿漢・爲才是任・五開墾牧地爲八旗生計・亦言人所不能言者・（又記）。

息園記

提學署西北有小園・舊題曰澄懷別墅・攷姚姬傳江寧府志云・明刑部尚書顧璘息園・在淮青橋東北・察院之後・今園與察院後堂鄰比・蓋息園舊址也・尙書息園記云・築園居室之後・袤五十步・廣半損之・中亭曰愛日・宜飲宜讀・西謀道軒三楹・置諸孫讀書・作載酒亭・以待夫問字來憩者・東小軒曰促膝・諸故人至談農圃醫藥・恆至移日・今園廣袤與記同・其北有屋三楹・南累石爲小山・山上有亭・東軒三楹・背負水榭・西有門通察院之東軒・與記亦相彷彿・陶既定居於北屋・仍名曰愛日・老母年八十・板輿侍養・藉此爲娛也・亭高與簷齊・叢木陰翳仍名曰載酒・生徒以時至・可與答問也・西軒已入察院東軒・仍名曰謀道・後食之義也・水榭方丈許・暇日促坐・開窻東眺・鍾陵紫翠・撲我襟袖・陶別曰割青・取荆公割取鍾山一半青語・而園則易舊名・仍名之曰息園・噫・尙書文章道義・負天下重望・始知開封以忤大璫下獄・謫全州・晚躋大位・卒困於讒譏・不竟其用・其營是園也・有息影之意焉・然史稱洪永初南都風雅不振・自尙書主詞壇・士夫景附・厥道大彰・相沿及於末造・風流未歇・其節則楨幹於朝・其文則黼藻於鄉・後進之師也・陶以不學・竊祿養母於是邦・而幸得斯園爲息游之地・古稱仕優則學・其亦思藏爲修焉・與諸學子相黽勉・而毋爲書所訶也夫。

張仲景傳

張仲景名機・南陽涅陽人・仲景乃其字也・後漢靈帝時・舉孝廉・官至長沙太守・（名醫錄・林億校定・傷寒論序・襄陽府志・）總角時・同郡何顒有人倫鑒・（太平御覽人事・）嘗稱潁川荀彧王佐之器・（後漢書顒傳・）仲景造顒・謂曰・君用思精而韻不高・後將爲名醫・（太平御覽方術・）始受術於同郡張伯祖・（名醫錄・林億校定傷寒論序・）伯祖性志沈簡・精明脈證・療病十全・爲時所重・（古今醫統・）仲景識用精微過其師・（名醫錄・林億校定傷寒論序・）與□客遊洛陽・顒謂人曰・仲景之術精於伯祖也・（襄陽府志・）山陽王粲年十七・以西京擾亂・之荆州依劉表・粲體弱・（三國志粲傳・）仲景見粲時・年二十餘・謂曰・君有病・四十當眉落・半年而死・今服五石湯可以・粲嫌其忤・（皇甫謐甲乙經序・）實遠・（太平御覽疾病・）受湯勿服・居三日見粲・謂曰・服湯否・粲曰・已服・仲景曰・色候固非服湯之診・若何輕命也・粲猶不治・後二十年・果眉落・後一百八十七日而死・終如其言・（皇甫謐甲乙經序・案顒別傳・謂仲景過山陽見仲宣・謂曰・君年三十當眉落・仲宣時年十七・以其實遠不治・後至三十果落眉・攷三國志・仲宣卒於建安二十二年・年四十一・士安

所言·當得其實·類別傳誤也·）嘗一日入桐柏山採藥·遇一病者求治·仲景診之云·子腕有獸脈·何也·其父曰·我嶧山穴中老猿也·仲景出囊中藥畀之·輒愈·明日其人肩一巨木至·曰·此萬年古桐·聊以爲報·仲景斲爲二琴·一曰古猿·一曰萬年·（李日華六硯齋二筆。）

時沛國華佗（三國志佗傳·）善醫·（獨異志·）佗之爲治·或刳爾斷腸胃·滌洗五藏·不純任方·（巢元方病源·）仲景善診脈·明氣候·以意消息之·（陶隱居別錄序例·）亦妙絕衆醫·（巢元方病源解散病諸侯·）世稱其開胸納赤餅·（初學記素問王砯注·）其他方異治·施世者多不能盡記其本末·（皇甫謐甲乙經·）仲景宗族素多·向餘二百·建元紀年以來·未十稔死亡者三分有二·傷寒十居其七·感往昔之淪喪·傷夭橫之莫救·乃勤求古訓·博采衆方·撰用素問九卷八十一難·陰陽大論·胎臚·（案臚當顱之譌·胎顱謂婦人胎藏小兒顱顖等書·）藥錄·並平脈辨證·爲傷寒雜病論·合十六卷·（仲景傷寒卒病論集序·）所著論·其言精而奧·其法簡而詳·非淺見寡聞者所能及·（林億校定傷寒論序·）華佗讀而喜曰·此眞活人書也·（襄陽府志·）又有傷寒身驗方一卷·黃素方二十五卷·評病要方二卷·（七錄·）療婦人方二卷·（隋志·）張仲景方十五卷·（隋志舊新唐志·）脈經·五藏榮衛論·五藏論·療黃經·口齒論各一卷·（宋志·）江南諸師秘仲景要方不傳·（千金方·）今世但傳傷寒論十卷·（林億校定金匱要畧序·）又雜病方三卷·名曰金匱方論·（金匱要畧元鄧珍序·）本草三卷·舊稱神農·然所出郡縣多後漢時制·世亦以爲仲景所記·（陶隱居別錄序。）

弟子衞汎·杜度·（古今醫統·）汎好醫術·少師仲景·有才識·撰四逆三部厥經·及婦人胎藏經·小兒顱顖方三卷·行於世·（太平御覽方術引張仲景方序·）度識見宏敏·淡於矯矜·尙於救濟·得仲景禁方·皆名著當時·（古今醫統·）魏何晏體弱·不勝重衣·（世說·）服寒食散·心加開朗·體力轉強·京師翕然傳以相授·歷歲之困·皆不終朝而愈·（巢元方病源·）寒食散者·言此散宜寒食·冷水洗取寒·（千金翼方·）世莫之知·或言華佗·或言仲景·考之於實·佗之精微·方類單省·而仲景經有侯氏黑散·紫石英方·皆數種相出入·節度畧同·蓋出仲景云·（巢元方病源解散病諸侯·引皇甫士安語。）

陳建傳

陳建字廷肇·號清瀾·（阮元通志·）亦號清瀾釣叟·（明瞿九思墓志銘·）東莞亭頭鄉人·（明張二果東莞志）父恩·字宏濟·宏治己酉舉人·官南安訓導·秩滿·銓選天下教職第一·歷陞廣南府知府·卒於官·（明黃佐通志·）生四子·建其季也·宏治十年丁巳八月二十日誕於南安之學署·（墓志·）自幼純心篤學·年十九丁父憂·服未闋有歡·隨俗權娶者弗聽·年二十三補邑弟子員·試輒居首·巡按督學余涂歐蕭四公咸器異之·嘉靖戊子領鄉薦·兩上春官·皆中乙榜·年三十六·還授侯官教諭·（家傳·）勤於訓迪·士之貧者贍之·堂齋中無虛席·與諸生論文·謂文有九善九弊·因作濫竽錄·與巡撫白賁論李西涯樂府·因作西

涯樂府通考・督學汪以達命校十三經注疏・因代作進呈・疏上於朝・遂頒行天下・（廣州鄉賢傳・）又代海道汪某作海防長策奏疏・（明郭棐粵大記・）七載遷臨江府教授・部使者皆重其才・稱先生而不名・（廣州鄉賢傳・）兩任聞聘考江西廣西湖廣雲南鄉試・所取皆名士・（鄧淳粵東名儒言行錄）・如都御史王士翹・大參易寬・太守錢邦偁蔣時行・冢宰嚴清・其卓著者也・（家傳・）然不汲汲仕進・聞有引薦則力辭・循資陞陽信令・至則以教養爲急・勸課農桑・申明條約・不事蒲鞭・而邑大治・（廣州鄉賢傳・）又以其暇頒小學古訓・令家誦而人習之・（家傳・）以母老乞養・邑民攀留・三詳力請・乃得歸・時年四十八・（廣州鄉賢傳・按粵東名儒言行錄載・建第二次詳文云・看得通縣里民留職之情固切・而卑職歸養之念更殷・懷邑先年罹亂・卑職奉令提兵・躬擐甲冑・登山涉水・或撫或擒・今綠林寂無嘯聚矣・各崗猺蠻不復反矣・喪亂既平・嗷嗷之哀鴻・雖百堵未集・然安宅有期矣・四民漸皆復業・即殘野荒郊・職亦多方勸諭・源源開闢矣・後來任斯士者・自有良牧・職魯鈍迂儒・敎養乏術・奚當衆民攀留・況職哀求終養・實爲老母年逼桑榆・倚閭西望・度日如年・非圖後日補用・乞望据題・俾得早歸一日・永戴二天・詳文出即繳印棄官歸去・此則建似由陽信調廣西之懷遠・或懷集・平崗蠻後・乃乞終養・而家傳墓誌及他書・皆祇稱其爲陽信令・不半載告歸・無官懷邑事・姑記之以備書。）

建貌寒素・人望輕之・然性縝密・（寶翰堂藏書考・）博聞彊記・（福建通志・）而究心學術邪正之分・及國家因革治亂之故・（粵大記）歸後構草堂於郭北・（廣州鄉賢傳・）益銳志著述・（阮通志・）丙午母終・（謝邦信墓誌・按誌母顧氏恩繼室・年八十九・）遂隱不出。

先是建官南安・與督學潘璜論朱陸異同・作朱陸編年・（廣州鄉賢傳・）及官臨安・復輯周子全書程氏遺書類編・因朱子所表章者而益表章之・（學蔀通辨終編・）以裨來學・（廣州鄉賢傳・）時王守仁所輯朱子晚年定論・羅欽順雖嘗貽書與辨・然學者多信之・（顧炎武日知錄・）會揭陽薛侃學於守仁・請祀陸九淵廟廷・（明史薛侃傳・）建憂學脈日紊・（洛閩源流錄・）以前所著朱陸之辨・非所以拔本塞源也・（明顧憲成通辨序・）乃取朱子年譜行狀文集語類・及與陸氏兄弟往來書札・逐年編輯・（日知錄・）因編年二編・討論修改・探究根極・切爲前後續終四編・（通辨末自識・）凡閱十年・至戊申夏乃成・名曰學蔀通辨・共十二卷・（通辨自序）・自序稱佛學近似惑人・爲蔀已非一日・象山陸氏假其似以亂吾儒之眞・又援儒言以掩佛學之實・於是改頭換面・陽儒陰釋之蔀熾矣・幸而朱子深察其弊・而終身力排之・其言昭如也・不意近世一種造爲早晚之說・乃謂朱子初年所見未定・晚始悔悟而與象山合・其說蓋萌於趙東山之對江右六君子策・而成於程篁墩之道一編・王陽明因之又集爲朱子晚年定論・後人不暇復考・一切據信・而不知其顚倒早晚・矯誣朱子・以彌縫陸學也・其爲蔀益甚矣・建爲此懼・慨發憤究心通辨・專明一實以抉三蔀・前編明朱陸早同晚異之實・後編明象山陽儒陰釋之實・續編明佛學近似惑人之實・而以聖賢正學不可妄議之實終焉・（通辨總序・）其

書破陽明之說・而批禍根於橫浦・證變派於江門・（洛閩源流錄）終編載心圖心說・明人心道心之辨・吾儒所以異於禪佛・又著朱子教人之法・在於敬義交修・知行兼盡・及著書明道闢邪反正之有大功於世・（通辨終編自序・）當時壓於王氏不得傳・（周天成東莞志・）至萬歷間顧憲成悟心體無善無惡之非・作證性篇以詆守仁・（明高攀龍涇陽先生行狀・）盱眙吳令因梓是編・憲成序之・謂憂深慮遠・肫懇迫切・如拯溺救焚・聲色俱變・（顧憲成通辨序）自是始行於世・（粵大記）建成是書時・王氏之學流弊未極・（張志）故建祇論象山師弟顛倒錯亂・顚狂失心之弊・以爲禪病昭然・（通辨後編自序・）其後王門高弟爲王艮王畿・艮之學一傳而爲顏均・再傳而爲羅汝芳・趙貞吉・畿之學一傳而爲何心隱・再傳而爲李贄・陶望齡・論者謂李斯亂天下・至於焚書坑儒・皆出於其師荀卿・高談異論而不顧者也・羅欽順困知記・及建是書・並今日中流柢柱云・（日知錄）。

建又以本朝之法・積久弊滋・著治安要議六卷・言宗藩賞功取士任官制兵備邊・（要議自序及目錄・）務於變通以救其弊・（粵大記自序・稱嘉靖戊申與通辨皆是年成書・時年五十二・）莆田林潤爲都御史・修葺宗藩條例・即採其說・（粵大記・）初著皇明啓運錄・香山黃佐見之・謂漢中葉有荀悅漢紀・宋中葉有李燾長編・我朝自太祖開基垂二百禩而未有紀者・宜纂述以成昭代不刊之典・（通記自序・）乃裒輯洪武以來迄於正德・爲皇明通紀三十四卷・（阮通志）其書載錄信・是非公・文義簡暢・（明岳元聲通紀序・）號稱直筆・（瞿九思謁墓文）乙卯書成・（通紀自序按建時年五十九・）遂爲海內宗寶・（岳元聲序・）庚申湖南瞿九思得是書・自譬爲國家聾瞽・至是始有目有耳・後入粵拜建墓・徒跣行數十步・爲謁墓文・並焚所著書以獻・（謁墓文）他著有古今至鑒・經世宏詞・明朝捷錄・陳氏文獻錄等書・（粵大記）隆慶元年丁卯以上書終於南都之留城・年七十一・（墓志）建學識温淳・議論純正・至於崇正黜邪・則毅然賁育莫之奪・（粵大記）嘗曰・士君子得其時・行其道・則無所爲書・身後虛名亦何益耶・（家傳）其所著述・蓋爲天下萬世慮也・（墓誌）巡撫陳聯芳・侍郎萬士和・恭順侯吳繼爵・都御史李義壯・均稱建明體達用・可以開古今未決之疑・立百王不易之法・其爲時所重如此・（粵大記）吾粵有新會之學・有增城之學・至建書出・世稱之爲東莞學・學者稱清瀾先生・（周志。）

論曰・余讀顧亭林日知錄・其論陽明之學之流弊・而謂清瀾通辨・比羅文莊困知記猶精詳・足稱中流砥柱・其推許至矣・及讀張揚園陸清獻書・乃知楊園初講蕺山愼獨之學・後得通辨・深歎功夫枉用・老而無成・而清獻與友人論學書・必舉通辨令閱・晚欲爲四書困勉錄・乃謂陸王禪學通辨已詳・不必多辨・其服膺如是・然則楊園清獻之學・清瀾導之也・清獻答徐健庵論明史書・謂清瀾立傳・最足爲考亭干城・而明史稿無清瀾傳・豈萬季野刪之耶・文莊亭林楊園清獻今皆從祀廟廷・史旣無清瀾傳・而二百餘年來亦無以其學術奏聞於朝者・則通紀一書累之也・通紀列禁書目之首・當時功令森嚴・故嘉慶初修邑志時・不敢道清瀾一字・然明通紀二十七卷・續十卷・陳建撰・明史藝文志載之矣・原書迄

於正德時．我朝固未興也．時海內風行．續之者衆．禁書目所列如高汝栻陳龍可輩．皆續至隆萬間．而所見岳元聲袁黃董其昌本．有續至天啓七年者．其語多觸悖．續者有之．清瀾無是也．清瀾自序．謂是書之作．考據羣籍．直書垂鑒．不敢虛美隱惡．故世推直筆．以荀悅李燾書例之．自當與正史並行．乃因禁燬之故．並其學術之正．而亦不敢以聞．倘太史公所謂巖穴之士趨舍有時耶．或疑清瀾之詆象山．未免過激．不知清瀾爲程朱學時．象山尚未從祀．至嘉靖九年．陽明門人揭陽薛中離奏請報可．時清瀾年三十三矣．清瀾究象山禪學流弊．而預知陽明流弊之所必至．語雖過激．此乃其衞道之苦心．未可議也．孟子言誦詩讀書必論其世．余故表而出之．以俟夫後之議先儒祀典者。

陳王道傳

陳王道字登三．廣東新寧文村人．文村南臨巨海．東西北萬山合抱．鳥道纔通人．中間田疇沃衍．錯居十餘村．而陳族最大．幾萬口．王道少劬學．登天啓四年鄉薦．性抗直．有智畧．爲鄉里所推．甲申國變．土寇蠭起．賊酋張酒尾．司徒劄笄等．肆掠諸村．王道知禍至．令族人環村築砦．誓死守．時恩平王興以財雄一方．籍悏復名．刦鄉民附己．而苛抽其賦．又脅取其娥姣爲姬侍．恩平開平陽江新寧民皆苦之．興短而悍．時號綉花鍼賊．興貽書王道．欲與聯盟．王道嫉之．拒弗從．丁亥興掠新寧諸村．進攻文村．王道禦卻之．戊子大飢．興復來攻．王道擒內應者十餘人．敗其游師．興怒．乃率大衆至．壅水灌其砦．王道設伏北濠．誘以羸卒．興驍將李愛國八人逐之．伏發皆死．斬五百餘級．興懼逃去．諸村聞之．皆築堡捍賊．約王道爲聲援．庚寅春平南定南二王入粵．桂王走梧州．遣督糧道姚繼舜召興．道經文村．王道款之．爲言興不法狀．然興亦不赴召．是冬平南定南破廣州．踰年分定諸郡縣．興竊蹙．思得文村爲據守計．連歲流刦左右諸村．王道力援之．興不得逞．甲午安西王李定國．由粵西乘勝舉高雷．進圍新會．聞王道名．貽書令起義．桂王亦檄王道助餉．幷出謁定國．圖興復．王道泣告衆曰．吾志欲出圖吾君．而效忠無路．今不得復顧鄉里矣．諸公好爲之．遂投袂行。

甫出砦門．輿杠折．鄉人以爲不祥．力阻之．王道不爲止．至廣海衞．聞定國敗去．乃遵海道歸．中途爲都督汪大捷所得．時興屠大隆峒．擬迫文村．乃賄大捷．以王道歸．錮之北泥．厚宴之．王道罵不休．而陰諭鄉人爲之備．鄉人持巨貲往贖．興黨說興勿與．而急攻文村．乙未六月十五夜．文村陷．興屠之．免者僅百餘人．王道聞之憤惋．口占曰．赤族無能除賊害．黃泉有路話鄉愁．七月四日遂自縊死．年七十餘矣．子際昇亦遇害．興據文村．奉聿鐥爲主．己亥平南王遣將圍攻之．興舉家自焚死．聿鐥亦吞片腦而亡．事平．族人返故居．逮今二百餘年．藩衍復幾萬口．其砦垣尙存。

道士李明徹傳

李明徹字大綱．一字飛雲．號青來．番禺人．年十二入羅浮沖虛觀爲黃冠．深悟道妙．兼通推步之術．嘗走京師．

謁欽天監監正．得其傳授．又以澳門爲諸國夷舶所集．通譯者多．復與歐洲人闡以天度計地里之法．著圜天圖說四卷．晚居粵秀山龍王廟．爲司祝．時江右黃一柱僦寓廟中．與語大驚．言之糧道盧元偉．會學督阮元修通志．以古人不曰志而曰圖經．故圖爲重．思得精測繪者爲之．而難其人．元偉以明徹對．急招之．明徹獻所著書．元閱之．謂爲隋張賓唐傅仁均後崛起一人．令主繪圖事．明徹以近世作圖者第知開方．不明經緯度．乃以京師北極出地三十六度子午線爲中度．直致潮州止爲南北經度．自二十五度致十八度止爲東西緯度．每方一度六十分爲里．二百五十天體渾圓．地球亦渾圓．自二十三度至二十五度之線爲弧線．使觀者知所以有偏西之度．由總圖析之爲府．爲州．圖每方六十二里有半．又析之爲縣圖．每方二里有半．爲方不同而積分求度．按度計里．其致則一．凡爲圖百有五．又以中國當赤道之北．北極常見．南極常隱．南行二百五十里則北極低一度．南極高一度．北行二百五十里．則北極高一度．南極低一度．北極高度卽南北里差也．東西偏度則東西里差也．南北經度易測．東西緯度難知．經度測二極之低昂．緯度測月食之早晚．欲定東西偏度．必於兩地同測一月食．較其時刻．若早六十分時之二．則爲偏西一度．遲六十分時之二．則爲偏東一度．廣州府度分昔曾實測．其藝未能測驗者．以輿圖經緯度數計之．雖秒數不可知．亦能得偏分度數．乃爲之表．定某縣幾度幾分．偏西幾度幾分。

明徹又刱爲廣東北極出地圖．謂象限三百六十度．每三度四十五分爲一刻．每三十度爲一時．地球與天體同爲三百六十度．圖則以廣東北極出地二十三度爲主．分晝夜十二時．時各八刻．又分二十四節氣．中爲子午線．南北極爲斜格線．平線爲地平．中爲地球．地平下爲矇影．太陽未出之先．已入之後．距地平大圈度爲矇影限．赤道大圜．其度濶．自赤道而南北皆距等圈．其度狹．近二分．以濶度富濶度刻分少．近二至．以狹度當濶度刻分多．所以矇影．冬夏二至必長於春秋二分．時因以大圈十八度爲率．日出矇影在寅正卯初．日入在酉初酉正．矇影以上爲晝時．矇影以下爲夜末．附廣東矇影刻分表．定某節氣幾刻幾分．以爲晨昏之候．又刱廣東晷景圖．謂廣東去北極漸遠．去南極漸近．北極出地二十三度半．以外臬表測景．有春秋分景．冬至景．無夏至景．又據欽定儀象考成爲近南極星圖．謂近南極一百三十星．及外增二十星有常見者．有或隱或見者．其常見之六十六星．依列宿之次爲圖．附中虛昴畢井鬼軫宿下．其或隱或現者．別爲一圖．末言南極下諸星星行之度．近北極則見．近南極則隱．若浮海至大浪山．南北極出地三十六度．或隱或見之．星則無不見．其圖說皆前志所未有．元大嘉賞．幷序其圜天圖說．破例載通志藝文略中．明徹別繪有大淸一統經緯輿圖．渾天恒星全圖．皆梓以行世．後桐城姚瑩得圜天圖說．謂所載地球正背面圖．與南懷仁坤輿圖形勢無異．因采入康輶紀行中。

道光甲申明徹購地漱珠岡萬松山爲純陽觀．而告無貲．元聞之．捐俸以倡．並令建漢議郎楊孚祠．且飭新興訓導曹謨爲勸募．旣成．元爲書觀額．又題其後禮斗臺爲頣雲壇．丙戌春．彗星見南方．元疑粵有兵起．問之以早對．問可禳

否．曰䆉無益．當備旱．先是甲申歲元因明徹言．奏免洋米入口之稅．以關使慮稅短．故米船出口貨仍照徵．明徹因復言夷人嗜利．如幷免其出口貨稅．米當大至．雖旱無害．元如其言．是秋旱．米價反平．自後粤雖旱潦不洊饑．明徹發之也．明輙雖爲當道所重．然淸靜自守．有請託者．輙以世外人拒之．他著有道德經注二卷．黃庭經注一卷．證道書一卷．修眞詩歌三卷．壬辰八月望日卒．年七十八．其徒林至亮等瘞之於三元里松柏嶺中。

陳伯陶曰．吾粤精算術者．世推鄒徵君．伯奇徵君善測量．所製儀器多創解．與西人重學光學化學相連．故其繪南海縣志諸圖．密合無間．然徵君繪輿地全圖．其經度無盈縮．緯度漸狹．成滂沱四隤之形．其法與明徹無以異也．明徹生徵君前．匿跡黃冠．爲絕學．非阮文達賞之．誰復知者．余窃怪甘泉羅氏士琳所爲續疇人傳．文達序之而明徹不之及．近日錢塘諸氏可寶爲疇人傳文三編．搜及閨媛．而明徹亦不之及．豈皆未見其書耶．余得明徹之徒所爲事實．求其書不獲．因考通志及他書摭而爲傳．以傳其人．至粤食洋米一事．世頌文達．明徹與有力焉．仁言利溥．眞有道之士哉。

先師李文誠公傳

光緒甲午．日人構釁牙山．平壤既失．大東溝之戰．海軍又敗．奉天告急．時疆臣李鴻章不欲戰．樞臣禮親王乂惑於其所欺飾．因應失宜．中外岌岌．八月二十七日先生忽召余往．既見．則嗚咽流涕不能言．徐曰．今日之事亟矣．非恭親王出任軍機不可救．昨宵余具奏冒死請．晨直南齋．出示野秋請君皆列銜．惟伯葵以差事未入直．不與奏上．余待罪直中．已而伯葵至．言今晨差竣召對．上曰．南書房李文田等請起用恭親王摺．爾曷不列名．對以臣未入直．上曰．此摺朕持告皇太后．婉轉陳言．方始蒙允．既出．皇太后復傳諭且止．爾宜補摺．並告在廷諸臣多上數摺．事方有濟．先生言至此．復嗚咽流涕．野秋張百熙字．伯葵陸寶忠字也．旋探懷中出奏稿相示。

奏曰．倭患之貽誤於前日者．不足言矣．此際前茅失利．藩籬全潰．疆臣無囊底之智．當軸窮發蹤之方．夫同一李鴻章．何以前時所向有功．今日一籌莫展．同一倭國．何以往時犯台灣而不利．今日戰高麗而無前．外廷諸臣．皆病政府非才．不知以事勢揆之．固然其無足怪也．夫以禮親王世鐸之才思平庸．其不足以駕馭李鴻章亦明矣．領袖如此．餘人之退聽可知．政府如此．總署之稟承又可知．此次軍務遂至仰煩宸廑．添派大臣會議．既添派安用政府．政府不足恃．會議又安有權．無惑乎其無功也．夫事勢至今日．無人不知恭親王之當棄瑕錄用矣．然而政府不敢言．外廷以爲言之未必用．且罪在不測也．時事艱危．而猶避不測之罪．國家養士又安用哉．夫恭親王之過失．自在皇太后皇上洞鑒中．臣等亦無勞多瀆．特念咸豐末年．時事之難有逾今日．計其才具在當日實收指臂之助．揆以當日之成效．責以今日之時艱．以皇太后之聖明．臣知其不敢再有負乘．以辜天恩．速官謗．臣愚以爲今日者．允宜開張聖德．豁除瑕纇．庶收其識途之效．以贖其往日之愆．如得請於皇太后．則國

家之福・實式憑之・語曰・君子不施其親・又曰故舊無大故・則不棄・其於今日事理・若合符節・詩曰・發言盈廷・誰敢執其咎・今樞廷無執咎之人・而築室有道謀之患・臣實耻之・臣實痛之・計皇太后皇上聖慮崇深・未必不曾紆宸眷・但願早收一日之用・或早成一日之功・若遲久而後用・無論挽回匪易・縱使及事・所傷實多・余讀未竟・先生復嗚咽流涕言曰・自古批鱗進諫・前仆後繼・莫回天聽者・蓋有之矣・未聞有要臣工上疏・如今日聖明者也・老弟與少懷善・盍請其具奏・老弟與同鄉同館諸人・亦可列名其間・余曰唯・少懷戴鴻慈字也・余走告戴・並告兩粵諸同館・得十餘人・已而六部九卿及翰詹科道皆同日聯銜入奏・凡百餘人・九月朔日・遂諭令恭親王會同辦理軍務・十月初八日復命爲軍機大臣・自恭親王出・賞嚴明・軍事始有緒・先生力也。

先生字若農・一字仲約・廣東順德人・咸豐己未一甲第三名進士・授編修・同治甲子入直南齋・丁卯典試四川・戊辰正月升贊善・洊升侍講・庚午典試浙江・是歲督學江西・在任歷升左庶子・侍講學士・侍讀學士・甲戌三月差竣回京・仍直南齋・時方修繕圓明園・爲兩宮頤養・先生奏請停止・不報・六月遂乞養歸・歸後一月・即有工程浩大・物力艱難・着即停修之諭・當是時・恭親王總樞軸・又值穆宗親政・孜孜求治・故先生奏雖不報・逾月卒行・然恭親王亦以是獲譴・諭停修之次日・革去親王爵・又逾日乃復・先生歸後・至光緒壬午徐太夫人棄養・乙酉服闋・入京供職・仍直南齋・戊子典試江南・己丑升少詹事・典試浙江・庚寅晉內閣學士・旋擢禮部右侍郎・辛卯督學順天・甲午七月差竣回京・仍直南齋・逾月兼署工部右侍郎・先生雖以文學受上知・然憂國致身之忱・不避嫌疑・不計禍害・迨是月杪・遂有起用恭親王之請・嗚呼・國家之禍成於甲午・而實源於甲申・當同治初元・恭親王手夷大難・聿啓中興・然以屢得罪於孝欽皇太后・中法事起獲譴・遂歸・雖其時中興諸元老尚在・師武臣力・鎭南關一捷・法人乞和・然余聞湘中人言・自中法和後・丙戌英法使臣曾紀澤回國・皇太后詢以外情・曾對稱三十年可保無事・嗣是而頤和園之工復起・醇親王又獻海軍衙門經費以侈成之・馴至兵艦不增・戎器不備・日人輕侮・失地喪師・遂成大辱・當馬關議和・李鴻章電奏稱伊籐言・別來十年中國毫未改變成法・以至於此・意蓋有所指也・然則先生兩奏・其係於國家存亡者・豈淺尠哉。

先生奏起用恭親王後・時皇太后六旬萬壽・已諭於宮中舉行・其頤和園受賀事宜・着即停辦・而內務府諸員・仍請點景・先生復具摺密・籲乞停止・此皆犯顏陳說者・其召對語・先生不言不得知也・乙未和約成・賠款二萬萬・樞臣孫毓汶采英人赫德之說・謂中國四萬萬人・人賦一金・可得四萬萬金・先生以稅民償倭之非計・有五不可行之奏・又聞北洋裁撤防兵・專用淮軍・先生有湘淮並峙不宜偏重之奏・摺皆留中・然事亦卒不行・先生素精相術・既以前所陳奏屢拂皇太后意・居恒憂國・色常不怡・一日忽覽鏡詫歎語人曰・余容貌改易・今歲不革官・則必死・九月二十九日派管理戶部三庫事務・十月先生查庫・感寒疾・十七日閱邸報諭旨・稱侍郎汪鳴鑾長麟上年召對・信口妄言・迹近離間・着革軍

職・先生遂不復治病・余往視疾・詢所苦・亦默不一言・至二十夜遂卒・年六十二・先生於是歲春典禮闈・南海康有爲獲售・康於座主不執弟子禮・惟獨具門下士帖謁先生・冀得詞館・朝考先生抑置二等・授工部主事・康失望・乃爲萬言書・求堂官代奏・先生復抑之・使不得上・康遂南歸・先生卒後三年・恭親王薨・後十餘日・康以徐致靖荐・得召對・於是有戊戌變政之事・世謂恭親王在・必不令披猖至此・然使先生在・亦豈有此哉。

先生學博洽・尤長於元史・著述宏富・而元秘史注十五卷・皇元聖武親征錄校注一卷・考據精核・尤見稱於時・書由唐碑入北魏・自成一家・同時南齋中稱碩學者・推潘祖蔭與先生・而先生書法過之・後余值南齋・張百熙爲余言・皇太后謂先生書・同直諸臣皆不及・以其能用臥筆也・故先生卒後・仍賜卹如例・子淵碩・外賞員外郎・諭中有學問淵通・克勤厥職語・逮宣統甲寅予謚文誠・諭亦有品學素優語・世之重先生者多以此・其於忠讜大節・不盡知也・先生選掌文衡・所賞拔皆名下士・士亦多歸之・而袁先生昶王懿榮過從尤密・每以節義相期許・袁先生・先生所得士・王則成進士・出先生門人繆荃蓀房・於先生爲小門生・辛卯余館先生家・獲親炙兩人・壬辰通籍・實出袁先生房・而王爲館中前輩・又爲己卯鄉試同年・王嘗言先生入直南齋・寒暑無間・甲午冬任京城團防大臣・每於直中語余・謂倭寇至南海子橋邊・吾死所也・南齋本在乾清宮門右・上居南海・則直廬在海東・時王亦直南齋・故云・其後庚子拳匪之亂・袁先生以忤端王載漪・刑於市・聯軍入京・王亦於宅中蹈井死・先生卒時・淵碩尚幼・近出國史館傳示余・事多不祥・余因舉見聞所及・犖犖大者・爲之傳以貽淵碩・且使後之載筆者・有所考焉。

先師李文誠公像贊

甲午倭侮・疏起親賢・批鱗未答・語我潸然・憂國肫誠・逮於易簀・聞讜郎亭・張目咋唶・早年時譽・伯仲南皮・國步蔑資・嗚呼我師。

先師袁忠節像贊

庚子神拳・厥惟禍始・師獨廷諍・寇深身死・昔師語我・胥井是求・尸於柴市・我涕横流・維浙三忠・師實佼佼・國瘁人亡・痛心狂狡。

邱晉昕

字翰臣，大埔人・光緒庚辰進士，歷官晉江霞浦南平知縣・援例升知府・署邵武府知府・晉昕積學能文・顧嗇遇・通籍時，年垂五十・而所至皆著聲績・尤自負所學・嘗醉後大言・生平詩第一・古文次之・駢文又次之・亦可想見其風概云。

五箴

杜甫有云・禮樂攻吾短・思補過也・余生四十六年矣・塊然茅塞・日益無聞・兀坐蕭齋・智慮盲晦・心不攻短・短何由攻・昔韓子作五箴・怵乎所易犯者・余師其意・鞭吾疾而炙之・髮白齒落・庶免爲小人之歸。

刻箴

古之修士．以恕爲名．爾童無知．輕人自輕．評人文章．吹毛索瘢．論人言行．百無一完．爾身自顧．才同襪線．弗繩厥愆．掩人自見．方寸之隘．不如羊腸．我今諄諄．爾則勿忘。

傲箴

盛氣陵人．非其父師．藉曰父師．人亦謷訾．白眼睨物．物不敢忤．退而唾棄．不與噲伍．夷魚之行．顏冉之聞．纆牽之累千里．爾曾不能以寸．何挾而傲．何恃而驕．不異其心．而惟郵之招．丹朱傲虐．乃戕厥家．爾今不悛．禍非天之加。

忿箴

羮翻汚衣．牛射作脯．量宏昔人．不加恚怒．繄余小子．僾焉終日．器褊硜硜．乃介於石．忿之所至．倏忽無端．如木過燧．毫不可干．忿不可干．不知其郵．天地爲隘．妻孥爲仇．胡不坦然．心宅夷曠．世事浮雲．爾胡骯髒．海水朝宗．百川歸之．彼惟翕受．以宏厥施．躬厚薄人．先聖所師．爾不此戒．巍巍乎危。

多言箴

未同而言．喋喋不休．暱我者厭．忌我者讐．言發禍機．其疾如矢．厭我者惜．讐我者喜．知多言之爲災．彼或以言爲媒．知盡言之有莠．彼反以言爲誘．爾不知也．而以身隨也．胡蓍之不察．而穫阱之依歸耶。

忮求箴

忮欲害人．心懷忌刻．腹柱劍戟．其象爲賊．求欲取人．貪贏驚得．溝壑難塡．其義爲墨．爲忮爲求．非德非義．非人之安．惟己之利．求與忮因．迭起循攻．非身之利．惟德之凶．美者自美．尤者自尤．何損於彼．而爲寇讐．無者自無．有者自有．何益於己．而相械杻．適以賈禍．易地以思．知其不可．蟄而起矣．飛而伏矣．幽而升喬．高而谷矣．循環無端．無逐逐矣．至入觀化．乃從心所欲矣。

紀甘肅兵變

同治五年丙寅八月．甘肅兵變．戕城內官數人．先是楊公岳斌督陝甘．隨帶兵勇千餘皆湘人．厚其糧餼．而甘肅土兵五六百人缺餉．累月不得食．器甲朽壞．面目黧瘠．管營務處某以市兵呼之．視同乞丐．時楊公至秦州一帶措餉．留親兵數百守城．會回匪攻撲省垣．統兵官某遽出兵禦之．土兵請從弗許．令駐紮某所勿動．曰．吾今日必滅賊．乃收隊．會賊張左右翼擊官軍．官軍敗北．賊乘勝將入城．土兵遏之乃退．自恃有功．請糧械仍弗與．且怒言曰．吾詐敗誘賊．爾何敢擅動撓軍心．再動者斬爾頭矣．數日賊大隊復來．官軍出戰大敗．繞城逃．土兵者見勢急．各鳥鎗負城立．賊疑有伏不敢進．官軍仍不與餉．出惡語相加．土兵怒．夜要約攻楚軍．時守衙親兵僅百餘人．有稿公某以告營務處．不信曰．土兵果能爲變．吾明日親驗之．天未明．兵譁變．焚督署．越重垣上．殺官勇數十人．而急召回匪入城．回疑詐之．不應．甘肅提督曹克忠駐秦州聞之．急挈兵入城．而飛報制軍．請毋遽．俟安插數日．然後入繫爲首

者・都守以下數人・及士兵二十人以待命・具棺殮楚人・列堂廡間將瘞矣・制軍聞之・遽率兵入至大堂・見死者尸枕籍・則嚎咷大哭・楚兵皆哭・聲震城垣・一時忿怒・血刃而出・逢土兵便殺・土人被誤殺者相望也・提督聞之曰・事敗矣・急見制軍坐堂皇相詬厲・至攘臂曰・早知公如此・不如殺我・制軍亦伸頸自指曰・要殺便殺吾・豈懼死者・提軍馳馬麾衆去・遽乞病・制軍亦上列以不善撫循・部議楊岳斌降三級調用・當是時隴城危如纍卵・賊無遠謀・得以瓦全云。

方官軍初次與賊軍對仗・城外有一小山・賊伏其中・官軍弗覺・故敗・稿公某跪求營務處言土兵餒甚・不予糧・懼心變・某怒曰・是欲反耳・稿公曰・土兵受國恩久・反則不敢・心變恐不免・某曰・吾糧留以給吾勇・一日不給勇則潰・土兵既受恩久・忍饑數日・何妨麥熟・糧卽頒矣・如能反・吾張目覩之・稿公涕泣歸。

紀鄭總戎紹忠小靖鄉戰事時鄭爲參將

同治三年甲子・大軍收復金陵・餘匪紛竄・李侍賢遁粵據漳州・狼奔豕突平和永定間・焚掠尤慘・埔邑實毗連・民情恟懼・方伯李公福泰駐潮州・念吾埔爲潮咽喉・命方公耀・鄭公紹忠各提重兵同屯縣治・時賊別股僞康王汪海洋・由浙入閩・方偸息上杭之歸陽墟・煆火礮・治械器・思由埔順流而下・窺埔有重兵・不敢動・顧計無復之・決意侵軼・鄭公駐東北門外・俗所謂教場壩者・適當賊衝・乙丑四月十一日・率親勇數十・巡至中途・遇長髮三十許人・騎而來・蓋先鋒偵探者・大聲曰・我爲語方某鄭某・大軍明日借埔經過・勿吾拒也・鄭公曰・拒則如何・曰・寸草不留・公曰・身卽鄭金也・吾在此那得過・爲首者怒捻旂槍・急取公・公仰身鐙後避之・隨手發洋槍擊斃爲首者・兩軍各發礮交綏退・公知賊必來・夜蓐食全師以往・四鼓至小靖石牌樓五顯廟側・命駐營以俟・天未明・賊捲地來・見有兵不敢進・吹觱篥叱喝者三・山谷欲裂・公兵勿動・賊爲烏鵶陣・逕撲官軍・公兵旗忽開中・張左右翼分以禦・雷轟電激・鏖戰移時・賊不能勝・思出奇掩襲・分精鋭七百人・馳道旁巨山銜枚下・欲攻公後・公覺・伏伺賊至半山・訇然迎擊・賊出不意・顛崖墜塹・血肉雨飛・七百人殲焉・羣賊望見氣奪・公益勇進・賊全夥乃大奔・追之得馬匹旂械無數・殪賊首以千計・賊由是不敢窺大埔・公之力也。

論曰・是戰也・賊不下數萬・公兵止三千・當公之出隊也・鄉人觀者隨而行・公軍曰・觀無妨・但毋怯退撓吾志・及賊欲襲公後・觀戰者在對山・覺以告・得預爲備・卒成大功・昔尉遲迴以觀者敗・公以觀者勝・雖國之威靈・亦公忠勇有以致之也・使賊得由埔南下・潮惠動搖・東南半壁殆不可問・喋血一戰・遽挫兇鋒・不特埔人高枕無憂・千百里提封・遂如磐石・偉矣哉・時賊雖敗・志欲復來・有請備羊耳凹者・公曰・吾在此賊必不敢越・但多張旗幟以二十人守之・令鼓聲勿絶足矣・後賊六窺羊耳凹・見旗幟疑不進・卒由他道竄鎮平・如公言。

陳慶桂　字香輪・番禺人・光緒庚辰進士・官戶部主事・擢員外郎・轉福建道御史・升給事中・辛亥國變・歸里不復出・著有陳給諫疏稿二卷。

粵省籌餉宜熟權利害疏

奏爲粵省籌餉・宜熟權利害・以全政體・而弭後禍・恭摺仰祈聖鑒事・竊維今日度支告匱・羅掘幾窮・朝廷深仁厚澤・雖於萬難措施之日・猶不忍爲加賦之議・所以固人心・維邦本也・薄海臣民・同深感泣・苟可設法籌維・孰不情殷報效・近聞有議及粵省弛禁番攤・並開白鴿票・歲繳百餘萬金・招商承充・臣維開賭籌餉・亘古無此政體・貽禍於後日者尤鉅・不勝懼悚・謹爲皇太后皇上分別詳陳之。

廣東賭風最熾・其開設賭館・誘人入局者・名曰番攤・大都游手無賴・恃爲窟穴・偶一不當・鼓燥滋事・或紛爭釀命或藉端搶掠・白晝肆行・毫無忌憚・通衢大道・鎗彈橫飛・行路皆有危心・臣在籍時・實親見之・至於敗人品行・破人家產・富者轉而爲貧・貧者流而爲盜・飢寒既迫・何事不爲・此番攤貽害之實在情形也・白鴿票・又名小圍姓・豪梟猾役・盤踞私開・逐日收票・不下萬數千金・每條僅用錢數文・自十數條以至千百條・積之遂成鉅款・故凡肩挑小販・以及婦人女子・無不入其彀中・小民終日勤動・所得工貲・不足以供一擲・而婦女之受其害者・則又典賣衣飾・冀圖孤注・典賣既盡・因而輕生・陷阱愚民・魚肉孤寡・每一論及・輒爲寒心・向來未有弛禁・偶開卽止・爲害已烈・若

准其承商・將朘削爲常・流毒愈甚・此白鴿票貽害之實在情形也・說者徒見禁賭以來・根株未斷・遂以禁而不禁爲言・不知禁之而未絕是民猶畏法・官長尚有糾繩・父兄猶能勸戒・弛禁而收餉・是賭可爲市・工商視爲利藪・士夫亦習囂陵・是非利害・固有不辨而明者・竊謂禁賭之說・與弭盜同・弭盜而不能絕斷・無縱之爲盜而寬其罪者・禁賭而不能絕・獨可縱之使賭而收其利乎・臣籍隸廣東・深知物力凋敝・迥不如前・其紳宦少素封之家・其商賈鮮盈餘之利・游民失業・無路謀生・若闈姓不已・繼以番攤・番攤不已・加以白鴿票・名爲以商承餉・實則以賭陷民・國體既乖・民力亦盡・以數百年來之休養・千百萬人之身家・盡破敗於賭博之場・臣竊痛之・及乎窮民無歸・流爲盜賊・揭竿一起・募兵籌餉・糜費滋多・更恐所得之不償失也・臣伏念皇太后皇上愛民如子・似此種種貽害言利之臣・必隱而不發・徒以歲得厚利爲詞・臣若知而不言・何以對聖明・何以見鄉黨・用敢剴切上陳・應請飭下督撫臣重申厲禁・如有開設番攤白鴿票者・飭地方官嚴拿究辦・其不肖官紳・從中包庇・私收陋規・亦一律參辦・以挽惡習・而清盜源・匪惟粵之幸・實國家之福也。

請崇古學以勵通材疏

奏請崇古學以勵通材・恭摺仰祈聖鑒事・迭奉諭旨・將書院改設學堂・仰見朝廷講求實學・培養人材・薄海臣民・同深鼓舞・臣竊維各省之有書院・原爲育才而設・惟專課以八股詩賦・則無裨實用・難得通才・至於經史子集・皆古人

垂世立敎之言．實士子學問身心之益．斷難荒廢．前任兩廣督臣阮元．廣東撫臣蔣益澧．爲振興古學起見．創設海學堂．菊坡精舍課士．以經史爲主．兼及算學詞章．設專課生．各擇一門．以期專精．每逢課期．諸生執經問難．互相考究．並選刊各種經籍．俾讀書之士．便於購閱．所定章程．海內稱善．而尤以海學堂爲最．論者謂廣東自設學堂．士人始多潛心古籍．其造就人才．研究實學．實以學堂相爲表裏．與各處書院專課時藝者．迥不相同．前奉諭旨裁撤書院．督撫臣遂將學海堂菊坡精舍一概全裁．節省無多．而經學由此荒廢．書籍亦多散失．似非聖朝興學之本意也。

查學堂奏定章程．宜注重讀經．以存聖敎．又學堂不得廢棄中國文詞．以便讀古來經籍等語．誠有見於異學爭鳴．邪說蠭起．非急爲保守．將有荒經蔑古之虞．邇來山東有校士館．廣西有育才館．全閩有校士館．湖廣總督張之洞特設存古學堂．無非欲士子崇尚古學．且日本學堂尚有保全國粹主義．而謂中國數千年文獻．可聽其湮沒．臣竊惜之．應請飭廣東督撫臣派員查核．將學海堂菊坡精舍酌留一所．仍照舊章再爲斟訂．使宿學之士．肄業其中．得以互相講習．庶經學益以昌明．與學堂注重讀經之意適相脗合矣。

劾疆臣辜恩任性貪暴昏欺疏

奏爲疆臣辜恩．任性貪暴昏欺．據實糾參．請飭查明嚴懲．以肅法紀．而飭官方．恭摺仰祈聖鑒事．竊維臣工任職．貴矢實心．況際時局艱難．尤當殫竭血誠．以圖報稱．如其稍涉規避．抑更別有覬覦．皆非純臣事君之道也．新授兩廣督臣岑春煊．以勳臣餘蔭．牧圉微勞．擢至兼圻．已逾本分．乃督粵三載．恣睢乖謬．罄竹難書．幸而朝廷眷念海疆．使之離粵督滇．冀觀後效．亦可謂棄瑕使過矣．乃岑春煊不知感激．自奉命簡授滇督以後．行至上海．託名養病．實因滇地苦瘠．抗旨不行．或謂雲南係岑毓英立功之地．勸其前往以續父勛．岑春煊漠然無動於心．遷延竟逾數月．及調川督．朝旨敦促赴任．岑春煊又不恪遵．抵鄂數日．遽行赴京．自來各省督撫所不敢爲．而岑春煊爲之．紀綱法令．視若弁髦．今復特簡南行．又敢在滬逗留．託病乞假．窺其用心．不知朝廷畀以何官．岑春煊始能滿意．不再要求．君父之前．且敢如此．則其如何虐待廣東百姓．不問而知矣．臣屢接廣東紳商來書．均謂岑春煊恃恩遇正隆．在任摴蒲酗酒．肆口謾罵．委用私人．徒逞威福．言之切齒．其最足駭人聞聽者．曰貪曰暴．足令人指髮者．則曰昏曰欺．謹據實縷晰陳之。

岑春煊貪心本熾．督粵之日．曾借紳士左宗蕃銀十萬兩．酬以商務局總辦．通省皆知．至其罰款煩苛．無所不有．下至小民錢債．及寺田廟產．僧尼司祝日用度活之費．搜括靡遺．罰款幾及百萬．至今並無淸賑．託名辦學．盡提各書院舊有經費．而所設省會學堂．寥寥無幾．其彌縫侵吞之迹．皆撥入西征開銷．陽博廉名．陰行貪黷．其罪一．勛門世冑．最忌驕盈．岑春煊則尤著凶横．目無法紀．聞其在籍．把持公家．劣績多端．聚賭抽頭．以供揮霍．曾有老虎三爺之目．及其督粵．益復嚴刑峻法．任意誅戮．多及無辜．闔省紳民．指爲屠伯轉世．鐵路本一省公益．梁慶桂黎

國廉不過因一言觝牾・竟至拏辦・虐遇紳士至於如此・何況小民・睚眦可以殺人・偶語卽須棄市・武健嚴酷・惟殺是嗜・鴟鴞豺虎・不足以喩其暴・道路以目・民何以堪・其罪二・岑春煊察察爲明・實則素不讀書・事理未達・重以意氣驕滿・遂至無明不暗・無聰不聾・寄耳目於僉邪・假威權於宵小・其尤重用之柴維桐・旣貪且酷・以殘殺爲迎合・以賄賂爲夤緣・番禺雞春岡一案・冤殺至十二命・該督直置不問・郭人漳則前在陝西縱勇殃民・早經褫革・復經署江西撫臣夏旹派委帶勇・又奉嚴旨不准其留於江西・該督電調到粵・委辦清鄉・動輒誣良爲盜・無惡不作・今且保柴維桐署理廉州府知府・郭人漳亦已磨牙礪齒・魚肉粵人・以圖開復矣・彼昏不知・一任社鼠城狐・肆行慘毒・其罪三・岑春煊外託悻直・內蘊奸邪・戊戌之初・逆首康有爲在京倡設保國會・是時岑春煊以大員子弟・候補京堂・首先附和・甘充會黨領袖・猶得諉之逆迹未彰・至康逆最悍之黨曰麥孟華・係庚子富有票逆首・經湖廣督臣張之洞奏明密拏有案・岑春煊去年在滬引爲腹心・所有密謀祕計・皆歸麥孟華主持・並將麥孟華薦之浙江撫臣張曾敭・期於聯絡煽惑・幸張曾敭察其心術不正・旋卽拒絕・岑春煊現在上海・仍復延置幕府・日使吸引諸無賴以爲輔助・欺罔之咎孰甚於斯・其罪四。

夫貪則不廉・暴則不仁・昏則不明・欺則不忠・故所至地方・無不搜括及於錙銖・怨讟鬱爲疹戾・而猶復託於廉・托於仁・托於明・托於忠・以冀尸竊祿位・弋取時名・倘不發其覆而論其奸・竊恐薦鯀者盈廷・頌莽者舉國・豈惟生民重困・且亦公論無存矣・該督臣心地行爲旣不純正・尤慮此次回任・一聽麥孟華輩轉相煽誘・貽害地方・起事之後・又復託名勦匪・肆行誅戮・荼毒生靈・粵民更何所託命也・海濱去京八千餘里・天高路阻・呼籲不聞・縱飛六月之霜・無救一方之溺・關係甚重・擬請特派大員・將臣所參岑煊貪暴各節・分別查復・並飭浙江撫臣張曾敭・查明岑春煊如託薦麥孟華・及麥孟華何日到浙・何日離浙・據實覆奏・則岑春煊隱情畢露・無可逃罪矣。

縣治改隸窒礙孔多請查核復歸舊制疏

奏爲陽春改隸陽江・窒礙孔多・請飭督臣派員查核・仍隸肇府・以期治安・恭摺仰祈聖鑒事・竊維國家畫井分疆・設立縣治・或隸於府・或隸於州・無非察地勢・順民情・以求互相聯絡・歸諸久安而已・臣疊接鄉人來函・謂陽春自改隸陽江・種種窒礙情形・地方深受其累・謹爲我皇上據實陳之・查陽春之隸肇慶・始於明代・歷年旣久・均屬相安・光緒三十二年前督臣岑春煊奏改陽江爲直隸州・將陽春暨恩平兩縣改隸之・紳民不洽・疊次稟求歸復舊制・本年署臣袁樹勛奏准・恩平仍隸肇府・惟陽春未復・不知陽春之隸陽江・其窒礙情形較恩平爲尤甚・以地勢言之・陽春與陽江雖一水相通・然接壤之地僅十之一・東西北一帶與肇慶之新興恩平三羅毗連・萬山叢疊・素爲賊藪・協力緝捕・稍爲斂迹・改隸以後・擄劫頻聞・如八甲黃姓被賊劫斃・釀成七尸八命之重案・爲向來所未有・且隸肇則道府同城往來・若使隸江則道署在高州・由縣赴江・再繞道赴高・投遞公牘・固屬延遲・赴解犯人・尤虞疏脫・此揆諸地勢・不應隸陽江也・以

民情言之．陽春與陽江之民素積不平．加以咸同年間．遭髮犵二匪之亂．凡避地陽江者．受其凌辱．邑人抱恨至今未釋．時思報復．又前與恩平同改．今不與同復．獨令向隅．謂官紳棄我．人心愈憤．一概自治新政．均不奉行．一切地方公款．皆爲抗阻．若以勢力强壓．必生暴動．此揆之民情．不應隸陽江也。

若謂陽江既升爲州．無一屬邑．勢必仍改爲廳．徒事紛更．無此政體．查同治五年前撫臣蔣益灃奏請將陽春恩平改隸陽江後．以輿情不洽．仍歸舊貫．成案可稽．今昔當如往轍．蓋疆臣爲地方辦事．祇計利害．不嫌更變也．應請飭下兩廣督臣派員查核情形．將陽春仍隸肇府．若因陽江並無屬縣．則一並歸復舊制。庶地勢相宜．民情自復矣．

沈　桐　字鳳樓．一字敬甫．番禺廩生．光緒壬午舉人．改歸浙江德清縣籍．乙未成進士．由內閣中書歷官奉天營口道．桐世居廣州．少時肄業學海堂．陳澧弟子也。

漢張騫使西域論

西域之通中國．漢以前無聞．武帝時遣張騫之大月氏．欲與共圖匈奴．於是始開西北之迹．夫匈奴所以强且富者．以西北諸國皆爲役屬．又置僮僕都尉．賦稅諸國．故恃其富强以憑陵中國．武帝數遣衞霍將兵出塞．擊取右地．因張騫言連好烏孫．以斷匈奴右臂．又遣貳師將軍伐大宛．西域震懼．多遣使來貢獻．匈奴遂不自安．迄宣帝朝日逐王來降．匈奴日弱．不得近西域．仍稱藩來朝．皆張騫始通西域之功也．夫以累世未通之絕域．騫鑿空往使．見阻匈奴．覊留十餘年．終乃得達．雖月氏無報匈奴之心．始謀不遂．然還爲天子具言各國地形所有．使中國知所以控御之術．卒能結西域以專制北方．若騫者．亦可謂難能而足貴也．論者謂武帝之通西域．疲敝中國．無益於漢．騫不當具言外國奇異．以啓天子之侈心．又不當言結姻烏孫．以失中國之大體．不知結好烏孫．欲以通西域也．求通西域．所以制匈奴也．以匈奴之强富．高帝之兵力不能屈．文帝之柔德不能化．和親歲幣．果有益乎．徒欲當時無事．日引月長．易世而後．匈奴日强漢日弱．天下事尚可爲乎．倚强凌弱．挾求無厭．能不用兵乎．兵連禍結．緣邊設戍．能不耗財乎．武帝雖因事四夷．以致中國困竭．然能卻之益遠．使之勢孤援絕．不再世而稱臣．則武帝之長駕遠馭．非後人所能窺及也。

以始皇之暴虐．於築長城卻匈奴之事．後人猶將節取之．而於漢武開西域．制匈奴．必謂其窮兵黷武．無乃過乎．且夫欲安中國．不得不卻匈奴者．勢也．欲卻匈奴．不得不通西域．欲通西域．不得不結烏孫者．亦勢也．烏孫在匈奴之西．西域在烏孫之南．不結烏孫．則漢使往西域之途多阻．而諸國多畏匈奴．不敢附漢．西域不附．則匈奴聯諸國之勢以與漢抗．而勢益强．惟得西域來附．則匈奴不自安．漢得以乘間而絕匈奴通西域之道．惟得烏孫爲姻好．則匈奴不敢踰烏孫而西以脅諸國．並恐烏孫議其後．亦不敢專力南向以侵中國矣．史記匈奴列傳．言漢西通月氏．大夏以公主妻烏孫王．以分匈奴西方之援國．匈奴終不敢以爲言．

此結烏孫之效也・漢書西域傳・言神爵三年・日逐王降・僮僕都尉由此罷・匈奴益弱・此通西域之效也・備多則力分・援寡則氣懾・食乏則兵疲・此武帝之善制夷狄・實張騫有以啓之也・騫以從大將軍有功封博望侯・太史公附載大將軍傳中・僅寥寥數語・獨於大宛傳中詳記其事・蓋以西域之開・實從騫始・其功之足多者・不在知水草而在使絕域・旨深哉。

荀彧劉穆之論

移漢祚者・魏也・而佐魏以篡漢者・則荀彧・移晉祚者・宋也・而佐宋以篡晉者・則劉穆之・然則荀彧與劉穆之果同乎・曰・否・穆之之罪蓋於荀彧也・彧之爲操畫策也・始則勸操平河濟以固根本・迎獻帝以收人心・繼則勸操取呂布以圖河北・結高超以謀關中・終則勸操出奇兵以破袁紹・出宛葉以襲劉表・此數者・皆因勢乘便・行軍自然之理・至其心之爲操爲漢・則未可知・卽使爲操・而操是時猶爲漢臣・漢之朝廷・舍操而外果無可任國事者・若壞操事・是壞漢事也・操所云天下無孤・不知幾人稱王稱帝・雖自夸之詞・揆之情勢亦必然矣・彧又安能不爲操畫策乎・然則彧之佐操・謂其無知人之明則可・謂其與篡奪之謀則不可・謂其急就功名則可・謂其共窺漢鼎則不可・陳壽三國本傳・於其卒後・卽繫以明年太祖遂爲魏公之言・以明彧之心・尙不忘漢・深忌於操・使彧而在・操之篡逆・猶有所顧慮而不敢遑・此作史之微意也・論者謂其爲操算無遺策・篡逆旣成始以正論沮之・雖死亦無足取・而不知彧之死・彧正有大不得已者存也・彧始欲藉操以就尺寸功業・而竟爲操所愚・迨至欲加九錫・逆節顯露・去之不能・止之不可・明知見忌於操・不能自全・因以一死謝漢・識者悲其遇・憐其愚・並傷其志・宜也・何必以操之篡爲彧罪乎・誠死無益於漢・然較之靦顏以事新朝者・不猶愈乎・如謂彧死有餘責・則彼助操弑逆・勒兵入宮・壞壁牽后者・罪更當何如乎・張鐸之所謂取長陵一杯土・罪無以復加者此也・然則彧誠可諒也。

至於穆之之於劉裕則不然・劉毅不欲裕入輔・使以丹徒領州・是時朝中非無裕不可也・而穆之謂一失權柄不可復得・是專爲裕謀執朝政也・又外所聞見・皆以聞裕・是更小人諂媚之爲・非復有直言正論之節也・劉裕與毅皆同功一體之人・諸葛長民司馬休之皆晉臣也・而長民等之死・穆之與有力焉・是穆之不知有晉・專爲裕驅除異己也・裕求九錫・穆之以掌留任不與聞爲愧・使其早見及此・則必創議於朝・以樹德於裕・又可知矣・欲求如彧所云愛人以德之言・豈可得乎・彧之輔操・則以殊禮之加爲不宜・穆之輔裕・則以事不與己爲可恥・其人品之高下・則又判然矣・雖然・非特穆之不如彧也・卽曹操劉裕同爲篡逆・而以操裕並較・裕亦不如操・操之篡漢自爲文王・遲之久而後取獻帝・降封山陽・十有四年而後卒・尙得以降邸終其天年・晉恭帝零陵就封・深懼禍及・飮食所資皆出褚妃・而進藥掩被・終以不免・可見風俗降而愈下・人心降而愈薄也・積習相沿・齊梁而後・遂至勝國之族・殄絕無遺・殺戮之慘・循環遞及・豈不悲哉。

丁仁長 字伯厚·番禺人·杰孫·光緒癸未進士·授編修·大考擢侍講·轉侍讀·丁外艱·不再出·主理越華書院·總理大學堂·監督存古敎忠學堂·國變易名濳客·杜門奉母·母卒三年·不脫縗絰·服闋後·奔天津·屢上封事·拳拳忠愛·優詔褒答·逾年卒·賞履潔懷淸扁額·世以爲定論云·著有毛詩釋例·雜記各若干卷·存於家·門人輯其詩一卷·刻之。

乞端治本杜亂萌疏

奏爲國恥日深·外侮日偪·乞增修聖德·以端治本而杜亂萌·恭摺仰祈聖鑒事·竊以倭人犯順·蹂躪我疆土·震驚我京師·不得已而傾帑割地·屈意講和·實爲大淸臣民萬世不磨之恨·伏讀上諭·一則由懲前毖後·再則曰當此創深痛鉅之日·正我君臣臥薪嘗膽之時·仰見皇上宵旰焦勞·刻以報仇雪恥之志·孜孜交儆·乃自乙未議和以來·於今又三年矣·內政未修·邊備未飭·所張皇者僅襲富强之門面·曾不知根本不植·則貧弱愈甚也·所粉飾者·徒事邦交之虛文·曾不知德威不立·則要挾愈多也·時不可失·悔不可追·而懷安苟全以待禍至·此臣之所大恐也·昔甲申議和之後·天下以爲必痛加振刷·以弭後患·乃玩泄不悛·不十年而倭夷之變·今日國勢·較之甲申時又遜矣·二萬萬之賠款無所出·則無財·傾天下之士卒不足當一戰·則無兵·百官有司無能挺身犯難·以效禦侮之用·則無人·今日外患較甲申又深矣·朝鮮去而遼瀋之屏蔽空·台灣棄而沿海之門戶失·當此創深痛鉅·縱使日夜淬厲·以圖自强·猶懼不給·乃一誤再誤·因循愈甚·仇恥漸忘·臣恐後之視今·猶今之視昔·而禍至無時也·臣聞各國緣均沾利益之言·造爲瓜分中土之說·臣始不信·今實懼之·何則·爲國者不恃人無見侮之心·而恃我無可乘之隙·自全臺割付·要邊地·則川滇兩廣聽其割裂矣·要腹地·則江浙湖湘聽其剖分矣·聞諸道路且謂東三省許其開鐵路·旅順大連灣等要隘許其屯水師矣·尤有不忍言者·倭人以索費之故·竟出駐兵南苑之悖語矣·設各國逞其無狀之心·環起而求京師·不知朝廷何以應之·平日既不能修政以自固·臨時自不能據理以相爭·我之地有盡·彼之欲無窮·始也舐糠及米·終也割爪及膚·及乎禍機猝發·一潰不收·雖有善者·亦無如之何矣。

臣以爲致此阽危·固屬大小臣工之罪·而轉移之權·則皇上之一心·將欲撥亂反正急起而圖之·亦在乎正心講學·以端其本而已·夫明理莫如讀經·曉事莫如讀史·誠能淸心寡欲·暫置耳目無益之娛·取經史切要之文·口誦心維·切己體察·每起一念·必惕然自省曰·此有合於先王之道乎·每作一事必惕然自省曰·此有合於先王之道乎·用人行政莫不皆然·合則加以擴充·否則徙而從善·至於玩索義理·聖心有所獨見·抑聖慮有所未安·不妨特召儒臣·悉心咨訪·或遵聖祖仁皇帝日講不輟之規·或遵高宗純皇帝輪進講義之法·反復詳究·務令豁然·以及民生之利病·吏道之貪廉·災異何以挽回·盜賊何以消弭·言乎理財·何以使君民各足·言乎治軍·何以使士卒用命·凡有關治亂之故·皆可廣咨博訪·以證誦讀玩索之功·多一分研求·則多一分受用·多一分考驗·即多一分精明·而且甚易知甚易行·不勞

神不苦力・如我皇上之天亶聰明・稍一加意・而義理不可勝用矣・臣聞多難所以興邦・殷憂所以啓聖・故少康遭有窮之變・而布德兆謀・克恢禹績・周宣受玁狁之逼・而側身修行・復境攘戎・燕昭勾踐・皆以苦身焦思・有志竟成・其或割地賂夷如六國・偷活忘仇如南宋・則亦一蹶而不復振・伏乞皇上深維祖宗付託之重・痛恨夷敵侵凌之甚・赫然發憤・勃然振興・燭之以至明・斷之以至決・持之以至毅・勿因小衂而自餒・田成衆旅・足致中興・勿恃苟安爲可常・幕燕池魚・時廑近禍・以敵國外患・爲動心忍性之資・以講學親賢・爲扶危定傾之本・則國恥可雪・後患可弭・而所謂毖後懲前・臥薪嘗膽者・天下皆曉然於聖心之先定矣・臣目擊艱危・久懷憂憤・今蒙恩畀以敷陳之責・斷不忍貪榮緘默・孤負聖明・用敢殫竭血誠・效其愚瞽。

再宋臣眞德秀大學衍義一書・於修己治人之道・靡不賅貫・其言平實易施・誠萬世帝王之極軌乎・臣往昔嘗聞上篤嗜此書・有廣爲刊布之意・仰見道備君師・爲天下臣民端其學術・心傳一線・直接尼山・曷勝欽服・夫爲治不在多言・知新本於温故・伏願致力之初・卽以此篇爲主・當此日長晝静・心曠神怡・玩味優游・從容講習・由此日新不已・非惟旨趣深長・自知明而信道篤・抑且涵養純熟・和血氣而長精神・而調護聖躬之道・亦卽在是矣・抑又有請者・聖人有言・爲君難・爲臣不易・明爲臣者・當分君之憂也・況當危急存亡之秋・尤爲盡瘁鞠躬之節乎・夫君臣之義・無所逃於天地之間・小臣如此・大臣可知・閒職如此・要職如此・倘羣臣泄沓於下・獨令皇上焦勞於上・問心何以自安・且亦非元首股肱弼成之道也・恭讀世祖章皇帝御製人臣儆心錄・精切嚴悚・立萬古臣道之防・應請特召部院督撫諸臣・咸宜恭閱恪遵・並敬謹刊印・頒發諸僚屬一體誦習・以盡君臣交儆之義・而皇上正心以先之・一心正・則百官萬民莫不震動恪恭・以歸於正・今日自強之本・莫切於此。

再・前日俄使入覲・聞有二十餘人各挾利刃・直偪御前・不勝駭異・並聞有一紅衣兵官於退出之後・忽然回顧・按劍偶語・貌甚兇悖・大有藐視朝廷之心・且我之衞士寡弱・守門之兵半多老稚・及執事人等不盡整肅・此皆足以啓戎心・萬一虎狼之暴突起肘腋・此時措手不及・大局何堪設想・又俄人入城之日・天色陰晦・覲見之後・又復陰雨・難保非陰謀之應・猶幸上蒼垂佑・諄諄儆戒・不可不深慮・不可不預防・臣聞諸侯相見・軍衞不徹・有備無患・古之善敎・應請特諭領兵大臣等・精選勇銳・盛陳兵衞・以備非常・並飭誡執事人等・整齊嚴肅・無或喧譁放恣・以明大國之有禮・而其根本・則在皇上正衣冠・尊瞻視・以養不怒之威・抑或暫緩覲見・與彼理論・令其無得操刃而入・然後觀見・皇上卽以今日爲始・厲精圖治・蒐練軍實・時時發憤・事事認眞・以致自强之氣・庶幾外侮可禦・逆志潛銷。

民力易竭後患宜防疏

奏爲民力易竭・後患宜防・籲懇聖慈力崇節儉・以培國脈・恭摺仰祈聖鑒事・臣聞國依於民・民依於財・養民而竭其財・猶養魚而竭其水・故節用愛人之道・實扶危定傾之本也・恭讀上諭・以川鄂巨災奉皇太后懿旨・特頒內帑十五萬

爲賑恤之需・深宮軫恤災黎・無微不至・淪肌浹髓・感戴同深・夫川鄂之民・皇上之赤子也・推而至於普天之民・皆皇上之赤子也・川鄂以被災之故・得邀渥澤・此外各直省之民・困於釐稅之煩重・迫於官吏之誅求・其啼飢號寒之聲・賣兒鬻女之狀・惜不能盡達於九重之前耳・若使皇上知其可哀・則必以憫川鄂者憫之矣・前以度支不足・部臣有各省攤派之請・此亦權宜辦理之苦心・惟查原奏有云未免無米之炊・則亦固知其難矣・雖予限三十餘年・然一歲應繳之款千萬有餘・而不肖官吏籍以浮取於民者・豈止此數・不待三十年而民之膏血盡矣・奉行以來・雖報解者源源不絕・而臣則未敢以其多輸爲可幸・而深以不繼爲可憂・蓋閭閻之財祇有此數・生之不給・而取之務盈・則亦不過移甲抵乙・寅支卯糧・以顧目前而已。

恭讀聖祖仁皇帝聖訓・有曰各省庫中酌留帑銀・似於地方有濟・倘外省倉悴須用・反從京師解出・得毋有緩不及事之慮・仰見聖謨宏遠・思患豫防・今西陲甫就盪平・各處會匪時虞蠢動・若省庫過於空虛・倉卒有事・呼應不及・大局何堪設想・合無仰懇天恩・擴充軫恤災黎之意・所有派款一律停止・出自逾格鴻施・臣非不知庫藏支絀・不當以不情之請上瀆聖聽・惟以國計民生・實相維繫・朝廷之度支積貯・無一不出於民・倘朘削不已・而民有流亡・流亡不已・而或爲盜賊・則正供且無所出・又況此加派之款乎・有子曰・百姓不足・君孰與足・易曰・節以制度・不傷財・不害民・自古未有不足民而能足富國者・道在節用而已矣・節用之道多端・要必化起於上・而法行自責・昔夏后以惡衣表德・文王以卑服康民・我世祖章皇帝順治八年・停陝西織造・十一二等年以水旱停江浙織造・典則昭垂・允宜法守・伏念雕組供御・未便一概捐除・而賞需及織造可從緩・合無仰懇天恩・賜下所司・此後服物祇須給用・將各織造酌量裁併・推而一切營造採辦・均乞酌賜裁減・以示率祖攸行・恐遇災懼之意・昔衞文公布衣帛冠而革車殷富・漢文被綈履革而倉庾克盈・以皇上聖明・躬節儉以先天下・將見吏飭簋簠・民務蓋藏・夫豈有患貧之慮耶・臣所謂化起於上者・其說如此。

又聞內府一職・積弊甚深・六庫之掌於內府・猶三庫之掌於戶部也・王者之財・豈有公私・而內藏所存・尤應節愼・自總管以逮諸司・其潔淸自愛者・豈曰無人・而厚利所歸・久成弊藪・查光緒二十六年該大臣請撥部款三十萬・奉旨以辦理不善・加以吏議・旋奉嚴諭・嗣後該大臣等務飭司員・將常年用款撙節開支・毋得任意糜費・致干咎戾・仰見聖明洞鑒・亟思力革頽風・乃其時未久・即有庫役蒙捐道員之事・近日又有上駟院司員納賄營私之事・又聞管理銀庫・最爲優差・近來更換時・司員於該管大臣處・皆賄賂累萬而後派・則該司員之所得・不啻倍蓰・似此長一管庫之役・每年皆可得銀十餘萬・或數萬不等・似此任意婪吞・府藏何得不竭・會典本有簡管淸釐庫藏之例・第恐日久視爲具文・應如何特簡忠淸明幹之大臣・澈底查究・將每年應需之款・制爲定額・並嚴定堂司欺矇侵冒處分之處・伏候聖裁・內府果允淸釐・則外廷愈嚴稽核・何難如聖祖仁皇帝聖訓所云・光祿寺每年用銀不過四五萬・工部用銀不過十五萬者・則經費豈虞不給乎・臣所謂法行自責者・其說如此。

至於裁冗食之員．捐無名之賞．罷不急之務．並請勅下各該管衙門明晰稽查．實力裁汰．務使省一錢得一錢之用．姑以近歲出入皆八千萬計之．誠能節其十之四五或十之二三．不過三十年．償款之餘尚可贏數萬萬．然後停釐省稅．以紓民力．蠲租賜復．以結民心．食足則富．國本既强．安內以攘外．四夷自服．其與派款累民．利害相去遠矣．世之言理財者．但務廣取．而罔思約用．其說不過曰．礦產可資．洋款可借也．夫礦洞非不可開．而寶藏有無．不可必責之於地．往往徒耗資本．所得不如所亡．若洋款則借時有關稅抵押之害．還時有按鎊計算之害．近來比國一項．至以鐵路作抵．無異借寇兵而資盜糧．徒爲居間之人飽其慾壑耳．臣反復深惟．竊謂損下以益上．是剸肉充腹之說也．未有肉盡而腹獨存者也．約己而裕民．是父財予子之說也．未有子富而父獨貧者也．伏惟皇上有一夫不獲之念．則無藝之歛．必非本懷．皇上有臥薪嘗膽之心．則儉約之操．甘之若素．誠本聖性所安．而復加以聖慮．則一振作間．而國與民皆受無疆之福矣．臣官以講爲名．職當陳古義以申啓沃．而揆之時務．亦覺愛人節用之道．關係匪輕．是用縷縷上陳。

再．臣聞禮者．國之綱紀．而名分之辨．夷夏之防．實與替安危之所繫．未有綱紀不立．而足以爲國者．頃聞我與比國訂立鐵路合同．竟有專用西朔．不書中國年號之說．凡有血氣．無不痛憤．査向來中西條約及訂立合同．均特書中國紀年．下接即西朔若干年．班班可考．從未有擅去中朔．如此次合同之狂悖者．若係比國擬稿如此．即應據理執駁．若係繕寫偶脫．即應隨後更正．乃聞王文韶張之洞盛宣懷等．始則輕率上陳．繼復飾詞回護．弁髦朝典．專擅自爲．而樞臣等亦復熟視無覩．隱嘿苟從．姑幸聖度之淵涵．坐聽綱紀之墜地．揆諸小心敬畏之義．豈宜出此．況邇來交涉事煩．處置一有不愼．彼即援爲口實．今乃自我召侮．又何怪其侵凌日甚也．臣聞涓涓不塞．將成江河．挾夷狄以制朝廷．臣不願諸臣啓此不忠之心．而因姑息以壞法紀．臣尤不願皇上開此陵替之漸．相應請旨詰責諸臣．爾等既爲大淸臣子．何以不用大淸年號．究竟有心無心．各令明白回奏．尤懇皇上增修聖德．大振乾剛．以張四維．而杜後患．則大局幸甚．臣忝司記注．當執禮以事皇上．見有無禮於君者．懼成冠履倒置之風．竊懷鷹鸇逐惡之志．合附片具陳．伏乞皇上聖鑒．謹奏。

纂輯經史以資法戒疏

奏爲纂輯經史．以資法戒．繕寫進呈．恭摺仰祈聖鑒事．竊臣聞帝王治天下之本必由學．而經詳其理．史詳其事．成敗之迹．昭昭甚明．顧卷帙稍覺浩繁．而採擇尤便觀覽．昔張九齡有千秋之鑑．宋璟上無逸之圖．我朝乾隆年間．特命儒臣輪進經史．纂輯帝王事迹之作．並義取勸懲．有裨治道．臣雖闇劣．有志編摩．謹取經史要言於法戒者．以類鈔纂．分爲九法九戒之目．每門以經史爲主．恭引列聖之大訓者．以其羽翼乎經史．明法祖不越稽古也．兼採諸儒之粹言．以其證佐乎經史．而多識所以畜德也．篇中體例多仿眞德秀大學衍義之篇．而去取之際．亦互有詳畧焉。

蓋嘗論之．帝王之學．與儒生異．惟其要而已矣．書

曰・與治同道罔不興・與亂同事罔不亡・千古興亡之本・二語盡之矣・說命曰・學於古訓乃有獲・事不師古以克永世・匪說攸聞・唐仇士良曰・人主不可不讀書・彼見前代興亡則心知憂懼・吾輩疏斥・千古學不學之得失・二說盡之矣・至禹戒舜曰・無若丹朱傲・周公戒成王曰・無若殷王受・夫舜何至爲丹朱・成王何至爲受・而禹與周公必兢兢以此進規者・蓋以聖狂之界祇判幾希・安危之分祇爭敬肆・雖上聖不敢忘箴畏・雖賢臣之事聖君・不敢廢箴規・故曰其亡其亡・繫於苞桑・盛世所以無傾覆之患者・以樂聞危亡之言也・皇上天亶聰明・非臣愚昧所能仰贊・第聖學期於不厭・盛德要在日新・臣忝備講員・職在文史・用敢罄竭愚管・冒昧上陳・倘荷聖慈俯垂披覽・覩明哲之迹・則企竦思齊・察昏弱之刑・則反躬內省・必有一朝發憤而勃然興起者・此實普天臣民所引領而望也・

訂定陳文忠公行狀

公諱子壯・字集生・號秋濤・南海沙貝鄉人・尚書公諱紹儒之曾孫・太常公諱熙昌之長子・母太夫人朱氏・有身時・夢神人以丹桂花枝拂其腹・曰・俾爾生兒流芳百世・及誕・異香滿室・少頴異・四歲受書・一覽成誦・七歲能文・尤敏於詩・時有神童之目・中秋節太常公讌集賓朋・是夜微雲掩月・有客口占云・天公今夜意如何・不放銀蟾照碧波・公應聲曰・待我明年遊上苑・探花因便問嫦娥・後果應詩讖・年十歲・遍通經史子集・萬曆丙午科・太常公登省解元・公蹶然起曰・我不爲國士無雙・是不肖也・奮志下帷者五年・萬曆辛亥公年十六歲・應歲試・冠邑弟子員・萬曆乙卯年二十歲・中式鄉試第八名舉人・次年丙辰・隨父太常公赴都會試・是科太常公登進士・授平湖令・公下第歸省・始婚夫人方氏・萬曆己未公年二十四歲・成進士・廷對及第第三人・授翰林院編修・同充脩史館・天啓元年辛酉・奉使祀南海神・回京供職・魏閹忠賢見公才鋒卓絕・欲羅致之・公峻拒・天啓四年甲子・出典浙江鄉試・發策問歷代宦官之禍・公自作策進呈・試畢・還京陛見・歷陳漢十常侍・唐甘露之變・語極痛切・閹黨不平・魏閹曰・方今爵賞之權操之自我・彼少年新進・不識仕途竅要耳・若以遷除餤之・終當出我門下・閹築塢落成・欲扁元勳二字於堂・以示威尊・以公善書・遣客乞公題・曰・書此當得好官・公堅卻之・客又極道閹勢能生死人・公怒罵客・語刺閹・於是閹恨公甚・思中傷之・太常公時爲吏科給事中・疏擊閹・閹譖於上・因並諷其黨・摭浙江鄉試錄有常主失權・英主攬權等語・以爲誹謗・於是父子同日奪官歸里。

公雖家居・心懷廊廟之憂・託於吟咏・以抒忠憤・嘗秋日自遣・歷述斥拒逆閹之姦・及逆閹獄剝羣紳之慘・娓娓五百餘言・成長篇詩曰・生長海之濱・所遇無全慧・徒知讀父書・頗與聞祖制・洪武庚戌詔・創科草昧際・時務需直陳・簡畧在文藝・累葉儒風開・恩數超無二・弱冠遇神祖・得事今皇帝・父也入省垣・分直班聯侍・諫笥傳人口・金貂側目視・賤子乃循資・謬登大藩使・副考擴虛懷・房司遵約誓・一展生平愚・以茲當獻替・馳闕進天子・微文諒不諱・稽首論大權・睿聽幸蚤計・泯泯聖明憂・將踵漢唐季・幾回矢劍

心．庭檻高睥睨．前賢四諫稱．聞之有餘愧．翰院忝虛名．耳食思羅致．內外互夤緣．同朝工餂試．鼎塢絳題新．乞我元勳字．餤我以遷除．嚇我以械繫．聞此憤塡膺．拒客動高詈．我生命在天．區區敢爲祟．肯以筆札勞．而供糞除隸．中旨固隱微．實與此時值．賢書等罪書．所坐應謗誹．父已駐天南．褫奪傷連累．一門霹靂加．妻子旅魂悸．去國極踰踉．中途糧不繼．痡臥長江干．伯爲拂行袂．入門粲華髮．驚喜若夢寐．母氏慰勞深．父也從容示．疇昔省垣中．久已灼此事．纍若或非恩．偕隱多君賜．我躬不閱後．動色皆顧忌．喪筋疾雷周．高天何日霽．瓜葛盡株蔓．四方走緹騎．詔獄剝羣紳．有苦遊屠肆．出首滿邊津．體貌淩大吏．翼虎各負嵎．可憐鷹鼠輩．九列厚奴顏．三台卒灶媚．尸祝流藩鎭．茅土爵廷世．不避勸進名．且援專征例．汗淖大學傍．推崇配禴祭．築怨歸大工．沉冤激天地．輦轂千家裂．數里轟震異．煨燼朝天宮．虐燄乃益熾．片語下綸扉．敷張代聖製．盡倒文翰權．苦欲箝一切．屬意科場規．亹亹重申厲．鈎黨舉臣名．招搖學術僞．倡和一至今．文網密窮治．淰淰秋風飄．秏盡江湖淚．耳垣正有人．援毫一申記．詩出．人多傳誦．時鈎黨獄成．矯詔紛出．吾粵之以大中丞按臨者．爲魏閹私人．日尋公隙．得公詩．卽密報閹．愛公者莫不爲公危．公殊坦然．閹得公詩在丁卯年七月．抵其詩於地曰．此人欲爲周順昌耶．因顧其黨曰．前三月逮周順昌於蘇州．吳民倡亂．今若遣緹騎捕之．彼處嶺海．萬一生變．將若之何．其黨曰．矯旨以起用召至京師．然後逮之．可無慮也．方欲行其謀．會八月莊烈帝卽位．十一月逆閹伏誅．說者謂公詩痛哭之言．可作天啓數年間實錄．恨不留諸史館云。

崇禎元年戊辰詔起．諸言事者．公以左春坊左諭德召用．公父亦遷吏科都給事中．値病卒．詔贈太常寺少卿．制書曰．憶貂璫煽焰之日．正螭首濡墨之辰．射隼高墉．固無暇計於利鈍．抒忠丹陛．亦罔慮及於身．家植千載之綱常．極一時之謇諤．誰從媒蘖．大肆苛求．以爾子賢書爲罪書．致爾官柳簏爲謗簏．俱從削奪．罔念貞良．朕掃除虐政．振拔孤忠．登爾子於論思啓沃之班．嘉爾品於紀綱法度之上．又曰．汲孺排闥千秋．共錄其忠．史魚尸諫百世．猶高其直．爾恂恂有道．溫溫恭人．乃履危地而無改容．迨臨大節而不可奪．得則欲行於天下．隱則施敎於其家．有子作我師臣．何殊爾夙宵左史．身雖不逮．道已留餘．時公父子忠義．暴於朝廷．制書褒美．人皆榮之．公居憂哀毀．服旣闋．不入官。

崇禎四年辛未．公以資深起詹事府少詹．兼翰林院侍讀學士．五年壬申．纂修玉牒告成．六年癸酉遷禮部右侍郎．兼侍讀學士．充經筵日講．多所啓沃．每進講．上動容傾聽．尋署本部事．敏練掌政．奏對動合機宜．涖事三月．董率司屬刷剔積弊．數年來不決之議．未覆之案．疏通成就．部中爲之一新．七年甲戌上御經筵．詔諸儒臣廷對便殿．給筆札令擬票疏．稱旨者九人．公居最上．屬意且大用．八年乙亥流寇蹂中都．燬皇陵．上素服避殿．召對廷臣．當軸惴惴恐獲罪．欲狹小其事以奏之．公謂人家邱隴有傷其一抔一樹．未有不切齒痛心者．況陵寢遘此非常．言孰有大於是．於是極言寇變．首請下罪己之詔．以感發忠義．周咨九列．

激昂呼籲於綸扉之中・又復條上時務十二事・上嘉納之・詔行其十事焉・公感知過・言無不盡。

或謂公曰・公於言行直則直矣・盍思自免於禍乎・公曰・何謂也・或曰・中使上之近侍也・邇來甚見親寵・而公疏有請復祖制之舊・盡撤內遣・無俾干預政事・則不利於諸閹矣・大同總兵王樸交結近幸・冒報功績・越俎藩封・而公條議駁之・則不利於諸鎮矣・宗藩上之至親也・其請護衛・請牧地亦小故耳・而公每事裁抑・使不得逞・則不利於諸藩矣・閣臣總理・朝綱各部事務・均聽稽覈・人孰不競爲趨承・而公以冷淡應之・此後部中之事・固不望其覆庇・必將加以吹求・且人臣安得事事可對君言・而公每奏對・發其奸欺・則不利於綸扉諸公矣・當今之世・直道難行・萬一天威震動・則諸人之從而媒蘖以罪公者・豈其微哉・公笑曰・然則吾將浮沉俯仰・竊位苟容乎・吾惟知致身・不知禍福也・後每奏事・言益危悚・會唐王周王常以禮節小故劾各大員・皆下獄論治・公慮外藩勢重・有司不能舉職・抗疏救之・又適有詔宗室中具文武才者・許改秩受職・公以宗材受職・僨事可虞・復抗疏固爭・陳五不可・宗藩引前代故事・交搆公以爲非祖間親革職・刑部問議・公次子上延輟食痛泣・跪請曰・大人公忠許國・勞苦若此・兒將爲大人申雪・萬一不得達・則擁母至朝房・挽閣老之裾・連日哀號・必脫父然後已・公叱曰・童子何知・而輕言也・遂詣獄・公在獄中語人曰・初覺身之大於地也・久之身小而地大・道家縮影之法・禪家觀想之功・於此乎悟・則海外神山・極樂淨土亦如是・易曰・艮其背不獲其身・行其庭不見其人・正謂此也・遂欲取文王以下人事稍著者・編爲獄史以劖心・不果・鄰壁有韓非子太史公書太白東坡諸詩文・隨手覆涉以自遣・餘則彈琴一曲・濁醪一杯・與總河劉榮嗣命一詩・總兵俞咨皐布一奕・榮嗣工字畫・喜音律・北人操南音・悠揚多致・有琴歸爨下餘能幾・鶴到籠開傷已多句・公亦爲之感愴・時公門人陳之遴爲省父祖苞備兵寧遠・值公有事・遂淹京師・爲公經理家事・竭力奔走・常同上延入圜省公・相對欷歔・公曰・古人名位勳庸赫奕・當時言高行博・聲施後世・遭此者固不鮮也・況人臣事君致身・生死聽之・又何悲乎・遴收淚出。

一日博平侯郭振明屬其私附耳上延曰・皇上宮中問及若事・聖母娘娘正色而言・帝欲平治天下・奈何殺忠臣・至於垂涕・帝亦動容久之・好語尊公・日下且大喜・上延私以報公・公抑之曰・宮中邃密・外人何由得知・汝無妄言・吾置死生度外久矣・時將屆萬壽節・又值履端節・圜中故事・是早齊依官班向天北拜・或謂因服不宜拜節・或謂朝中亦有青衣小帽拜於墀下者・公謂君親壽考無日忘之・盻爾罪人・容知改歲乎・於是拜聖節不拜年節・人以爲知禮・丙子正月初九日・御史徐之垣抗疏救曰・人臣之事君也・以盡言爲忠・人君之馭臣也・以容言爲大・皇上破格蒐擇・既薦舉及巖穴矣・宗室之英擬行簡擢・蓋網羅一代之材・廣爲國用・固亦欲其欲其展慮抒猷・非欲取寒蟬仗馬・而徒充簉羽也・乃禮部侍郎陳子壯・獨以宗秩換授一疏・仰荷嚴譴・臣甚惜之・乃者・皇上諄諄頒諭・惟在諸臣各修職業・子壯寵叨寅清・密參啓沃・宗藩大政・自有專責・則凡杜漸防微・私憂過計・皆職內所得言者・使言而當・則皇上自賜轉圜・使言而

未當・亦必存懲毖之款談・而恢高深之雅量・當此三陽履泰・載啓宸幃・而頒寬大之詔・恤講讀之勞・政惟其時・臣言官也・夫亦恃其所當言者・冀無失言責・皇上俯賜惠聽・使天下曉然知聖主本樂受言・不致以言爲諱・自是六科顏繼祖等・十三道林棟隆等・吏部尚書謝陞・太常卿李日宣・戶部給事中汪惟效・工部給事中郭九鼎・御史葉初春・詹爾選・金光宸・刑部主事錢啓忠等・先後公疏申救・時皇上旣感太后之言・及覽諸廷臣之疏・知公之忠・意稍解・下閣臣會議・先是大學士溫體仁事多壅蔽宸聽・公在講筵・每發其奸・因此憾公・是日詔下會議・遂極言公欺罔罪・未便釋票・擬下刑部問議奏奪・三月初七日刑部尚書馮英左右侍郎朱大啓蔡奕深・奉旨鞫問・公叩首龍牌・供詞云・世受國恩・蒙我皇上再生賜環・以至今官・誓將竭忠圖報・妄謂國家大事・職掌所關・知無不言・言無不盡・一時戇直・獲罪繫獄・雷霆雨露・莫非主恩・總之投誠歸命於皇上・以聽執事之具覆而已・問官默然・唐王聿鍵・溫體仁皆授意馮英等文致公罪・英等陽應之・而懼干物議・適工部侍郎劉宗周以枚卜召入班行・倡言公疏實忠君愛國・並非欺罔・與溫體仁往復爭論・義形於色・又朱統鉌以宗籍選授・排羣咻而申公讜・乃得旨准配贖・公於八年乙亥十一月入獄・九年丙子四月出獄・凡五閱月・時得罪諸臣無報名謝恩之例・公自惟侍講筵久・蒙上眷顧深恩・一旦建議不合・草草去國・心難恝然・具疏於通政司・寓忠愛依戀之意・家人環跪沮諫・諸屬聞之・亦來相勸・曰・天威不可再試也・公弗聽・卒上疏行謝恩禮・取道南還。

公既歸・闢雲淙別墅於城北白雲山中・寄情詩酒・復修南園舊社・一時諸名流區啓圖名懷瑞・曾息庵名道唯・高見庵名賚明・黃石鏞名聖年・黎洞石名邦瑊・謝雪航名長文・蘇裕宗名興裔・梁紀石名佑逵・區叔永名懷年・黎美周名遂球・及公季弟子升・共十二人・稱南園後勁・各有詩集行世・遂球番禺人・執贄門下・師事唯謹・公亦雅愛重之・師弟二人・往往於月夕花朝談及時事・輒欷歔流涕・人莫知之也・公又常榜少陵句於雲淙門首云・天下何曾有山水・老夫不出長蓬蒿・識者知其有憂世之心焉・一日・公弟子升偕友人陳邦彥謁公・邦彥字會份・順德人・時尚爲諸生・公一見與語・驚曰・此奇男子也・遂與訂爲昆弟・因下榻館之・使誨上延上圖・課讀之餘・嘗與之縱談天下事・邦彥指陳形勢・條舉策畫・悉中當時利害・確然可見之施行・公益重之・語人曰・吾粵之士・胸懷經濟大畧・而不以經生自局者・會份一人而已・崇禎十五年壬午起復原職・同充會典總裁・公以親老・辭不赴召。

崇禎十七年甲申三月闖賊陷京師・公聞煤山凶報・率諸搢紳成服於光孝寺・設位哀臨・泣血幾死・聞福王以神宗之子受監國寶於金陵・即位南京・八月初三日公拜本助餉以佐軍需・十月起公禮部尚書・次年乙酉正月公赴金陵・尋以本部兼詹事府正詹・時首輔馬士英專典機密・與阮大鋮朋比爲奸・導上聲歌・不恤國政・嘗從容語公曰・主上教演優童・君與錢謙益素號多才・曷各撰詩詞・使宮廷按拍而歌・傳之樂府・亦藝林韻事也・公愀然曰・如公言・將我作玉樹後庭花之續乎・神州陸沉・國家多難・爲人臣者・當責重於君・

宵衣旰食．以圖興復．而乃君臣樂禍．游宴歌舞．此所謂燕雀處堂．不知大厦之將焚者也．馬士英大慚．由是與公有隙．公每有謀策．輒沮不行．五月初九日聞大兵破揚州．尅日將薄金陵．公趨朝請旨．設法守禦．爲馬士英所阻．不得入覲．往會掌京城戎政忻城伯趙之龍．條陳守禦機宜．趙之龍曰．聞史可法鎮揚州竭力守禦．大小十餘戰．自謂能軍．卒致破敗．今南京人情洶洶．兵微將寡．各鎮之兵不聽徵召．戰固無功．守亦豈萬全之策．公曰．今日之所賴以盡主憂臣辱主辱臣死之義者．非戰則守耳．至云守非萬全．然則尊意若何．趙之龍曰．予固未有勝算．然用兵而不計强弱．不問衆寡．是所謂驅羸羊而與猛虎鬥也．事必不濟矣．公知其有降意也．辭出．因念錢謙益平素交厚．往告之曰．金陵尅日受兵．馬士英嫉賢妬能．蠱惑宸聽．趙之龍色厲內荏．心懷叵測．事勢如此．計將安出．錢謙益聞公言．唯唯而已．公曰．今亡在旦夕．竭力救死之不暇．乃人各一心．大事去矣．長嘆而出．是夜三鼓．馬士英竟挾王與太后闔宮潛逃．次日公始驚覺．方欲追隨車駕．而大兵已逼金陵．師次於京城外之北郊．二十一日趙之龍與錢謙益等出降．居民多出城逃避．公遂微服潛出聚寶門．沿路間關求王．聞王與馬士英走浙江．六月初一日公過嘉興時．吾鄉鍾鼎臣爲嘉興府．邀公相見．公爲言求王不獲狀．且質所聞．鍾曰．道傳王走浙江者．誤也．吾前日得偵者言．馬士英乘敵兵渡江危急之際．舍乘輿於太平．而以黔兵千人與阮大鋮奉太后入廣德州走浙江．王客太平．無所歸．會靖國公黃得功屯於蕪湖．王由太平走蕪湖．潛入得功軍中．得功驚泣．率麾下搏戰．爲飛矢中喉而死．王被執北去．公聞則大哭．即欲引決．鍾止之曰．昔文信國棄德祐嗣君而立二王．曰爲宗廟社稷計．今聞神宗孫永明王逃竄兩粵間．君曷不南還擁立．以圖恢復．而乃效自經溝瀆者爲乎．公深然之．初五日過杭州．奉慈禧太后星馳還粵．集旅勤王．懿旨於陳華宇家遂取道南還。

閏六月十五日南安伯鄭芝龍．福建巡撫張肯堂等．擁立唐王於福州．改福州爲福京．公二十二日抵家．覲朱太夫人於五羊城．太夫人曰．聞南京已破．吾以爲汝死矣．王今何在．汝何自來．公爲具述君臣失散之由．及追尋乘輿之苦．泫然流涕．且以違侍久．依依不忍去．太夫人勉之曰．行矣．國破家亡．盡忠卽以盡孝．汝毋以我在藉口．若徒知事我以生．是反速我以死也．公涕泣受敎．秋七月初三日公見粵督丁魁楚．言桂王之子永明王爲神宗孫．謀與迎立．魁楚曰．公猶未知唐王於前月十五日卽位福京乎．事見邸報．特明詔未到耳．公曰．福京既立．斷無更立啓爭之理．魁楚謂公今將何如．公曰．肅宗以靑宮而克復．光武以支子而中興．但願君則以臥薪嘗膽居心．臣則以反首茇舍自戚．戮力同心．興復雪耻．上以答列祖之靈．下以慰兆民之望．爲臣子者．與有榮施矣．何必以迎立之故．堅執成見哉．魁楚於是大服公．八月初九日唐王起公太子太保兵部尚書．至十月初十日．唐王復遣使齎敕至粵．加幣聘焉．時有以前議宗室沮公者．故公未卽赴召．太夫人曰．新主英明．志圖復興．正以前議宗室．諒爾孤忠．故召用更加禮焉．往者何疑．二十二日公遵慈訓赴召．唐王亦召公之門人黎遂球．以禮部員

外郎隨公同往．十一月十四日公至雄府．時唐王以逆宗靖江王僭亂．懼其侵奪廣州也．乃復遣使加公東閣大學士兵部尚書．令與粵督丁魁楚．贛督萬元吉同辦軍務．不必入覲．公遂留雄而命黎遂球赴贛州助萬元吉．以爲聲援．十二月初八日有山賊擁衆數千攻圍雄府．公厲衆登陴．而出奇兵勦殺之．乃捐資召募．得衆二千餘人．日夜訓練．將爲勤王計．至九月初旬．聞清大兵入閩．統兵周之藩衛主戰死．唐王被執於汀州．公撫膺痛哭．語所屬曰．昔文信國有言．援立新君以存宗社．存一日則盡臣子一日之責．吾南還時．本議擁立神宗孫桂王子永明王．以延國祚．緣唐王卽位福京．其事載寢．今福京既亡．永明王近駐端州．殆天之所相以兆光復．未可知也．乃遣人至端州．奉表勸進．十月丁魁楚兵敗還粵見公．告以敵兵取贛城．總督萬元吉赴水死．兵部員外郎黎遂球與弟遂琪俱陣亡．公聞之太息不已．因以勸進端州事語丁魁楚．魁楚曰．吾有是心久矣．卽偕公以兵赴福州．與廣西巡撫瞿式耜定議．十月十四日永明王卽位於端州。

時閣臣蘇觀生兵敗南安．退入廣州．適唐王弟聿鐭與大學士何吾騶自閩入廣．南海關捷先．番禺梁朝鍾首倡兄終弟及議．蘇觀生遂與何吾騶及布政使顧元鏡．侍郎王應華曾道唯等會議擁立．商之公．公曰．天潢之序不可紊．況端州已正大位．若必爲之．是啓爭端也．蘇觀生曰．兄終弟及何謂紊序．卽起爭端．豈謂吾等甲兵不堅利乎．公曰．以兄終弟及爲宜．則端州之立固所以繼南京也．且公等亦思今日僨事之由乎．自煤山遘變以來．南京則不二年而亡．福京則僅一年而陷．其時南京之倡議迎立者．馬士英也．而士英則以奸邪誤國．福京之決議擁立者．鄭芝龍也．而芝龍則以觀望喪師．良由諸臣徒以推戴貪功．不以興復廑念．以至宗社日移．國祚日短也．今公等不鑒敗亡覆轍．猶欲各據爭立．勢必至天潢之內．互爲敵讐．諺所謂鷸蚌相持．漁人之利．吾未見爲得計也．蘇觀生曰．君言擁立非功．何以勸進端州．爭非得計．何不勸端州退位．以成讓國之美．公知其意不可回．乃率所部兵出屯九江．建樹義旗．廣行召募．番鬼疍戶聞公名．多歸之．又命上庸說降諸山寨．招集流散．糾合義勇．待時而發．十一月初二日．蘇觀生等擁立聿鐭於廣州．是月初八日．永明王遣兵科給事中彭燿．戶部主事陳嘉謨齎登極詔至廣州．諭以天潢倫序．爲蘇觀生所殺．復命廣州將陳際泰率兵拒端州師於三水海口．兵部侍郎林桂鼎戰敗．死之．此後道路梗塞．凡上有敕詔授公．及公有表章馳奏．俱爲所隔．冬十二月大兵入粵．部院佟養甲．總兵李成棟由閩趨潮惠．下之．卽用惠州符印爲文書．牒廣報平安．蘇觀生信之．成棟又令前軍效廣軍裝直至城下．是日觀生方隨聿鐭視學．或報有警．觀生殺之．而前軍已入東門．倉卒間兵不能集．聿鐭觀生皆縊死．何吾騶王應華等悉降。

丁亥二月永明王移蹕桂林．瞿式耜從丁魁楚出屯岑溪．成棟遣杜永和襲殺之．三月永明王遣使齎敕至九江．授公東閣大學士．兵禮二部尚書．總督廣東福建江西湖廣軍務．賜上方劍．便宜行事．又授上庸爲兵部職方司．使團義勇以濟師．公拜命後．欲趨行在而未得．乃以所得募兵萬有餘人．於七月二十八日立漢威營．風雨驟作．中軍督字大黃旗敗於

雨墨・模糊不辨・左右疑非吉兆・公曰・忠孝是吉人・卽吉兆也・遂密諭廣州衞指揮使楊可觀・統兵楊景燁・守將王天錫・王天授勒兵城中爲內應・而令左知州梁若衡設伏城外・以爲之援・並傳檄諸鄉鎭・兵部侍郎張家玉・兵科給事中陳邦彥等起兵・爲東西夾攻之計・諸軍雲集響應・八月初二日・誓師於九江・分諸舟爲四營・戰艦計一千二百艘・將及廣州・總兵霍師連殺其縣令陳億・監軍鄧承等以三水來歸・指揮白嘗燦擒殺海道于華玉・遂復清遠・亦來獻馘・公乘勝率師進攻・擒殺鏡臺總兵孟輝等・鏡臺悉下・俄而西門楊可觀等伏先發・事洩死之・梁若衡亦被執死・佟養甲遂盡換各門軍・警衞益密・我師駐五羊驛・連日攻廣州不克。

初公之約邦彥家玉起兵也・新會王興・潮陽賴其肖亦先後起兵・時李成棟既定廣州・克肇慶梧州・敗走朱治憪・襲殺丁魁楚・前驅抵平樂・永明王由梧州道平樂・走桂林・勢危甚・邦彥乃說甘竹灘余龍乘間發兵・由海道入珠江・會合公軍攻廣州・以牽制西兵・成棟以養甲告急・飛馳赴救・偵余龍軍無紀律・就甘竹灘擊敗之・邦彥兵亦卻・因乘勝回兵珠江・與公軍戰・公遂解圍退箚三水・是時家玉乘公之攻廣州・率師襲新安東莞・戰赤岡據之・軍聲大振・成棟見公軍退・乃疾趨新安・與家玉會戰數日・家玉敗走鐵岡・八月十六日・公復約邦彥攻廣州・邦彥曰・今成棟攻家玉於新安・公率兵攻城・成棟聞警必急還・我伏兵禺珠洲側突衝之・而公以大艦逼其西・可以得志・望青旆而朱斿者我軍也・公用其計・是日・公攻廣州・成棟果引兵還至禺珠側・邦彥以大舟衝之・焚數十艘・成棟引兵而西・邦彥尾之・會日暮・天將雨・黑暗中公軍不能辨旗幟・疑皆敵舟也・追之・陣遂動・成棟回舟奮擊・戰方酣・忽風雨大至・波浪拍天・成棟援兵繼至・乘風順流・勢不可遏・師大潰・長子上庸歿於陣・公遂舍舟登岸・退還九江・適御史麥而炫起兵復高明・使人報捷迎公・公往高明安撫・遂命刑部主事朱實蓮與麥而炫同守高明・二十五日・公還九江・陰遣家人奉朱太夫人寓於高明三洲之馮舘・時有九江舉人陳官紀私通廣城・密書納衣領・遣奸細約敵來攻・爲邏兵巡獲・以書獻公・公拘官紀・按之得實・數責以大義・未欲殺之也・諸將固請申軍法・以爲負恩叛國者戒・遂斬之・鄉人恨之甚・爭啗其肉・須臾而盡・公嘆曰・讀聖賢書・所學何事・彼與朱實蓮同領辛酉科鄉薦・均受國恩・蓮則公忠自矢・彼則廉耻喪盡・人之賢不肖相去爲何如也・九月初十日公復治兵於九江・四路設伏・二十四日李成棟率師環攻九江・見雒口無兵・成棟遂舍舟登陸・進逼中洲書院之後垣・伏兵四起・公率義勇五百人衝戰・斬其健將張虎等三十餘人・遂大勝之・成棟兵退・還舟解圍而去。

十月十四日公師會攻新會・圍三日不克・往攻新興亦不克・遂還高明・二十一日大兵抵高明・公嬰城固守・人人自奮・二十九日南城崩・公登西城振臂一呼・諸將死戰・莫不一以當百・門死殆盡・人無變志・刑部主事朱實蓮・參將麥鐵櫓・遊擊陳冲・都司關熊・方從灼・守備何熙・中書范奇徵・舉人區銑・並義勇軍隊長林挺秀・梁應宸・趙宛・陳符瑞・潘文鑑・潘至愼等十四人・俱戰死・兵部主事譚應龍全家縊死・時李成棟下令軍中生執公・公遂與麥而炫・區懷

炅・區宇寧・曾貫卿・陸言・王鼎衡・自西門銜陣出・逃高明之三洲歸省其母・而朱太夫人已縊於馮館矣・公呼天擗踊・欲歛母而死・遂爲追兵所及・麥而炫等六人亦同日被執・成棟親釋公縛・且命鄉人殮其母・又遣副將張英唁公・設飲食供具甚美・公流涕拒之・時張家玉陳邦彥俱戰敗死節・東粵粗定・而粵西告急於成棟・言瞿式耜守桂林・命焦璉復陽朔平樂・陳邦傅復潯州・合兵梧州・軍聲復振・成棟於是引兵而西・乃以公如佟養甲營・命張英監護・語以善爲安置・無相害也。

十一月初六日公入見養甲・岸然比面立・養甲叱之跪・公厲聲曰・我爲朝廷大臣・頭可斷膝不可屈・養甲知其不可以威惕也・因霽威言曰・我念爾是年誼・欲曲意保全・俾知天命有歸爾・何違天自作孽乎・公曰・爾既負朝廷・何年誼爲・且氣數之天不敢知・君臣之倫當自盡・我神宗鼎甲・叨受國恩・今日事既無成・一死以報而已・養甲曰・汝降・生且富貴・否則族・公曰・但求死所耳・他非所計也・於是養甲涖東郊・先殺御史麥而炫・行人區懷炅・知府區宇寧・知縣曾貫卿・守備陸言・參將王鼎衡六人・以懼公・公且笑且罵・養甲怒・遂磔公・時正晝黯晦・大雨震雷・郡學兩楹無故自懷・觀者咸以爲忠誠所感云・養甲欲夷公族・後每出堂・見公呼呵至門・指己忿罵・養甲懼・故所執親屬皆放還・惟上延上圖繫獄・次年戊子閏三月十八日始出之・殮公遺體於光孝寺之邵宅・公殉節時・年五十二歲・永明王命東閣大學士吏部尚書吳貞毓設祭九壇・贈公太師上柱國・中極殿大學士・吏兵二部尚書・南海忠烈侯・諡曰文忠・子三人・長上庸・兵部職方司主事・殉節時二十七歲・贈太僕寺少卿・次上延蔭尚寶司丞・三上圖蔭錦衣衞指揮使。

記名提督北海鎭總兵鄭潤材事畧

鄭潤材字惠林・三水人・父紹忠・小名金・生有異表・口可納拳・既貴・人猶以大口金呼之・紹忠本農子・紅巾之亂・落賊手・寖以材武見委任爲大將・紹忠遂乘間刺殺賊首陳金釭・挈其頭來歸・由是以殺賊自效・累功至南韶連鎭統兵・陸路水師提督・紹忠官南韶久・聲威於江北尤著・萑苻屏迹・時水師提督方耀治潮有聲・紹忠與之齊名・號方鄭・潤材少隨父出入戎馬・當髮逆新平・餘黨四竄爲患・客匪因之蜂起・潤材奉檄馳擊無虛日・始自南雄・歷惠潮嘉・復折而入肇慶・渡海至儋州臨高・先後克復長樂平遠鎭平和平等城・又攻克廣西之岑溪・福建之武平永定詔安・並蕩平各客匪巢穴・每戰皆捷・而紹忠每抑子以厲所部・故潤材雖屬爲軍鋒・而序功獨後・十餘年間由六品軍功疊保至以遊擊用・先時紹忠建所部爲安勇・軍律嚴整・粵人安之・紹忠之官・及帶勇勦匪・常留數營駐劄省防・潤材自其父時・已官副將・曾代領其衆・歷政督撫如瑞文莊公麟・劉忠誠公坤一・張文襄公之洞等・皆以省垣要地・倚鄭氏父子爲重・潤材本借補南韶連鎭遊擊・中間纔一抵任・及署順德協副將・皆不數月卽回省・其後兩署廣州城守副將・並統帶防營如故・兼理番禺清鄉事宜・光緒二十二年紹忠卒・潤材乃接統全軍・時部將與紹忠同起者尚多・皆奉約束惟謹・莫敢以老故自居者。

未幾廣西會匪大熾・迭陷名城・粵督檄潤材星馳往勦・潤材方按辦惠潮積匪未竟・奉電立馳赴梧州・偕江副將志由藤縣進擣容縣北流・直抵鬱林州・會西軍討平之・由廣西巡撫保奏・得旨以提督交軍機處記名・潤材之治軍方畧・應變不及其父・而嚴毅過之・馭士卒有恩・而法必行・卒當僇者・輒賞美酒饌呼其同伍飲食之・召其妻孥面加收卹・而行法不貸・其下鄉圍捕・有須比戶查檢者・使二軍吏守門・卒搜者先解衣搜索而後入・出亦如之・不得匿民間寸縷・他營勇以清鄉爲利・或縱卒爲暴・安勇獨否・鄉人聞安勇至・輒欣躍聚觀・爲粥煨藷芋以過軍・二十六年大學士李鴻章以重臣帥粵・耳潤材名・善遇之・値京師拳匪之變・沿海戒嚴・欲令廣召募以濟其師・潤材謝曰・得以所部馳驅足矣・增兵非敢聞也・鴻章多其有讓。

潤材將家子・而貌温雅・喜與士大夫遊・士大夫亦樂近之・獨不能阿意事上官取憐・拙於言詞・口復吃・造次不能自達・以此多忤上官・其以北海鎮兼統欽廉邊軍也・某帥以要人監其軍・某帥者暴人・初無惡於潤材・嘗署潤材左江鎮總兵・飭辦土匪・既而入飛語疏潤材・陽還潤材北海本任・而陰伺察之・要人怙勢・事事欲陵潤材出其上・潤材與要人不相中・要人構潤材・某帥切責潤材奪其軍・且下其弟潤潮於獄・幾不測・潤材素剛不能屈・既憤失軍・復念弟以己故罹重誅・益憤慨・搤腕叱咤・手槍自擊以殞・時三十年二月也。

潤材沈勇廉樸・有國士風・乃父子執兵符・無幾微自功色・孜孜惟戢軍安民是務・數十年帥初不變・遭値暴帥・不以良死・自逢掖之士・至荼傭灶嫗・皆敬而傷之・潤材不善治生・嘗負官中鎗價數千金・既卒・家益落・無以償・粵人爲之請於張總督人駿・人駿撫粵時・才潤材・重哀其無辜橫死・特捐其負・且歎曰・鄭將死・粵無將材矣・方欲爲請卹・以去粵不果・潤材卒後・安勇稍稍散去・其存者以統馭乏人・不能成軍・然四鄉之德安勇者・爭迎募爲團勇・會城警察方盛・而老商巨賈列肆衢闠者・家各物色數輩・使衣安勇衣・護其門。

黃紹昌 字芑香・香山人・光緒乙酉舉人・主講豐山書院・廣雅書院文學館分校・紹昌沈默篤學・工駢文・能詩・嘗客閩督何璟幕・以邑先正黃文裕公爲有明一代大儒・將搜集遺著事迹・請璟疏奏從祀兩廡・會法越事起・璟去官・不果・所著有三國志音義・詩文稿多散佚。

清故通奉大夫江西鹽法道曹君墓碑銘

番禺曹君・以疾卒於江西南昌府任所・君之子受垓・奉柩歸葬於廣州北門外鳳凰岡之原・而屬紹昌爲君銘其墓之碑・按狀・君諱秉濬・字子明・號朗川・其先金陵人・高祖廷・客游粵東・遂占籍番禺・曾祖鴻勛・妣吳氏・祖嘉兆・妣楊氏・張氏・父文杰・道光二十六年舉人・候選知縣・改官敎諭・妣張氏・楊氏・皆贈封榮祿大夫・妣皆一品夫人・君以縣試第一・補縣學生・中咸豐十一年舉人・同治元年成進士・選翰林院庶吉士・散館授編修・三年督福建學政・九年典山西鄉試・歷充文淵閣校理・國史館纂修・功臣館纂修

官・十三年京察一等記名・以道府用・出爲江西南康府知府・歷署饒州贛州南昌府・以籌辦山西賑捐陝甘協餉出力・賞戴花翎・鹽運使銜・光緒八年丁繼母憂歸・旋丁父憂・十三年服闋入都・先是吏部侍郎許公應騤・以君實政在民・循聲卓著・至是得與召見・交軍機處存記・尋補九江府知府・歷署南昌瑞州府・調補南昌府・兼筦釐務總局・以萍鄉土寇煽亂・鞫治賊黨・得實・事平敘功・奉旨以道員在任候補・賞二品封典・十九年署鹽法道・回南昌府任・卒於官・時十月初三日也・年五十有六。

君年甫逾冠・即與仲弟山東按察使秉哲・先後入詞館・時相國倭文端公爲掌院學士・方以正學提倡京師・君爲文端器重・且服習其敎・益究心修己治人之術・君之視學福建也・以閩中理學・宋爲最盛・沿至國朝而寖微・下車即擧其鄉先生之學・爲閩士勖・且纂述儒先言論告敎之・以延平陳忠肅瓘攻王氏新學・衞道甚力・奏請從祀孔廟・其畧曰・宋當崇宣之世・京卞柄國・以安石配享孔子・頒其新經以取士・僭聖叛經・凡數十年・陳瓘發章蔡羣奸之罪・屢遭擯斥而不悔・著四明尊堯集・極論安石欺罔・取其目錄分門別類・辨析隱微・使天下知大義之不可犯・經訓之不可淆・卒之安石黜祀・新經亦廢・毅然有息邪放淫之慨・宜表彰之・以息異說・而尊經傳・疏入・詔如所請。

君之守南康也・地有蓼花池・在府治西南・周五十餘里・形勢卑下・受匡廬諸山之水・環池田萬餘畝・居民數十家・每春漲・輒淹沒田廬・民苦之・池東北故有道達彭蠡湖・久淤・居民別從林家隴鑿新道・隨山紆折・且省畜工費・久之・淤如故・君悉其弊・白大吏發帑金修治・復捐資助之・分段疏導・又爲增設石壩以資畜洩・工竣闢田三千餘畝・歲收穀三萬石有奇・郡人德之・鄱陽湖水勢洶湧・風濤晝晦・舟楫時有溺覆之患・君設救生紅船・游弋應援・全活無算・有猾吏某背公受賕・君以法繩之・由是羣吏屏息・不敢復爲奸利・君之守九江也・士民聞君至・皆歡呼迎道・君引父老撫循之・問所苦・多直告無隱・有總兵某・大吏私人也・部下兵刦民財・且姦民妻女・有蔡姓紳受其害・白總兵不省・控之官吏・亦不省・君慨然曰・是尙有國法乎・偵之兵所在・親往擒之・獲七人・訊得情・論如律・民大悅・時君甫抵任也・筦釐務局・時有巨商欲以小輪船來往鄱陽湖・大吏惑之・君言沿江小民・率以操舟爲生・今輪船通行內湖・是奪其業・且驅之盜也・況商賈貪利壟斷・實爲自便其私之計・釐金必因之日絀・條列利弊爭之・事卒以寢・君官京外三十年・官江右二十年・吏畏其法・民懷其德・大吏亦倚之如左右手・兩次大計卓異・奉旨候陞・然君所至・無赫赫名・而去思則歷久不衰・使天永其年・得以罄君所蘊・其施之民者當必不止於是也・而止於是・可哀也己・

君娶伍夫人・先君卒・葬城北上御書閣祖塋下・繼娶劉夫人・以光緒二十五年四月初九日・合葬於君之墓・子一・即受垓・女四・均適人・孫傳謨傳詰・君所著・有味蘇齋詩若干卷・賦若干卷・文若干卷・藏於家。

銘曰・禹山旁魄鍾秀靈・曹家競爽而弟兄・江右山左報政成・伯也名績何錚錚・持衡舊涖無諸城・反刓剗僞先民程・一麾出守辭蓬瀛・後先五馬廬昭迎・威畏人民民心傾・

甘棠湖畔多歡聲・嗟哉有蘊施未宏・萬口頹心天難爭・魂歸故山奠新塋・有下馬者眎此銘。

擬荀子賦

梁　起　原名以瑭・字庚生・南海人・光緒乙酉舉人・大挑廣西知縣・假歸卒・起有文采・尤工詞賦・嘗舉爲菊坡精舍學長。

禮

有物於此・肅乎其靜・煥乎其動・不資規矩・動則屢中・彰本太一之始・法乎陰陽之際・非金非玉・而百代以貴・爰自天子・暨乎庶人・跂及俯就・莫不齊均・天下以一・事以有常・棄之者殄・秉之者昌・臣愚不識・敢請之王・王曰・此夫昭如・其秩然者耶・文質彬彬中而不偏者耶・野人所後而君子所先者耶・放乎其外・而手足株橛・由乎其內・而心泰平者耶・臣下得之以正視履・家國大君用之以納民於軌・至華而鬈・甚縟而理・物無敢居・請歸之禮。

知

爰有神物・稟乎太始・幽者以燭・煩者以理・周乎天下・曾不駕馬・通乎九州・曾不置郵・喜澄惡昏・與利爲讎・正用則哲・枉用則賊・暴以裕詐・仁以毓德・聖人得之・以照邦國・不言而天下服・視之無形・聽之無聲・臣愚不識・敢請其名・曰此夫操小而馭大者耶・善入而無礙者耶・取乎方寸而周乎宇外者耶・惟義之察而不見利害者耶・血氣之君也・心識之神也・天下有道以輯萬民也・天下無道又以覺昏也・其廣也・無遺也・其久也・不蔽也・夫是之謂知。

雲

有物於此・卷如藏璧・出如炙輠・紛紜滿天・攬不盈把・權輿乎膚寸・而功被乎天下・翩兮其族而起也・竦兮其旅而止也・忽兮其變易而不已也・油油兮四海之咸喜也・煥然而有章・德盛大而不矜・一闔一闢・以成晦明・出入無朕・靡可測繩・屯則物以死・構則物以生・鄙人不學・茲焉可稱・哲人格之・願審其名・曰・此夫流而不去者歟・密而不固者歟・蔽赫曦而不灼・降寒雪而不沍者歟・順時而布不可力禦者歟・罰星而伏・禱而不顧者歟・澤而爲父・山以爲母・龍以爲君・蜺以爲友・十高一下・歲乃大有・物無與均・請歸之雲。

蠶

有物於此・甘食而不飲・善眠而屢醒・性不素餐・吐而爲經・始乎白賁・以開文明・下覆耆耇・上被帝王・堯舜賴之・以垂衣裳・功成身謝・不顧鑊湯・善積而能捨・不燠其衣・以衣天下・詒其燕翼・以惠來者・臣愚不知・請之庖犧・庖犧曰・此夫龍精而蠋形者耶・虎斑而馬啄者耶・始粟縮而中蛸起者耶・狀饕餮而志竭蹶者耶・始弱而終勤・食少而報多・毀家而忘身・畏寒而避熱・出溼而惡潔・既眠既起・匹婦是喜・羽翼既成・乃賡厥子・夫是之謂蠶理。

箴

有物於此・其始樸拙・其性纖微・性不自用・託於柔

荑・穿鑿附會・世不能識・爲物先容・物亦悅隨・用能疏附・以成裳衣・衰識有闕・又令補之・文秀以煥・菅蒯以治・旣鈍旣折・棄之如遺・鄙人不識・質於所知・曰・此夫眇目而利口者耶・出大冶而親女手者耶・善作而不善成・開先而啓其後者耶・資乎繼續・而厥功以奏者耶・俯啄仰引・委蛇而行・旣成子衣・又成子裳・將行而先止・欲行而先毀・梭以爲師・線以爲子・夫是之謂箴理。

大庾嶺賦 并序

古者西有劍閣・南有大庾・皆天下之隩區也・形勝之地・非親勿居・誠慮夫有所憑籍・或以萌蘖僭竊也・今聖人在位・盛德所被・無有險阻・皆爲康莊・安得復有昔日之事・而昧者猶或以爲慮・因作大庾嶺賦・以闢衆人之所甚惑・其詞曰。

燕都賓問於東嶠主人曰・蓋聞南海天府・天下之雄國・五嶺天險・其前大庾・天之所以限南北也・故以阻界赤縣・屏藩明都・皝皝王氣・再成霸圖・前佗後龑・負險竊帝・陳兵誰何・易世乃薙・夫順天命者王業之所基也・宅地利者・伯功之所俟也・然則皇路淸夷・則豪强革心・海內多事・則匹夫狙伺・亦志士之隱憂矣・主人其何以慮是・主人曰・唯唯否否・如賓之言・懵今拘古・曾不知陵谷之已易・殷鑒之無取也。

昔在嬴政・强力黷武・畧定揚越・用拓秦宇・乃表五嶺而戍之・東起塞上・實爲大庾・將以建中國之屏藩・通百粤之門戶・然而危途始覇乎榛棘・扼塞未鋤乎岨峿・故斯嶺之險・良足禦矣・爾其嵑嶭嵗嵔・則陽鳥之所退飛也・嶇嶮岭峇・則雄虺之所潛孳也・層巒坡陁・纚聯乎其陽・峭壁突兀・嶄絕乎其陰・古木蓊翳而㕘嵯・怪石岾嵣而崎崟・愚公迴眄而奪志・夸娥側足而駭心・乃有鳥道橫絕・鬼斧所剝・仰出天脊・旁磨石膚・關門呀開・陳戟列弧・怯夫喑嗚・勇夫趦趄・雖中黃與孟賁・猶將踧踖而不敢踰・是以任囂顧而生心・尉佗因而負隅・嶺嶠一閉而天下莫闚・夫以秦鹿之始失百姓・痛祖龍之餘暴・謫使愁苦而思逞・蠻夷塗炭而號無告・當彼其時・雖在齊州平夷四戰之鄉・猶且斬木揭竿先爲之倡・況其憑恃嶮阻・僻處乎巖疆・順椎結之睢伾・齒甌閩而自王者哉・然而漢室已定・天下已夷・武帝因枸醬而達牂牁之舟・揚越度橫浦而下樓船之師・向之憑藉而怙恃・咸瓦解而莫支・蓋王旅所必誅・固無擇乎險巇・若乃戕終童・屠趙孽・馘呂嘉・縣南越・先以庾勝之殊績・繼以梅鋗之雄烈・雄關敞而天威邇・畏途平而霸圖歇・良受賜而到今・故以名乎嶕嶢・逮及魏晉・洎乎隋唐・貿遷之利甲乎上都・車書之盛同乎瘴鄉・迨曲江建策而修廢・而大庾已齊乎康莊・是以殘唐五季・天下碎裂・苟有固之可負・咸畫疆而頑頡・然而劉龑父子・乘時草竊・曾傳世之不再・見降王之縲絏・竄穴無恃乎岇嶻・關門不嚴於巋嶻・蓋銷磨剗削・千百年間而斯嶺之險與霸氣而俱滅矣。

爾乃袪耳食於前代・究目見於今茲・極瞻矚之浩蕩・窮陟降之坦夷・緬行李之容與・循磴道之逶迤・爾其眺望・則有北達江右・西連五嶺・南通保昌・東盡粤境・嵐嶂銷乎千巖・田疇繚乎萬井・咸沃衍以康樂・洗千古之荒梗・若其遊

覽．則有叱馭之樓．來雁之亭．雲封之洞．宅乎巖扃．石放鉢以盤陀．泉卓錫以淸泠．飲和甘以滌志．時偃息乎青冥．孔道之下．長亭短驛．北小溪而徑橫浦．南淩江而指韶石．梅關曉開．商旅絡繹．輕輬小轎．摩肩接跡．究燭龍之未照．戴蟾揮而始息．方今之時．登者雖峻而不知．下者雖勞而若忘．坦乎若踰閾而出門．蕩乎若升階而造堂．蓋無險而不夷．曾何地利之足防者乎。

且賓直未知乎百粵之形勢耳．海道徑潮惠．則出嶺之左．江行涉瀧水．則出嶺之右．輕舠下牂牁．則絕嶺而東擣．巨艦入五虎．則背嶺而西揉．雖大庾無異乎疇昔．猶不能以獨守．況阻隘之久闢．又奚虞乎培塿．夫居南荒者．或不喩鰲匳之名．處北海者．或不識番禺之稱．陋乎耳目所不及．限乎心思之莫營．無怪乎徒震於昔日之大庾．而不知今時之廓淸也．且夫季世薄德．則門屏爲越胡．聖人在位．則嶺海爲庭除．其在德而不在險．諒無遠乎偏隅．方今天子神武．海內信孚．作逆者旋踵而沈族．犯順者繫頸而請俘．慕義者額手乎帡幪．强仁者墜心乎鉞鈇．幸食德於堯日．復何杞憂之不紓．燕都賓旣聞主人之言．默然以慙．怡然以喜．旣變惑志．逡巡而起。

海潮賦 幷序

地有懸於天之中耶．海其麗於地之缺耶．潮之消長．其地之噓吸耶．何其大也．何其怪也．何其冬夏異節．而南朔殊派也．浙之濤大觀矣．作者方物恢詭．蔑以加矣．若夫南溟浩茫．百粵之所宅焉．潮汐出入．海人之所測焉．之狀也．之功也．之候也．之理也．之變也．述厥聞也．證乎見也．匪曰博也．惟其辨也．乃爲賦曰。

繄六子之中坎．有四瀆之神區．伊炎阪之洪汪．斯帝儵其是都．納罔擇乎百川．洩無怯乎尾閭．匪或損而或益．胡一盈而一虛．惟望洋以愕眙．羞測蠡之睢盱．羌語海以奧衍．何井鼃之虛拘．爾乃瀰瀜沆瀁．朝潮潛漲．濆淪渺瀰．夕汐暗生．極明杳其靡象．殫聰闃其無聲．唯目門而心絜．乃幽闡而微呈．始坤籥之猶翕兮．捲鴻波而退藏．海若沖其虛受兮．河伯舒以翺翔．方汩汩而就下兮．咸滔滔而未央．忽奔瀾之少駐兮．轉消息於渾茫．倏方收而輒縱兮．若久抑而乍揚．其始生也翕合瀲灩．逶迤汪洋．動乎不周之外．發乎無始之鄉．銜波折其捩影．陰火沃其迴光．鼓淢潩之無閡．決畛界而莫量．其少進也．沸濱渝溢．漻濤浩瀚．赤浪照夜．元濤晦旦．六鼇驅其澎湃．羣龍策其汗漫．長沙躚跜以將汨．石塘硠磊而莫扞．若沐日而浴月．將接河而注漢．地軸浮以上迫．天容濡以低幔．蓋有納而皆吐．實無容而不灌．旣漸漬乎炎徼．乃浸淫乎粵嶽．琼崖孤懸以先施．潮惠俯瞰以徐覺．排六門以交注．溯三江以迴薄．盈科以進．走谿散壑．餘波淪漣．濡焦濟涸．澤無困鱗．川無膠舶．時則潮已平也．艮者懷．阻者靡．迎者讙．候者喜．乘者進．溯者止．浮者洋洋．動者唯唯．氣不雨而霧涌．波無颸而山峙．魚龍游泳以廹日．星辰動盪以窺水．暘谷咫尺．扶桑密邇．盛乎扶胥之口．達乎番禺之趾．恢恢回回．千里萬里．閃爍光怪．莫得正視．目眩心駭．不可名指。

爾其爲功也．美利不居．仁澤斯大．唯體淸以拒滓．故

壤積而增界·羌至陰之凝鹹·故鹵瀉而鹽晒·彼種蠔與蒔魚·阜蝦蜆而交賴·伊海物之維錯·尤胥藉乎淘汰·僧童女婦·躶蟲交薈·豬馬虎狗·毛族並會·珊瑚瑇瑁·明珠文貝·黿鼉鼂鼈·迄乎纖介·鯨鯢蛟鱷·鰍鰌鰩鱟·微鱗衆名·靡可悉話·石花江瑤·沙月海帶·奇蔬異羞·更僕莫概·或乘潮以鷹至·或失水而躉絓·胥貢美於網罟·並爭利乎闤闠。

爾其爲候也·迨陽月之始朔·示來歲之端倪·測浹辰以繫月·驗盈虛而不移·桃雨零而肇長·木葉落而俶衰·若進退之僭晷·計涉旬而又五·値吐明與生魄·乃一應乎子午·既物極而必反·乃遞殺而終沮·固南汪之信節·與珠江爲賓主·至夫琼萬之鄉·調黎之地·恒屢日而不上·或朝昃而再至·茲漲海之靡定·要難得而並誌·若微物之先覺·乃一氣所洩漏·察蟚蜞之徙窟·聆翰音之鼓味·蜂鬧衙以報新·蟹蛻甲而更舊·雖野人之常語·亦響應而匪謬·顧厥候之不忒·徵諸理而可知。

嗟世儒之聚訟·亙非是而是非·謂因日之出納·謂逐月之盈虧·謂隨星之長短·謂繫地之高卑·謂北靜而南動·謂主坎而客離·慨執一以自信·似近理而實違·天穹窿而外幬兮·地圜轉而中浮·山海匝以附麗兮·九萬里而一周·唯博厚之善載兮·故能振乎鴻流·彼天地之常平兮·何高下之不猶·同元氣之嬴縮兮·何南朔之殊陬·順天道之來復兮·故有消而有長·本坤德以闔闢兮·故一下而一上·至而伸也·所以用大·反而歸也·所以持盈·持盈所以不溢·用大所以廣生·冬之衰也·時其下降·春之盛也·際其上騰·要各運乎自然·又何係乎顧兎與大明·彼鶩怪而醜正·輒自神其臆說·遂疑寃臣之興濤·復擬巨魚之出穴·等荒誕而無稽·能不慙乎蓋闕·若乃明蟾生暈·斷蜺飲波·値颶風之迅發·因淫潦之霶沲·於是馮夷助虐·陽侯奮怒·鵬扇翼以激水·蜃鼓吻以興霧·萃淫熱之鬱蒸·乃橫決而失度·砰訇澎湃·奔騰急遽·囂豗直前·不暇卻顧·渦起霆博·浪落山仆·崩雲合冥·飛雨交注·水族乘勢·紛騁爭鶩·咆哮閃屍·琰琫相怖·萬州沸騰·衆嶽悚懼·維搖拄盪·雄鰲莫禦·擘島嶼以陡上·捲田廬而偕去·恆重沓以洋溢·每歷晨而連暮·蓋突如之改常·非數計之可豫·茲潮候之奇變·亦間歲而一遇·方今聖人在位·谷王效靈·値天使之遄邁·送艨艟而不驚·招島夷以向化·浮毯馬而來庭·涉重洋之叵測·同皇道之砥平·固祝融之助順·誠帝德之休明·唯微氓之向若·感中心而莫名。

榕樹賦 幷序

吾鄉有樹甚老大·而不見翦伐·其名曰榕·或曰無所可用·爲人所容也·或曰老而終空·人得以容·余聞而喟然曰·夫不能容人·又安能見容於人若是也哉·此言雖小·可以喻大矣·爲之賦云。

天地自蠹兮·育此下人·聖人不仁兮·又敎之以斧斤·赤山之膚兮·擢地之毛·旦旦斲喪兮·其何以逃·有刺彼榛兮·有堅者栢·實落材亡兮·不能朝夕·彼榕何爲兮·乃見容·安樂百祀兮·揚揚露風·無深山大陵以自障兮·又不藉乎社樹與神叢·其榦蔽牛兮·其蘋庇駟·是之不伐兮·其將

焉俟・豈匠石之好生兮・抑燕削之不利・不得其故兮・永夕以思・或告余兮・謂不材之使然・輪囷擁腫兮・天使之全・既液樠而不可爲棺梲兮・又善沉而不可爲船・器之不中規矩兮・薪之又苦其濃煙・春無妍華兮・夏無甘實・葉不足以蠶兮・膏不足以爲漆・斐之則重勞兮・乃見容乎當日・或又告余兮・是善容人・鬚爲根而根爲榦兮・常蠹舊而更新・外蔽虧若覆厦兮・內穹窿而若空・困不斲而椽兮・不翦緝而茨・衆楹合以柱堂兮・戶牖方圓而參差・冬無飄風兮・夏無溽暑・或客以居兮・榕不自主・納汚聚溷兮・又不爲拒・服其善容兮・名是之取。

余聞是說兮重歔欷・容人與見容兮相隨・致之荆棘多刺兮・誅斬恐後・不材而不容物兮・曷恃以久・枯桐之半死兮・亦哆然而中朽・能容物而材良兮・曾未見其老壽・榕何幸兮・乃兩有・師曠據梧兮・惠子支策・墨突不黔兮・孔不煖席・是惟材兮空役役・仲由爲醢兮・之推見焚・子胥抉目兮・豫讓漆身・智不如葵兮・不衞其足・會撮指天兮乃受粟・苟不材兮將安辱・嵇鍛隱以遺世兮・乃見屠於二鍾・周腹空洞謂善容兮・卒狠藉乎市中・蘭當門兮實來鋤・不容物兮將焉如・雖不材兮其猶不免・苟復材兮・其曷逃乎誅翦・是言雖小兮・君子可勉・矧余之拙兮・材無所可・圓鑿方枘兮・世與余乎相左・既斥棄以濩落兮・欲深潛其未果・苟復捐介以卞急兮・安見容此瑣瑣・是徒言榕兮・乃幸敎我・碌碌乎余之材兮・甚拙無奇・悠悠乎余之心兮・物是齊・曠乎蕩乎・余於人兮莫與磯・容乎容乎・斯榕兮余師・已乎已乎・微斯言兮誰與歸。

雁來紅賦

老圃之卉有雁來紅焉・一名老少年云・客有見而歎之曰・嗟乎・少不如人・老可知矣・若夫薄暮池臺・深秋園圃・黃葉堆窻・蒼苔綉柱・螢熠耀而亂飛・蝶葳蕤而懶舞・蘭則鶴頂凋霜・花則雞冠折雨・昔之石家金谷・潘令河陽・黃羅封杏・紅蠟窺棠・竹哺青鸞之轂・桐分綵鳳之房・上林有棠梨之館・北極有紫薇之署・隋宮以綵繒爲花・漢殿以珊瑚作樹・月中則丹桂依雲・天上則碧桃和露・莫不妬寵爭妍・矜新薄故・選豔分曹・論芳按部・是何猗那弱植・於邑卑枝・輕扶翠篠・低貼香泥・金鈴未護・羯鼓休催・淒迷夜色・零露朝曦・非葉非花・宜朱宜碧・紫何事而染衣・赤何爲而岸幘・雖復錦裁十樣・叢分四色・（十樣錦有紅紫黃綠四色・其腳葉紫而頂赤者・名老少年・即雁來紅也・）媚日矜晨・爭霞照夕・樹則烽火羞南・山則燕支妬北・展君夫之紫鄣・坐扶風之絳幄・波上之錦城千里・煙際之丹邱百尺・閟春華而莫知・壯秋容而始覿。

吁嗟哉・春暉荏苒・華年潦倒・黃昏欲近・夕陽方好・水則紅蓼搖寒・岸則丹楓送曉・悵竣烏之易逝・怨賓鴻之不早・太白之錦袍未賜・萊子之斑衣已老・雖殿芳於百花・豈無羞於小草・若乃烈士轗軻・美人遲暮・聞雞起舞・聽鶯更妬・餌朱草而何晚・煉丹砂而不駐・步驊騮之後塵・緬鴻鵠之先路・況復邯鄲失步・岐路亡羊・未成遠志・還同豫章・沈吟澤國・顦顇江鄉・既慙早秀・彌嗟晚芳。

乃爲歌曰・瀟湘一雁下・天涯紅樹多・人生富貴豈待

老・昔日朱顏今若何・老圃聞而歎曰・昔年風雨・青青短叢・今看顏色・瀾漫西風・苟少壯之努力・亦春榮之可同。

落花生賦 幷序

落花生蓄味甚旨・爲用亦多・而登詞壇者・闕而未詠・入醫門者・擯而不錄・伊何故歟・聊作小賦・以表彰之云爾。

未免鄉人・不如老圃・長鑱短鑱・今雨舊雨・一頃種豆之田・九月菽苴之序・廣奇於本草之經・補闕於羣芳之譜・則有延緣小草・蔹蔓低叢・葉承零露・其落寒風・虛花甃委・甘實潛充・問本根而采葛・詡下體而求葑・重房栗小・圓粒蓮紅・種得而玉生田畔・揀來而金出沙中・初夫我畝南東・厥田下上・沙白如瑩・泉輕欲浪・蒔良苗兮萬竃・點銀雲兮極望・於是緣畦競秀・引蔓爭長・葉抽鼠耳・莖繞羊腸・護以仙人之掌・肥以青女之霜・沙壓横枝・風抽短蕚・漸吐蓓蕾・還成絲絡・卜玉莢之幾多・數瑤葩之細落・（落花生草本蔓生・種者以沙壓横枝・則蔓上開花・花落成絲・然成絲而不能成莢・其莢乃别而生根莖間・一花落土生一子・故曰落花生・）返魂而玉骨先埋・孕美而靈芽未覺・及夫林鐘改律・玉琯徂秋・籐先綠謝・根已香稠・十粒五粒・三毬兩毬・裂銀泥而淺撥・登玉饌而先羞・蹔借牛蹄・還宜女手・小粒浮泉・餘甘棲畝・（落花生熟時・多以牛犂轉沙灌水・浮出取之捷於掇拾也・）奔走頃筐・較量升斗・人家添大豆之飴・天氣在矮苗而後。爾其野客相過・宿醒剛醒・火寒煨芋之爐・煙熟煑茶之鼎・嫌橄欖之淸癯・卻檳榔之酩酊・剝並蓮房・嘗同蔗境・才呈白玉之膚・更褪紅紗之褽・相思而紅豆難儔・益氣而人蔘可並・（落花生一名相思・以微有蔘氣・亦名落花蔘・）若乃餅師剛憶・廚婢還勞・紅綾束餤・錦字題糕・仁兼烏欖・肉雜胡桃・何人薄夜・誰家冷淘・亦復粥伴防風・羹蔘菰米・奪雪蕈冬筍之鮮・掩銀杏金桃之美・行廚而興助遨頭・酒陣而醉添婁尾・别有南油始搾・西添同燃・灶宜蓮草・炬仿金蓮・覺蘭膏之未馥・憐石腦之空煎・和入凝脂・何煩戴角・合桃筍而廚清・潤伊蒲之饌薄・未宜吉貝後先・試共革蔬商榷・嘉值兮何時・前賢兮未知・闕微吟於詩老・虛並蓄於名醫・將幽光之未發・或晚出之見遺・抗新詞於白紵・寫遺恨於烏絲。

歌曰・不見落花還上枝・落花未是斷腸時・春華歛盡孤恨在・秋實離離君始知・和曰・仙子黃裳緺春縠・白錦中單籠紅玉・别有煎憂一寸心・照入勞民千萬屋。

汪兆銓 字莘伯・番禺人・瑔子・光緒乙酉舉人・選海陽教諭・兆銓肄業學海堂・年十七賦平定新疆鐃歌，並駢體序・爲陳澧所賞・少與陳樹鏞朱啓連陶邵學以文字相切劘・丙戌入都・又與楊銳文廷式陳三立諸名士往來酬唱，屢試不第・入提督馬維騏李準幕，辛亥後爲敎忠學校校長十餘年・以酒病卒・著有惺默齋集・蕘楚軒續集。

記六榕寺塔

坤輿流形・磅礴萬象・尊琦嵸萃・謂山蓋高・元氣胚

結・億祀不圮・若夫極般巧・役倕智・崇臺傑閣・礙雲日而撐霄漢者・蓋不可一二計也・世不踰百・蕩爲灰塵・人力誠有所限哉・而釋氏之塔・獨有存者・壬辰歲與門人讀書六榕寺・寺有千佛塔・建自蕭梁間・二千餘年矣・歷刼三五・代有崇飾・危基巋然・不隨寺改・塔門扃鑰・常不可登・往年嘗一丹艧有登其巔者・謂布算測視與粵秀山齊・東望虎門・煙島蟻垤・舟帆隱隱・若杯中浮芥・蓋亦高矣・塔凡九層・門戶四達・中才通行・不得坐臥・外有廻廊・繞以欄楯・然登者必每躋一層・必繞塔外始得上登・級纍而上盡如是・偶一俯視・目眩足戰・故人亦鮮登者・曉日初上・光采炫然・火珠熒熒・若木爭色・丹霞絢晚・人間瞑煙・仰視上方・殘陽燭明・光半鴉背・用以妍朝媚夕・幻成奇觀・一宿海風暴來・喑鳴震動・木十圍以上者拔屋瓦・歷歷有聲・掀動欲飛去・予閉戶惴息・臥不成寐。

曉色才辨・聞鈴語與鳥聲相答・甚樂・推戶起視・宿霤猶滴・朝陽已生・金碧莊嚴・輝映如舊・噫・高而不危・豎豈佛力・其基實則能固其勢・其中空則不激於物・是以萬籟廻薄・掀播震蕩・而巋然獨立不可動也・始其築者・殆有道士哉・吾聞佛氏之說曰・實曰空・至實不毀・大空無礙・卽物驗道・信而有徵・寺僧睡足・方理晨炊・微詞叩之・瞠目不答・予憮然而退・遂書以示同學。

感秋賦 並序

嗟呼・悲哉秋也・心目慘愴・氣候蕭颯・以伊鬱善感之性・當慷慨悲歌之辰・風雨如晦・不聞雞鳴之音・青天廓然・難爲黃鵠之舉・靜念身世・良用憮然・余氣質凡下・多好無成・有長康之絕癡・同相如之善病・次公醒狂・時託於沉醉・雲夫低抑・反召夫謗讒・炙眉未能・刻心自悔・至於鬱輪之歌・不獻於主第・斬蛇之賦・屢抑於有司・雖惟昌黎進學之言・已逾蘭成射策之歲・自揣涯分・尤乖夙心・數莖之髮遽白於鏡中・一斗之血徒耗於筆底・夕夢而笑・醒輒惘然・晨讀未終・感而欲涕・嗟呼・忽然爲人・未解賦鵩之論・無用於世・豈全籠雁之年・來者可追・此日足惜・心聲所寄・輒爲賦之・候蟲自弔・知無悅耳之音・亡羊多歧・或有知返之日而已。

信步修庭以延佇兮・木葉下而知秋・日蕭索而滅耀兮・雲靉靆其若愁・蘭萎芳於前除兮・艾隕葉於平邱・蟀長吟以申旦兮・鳥哀鳴而顧儔・物候颷其變更兮・萬慮感而相投・旣寄形於域中兮・豈能卻乎煩憂・緬余誕於東官兮・歷譆虞於襁褓・越十四歲之寒暑兮・踰二萬里之長道・覽山川之奇偉兮・豁丱齡之懷抱・蔭顧復於二親兮・又安識夫溫飽・尋藝林之條貫兮・采泮池之芹藻・前聖誘余以修能兮・世人動余以儇狡・抑寄氣而不暘兮・怒憂心以如擣・逝余將遨遊兮・命輕車而戒行・紛荊棘於周道兮・荃孰察余之中情・思乘風以遐舉兮・隨列子而揚靈・息余駕兮芳郊・謁靈宇兮巖坰・攬溪毛以爲薦兮・筮履道之所貞・若迷途其遠兮・將故步之可更・靈怳惚其來下兮・堅余心其無改・秉先聖之遺訓兮・賦天性之惠愷・雖蘼苦其無變兮・鬱深情之芳藹・苟內度而意安兮・夫何偏乎尤悔・彼人情之難揆兮・冰炭起於肝肺・蛩棄蹙以遐逝兮・鷄辭儔以遠害・任中情之鬱結而悱惻

兮．故衆目之可怪．或申申其詈予兮．又安知夫生理之所賴也．將昧志而猖披兮．余庸拙夫機械也．羈禮義之門路兮．足將舉而狐疑．靦面目其猶是兮．何肺腸之已非．呵蒼蒼而安問兮．空流涕之漣而．情交戰而結轖兮．莫悵悵其何之。

亂曰．已焉哉．斯世渾渾兮．古人未遠．夷餓死於首陽兮．說傭力於築版．孔絕糧而道昌兮．奇被讒而何損．翹前修之危厄兮．猶秉志而不返．何骨脆而志柔兮．乃不任夫屯蹇．道如弦以恒直兮．心非石而奚轉．聽噂沓兮背憎．矢朏朏兮余悃。

周易

字子元．揭陽人．乙酉拔貢．廣西知縣．嘗分纂揭陽縣續誌．與同邑曾習經善．著有詩文集。

揭陽縣倉頡廟碑

倉頡．黃帝史臣也．爲邃古來言文字之鼻祖．漢藝文志小學類錄．有倉頡篇三倉埤倉諸書．許君說文解字敍．亦言張敞從受倉頡．讀其書．雖不必盡三古遺文．而漢時尉律．皆課學僮習讀．故杜林楊雄班固賈逵諸經師．得遞演其說．或因而訓纂之．今諸書已亡．國朝小學家．時從他籍所剌引．采獲其墜佚．著於甄錄．蓋其始制文字之歷萬古而不朽者．視許書爲尤足重．當日啓苞符之秘．洩天地之奇於一朝者．其視世本作篇所述紛紜．諸創造輕重大小．相去何如．古籍所記．雨粟鬼哭之徵．殆非誣也。

聖朝經學昌明．戶知許鄭．言聲音文字之學者．遠紹兩漢．而溯源於雅倉．掇拾遺墜之勤．不遺於佛龕道藏．推輪篳路．因不敢忘聖作之功矣．近詞臣有許愼附祀文廟之奏．得如所請．而倉史之廟祀．尙湮沒而無聞．雖於古聖無損益．而揆諸文字食報之心．當有不宜然者．歲丙子．都人士醵錢倡建廟於城之東隅．諏日用役．揭虔安靈．而規模始備．方今聖天子同文之敎．覃敷垓埏．士人束髮入塾．操觚削牘．誦習章句以至賡歌颺拜．黼黻昌明．皆藉讀書識字之力居多．而吾潮自昌黎剌郡以來．敎澤所漸被．數千百年儒雅蔚起．學校如林．固彬彬乎海濱鄒魯焉．然則入斯廟者．宜如何飲水思源．不忘古初．以著崇德報功之盛．而汲汲焉自於識字讀書之一途哉．廟既成．用書之以諗學者。

楊裕芬

號惇甫．南海人．光緒戊子解元．甲午進士．戶部主事．調吏部．張文襄公督兩湖時．聘任兩湖書院經學主講．歷充兩廣．端溪．八旂明達．順德鳳山．羅定文昌各書院院長．菊坡精舍．學海堂學長．辛亥後．當道禮聘不復出．所著遜志堂經說文集．進呈御覽．賞經明行修扁額．今存於家。

讀禮記王制

王制與孟子相爲表裏之書也．孟子一書大旨．以井田學校爲宗．而於畢戰問井地一節．北宮錡問一章並發明之．王制首言班爵祿．末言正經界．實本於孟子．蓋班祿取於井田．養老在於學校．而凡巡狩朝聘喪祭征役．及制國用．論官材．正刑辟．度地域．設禁令．諸事皆出於此．孔疏引鄭

注目錄之云名者・以其記先王班爵授祿・祭祀養老之法度・此於別錄屬制度・又引鄭答臨碩云・孟子當赧王之際・王制之作・復在其後・陳蘭甫先生讀書記謂鄭君之說・正以王制篇首與孟子同故也・考王制之取於孟子者・如少而無父者謂之孤數句及關譏而不征・市廛而不稅・皆直取孟子之文也・又言公田藉而不稅・卽孟子言殷人七十而助・助者藉也・又言林麓川澤・以時而不禁・卽孟子言斧斤以時入山林・澤梁無禁也・又言圭田無征・卽孟子言卿以下必有圭田也・他若附從輕・赦從重・用民之力歲不過三日・皆與孟子言省刑罰不違農時互相發明・可知王制作在孟子後・鄭答臨碩之說最確。

亦有參取諸書者・如天子五年一巡狩・歲二月東巡・狩至歸・格於祖禰用特・皆取尙書文也・庶人不封不樹・卽周禮冢人文言・以爵等爲邱封之度・與其樹數・知庶人不封不樹・以其無爵等也・諸侯之於天子也・比年一小聘・三年一大聘・五年一朝卽取左傳子大叔說・又取公羊說也・（皆見孔疏・）左傳周禮皆晚出・公羊當六國之亡・王制既引此三書・則作在孟子後・有明證矣・盧植謂卽漢文帝時・令博士諸生作此王制之書・其說不然・孫頤谷讀書脞錄・謂書名偶同・盧植誤牽合之・是也・臧在東拜經日記・謂鄭此篇爲說先王之法・仍不從盧君說爲漢制據・劉向別錄云・文帝所造書有本制兵制服制篇・而禮記王制祇有班爵祭祀養老之文・並無言服制兵制者・此非漢文帝時書審矣・竊謂臧說誠然・然王制雖非漢文帝時書・其說虞夏商周制度之外・（言四代之制・已詳注疏・）亦有參入戰國及秦漢之制者・如比年一小聘注・謂此晉文霸等所制・是言春秋朝聘之制也・今以周天六尺四寸爲步注云・禮制周猶以十寸爲尺・六國時多變亂法度・或言周尺八寸・則步更爲八八六十四寸・是言六國時步尺之制也・史以獄成告於正・正聽之注云・漢有正平承秦所置・是言秦漢設官之制也・又考漢制有與王制合者・如王制不以天子與公侯伯子男並列五等・以漢承秦後・天子尊甚也・質成之法・歸重大司徒大司馬大司空・亦因漢法・以此三官爲三公也・以祝史射御醫卜百工不與士齒・與太史公自敘・文史星曆近於卜祝・主上以俳優畜之・其意畧同・此則必非古制・或漢儒綴拾爲之・古人選士莫重於射・周官亦以祝史之類列於六官・豈得不與士齒乎・疑此亦漢制也。

要之・王制雖先秦古書・不免雜於漢儒之手・孔疏謂作在周亡之後・臧在東謂秦猶未焚書・故先王之制尙存梗概・（見拜經日記・）皆本鄭君在孟子後之說・但不能實指爲何時・然統全篇觀之・雖有附入漢制者・斷非漢文帝時之王制・觀其本末先後・秩然有倫・苟非先秦古書・漢人不能言之・王政以分田制祿爲先・自王者之制祿爵・至千里之內以爲御・言分田制祿也・分田制祿必封地設官・自千里之外設方伯・至下大夫一命・言封地設官也・設官則必擇人・自凡官民材至不及以政・言擇人也・設官則當別尊卑・明黜陟・自比年一小聘・至一德以尊・天子巡狩朝聘・皆有定制・別尊卑也・自賜諸侯樂・至出征・執有罪反・明黜陟也・有兵則當有備・自無事則歲三田・至不覆巢・言有備也・財有用則用有節・自冢宰制國用・至日舉以樂・言節用也・用財之禮以喪祭爲重・自七日而殯・至寢不踰・言喪祭之禮也・有

財用則有征稅・自公田藉而不稅・至用民之力・言征稅也・取財尤貴生財・自居四民時地利・至樂事勸功・言生財也・民富則教興・自司徒修六禮・及樂正立四教・言興教也・教成則當辨材・自司馬辨論官材・至不與士齒・言辨材也・明刑所以弼教・設禁所以省刑・自司寇正刑明辟・至四誅不以聽・自圭璋不弼・至禁異服・識異言・言刑禁也・教養盡而刑政舉・則當考百官之廢置・而定於歲終・自天子受諫・至百官受質・皆考其廢置也・（陳氏禮記集記・採葉夢得論王制之序次・大畧亦如此・）至篇末言六禮七教八政・則又推王政之本言之・誠千古治世之大經矣・豈漢儒所能綴輯哉。

鄭權 字玉山・番禺人・光緒戊子舉人・菊坡精舍學長・爲文才藻富贍・著有玉山草堂駢體文二卷。

英德觀音巖頌 幷序

觀音巖者・五嶺之神皋・三瀧之靈嶽・丹梯百仞・紺壁千尋・雲徑蛇蟠・煙巒螺擁・江連桂水・湛湛青波・山接蓮峯・濛濛翠靄・霜皮溜雨・崖支盤古之松・秋草凝煙・澗蓄神農之藥・盼重華之古洞・雙闕翔鸞・望帝子之荒臺・千年控鶴・是以神僧飛錫・佛子浮杯・架木營龕・倚巖闢舍・燃燈共佛・柢林開柰之宮・傳鉢棲禪・陀石湧青蓮之座・果銜舍衞・即是雁王・花踏迦陵・非無鹿女・開金繩於覺路・渡寶筏於迷津・霜晨唳鶴・雜魚梵於紫霄・秋夜啼猿・答馬鳴於絳苑・固已蔭慈雲於西極・照慧日於南荒者矣・則有星使來颿・詞曹泛棹・艤舟淺岸・躡屐危岑・煙障百重・山花一洞・蝴蝶自舞・鷓鴣亂飛・霜鐘落水・經疑六甲之旛・石乳生雲・洞訝五丁之鑿・璿基瑚壁・敞鴿殿於星巖・玉柱瑤篸・架虹梁於月窟・燈籠蓮炬・捫古穴以谽谺・杖策松枝・緣鉤梯而岏業・峯如迴雁・上聳重霄・潭有潛螭・下臨無地・紺宇開而碧煙鎖・珠林啓而白雲封・方諸鷲嶺・黃金鋪說法之堂・譬彼魚山・白玉刻傳衣之象・昔者王簡棲之辭華・勒碑頭陀之寺・庾子山之文藻・留銘麥積之厓・僕夙悟法門・式瞻靈宇・謹摛瓔語・用勒貞珉・詎使寺營白馬・擅慧業於須彌・舍敞青鸞・闡眞如於功利・頌曰・

天道兜率・地擴琅嬛・銅梁九息・石闕千盤・嶂隱紅日・江迴碧瀾・桂邑秋削・芝巖夏寒・擘嶺分崖・裂石成洞・路訝天通・階疑雪凍・蝠綴珉篸・蚪盤玉棟・門鎖蒼煙・岸環碧淞・水鏤月殿・鏡刻花堂・傳燈瑚谷・繙經石床・龕藏佛影・室耀神光・雲臍瀉乳・雪竇凝香・淺瀨停橈・層梯躡屐・野鹿皈心・天龍證指・國是瞿曇・園成歡喜・果獻金鋪・花拈玉卮・如來福地・菩薩香城・鳥音答梵・馬背馱經・靈幢霞擁・貝鐘雷鳴・三空鎮徹・八德泉清・何處方壺・是名員屋・座湧青蓮・洞連紫竹・寶珞莊嚴・旃檀馥郁・琪樹拂衣・金棺示足・皈儒參諦・象教闡眞・心燃神炬・偈證祥輪・琳宮十笏・寶相千春・法雲不壞・香界無垠。

東漢高士贊

夫姚墟御籙・巢許振潁陽之風・姬后纂圖・夷齊邁西山

之節・自茲以降・流風愈繁・或拾穗於春畦・或負薪於夏道・或蹈海以狥節・或隱跡以謝榮・或醫卜以自娛・或畜牧而晦迹・雖復硜硜之守・有類沽名・滔滔之流・不能易世・然而蟬蛻囂塵之中・鳳翔霄漢之表・與夫委體淵沙・鳴弦揆日者・不其遠乎・光武側席英俊・首侯褒德・而脫屣軒冕・粃糠堯舜者・代不乏人・擲楯而去・則避世牆東・棄冠以逃・則守志蓬戶・彼披裘嚴瀨・鑿穴武安・韓康每懼名隨・仲叔不爲口累・是皆然矣・若夫運期慕延陵之風・申屠鑒祖龍之禍・孺子高南州之譽・公理繼西京之軌・彼四君子者・立身三代以後・抗懷千載以上・卻纁帛而窮退・抱琛賚以遐棲・是故名可聞也・而志不可屈・身可賤也・而道不可踰・豈必友鹿豕・親魚鳥哉・亦其性分所至・則耕織可業・風雅所託・則琴書可娛・憤時俗之澆靡・慨斯文之湮墜・或敖翔清曠・或溷跡傭伍・其志固在北山之北・南山之南矣。

然而永平建初之間・君相勤劬・朝野清晏・執經前席・冠帶圜於橋門・決議親臨・逢掖會於虎觀・況復丁鴻逃爵崇讓・而拜侍中・孔僖訟謗錄賢・而除令史・幸鄭均之舍・祿賜尚書・會張酺之庭・儀修弟子・斯亦守志巖阿・樂道畎畝者・無歌扣角・相慶彈冠・奮渭水之雲雷・作傅巖之霖雨矣・而鸞伯方且西入霸陵・東遊吳會・笑犧牛之被繡・樂神龜之曳塗・帝京翹望・慷慨五噫之歌・故友遐思・憔悴嚶鳴之賦・觀其託業卑汚・寄情夷曠・牧豕上林之苑・居廡伯通之家・歸來宋勝・從郇越以牧羊・隱去馬瑤・入汧山而冝兎・即逢盛世・亦餐綺季之芝・誰擊强宗・不置任棠之薤・家有老萊之婦・投畚相隨・堂無毛義之親・捧檄何喜・是以狐嘖風蕭・無慚殺魄於要離・高士頌亡・猶引遺文於李善・豈直賃舂表異・結死友於暮年・滅竈更炊・謝因人於卯歲而已哉。

至若豫章標特出之名・山陽有狂生之號・陳仲舉之清峻・設楊留賓・蔡伯喈之才華・移書薦士・莫不游心海左・抗節山西・治支父之幽憂・謝庚桑之尸祝・當是時也・五侯竊柄・十侍擅權・竇游平之忠憤・隕首都亭・何遂高之専威・戕身長樂・是故匹夫抗憤・處士橫議・遂乃激揚聲譽・品覈纓紼・郭有道人倫東郭・許子將月旦士林・太學高標榜之風・甘陵立南北之部・於是子龍興歎・依桑樹以爲居・公理賦懷・慕林泉而養志・憫狂瀾之既倒・慨大樹之將顛・徵同陳紀・獨守邱園・飯設茅容・止談稼穡・進不能爲伯起之疾惡・抱痛清流・退不爲孟博之除奸・怨生行路・即使邠鄉持節・期會諸侯・子幹抽戈・抑數閹宦・亦足上宣國命・下懾奸邪・然炎運既衰・當塗將啓・人有藏盤之哭・鬼同集社之謀・所以誡郭太之棲棲・笑韓融之役役・避董卓於東洛・去高幹於幷州・德邁羣俊・而名不隸三君・行高四海・而譽不儕八顧・參軍可就・不爲築室之袁閎・漆工是傭・何異潛車之夏馥・彼張儉之望門投止・岑晊之禍君遠逃・無論矣・雖復潁川三虎・汝南二龍・景顧漏籍而殉師・伯求離難而結友・亦復懷寶炳日・蘊義生風・激素行以耻威權・立廉尙以振貴勢・而天地閉氣・虹蜺揚煇・雌雞叱於禁闥・青蛇蟠於御座・是以陳蕃露刃・不免南宮之囚・本初起兵・無救平津之禍。

嗟乎・江河日下・而欲以一簣障之・棟宇將壓・而欲以

一木承之．旣騰訕上之風．終嬰疾甚之亂．豈若此數君者．嚌濡道眞．遵攝元性．隤然其處順．淵乎其養和．東南遙集．求魯連於海隅．童冠偕遊．希點狂於沂水．拘教樂貴者．則振乎而去之．識深甄藻者．則置芻而弔之．顯肅繼體．猶疾俗之作譏．桓靈昏德．遂遺世而免禍．政如勛華在位．而石戶永葆力之貞．刁開竊權．而臣稷抗希古之志．其飮犢之流耶．抑猶龍之伍耶．磊磊乎．捲捲乎．方且尊知而火馳．方且緖使而物絯．潄流以激其淸．棲巢以韜其曜．豈與樊英就徵．取譏李固．馮恢屈節．見陋張華者．所可同日語哉．迄今考謝承之書．披蔚宗之史．稽皇甫高士之傳．覽泉明羣輔之錄．曹子桓之作相．甄表淸英．稽中散之著書．遐搜逸行．詩存樂意．論載昌言．美胡廣之薦賢．笑黃忠之勸駕．鴻飛何慕．龍性難馴．名教之外．別有風猷．山澤之間．獨存至性．義爻貞遯之象．詩人考槃之歌．其在斯乎．爰以暇日．流覽遺徵．綫述生平．各繫以贊．其詞曰。

梁鴻

矯矯伯鸞．抗志希夷．君雖蒲坂．臣則被衣．非恥周粟．乃樂商芝．五噫旣賦．易性運期．幼牧上林．壯遊東洛．齊魯暫居．句吳終託．螣蛇棄鱗．神龍養角．冢傍要離．事符嬴博．維君高節．邁越東京．頌期尙友．詩紀遐征．夫旣遺世．婦亦君貞．戴紝負甑．先後同情．委懷琴書．遁跡傭保．蘭蕙不芳．碔砆是寶．曷慕夔龍．獨懷羲昊．念彼恢兮．華陰終老。

徐穉

彥祖旣隱．叔度亦歸．卓卓孺子．非惠非夷．四察孝廉．五辟宰司．蕃榻特設．去則懸之．延熹之年．尙書薦賢．旌旆孑孑．束帛戔戔．陶帶不繫．許瓢自懸．辭榮簪笏．樂志林泉．王室陵夷．草茅淸議．饌享茅生．箴銘郭子．百川誰障．一繩靡恃．君之卒年．黨錮禍起．有子克家．隱居林藪．入則橫經．出則終畝．賊敬其閭．人望如斗．足繼父風．並傳不朽。

申屠蟠

邈矣子龍．絕迹梁碭．智識徇齊．襟懷高曠．郭旣稱奇．蔡亦崇讓．潛味道眞．棲遲平壤．義嘉緱玉．獄脫馮雍．喪歸死友．孝著童蒙．雉翔墓側．露降庭中．至行奇節．厥聲隆隆．處士橫議．公卿折節．八顧三君．名高禍烈．君燭先幾．棲身巖穴．與世長辭．旣明且哲．進徵不詣．卓辟獨逃．漆工容與．桑屋周遭．山林可逸．冠帶何勞．抗懷遐躅．落落風高。

仲長統

仲長公理．產自山陽．博涉書記．善爲文章．翺遊靑冀．轉徙徐揚．倜儻不羈．人謂之狂．幷州高幹．矜才傲岸．徒慕虛名．而忘遠患．始則貴冑．終爲逆叛．君戒不悛．潔身去亂．孟德定君．旁求孔殷．舉尙書郎．參丞相軍．驥足未展．鵩賦先聞．謂予不信．請誦昌言．熙伯論文．曰西京儔．伯仲賈董．揖讓楊劉．君才雅贍．君志淸幽．詩論寫懷．枕石漱流。

陳宗穎 字孝堅・番禺人・澧子・光緒戊子優貢・宗穎學有淵源・通深博雅・尤工小篆・性狷介・不諧俗・既遭國變・以明經終。

兩漢吏治考

兩漢吏治之效・其最大者・莫如文翁之治蜀・文翁傳云・景帝末爲蜀郡守・選郡縣小吏・開敏有材者張叔等十餘人・親自飭勵・還諸京師受業博士・又修起學官於成都市中・至武帝時・乃令天下郡國・皆立學校官・自文翁爲之始云・夫漢治之善・莫如經術・經術之盛・由於文教・文教之興・由於學校・漢之郡國立學校者・始於文翁之化蜀・漢書循吏傳・以文翁爲首・而傳中所著・但著其教化之美・其他政績無述焉・蓋以吏治之效・未有大於此者也・今考文翁以後・守令之吏・其重儒術修學校者・頗不乏人・韓延壽守潁川・教以禮讓・令文學官諸生・皮弁執俎豆・徙爲東郡・延壽爲吏所至・必聘賢士・表孝弟有行・修治學官・何武爲揚州刺史・行部必先卽學官見諸生・試其誦論・問以得失・（並見漢書本傳・）寇恂爲汝南太守・恂素好學・乃修鄉校・教生徒・聘能爲左氏春秋者・親受業焉・李忠爲丹陽太守・起學校・習禮容・春秋鄉飲・選用明經・郡中向慕之・劉寬爲平陽太守・每行縣・輒引學官祭酒處士諸生・執經對講・鮑德爲南陽太守・時郡學久廢・德乃修起横舍・又宴會諸儒・何敞爲汝南太守・分遣儒術大吏・按行屬縣・置立禮官・應奉爲武陵太守・興學校・舉側陋・欒巴爲桂陽太守・以郡處南垂・不閑典訓・興立學校・以奬進之・衛颯爲桂陽太守・下車修庠序之教・任延爲武威太守・造立校官・自掾吏子孫・皆令詣學受業・郡遂有儒雅之士・秦彭爲山陽太守・崇好儒雅・修明庠序・伏恭爲常山太守・修學校・北州多爲伏氏學・宋均爲辰陽長・立學校・楊仁爲什邡令・勸課・掾吏子弟悉令就學・通經者顯之右職・或貢之朝・劉梁爲北新城長・大作講舍・延聚生徒數百人・身執經卷・試策殿最・孔融爲北海相・立學校・表顯儒術・（並見後漢本傳。）

蓋自文翁立學官・至武帝時而天下郡國皆置學校・由是爲守令者・又多以治學校爲事・故平帝之世・漢治已衰・猶有立學官・置經師之舉・（見平帝紀・）逮乎東漢・儒術益倡・故班固東都賦云・四海之內・學校如林・庠序盈門・而郡守縣令・以修學崇儒爲治者・愈彬彬稱職矣・董仲舒傳云・武帝立學校之官・皆自仲舒發之・然觀循吏傳之語・則其事實倡於文翁・且仲舒言於武帝時・正立博士・舉孝廉之際・故其言易行・文翁當景之末・景帝不好儒術・而其治蜀也・乃正以儒術爲急・使司馬相如東受七經・還教吏民・（見三國志秦宓傳・）然則文翁者・不趨朝廷風旨之所尚・而毅然以經術爲倡導・尤其難能而可貴者也・蓋吏治之要・莫先於學校・學校之興廢・經術之所由盛衰也・以一循吏之力・開一代之風氣・而兩漢儒術・遂度越千古・其所成者鉅・其所及者遠・嗚呼・吏治之效・其盛如此・豈不偉哉・若夫兩漢吏治之善・其可稱者・更僕難數・然前人頗有論及・今取其犖犖大者・以著於篇。

陳宗潁　林國賡

伊雒淵源錄書後

右朱子伊雒淵源錄．記周子二程子及其交遊諸儒．而以程門諸弟子繼之．所采皆諸儒事狀奏狀．及傳誌祭文哀詞之類．而著明其撰人姓名．若諸儒言行．散見於他書者．亦采錄之．曰遺事．附於後．而逐條注其所出．蓋朱子之意．欲示後人以有所考也．四庫提要．稱朱子著書之意．固以前言往行矜式後人．誠此書之定論矣．至程氏門人．無記述文字者．亦備錄之．而附數語於下．邢恕受業程門．而伊川涪川之行．實恕所擠害．朱子錄之卷末．論者頗以爲此書之病．然朱子著書專爲淵源而作．其人雖無記述文字．而實嘗受業於程門．豈宜畧而不載．若有記述文字者．則取之．無者則棄之．是爲伊雒作學案．而非爲伊雒記淵源矣．邢恕學於伊川．當其後反相擠害．謝上蔡具以告伊川曰．故人情厚．不敢疑．是伊川之於恕．未嘗擯之門牆外也．朱子錄之卷末．而附載之事．又見之於伊川年譜中．然則錄邢恕者．所以記伊川之淵源．而兩見其事者．所以明邢恕之罪．朱子於此．其用心可謂至善矣．恕有論明道語．朱子亦采之．此則不以人廢言之意．而亦可見朱子心之公也．宋史姦臣傳．稱恕從程門得遊諸公間．而於擠害伊川事則不載．豈以恕爲奸臣．其負咎師門．而不足爲怪．可不具錄．而伊川傳中．削藉竄涪州．亦不云邢恕之所爲．恕傳既云從程門矣．何其得罪程子者則不言耶．伊川傳既云竄涪州矣．何使之竄涪州者則不詳耶．此誠宋史之失矣．

宋史成於元初．其時道學風氣最盛．故創立道學傳．冠於儒林傳之前．爲自來史家所未有．然所載諸儒．實據此書依次編纂．道學傳序云．邵雍高明英悟．程氏實推重之．舊史列之隱逸未當．今置張載後．據此則宋史列邵子於道學傳．似爲特識．然此書周程之後．即錄邵子．是邵子列道學傳實本於此．非特識也．夫朱子此書．名爲淵源錄．祇爲伊雒諸儒而言．非謂宋儒學問全具於此．宋史據此書而立道學傳．而後之論者．遂謂談宗派．分門戶．實此書爲之先．此甚非朱子之意．而亦朱子所不及料也．李士英名臣錄言行錄外集．首錄周程張邵諸子．以下則程門諸賢．其次序與淵源錄合．而卷首題曰．道學統宗．又附以道統傳授圖．蓋傳授即淵源之意．士英所編錄．當以此書爲據．然其所謂道學統宗．則非此書所有也．宋史之有道學傳．其所出於此歟．夫士英據朱子之書而有道學統宗．道統傳授之說．是宗派門戶之見．莫明於此．朱子之書在其前．固無是也．讀此書者．多識於前言往行．而勿以門戶宗派爲說．則朱子著書之意耳。

林國賡　字颺伯．番禺人．戊子舉人．壬辰進士．選庶吉士．散館改吏部主事．以父病乞假歸．丁艱後不出．主講端溪書院．尋卒．國賡與弟國贊並出同邑陳澧門．稱高第弟子．其學在以史證經．嘗言經學貴見之實用．佚經佚子．有馬氏玉函山房輯本．佚文有嚴氏歷代文輯本．而佚史闕如．爲南海孔氏校理北堂書鈔．因輯佚史．得八百餘種．積稿盈兩篋．世服其勤博．尤好陶詩．以爲微情達旨．取晉史之證．非可空言想像．著有讀陶集劄記三卷．又著有元史地理今釋．近鑑齋經說．軥錄齋讀書偶記．輯古佚書若干卷．並存於家。

與陳公睦書

山堂春季．敝齋所擬兩漢言左氏者．皆取公穀考一題．未知何齋校閱．此題乍看似乾枯．實則三傳之微言大義也．兩漢左傳家．取公穀本．見杜預集解序．而題注但言孔序者．以杜序所言．固未盡然．而孔序則更錯會杜意．通罵前後漢八人．以爲杜眞如此說．則誤而益誤也．（題注但云所取若何尙隱約其辭．異同得失．皆所討論．）今漢注佚矣．玉函山房佚書尙存什一於千百．（馬書本係章逢之所輯．特借名耳．然所輯亦多遺漏．）其所引公穀之說．今尙可窺其大畧．夫賈服劉馬諸家皆尊左而貶公穀．其兼采二傳．則其從善服義之公心．不復存門戶之見者也．兩漢治左氏者．多兼治公穀．此係漢儒兼通今古文之師法家法．亦係漢制．（已見詔書兩次．）杜孔獨不以爲然者．迺其尊尙左氏門戶私見．文人相輕．自古而然．非通論也．（杜起於晉去漢已遠．其集辭多不忠不孝之說．凡百數十條．眞可詫異．獨頗尊賈逵．但逵義深於君父而預則大不然．何尊逵之有．）孔正義不達杜意．其說加甚．尤不知漢家法之寬．漢制之大．更爲可詫．且杜注亦何嘗不引公穀乎．如隱六年秋七月．杜則暗用公羊傳語以釋經文．此一例．隱五年傳三年而治兵．杜則暗用公羊語以釋傳文．此又一例．莊廿三年祭叔來聘．莊十九年迻媵于鄄．左無傳．杜則明引公穀而補其說．此又一例．成十六年雨木冰．左無傳．杜則暗用公穀而補其義．此又一例．莊六年來歸衞俘．杜則明引公穀經文．以改左氏經文．此又一例．大約杜注采公穀以釋左氏．其例甚多．今不過聊舉一二．然則杜譏漢注．膚引公穀而自爲集解．又復引之．亦豈能自出於漢法漢制之外哉．孔正義尤多舉公穀之不同左．而亦辨之．尤爲作法自斃．（正義所采漢儒之說．多是與杜不同者．始見於疏中．且必尊杜駁諸儒．然杜所暗襲漢說．則一槩不疏出矣．此乃唐疏之劣陋處．然就此所倖存之百十條亦多有長於杜者．而正義必尊杜．此劣例不可不知．）然總以見三傳之不能不互相爲用也。

三傳皆所以解春秋．皆期至於周孔之道．（五十凡謂之禮經出於周公．此孔子筆削之所本．杜氏釋例多誤解五十凡．而不得其要領．此尤須後人之整頓者也．）其如鬻拳祭仲之各相懸絕者．亦正無幾．而其說天理人情．世道人心之必出於同然者．所在皆是．說經家萬萬不能離而二之者也．此可以見漢師法漢制之美善．（兩漢經師分兩路．一是守一家之說．所謂墨守之學也．一是兼通古今文．不專守一家．然兼通古今文．亦分兩路．一則有宗主．亦有不同．鄭康成之學是也．一則無宗主．但有不同．許愼之學是也．）東塾記舉鄭君鍼膏肓三書爲證．以著明其家法．可謂簡而明矣．朱鼎甫先生無邪堂答問．暗宗杜孔之讕言．謂治左氏者不可取公穀．取則必淆雜．且有誤公穀義入左義．此則眞贅說也．凡初學治經．亦斷無此糅雜淆亂．先生何必如此之過慮．且守此說．則三傳中之微言大義．十可通其五六者．亦必使之南轅北轍．（漢左傳家兼取公穀．其義例約有數端．一則證其同文．一則證其文異義同．一則證其義同中有異．異中有同．一則左傳無傳．而取公穀以補之．一則公穀義短．而取以駁之．一則公穀事太畧．而引以明左氏之長．聊

舉數端・此外可隅反也・）是誤中杜孔之毒・而大背漢師法及漢制也・三傳中大義凡有數端・鄙人亟欲辨之・（一五十凡也・一君子曰也・一仲尼曰也・一兼通三傳之師法漢制也・一服受鄭之微言大義也・一賈逵大義也・服注左氏淵源於鄭杜所不喜・孔正義尤詆之不遺餘力・竊以爲今正義所存者・斷非服之極善處・特其皮毛耳・嘗欲發明服之得鄭義可傳者・必有可觀也・）此特其一端・而正續經解尚少論及・（國朝諸經師・能考微言大義者絕少・此東塾記所以卓絕千古也・）容俟稍暇・即當整齊繕寫・錄呈大教。

再與陳公睦書

前有拙函奉寄・想得塵覽・寄後覺意有未盡・故欲復貢芻言・山堂經題兼通・是師法亦是漢制・而杜預必非之者・非惡漢法也・惡遵漢法則不足以媚司馬氏也・左傳在秦漢之間・傳授不絕・漢高之世亦不絕・（別有考・）然不得立學官・至賈逵出・發明左傳大義三十事・尊君父・明綱常・加以明識・然後得立學官・惟左傳之大義懍然者・逵摘出上疏以尊其書・其左傳中之間有悖於大義者・逵不便載於上書中・因別取公穀之大義懍然者・以救正其說・而別載於一己所著書・即可並行不悖・服之論左傳・與康成合・其於君臣大綱大紀・必無不持之至正・（范氏穀梁集解・亦兼取公左・尤明大義・范氏世爲鄭學・由此可知鄭君左注必兼二傳・必申大義・蓋雖亡猶存矣・）至於西漢之賈誼・尤明於大義・今其書不存・而遺言所取公穀・猶時見班書中・大抵諸儒兼取公穀・皆明大義・而尤以賈逵爲最・惟劉歆之兼取公穀・則皆是無關宏旨・蓋歆黨亂臣賊子・與父向異趣・向校中五經秘書・又別錄左氏・而於公穀之大義懍然者・尤表章不遺餘力・以扶君臣大綱・而遏抑新室之亂萌・至向死十三年・莽乃敢即眞・歆背父教・飾經以左右莽・至敢竄改左氏・如弒君稱君・君無道之謬說・必係歆所爲以媚新室・且力爭立博士・以冀行其邪說・逵知其意・而惟表章左傳原有之大義數十事・其爲歆所改者・則取公穀以諍之・庶周公孔孟之道不墜於地。

杜預起於晉・其父爲司馬所殺・預並廢棄・後昭謀篡・冀收名士・於是以妹妻預・預感激圖報・乃奮然作左氏集解・皮傅經義以爲司馬氏欺飾・恰得無君無父之劉歆爲己先導・故集解自序・評品漢儒・即以歆列第一・以爲能創通大義・其餘各家・引公穀大義者・則目之曰異端・序杜云・簡二傳而去異端・蓋謂此也・預作集解・簡用二傳凡百數十事・類皆無關宏旨・凡二傳論弒君之大罪・無父之大惡・勝於左氏者一字不敢采用・穀梁大義懍然・其論君父大綱・比公羊尤爲痛切・而預之采用尤無一語・獨於雨木冰衞俘之訓詁閒文・乃采之以爲觀美・孔正義承唐室開國・沿六朝篡弒之餘習・又因太宗崇尚杜注・未改六朝欺飾風氣・故亦尊崇集解・極力附和・雖疏不破注・倘有心存古・亦可於諸儒取公穀大義者・多存一二以扶正氣・詎料沖遠有心袒杜・凡足難杜者・一切刋落・而存其下駟・坐使漢注之詣極者・竟盡灰飛煙滅・今經後儒掇拾・多歎叢殘非怵腎披肝・幾不得其要領之所在・嗚呼・若劉歆・若杜預・乃春秋之罪人・左傳之蟊賊・而亦漢左傳家之魔障也・國朝經師如里堂諸家・亦

能知杜預之奸邪．而於左氏家取公穀．何以是杜．孔不取公穀．何以非杜．罵漢儒之取公穀．而自作集解．仍取公穀．與漢儒何以不同其要領．尚未有窺及者．杜既尋得黨馬媚昭之捷法．遵用僞左稱君．君無道稱臣．臣之罪．各誓說著爲釋例．其左傳原說大義．未經歆改而爲逵所表出上疏者．亦敢持其奸例．效法莽賊．肆恣改易．杜此一著．尤爲陰險．預既號尊左．而既盡歸漢儒之引二傳明左．又再踵歆賊竄左之故智．以恣意改左．而仍冒託於左．此千古左氏家未有之奸謀也．地僻友寡．無可告語．惟質之經學大師．庶足以論定耳。

盤庚說

商書之有盤庚．司馬遷以爲小辛時作．鄭康成以上篇爲陽甲時作．中下篇爲盤庚爲君時作．司馬遷從孔安國問故．鄭君何以不同．此其當辨者．約有數端焉．漢書儒林傳言司馬多古文說．後人誤會厥旨．謂史記皆古文．非也．段氏撰異又謂漢人探摭尚書．皆用學官今文之本．故史遷立說取義．雖從孔安國古文．而字句要必悉遵今文．此說亦似未盡然．如今文嵎鐵．夏本紀仍作嵎夷．今文思曰容．宋世家仍作思曰睿．又同一金縢也．周公世家載周公奔楚事．則用古文說．載成王改葬周公事．則又用今文說．又同一太戊也．殷世紀則以爲雍己弟．世表則以爲沃丁弟．史遷博采羣書．不能專守一說．且並有出古今文之外者．其說不盡可據．亦可知矣．此其當辨者一也．書序云．盤庚五遷將治亳．殷民咨胥怨作盤庚三篇．盤之說以此爲最古最確．案書序上云．仲丁遷於囂．作仲丁．河亶甲居相．作河亶甲．祖乙圮於耿．作祖乙．文義相承而下．皆謂其當遷之時所作．則盤庚一書．亦必是盤庚自作無疑．且今所存商書只五篇耳．嘗通考之．湯誓一篇．是當誓衆時所作．西伯戡黎一篇．是當文王爲西伯時作．微子一篇．是當微子去國時作．惟高宗肜日一篇．書序及伏生書傳皆以爲當作於高宗之世．史記殷本記．又謂祖庚立祖己．嘉武丁之以祥雉爲德．立其廟爲高宗．遂作高宗肜日及訓．謹案高宗二字乃係廟號．武丁及生必不以此名篇．如此易序自覺至當不易．惟盤庚遷殷．與遷囂遷相遷耿同爲一例．凡遷都大故皆有喩民之辭．斷無事經隔世而始作其書者．且盤庚非廟號．與湯西伯微子亦同例斷．可見其非身後所作矣．此其當辨者二也．史遷之說．索隱以爲未見古文．孔疏以爲合書序．二君皆不足於史記者．夫不合書序則有之矣．以爲未見古文．則史遷嘗從孔安國問故．孔安國古文也．是史遷非不見古文．但雜引羣書．不能悉用古文耳．史記於夏殷諸本記採摭書序十居八九．惟於書序作仲丁．作河亶甲．作祖乙一連三遷．獨不引之．蓋既引此三書序．則盤庚二篇用在五遷之內．體例如一勢．不得不謂盤庚自作．畧此三遷．正爲盤庚地也．此其當辨者三也．且盤庚非百姓作亦有可證者．周禮太祝注曰．誥謂康誥．盤庚之誥之屬也．左氏傳亦云盤庚之誥．今案盤庚雖無誥字．而實爲誥民之體．既爲誥民．則其體尊．自必盤庚所作無疑．若以爲百姓追思盤庚而作．未聞以百姓誥百姓也．此其當辨者四也．鄭康成以爲盤庚自作．其說當矣．又以上篇屬陽甲時．中下篇屬盤庚爲君時．此必古文家說．若伏生今文．盤庚祇

爲一篇．堯典疏云．鄭元則於伏生二十九篇之內分出盤庚三篇．則知今文盤庚爲一篇也．既爲一篇．自必一時所作．似不必强分爲君爲臣時矣．此其當辨者五也。

理學庸言序

林國賡曰．理學之興．自宋以來．惟程朱最爲篤實．陸清獻公云．注疏乃程朱之所出．可謂一言蔽之矣．朱子講學尤深於注疏．所譔論語訓蒙口義序．論語要義目錄序．以及答余正父張敬夫等書．歷歷可證．其他章句之學．說文之學．反切之學．以至天文地理樂律九數．莫不硏究．而厘求禮意．尤心折於鄭君．番禺陳蘭甫先生讀書記．考之詳矣．蓋道學風氣盛時．類多空言以求勝．課虛叩寂．不無偏尚．惟朱子論學．平實精博．永無流弊．厥後若黃東發日鈔．王伯厚紀聞．薛文清讀書錄．顧亭林日知錄．陸法獻賸記志疑．謄言諸事．皆能篤守朱子家法．凡一切微言大義．引伸觸類．至爲明著．此眞溝通漢宋．爲理學之宗者也。

番禺金芑堂先生惇師老德．平昔討論．一以朱學爲主．凡夫禮樂制度．天文地理．六書九數．亦如朱子之各有心得．中經亂離．雖多燬佚．今讀劬書室集．足闚涯畧．晚年所著書曰理學庸言．發明朱學．尤無漢宋門戶之見．先生爲鄉賢林月亭高弟．尊宗朱子．淵源至正．躬行實踐．八十年如一日．故所得爲最多．其言性命以迄格致．凡二十五篇．大抵融會漢宋之說．折衷一是．有朱子所已言．而申之益明．有朱子所欲言．而引之彌切．近時風氣．講漢學者多蔑義理．講宋學者又多詆訓詁．均非朱子之敎．是書一出．吾知漢學商兌等書．可以不作．而黃王薛陸之羽翼朱學者．亦喜有傳人也已．劬書室集．廖澤羣前輩既爲之序．理學庸言．公子復請爲序．爰本平日聞諸先生之緒論．述諸篇首．以告海內之讀先生書者。

讀曲禮一

王伯厚讀曲禮．舉若夫坐如尸二句．謂本大戴禮道德仁義非禮不成一節．謂本賈誼新書．因謂曲禮上下篇所採摭非一書．國賡案．若夫坐如尸二句．係朱子稱劉原父說．（見語類八十七．）伯厚因之．再考新書．今讀大戴禮及賈誼新書．尙有與曲禮同者．此外儀禮十七篇．荀子呂氏春秋．皆有與曲禮印合者．（管子晏子尙書大傳韓詩外傳老子莊子則少足印證．）遍爲考之．可得數十條．若白虎通引曲禮甚多．則是明見小戴書而引之．與伯厚意又不同．是同爲周秦西漢書籍．亦當有界限也．然此逐一印合．猶是第二層意義．必須加以討論．沿流傃源．乃能得其精要．伯厚謂所採摭非一書．此句滑口讀過．鮮有不誤解者．蓋曲禮本有三千．後來散佚．仍有留存．如孟子禮朝庭不歷位．禮曰父召無諾之類．皆是古來曲禮之遺．（今賈誼新書．荀子等書所存各條．句首多有一禮字．卽此例也．）或柱下叢殘所留．或遺老所說．作曲禮上下篇者．極力搜集．僅得此數．而新書呂覽之類．又是各記所聞．彼此皆係拾遺補闕之意．故伯厚言所採摭非一書者．蓋謂今曲禮散而復聚．必有採散摭佚．然後復聚成篇．但此採摭若何．今無可考．惟因誼書同採道德仁義一節．卽知今本曲禮此一節．亦必同有所採．非

謂作曲禮之人．即採自新書也。

若夫坐如尸二句．是採自曾子十八篇．（今存十篇．）蓋大小戴以前．其書早已別行．故作曲禮者採之．非採自大戴記也．隋志有小戴刪大戴之說．近儒或不以爲然．然即以刪論．亦謂大戴八十五篇．小戴刪爲四十九篇．或云四十六篇．是亦刪某篇存某篇云爾．並未嘗謂刪取某篇一二語．以入之於某篇也．自宋以來．儒者多誤讀隋志．雖如朱子者．亦以爲小戴若夫坐如尸二語．採自大戴．竟說成今曲禮上下篇．爲小戴所自作．甚矣．說經若斯之難也．曲禮上下篇其來已久．河間獻王所得記一百三十一篇．（見隋志．）曲禮即在其中．非惟遠在小戴前．且亦在其師后蒼之前．世人謂小戴作曲禮．又謂小戴刪取大戴若夫二句．以入曲禮．皆目論也．至其爲何人所作．則無可稽考．其舊爲大戴所收．而小戴取之．抑小戴所自收得．亦無明文同證．則闕疑也。

讀曲禮二

前譔讀曲禮一篇．後覺意有未盡．恐有以鄙人之說爲不然者．因復搜集餘義以廣其意．疑者曰．小戴全篇採自他人．今有成果者．如月令採自呂氏春秋．三年問採自荀子．猶之大戴記保傅篇．採自賈誼新書．此皆千秋定讞．無可翻案者．今曲禮上下篇．明明採自新書大戴禮．而公必謂非小戴所採．蒙有惑焉．願聞其說．曉之曰．呂不韋集名儒百數十人作呂覽．無一字非東周以前古義．內有太尉等字．或疑爲秦官．近儒亦已申駁辨正．是月令一篇．非不韋與諸儒能撰作．（竊疑小戴月令係原文次序．呂不韋乃取分以冠各篇．）三年問及保傅亦古禮流傳．荀賈因而收入己書中．亦非荀賈能自撰也．古籍中以一篇獨行於世甚多．如洪範．中庸．孔子三朝．弟子職之類．漢志皆別爲著錄．（孝經之體與仲尼燕居．孔子閒居同．亦是以一篇獨行於世者．後乃尊之爲經耳．）安知月令．三年問．保傅非呂荀賈得古籍之一篇獨行者．收入己書．而大小戴亦實採自古籍．與呂荀賈同有拾遺之功乎．且王制爲漢文帝時博士所撰集．漢文時代甚高．與賈誼同朝．且不過博士．採自古籍．並無自撰一字．乃尚爲後儒所嗤議．況小戴時代太後．迥非漢文博士之比．果其自採古書以撰曲禮．則又是漢家一大段掌故．豈有班氏世掌蘭臺圖籍．曾無一語道及．而西漢末及東漢禮家．亦無一人道及者乎．又豈有王制作於西漢初．而禮家罵不去口．曲禮作於西漢末．而禮家反珍之重之．其同罪異罰如此者乎．由此知曲禮上下篇．果在河間獻王所得記一百三十一中．而小戴並未嘗有所竄亂．則斷斷可信矣。

林國贊　字明仲．國賡弟．光緒己丑進士．官刑部主事．以足疾假歸卒．國贊文詞淵懿雅贍．而尤深乙部之學．所著三國志裴注述三國疆域志補正等書．通人推服．甫及強仕．遽促天年．論者惜之。

遣公孫敖築受降城論

漢武帝元封中．匈奴左大都尉欲殺單于．使人閒告漢曰．我欲殺單于降漢．漢遠．即兵來迎我．我即發．初漢聞此言．故遣公孫敖築受降城．猶以爲遠．漢使趙破奴將兵．

朝至浚稽山．左大都尉事洩伏誅．破奴軍遂沒於匈奴．嗚呼．漢武好大喜功至於如此．惑之甚也．渾邪王之謀降漢也．漢使霍驃騎迎之．渾邪王裨將望見漢軍．猶多不欲降．驃騎馳入斬八千餘人．衆乃定．日逐王之謀降漢也．使人與鄭吉相聞．吉發兵往迎．隨至河曲．頗有亡者．吉追斬之．僅乃無事．自古謂受降如受敵．安有以數千里期約．且於候騎出沒之地．築城刻待．又張其名曰受降．而能保其事之不洩且敗者哉．雖然．猶幸其事之洩且敗耳．夫漢武之好邊功極矣．涉河殺朝鮮使者．歸報天子號殺朝鮮將．上以其名美．卽不詰其他．降虜以窘急來者．奉之如驕子．裂土賜爵不少惜．左都尉知其然也．餌之以單于之首．而受降之事以亟．當斯之時．東拔穢貉．西通邛筰．南誅百越．海宇騷然．訖無寧歲．今惑於降虜之說．而又罄有限之財．塡不毛之地．驅瘵痍之遺．預必死之役．民將何以堪哉．且受降之計．亦殊拙．蓋築城虜腹．戍兵衆則無以息民．戍兵寡則不足制敵．唐天寶中．置二萬人戍青海．旋沒吐蕃．尋經安祿山亂．隴右地亦盡亡．皆其左驗．故愚謂漢武此舉．不過欲得單於頭耳．然虜有强弱．其弱者身死國滅．或可得志．南越．東越．朝鮮．頭蘭諸國是也．大宛．樓蘭．郅支之頭．先後入漢．而西域之害不少衰．默啜拔悉密．回紇．懷仁之頭先後入唐．而北虜之害亦不少熄．其强者豈可以一逞得哉．是故漢武此舉．無論得不償失．卽使盡償所失．而邊釁結．民力絀．吾猶未見其福也．又況版築甫完．敵騎四集．而受降之城．乃與長安之邸同一虛築哉。

嗚呼．元鼎元封之間．匈奴卽甚衰耗．然自都尉謀洩．而受降城下戰無虛日．破奴一出數萬人．畧無還者．不數傳而其地亦沒於匈奴．至地節元康難猶未已．蓋輪臺之詔．早已當施於受降之築矣．張仁愿之鎭朔方．以朔方與突厥界河．北厓有拂雲祠．突厥每犯邊．必先謁祠禱解．然後料兵來南．中宗時默啜悉兵西擊突騎施．仁愿請乘虛取漢南地．於河北築三受降城．絕虜南寇路．中宗從之．仁愿此舉．自唐休璟外．君子猶或非之．然自是寇方無寇．歲損費億計．減鎭兵數萬．猶之可也．漢武此舉．爲問寇災少弱耶．軍費少損耶．戍兵烽侯少減耶．後之人主．好殺伐而騖邊功．夫亦可以少鑒矣。

三國志裴注述自序

自序曰．斐松之此注．原爲陳志補畧而作．後人多病其繁．國贊謂陳氏作志．苦蜀文獻無徵．乃至楊戲季漢輔臣．贊亦盡列之．今斐氏所補於魏吳各家異同．不勝縷述．蜀志注亦然．蓋史之爲道．撰述欲其簡．考證欲其詳．況六朝迄今．古籍殆盡．不有此注．更何從見其厓畧哉．夫斐注詳贍極矣．國朝仁和杭氏堇甫．番禺侯氏君謨．皆嘗爲斐氏補闕．然未有條舉而通辨之者．竊惟其注．非議論卽事實．有足據者．有未足據者．亦有陳志得失．斐注未及發明者．謹摘錄如左．復以通論斐注之說．附注於末．極知庸淺無足收覽．聊記別紙．以俟就正云爾。

重刊二漢紀跋

編年爲史之正體．宋以前無敢議兩漢紀者也．道儒始輕

之・甚或病其敍述無味・（顧亭林說・）或又謂如通鑑方成大觀・兩漢紀殆足充數・（王西莊說・）噫過矣・何者・史莫尙於馬班陳范矣・然以荀袁揆之・有勝各史者・有不及各史者・有與各史俱得者・有與各史俱失者・亦有義得兩存而不能定其誰是者・壺關三老茂漢書無姓・荀紀云姓令狐・（四庫提要舉此・當是據顏師古注轉引・今本荀紀不惟無令狐字・並無茂字・檢困學紀聞知宋本已脫此三字矣・）今考令狐茂亦見續漢書郡國志注・引上黨記・（太平御覽五百六十引作上黨郡記・較續漢志注更詳・）上黨記隋志不箸錄・據晉書石勒戴記・勒於僞稱趙王之歲・嘗命撰上黨國記・疑卽此書・（是時爲晉元帝太興二年・劉昭生於梁代・理得轉引・）東晉初・羣書猶備在・石勒撰記不審有別據・抑但據荀紀・然亦可見令狐之證不孤矣・（據後漢書張皓傳注・謂壺關三老令狐茂事・見前書云云・疑漢書亦本有令狐二字・傳寫脫去・）又西園佐軍校尉・據後漢書竇武傳・則謂淳于瓊・據章懷注・兩引樂資山陽公載記則謂馮方・雖莫適誰是・而袁紹自爲中軍校尉・則俱無異辭・魏志亦同袁紀作中軍校尉・最得其實・而續漢書五行志・乃云紹爲佐軍校尉・後漢書於竇武宦者傳・謂爲中軍校尉・於袁紹蓋勳傳仍誤爲佐軍校尉・皆失之矣・（竇武傳・靈帝時置西園八校尉・小黃門蹇碩爲上軍校尉・虎賁中郎將袁紹爲中軍校尉・屯騎都尉鮑鴻爲下軍校尉・議郞曹操爲典軍校尉・趙融爲助軍校尉・淳于瓊爲左軍校尉・又有左右校尉・案此方敍八校尉最晰・惟未著左右校尉姓名・又都尉當作校尉耳・靈帝紀・袁紹傳章懷注・兩引樂資山陽公載記・及魏志張楊傳裴注・引靈帝紀自典軍校尉以上・除都射作校尉外・其文皆與此同・惟以下則章懷於前引云・趙融爲助軍左校尉・馬方爲助軍右校尉・諫議大夫夏牟爲左校尉・淳于瓊爲右校尉・於後引又改馬方爲馮芳・淳于瓊爲淳于蘷・裴注則仍作淳于瓊・惟馬方亦作馮芳・且並其文曰趙融馮芳爲助軍校尉・夏牟淳于瓊爲左右校尉・竊謂八校尉皆各殊號・不應助軍獨有二・又不應助軍已分左右・又別有左右校尉・裴注助軍下無左右字・最是・惜脫去・佐軍校尉章懷注・則助軍下左右兩字並行・又下助軍助字・蓋亦當作佐・據通典職官門・諸校尉條下云・靈帝置西園八校尉曰上軍中軍下軍典軍助軍佐軍・及左右校尉・其文與竇武傳正同・斯據的矣・錢氏三國志考異・其列諸校尉稱作助軍左・助軍右・蓋亦誤據山陽載記・惠氏後漢書補注・又但謂諸校尉互有異同・而亦未能辨也・章懷前引馬作焉・後引方作芳・要以馬方爲審・後漢書魏志兩袁術傳注・引九州春秋・又蔡邕集載・邕荅齊議序可證・）

又紀載說袁紹迎天子者・乃沮授後漢書・及魏志袁紹傳注引獻帝傳亦然・而魏志袁紹傳乃屬之郭圖・考授初見紹・已有此說・凡六出奇計・紹率不從・其於圖尤極抵牾・（授諫紹勿戰官渡・圖族紹・紹遂舉兵・尋又惑圖譖・分授兵與圖及瓊・尋又嗛授辭疾・盡省後兵屬圖・可見・）蓋袁氏諸臣・田豐外莫忠於授・非授必無此說・惟出授・紹故不從・圖則無是矣・圖平生爲袁氏父子謀・無計不左・恐未能此也・魏志失之・又東觀漢記・熹平元年會稽賊許昭自稱大將軍・立其父生爲越王・攻破郡縣・而吳志孫破虜傳・乃謂許昌自稱陽明皇帝・與其子韶扇動郡縣・今考後漢書靈帝紀・

朱儁臧洪傳・續漢書天文志及孫破虜傳注・引靈帝紀・（此所引蓋謂劉艾書張楊傳注・所引亦然・非謂見漢書及東觀漢記者兩注・俱不著姓名・以已著於武帝紀耳・章懷注亦屢引之・）其說與漢記並同・袁紀脫去會稽賊許昭以下十數字・但有自稱越王寇郡縣七字・然詳其文・蓋亦許生自稱越王・與漢記正合・漢記爲東觀舊文・說當不謬・靈帝紀撰於漢侍中劉艾・當亦可信・吳志謂生爲昌・謂越王爲陽明皇帝・謂昭爲詔・疊三誤矣・（艾書亦誤昭爲昌・惟其稱爲越王尚不誤・又案裴氏此引艾書・宜改注於扇動郡縣句下・且糾正志文之誤・裴既不爾・反於自稱陽明皇帝句下・橫納入靈帝紀曰昌以其父爲越王也十二字・則似昌自稱陽明皇帝句下・又別立其父爲越王・而其子又別有所謂詔者・蓋其誤又甚於吳志・至吳志譌昭作詔・惠定謂避晉諱改・國贊嘗有說辨之・文多不錄・）所謂勝各史者・此也。

淮陰賜序長百錢・荀紀改百錢作百萬・上以爲化去不死也・荀紀改上作道士・陸賈所請交驩者惟陳平・荀紀又闌入周勃・凡此皆不惟失馬班之舊・亦未必協當日情事・至史記列項羽於本紀・月表又題作秦楚之際・皆不沒其有天下之實・而楚漢並稱・例亦本陸賈春秋・非出私撰・（史記無秦漢並稱者・惟張釋之傳及序傳有之・蓋序傳大旨論罔羅舊聞・曰秦楚則不足見漢・曰秦漢則楚亦在其中矣・且舊聞惟秦漢爲多・楚不足言也・釋之傳主於言便宜事・蓋亦放此・漢書亦無以楚漢並稱者・惟一見之楊雄傳・蓋又追述雄意云・然此外則無非秦漢並稱・觀地理志及敍傳可見・司馬遷傳及後漢書陰誠傳兩稱秦漢之際・尤與史記所稱秦楚之際・正相反・）後儒不明・古所稱正統・非謂正朔・又誤認本紀二字爲美名・輒盛推班史改作羽傳爲當・無識已甚・要之班史不予楚正統・未嘗不予秦正統也・自史記言・則不惟予秦正統・且並予楚正統・自荀紀言・則不惟不予楚正統・且並不予秦正統・建武時封周後姬常爲周承休公・封殷後孔安爲殷紹嘉公・尋又改封衞公・宋公・以爲漢賓・（後漢書光武紀・續漢書百官志・）又東平王蒼議南北郊・引孔子曰・行夏之時・乘殷之輅・等語爲漢制法云云・（續漢書輿服志注・）皆推漢承周・不謂承秦楚矣・（觀輿服志引孔曰・其或繼周者・行夏之正云云・司馬彪亦是以漢承周・）荀紀演其說・歷序帝系沿周及漢・亦既比秦共工擯爲非序・而於高祖紀讚・仍謂漢得天下於秦・不自伐耶・（習鑿齒著論・推晉承漢・直斥秦楚爲二僞・漢之承統繫於周・不繫於秦楚・大旨與荀紀正同・特所謂楚者・指懷王耳・李延壽北史夷隋於魏齊周・蓋亦本荀紀之意・唐書武后紀稱天授元年・改元載初・以周漢之後爲二王・後封舜禹湯之後爲三恪・周隋同列國・封其嗣云云・考延壽於商宗時已亡・觀武后此舉・蓋亦循北史之例者。）

又酸棗之盟・據臧洪盟辭・祇是劉岱孔伷張邈橋瑁張超五人・明見後漢書魏志兩臧洪傳・若袁術韓馥王匡袁遺鮑信劉表等・並推袁紹主盟・尋後漢書紹本傳・魏志武帝紀・當又在洪等盟後・卽洪等亦與其列・洪盟在酸棗・紹盟自在漳河・（紹時屯河內・故其上書自言插血漳河・又武帝紀稱袁術等推紹爲盟主・是時邈岱瑁遺屯酸棗云云・後漢書紹傳乃以推紹爲盟主句・改置屯酸棗句下・或據此因疑兩盟皆在酸

棗．不知此仍謂諸軍皆推紹耳．非謂紹盟卽在酸棗也．細檢史文自悉．）袁紀混二盟爲一．陘以洪盟屬紹．而上旣列紹邈岱瑁遺術馥七人．下盟辭但舉邈岱瑁．反不及盟主．又別增伷超二人．亦太不相應矣．（魏氏春秋於洪等．明橫納入劉袁數人．裴世期謂袁始終未出江漢．安得與洪同盟．此言是也．然紹之盟止於遙推．據劉袁答鄧義語．及遺袁譚書．屢以同盟及盟主爲言．知表亦非不與紹盟者．陳范二書歷敍諸人推紹．皆失載表．表紀亦同．又並闕王匡鮑信．據裴注云云．疑混二盟爲一．自魏氏春秋已然矣．且洪之盟史不著年月．大較在初子元年正二月間．據武帝紀紹盟蓋亦在二月前．袁紀並繫之三月．誤更不一．又紹盟止遙推．是其曰插血者．亦未必實有其事．章懷注引獻帝春秋．乃別載有紹盟辭．又與袁紀不同．疑皆影附臧洪事爲之．其稱紹合冀州十郡守相共盟．不知紹彼時尚未得冀州．諸人亦並無冀州守相．至其盟辭中稱少帝爲弘農．益不足辨．）又後漢書獻帝紀稱．伏完卒於建安十四年．袁紀則謂與伏后同害於十九年．考魏志武帝紀稱．漢皇后伏氏坐昔與父故屯騎校尉完書．辭甚醜惡．發聞．兄弟皆伏法云云．觀此文是完已前卒甚明．裴注引曹瞞傳稱完及宗族死者數百人．或疑完字衍．最確．曹瞞傳不足信．又撰於吳人．傳聞亦多誤．袁紀據之．何不一檢陳志耶．所謂不及各史者此也。

蜀志許靖傳注．引山陽公載記稱．建安十七年漢立三皇子爲濟陰．山陽．東海王．考袁紀是年同時凡立四皇子．中尚有濟北王．後漢書獻帝紀正同．足知山陽記之漏．（東海蓋北海之僞．錢辛楣辯之．袁紀此條尚徵有誤．）又袁紀稱許貢爲吳郡太守．吳志朱治傳．又孫討逆傳及注引江表傳．又續漢志注引吳興記並同．而蜀志許靖傳．獨作吳郡都尉．考是時爲吳郡太守者．乃盛憲．據討逆傳注．引吳錄參之宗室傳注．引會稽典錄．蓋以疾去官．而貢以都尉繼憲領郡．此如貢後爲朱治所逐．治亦以都尉繼貢領郡．非有異也．錢辛楣嘗據李通傳．謂彼時輒有以都尉行郡守事者．觀此文及後漢書獨行傳所載鼂事益信．（蜀志後主傳稱．牂牁太守朱褒擁郡反．而馬忠傳乃作郡丞朱褒據華陽．國志褒蓋以郡丞鎭太守．此亦如顧羅以會稽郡丞行太守事．故文或駁出．）所謂與各史俱得者．此也。

諫韓馥納袁者．據魏志紹本傳．乃耿武閔純李歷程奐四人．後漢書有沮授無李歷．袁紀亦然．考陳范二書．旣敍諸人諫馥．下卽接言授說紹．紹大喜．蓋紹此後實藉授爲謀主．而武純卽於入冀州日見殺．紹素鉗忌．使授果有此諫．未必不與武純同殺．袁紀誤歷爲授．范書又仍而不改耳．又袁曜卿名煥．近儒多疑當作渙．今考魏志本傳．及武帝文帝紀注引魏書．又文選三國名臣序贊．又扶清縣碑．並作渙．（碑本作渙．何屺瞻誤記作煥．王西莊辯之．）袁紀亦然．蜀志許靖傳．晉書袁瓌傳並作渙．然檢漢劉熊碑．渙乎成功．戚伯著碑．功德渙彰．是煥渙古通．第其字曜卿似作煥較協耳．（顧亭林謂兄弟排行始晉末．或據左傳長狄兄弟．謂始春秋．亭林又疑後漢陳球二子瑀．璠．弟子珪．不應父子皆取偏旁相排．愚考父子同名漢已有之．父子同字春秋已有之．至漢末洎六朝．若盧毓字子家．其父字子幹．卓林字伯槐．其父字伯先．又若王羲之．王獻之．王彪之．王臨之

等類・則並累代祖孫名字・顯相冒襲・如排行兄弟又不止偏旁相排而已・王西莊疑涣父名滂・不應涣又從水・蓋與亭林說畧同・皆非・）所謂與各史俱失者此也。

羹頡侯（史記楚元王世家・）作刮羹侯・（荀紀）池籞（漢書宣帝紀・）作池苑・（荀紀）斬馬劍（漢書朱雲傳・）作斷馬劍・（荀紀）孫咸（東觀漢紀本傳・後漢書累丹方伎傳・）作孫臧・（袁紀）張揚（後漢書獻帝紀・董卓公孫瓚袁紹傳・魏志揚本傳・張邈常林傳・華陽國志並同・惟於臧洪傳則後漢書魏志並作揚・）作張陽・（袁紀）兩漢紀此比最多・皆不能據此定彼・或見荀紀改斬馬作斷馬・證以唐張渭詩・輒謂漢書字誤・則未知漢書王莽傳及朱雲傳注・後漢書楊賜傳及注・南單于傳及注・吳漢爰延李雲獨行等傳注・又晉書段灼傳・皆作斷馬・豈盡誤耶・渭詩作斷馬・爲唐人所見・本兩漢注・及晉書均作斬馬・非唐人所見本耶・唐人試士・合史漢荀紀爲一科・是三書皆唐人所常習・安知非漢書作斬馬・荀紀作斷馬・而渭不過偶用荀紀耶・今本兩漢紀爲黃蔣二刻・黃刻自謂宋槧・而其字正作斬馬・是此書魚魯滋誤・亦未見定作斷馬也・（史記高帝紀稱帝拔劍斬蛇・後漢書獻帝紀注引漢官儀・晉書輿服志張草傳・宋書禮志百官志・及史通雜說篇・引劉敬叔異苑・並作斬蛇劍・通曲職官三亦然・而晉書宋書兩五行志・又並作斷蛇劍・其類此矣・）所謂義得兩存而不能定其誰是者・此也。

綜而覈之・謂謂是書必跨各史・良非鑿論・然自古編年史法・至荀紀始復・卽以文論・亦簡嚴樸直・別具史才・後來繼作諸家・縱詡積薪・然椎輪大輅之功・終不可沒・袁紀成書在范氏之前・其鎔裁視荀紀較難・其取材視荀紀尤博・自漢魏六朝迄今・古書百不存一・間有一二是錄者・或猶遇而存之・況其書於興亡治亂之際・反覆啓告・尤後世必不可廢者哉・苛論古人如劉知幾・猶推荀袁配班范・其亦必有說矣・是書世無善本・袁紀猶甚・卽如張邈之叛・荀彧程昱等保鄄城范東阿三縣・魏志武帝紀及邈彧昱等傳並同鄄城・兩漢志並屬濟陰・據說文・鄄衞邑・從邑垔聲・是作甄非矣・袁紀既與後漢書荀彧傳並誤作甄・又范下衍陽字・（武帝紀誤三縣作二縣・亦非・）又魏志董卓傳稱初平三年李傕爲車騎將軍池陽侯・郭汜爲後將軍美陽侯・樊稠爲右將軍萬年侯・張濟爲驃騎將軍平陽侯云云・其文與後漢書獻帝紀董卓傳並同・唯彼文載張濟於時領鎭東將軍・至興平二年始進驃騎耳・後漢書述此事最審・魏志誤鎭東爲驃騎已屬刺謬・乃袁紀於初平三年述此事・既全同魏志・而於興平元年・又複敍汜稠爲某某將軍・又於興平二年忽稱濟爲鎭東將軍・殊失瞀亂・美陽隸右扶風・初無郿陽・袁紀前云汜封郿陽・後又云更封美陽・則似兩地矣・數人同時封侯・復敍獨舉郭汜・不尤舛乎・又魏志董卓傳・稱种邵爲諫議大夫・後漢書於邵本傳亦然・（後漢書邵作劭・）而於獻帝紀乃稱爲前益州刺史・章懷注引袁紀・又稱爲故涼州刺史・蓋劭於時實爲諫議大夫・而其先故嘗爲益涼二州刺史・邵本傳有明文・史特參錯銓述耳・今本袁紀誤作岐州刺史・非章懷所見本矣・續漢志亦安有岐州乎・是刻也・合黃氏蔣氏本參互鉤考・擇善而從・其唐以前諸古書徵引及此者・細檢之皆互有得失・亦擬重加裒錄・別爲校勘記附焉・刻既成・謹綴數語・以諗世

之讀兩漢紀者。

溫仲和 字慕柳・嘉應州人・光緒己丑進士・官檢討・仲和學於東塾・經史之學具有淵源・以貢入太學・爲翁文恭同龢盛祭酒昱所賞譽・通籍後・閉門讀書・不事標榜・尋丁艱歸・不復出・主講潮州金山書院・兼汕市同文學社總理・於西學亦深研究・嘗撰爲學通議・首重辨經守詁・而觀通質今兩篇・不主墨守博而能通・尤爲士流所重・著有讀春秋公羊箚記・求在我齋經說・詩文集。

論客話源流

仲和按嘉應州及所屬興寧長樂平遠鎮平四縣・並潮州府屬之大埔豐順二縣・惠州府屬之永安龍川河源連平長寧和平歸善博羅一州七縣・其土音大致皆可相通・然各因水土之異・聲音高下亦隨之而變・其間稱謂亦多所異同焉・廣州之人・謂以上各州縣人爲客家・謂其話爲客話・由以上各州縣人遷移他州縣者・所在多有・大江以南各省皆占籍焉・而兩廣爲最多・土著皆以客稱之・以其皆客話也・大埔林太僕達泉著客說・謂客家多中原衣冠之遺・或避漢末之亂・或隨東晉南宋渡江而來・凡膏腴之地・先爲土著占據・故客家所居・地多墝瘠・其語言多合中原之音韻・仲和昔侍先師番禺陳京卿・嘗謂之曰・嘉應之話多隋唐以前古音・與林太僕所謂中原之音韻者・隱相符契・故今編方言・以證明古音爲主・而古語之流傳・古義之相合者・亦一一證明之・昔鄭康成有云・漢承秦焚書・口相傳授・受之者非一邦之人・人同其鄉・同言異字・同言異言・於茲遂生・此可以知諸經之有方音矣・何休注公羊・多明齊語・高誘注淮南・亦詳楚言・而見於諸經者・如齊人言服如衣・（禮句中庸注・）稱裂爲殈・（樂記注疏・）謂萌爲蒙・（易序卦傳鄭注・）謂得來爲登來・（何休公羊注・）秦人謂抗爲挑・（少牢饋食禮注・）謂搖爲猶（禮記檀弓注）周人謂顯爲申・（檀弓注）楚人謂陳爲陵・（檀弓注）齊魯謂居爲姬・（檀弓注・）陳宋言桓如和・（漢書傳六十如淳注・水經注引古尙書和夷底績鄭注・）周秦讀至爲實・（禮記雜記注）南陽名穿地爲竁・（周禮鄭注・）秦人呼卷爲委・齊人呼卷爲武・（雜記注・）此其文皆易書禮春秋傳・而詩之十五國風・又皆出於勞人思婦之作・不無方音・愈可知也。

夫昔之傳經者・既以方音證經・則今考方音・自宜借經相證・其間相通者蓋十之八九・以此愈足證明客家爲中原衣冠之遺・而其言語皆合中原之音韻・林太僕之說爲不誣・而先師所謂多隋唐以前之古音者・實有可徵也・其已見所編者・今不復贅錄・而有不可不證明者・今附見於此焉。

如庚耕清部中之字・與眞諄臻部・近人考古音者・固謂其不相通矣・今土音讀貞之與眞・成之與臣・清之與親・苹之與蘋・皆不能別・而庚耕清部中之字多讀入眞諄臻部中・據顧亭林所考・則自孔子傳易・平正皆從民字讀・成貞皆從人民臣字讀・至屈宋則離騷名從均字讀・卜居耕名生清楹皆從身字讀・凡辯清平生聲鳴征成皆從人字讀・又謂天淵二字・古與眞諄同韻者也・而乾象傳形成貞寧皆從天讀・文言正精情平皆從天讀・訟象傳成正皆從淵讀・大畜象傳正從賢

天讀．以謂五方之音．雖聖人有不能改．然以余考之．則不止於此也．周頌賚篇．定命爲韻．左傳引詩講事不令．集人來定爲韻．士冠禮以歲之正．以月之令爲韻．又如周頌閔予小子篇．嬛嬛余在疚．說文及匡衡傳引皆作煢煢．齊風子之還兮．地理志引作營．杕杜獨行睘睘．釋文睘本作煢．說文自營爲私．韓非子作自環．正月哀此惸獨．釋文本又作煢．說文趌獨行也．亦云讀若煢．江漢來旬來宣．鄭箋旬當作營．周官均人注旬讀如甾．甾原隰之甾．書堯典平章．史記作便章．大傳作辯章．皆耕清部與諄臻部相通之證．又如兄字古本讀如荒．如況．故釋名云．兄荒也．白虎通云．兄者．況也．大雅桑柔篇．倉兄塡兮．召閔篇職兄斯引．皆其證也．今土音讀作胸音．蓋兄與胸同曉母．爲雙聲字．故兄可轉爲胸．大雅皇矣篇．帝謂文王．詢爾仇方．同爾兄弟．後漢伏湛傳引作同爾弟兄．顧亭林段懋堂諸家皆謂兄與上王方韻本無可疑．獨魏默深詩古微謂兄與下衝墉爲韻．以錢辛楣雙聲亦韻之說例之．未爲不可．如太史公自序．武丁得說乃稱高宗．帝辛湛湎．諸侯不享．以享韻宗．疑於不合．不知享之本字．當作亯．讀若庸．說文固可證太史公正讀享如亯也．（說文亯用也．從亯從自．自知臭香所食也．讀若庸）自經典借享爲亯．而亯字遂廢．音隨字移．太史公以享韻宗之．迹亦晦矣．兄之有胸音．猶享之有庸音也．淮南齊俗篇．故四夷之禮不同．皆尊其主．而愛其親．敬其兄．此兄可與同韻．安在不可與衝墉韻耶．此兄有胸音之證也．又榮字今土音讀作融．楊愼讀爲庸．以越絕書淮南子爲證．顧亭林唐韻正詆爲土音．然謂其非正韻可也．謂非合韻則不可．蓋榮與融皆喻母．爲雙聲字．故榮可讀爲融．今於楊氏二證外．又得列子一證．湯問篇云．及秋而叩角弦．以激夾鍾．溫風徐迴．草木發榮．是榮與鍾韻也．考榮之讀爲融．造字時本有此音．說文榮桐木也．從木熒省聲．桐榮也．從木同聲．案熒從冖焱聲．焱有炎上之義．書．毋若火．始燄．燄．梅福上書引作庸．庸卽融之借字．說文融炊气上出也．從鬲蟲省聲．炊气上出．正是炎上之義．爾雅華荂榮也．凡華之立起皆謂榮．而梧桐之華尤叢聚而向上．故曰榮桐木也．桐榮也．炊气上出爲融．華之上出爲榮．屋四角上出亦爲榮．禮經洗當東榮是也．同此上出．音隨義轉．故榮可有融音．顧氏泥於一字一音．遇有不同．卽以方音言之．未爲通論也．此榮有融音之證也。

又土音讀朱．與州周舟同．今按論語釋文曰．朱張鄭作侏張．鄭注周禮甸祝云．禂讀如伏誅之誅．今侏大字也．侜書曰．辟雍侜張．爾雅釋訓．侜張誑也．郭注引書曰．無或侜張爲幻．今本作譸．本訓詶．此假借字．正字作侜．爾雅釋文載或本作侜．亦作倜．孟子華周漢書人表作華州．蓋古音．朱讀如州．在段氏第四部禮記檀弓公叔木鄭注．木當爲朱．春秋作戍．古音讀如獸．同在第四部．此土音合於隋唐以前古音之證也．又如黃王二字．土音不分．據黃香鐵引猗覺寮雜記．黃王不分．江南之音也．嶺外尤甚．柳子厚黃溪記神王姓黃．與王聲相通．以此考之．自唐以來已然．仲和案晉書五行志．太元末京口謠．黃雌雞莫作雄父啼．以爲王恭起兵之應．以黃雌雞比王恭．亦王黃相同之證．則在唐以前已然矣．又土音讀書如收．案韓昌黎河南府法曹參軍盧

府君夫人苗氏墓志銘・伊昔淑哲・或圖或書・嗟咨夫人・孰與爲儔・刻銘置墓・以贊碩休・書與儔休爲韻・而左傳唯其儒書以爲二國憂・書憂爲韻已遠在其先矣・又如承之與誠・音本不同・今土音讀承如誠・此亦唐末五代之音也・通鑑後梁紀胡三省注云・梁改翰林承旨爲翰林奉旨・以廟諱承避嫌諱也・然承與誠字各自翻切不同・則當時讀承如誠可證矣・又如高字近城皆讀如皋・松口堡則讀如歌・案曾慥類記引古今詞話曰・眞宗朝試天德清明賦・有閩士破題云・天道如何・仰之彌高・會試官亦閩人・遂中選・此松口近汀州之上杭・讀高如歌・兼有閩音之證・舊志無方言・此篇爲特創・前無所因・惟黄香鐵石窟一徵・有方言一門・鎭平本州地分建・其聲音皆同・然其旨不以古音爲主・今酌擇可用者入之・其他服物器用・鳥獸草木蟲魚之多・因時因地而異・今皆畧之・編已成・爲述所以編之意・俾覽之者・知客話源流之所自焉。

百兩篇考

周朝諸儒辨僞古文五十八篇・逸書十六篇・二十四篇馬鄭本異同分合・言之詳矣・逸書二十四篇・孔沖遠所指爲張霸僞書者・固灼然知爲眞古文矣・至於百篇之序・僞孔與馬鄭同也・其異者不過馬鄭百篇之序・總爲一卷・僞孔以各冠其篇首・而亡篇之序・既隨其次・居見存者之間耳・其次序前後不同者・孔沖遠明言某篇・孔在弟幾・鄭在弟幾・蓋孔沖遠作正義時・馬鄭王注本猶存・故能確指孔鄭不同次弟之所在・則書序百篇・固無所闕・亦無容議併・併之則與正義所言次弟不同・卽與鄭本不合矣・然考史記殷本紀言伊陟贊言於巫咸・巫咸治王家有戊作咸艾・作大戊・則古書有大戊篇・居咸艾之次・漢書律歷志引古文月采篇曰・三日曰朏・則古文有月采篇・今百篇序無此大戊月采二篇名・竊疑書之不止百篇也・月采篇小顏注・謂說月三光采・其書則亡・王應麟困學記據召誥正義引・作周書月令・三日粤朏疑采當作令・其果爲尙書亡篇與否・雖無從考證・而史公所述作大戊・固確然爲尙書篇名也・則尙書已溢百篇矣・而後人卒無有疑尙書不止百篇者・何耶・間嘗察之・其說蓋有四焉・一則藝文志云書之所起遠矣・孔子纂焉・上斷於堯・下訖於秦・凡百篇而爲之序・固以爲古書止百篇也・二則孔沖遠堯典疏・引鄭序以爲虞夏書二十篇・商書四十篇・周書四十篇・總之亦百篇也・三則論衡謝短篇云・問尙書家曰・今旦夕所授二十九篇奇・有百二篇・又有百篇・二十九篇何所起・百二篇何所造・則百篇百二篇又如此截然不紊也・四則論衡正說篇云・說尙書者或以爲本百兩篇・後遭秦燔・詩書遺在者二十九篇・夫言秦燔詩書是也・言本百兩篇者・妄也・蓋尙書本百篇孔子以授也・孝成皇帝時・徵爲古文尙書學・東海張霸案百篇之序・空造百兩之篇・帝出祕百篇以校之・皆不相應・（壁中書五十七篇・劉向歆班固校書時皆親見者・此言祕百篇非也・王西莊已駁之矣・仲任言固未可盡信也・）成帝惜其文而不滅・故百兩之篇傳在世間者・傳見之人・則謂書本有百兩篇矣。

又佚文篇云・東海張霸通左氏春秋・案百篇序以左氏訓詁造作百二篇・詳仲任所言・一曰案百篇之序空造百兩之

篇・再曰案百篇序造作百二篇・則序之止有百篇・而百二篇之爲張霸僞造・又若絕無可疑者矣・而仍不能無可疑者・竊謂書本百二篇・藝文志及鄭君書贊・弟舉成數・猶詩三百五篇・而曰三百篇云耳・至東京時二篇或已佚脫・所傳書序止有百篇・仲任見百篇之序・與七畧所言合・而不知元脫二篇・故曰尚書本百篇・孔子以授也・而尚書家師相傳・雖其時序止百篇・而咸知古書元百二篇・本非沿張霸而誤・仲任見其與百篇之序不符・反與張霸百兩篇相涉・而百兩篇其時猶有傳者・遂指謂百二篇者・爲見張霸百兩篇而誤・故其聞尚書家曰百二篇何所造・又曰說尚書者或以爲本百兩篇者・妄也・然由仲任之言・愈知當時書序雖止百篇・而尚書家皆知爲本百二篇・仲任非尚書家・有所不知・故辨之耳・僞孔書序云・典訓誥誓命之文・凡百篇・孔沖遠云・據序而數故耳・或云百二篇者誤有由也・東萊張霸僞造尚書百兩篇・而爲緯書者附之・因此鄭作書論・依尚書緯云・孔子求書・得黃帝元孫帝魁之書・迄於秦穆公・凡三千二百四十篇・斷遠取近・定可以爲世法者百二十篇・以百二篇爲尚書・十八篇爲中候・此亦由孔沖遠欲左袒僞孔・故指尚書緯爲因張霸百兩篇而附之・鄭書論又依尚書緯・於是凡言尚書本百二篇者・皆指爲涉張霸而誤矣・王西莊曰・鄭雖注緯・而與經別・信緯雖有百二篇之說・似與張霸同・鄭注經仍用壁中眞本・與張霸無涉・則王氏雖欲護鄭・又恐與張霸僞書相涉・故創爲注經注緯別行之說・不知正義所引者・鄭書論非緯注也・鄭書贊云・虞下二十篇・商書四十篇・周書四十篇者・舉成數・或按所傳書序百篇爲數・而書論則據尚書家相傳書本百兩篇之說・非兩岐也。

猶之逸書統舉篇名・則曰逸十六篇・細析篇則曰逸二十四篇・言各有當也・趙邠卿注孟子我武維揚云・古尚書百二十篇時之大哲也・注帝使其子九男二女云・孟子時尚書凡百二十篇・逸書有舜典之敍・亡失其文・則邠卿亦見百篇之序・而必曰古書有百二十篇者・亦據尚書家相承之說・並中候十八篇數之・故曰百二十篇也・幸尚書緯鄭康成書論・趙邠卿孟子注猶存・足以證明書本百兩篇・確是尚書家相傳之舊說・而東漢時止有百篇之序・故王仲任據以難尚書家以不妄・一仍其疑孔非孟之臆見而已・豈足據以爲信哉。

後人因王仲任孔沖遠之說・恐涉於張霸僞書・雖有尚書緯・鄭康成書論・趙岐孟子注之炳炳著明・舉不敢信・亦惑矣・江艮庭段茂堂知大戊佚脫・有百一篇之序之疑・終不敢信古書爲百二篇・孫淵如欲入大戊篇以足百篇之數・則疑帝沃當爲一篇・又疑至臣扈當爲一篇・又疑汝鳩方當爲一篇・且謂汝鳩汝方安得作兩篇・不知書如棄稷伊陟君奭君陳皆一人一篇・惟僞古文改棄稷爲益稷・始二人共篇・此欲入大戊而議併百篇內篇名者之非也。

考儒林傳言張霸作百篇・分析合二十九篇以爲數十・又釆左氏傳書敍・爲作首尾凡百二篇・論衡亦屢言案書序百兩篇・竊謂張霸作僞時書・序實百兩篇・若序止百篇・張霸作百兩篇・數已不相應・何待以中書校之・始知其非是耶・且作僞之人・惟恐人不信・故必有所依據・如作僞古文者・凡書傳所引古書・皆搜括無遺・以相印證・使人不疑・若篇數顯與序相背・則先自露破綻・雖至愚者不爲矣・且霸本先以

能爲百兩名・故成帝求爲古文學者而徵之・若使古書非百兩篇・則聞百兩之名・已先知其僞矣・二十九篇列在學官者也・人人知之・故霸或分析之・或合之・以異於今文二十九篇之外・又爲采左氏傳及書序爲作首尾・卽作僞古文者之伎倆也・幸古文完具・藏在祕府・一加校對・眞僞顯然・若使出於永嘉之後・不居然一今之僞古文耶・當時平當周敞皆勸存之・則其書非絕無可取者・故王充論衡佚文篇・盛稱之・一則曰能推精思作經百篇・才高卓遹・希有之人也・再則曰・張霸推精思至於百篇・成帝赦之・不亦宜乎・設非因樊並之反・竟存其書・固自足爲一家之學・孔沖遠無能・傳會僞古文・亦難欺人矣・況當時雖黜其書・至東漢猶有傳者・則非甚淺陋可知矣・論衡所引伊甲死・大霧三日二句・皇甫謐仍用其說・（水經注泗水又東過沛縣東句注・皇甫謐云・伊尹年百餘歲而卒・大霧三日・沃丁葬以天子禮・親自臨葬・以報大德焉・）孔疏述僞古文傳授源流・出於皇甫謐・安知皇甫謐非見張霸書而作僞耶・則今之僞古文有張霸書・未可知也・然古文之僞・近儒論之詳矣・至古書之本爲百二篇・近儒未有言及者・故爲詳考焉。

爲學通議

辨經第一

六經之學・權輿孔氏・仲尼已往・微言浸湮・七十高徒咸通大義・索居敎授・不無異同・發明章句・始自子夏・造滕受經・厥惟邱明・然游夏並聖門之文學・而說禮之異・記於檀弓・公穀亦卜子之門人・而春秋之傳・殊於左氏・是以子思讀維天之命・師資己別・孟子疑武成・文書難盡信・經之辨也・其得已乎・又況秦亡金鏡・未墜斯文・漢理珠囊・重興儒雅・今初學傳於齊魯・古文始聲於金石・專門命氏・別授受之源流・廣異扶微・紹絕學於來葉・去聖彌遠・條流滋繁・門戶瓜分・是非鋒起・於是朱雲折角・戴憑奪席・孟喜改師法・梁邱疏通而證明・博士非古學・子駿移書而責讓・湯武非由受命・黃生轅固爭論於景帝之前・左氏不傳春秋・范升陳元聚訟於建武之世・孝宣臨決於石渠・明章稱制於白虎・良有以也・高密起而今古之學皆通・永嘉亂而學官之傳殆絕・景侯聖證・角異於康成・元凱集解・剽竊乎賈服・梅姚售僞・猥云壁中之書・王韓談空・無非柱下之旨・漸開攻擊・別有旁門・然而學通視月・非北方戎馬所能推・義足經天・豈南國浮屠所能改・故五經義疏之學・貞觀猶藉以成書・而天朝議理之文・後儒或遜其該洽焉。

且夫大小二戴・咸出仲尼之徒・周官議禮・本成公旦之手・詩序爲卜商所作・而續自毛公・考工乃補亡之書・而購緣李氏・月令有木尉官號・知采自呂覽之篇・公冠綴考昭祝詞・知續於後師之說・保傳篇同於賈誼・三年問取之荀卿・釋詁雖徵尸子之詞・何害周公之解・孝經卽引左傳之語・豈非孔子之書・要皆師師相傳・莫不班班可考・自師心逞臆・蔑古荒經・義有不達・則曰漢人所爲・解或不通・則曰莽歆所造・此經之不可不辨者・一也・子雲讀書・酒誥嘆其俄空・中壘校易・悔亡知其脫簡・爻辭附象象・費直本用以解經・小序冠篇首・毛氏或省其兩讀・雖稍易其次第・要一本

師承．鄭君傳經．彌益欽慎．故注禮知其脫爛．而不敢改其本．箋詩間多破字．而不敢易其文．自說經專尙空談．謹嚴轉傷篤實．詩刪鄭衞．易疑繫辭．裂六典以補冬官．割本義以附程傳．此經之不可不辨者．二也．張霸百兩見廢於當時．子雍家語流傳於後代．七世之廟．商書殊觀鬼之文．人心惟危．荀子引道經之語．自談道學者．標爲宗旨．議禮文者．據爲質證．於是疑小記爲脫亂．信禹謨爲眞經．執魚目以混隋珠．寶唐瓠而棄周鼎．此經之不可不辨者．三也．本此三端統觀六藝．獻王好古．實事求是．司農著論．悉信亦非．其於經之辨也．思過半矣。

遵緯第二

漢儒治經．莫不明象數陰陽．以窮極性命．故易有孟京卦氣之候．詩有翼奉五際之要．春秋有董仲舒公羊災異之條．尙書有夏侯劉氏許商李尋洪範之論．以緯說經．萌芽西漢．雖劉歆總七畧．莫或列其目．而班固志五行．故嘗抽其緒矣．隋經籍志云．漢昭時東平王蒼正五經章記．皆命從讖．俗儒趨時．益爲其學．篇卷第目．轉更增廣．言五經者．皆憑讖爲說．唯孔安國毛公王橫賈逵之徒．猶非之．故因魯恭王河間獻王所得古文．參而考之．謂之古學．當世之儒．卽爲今學者也．今古之學．旣以不同經緯之數．又直相配．是以曹褒據之而定禮．何休引之而注經．此今學尊緯之證也．王肅難之於魏代．杜預抑之於晉世．此古學毀緯之徵也．夫今學兩漢立之學官．古學中興．盛於賈馬．其間角立門戶．勢殊水火．古學詆今學爲俗儒趨時．今學詆古學爲非毀詔旨．故尊緯者以爲作於孔子．毀緯者以爲起自哀平．權而論之．漢之博士旣以緯說經．卽漢儒師說．多存於緯．故高密大儒．博稽今文古文之學．時覩祕書緯術之奧．箋詩注禮．嘗取用焉．而論公羊復曰．深於讖．卽非引紫以亂朱．亦殊是丹而非素．取其可信．去其可疑．擇善而從．何庸固執．故水信土智．乾鑿度之言爲精．大本大經．春秋緯之說爲確．升中卽爲封禪．孝經說無以易也．姜源非妃．帝嚳命歷序實可從也．尙書緯言百二篇．與張霸之書名合也．元命包言天子．立五廟與小記之所說同也．尙書中侯云舜爲大尉．而注月令則曰秦官．易通卦驗云蝦蟆無聲．而注反舌．獨曰百舌．雖服信緯．亦有不同矣．然鄭君注經旣已引緯．而於緯書又復爲注．其時今學布在儒林．鄭君尊之．抑又若此．豈況永嘉之亂．多亡博士之經．煬帝之時．復焚讖緯之籍．秉此二厄．當何寶貴．欲明今學．舍緯奚從．師法所在．焉可誣也。

竊嘗稽之隋志．緯之與讖．旣有殊．考之釋名．讖之與緯亦微別．史記扁鵲傳．言秦讖．於是出此所謂讖也．漢書李尋傳言．六經六緯．此所謂緯也．經之有經有緯．譬詩之有內傳外傳．今所存乾鑿度．通卦驗．何殊伏生大傳．董子繁露．鄭所引春秋說．孝經說．豈異石渠奏議．五經異義．況論其年世．近接昌闕．卽所甄錄．不少遺典．遠徵戴記經解稱．易曰差以毫釐．謬以千里．卽易緯通卦驗之文也．近徵史記天官書稱．故曰雖有明天子．必視熒惑所在．卽春秋緯文耀鉤之說也．讖之附經．止有論語．緯之取配．實錄六經．莊子天道篇云．孔子西藏書於周室．繙十二經以說老

聃・說者以爲六經六緯・則云孔子所作・非無稽矣・旣比附經義・必多存古說・古說旣合讖於緯・故緯讖淆稱・劉勰正僞・明其四僞・而云眞雖存矣・僞亦憑焉・夫僞卽有憑・眞何容棄・儒者旣有增廣・前代豈無其書・而歐陽公復襲桓譚張衡之說・欲刪諸注疏之文・此則宋儒風氣・又不必辨矣。

守詁第三

昔虞史贊典・首曰稽古・周公制雅・先列釋詁・仲尼之論爲政・必也正名・詩人之頌仲山・古訓是式・蓋訓詁者・所以通古今之異言・解方俗之殊語也・時有古今・猶地有南北・地遠則言語不通・必藉乎翻譯・時遠則文字難解・必明乎訓詁・有翻譯・則萬里猶若比鄰・有訓詁・則千年直如旦暮・王符有言・聖人天之口・賢人聖之譯・羣經之有訓詁・所以譯聖者遠矣・夫聖人所以明道者經・經所以成文者辭・辭所以成句者字・是故積字而後成句・積句而後成辭・顯不識其字曷離其辭・不解其辭・曷明其道・然則欲通其訓詁・先宜識字矣・字以載聲・聲以達意・欲求識字・其又在聲與意乎。

原夫製字之始・萬象初萌・神居胸臆・物沿耳目・接之則意生於心・達之則聲離於口・故意以交物而構・聲以象意而然・聲之爲物也・可聞於一時・而不能留於後世・可聽於接膝・而不能傳於遠方・於是以其聲音寄之文字・聲寄於字・則字有一定之聲・意達於聲・則聲有可通之意・聲能達意・則同聲者可以通借・而假借以生・字有定聲・則每字各有本音・而本義斯在・故不通聲音之本・不能識假借・不通假借之例・不能明訓詁・約而諸之・大端有三・一曰識字形・二曰識字義・三曰識字音・守此三者・折衷古籍・有溯流而窮源・勿鄉壁而虛造・保氏之教國子・先明六書之文・漢律之試學僮・定諷九千之字・孔子對哀公之語・樂其辨言・孟堅發古文之讀・先應爾雅・是以毛公述傳・獨標故訓・子春注禮・爲正聲讀・高密經神・有讀如讀曰・讀爲當爲之例・邵公學海・著長言短言・內言外言之殊・咸藉聲音以定文字・至於汝南解字・子雲方言・野王玉篇・稚讓廣雅・又無論已・良以古語與今語不同・亦猶齊言與楚言有異・地相近則語言易曉・時相接則聲音未離・學齊語必師齊人・豈曰求之於楚・讀古書必守古訓・安可混之於今・顏氏家訓曰・云爲品物・未考書記・不敢輒名・況可解經・不遵古典・若妄逞臆見・不知而作・將如八月剝棗之剝・荆公則解爲剝皮・吉士誘之之誘・永叔竟解爲挑誘・豈徒呼人莧作苻・指馬莧當荔挺・爲顏之推所笑已哉。

觀通第四

夫守一師之傳而不敢旁涉者・經生專門之學也・參衆之說而不欲偏廢者・通儒閎博之識也・昔孔門證道・首曰多聞・孟子說約・先云博學・董生著錄・溢乎千人・楊子法言・郛以衆說・高密則文藝總會・汝南則五經無雙・自古通才・未聞墨守・況乎游夏旣往・嬴劉遞興・縱橫極於戰國・黃老盛於文景・羣綴初出・師法如林・齊楚各習其方言・魯韓閒殊其異字・向歆父子不無左穀之殊・陳范大儒・乃有日中之議・雖識大識小・足徵文武之遺・見智見仁・俱本聖人

之道．然苟不比其義例．觀其會通．將分茅而設蕝．必專己而守殘．此黨同門．妬道眞．子駿所以移書也．起廢疾．箴膏肓．康成所以操戈也．且也．求進由退．不少因材之敎．速貧速朽．亦多有爲之言．儀禮存商祝夏祝．豈無前代之遺文．王制言頒祿頒田．不盡周家之故事．若拘方自守．則通識難言．善乎王仲寶之答陸澄書云．易禮服遠．實貫羣籍．施孟異聞．周韓殊旨．豈可專據小王．便爲該備．易既如此．可類推矣。

是知吹萬不同．好一則博．網羅羣籍．參證遺經．凡是秦漢古書．皆有周孔墜緒．故司馬記史．摭證壁中之書．公羊傳經．旁通后倉之禮．左氏發起凡例．典章悉本於周公．戴記蒐輯叢書．括囊幷及於諸子．元成之議宗廟．漢書得證經術．王粲之難鄭君．文集豈徒詩賦．明堂起於上古．當本淮南之篇．后稷產自有部．可徵列女之傳．良由歷世緜遠．大道多岐．百家奮興．俱云師聖．九流騰躍．亦或宗經．是以大義微言．固散見於傳注．而遺文佚典．復旁出於子史也．學以君卿通典．導源於羣經．貴輿通考．兼採乎文獻．旁搜遠紹．類聚羣分．述事必貫其初終．取材必綜其該括．書之名通．其於此乎．易曰．學以聚之．又曰．觀其所聚．而天地萬物之情可見矣．乃知玩物喪志．實後儒之過言．多識博文．乃先師之微旨．百川學海而至於海．以其通也．邱陵學山．而不至於山．以其畫也．學至觀通．亦顏子之殆庶矣。

別禮第五

六經昭如日月．而禮之用特繁．三禮浩江河．而別之功爲大．冠昏聘射之義．即解淹中之經．此儀禮爲經．禮記爲傳之蒿矢也．吉凶軍賓嘉之別．備在宗伯之掌．此周禮爲本．儀禮爲末之權輿也．三千三百分之而得其條．經禮曲禮析之而得其目．陳其數可知其義．習其文乃生其情．此禮之所以囊括古今．本原天地也．溯自三代損益．至周而曲爲之防．兩漢爬羅．至鄭而全爲之注．曲臺初出．中壘即有別錄之編．信都並參．高密孤行三禮之目．豈不以淆其委曲繁重之數．即猶治絲而棼．譜其尊俾等殺之倫．便若合符復析者乎．且夫殷薦上帝．大易詳乎禮文．禋祀天宗．尙書明其禮制．公羊作傳．多通殷代之儀．左氏發凡．一準周公之典．論語之答羣子弟．別垂鄉黨之篇．孟子之對北宮錡．備述祿田之制．豈惟叔重異義．多舉舊章．伏生大傳．兼詳典禮而已也。

大無不包．六藝於斯總會．小無不備．百家歸其系聯．故通典二百卷．言禮十之七．刑法三千條．與禮相爲配焉．原夫諸侯便己．特去其籍．秦政苛虐．更焚其書．逸禮抑於博士．周官藏在祕府．徒推士禮．罕覩全經．康成出．乃集兩京戴慶賈馬之成．孔賈興．始會六朝熊皇崔劉之說．讀三禮之注疏．信所謂仰山而鑄銅．煑海而爲鹽者也．是故得其推次之法．禮之闕文可補也．得其分章之法．禮之節目可定也．得其凡例之法．禮之同異可辨也．得其穿穴之法．禮之儀文可貫也．譬之考天官書者．分三垣廿八宿．則盈天下之

星象統之而有其宗・考地理志者・分三條與四列・則盈天下之郡縣部之而歸其伍也・抑又聞之・朱子晚年・惟訂通解・橫渠講學・本於禮意・仲尼燕居云・禮也者・理也・樂記云・禮者・理之不可易者也・故禮學卽理學也・禮以明節文・理以分其條理・是以博文之後・以約禮爲極・多識之餘・以一貫爲歸宿・聖人之教・其在斯乎。

識器第六

形上謂道・形下謂器・道之寓器・猶氣之寄形・氣不能舍形而麗於空虛・道亦不能外器而絕所依附・是以氣不可見・見其形而知其氣・道無可憑・憑其器而悟其道・聖人往矣・其經書與其服器・皆器也・讀其經書・更撫其服器・則嚮往之心・悠然而生・何者・精神聚焉也・祖宗遠矣・其法度與其宗器皆器也・守其法度・更陳其宗器・則孝敬之心・穆然以起・何者・手澤存焉也・謂陳數爲祝史之事・則孔子之每問謬矣・謂俎豆爲有司之存・則仲尼之嘗聞虛矣・范武子不識殽烝・周公閱不識昌歜・則左氏譏之・爾雅有釋器之篇・戴記標禮器之目・則經師傳之・蓋器者・禮之辨・而名之別也・故曰・惟名與器・不可以假人・漢儒注經・考訂名物・詳稽制度・豈徒然哉・誠有以耳・遇之而能名・倣之而可造・上以握制作之精意・下以垂將來之成法・小則前民利用・大則爲國起儀・豈曲士之空言・乃通儒之實效也・卽以解經・安可忽諸・若論通讀・尤宜討論・焉有學人・可不識器哉・是故不識宮室之制・則儀禮冠昏之陳設・莫辨何方・不識車服之制・則周官侯伯之等差・莫知其殺・況乎九房八達・明堂有規・五室九階・路寢有制・九經九緯・營國有度・五溝五塗・奠土有則・土圭測景・步算有法・律呂甬管・容徑有殊・以至彝罍上下・壺缶內外・爵善貴賤・角觚尊卑・侯分熊虎・旂別龍蛇・環璧內好・琮圭鄂邸・鼎鼐大小・簠簋方圓・委武齊秦・卷幘滕薛・凡諶鎰之所繪畫・梁聶之所鉤摹・苟爲禮制所關・卽有等威之辨・蓋聖人制器・莫非法象之精・儒者與藝・實爲樂學之本也・則譏許鄭爲下學・高談性天・笑賈孔爲繁蕪・土苴考據・豈惟辟雍封禪・固冥然而莫知其原・抑且度數之爲・亦貿然而難言其狀・豈知儀禮釋宮之作・如圭見賞於紫陽・特牲饋食之圖・信齋獲稱於朱子・漢宋之學・豈有異哉。

擇術第七

漢卷總其七畧・後人歸以四部・儒林文苑・著作分途・九流百家・專門有學・道術備矣・流別衆矣・自非天縱・豈易兼通・假使强識則一覽不忘・讀書則十行俱下・猶當知所先後・別其緩急・若素無異禀・而强事涉獵・非有梧鼠五技之窮・卽有舉鼎絕臏之虞・夫古人家法・條流滋繁・各師成心・制作如面・得其門徑・則跬步而萬里可期・稍涉岐塗・則捷足而去之逾遠・是故蓬生麻中・不扶自直・白沙在泥・與之俱黑・處鮑居蘭・翫所先入・擇術之要・焉可不慎哉・昔聖門立教・分以四科・擇善而從・服膺斯在・儒者所業・首貴通經・傳經之功・事歸漢代・師法授受・各有淵源・典午當塗・漸多散佚・不絕如線・廑有所存・就其區分・不無畛域・邵公春秋・惟聞墨守・叔重五經・但條異義・一則膏

盲廢疾・衛道甚於戈矛・一則古學今學・兼愛絶其門戶・擅學海之譽・專家紹其絶業・著無雙之名・駢羅其異說・二家之善・誠可從矣・若乃黨同伐異・嚻爭以求勝・兼收並蓄・道廣而不專・或專己而守殘・或泛濫而無擇・二家流弊・亦有以焉・有二家之善・無二家之弊・上觀千載・惟有康成・高山景行・誠深鑽仰・不信亦非・悉信亦非・格論既垂於鄭志・辨其參錯・信其多善・名言亦見於禮序・箋詩宗毛爲主・而表別其不同・周官二鄭是鑽・而考定其訓詁・爲汝南諍友・不妨條其駮・與何休同門・豈惜操其戈・繁纇相配・取子幹而顯其氏・不必五世・辨本師而隱其名・具有博學知服之義・更無露才揚己之風・爾有辨別是非之心・絶無入主出奴之見・學術心術・兼賅體用・經師人師・與聞性道・袁翻云・察察著明・確乎難奪・徐爰云・聖人復起・不易其言・蕭平顯云・一世孔門・褒成並軌・故老以爲前脩・後生未之敢異・是以夷狄亂中國・河洛之傳授不衰・佛老蝕聖教・江左之儒風未墜・故知禮當寫定・懸日月而不刊・學者知歸・俟百世而不惑者矣。

質今第八

知今而不知古・吏胥也・知古而不知今・迂儒也・祝鳩即司徒官制・徵郯子之說・周禮其猶醵旅酬・證曾子之言・以古質今・其來遠矣・降自漢儒・彌相譬況・杜子春之注典瑞・珍圭若竹使之符・馬季長之詁巾車・重翟如羽蓋之制・莫不借彼今器・證斯古形・後儒繼興・咸踵前哲・康成注禮・尤多漢法・孔賈疏義・亦舉唐制・豈惟平子解周官次述乎漢事（見續漢志劉昭注）・元凱釋土地・獨詳於晉縣而已也・夫古今緜邈・年世懸隔・損益隨時・變通會適・或同名而異用・或共實而殊號・或古無而今有・或古重而今輕・故事有覽古方晦・證今始顯者・若職官之沿革・郡縣之併省是也・有稽古可行・而參今多礙者・如封建井田之法・宮室衣服之度是也・實乃通古之意・而不泥其迹・酌今之用・而不拘其方・命世之才・可以語矣・故平當明禹貢・即使之以行河・董生條春秋・即用之以決獄・雋不疑之收衛太子・漢廷共嘆其明經・盧子幹之表鄭司農・公卿咸就而問禮・宮府一體・武侯以冢宰而定官・表采陰陽・弱翁以明易而相漢・通經致用・誠足多焉・若張侯名論・而黨於王氏・匡鼎說詩・而附於石顯・國師公之媚莽・豈爲官禮之疵・南郡守之謟冀・亦非古學之咎・良由考古有術・而質今鮮方・故言與行違・亦體與用舛也・至於子雍短鄭・意奪漢魏之典章・杜預解經・陰爲師昭之假借・妄以今事・誣之古人・大義因而不章・微言以之盡息・非徒經學之蠹・更見心術之險・雖有小善・難掩深瑕・比於房琯車戰・介甫新法・徒譏泥古・未識時宜者・其隱慝之罪・似更甚焉・且夫亂賊從而筆削嚴・楊墨橫而七篇作・原聖賢之著述・皆救當世之人心・豈好辨哉・不得已也・故夫生民休戚利病之源・國家興衰治亂之故・風俗之澆樸・人情之眞僞・既可觀今而鑒古・即可陳古以鏡今・學者期無空言・通儒貴於實效・三十之輻共一轂・知考工車輪之用非虛・中國之外有九州・識鄒子瀛海之言未誕・夫豈執雞毛之三寸・守兔園之一册・以解斥陽明爲理學・以侈談大極爲知道也哉。

校讎第九

自劉向父子典領中祕・考參羣籍・論其指歸・條其篇目・於是延閣廣內・石室蘭臺・班傅追蹤・賈馬紹武・史詳其志・代有其官・七畧藝文・開之於世・四部甲乙・據乎其終・隋書倣之於前・漁仲論之於後・倣公武讀書之志・馬貴與經籍之考・部次羣書・別爲目錄之學・是正文字・勒成考訂之篇・派別源流・由是分矣・若乃酒誥召誥・證其脫簡・書立書肎・辨彼偏旁・旡咎悔亡・補施孟梁邱之易・春秋雜說・訂轅固韓生之傳・校讎經典・此爲椎輪・鄭君注經・咸踵斯法・聲誤字誤・戴記則辨其由來・今文古文・儀禮則疊其異字・詩箋參魯韓之說・周官存壁中之書・功在羣經・人知之矣・其後元朗釋文・搜羅南北之同異・冲遠疏義・剖別流俗之沿譌・並以方軌前修・垂範後葉・至於之推音證・師古定本・張參文字・元度字様・忠甫識誤・岳珂沿革・正字審音・參同考異・亦足稱焉・溯自周用簡冊・爰垂文策之文・漢兼縑帛・乃有帷裳之目・蔡倫既造・楮紙始名・後唐繼興・板本初起・篆籒變爲分隸・手寫降爲刷印・入麻沙之市・翻刻不勝其舛訛・附音義於疏・底本彌傷其割裂・前人或喻於掃葉・後世更比之撲塵・况乎蝌蚪無傳・孰爲孔子之手迹・亚茾本異・轉笑虞翻之糾遺・蘭臺賄改漆書・博士之傳難盡信・鴻都刊立三體・石經之字早叢殘・豈徒書誤舉燭・燕相說之以尙明・聲同買璞・鄭人示之以腐鼠而已者也・然非多聞博學・參考漢魏之書・文字聲音・深明假借之例・經傳家法・究徹其淵源・注疏體裁・洞悉其流別・縱使諸本駢羅・異文互校・豈知喪服以傳而廁經・序卦以經而作注・禮記之舞斯愠・安識其衍文・班書之七始詠・莫徵其異體・劉昭辨六宗之舛・難列其十一家・王邵訂明棻之訛・奚條其十二證・將恐論語之策八寸・竟執爲宗・諸侯之馬六閑・不知無辭・誤中加誤・歧外又歧・豈第校讎之不精・又爲經學之深害也・善乎顏氏家訓曰・校定書籍・亦何容易・自楊雄劉向・方稱此職爾・觀天下書未徧・不得妄下雌黃・或彼以爲非・此以爲是・或本同末異・或兩大皆欠・不可偏信一隅也・夫惟好學深思・心知其意・庶可與校讎矣。

金石第十

溯自泰山刻石・古皇紀封禪之碑・首陽采銅・軒轅鑄上升之鼎・夏禹岣嶁・人傳委宛之書・商湯盤盂・記載日新之訓・吉金樂石・由來舊矣・赤烏火流・白魚舟躍・寶傳分器・官紀司彝・鼎鍾銘功・戈劍留戊・咸稱德治・封巒題名・穆遈游蹤・樹弇紀跡・姬周一代・尤是重焉・若乃頡籒既遠・斯邈遞興・簡冊秦焚・縑帛漢寫・魯壁方出・祕府先藏・莫辨斗科之書・徒聞隸古之字・時則器傳和寢・刻識少君・鼎得美陽・議按張敞・仲山庯器・單于始遺・呂望昆吾・伯喈初論・然尙未以理羣類・解謬誤・曉學者・達神恉也・自小學不修・尉律莫課・家傳秦隸・猥云蒼頡之書・人號俗儒・孰知止句之謬・於是汝南許君・始昭厥爲・傷舊藝之將廢・疾野言之競興・乃取山川鼎彝之親題・辨章古籒・采琅邪金石之鐫刻・坿注異文・使虛造之子・無所用其非訾・字例之條・得以窺其秘妙・其識卓矣・其功茂矣・然

金石出於許君前者・說文錄之・金石出於許君後者・尤不少也・故子尾送女之遵・太和乃掘・周宣岐陽之敎・貞觀始傳・秦稱權銘・顏之推釋其篆・吳季札墓・唐開元搨其碑・不有憲章・將無散佚・況衞包改而隸寫之書無傳・元帝亡而碑英之集亦佚・三代金薤・固重於琳瑯・兩漢貞珉・無殊於琬玉矣・此所以永叔明誠・跋錄於前・大臨尚功・圖識於後也・推言其功・良多集益・可以證古籒・可以辨篆隸・可以驗禮器・可以審音韻・可以通假借・可以明事蹟・可以定氏族・可以訂職官・可以稽輿地・可以校年月・可以推步尺・可以助文藝・信肴核六籍・俎豆三倉・斧藻之林・權衡册府者矣・然非義貫六書・制通三禮・斟酌墳索・準量雌黃・亦不能抉微顯幽・發疑正讀・故創始難工・修補易密・自宋以來・作者繼踵・考訓詁・據祕逸・辨參差・定是非・信而有徵・確乎不惑・是以雅達廣攬之士・莫不引而董之・信而好之者・固以刋梨鋟棗・板朽易訛・鑄金阞石・質堅難腐・手迹雖邈・模範終存・抑許君用以證古文・其家法在是也・豈可忽哉。

周禮正歲正月考

周禮正月之吉・鄭君注謂周正月朔日・正歲注謂夏之正月・其義最確・自顧亭林・顧復初・江愼修・戴東原・段懋堂・王伯申・互相推闡・皆無異議・唯歲終鄭注宰夫職及大司徒職・並云歲終周季冬・戴氏段氏王氏皆以歲終爲建丑之月・非建亥之月・王氏經義述聞設四證以明之・至爲詳盡・至凌人掌冰政・歲十有二月・鄭君不從杜子春讀掌冰政・而從正屬下讀正歲十有二月爲句・依鄭意・蓋以正歲明夏之十二月焉耳・戴氏段氏皆謂言歲十二月爲夏之十二月已明・然以郊特牲歲十二月合聚萬物而索饗之・（鄭注周正建亥之月夏之十月也・）孟子歲十一月徒杠成・十二月輿梁成・（趙岐注周十一月夏九月・周十二月夏十月也・）例之・則雖有歲字・仍不能明其爲夏之十二月・此鄭君所以不從杜子春・而讀正歲十二月也・戴氏據爾雅・夏曰歲・周曰年・謂周雖改正朔・仍兼用夏正・用夏謂之歲・用周謂之年・王伯申謂夏官司士・掌羣臣之版・辨其年歲・年與歲正同義・太宰三歲則大計羣吏之治・小司徒及三年則大比・三歲卽三年也・場人以歲之上下數邦用・司稼以年之上下出斂法・歲之上下・卽年之上下也・豈有中數朔數之異・夏正周正之分乎・此以周禮證周禮・尤爲精當・則戴氏據爾雅亦未爲是也・唯周禮全書・正歲皆爲夏正月・而此云正歲十二月・不合全書之例・自以杜子春讀爲是・十二月斬冰・春治鑑・夏頒冰・秋刷・則十二月爲建丑月・經文甚明・鄭君蓋千慮一失・亦不必曲爲之說也・考周禮正月歲終正歲並言者・地官大司徒之職・正月之吉始和・而敎於邦國都鄙・又云歲終則敎令官正治而致事・又云正歲令於敎官鄉大夫之職・正月之吉・受敎法於司徒・退而頒之於其鄉吏・歲終則令六鄉之吏皆會政致事・正歲令・羣吏考法於司徒・以各憲之於其所治之國・皆先正月・次歲終・次正歲也・州長正月之吉・各屬其州之民・而讀法若以歲時祭祀州社・則屬其民・而讀法亦如春秋以禮會民而射於州序・歲終則會其州之政令・正歲則讀敎法如初・黨正及四時之孟月吉日・則屬民而讀邦法・以糾

戒之・春秋祭禜亦如之・國索鬼神而祭祀・則以禮屬民・而飲酒於序・（鄭注謂歲十二月大蜡之時・建亥之月也・）歲終則會其黨政・帥其吏而致事・正歲屬民讀法・而書其德行道藝・此並詳一年始終之事・黨正索鬼神飲酒爲建亥之月・歲終在其後・則歲終爲建丑月・灼然無疑・此於王氏四證之外・又得一證也・建亥之月以次爲建子之月・然後爲歲終・建丑之月・以建子月爲周正月・一王正朔之大・官先書之・故不以爲次也・全書凡歲終正歲並言者最多・（王氏所引已詳・茲不錄・）皆歲終在前・正歲在後・唯眂祲正歲則行事・歲終則弊其事・正歲在前・歲終在後者・據鄭注謂占夢以季冬贈惡夢・此正月而行安宅之事・則此特承占夢季冬而言・故正歲在前・歲終行後・無害全書歲終正歲・丑寅兩月相接之全例也・至於祭祀田獵之等所言・春夏秋冬皆夏時・前人論之詳矣・茲不贅。

嘉應州志序

梅州圖經・莫可覩矣・程鄉之有志自前明・嘉靖二十年縣令陳應奎學諭賴存業所纂修・始其書已佚・今亦不可復見矣・繼而作者・則國朝順治十一年葛三陽爲縣令・邑人翰林院編修李士淳所手定・僅存殘本・今志中所稱葛志者是也・嗣是康熙十二年王仕雲爲縣令修之・十七年王吉人爲縣令復修之・二十九年劉廣聰爲縣令又修之・二王所修・此次遍訪訖無所得・唯劉志特存今志中・所稱劉志者是也・此皆程鄉志也・自雍正十一年升程鄉爲嘉應州・直隸廣東布政司・轄興甯長樂平遠鎭平四縣・越十有六年・爲乾隆十四年・北平王之正爲知州・始輯州志・蓋州人進士候選知縣葉承立・舉人原任南陵知縣鄭兆振・貢生候選訓導陳昱・楊劼士所分編・今志中所稱王志者是也・歷百有餘年・至咸豐三年・萍鄉文晟爲知州・議開志局・修州屬各志・以衆議未畫一而止・乃取通志舊志新紀州事參互考訂・而斷以己意・命之曰嘉應州志增補考畧・蓋未設局採訪・未能詳備・今志中所稱文志者是也・王志兼紀屬邑・文志專紀州事・以州與府不同・自有專管之地故也・今志專紀州事猶文志也・唯自文志後・兩遭賊亂・忠義節烈・斷脰揕胸而死者・項背相望・又自乾隆十五年之後・人物科甲較前爲盛・文志採阮通志外・所收寥寥・良多遺漏・自經兵燹・板本亦無存矣・光緒庚申鍾祥吳公俊三爲知州・慨然倡修之・辛卯温輝珊大令・梁輯五光祿・力任籌款之事・會各堡殷戶咸踴躍捐輸・壬辰始分堡采訪・癸巳始定梁詩五・饒芙裳兩孝廉任分纂事・而以總纂屬之仲和・仲和時尚在京師供職也・是年冬銜恤歸里・越明年主講潮州金山書院・詩五芙裳均就館於他處・三人皆不能駐局・藁本往返商榷・不無遲延・故自甲午至於辛丑凡九年・始克竣事・刋既成・仲和爰撮其意而爲之敍曰。

郡邑志乘・昔號圖經・邮鎭近遠・疆域縱横・犬牙所錯・道里所程・有圖有說・統入地形・志疆域道里而先以圖第一・秦開五嶺・東爲揭陽・訖於南齊・肇有程鄉・曰敬曰梅・雄鎭一方・錫名嘉應・橋兆其祥・志沿革表第二・服嶺以南・不隸九州・屬楊屬荆・聚訟未休・潮惠之交・焉辨女牛・實測經緯・當弧足求・志晷度坿以分野氣候第三・梅揭緜亙・萬山趨東・導源汀贛・於海焉窮・惡溪之惡・灘石擊

椿．昔也瘴地．今實開通．志山川坿以險要第四．導泉作筧．陂溪轉車．惟坑與圳．事同開渠．曰塘曰湖．水之所瀦．既資灌漑．亦利佃漁．水利第五．昔程鄉繭．四方是售．銀場鉛場．煤鐵兼富．山之材木．可薪可樵．今置不講．使我心疚．志物產第六．近從汀贛．遷至宋元．諸多古音．聲合中原．漢唐土著．不聞僅存．稱曰客家．爲客家言．志方言第七．禮俗相沿．有文有質．與時遷流．難歸一律．考之經典．明其得失．土瘠則勤．毋蹈淫泆．志禮俗第八．崇墉仡仡．南臨大河．閭閻櫛比．闤闠星羅．水陸所會．名都可歌．再罹兵燹．殘破實多．志城池第九．有堂有齋．是居是息．愼爾威儀．爲民之則．景彼前賢．朝暮運甓．毋曰傳舍．而鰥厥職．志廨署第十．匠人營國．經緯涂軌．畎澮溝洫．津梁攸紀．王政所先．咸有條理．間道郵亭．十里五里．志梅渡坿以風雨亭第十一．漢晉以前．荆榛未闢．迨及唐宋．爰有遷謫．元城書院．處士故宅．景仰前賢．想像遺迹．志古蹟坿以塚墓第十二．前朝苛政．取民無制．概見斯篇．以著其弊．我朝滌除．丁歸畝稅．民不知役．若堯舜世．志食貨第十三．豐年儲積．以備凶荒．出陳入新．愼守蓋藏．經理得人．意美法良．如或不然．名存實亡．志倉儲坿以嬰堂等第十四．營汛棊布．以防姦宄．盜賊無擾．民安閭里．不忘武備．亂庶遏已．晚近具文．反爲瘡痏．志兵防第十五．化民成俗．其必由學．莘莘生徒．道資先覺．多見多聞．智識乃卓．毋囿方隅．愼哉染斵．志學校第十六．古之祀典．著於禮經．匪曰求福．惟曰景行．報功酬德．祀事孔明．後世淫濫．諂媚無名．志祠祀第十七．官師乎．送故迎新．自有州縣．傳者幾人．其位已去．其迹亦陳．有名無名．似泯非泯．志官師表第十八．同一官師．獨父母我．民豈有私．口碑在道．唐宋謫臣．故藉可考．高山仰止．唯賢是寶．志宦蹟坿以謫宦寓賢第十九．徵辟自漢．科目自唐．草澤崛起．雲路高驤．伯樂一顧．羣無留良．桑梓之華．邦家之光．志選舉表第二十．策名筮仕．理不家居．爲民爲國．顧此簡書．位有小大．靖共豈殊．無貪好官．笑駡由渠．志仕宦表第二十一．朝廷禮臣．不分文武．錫類推恩．及臣父祖．舊志實封．正途爲主．今仍其例．非有去取．志封贈表第二十二．人材遞嬗．與時代遷．楷模鄉里．輝映山川．益部耆舊．楚國先賢．總歸人物．可法可傳．志人物第二十三．己未之寇．慘哉屠城．或闔門殉難．或舉族捐生．冊籍可稽．忍沒其名．特爲標目．以表忠貞．志忠烈表第二十四．百齡上壽．五代同堂．惟朝有典．例得旌揚．昇平人瑞．貞壽之坊．禮隆養老．今仍舊章．志耆壽表第二十五．土瘠俗勤．勞哉婦女．身兼百役．豈惟機杼．以禮自防．强暴是禦．苦節幽貞．其事可敍．志列女第二十六．撫孤養親．嫠婦之常．飲冰茹蘗．荆釵布裳．百年一日．終始無忘．伊庸非奇．所重三綱．志節孝表第二十七．維彼二氏．游方之外．舊志標題．其意可會．高僧列仙．古不澄汰．今亦從之．疑者邱蓋．志方外第二十八．不區甲乙．時代相屬．前賢撰著．詳其書目．見與未見．存佚並錄．儻求遺書．毋高閣束．志藝文第二十九．漢志五行．各以類應．人事感召．天高下聽．失在坿會．操志靡定．今惟書事．不敢妄證．志災祥第三十．地界江閩．山嶺奧區．

伏莽易聚．淵藪逃逋．萌芽不絕．支蔓難圖．任其責者．安可忽諸．志寇變第三十一．拾遺補闕．訂誤考文．雖曰雜記．亦以類分．足資證據．不嫌糾紛．往籍搜計．瑣事軼聞．志叢談第三十二．凡方志之書．猶通史之體．古今兼收．事殊斷代．無取空論．貴有依據．今於舊志．有革有因．總三十二篇．旣詳之矣．仿史記漢書之例．當爲敍志第三十三．在諸篇之後．惟時俗通行．序皆置諸卷首．不入目錄．茲亦從之．顧惟學識淺陋．多所遺誤．當世大雅君子．匡其不逮．所厚望焉。

光緒嘉應州志方言篇後

仲和案．嘉應州及所屬興寧長樂平遠鎭平四縣．幷潮州府屬之大埔豐順二縣．惠州府屬之永安龍川河源連平長寧和平歸善博羅一州七縣．其土音大致皆可相通．然各因水土之異．聲音高下亦隨之而變．其間稱謂．亦多所異同焉．廣州之人謂以上各州縣人爲客家．謂其話爲客話．由以上各州縣人．遷移他州縣者．所在多有．大江以南．各省皆占籍焉．而兩廣爲最多．土著皆以客稱之．以其皆客語也．大埔林太僕達泉著客說．爲客家多中原衣冠之遺．或避漢末之亂．或隨東晉南宋渡江而來．凡膏腴之地．先爲土著佔據．故客家所居．地多墝瘠．其語言多合中原之音韻．其說皆用有所考據．然以余觀南宋王象之所著輿地紀勝一書．其所引圖經．今已無傳．其於梅州引圖經．有云郡土曠．民惰而業農者鮮．悉籍汀贛僑寓者耕焉．故人不患無田．而田每以工力不給廢．由今言之．嘉應之爲州．山多田少．人不易得田．故多行賈於四方．與圖經之言正相反．安有不患無田之事哉．然由其說．可知南宋以前．土著之少而汀贛客民僑寓之多．故太平寰宇記．載梅洲戶主一千二百一．客三百六十七．而元豐九域志．載梅州戶主五千八百二十四．客六千五百四十八．則是宋初至元豐不及百年．客戶頓增數倍．而較之於主．且浮十之一二矣．據宋史言．江西之虔州．地連廣南．而福建之汀州．亦與虔接．虔鹽弗善．故不產鹽．二州民多盜販廣南鹽以射利．每歲秋冬．田事纔畢．恒數十百爲羣．持甲兵旗鼓．往來虔汀漳潮循梅惠廣八州之地．所至劫人穀帛．掠人婦女．與巡捕吏卒格鬥．或至殺傷．則起爲盜．依險阻要．捕不能得．或赦其罪招之．夫虔汀二州之往來廣南劫掠者．每歲如此．其時之民．烏能安其生哉．重之以南宋虔賊陳三槍周十隆等之亂．民愈不聊生．李忠定申督府密院．相度措置虔州盜賊狀云．契勘虔賊．舊年止是冬月農隙之時．相率持杖往廣東販鹽圖利．後來暫次於循梅等州村落劫掠．巡尉不敢誰何．徒黨漸衆．遂犯州縣．以此觀之．戶口之日凋耗．自可想見．宜乎其時圖經有土曠人不患無田之說也．至元史地理志．載梅州戶僅二千四百七十八．口一萬四千八百六十五．主客之數已無可稽．而較之九域志所載．主客戶共一萬二千餘者．所存已不及十之二矣．故今之土著．多來自元末明初．以余耳目所接之人．詢其所自來．大抵多由汀州之寧化．其間亦有由贛州來者．其言語聲音．皆與汀贛爲近．其傳次亦相上下．約在二十餘世之間．父老相傳．皆言未有梅州．先有楊古卜．楊卜二姓．未知如何．詢之古姓．則三十餘世四十世之間．據輿地紀勝．古成

之河源人．而梅州人物．又載古成之端拱改元成進士．今之古姓皆其裔孫．豈其先在河源．後遷梅州歟．然開寶四年．宋平嶺南．已以爲漢敬州．犯翼祖諱．改梅州．則不應未有梅州．先有古姓．今相傳云云．豈其先嘗居梅州歟．要之皆在五代南漢之時．然則唐以前之土著．蓋無有存者矣．今所謂土著．旣多由汀贛而來．其言語聲音又與相近．主客之名．疑始於宋初戶口冊．故寰宇記九域志所載．戶皆分主客．而唐元和郡縣志載．開元元和之戶．皆無主客之分．其後屢經喪亂．主愈弱．客愈强．至於元初．大抵無慮皆客．元史所載亦不分主客．疑其時客家之名已成．無主之非客矣．特不知當時所謂主者．其土音有異於客否．而今則皆客話．人亦概視之爲客家．並無所謂主矣．今所編方言．卽客話也。

仲和昔侍先師番禺陳京卿．嘗謂之曰．嘉應之話多隋唐以前古音．與林太僕所謂合中原之音韻者．隱相符契．故今編方言．以證明古音爲主．而古語之流傳．古義之相合者．亦一一證明之．昔鄭康成有云．漢承秦焚書．口相傳授之者．非一邦之人．人用其鄉．同言異字．同字異言．於茲遂生．此可以知諸經之有方音矣．何休注公羊多明齊語．高誘注淮南亦詳楚言．而見於諸經者．如齊人言殷如衣．（禮記中庸注）．稱裂爲殈．（樂記注疏．）謂萌爲蒙．（易序卦傳鄭注．）謂得來爲登來（何休公羊注）．秦人謂抗爲挑．（少牢饋食禮注．）謂搖爲猶．（禮記檀弓注．）周人謂顯爲甲．（檀弓注．）楚人謂陳爲陵．（檀弓注．）齊魯謂居爲姬．（檀弓注．）陳宋言桓如和．（漢書傳六十．如淳注水經注．引古尙書和夷底績．鄭注．）周秦讀至爲實．（禮記雜記注．）南陽名穿地爲竁．（周禮鄭注．）秦人呼卷爲委．齊人呼卷爲武（雜記注）．此其文皆見易書禮春秋傳．而詩之十五國風．又皆出於勞人思婦之作．不能無方音．愈可知也．夫昔之傳經者旣以方音證經．則今考方音．自宜借經相證．其間相通者．蓋十之八九．以此愈足證明客家爲中原衣冠之遺．而其言語皆合中原之音韻．林太僕之說爲不誣．而先師謂所多隋唐以前之古音者．實有可徵也。

其已見於新編者．今不復贅錄．而有不可不證明者．今附見於此焉．如庚耕淸部中之字與眞諄臻部．近人考古音者．固謂其不相通矣．今土音讀貞之與眞．成之與臣．淸之與親．萍之與蘋．皆不能別．而庚耕淸部中之字．多讀入眞諄臻部中．據顧亭林所考．則自孔子傳易．平正皆從民字讀．成貞皆從人民臣字讀之．屈宋則離騷名從均字讀．卜居耕名生楹皆從身字讀．九辨淸平生聲鳴征成皆從人字讀．又謂天淵二字．古與眞諄同韻音也．而乾象傳形貞字寧皆從天讀．文言正精情平皆從天讀．訟象傳成正皆從淵讀．大畜象傳正從賢天讀．以謂五方之音．雖聖人有不能改．然以余考之．則不止於此也．周頌賚篇定命爲韻．左傳引詩講事不令．集人來定爲韻．士冠禮以歲之正．以月之令爲韻．又如周頌閔予小子篇．嬛嬛余在疚．說方及匡衡傳引．皆作煢煢．齊風子之還兮．地理志引作營．杕杜獨行睘睘．釋文睘本作煢．說文自營爲私．韓非子作自環．正月哀此惸獨．釋文本又作煢．說文均獨行也．亦云讀若煢．江漢來旬來宣．鄭箋旬當作營．周官均人注旬讀如甾．甾原濕之甾．書堯典

平章・史記作便章・大傳作辯章・皆耕清部與諄臻部相通之證・又如兄字古本讀如荒・如況・故釋名云・兄荒也・白虎通云・兄者況也・大雅柔桑篇・倉兄塡兮・召閔篇職兄斯引・皆其證也・今土音讀作胸音・蓋兄與胸同曉母・爲雙聲字・故兄可轉爲胸・大雅皇矣篇・帝謂文王・詢爾仇方・問爾兄弟・後漢伏湛傳引作同爾弟兄・顧亭林段懋堂諸家皆謂兄與上王方韻本無可疑・獨魏默深詩古微謂兄與下衝墉爲韻・以錢辛楣雙聲亦韵之說例之・未爲不可・如太史公自序・武丁得說乃稱高宗・帝辛湛湎・諸侯不享・以享韵宗・疑於不合・不知享之本字當作亯・讀若庸・說文固可證太史公正讀享如亯也・（說文亯・用也・從亯・從自・自知臭香所食也・讀若庸・）自典經借享爲亯・而亯字遂廢・音隨字移・太史公以享韵宗之・迹亦晦矣・兄之有胸音・猶享之有庸音也・淮南齊俗篇・故四夷之禮不同・皆尊其主・而愛其親・敬其兄・此兄可與同韵・安在不可與衝墉韵耶・此兄有胸音之證也・

又榮字今土音讀作融・楊愼讀作庸・以越絕書淮南子爲證・顧亭林唐韵正詆爲土音・然謂其非正韵可也・謂非合韵則不可・蓋榮與融皆喩母・爲雙聲字・故榮可讀爲融・今於楊氏二證外・又得列子一證・湯問篇云・及秋而叩角弦・以激夾鍾・温風徐迴・草木發榮・是榮與鍾韵也・考榮之讀爲融・造字時本有此音・說文榮桐木也・從木熒省桐榮也・從木同聲・案熒從冖焱聲焱・有焱上之義・書毋若火始燄・燄梅福上書引作庸・庸卽融之借字・說文融炊氣上出也・從鬲蟲省聲・炊氣上出・正是炎上之義・爾雅華荂榮也・凡華之立起皆謂榮・而梧桐之華尤叢聚而向上・故曰榮・桐木也・桐榮也・炊氣上出爲融・華之上爲榮・屈四角上出亦爲榮・禮經洗當東榮是也・同此上出・音隨義轉・故榮可有融音・顧氏泥於一字一音・遇有不同・卽以方音言之・未爲通論也・此榮有融音之證也・

又土音讀朱・與州舟同・今案論語釋文曰・朱張鄭作侏張・鄭注周祀甸祝云・禂讀如伏誅之誅・今侏大字也・尙書曰・辟雍侜張・爾雅釋訓・侜張誑也・郭注引書曰無或侜張爲幻・今本作譸・本訓詶・此假借字・正字作侜・爾雅釋文載或本作侜・亦作倜・孟子華周漢人書表・作華州・蓋古音朱讀如州・在段氏第四部・禮記檀弓公叔木鄭注・木當爲朱・春秋作戍・古音讀如獸・同在第四部・此土音合於隋唐以前古音之證也・又如黃王二字・土音不分・據黃香鐵引猗覺寮雜記・黃王不分・江南之音也・嶺外尤甚・柳子厚黃溪記・神王姓・黃與王聲相通・以此考之・自唐以來已然・仲和案晉書五行志大元末京口謠・黃雌雞莫作雄父啼・以爲王恭起兵之應・以黃雌雞比王恭・亦王黃相同之證・則在唐以前已然矣・又土音讀書如收・案韓昌黎河南府法曹參軍盧府君夫人苗氏墓志銘・伊昔淑哲・或圖或書・嗟咨夫人・孰與爲儔・刻銘置墓・以贊碩休・書與儔休爲韵・而左傳唯其儒書以爲二國憂・書憂爲韵已遠在其先矣・又如承之與誠・音本不同・今土音讀承如誠・此亦唐末五代之音也・通鑑後梁紀胡三省注云・梁改翰林承旨・爲翰林奉旨以廟承避嫌諱也・然承與誠字各自翻切不同・則當時讀承如誠可證矣・又如高字近城皆讀如臯・松口堡則讀如歌・案曾慥類記引古今詞話

曰．眞宗朝試天德清明賦．有閩士破題云．大道如何．仰之彌高．會試官亦閩人．遂中選．此松口近汀州之上杭．讀如歌．兼有閩音之證．舊志無方言．此篇爲特創．前無所因．惟黃香鐵石窟一徵．有方言一門．鎮平本州地分建．其聲音皆同．然其旨不以古音爲主．今酌擇可用者入之．其他服物器用．鳥獸草木蟲魚之名．多因時因地而異．今皆畧之．編以成．爲述所以編之意．俾覽之者．知客話源流之所自焉。

梁于渭

字杭雪．番禺人．光緒己丑進士．授禮部主事．于渭能文章．駢體似唐初四傑．博考金石．兼工篆刻．畫仿元人法．意境宕逸．少時肄業菊坡精舍．爲陳澧所激賞．及居京師．才名藉甚．以未與館選．鬱鬱不自得．竟成心疾．放歸．無家室．寓南海學內．有陳某求其畫．饕貲賙給之．國變後．時時痛哭．逾年卒．所著金石八冊．名麟枕簿．字細若絲髮．未及編定．存新會林某家．其餘詩文多散佚矣。

魚子蘭賦

有纖蕊之異卉．得素心之嘉名．影墜水而粟點．香迎風而蕙清．儷鶴頂而同臭．狀雞爪而殊莖．爾其細葉五出．繁蕾百簇．椒青始茁．樨黃漸熟．瑣碎圓勻．蕭散馥郁．花無瓣而結珠．枝成穗而綴菽．貫秋粒於梢頭．剖春苞於鯉腹．若乃殘露半曙．柔條初胎．夢醒欄倚．香度簾來．乍擷芳而聚匊．忽落蘂而零堆．訝非鱗而何孕．看似萼而不開．映簪菊於細鬢．醮匳粉於鏡臺．紫筍古勞之茶．碧玉波黎之盌．借風味於幽叢．撥霜芬於薄幹．揉金粟之星星．敷翠蕤之短

短．較茉莉而熏濃．並玫瑰而儲滿．至如栽盆養後．潤雨晞時．米含蒂重．針小苗滋．彈蠟淚以梢竹．黏藻絲而糝池．蛛網骨而易脫．蝶衣舞而暗知．撲麝臍之一縷．奪燕尾之數枝．豈但同建蘭之別魚魫．牡丹之號魚兒。

越王井銘 幷序

粤秀西麓．有越王井．斯乃鹵潟之甘泉．蠻長之古澤也．引鬱江於雪竇．朝見流杯．涵婺野於星津．夕窺頹甃．嬴瓶漱暍．氣冽華霜．激石量深．聲虛鴻洞．度飛鳩之阨．當隧無壇．投飲馬之錢．挈壺勿幕．蓋自尉佗浚窟於椒阿．鮑女浣丹於穗石．井陘之道．乃啓胡王之功．湘川之隅．並著舒姑之號．呼鑾帝子．環藻斡而禁玉龍．杭葦道人．勺綺瀾而稱金粟．與巖邑而不改．歷綿代而同甘．蘇眈浸藥之餘．或呼橘水．楚靈澆花之舊．長對章臺．逮宋番禺令丁伯桂．覆以三石．鑿爲九眼．汲多靖井．穿比厲鄉．殷仲文之侍遊．青山共賦．管幼安之置器．紫綆分懸．每當花市溽暑．柳波涸寒．園僮曉檐而憩林．野客晚觴而思茗．玉缸藏碧．結藍水之冰華．銅鼎煎紅．抵蘭陵之酒價．蒨絲沈而雲影澹．槐煙起而蟹眼鳴．相與味淸醇．品佳水．西來寶樹．方斯蔑如．東坡鐵欄．過之遠矣．嗟乎．龍川霸業．歸九郡之山河．鮒谷靈泓．散萬家之煙火．邈懷陳迹．用薦新銘．銘曰。

曾岡上脈．圓渟下回．星駢石竅．雪漾山杯．斥壤澄漪．霸風殘迹．墜鏡無波．調符有驛．谷深泉白．甃古苔青．名雄蠻尉．味冠羊庭．湞城南浦．朝臺北嶺．永沒煙

榛・空存露井・晨甘分䌛・夕荷連衢・取盈不涸・飲醴奚踰。

羅傳瑞 字西林・南海人・光緒己丑進士・官兵部主事・傳瑞出九江朱次琦門・頗志經世之學・甲午中日之變・朝野上下爭議改革・傳瑞條陳變法事宜・大旨主折衷中西・不爲偏激之論・所輯行者・有范文正公奏議二卷・李忠定公奏議六卷・張江陵書牘十二卷・並存・又有小湖山堂文集四卷・鈔本存於家。

論練兵之要

有宋中葉養兵漸繁・兵益不得其用・尹師魯石曼卿之流・慨然思籍民爲兵・魏公創義勇・荆公設保甲・皆祖其說・温公謂於民有世世之害・於國無絲毫之利・國朝顧棟高王昶遂著論以爲不宜襲寓兵於農之迂談以誤國・三代兵民合一之制・幾若不可復行・然吾觀西國近日・盡民爲兵・普以此蹶法・更迭倣傚・蓋彷彿小司徒田胥竭作・徒役美餘之法・馬貴與所謂敎練多・則人皆習於兵革・調發少・則人不疲於征戰・此古者制勝之道也・夫西國養兵至厚・而宋之義勇保甲・乃糗糧器械一令自備・既取其賦・復役之兵・是重困吾民也・語曰・非常之原・黎民所懼・今日鐵軌貫於陪都・輪舟行於內地・可謂非常之變矣・乘非常之變・圖非常之功・籍民爲兵・參以限年番上之制・而厚其廩糈・精其訓練・復古興今・於是乎在・抑西國兵皆入學・乃得層累爲將・練將之法・蓋視古爲詳・若乃舍武臣讀書之誼・襲師被長技之談・船局燬於馬江・海軍降於遼海・是固敎練學生習洋統將・西人嘖嘖以誚我者也・況欲以文法起役・以胥吏追兵・慕三代卒乘之制・希泰西民兵之强・恐議未及行・天下已騷然矣。

范文正公政府奏議跋

奏議二卷・宋范仲淹撰・仲淹子純仁所輯・仲淹字希文・謚文正・事蹟具宋史本傳・韓忠獻序稱奏議十七卷・政府論事二卷・宋史藝文志載仲淹奏議五卷・四庫提要謂十七卷者・當卽宋史所載・特誤七爲五・所謂二卷者・當卽此本・康熙中・文正十九世孫能濬重校家藏諸集・後輯補編六卷・合爲文正忠宣公全集・其集內錄政府奏議二卷・按四庫編錄有政府奏議二卷・爲江蘇采進本・存目有范文正奏議二卷・明范惟一編・爲浙江采進本・十七卷者不見著錄・然則其佚久矣・此二卷刊本亦少・余故據能濬本用活字版校印・附以補編內奏議一卷・俾讀者知大儒・夫文正爲秀才時・卽以天下爲己任・韓魏公稱希文能成就大事・以濟天下・朱子亦謂振作士大夫・范文正之功爲多・觀其答手詔條陳・謂歷代之政・久皆有弊・弊而不救・禍亂必生・又謂利而不興・則國虛・病而不救則民怨・弊而不救則小人得志・壞而不葺・則王者失賢・所條十事・大抵綜覈名實・精選材賢・振興綱紀・皆洞切中晚之弊・東萊治體論曰・自李文靖抑四方言利害之奏・所以積而爲慶歷元祐之緩勢・自范文正天章閣一疏不盡行・所以激而爲熙甯之急政・使慶歷之法盡行・則熙甯元祐之法不變・使文正之言得用・則安石之口可塞・然

則文正固言變法．而當時之法亦宜變者也．故引易窮變通久之說曰．天下之理有所窮塞．則思變通．既能變通．則成長久．又曰．事有先後．而革弊於久安．非朝夕可也．又曰．臣敢約前代帝王之道．求今朝祖宗之烈．采其可行者條奏．然則言變法者．以文正之言爲法可乎。

張祖詒 開平人．光緒己丑舉人．南海縣學教諭．保陞知縣．不就．改就瓊州府學教授．辛亥後．杜門歸里不出．纂修邑志．未成．病卒．文見學海堂四集。

廣文賦 幷序

陸士衡作文賦．臧榮緒謂其妙解情理．心識文體．夫其疏瀹靈機．斡運慧軸．源流洞澈．闡發無遺．洵藝林之矩範矣．然予竊觀魏晉間．作者皆解散周繩．雕畫漢鼎．或腴貌嗇神．或擷芳遺實．育樸無種．蘭蕭向榮．若夫道以目存．言由心得．雲門之英．斯義儉矣．易曰．修辭立其誠．論語曰．辭達而已矣．斯乃屬辭之鈐鍵．選言之軌躅也．爰爲廣其意云。

啓性鑰於簡編．騁心轡於文軌．韜象緯於胸羅．躍龍轡於膺陑．區百家以畛分．導九流而波委．芟蕪莽於藝林．納權衡於學甌．若乃賡嬀廷之喜起．矢卷阿之歌游．固當媲上德於典誥．暢皇風於圖疇．詞温靄以敷春．氣忠壯而涵秋．至於箴友規朋．揚美導善．疏性瀹靈．發潛決隱．繪風雕雲．比瑟諧琯．皆大塊之文章．豈小技之雕篆．辭以誠而可通．意以達而宜簡．羌杼柚夫予懷．固無取夫詭辨．其始也理窟鋤榛．智輪轉輙．籠鳥困樊．涸魚待潤．旌懸未揚．裘挈將振．形槁若枯．目盱不瞬．泉汨汨其欲流．燈熖熖而仍燼．乍毚獲於中逵．忽鹿駭而旁迅．蠶吐絲以作繭．蟻樹敵以布陣．手畫肚而猶疑．心語口而始信其致也．方集矢以攻堅．旋卷甲而蹈釁．路縋險以得夷．境舍逆而就順．珠既還於濁流．樓忽成於海蜃．意匠鑄於鈞鑪．心聲諧於蠹晉．其思之險也．若依絜而愳罣於荆林．其得之艱也．若懸絲而將絕於芒刄．其出之亹亹也．若亡羊而識路於兩歧．其入之深也．若掘地而及泉於九仞．然後振翰葩流．驅豪響接．意樹揚馨．詞源傾峽．如驥赴泉．如蠶食葉．如鳥鳴嚶嚶．如鳶飛站站．或豔若霞淑．或澄若霜滜．或整若舒錦．或散若碎金．或句排若連岫．或思銳若高岑．或疊語若貫珠．或單辭若度鍼．或避生而就熟．或由淺以入深．於是度山起樓．量體制服．執鉥持規．發篋起櫝．高者山尊．卑者川畜．明者曦照．隱者靈伏．長不傷冗．短不傷蹙．簡不至陋．繁不至縟．思鋒銳入於堅犀．意車利轉於遙陸．睇雙鵰於層雲．弦一鳴而飲鏃．亦或荄甘樹於瘣木．洒榮露於陳枝．嘘枯卉而抽幹．發異花於根荄．放苦筍而成竹．掃落葉而點苔．若賈胡之入市．識贗鼎爲金罍．若柯匠之入林．規擁腫爲美材．有時鬱其將阻．欻紛至而沓來．峯劈面以嵬嵔．雺訇然而中開．蓋將具造化於寸心．非徒以悅觀者之目．而誇作者之才。

夫其般輸削墨．牙曠命徽．寓目陳理．觸心忘機．初格格而見阻．遂款款以入微．神迷迷而欲往．情緜緜而來歸．或無心而入妙．或有意而遂非．思萬變而在圜．理一致而莫

達·故夫析理若醯雞之發覆·論事若駭馬之脫韁·言情若婦孺之通訊·辨難若晉楚之爭盟·賦物若溫犀之照水·明道若秦鏡之流光·引之若泉之注·頓之若山之嶈·抑之若魚之潛·揚之若鳥之翔·八音調而聲愈希·六物和而味愈淡·歷蔗境而漸佳·霏玉屑而自豔·籠皓月於煙扉·吟清風於雲梵·猶脫稿而踟躕·恐話蠡而取厭·擥秀藻之郁郁·豈枵腹之云云·雖有翹關超距之士·固不能持空拳而張軍·蓋其搜求綈袠·探索典墳·命騷作僕·尊經爲君·若集翠以爲裘·外雖合而中分·萍無根以隨流·松有心以凌雲·修異寶於月斧·去鼻堊於風斤·錦學製而軌法·玉旣雕而成文·若乃絲以棼而難治·蠹雖飽而見辟·羊以惡而敗羣·馬以鳴而被斥·縱强驅以就律·難決勝而樹績·或擒宿草之華·或務虛車之飾·或寫魍魎之形·或矜夔隮之識·雖聞一以知二·終舉一而廢百·羌立異以鳴高·非予心之所適。

若夫曲高和寡·賞音難遇·遺編抱殘·獨行履素·戴道義以尊王·詞連行而奔赴·雖縈策於蟻封·羌不失吾故步·鶴在陰而不聞·鴻旣冥而終慕·故敏或應詔而成賦·遲或含筆而腐毫·達或入宮而謠詠·窮或向隅而喧嘈·或伸前修於往哲·或啓後學於未交·或驅五丁·而開蠶叢之山·或會種胥·而漲曲江之濤·爰展軨而並騖·遂分道而揚鑣·然而李射虎而石開·耿抽刃而泉注·皆誠心之所感·豈華說之能附·是以君子性情爲基·言行相顧·宣風聲於將來·守忠信而彌固·天遙遙而上聞·神在在而長護·欲從事於斯文·當反躬而自懼。

廣東文徵

改編本卷二十九

番禺吳道鎔原稿

清十一

曾習經 字剛甫．號蟄菴．揭陽人．光緒庚辰進士．戶部主事．累遷至度支部右丞．早歲肄業廣雅書院．爲梁文忠鼎芬高弟．尤肆力於詩．卓然成家．國變後．仍居京師．負盛名．而不爲權要所羅致．晚節之高．人咸稱之．著有蟄菴詩存一卷。

怡園記

室西南偏有隙地直接城陰．傅君因就闢小圃．種蔬樹卉．自名曰怡園．蓋將奉母居焉．歲時花開．置酒享賓．歌詩相酬唱無虛日．顧同曹曾習經爲文記之．習經性懶．迫以賤事．抗塵走俗．蓋忽忽一年矣．感嘉會之不屢．念宿諾之當踐．遂吮筆爲文．迺言曰。

在昔龍興之世．海宇清晏．中朝大官．黼黻暇豫．則有萬柳之堂．觴詠稱極盛．下此菟裘別業．望衡對宇．既以節勤勞．亦時講學．雅頌之聲．遍於時矣．醇風既替．士爲苟簡之行．上下敦迫．遂亡其事．蓋陵遲衰微．漸而失焉．匪伊朝夕矣．王荇所謂治國之日舒．故其民閒暇而力有餘．亂國之力促以短．故其民困務而力不足者．人爲之耶．時爲之耶．六月詩序云．小雅盡失．則四夷交侵．而中國微．豈坐是哉．豈坐是哉．斯誠所悁悁而悲者也．君閔滄海之橫流．士習之頹墮．獨超然與俗殊嗜．車聲隆隆若將隱焉．雖狷介自好乎．而用意乃如是深矣．暮秋之月．叢菊始茂．文史稀簡．跌蕩爲娛．每當薄晚循行畦徑間．近攝西山．平睇城闕．蕭然之意．自謂天民．加天性之愛．子婦熙熙．上足娛親．亦以自適．詎與伺候公卿奔走形勢者較得失哉．習經留滯塵土．所親既遠．南望伊鬱．眷戀奚極．既爲時所棄．虛糜倉俸．徘徊顧景．無益世用．行自悼耳．昔其友江孝通嘗言．將歸白水．誓爲山民．習經家棉湖．亦有湖民之約．孝通既獨歸．而湖民之題．徒然虛語．飄零息壤．慚愧無已．其憤時疾俗．朝唏暮喟．胡爲乎．記君園．益相思也。

伯兄月樵先生墓志銘

公諱彭年．姓曾氏．字譔甫．一字月樵．先名述經．世家揭陽棉湖．公幼穎悟．弱冠爲諸生．丁先君憂．家貧教授鄉里．習經從學焉．光緒戊子．南皮張文襄公督粵．闢廣雅書院．以番禺梁文忠公爲師．公攜習經往受業．己丑同領鄉薦．習經通籍爲京曹．公再試不第歸．一以啓發後進爲任．

壬寅始謁選・以知縣分發福建・歷充閩浙總督文案・以勞委泉州鹽釐局差・差故優・公潔己奉公・差滿不名一錢・其時習經俸入差多於前・輙寄五百金爲淸償局累・凡前後主榷局無如此者也・榷上杭縣・在任僅數月・終日坐堂皇・了積案數十起・一時號曾青天・上杭故產紙・商人輻輳・有豪紳壟斷紙利・商人怨聲積・幾釀事・公力斥豪紳・事得寢・商貨仍通・旋權建寧・淸勤如前治・建寧人至今思之・以辦振保升直隸州知州・庚辛之間・念太夫人春秋高・謁告歸以養親爲事・無復仕進意・會國變・習經墾田寧河・而公仍主講席・田屢不逢歲・太夫人甘旨之奉・賴公修脯取辦・習經每農隙歸省太夫人・見公學校中臨登講堂・笑謂習經曰・民生在勤・習經愧茲惻焉・丁巳公六十・習經持當代通儒達人諸詠歌詩詞歸爲公壽・公笑頷之・習經病危苦中・公撫摩調護備至・逮秋病起趨田・公自寫定所爲詩一冊授習經・題卷端云・弟持往楊槽・於牛角上且耕且讀・亦他年一故事・習經僅受之・不意其竟成故事也・晏歲得公耗・風雪中攜靖聖端婦聽孫・奔赴入門・而公歛十七日矣・嗚呼酷哉。

公以戊午歲十二月初九日・卒於棉湖里第・得壽六十一・公娶楊氏・繼室賴氏・皆先公卒・子三人・端・廷桂・靖聖・以靖聖後予・女一・嫁丁氏・公二十後爲人師・仕不十年・復爲師・所留輙以經史及宋諸儒之學授弟子・磨礱淬灌・成就其器・不可勝數・昔昌黎志施先生墓・謂教太學十九年・其歿自賢士大夫・老師宿儒・新進小生・哭泣相弔・公之喪蓋似之・公學完行高・篤於孝友・接物和而持守甚介・宦雖不達而教澤徧於人人・晚患痰飲・歲一二發・或不

藥亦愈・初病仍在校・輿疾回里・旬日遂不起・太夫人在堂・天遽奪公・知公有餘恨・而以往推存・其痛何窮矣・公有詩文若干卷藏於家。

趙天錫　字魯菴・新寧人・光緒辛卯舉人・歷主寧陽和風廣海書院講席・卒年五十一・著有魯菴集八卷・詩一卷・存。

復伍朝冠書

修儒賢弟・頃由伍潤三弟處寄到一音・近況聆悉一切・近日醫學究心有得・此是藝學・外國學堂立爲專科・我國現時大學堂所擬學堂章程・亦列此科・誠重之也・查學堂所列醫學科分爲二類・一曰醫學・二曰藥學・然凡爲此學者・必先習普通學・凡聲光化電及各種物理・皆須明了・方於醫學無阻礙・而生理學尤爲重・外人以剖解術・課習人身全體・故凡爲醫學生・無不深明人身構造之質・由是外接於體者・凡炭輕淡養各氣・與人呼吸・腠理相開之處・又衣服飲食・何物最爲有益・抑或有損・居宅光氣合用與否・是皆致病之由・明其故而後可言醫理・吾中國古書・其高妙處・至言氣運・而極其意亦正相同・道家與仙家參雜其詞・多言煉丹養氣・遁居深山・採光日月・皆用此意・而未免求深而不切於日用・即如來信詢及參同契之旨・朱子是聰明絕世之人・於書無所不讀・旁及道家書・亦有心得・而見到古人所未見及者・故偶爲之注・非僞亦非有託・不必看大賢身分過高也・余常看過參同契有兩本・皆非朱注・凡所說道家旨趣・有用

以治身心者・有用以處世者・有用以養生者・大意主收斂嫥合・而不使之分散・是其宗旨。

常與醫家談論・謂人身之在天地間・是分集金石草木之氣與其質・以造成其體者也・人身之氣質有偏勝者・謂之病・即采金石草木之氣以補救其不足・知吾身本與金石草木不同形而同氣・全在醫者審察其間・善用其同類耳・此意其即伏食同類之義歟・是故能明此義・則不必伏食時然也・一舉一動・皆有外來之氣類・以入於吾身・今新學所云・體育之理・凡體操・居宅衞生・化學衞生之類・皆能醫病・在用之得宜可也・賢弟既有志醫學・求之於古經・以考其本源・參之於新學・以通其精細・如近日所譯之全體闡微・又師範講義內之全體一種・皆於人身之理剖析微茫・不可不讀・至如醫林改錯・西藥畧釋之類・可以參閱・而於吾中國之臟腑習慣・或間有未合用之處・然不看過・則用中學各法間有未效時・必不能有悟性也・果能讀中國名大家醫書・其行術必有過人之處・然不參新學・無以盡其變・而啓其悟也・將來醫科必由學堂出身而後精細・此學堂之所以要急辦也・目下學務處憲札愚辦本縣學務・初奉到處公文・又未知再札有別位同辦否・四顧茫茫無下手處・望二三同志嚶其鳴矣・盡得一分心力・成得一分人才・來者莘莘如賢弟・暨雷某岑某輩・皆所切企・縷縷不盡・手此以復・幸勿以一藝自局而不思遠大也・錫白・十一日晚。

甯陽學存序

自有生民以來・遠莫紀矣・皇古之初・蠕蠕焉各處一方・自求口食・未嘗立君臣父子兄弟夫婦朋友之名也・未嘗立仁義禮智信之目也・未嘗立禮樂刑政之教也・然皆有知覺運動・有知覺運動而不能一致也・則必有知愚才否・是故數人之聚・必有才者知者矣・才者知者自私不公焉・愚者否者必譁之攻之・才者知者大公無私焉・愚者否者必尊之親之・且則效之矣・是故才者知者酌大公無私之準・謂吾輩皆有君臣也・父子也・兄弟也・夫婦也・朋友也・愚者否者及之其身・果爾不余欺也・謂吾輩皆有仁也義也禮也智也信也・愚者否者及之其心・果爾不余欺也・才者智者施焉謂之教・愚者否者受焉謂之學・是故數人之聚・有數人之禮樂刑政焉・積而至於天下・有天下之禮樂刑政焉・蓋中國自堯舜以來・教化學術・浸以大備・載在史書・又四千餘年於茲矣・孟子之言道揆也曰・東夷之人・西夷之人・得志行乎中國・若合符節・謂其合此道也・春秋之義・夷夏必嚴・懼其不合此道也・豈以其地云爾哉・春秋之世・楚越皆在蠻夷・其後楚滅越・越衆入海・散處百粤・秦幷天下・討粤不服・粤人復逃海上・而民居遂徧於南海諸島・今日濱海諸縣是已・重以宋明二代之季・播越南來・天璜支庶・故家遺民・匿迹荒陬・載生載育・氓黎種族・主客婚姻・一氣紛緼・莫之或判・況夫潛移默奪・經累世聖帝明王聲教之暨訖者乎・夫人既同有此君臣父子兄弟夫婦朋友之倫・仁義禮智信之性・又有禮樂刑政之教・以鼓舞引翼整齊而畫一之・凡民猶興也・何論豪傑之士哉。

寧陽一方・有人物之可紀者・今已數百年・無震鑠寰宇之功・足光史藉・然或奮其直遂之性・發其光明之氣・讀書

無求·有知我其天之想·吾意亦必有其人·但非當時所能物色焉·而又無暇以文字自見·遂無以傳之·爲可惜也·自前明白沙陳先生提倡絕學·大儒德化·浸灌滋潤·而吾邑嚮學之士·日以益多·蓋嘗私論之·白沙先生之得力也·在於實踐·而其詣極也·在自然·亦既養出端倪·故往往露於言語·而及門聰潁之士·證明心得·執筆記言·則亦喜尋微妙旨趣·而忘其下學之功矣·吾邑人士·大都凜姿愿樸·但知求先生於下學·慕先生品行之高潔·而深識夫出處退就之大閑·故其餘韻流風·恂恂然及數百年而無弊·魚躍鳶飛之境·偶一見之·不復雷同·稱述舉以告人·此又動於道而不自知者矣·余生長海隅·慕鄉先生之遺風·偶有見聞·則記其言行·用備觀省·又以思瀛寰之大·古今之遙·耳目所不到·吾心固將通之·而載藉之傳·亦復何限·是編所列·以邑之境內爲斷·畫疆分界·區區小邑十數人耳·然手是一編·庶幾知天之生人·與人之爲學·不於小邑而有異也。

海市賦 有序

世之言海市者·以爲幻境而已矣·或云蜃氣·或云海神·臆度之談·曷足爲據·夫其事則誠有之·然天下豈有無理之事哉·慨夫生人之蔽·近在耳目·遑及其遠·嘗閱沈夢溪筆談·言登州有海市·歐陽文忠過高唐驛·有鬼神自空中過·車馬人畜之聲·一一可辨·士人亦謂之海市·其言如此·其故終莫能明也·東坡登州之見·則以禱於海神·是又似有神以司之者·竊意東坡之事亦偶然耳·考古有陽燧照物法·卽近時西洋之光學也·當夫天光晴朗·寥空雲氣結成大鏡·地上樓臺城市·寫入其中·浮光動搖·遂成異狀·徵以陶宗儀輟耕錄所載·塔影入屋·及近人鄒伯奇所記攝影之器·其理著矣·其用廣矣·啓鴻鈞之秘鑰·作品物之衡矩·模範山川·究極形象·測繪之事罔不同·茲考僅以幻目之·存而不論·懼慚觀察·是用別攄管蠡·弗工藻翰·假問答之辭·製斯賦焉。

有中州先生問於濱海居士曰·遼乎邈哉·方輿無垠·是有九都·大瀛環其外·稗海界其區·中國爲神州之一尾閭·乃衆水所趨·覽滂沱之四潰·窮目力於方隅·登舟者爲之錯愕·臨涯者爲之嗟吁·梟客於焉出沒·胡賈飛其舳艫·洞闤闢闠·波走雲驅·海市斯在·其說非誣·既驚觀於永叔·復歌咏於髯蘇·吾不知下土之所有·彼世外其奚須·居士於是覃思沖漠·破釋滯拘·睞乎天末·婉乎色愉·從容而言曰·若斯之云·是欲求見聞之洽·宜觀衆說之殊也·欲馳域外之觀·懼爲時俗所愚也·蓋海市之見也·春夏初霽·霏煙薄敷·若木曈曨而景出·列島晻曖而氣腴·際麗鴻而上極·坦荒漠而下鋪·戴笠未能寫其狀·益地偶或缺其圖·倏駢闐而雜沓·或咄嗟而喁于·則有霞縠雲錦·璿瑁明珠·捆載而至·並列街衢·豈神農氏日中之制·別傳之海外乎·將眞靈之規畫·陋囂塵之垢汚·抑神通之特顯·幻泡影於須臾·夫地如渾球之體·天乃積氣之爲·是以黃赤出入·紛總轇轕·則運之以規矣·河漢隱見·升降斜轉·則揆之以儀矣·風雲飆忽·霜露澄凝·驗其氣而可知矣·火山潛然·陽電疾激·識其性而非奇矣·日乃陽德·衆生是司·晝則山河·因而散彩·宵則星月·借以呈姿·彼虛堂以懸鏡·尙照影而莫遺·

矧大鈞窮然而包物・雖微塵一蠓・夫焉得而逃之。

相彼海市・乃在人間・登州三面・渤海所環・川原城郭之所合・市民遠賈之所往還・列肆綿聯以高敞・朱輪輻輳以燐熇・海雲時結而爲鏡・陽燧內窪而照顏・光直透而成點・線斜折而垂彎・如偃矩之取度・低半徑之界環・信高下之有準・胥數里之攸關・爾其游氣無方・因時而變・一鏡則光聚而成倒形・兩鏡則光回而成平面・過近則形大而不全・愈遠則形大而難見・惟位置之合宜・斯瞭然而無眩・乃或過如移帆・颺如搖扇・剛四張而爲幕・忽橫拖而成練・則見模糊兮門巷・飛走兮宮殿・傾歌兮闌檻・破碎兮亭院・雞犬杳然於聽聞・車笠混然於貴賤・或則紛紛紜紜・乘機闞便・突如胡僧之演法・擠如車騎之赴戰・騖若流星・瞥若奔電・惜晷刻之無多・恐明眸之未徧・且亦嘗觀於時術乎・近者光學之興・由歐羅而及諸夏・密置幽房・面臨軒榭・外則形色紛羅・鱗次相亞・內則蔽以緇幃・窈然如夜・穴玻瓈而凹凸・容明徵之直射・縮千里於毫芒・吸萬形於隙罅・知士之所樂聞・愚夫之所驚詫・象罔遺珠而未求・離朱挈矩而自謝・斯固藝士之究奇・同此自然之氣化。

若夫稽之往籍・驗彼同符・臨鏡而景自倒・墨子之語非迂・何古書之云遠・竟成學之日孤・日再中而妖妄・日重見而歡呼・訝虎邱之扳閣・見一寺之規模・（見輟耕錄卷十五・）飛鳶察其東西・窗影戾而不俱・（見夢溪筆談卷三）存然疑於篇簡・俟考證於後儒・況夫汪洋異觀・舟楫畏途・恍兮有象・忽焉已徂・又何怪其與龍宮鮫室・員嶠方壺・同厥誕幻・而等其有無哉・先生於是忻然曰・僕汎濫聞見・牖明達聰・諏於人者夥矣・厥衆口之雷同・今子謂事必有理・理必求通・蓋潛心以格物・非徒貴耳以爲功也・能歌之乎・居士乃綜其意・而爲海市之歌・曰。

陰陽鑪炭眞火烘・升降大圜作窮隆・黃輿漫漫氣蒸空・芸樹飛走涵其中・千形萬狀如鑑銅・耳目不到皆聾矇・奈說海市偏叟童・賢者或未釋於衷・尋厥妙理兩間充・騁情役思究始終・經緯弧角窺以筩・測繪伸縮俱玲瓏・奚必志乘摎齊東・人間城市亶無窮。

黎佩蘭 字詠陔・高要人・光緒辛卯舉人・肄業廣雅書院・爲義烏朱一新高第弟子・一新修德慶州志・初纂覆纂多出佩蘭手・尤精天算・所著算書若干卷・已刊行・甫獲一第・中道殂謝・計其著述待梓者尚多・惜未見也。

天算捷表序

近世陽湖董方立・湘鄉曾栗諴二君・皆精算而皆蚤死・豈心力倍耗耶・抑修短有數不係乎此也・余與蔡君爰諏・生同里・長同學・嘗究心輿地天算・往歲肄業端溪・同受業義烏朱鼎甫先生之門・昭然發矇・學益攻苦・歲己丑先生修德慶州志・以檢校殷繁・委佩蘭承命分纂・佩蘭求晷度表・持策布筭・多爰諏所佽助・其求地半徑差一法・尤爲獨到・自云因象起數・因數立法・覃思累月・刱爲之・病他時重理忽忘・因竝求表諸公數・製爲立成・以備加減摘用・茲編其蒿矢也・早歲病躄痿・不良於行・母目雙瞽・弱冠爲童子師以養・君亦以憂而眇其一・猶旦夕羅輿圖・運籌策・若不知有

貧病・佩蘭嘗製倒直二景晷・天體儀・測量度板・爰諏窮旦夕襄運佳指・務諍余成其事・邇來治西術者・犅得膚末・輒詡爲無上上法・此人心風俗之大患・君以爲貴知法意・而施諸實用・否則雖日演幾何代數・徒算工耳・故其平日不斤斤於布揲・而凡有隱頤之故・一再思索・終無以難也・壬辰春以病卒・年三十七・母老孤幼・四壁蕭然・諸習於君者・爲之紀其喪。

佩蘭返自都門・墓草宿矣・檢拾遺篋・多未竟之緒・茲編尤切用・因質之朱先生・謀付手民・以永寄心血・算家或有取乎爾・其高要晷度一表・曩在端溪與佩蘭同測算者・先生以爲他日修志・可加減用・因竝坿焉・尙有太陽高弧方位表・出入矇景表・更漏中星表・中間人事牽率・與梁君蘭坡及佩蘭同算未竟・而君死矣・嗚呼・處已甚勞・而爲人則甚忠・其去董曾二君造就未知何如・而身後之悲・良劇於彼・今考其業・忍重理再述哉・然述而僅有待於友・又忍無述哉・蜉蝣蟪蛄・寂寂生滅・一篇裨世・可以不恨・讀是表也・亦足覘其志之所存已・光緒壬辰・日在井十五度・高要黎佩蘭序於志陶軒。

德慶盤古廟碑陰　見德慶州志卷之五

往嘗疑服嶺以南・所在陬麓多盤古廟・肇慶城北六里許曰出頭鄉・其北辰山蕎潤一廟・尤壯麗・廟塐十神像・其四犬首被木葉・云最靈・游是廟者・相戒不敢叱狗・盤古誠有其人・誰氏之・誰形之・既屬人之初・又誰兄之・而誰弟之・盤古何必諱叱狗・神之專有所諱・又孰從而知之・比游德慶之香山・其南麓有小廟・亦祀盤古・鄉婦女詛其夫之飲博耗蕩・不事家人產業者・陰禱輒應・應輒烹狗取國胰以賽・是又與出頭鄉之盤古異神之嗜飲食・或人爲之・如世俗言・盤古肇生太荒・圓顱方趾・皆其苗裔・皆宜肇祀・不應獨靈南中・繼讀德慶高要諸地志・多猺山・疑始釋・猺盤瓠種也・後漢書南蠻傳云・高辛氏有犬戎之寇・帝募天下有能得犬戎之將吳將軍頭者・妻以女・時帝有畜狗・其毛五彩・名曰盤瓠・下令之後・盤瓠銜人頭造闕下・診之・乃吳將軍頭也・帝不得已・乃以女配盤瓠・盤瓠得女・負而走入南山石室中・生六女六男・自相夫妻・其後滋蔓・章懷太子引武陵記注云・山半有盤瓠石室・今遙見一石仍似狗形・蠻俗相傳云是盤瓠像・范成大桂海虞衡志云・猺本盤瓠之後・其地界於巴蜀湖廣間・緜亘數千里。

按有明一代・西江最苦猺患・猺之種落甚繁・散居山谷間・自萬曆五年大征羅旁・而近地猺種始漸歇絕・所遺盤瓠像・殆其祖祠・愚民無知・又惑於委巷兎册・見有犬首人身者・不知何許神・而與世俗所傳盤古形相類・瓠古聲相近・遽指盤瓠而盤古之・出頭村之廟・又因小司馬補史記三皇紀人皇有九頭・譌九而十之・寃哉・寃哉・小姑嫁彭郎・杜拾遺變爲杜十姨・伍子胥譌爲伍髭鬚・同一鄙誕不經・而楚鬼越機之俗・則從來遠矣・叢祠野刹・必有山精木魅憑之・小著靈異・以求血食・香山盤古廟僅容土偶・破落不堪・煙火寥闐・光緒乙未夏月・近鄉虎咥數人・有物夜呼・謂盤古能遏虎虓・鄉曲神之・農婦夏夜納涼・雜述迂怪・一婦斥其誣妄・越夜・虎從人叢中竟啣是婦去・倡十和百・絡繹奔禱・

盤古祠道趾駢肩・不逾月醵多金・崇墉雕楹・頓改舊觀・盤古亦靈怪矣哉・天生庯庯戢戢之民・必有仁者出而君之・民亦仁是歸焉・機智日鑿・遂欲隔膜於衆・播惡斯民・歸仁不人而神・以盤古爲開天闢地之初祖也・而爵以大王・以盤古能爲民去其苛也・而親以父母・噫・世有爲民除其苛者乎・民亦將大王而父母之矣。

凌步芳 字仲孺・番禺人・光緒辛卯舉人・兩試禮闈不第・授徒爲業・課餘治算學・久之・大通其術・成百硯齋算書八種・曰割圜通義・曰粟布衍草・曰算學答問・曰火器説畧・曰指數變法・曰重學詳説・曰微分詳説・曰積分詳説・皆自爲之序・臨卒・命其徒先以割圜通義粟布衍草算學問答三種刊行・餘五種寫定藏於家・百年來研精算理・不由師授・有海寧李善蘭・金匱華蘅芳・南海鄒伯奇・若步芳亦其亞也。

粟布衍草自序

粟布衍草・湖南丁果臣先生所輯也・余幼習舉業・初不知世有丁果臣・惟聞同郡某先生以算鳴於時・心好之・嘗往而請業・而門牆高峻・不易得入・又索重贄・非白金四十兩不許及門・余既訝其市道・又自顧寒畯・無力辦此・乃嗒然退而自慚也・自是乃漸購算書・以私意解之・亦似易易・遂慨然欲奉古人以爲師・隨購隨讀・漸有所得・而其時風氣未開・按張南皮書目答問內所列算書・索之書肆・十不得二三・適戊子年有友人採茶兩湖・乃得購粟布衍草於長沙・其得之之難也如是・書凡分三卷・以天元衍草最明晰・上卷立術五首・列廉法表・此即卷末三題用天元借根之所解析者也・其餘如吳氏捷術開方表・僅有本利同淸一圖・畧示大意・而未爲了了・至諸題有用總率者・有用乂法者・有術無註・根數藏匿・隱而不宣・尤難卒讀・惟補卷卷首有小序云・求利率者・李氏用廉法表也・吳子登用天元也・求原本者・李氏用垜積也・吳氏亦就垜積變通之也・從而求其説於篇內・又不盡可得・其索解之難也又如是・余性好思・弗得弗措・因自以代數術推之・客見余笑・默不復語・余亦無言・既而思之・客之言誠是也・又令天下見是篇者・果由是而知算學皆實學起・而求進於是焉・則疇人中向來剽竊之陋習・賴是篇以掃除之・厥帚雖敝・要亦不爲無助・時語方畢・正欲請客訂可否・商去取・以匡所不逮・而客已告退・不可復留・余故卒從客言鈔存之・隨得隨錄・積成二卷・其中答問重學微積者・居十之六七・後又爲重學微積詳説・一一用之・故復刪去・僅留重學微積諸詳説所未載者若干條・都爲一卷如左。

杜德美割圜捷術通義自序

杜德美者・予不知其爲何許人也・國朝康熙時來游中國・著割圜捷術三・曰徑求周・曰弧求矢・見梅氏赤水遺珍・嘉慶時秀水朱筠麓・以張豸冠手寫杜氏九術贈董方立三術外・別多六術・與梅氏異・予嘗考之・陳際新割圜密率序・則別多六術者・乾隆時欽天監監正明安圖之所作也・明氏爲際新師・師弟皆以天算名・其言宜可信・則意者張豸冠未知有明氏歟・或張氏不誤而連書九術・董方立乃誤併爲杜術歟・抑杜氏原有九術・或且不止於九術・而梅氏明氏乃僅

得其三歟・夫梅氏明氏當康熙乾隆時・僅得其三・三之外雖有餘術・亦必不傳於世也・昭昭然矣・彼張豸冠者・去杜氏幾二百年・又安所得全術而學之・而手寫之歟・是皆未可知也・杜氏原本有術無說・梅氏最先得之・而語焉不詳・陳氏師弟起由四分弧十分弧析之爲千萬分・以求合於屢乘屢除之數・積三十餘載・乃有成書・卽今世所傳割圜密率者也・至董氏方立以圜容十八邊・釋連比例・參以堆垛・乃盡發其覆・而戴氏諤士・項氏梅侶及其高弟子夏氏紫笙・以遞加圖衍之・漸趨簡易・左氏壬叟又以綴術明釋・戴術益大顯・則未知杜氏立術之初・其果如明氏師弟之言歟・抑合於董氏之圖說歟・其果用壬叟之綴術歟・抑有見於遞加之旨・而爲戴氏項氏導其先歟・否則杜氏別有淵源・凡明氏董氏戴氏項氏左氏之說皆非歟・抑杜氏兼用衆・彼明氏董氏戴氏項氏左氏之說皆是歟・予嘗讀疇人傳・見西洋人精算術者多矣・欲考杜德美學術源流・而本傳不詳・則又安知夫杜氏之術之傳於中土者・不又有所授於人・而杜氏或不能自解歟・亦未可知也。

雖然古人著書・體例不一・算術所出・取徑多方・其始或出於極笨鈍之一途・其巧者又或出於極平易・至於出以問世・則又別借美名・反諱其所自始・古今方伎書皆然・而豈惟杜氏・昔者劉歆之作三統歷也・非起於易數也・其所用之數・未嘗非當日之所實測也・而箸書則以易數文之・讀其書者・亦以易數說之・僧一行之作大衍也・非起於律度也・其所用之數・未嘗非當日之實測也・而箸書則以律度說之・讀其書者・亦以律度求之・予觀杜術明標連比例・誠有合於董氏之所云・然安知其布算之初・不取徑於至易至簡之微積級數・而後乃文之以連比例・如三統之易數・大衍之律度哉・且杜氏縱不出於微積級數・而固與微積級數合・予故因而衍之・又得三十三術釐爲上下卷・上卷杜術之正義也・或疑此未必爲杜氏正義・則又何以知其必不爲杜術正義哉・下卷杜術之餘義也・或疑此未必爲杜術餘義・則又何以知其必不爲杜術餘義哉・語云・古今人同不同未可知・要亦如明董諸君子各持一說・以自攄其胸臆所欲言者而已矣・時歲在上章困敦・冬至後三日・書成名之曰杜德美割圜捷術通義・將以問諸天下後世・果有眞知杜術其人者乎。

微積初學詳說自序

亞洲西界大西洋・洋面之廣袤・不知其幾千萬里也・其間灌注坤軸・潮汐呼吸・與夫渾灝流轉・亭毒鬱積之精氣・先發洩於亞洲之東・遞生聖神・而餘氣之空明閃爍・產爲智巧・爲伎能者・亦橫被於大洋東西・西人旣奉爲至詣・精益求精・而亞東人方承聖神之大道遺言・羣以此爲形器粗迹而輕述之・故方伎一門・遂讓西人爲稱首・而西人方伎之所自出・又以算學爲大宗・其所由來者遠矣・幾何之學自歐凡里得始・代數之學自丟番都斯始・越亞奇默得・代加得輩遞興・學益精進・至國初康熙時・英吉利人奈端初爲首末比例・以求首末二限・後棄不用・復爲正流數反流數・其後拉果蘭諸又作函數變例・而日耳曼人來本之實與奈端同時・其所作無窮小點法・及微分算術・積分算術・竟與奈端流數不謀而合・此則微積之權輿也・嘉慶末・法蘭西特浪勃復用奈端首

末比例・別造限法・而蘭頓拉格浪載勞馬格老臨輩・亦能出其新意・各自立說箸書・而微積一術・乃斌斌乎積久而大備矣・微積之法・其大用亦本代數・惟代數以甲乙代已知數・以天地代未知數・微積則以甲乙代常數・以天地代變數・變數也者・蓋任取一數設爲由小變大・衍爲級數・復令之由大減小・以觀其漸近之限・苟得其限・則一切代函數・指函數・對函數・圓函數・與夫各種曲線・各種曲線所函面・各種曲面所函體・皆以是而得其微係指・復進而疊求各次微係焉・則戴氏馬氏公式之所自來也・若是者・總謂之微分術・既有微分而反求原數・即謂之積分術・其至便於用者・無論爲線・爲面體・任求其一分・皆可得數・即至八線求弧・弧求八線・對數求眞數・眞數求對數・昔之人必經數十次開方・稱爲至煩至難者・一用微積・即俄頃得之・此不特中算未之前聞・即令歐凡里得・亞奇默得輩復生・亦應驚謝未遑・而一切中西舊法・皆可東之高閣而不復用矣・嗚呼至矣。

夫中西學術淺深純雜・固不待辨而始明・即其人才之卓出・亦不過如中土秦始皇・楚項羽・齊管夷吾一流已・萬不逮我先聖・而獨至運機闢巧之事・如聲學・化學・光學・電學・以及歷學・天文・乃能越古人而上窮造化・彼無異故・皆由俗尚好異苟難・國以是爲人才・家以是爲世業・故能於百尺竿頭之上・再求進步也・然則西算之盛之高出於中國也・亦固其所・士君子博學無方・氾濫諸子百家・惟奉一是以爲歸・而不必强分門戶・其於西算亦如是而已矣・咸豐九年・海寧李善蘭與英人偉烈亞力譯微積拾級・同治十三年金匱華蘅芳與英人傅蘭雅譯微積溯源・中土自是始知有微分積分術・其時穎悟者・先睹爲快・或能探其理以自爲致曲術・而究之天下能讀其書者甚尟・讀其書而心知其意者尤尟・若是者・何哉・天下至高至深之境・雖極峻絕・而苟有其谿徑・則好學深思之士・循途進漸・猶自易易・惟微積則不然・變率之理已極微茫・復繙譯不無燕說・即有善本・而中西文字又不相合・有讀之茫然而不知爲何語者・又彼爲通人說法・祇舉大旨・至於層析變化大半缺如・尤難卒讀・倘有此道中人・揭西算之旨要・就中士之文理・意明詞達・千人皆見・豈不快事・而予又非其人也。

惟自敎學以來・舉業外有以算術請者・九章代數外・有以微積請者・予皆以所知者告之・或筆之書以代喉舌・積久成帙・遂錄存之・名曰初學詳說・紀實也・大旨本微積拾級・拾級不備・簡采溯源以補之・然其中文理但求明順・實不盡合拾級本文・拾級旣經繙譯・亦非原本也・世有通材・取法貴上・當必取原本讀之・而原本之在今日又不可得・則自今以往・不知又歷幾何年・必有一日焉・五洲一統・中外同文・盡取奈端・來本之等原書・以上貢天祿石渠・而下頒於天下學官者・其將在神聖復生興亞東・而聲敎西迄之世也乎・時歲在屠維大淵獻・賁南凌步芳自識其緣起。

積分初學詳說自序

總論何謂積分・即微分之還原也・然不曰微分還原術・而曰積分術・何也・蓋體之微分爲面・而積分則以面求體・面之微分爲線・而積分則以線求面・線之微分爲點・而積分則以點求線・與尋常求積之法相類・故曰積分也。

凌步芳

何謂積分初學·曰亦猶微分初學也·奥旨妙理已寓法中·熟讀自悟·不復推說分類衍法·文從字順·祗求便學·至於次序字句·多非原文·例具微分·不再覆說·惟是原書多標大旨·算式條段·雖未完全·通人見之·自然洞識·彼固不爲初學言也·此則條段節次不厭詳述·雖極淺式·亦所不遺·明知煩瑣見笑方家·然詳說之故·本不爲通人言也·故曰·積分初學也。

西人言算最重式號·積分之術本名反流數·反求其原數者也·今名積分以禾號記之·禾卽積字偏旁也·亦猶微分以彳號記之·彳卽微字偏旁也。

其必加丙何也·丙者未定之常數也·卽如天之微分爲⿰彳天·⿰天甲之微分亦爲⿰彳天·⿰天申之微分亦爲⿰彳天·以常數甲本無微分也·原數有三微分之一式·求積分者何從別之·故必加丙·丙之同數尚未可知·必因題考之乃可知其爲甲爲〇也·此積分之通例·全書皆然。

算法之有九章也·加減乘而已矣·九章以外復有天元代數·神明於加減乘除者也·天元代數而外·復有微積神明於代數者也·故欲學積分必先通代數·大抵微分諸式·因題各異·欲求積分·必有公式·公式不合·必有變化·或以乘法化之·或以除法化之·或以通分化之·或以開方化之·或以二項例化之·或以微分式化之·上下無常·惟變所適·種種借助必歸代數·若積分本法·則但欲求得其原數而已矣·初無論其化與不化·代與不代也·學者於此分別觀之·若者爲代數·若者爲變式·若者爲積分·則於學積分也·不難矣。

積分所求得之原數·卽微分所由生之函數也·然則求積分者·但循其微分之來路·步步退回·卽可得之·而往往不能者·何也·蓋微分之來路有可循者·有不可循者·其可循者·法最顯易·其不可循者·十而八九矣·方其微分之始也·以辛加天·變原涵數爲新涵數·又詳其級數與之相減·原數盡變·已難尋求·況曲線曲面與夫曲線各體·諸微分式皆繞他道而後得之·安有來路可復追尋·蓋至是而求積分之法乃愈難·亦至是而求積分之法愈巧矣·枝枝節節·各立專法·其有不合者·又變式以合之·都爲數術·分別部居如左。

重學詳說附流質重學說自序

中土古來無重學·有之則自李善蘭與艾瑟約繙譯英人胡威立原本·始予得讀之·則自微積始·予得讀之而又詳說之·則自本書第九·十卷始·方予之學西算也·由幾何而代數·而微積·以爲鈎元入微·號稱絕詣者·微積而已矣·微積多言曲線·予爲微積詳說時·欲得圓錐曲線說以資考證·求單行本不可得·得之重學附卷·自是又知有重學者也·重學亦間用微分式·而實於微積外自爲一宗·其功用乃更過於微積·嗚呼·可不謂之絕詣者歟·然而天下能讀其書甚尠·則何也·夫古人之著書也·有先言理而後言法者矣·此由源及流之事也·有先言法而後言理者矣·此由博返約之事也·而獨未有空言理而不徵諸實事者也·吾人之讀書也·有得其理而不復記其法者矣·此得言忘象之事也·有得其理而別自爲法者矣·此神明規矩之事也·而獨未有昧於法而能知其理者也·惟算亦然·尤重圖說·而胡氏之重學獨異是·是特胡

氏自知之而錄之・而自閱之以備遺忘焉・斯可矣・而必不可以示人・可以示通人・而必不可以示學人・何也・爲其有定式而不盡詳其所自來也・有大綱而不盡詳其分目也・所當詳者既簡畧・而當畧者人或詞煩而不殺也・譯入中土・其言語則人多沿西文・益形佶屈・甚或不可省爲何語・第十六卷所言利用諸機器・爲中土人士所不經見者・正當繪圖立說條分之・縷析之・而後讀者乃得循其迹象・以通其意・而亦惟是言空理衍空法・竟無一圖之可以實求其是・惟十一卷第七款算式含糊・設數核算絕無一合・此則譯者之誤也・一字之差・千里之謬・必不出於原書・而原書之不易讀者已如彼・其舛誤者又如此。

夫五穀種之至美者也・而不諳烹飪・與草木何異・熊掌味之至美者也・而未有火化・與糞壤何異・重學西書之大有妙用者也・而其不易讀者如彼・其舛誤者如此・又何異野穀生山・熊蹯不熟・雖號稱嘉種嘉肴・卒無以養人而適口・而李氏原序・反盛稱之曰・西書言重學者汗牛充棟・惟胡威立原本能約而賅・嗟吁・彼中惟有言重學者汗牛充棟・得以爲博學詳說之資・然後胡本乃以返約見其精耳・中土並無別本・雖有重學須知・重學淺說・亦就此書之淺顯者抽出言之耳・皆不足爲此書之疏證者也・苟非有人發明而疏通之・則此書雖存・能讀者少・又豈李艾二公繙譯之本意也哉・予淺人也・不足以知重學・而酷好之・適有及門問動理及地心引力者・予以第九卷示之・多爲設題以暢其說・及門見之・喜謂此可以發揮重學矣・乃强予爲重學詳說・予念重學不易解・予亦不足以解重學・而重違其請・又欲出其所知者・使及知重學所從入・乃許之・故曰自第九・十卷始也・若其義例則備微積詳說也・故不復書・時歲在重光赤奮若・貢南凌步芳自識。

范公詒

字伯元・一字潔盦・番禺人・光緒辛卯優貢生・官河源訓導・公詒少學於中表陶孝廉福祥・孝廉爲東塾入室弟子・故雖於東塾再傳・而在弱齡・已得學問途徑・重以好學深思・並時才流・咸服其精審・尤邃於金石之學・所爲文多散佚・其門人黃仕恆得其論金石文一卷刊行之・名曰潔盦金石言。

造象原始考

碑以造象名者・即今所存・推北魏洛州鄉城老人造象記・始平公造象記・孫秋生等造象記・比邱法生造象記・比邱尼法衍造象記・安定王造象記・劉洛眞造象記・尹靜妙造象記・楊大眼造象記・魏靈藏造象記・齊郡王祐造象記諸碑爲最古・倘論肇始・竊疑厥制已遙・諸家題跋・置焉弗詳・亦闕事也・今爲考之・案拓本流傳有孝堂石室畫象・武梁祠堂畫象・武氏左右室畫象・周王齊王畫象・孔子畫象・皆漢人石刻・是東漢時已盛造象之風・但北魏而後・取佞佛以邀福・與漢時雕刻聖賢・及其人生平事蹟・以飾觀瞻・而昭景慕・其立意爲少異耳・更進而上之・抱朴子引汲郡塚中書・言黃帝既仙去・其臣有左徹者・削木爲黃帝象・帥諸侯朝奉之・然則造象之制・不託始於黃帝時歟・若夫同一象也・有削以木・有鑄以金・有合以土・有繪畫以帛・有鏤刻以石者・木始於黃帝之臣・金者始於禹・土者始於國策所述之土

偶・繪畫者始於周后稷廟・鏤刻者始於東漢諸碑・此則因物制宜・踵事緣飾・又當分別以究其原始者矣。（澄志堂叢稿）

水經注引用書目碑目存佚考自序

酈善長淹雅博贍・所撰水經注・徵引繁富・此篇專就書目碑目考其存佚・大要區分四類・其存佚昭然有據者・曰存・曰佚・其原書亡而重經輯佚・原石沒而尚有傳拓者・曰輯存・曰拓存・（重摹刻石者附・）其世無流播・而佚無明證者・曰疑佚・所考務取詳確・罔憚煩瑣・書存者・詳其本・（如有數本・擇舉其一・省文也・有撰人卷數者・亦一一附及・）碑存者・著其地・（案此事勢難徧訪・不得不轉據他書・茲所援引・如顧亭林金石文字記・顧南原碑考・翁覃溪兩漢金石記・錢辛楣潛研堂金石跋尾・王蘭泉金石粹編・黃小松嵩洛訪碑日記・孫淵如寰宇訪碑錄・京畿金石考・洪筠軒平律讀碑記・黃虎癡古誌・石華馮晏海金石索編之屬・皆就金石家中擇其最精確者・似可徵信也・酈注原有建立之年者・人亦並錄入・由他書考得者・列案語中・）輯存拓存者・並紀纂錄・暨藏弆之人・佚者則各就所聞・詳所自出（案此類必前人明言其佚者・始爲錄入・）至疑佚者・雖近儒靡言絕無顯據・亦必徧考前代諸家有無著錄・（宋取歐陽氏・趙氏・洪氏・婁氏・明取都氏・趙氏・餘如輿地碑記・寶刻叢編類編・金石古文金石林時地考之屬疑轉相徵引・非目覩其碑概置弗及・）竝著錄止於何人・庶存佚之迹・約畧可見焉・其諸書部次・悋遵四庫提要・惟易乾鑿度等編・參用汪氏所纂文選注引書目例・別立緯圖讖一類・附於經末・碑則有建立之年者先列・闕者置於其代之後・每目備載原書卷次篇次・俾便檢尋・（案碑目初欲兼載地名・後以既有篇次可稽・從省・）附錄諸碑闕注者・以偏索編中無之・宋洪氏水經注碑目亦未錄・（案諸家收此數碑・亦無引及水經注・惟金石文字記有石華史碑跋引水經注載・此爲後人改作・百夫吏卒一語・今考此語乃酈氏就魏修孔廟言・非指孔龢碑也・至楊升菴水經注碑目今未見・）而著隸釋下獨注云・水經有疑不能明・（又案酈注泗水下稱曰孔廟・前列漢魏石碑・而不詳其目・豈卽此孔廟數碑歟・誠然・所輯碑目何以不加錄也・且孔廟外如魏百官公卿奏等碑・又何說也・）故別出備考・末學膚受・舛謬滋多・敢綜所得・條錄於後。

漢隸字源跋

婁氏漢隸字源・讀者每苦其舛錯百出・然義訓之誤・前則有隸釋隸續・可資爲證・續有隸辨隸篇・共正其非・無庸再贅・若字形之失・則觸目紛如・亦難偏舉・茲皆不及・惟就其通例論之・約有四失焉・婁氏發凡云・諸碑屢用字循碑目之次・首出者載之・餘不復見・推其意殆謂如此・雖不引碑句・可案而知・蓋卽著碑數以省繁文之例・然坐是而同碑一字數體・不能兼收・已不免爲翁覃溪所議・今其書復於鍾韻從字兩引校官碑・恭字兩引孔廟碑・支韻垂字兩引富春丞碑・隨字兩引周憬功勳銘・虞韻敷字兩引北海相景君碑・扶字兩引劉熊碑・模韻徒字兩引卒史碑・圖字兩引孟郁碑・又兩引靈臺碑・昭韻哉字兩引夏承碑・眞韻陳字兩引校官碑・

麻韻瓜字．兩引仙人唐公房碑． 陽韻陽字．兩引周憬功勳銘．青韻靈字．蒸韻興字．並兩引無極山碑．尤韻流字．兩引周憬功勳銘．嚴韻嚴字．兩引楊君碑陰．紙韻此字．兩引張公神碑．語韻舉字兩引周憬功勳銘．霽韻禮字．兩引老子銘．寑韻寑字．兩引衞尉衡方碑．未韻氣字．兩引孟郁碑．暮韻祚字．兩引西獄華山亭碑． 廢韻艾字．兩引校官碑．屋韻鹿字．兩引帝堯碑．叔字三引殽阬碑陰．是自壞其例．一也。

婁氏又稱凡一字而數體．以碑目之次．眞書於旁云云．是同字而異碑異體．在三百九碑中．宜莫不采．乃以隸辨證之．如圉令趙君碑温字．魏上尊號奏欣字．明與所收異體．竟置不錄．是何謂也．不惟此也．冬韻彤字．當采繁陽令楊君碑．悰字當采殽阬碑陰．鍾韻凶字．當采華山廟碑．鄭固碑．乃並各字闕之．不免漏畧．二也。

書中好收通用減省之字．翁氏嘗以嗜異譏之．竊謂於古音古字多存梗概． 亦自佳． 惜所錄如孫叔敖碑之枝爲祇．殽阬碑陰之憜爲隨．類多謬誤．而於石經尚書之鴻義當作洪華．山廟碑之穰．義當作攘．反附入本文．不詳其意．（如此兩類者極多．姑舉一二．）則去取未能精審三也。

又婁氏於慇懃徘徊等字．例皆逐字分列．而忽於蛇字下連引逶迆．於氤字下連引煙熅．至張納碑汾沄二字．既云義作紛紜． 尤宜附於紛與紜（禮部韻畧二字入二十文．）之下．乃惟於沄字下及之．與全書未能畫一．四也．凡此皆婁之失也。

若夫號韻暴字漏去．眞書謂武梁祠堂畫記之連義作爛．而前楷誤作連．（詳山韻．）又支韻儀字於碑次六十後．倒見六字．（案楊統碑字源列第六十五．隸辨收其儀字．與此酷肖．顔云有不備者求之字源．南原所見本尙有五字．今始厥也．）微韻煇字於七八後倒見二字．如此之類．當由重刊或誤或闕．非原書之過也．且此書雖就劉韻附益而成．（據翁說．）亦實有過劉氏者．劉但存形．此兼詳義．固已善矣．又如劉氏以暢入陽韻．以噲入鹽韻之類．此書悉能改正．且點畫形模時．有足證劉氏之誤．前人古籍．寸有所長．未可輕棄．翁氏乃謂可東高閣不觀．豈定論歟。

王復齋鍾鼎款識跋

右書宋王厚之撰．厚之字順伯．復齋其別號也．事迹具阮文達跋中．款識塌本凡五十九器．中有畢良史䟦識十五器爲秦燔物．此外周師旦鼎．楚公鐘．虢姜鼎．亦一德格天閣物．其數十種則朱敦儒．劉炎．張詔．洪邃等人所藏．惟楚公鐘兩見．據阮跋謂．末葉楚公鐘與方城范氏古鐘皆石公弼所藏．北宋塌本厚之得之．續於册後是也．每款識．復齋爲釋其文．詳其藏弆之所．並鈐以厚之私印．復齋珍翫印．卷首復有趙松雪鐘鼎款識四大篆．（據曹倦圃錢竹汀阮文達審定．）由宋迄國朝．遞爲名人寶貴．向無刻本．最後歸阮文達．乃爲重加考釋．刋板以行．考款式專書．向推薛氏．其書阮氏亦有刻本．敍稱萬曆本訛舛不全．今據影鈔舊本．及舊鈔宋時石刻等本．互相校勘．可還舊觀．是書注有法帖第幾．凡二十四器．卽謂薛是也．中惟周仲稱父鼎原注．法帖九作五行．今是別本．周雞單卣蓋二．原注別是一器．周伯

罔敦原注與舊本小異．則此外當必相同．乃今比校觀之．同者僅周帛女鬲．商冊鼎．宋公鐘．周惟叔鬲鼎．周敦五器．餘若商伯申鼎．（寶彝二字．）周季娟鼎．（第一行第五字．第二行第二五六字．第三行第四六字．第四行第四六字．第五行第一六七字．第六行第一三五六字．第七行第一字．第八行第六字．）楚公鐘．（第二行第四字．第四行第二字．）周癸亥父己鬲鼎．（第一行第四五七字．第二行第二字．第三行第一四五六字．）周蠡女鼎．（女一字．）周師淮父卣蓋．（第三行第四五七字．第四行第一二六字．第六行第六字．）張玒仲簠．（第一行第一字．第二行第一六字．第三行第五七字．第四行第七字．第五行第二三四七字．第六行第三六九字．）周京姜鬲．（第六字．）周伯據敦．（第一行第二字．第三行第一字．第四行第五六字．）周南宮方鼎．（第一行第三字．第三行第五七字．第四行第四六字．第五行第五六字．第六行第一二四字．）曾侯鐘．（第五行第二字．第八行第一字．）十器．則銘文閒異．商子父癸鼎．商母乙鬲．周得鼎．商秉仲鼎四器．則銘文全異．商父辛卣．（原注法帖十二．）則並其全文失載．知此足訂今本薛書者多矣．此書復有漢陽葉氏重摹刋本．其精審亦能與阮刻齊驅．用並著之．以諗讀者。

饒軫 字輔星．嘉應人．光緒壬辰進士．吏部主事．軫早歲知名．肄業學海堂．同治間廣州重刊十三經注疏．曾任分校．晚始通籍．尋卒。

禮記諸篇別錄分屬說

禮記四十九篇．據鄭目錄考之．於劉向別錄屬制度者六．（曲禮上下．王制．禮器．少儀．深衣．）屬通論者十六．（檀弓上下．禮運．玉藻．大傳．學記．經解．哀公問．仲尼燕居．孔子閒居．坊記．中庸．表記．緇衣．儒行．大學．）屬明堂陰陽者二．（月令明堂位．）屬喪服者十一．（曾子問．喪服小記．雜記上下．喪大記．奔喪問．喪服問．閒傳．三年問．喪服四制．）屬世子法者一．（文王世子．）屬子法者一．（內則．）屬祭祀者四．（郊特牲．祭法．祭義．祭統．）屬樂者一．（樂記．）屬吉事者六．（投壺．冠義．昏義．飲酒義．燕義．聘義）案釋文序錄云．劉向禮記四十九篇．其篇次與今禮記同．樂記正義謂別錄載禮記四十九篇．樂記第十九．今本樂記亦第十九．史記樂書正義亦云．劉向別錄．與鄭目錄同．別錄今佚．然隋志唐志尙著錄．陸元朗．孔沖遠．張守節諸人．親見其書．所言必無誤．又鄭君儀禮依別錄篇次．賈疏謂尊卑吉凶次第倫敍．故鄭依用之是也．使別錄禮記果依類篇次．鄭君必無不依．知劉向所載．卽今之次第矣．然別錄禮記分類．今本禮記不分類．何以篇次相同．竊嘗推求其故．疑當時或有二本．故別錄既載禮記四十九篇．又云古文記二百四篇．（見釋文序錄．）漢書藝文志又云．記百三十篇也．（錢辛楣漢書考異．謂大小戴記並在百三十篇中．陳恭甫左海經辨謂百三十篇之記．合明堂陰陽記．王史氏樂記．孔子三朝記爲二百十五篇．而除去樂記十一篇．爲二百四篇．）錢辛楣云．月令

三篇・小戴入之禮記・而明堂陰陽與樂記・仍各自爲書・亦猶三年問出於荀子・中庸緇衣出於子思子・其本書無妨單行・（漢書考異・）竊謂禮記一書・皆由採輯而成・如今人之叢書・其四十九篇・當各自爲書・但既採入禮記・原書遂至不傳・不能如孝經各自立別行耳・（四庫提要謂孝經之文去二戴所錄爲近・其說甚確。）

儀禮喪服一篇・釋文序錄所云・別行於世者・蓋自漢時已然・故馬融注之・而隋志著錄・注喪服者有四十八家・考漢書藝文志有中庸說一篇・使非本有單行・何以說此一篇漢志卽存之耶・第作記者既非一人・所記非一時一事・其言有純有駮・劉向爲別錄時・見其綜彙不倫・乃爲分類立名・使人知禮學當如是・所分名目・疑合禮古經五十六篇・記一百三十篇而定之・非但小戴記四十九篇爲然・立制度類者・逸禮有天子巡狩禮・朝貢禮・朝事儀也・（案周禮內宰注引天子巡狩禮・儀禮聘禮注引朝貢禮・覲禮注引朝事儀・）立通論類者・記中有孔子三朝記・曾子十篇也・立明堂陰陽類者・記中有夏小正明堂盛德篇也・立喪服類者・儀禮有喪服篇・逸禮有奔喪禮也・（逸奔喪禮見禮記正義所引・）立世子法者・逸禮有世子禮也・（文王世子注云・世子之禮亡言・此存其記・）立祭祀類者・逸禮有中霤禮・烝嘗禮・諸侯遷廟・諸侯釁廟也・（案周禮射人疏引逸烝嘗禮・禮記月令疏引逸史霤禮・大戴禮記有諸侯遷廟諸侯釁廟篇・）其餘可類推也・故合禮古經及大小戴記而觀之・其目錄當以類相次・專舉一篇而觀之・附其本書・各自單行・而禮記四十九篇・固依舊所編・未嘗更定也・不然月令明堂位既經採入・何以云屬明堂陰陽・世子法僅文王世子一篇・子法亦僅內則一篇・無他篇相類者・何以云屬耶・知別錄分類不獨在四十九篇矣。

至改易舊本・始於魏之孫炎・而唐魏鄭公因之・書本不傳・然考舊唐書元行沖傳・張說奏云・魏孫炎始改舊本・以類相比・有鈔書・魏徵所注與先儒第乖・章句隔絕・知二家之書・非但改其篇次・亦且亂其章句・觀魏鄭公羣書治要所輯諸書・或篇取數章・或章取數句・刪削經文・釐析篇章・所撰類禮・當亦似此・宜張燕公以爲不可行也・夫古人讀書無不分類者・於分經之中・又分其類・則用力少而成功多・以禮而言・吉凶軍賓嘉類之大者・三百三千類之細者・況禮記記載既殊・體制亦別・如奔喪投壺爲儀禮正經・（禮記正義引鄭目錄云・二禮實曲禮之正篇・）冠義昏義等篇爲義禮之記・王制月令玉藻堂位爲政書・義近周官・曾子問・禮運・哀公問・仲尼燕居・孔子閒居體似孝經・坊記表記緇衣・又似論語・卽依類而編之・未爲不可・但不當章句隔絕・有同抄書之譏耳・然如朱子儀禮經傳通解・元吳草廬禮記纂言・國朝江愼修禮書綱目・秦樹峯五禮通考・則無刪改古經之嫌・而有益於後人不少也。

江逢辰 字雨人・一字孝通・歸善人・光緒壬辰進士・官戶部主事・逢辰爲番禺梁文忠弟子・自豐湖書院選入廣雅書院肄業・文詞瑰麗・冠其儕偶・書學北魏・尤工篆隸・通籍後・主講赤溪書院・赤溪多山水・暇輒登臨・危崖絕壁・大書深刻・字徑至二尺餘・奇險峭勁・見者駭絕・賦性清介・不諧時俗・尋入都供職數年・歸爲廣雅書院分校・丁母艱・以

毀卒．文忠爲建江孝子祠於豐湖．所著有宓菴詩文集．孤桐詞．華鬘詞。

記萬歷時雄縣人讀楊升菴集

余寓京師時．喜從廠市冷攤中買故書．嘗得升菴集四巨冊．朱書卷眉．爛然數十百處．蓋萬曆時雄縣一士人所本．惜不得其人名氏．惟于備賠一條云．今容城人尙讀爲裴．吾雄讀爲賠．是以知其爲雄人也．凍洛一條云．吾俗謂之樹佳．先曾大父詠雪詩．瑤花天上原無樹．須借人間草木開．知其先亦嫻吟詠者．又記其先有贈從叔曰天儀天器詩者．其交游有曰鄭太白之玄．王士晉程瞻．近先劉龍洲者．有曰幼慕玄敎．凡天地間物能生而不壞乎．今始知其爲妄者．今弗悉載．載其所記三事。

曹吳一條云．萬曆戊戌歲．予游泮時．儒巾高一尺四寸．藍衫袖止闊八寸．至壬子後儒巾不過五寸．衫袖闊一尺八寸．婦女衣素．士子衣紅．水門河偃一條云．文安生員趙璲亦從流賊反．同楊虎掠河南易州．霍愍節死節于上蔡．予先曾祖診霍公脈．卽知有取義成仁之烈．公死後．先高曾伯祖俱有弔詩．惟先曾祖載郡縣乘中．今璲嗣不絕．霍公無嗣．不知天道何在。

水經序一條云．世之泯沒姓名．而歸功於他人者不少．如容城典敎李公仲都．御史侃之兄．予之遠外祖也．數言於朝．多准行之．以元儒劉靜修得程朱正傳．應入從祀．章數上．雖未俞允．然由是玄廟祀之．皆公之力也．今容誌不載．反歸功於門人張紹烈．如靜修集．元末遺失之矣．公苦心詢之天下．後公之門人都御史張公萱乃侃之姻弟也．於巡撫時得之陝西省．急差人送至公家．以慰其志．遂剜行於世．今予家有張公手書在．何乃反歸功於孫孝廉重捷諸人．寧不可慨哉。

觀其所書．或記瑣迹往．或感時憤俗．雖不知其人．然必白屋好修之士也．霍公名恩．字天錫．明史入忠義傳．顧未言謚愍節．得此可備拾遺．升菴沒於嘉靖三十八年己未．以萬曆戊戌逆之．其人去升菴時甚近也。

嗟夫槁項黃馘之士．抱一卷而筆之．亦寥落之甚．似無足稱道．不知大有力者．挾其資承．足以囘山驅海．曾未須臾與良田大宅．毬場馬埒．轉爲邱墟．況欲求三百年後有人珍惜其所遺而道之乎．是知富埒天府．貴儕公侯．有不若衡茀貧病之士．珠玉錦繡奴婢．牛馬菽粟．谷量山積．有不若破紙斷牘之足以稱快也．此特小小耳．況夫抱道者之能精其業．而大其著作者乎．故不厭條繫之詳．他日見雄之人而審之．而求其姓字．不至使其人興泯沒之感．而又發論於其後．使枯槁寂閴．名位不彰者．不餒其志．有以自奮也。

珠華山吸霞臺記

白水山人縱浪大化．務騰人寰．躭澥嶽而忘歸．弄日月以自賞．光緒戊戌十月壬辰．旣游躍龍之潭．越日游於珠華之山．有石巍然．臨於其坳．遠若蹲豕．卽之氣象儵變．心胸洞然．開闔戶牖．張瓊扉．敞玉房．有臺坦平．可羅坐百人．戌削天成．白雲無際．滄海在下．登之嵐風飄然．洵羽

翼雲霄・尊俎萬象矣・因名之爲吸霞之臺・鬱積磅礴・山川自靈・宜乎能興雲出雨・灑潤庶物・羣誠所歸・呼吸相應・非偶然也・白水巖洞余家近之・夙所棲神・因以爲號・其地去此千里・同游十人・他日其亦訪余於羅浮之東乎。

重建綏靖伯宋陳公神廟碑記

赤溪廳治西・員山之側・有綏靖伯廟・其神赫濯・翕赩久矣・神姓陳・仲眞諱也・當宋理宗時・官校尉・掌屯田・嘗帥其二子・希堯希聖戰寇李猛龍百峯山下・斬其渠・計黑夜盡犂其巢・賊懼・賂間父子・卒毒於酒・遂瘞百峯之五指塍・後其墳日晡時・輒有煙火迷離・似人馬遊獵之狀・嗚呼烈矣・土人廟祀・水旱疾疫禱禳甚驗・今水南邨人・卽其苗裔・新寧志乘大書煒如・則神固縣人也・歷年數百・靈響烈烈・至我聖淸・聲號丕顯・道光二十三年十月兩廣總督祁公・巡撫程公・縷疏神迹・及護國庇民諸狀於朝・逾年二月三日・禮部題奏・謂宜崇封・奉旨如議・遂膺今號・忠昭義申・事往彌敬・達於人心・卒蒙天庥・豈偶然哉・新甯宋時境屬新會・同治七年始廳五堡・別於新甯・則今之祀神・亦詩人桑梓敬恭之義・況有功德廟食於父母之邦者乎・光緒二十四年冬十月・廟貌重飾・刻碑於廟告來者・知乎一介之士・奮其忠義・雖歷百世不斁・且有如此・乃系銘曰・

維神英英・挺猛姿兮・生捍禍患・歿奚悲兮・長槍大戟・張鼓旗兮・左提右挈・兩雄兒兮・擒渠馘魁・血漉漓兮・誓滅封狼・豺虎羆兮・帳下奸變・庸豈知兮・鴆酒上壽・爲梟鴟兮・父子憤裂・眼如箕兮・志雖不遂・氣雄奇兮・人馬衝突・煙迷離兮・狐鼠遠竄・不敢窺兮・生氣凜凜・見鬚眉兮・以死勤事・隆祀宜兮・父老祈報・奔躨跜兮・新廟翼翼・嚴威儀兮・絃歌禦神・神忻怡兮・年穀順成・無厲疵兮・夜戶不閉・不拾遺兮・滂福沛艾・維神私兮・匪神之私・敎在茲兮・明堂勸忠・視此碑兮。

龍潭銘 幷序

赤溪南行西折十里・得石磵・水淸石瘦・又十里得谷口・嵚嵥蒙密・石益礧砢・山蒼蒼然・水琅琅然・猿騰鳥躍・升高降深・盡二里・迺得龍潭・懸布五十仞・怒雷顚雪・翠崖翕張・繡屛連纚・屯本交蘿・古閟日月・綠瀯黛渟・沈沈沄沄・天然石牀・圭稜白方・承流遏波・如鏘萬玉・是謂二潭・倚崖翦茀亭其間・咤奇嘆異・信神靈所宮・草木變異・迺裏煙裛霧・鬱而不彰・千百載於茲・豈所以振幽沈而荅大造乎・迺錫之嘉名・東崖曰無邪・正不阿也・西崖曰旡閟・厚而遜也・泉曰浴德・强不息也・潭曰昭靈・神而明也・谷曰潛虛・容有餘也・磵曰出塵・抱其眞也・亭曰浩然・全其天也・其是衆美・允宜得銘・

銘曰・秘乎時兮・奮乎時兮・與時推移兮。

張德瀛 字采珊・號巽父・光緒癸巳舉人・工填詞・著有耕煙詞五卷・詞徵六卷・並家刻本・存。

耕烟詞自序

孟氏周易章句曰・詞者意內而言外也・許書沿之・小徐

說文繫傳曰·詞者·音內而言外也·韻會沿之·言發於意·以意筦其樞·故謂之意內·言空於音·以音達其旨·故謂之音內·學士操紙命筆·愉戚悲歡·或有所託·以寫胸臆·以爲興觀羣怨之助·雖曰小道·亦莫敢廢焉·詭其說者·乃謂詞出於公羊·或謂出於穀梁·知倚聲之學·所由來遠矣·原詞之興·肇端樂府·鄭夾漈謂古詩爲今之詞曲·則今之詞曲獨不可追於古乎·六代而後·競爲艷歌·淒咽魂魄·唐之中葉·自李隴西王仲初創體以還·涂徑日闢·流風迄於兩宋·大暢厥蘊·周秦諸子·洞晰神解·惜令慢之外·無成書以示軌範·而楊守齋陳后山張玉田輩·並能標舉旨意·使後之學者不迷於所往·若張千湖劉龍洲諸人·忠憤之氣·形於楮墨·殊塗同歸·無異趣也·及越金元·詞人輩出·皆儲以歲月·第其域·轥其庭·以達斯奧·俾繼聲於樂府之後·洎乎有明·曲盛詞衰·簉弄么譻·紛然並出·蕩而治者其詞游·繁而膸者其詞蔓·枯而狹者其詞苶·粗而厲者其詞獷·嗣是言詞者·揣合字數變而爲詩·是故聚諸樂律·按諸音理·轉多紕繆·至其用韻亦復異轍·凡詞之正叶分叶·借叶通叶·顚倒叶·方言叶·平側互叶·皆未昭晰·而字之同出一母·同在一紐者·聱牙詰屈·不協於聲·又其甚者·別爲腔調·窮力追新·雖以名流·猶復不免·明王弇州楊升庵諸人·其作俑者矣。

德瀛幼而荒落·既頑且憖·少長讀古籍·瞢然無所得·惟於詞稍窺涯涘·檢舊製得三百餘闋·甄錄之折爲五篇·顏曰耕烟詞·漆園有言·道在瓦礫·是戔戔者可驗性情·但惜乎意內音內之理·竟不獲起前哲於九源而一叩之也。

陶邵學

字子正·番禺人·光緒甲午進士·官內閣中書·工書法·廷試日缺數字未完卷·遂不得上第·大學士麟書深惜之·人以比朱九江·平日好深湛之思·窮研經史百家·旁及音律·每有論著·精微洞澈·文近曾王·詩兼唐宋·皆卓然成家·通籍後·遽歸主肇慶星巖書院講席·及變法興學·復爲肇慶中學監督·光緒末年·詔舉人才·粵督張人駿特以應徵·辭不赴·既歿·肇人思其教澤·置墓田·建祠堂祀之·著有頤巢詩文集·已刊行。

禮運錯簡考

禮運之說·昔儒固多疑之·謂其淪於莊周道德之意·以予考之·此經蓋有錯簡焉·非記者本然也·夫禮記雜出漢儒·其不合於聖人者·固往往有之·然其義雖駁·而其詞未始自相違異也·若禮運之文·卽其義而考其辭·前後牴牾·至於不可通者·不僅一二數·固不待它有所證而知其傳之誤矣·今畧發其端·願學者試詳擇焉。

記言大道之行與三代之英·皆孔子之所志而未逮·是三代者·固孔子之所志也·（大道之行也·卽三代之時·三代之英者·卽行道之人·非有二也·）若今本之文·以禹湯文武爲小康·遠古爲大同·則記文當別白言之·而孔子之所志·不當在於三代矣·其不合一也·昔尚書斷自堯以來五帝之事·孔子蓋罕言之·此篇亦無一言及於五帝·而說者以大道爲五帝時·此誤以天下爲公爲禪讓之事·而不知非記者意也·夫選賢與能·不獨親其親·不獨子其子·是所謂天下爲公也·各親其親·各子其子·貨力爲己·世及爲禮·（猶春秋譏世卿之類·）是所謂天下爲家也·而豈必禪繼之謂哉·

詳記文之意・本以三代爲大同・五霸爲小康・故其文曰・今大道既隱云者・謂春秋之世也・若今本之文・則以禹湯文武爲大道・既隱之事・其去孔子時固已遠矣・而謂之曰今・不亦舛乎・此其不合者又一也・記文自禮義以爲紀以下七句・本屬選賢與能・講信修睦・以下蓋大同之世・所以能使老有終・壯有用・幼有長・至於鰥寡孤獨・莫不有養者・制度設而田里立也・今此文誤脫於下節・遂前後失倫・且能紀禮義・正君臣・篤父子・睦兄弟・和夫婦・設制度・立田里者・雖薄俗汙世・宜無不治・而以爲謀用是作・而兵由此起・雖莊周荒唐之詞・不若是其誖也・而謂夫子與子游言之乎・此其不合者又一也。

此篇之意・以謹禮爲先・故言三代聖王・未有不謹於禮者・蓋自禹湯文武成王周公以下四五十字・本亦言大同之事・而誤脫於下・夫惟謹禮爲足以致大同・故子游復問曰・如此乎禮之急也・以孔子之志在於三代・而三代之治・莫亟於禮故耳・若今本之文・則謹禮乃小康之事・而所謂大同者別有其道・則子游當亟求大道之要・而乃舍大同而急小康・是忽所重・而急其所輕・其不合者又一也・凡此皆所謂求之本文前後違戾・至於不可通者也・由此觀之・則其爲傳誦之失・而非記者之本然・明矣・蓋古之傳經者・多出於口授・秦漢之際・乃著竹帛・而此篇文多韻語・誦者誤記其文・是以至於顚倒錯亂・而失其義耳・後之經師徒溺於傳注・遂莫有語其失者・惟近代邵氏懿辰禮經通論稍論及・然第知禹湯文武一節爲錯簡・至禮義以爲紀以下・仍不免曲爲之說・則猶未盡得也・今爲考定禮運篇文於後。

昔者仲尼與於蜡賓・事畢出遊於觀之上・喟然而嘆・仲尼之嘆・蓋嘆魯也・言偃在側曰・君子何嘆・孔子曰・大道之行也・與三代之英・丘未之逮也・而有志焉・大道之行也・天下爲公・選賢與能・講信修睦・禮義以爲紀・以正君臣・以篤父子・以睦兄弟・以和夫婦・以設制度・以立田里・（自禮義以爲紀以下二十九字・舊屬城郭溝池以爲固句下・今考定屬此・）故人不獨親其親・不獨子其子・使老有所終・壯有所用・幼有所長・鰥寡孤獨廢疾者・皆有所養・男有分・女有歸・貨惡其棄於地也・不必藏於己・力惡其不出於身也・不必爲己・禹湯文武成王周公・由此其選也・此六君子者・未有不謹於禮者也・以著其義・以考其信・著有過・型仁講讓・示民有常・（自禹湯文武以下四十五字・舊屬兵由此起句下・今考定屬此・）是故謀閉而不興・盜竊亂賊而不作・故外戶而不閉・是謂大同・今大道既隱・天下爲家・各親其親・各子其子・貨力爲己・大人世及以爲禮・城郭溝池以爲固・以賢勇知・以功爲己・故謀用是作・而兵由此起・如有不由此者・在執者去・衆以爲殃・是謂小康・言偃復問曰・如此乎禮之急也・孔子曰・夫禮・先王以承天之道以治人之情・故失之者死・得之者生・詩曰・相鼠有體・人而無禮・胡不遄死・是故夫禮必本於天・殽於地・列於鬼神・達於喪祭射御寇昏朝聘・（邵氏云射御當作射鄉・）故聖人以禮示之・天下國家可得而正也。

洪範皇極釋義

洪範之義・本於皇極・而書辭尤爲難曉・自馬鄭而下・

記者數十・蓋未有得其旨者・曾子固王介甫之徒・又各自爲傳・（見文集・）朱子嘗稱子固・然取而讀之・亦無以大殊於舊說・而於所疑者・仍未能通也・今畧發諸家之違・而以意釋之・附於後・舊說皇極爲大宗・宋之儒者旣辨其非矣・而訓皇爲君亦非也・蓋嘗考之・三皇曰皇・五帝曰帝・三代之間曰王・自是以來・蓋未有曰皇曰帝者矣・殷周之詩書・言皇若帝者・皆上帝也・（詩之皇王猶言天王・單文稱皇與帝者・大抵天帝也・）凡經之詞文異者義亦異・故曰民曰人民・與人異也・曰皇曰王・王與皇異也・其義同而變文者・則必有故焉・洪範稱王者皆曰王・而惟威福玉食言辟者・以其事通於諸侯・故變王而言辟・經言之審析如此・則皇之與王不可通訓・明矣・而說者不察・猥曰駁文・可疑者一也・說皇極者曰・凡厥庶民・有能謀能爲能守者・君則念之・雖不協於中・亦不離於咎者・君則受之・安和其色・自謂所好在德者・君則爵祿之・未能謀能爲能守之人・是才德之美者也・而但念之・不已輕乎・自明好德・其爲色莊未可知也・而遽爵祿之・不已重乎・輕重倒置・舉措失宜・皇極之義・夫豈宜然・且不協於中・則難免於過矣・而曰不協於中・亦不罹於過・可疑者二也・經之詞曰・汝則念之・皇則受之・曰汝曰皇・辭固異矣・今於其異者强而同之・經詞不宜若是・可疑者三也・王極之敷言・史記本作王極・與上言皇極者異・自僞孔易作皇・後之人不能察也・而遂從之・卽如其說・亦當上下同義・乃或訓極爲中・或訓極爲盡・夫王盡之敷言・此成何語乎・況乎前後相違也・（或謂以皇極之言・敷布於下・亦必增字而後明・且庶民極句・尤爲不詞・）可疑者四也・凡舊說之定著於今・而可疑者如此・其他文義未安者・往往有之・夫古文雖云簡質・亦安有首尾橫決・踳駁違戾如是者乎・此皆未明乎皇極之義・而牽附其說・以至於此也・故嘗反覆乎經文・沈潛乎義訓・而知舊說之誤・因別爲之釋義其間・亦有一二疑滯・未能盡達・而大者則已貫融・後之君子・由此而更索之・而有以補其不逮・則幸矣。

釋曰・皇極・皇建其有極・斂時五福・用敷錫厥庶民・惟時厥庶民於汝極・錫汝保極者・此言天之作則・錫福於民・因錫極於王者也・皇謂天也・極則也・皇極猶言天則也・蓋武王之問箕子曰・惟天陰騭下民・相和其居・我不知其常法所敍・而箕子以天錫大法九事告之・故皇極者・天道也・自初一五行・至於敬以五事・厚以八政・合以五紀・立以皇極・治以三德・辨以稽疑・驗以庶徵・饗以五福・畏以六極・皆言天之道如是・而王者從之・五福之饗・天饗之也・六極之畏・天畏之也・蓋康寧壽考・皆天之命・而非王者之所得爲・然則皇極之爲天道・而未可以君訓也・明矣・然天錫福於民・而王者實代行其事・故庶民皆取則於王者・而天錫以保極也・汝謂王者也・（以下皆同・）保極者・寶極也・保寶古今字（金石文以保爲寶者・多有之・）以其道之至貴・故寶極・以爲民之錫之者・非以保極・爲守中者・尤非也・（錫汝守中不成文義・）凡厥庶民・無有淫朋・人無有比德・惟皇作極者・此言人之性行不入於淫僻者・皆天之則也・皇亦天也・人謂有位者・蓋人之性本善・而後王者得而教育裁成之・詩曰・立我蒸民・莫匪爾極・傳曰・民受中以生・皆爲皇作極之義也・凡厥民・有猷有爲有守・汝則念

之・不協於極・不離於咎・皇則受之・而康而色・曰予攸好德・汝則錫之福・時人斯其惟皇之極者・此言臨民之事・民之有所謀・有所爲・有所守・（猶言民之行事・非謂才能也・馬融說本如此・）王者則考而驗之・念者驗也・（亦古字通假・）念用庶徵・亦言考驗之以庶徵・非眷念之謂・不協於極以下・驗之之事也・極者蓋六極之極・非皇極之極・而康而色二句疑有脫衍字・今不可考・其意蓋曰・民之德不協於凶極・不罹於咎惡者・天則授之以福・王者亦當予之以爵祿・是乃所以循天之則也・無虐煢獨・而畏高明・人之有能有爲・使羞其行・而邦其昌・凡厥正人・既富方穀・汝弗能使有好於而家・時人斯其辜・於其無好・汝雖錫之福・其作汝用咎者・此言臨臣下之事・在位之人・有賢才者・則進其行列・而國以盛治・若夫衆官之長・既富且祿矣・王者不能使之有好於而家・則人以爲負矣・辜如辜恩溺職之辜・或曰罪也・不能有好之人・雖錫之爵祿・但爲王作過而已・好者咎之反・謂善也・蓋人猶在位之卑者・故曰進其行列・正人則長官也・故曰既富且祿・人主以國言・大夫以家言・民有屬於王朝者・有屬於私邑者・故互言之也・無偏無頗・遵王之義・無有作好・遵王之道・無有作惡・遵王之路・無偏無黨・王道蕩蕩・無黨無偏・王道平平・無反無側・王道正直・會其有極・歸其有極者・此承上文而申儆王者之意也・蓋天錫王者以保極・以臨其臣民・用之得其道・則昌於其邦・好於其家・失其道・則爲辜爲咎・故王者不可有所偏頗・而遵夫先王之義・（此亦本馬融說・）不可私作其好惡・而循乎先王之道路・至於偏黨反側之俱無・則王道蕩平而正直・而會天下之臣民・皆同歸於極矣。

洪範之事・皇極之義・皆所以告戒王者・非徒爲庶民言也・曰王極之尃言・是彝是訓・于帝其順・（今本作訓・古訓順亦通用・下同・）凡厥庶民極之尃言・是順行以近天子之光・曰天子作民父・以爲天下王者・此因上文言天下會歸於極・而贊美之詞也・尃言者揚厲其詞之謂・既陳其事・又爲之頌也・（後世文體於敘事後・括以頌・實昉於此・）王極之尃言・猶言王極之頌・民極句同・舊說於民字絕句・既昧其義・復失其讀・遂非增字不明矣・）故言曰・以起之彝者・常也・史記作夷・陳也・帝・上帝也・蓋王者法天・而天下之臣民又法於王者・是彝是訓・惟順於天・是王者之則也・是順是行・以求近天子之光・謂天子爲父母而歸往之者・庶民之則也・民之賢者起而在位・則近天子之光矣・曰民之詞而尃言者・述之也・夫極一而已・而洪範言皇極・又曰王極・曰民極者・道之大・原出於天・而其賦於人也・有物必有則・王者循之則爲王極・庶民循之則爲民極・自王者至於庶民同歸於極・所謂會極歸極也・越語有天極之言・（越語無過天極注・極則也・此卽皇極之義・）周禮有民極之語・皆此義也・知此則皇極之義明矣。

頤巢類稿自序

語曰・在心爲志・發言爲詩・志之所之・而言寓焉・無古今貴賤一也・然而居不隱者・思不深・身不約者・志不廣・詩三百篇皆聖賢發憤之所爲作・顧古之君子・其閑於性者深・斯其發於情者約・雖憂患危苦之言・常優游婉約而不

過乎其則．此詩敎所以列於六藝．而後之人所藉以平情蓄德者也．風雅既衰．騷詩始作．至於近代．其流彌繁．其間一二至者．固亦無媿古人．然去古已遠．六義浸微．而一時號爲詩人者．又多以瑰博不羈之才．發於憔悴憂傷之際．激庸俗之波靡．而未得聖賢以爲依歸．往往本其情之獨至者．一往而不返．是以樂則易淫．哀則易傷．又甚者．詬世尤物．徒肆志貧賤．以岸然於俗而已．與夫古人正性和情之旨．不亦遠哉．雖近道如昌黎．高材如子瞻．猶不能免此．此近古以來．志士才人如出一轍．可爲深悲而慨惜者也。

予性多幽憂．於騷人以下之辭．蓋尤慕之．少習爲詩．類多促狹危厲之音．不自知其陋也．弱冠之歲．故友陳慶笙．嘗一見而規予．既感其言．退而發憤修業．稍有窺於古人學道之旨．而十年以來．溺所素習．未之能改也．今年春偶與跂惠談及斯事．乃深然之．既喜同志之有人．慨聞道之已晚．因觀昔年所作．蹙然不以自安．然猶以向之爲之者勤．未忍遽棄．錄此一編．以貽跂惠．使畧擇其可者．自是以後．其將終於是與．抑猶有進於是而無負慶笙之意與．未可知也．姑識之以俟異日自審爾。

漢官答問序

漢官答問者．故人新會陳君樹鏞所述也．三代以後．惟漢制爲近古．而職官又政之大者．顧班氏敍表．言之不詳．王隆．胡廣．衞宏．應劭之書．又皆殘闕失次．杜君卿．馬貴與之流．相繼述作．而綴拾未備．讀史者憾焉．君乃據史氏之遺失．補孟堅之闕職．上自丞相九卿．下至嗇夫游徼之屬．莫不咸載．凡三十五篇．列爲五卷．覽其大綱．則興廢沿革之故．選舉廉察之法．釐然可覩．循其條流．則工司勢要之掌．祿秩遷除之次．罔不條貫．制度明而得失可見矣．初．君欲考往古之制訖於近代．爲職官通考．未及成漢代而已歿．後發其遺稿．轉寫訛脫甚衆．爲校而正之．其未定者仍之．後之君子．因其所敍．推古今之變而得損益之宜．是殆君之志也夫。

樂律書序畧

樂經已亡．律度之名始見於周官．旋宮之說．徵於禮運．五聲之數．著於管子．呂覽淮南衍之．司馬遷班固又加詳焉．蓋古之神瞽吹管以得聲．因聲以命律．而又立之度數．以爲之則．數則宮聲八十一．商聲七十二．以吹求之．至於角之六十四．而五聲之數立矣．度則黃鐘九寸．太簇八寸．上下相生．至於應鐘四寸七分．而十二律之度備矣．度數雖殊．其出於三分損益則一．故播之衆器而無不同．傳之百世而不可越．此古之立法者．至簡且易．而非有所難知也．後世推論乎陰陽．繁衍乎算術．淆亂乎俗樂．而淪亡於字譜．伶工安其習．而不知其源．儒者馳其說．而不親其器．至於雅俗乖離．七音二十八調行．而六律十二均之義微矣。

邵學於樂夙無所知．始至端州．聞朱君跂惠之學琴．而有志也．顧以謂不知聲律．不足以言琴．行篋寡書．偶得俗譜．莫窺其源．求之一二近代之書．亦多語焉不詳．而務競其私說．迷惑眩瞀．靡知所從．乃反覆於史記淮南．因其說

布而爲圖・始明夫律呂生聲之本・觀姜氏堯章・趙氏子昂論琴之說・而達乎立均命調之殊・最後得王氏琴旨・戴氏琴圖・蘇氏琴說之書・則於俗說沿譌者・多所辨正・然後知近代琴家・亦未嘗無講而明之者・特汨沒於衆說之間・非畧知其源者・亦無由抉擇而知其孰得也・見紛者易惑・冥行者多迷・理固然耶・夫古樂之亡久矣・惟琴獨存・而士大夫罕有習者・卽有一二願學之士・安知不苦眩瞀・如吾嚮者乎・因取之律書・敍其要類而次之・以附琴說之後・其故書雅琴附見他部者・亦仿歆向校錄之例・裁篇別出・然此乃一家之私指・非著錄之宏裁・務使循涂易達・寧畧毋濫・尤不欲多取異說・致相乖違・庶學者先觀乎此・而後徐及其餘・而非謂樂律之書可讀者・止於是也・光緒二十四年三月・陶邵學記於端州星巖精舍。

琴譜叙畧

古者於樂最尚琴瑟・學者人人能之・其時必有傳習之譜・漢志有趙氏雅琴・師氏雅琴等篇・而制氏亦以能紀其鏗鏘・世在樂官・豈非秦漢以來・樂經雖缺・而其譜猶未盡亡者乎・自漢迄隋・一代之興・亦嘗有事於樂・然第考求鍾石・改定樂章・琴瑟取具而已・故各史樂志惟載樂府謌謠・下至子夜讀曲之歌・莫不言其所作之由・而琴曲獨不一及・源流遂莫可考・而放失隨之・嘗觀嵇康琴賦所稱曲引・若廣陵止息・東武太山・飛龍・鹿鳴・鵾雞・游絃・及蔡氏五曲・王昭楚妃等篇中・惟鹿鳴或卽古詩・餘皆漢後之曲・而李善作註・已不能詳・史言唐高宗欲謌白雪・求之樂府・此聲頓絕・太常呂才請以御製詩譜之・由此觀之・則周秦之曲・亡於漢後・而漢後之曲・至唐初已多不存・今之琴曲最古者・出自唐人・次則宋明人作而已・然宋譜既稀・（如太古遺音之類・曲庫所收者已是明人改纂・非古本也・）惟明代所集者・尙有流傳・亦不能詳其始末・又其譜有音無詞・俗工傳習・遞相增改・至於一曲之中・諸譜前後乖異・繇聲競作・律呂失和・欲求一觀唐宋之舊・而亦不可得矣。

夫琴雅樂也・六朝以前・雖胡樂內流・而琴家尙傳楚漢舊聲・（語本晉宋志・）唐代以還・漸淪哇俗・何者・古聲既亡・其椎仿而爲之者・往往資於俗樂故也・然則唐譜雖存・其於古人固未盡合也・又況乎放失迷謬・莫可究詰・至於如是哉・故言琴於今日・其不可精擇而詳訂也・明矣・嘗與跂惠私論及此・謂宜綜羣譜・簡其繁濫・依古琴操之意・拾闕補亡・使音與辭比・則伶工不得私相移易・庶幾去鄭存雅・堙其末流・以講習少暇・絃縵之日淺・未遽就也・姑錄諸家之譜・以爲異日采擇云。

跋列子

列子八篇・其文尤類莊周・柳子厚謂周爲依仿其辭・吾意不然・周著書決不襲列子・假列子自爲之又不宜若是・然則列子者・固亡其書・後人反取周書以成之・凡辭之可喜者・引喻有意者・皆出莊子・餘或攟之他書・往往指趣乖越・異於執本秉要以爲道者・昔周道衰微而諸子作・道有莊老・儒有荀孟・法有商韓・所以氏其學者雖一・然著書正詞・無有同者・惟不韋集呂覽・淮南撰鴻烈・乃始兼襲儒

壘．離合百家．故其辭所出入．若廛市之積賄焉．五域並湊其所自要無不可知者．苟莊列各爲書．烏相襲焉若是哉．然則非周之有取於是．決也．其紀周穆王事．及楊朱篇．尤荒佚少義理．仲尼篇稱西方之國有聖人．蓋於佛教既興之後．他所言亦多類釋者．或因疑列子近佛．而不知固依託者爲之也．而柳子言其質厚．少僞作．信乎哉。

跋黃石溪石鼓文臨本

右黃石溪臨石鼓文．汪莘伯家藏．蓋偶用楊愼僞撰全文本．而其字畫嚴古．昔人所云以鐵陷壁者．猶彷彿可見．篆學之微甚矣．自秦相後而有李監．李監後而有徐鉉夢英之徒．英之後殆靡聞焉．先生無所師授．諷籀研斯．越千百載而上與之合．嘗居惠竺寺十年．毫不絕楮．精擅一時．而中州士大夫鮮有知者．百年以來．乃盛稱鄧完白山人．幾於上祧二李．然實軟美無古意．又往往破析矩．其於先生果何如也．知不知．於先生無與．吾獨於世之論者有憾耳．惡難而就易．厭故而卽新．尊其狎見．而賤所不能．善惡之無定．又況士生其間．無知類通達者爲之後先．入陳其業．是非雜乎前．出謁於衆．毀譽動乎內．殘嗜而詭好．朝攻而夕獲．强者專美．弱者同波．乃其成風．則以衆自證．以舊自錮．迷亂蟠結．彼揚而此揄．夫以浮慕之才．趨易成之功．而又得同然之譽．雖有悟者．怯於獨迷．不知所如．其相率而騖之者．勢也．故完白之書．適以近易而爲天下喜．書小藝也．得失安足道．吾悲夫國家政猷之大．文章學術之所名．欲之者愈專．識之者愈渺．率其聰明以壞亂前古．其禍可勝道哉．先生當道光間．獨介然有所不屑．可謂能自樹矣．先生名子高．番禺人．與張南山．陳蘭甫．林樾亭諸君子相友善云。

陶孺人家傳

孺人吾高祖出也．歸徐氏．少而爲嫠．徐故吳中世族．已而中微．羈死於粵．孺人居無宮．食無業．親無緦也．咸豐中．英人犯廣州．居民違焉．孺人以寡弱．故獨不徙．里中豪惡稍侵之．死拒得免．旣乃歸養本宗．又能以書綉自給．然平居約苦殊甚．被惡咽糲．非人所堪．親黨憐其困．有饋之者．廉於受．而未嘗以充服御也．或謂孺人無子．老矣何自苦若是．孺人終不言．一旦疾亟．召其屬曰．徐氏旅葬於粵三世．自吾之歸．而歲時奠者無一人焉．吾窮於天．然義不徒死．因發其藏金二百曰．我死歛．其財足取其贏．置宅焉．以居異姓之貧者．蠲其租入．俾奉徐氏之主．而以時治墳墓．吾誠不忍其鬼之餒也．吾恨此終身．不敢一日忘．向者人皆疑吾爲有愛也．於是向之譏孺人纖嗇者．皆相與太息泣下．旣沒．如其言．而徐氏之祭不輟．予聞而悲之。

嗟乎事有微而致大．義有約而類遠．今夫士生於世．乘盛席寵．爵位在前．其爲義易也．閭里困阨之子．幽悴愁苦．無所於藉．然猶感慕憤發．苟有以償吾勞者．則不旋踵而畢以力赴．中材猶可勉焉．若夫靡承於前．無倖於後．爲焉而無以爲功．諉焉而莫之或責．隱心屈志．更歷百死．求赴其義之所必爲．而卒以有濟．若程嬰之於趙．蘇子卿之於

漢・彼其心固無有人之見者存也・君子以為仁矣・儒人家蓄一婢・供役甚苦・又御之嚴・小過輒箠撻・見者恒慮其一旦佚去・然婢事之終喪然後嫁・年三十餘・嗚呼・彼其有感於心者歟・或曰・鬼不歆非族・儒人之志苦矣・惜乎其未達於禮也・余謂不然・夫不歆非族云者・此為常人有主後者言之也・禮・士之喪無繼嗣者・兄弟主之・無兄弟者・閭里主之・而諸侯亦祭因國之無主後者・推此而言・則凡親盡屬絕而失所宗者・先王必有以處之・而不使其鬼之無所歸・以至為厲・可知也・儒人不幸無可繼之嗣・可祔之族・苦身盡慮・以謀一椽之殖・而託之異姓・此仁孝之至・而於義亦不得病焉者也・儒人之事不為不知禮・余既辯其說・因附著之於此・毋使苦節蒙譏云。

陳君家傳

君諱樹鏞・字慶笙・新會陳氏・嘗為縣學生・游於番禺陳先生澧之門・時先生主講菊坡精舍・為學海堂學長已十餘年・其弟子多高材生・君一旦晚出・盡軼其曹・居苦刻厲・專意獨行・其於學・自六經聖人之道・至於百家羣史無不究・而皆會於禮・其於行・自承親立身之大・至於辭受取予無所苟・而務絕於俗・意有所窒・鏤心求通・及其既明・則又欲推之於人・與人言必達其誠・然尤嫉惡・不義者咸畏之・嘗憫習俗之壞・士大夫無能行禮者・日與其徒淬厲講明之・其居父憂・友數人執禮以視事・自既葬訖・祥禫居處・服食變除・悉如禮・人咸異之・叩其門不應・或迫之・數語後輒對客號哭不自休・由是見者目為狂・其篤志守己類如此・方君居廬・疾間作・嚴寒風雨・廬中如露栖・昏瞀殆無生理・予憂之・因語以古者居憂有疾宜變禮・曷居他室以俟少瘳乎・君泣不言・出而君友馬君貞榆語予曰・古禮既亡・吾輩有行之者・幸也・子何為尼之・且慶笙體素強・無虞也・予服其義・不敢言・然君疾由是益痼・初君父既葬・俄而其傍地崩弛・將及墓・謀所以遷之・偕人日夕走窮山中・數年無所得・君亦頹苶不支・疾卒發・一月而死・年三十耳。

君既習其師說・益起而張之・以為學者・將以造大而行遠也・一經之師・則有奴主・一隅之辨・則有是非・一時之治・與有操舍・彌綸萬物・紀綱庶類・惟禮為之宗・嘗綜三代以來・體國經野之法・與夫宮室器服食飲之節・凡孔賈杜馬・下及國朝諸儒・先討其說之紛互者・搜精融液而事為之釋・又推之後世之史・秦漢八代五朝之志・自兵衛農食・旁逮刑律讞官・刺其文之散隱者・旁列曲證・而物別其條・其業絕繁重未克就・成考禮之文若干篇・文獻通考正誤若干篇・漢官答問三十五篇・最後讀朱子書・慨然會於性命之旨・稍欲離棄衆好・以自適於約・而精力瘁矣・嗚呼・以君之材・得竟其志・其有立於世何如也・今若是焉・命矣夫・君配沈氏・子復・尚幼・君歿之某年・而其父葬乃克舉・以君祔・終其事者・故人葉兆棉也。

論曰・禮之失久・不肖者紬於情・賢者闕於物・時異制變・而人道至文・文節泯然散矣・若夫三年之喪・衰斬之服・百代以來未之有改・而流俗偷薄・並乃失之・羣棄獨守・而君乃見異矣・夫先王之禮・非作而致之也・飾其典

制・修其文貌・所以漸民之耳目於至仁・而養厥彝性・及其亡也・簡其枝葉・而本亦顚焉・故夫禮之委曲而繁重者・非得已也・然則君之所體行・與君之所論著・固治世之君子所宜亟講者・而豈一家之私也哉・予既深惜之・故論其大旨・以著於篇。

朱君家傳

君諱啓連・字跂惠・蕭山朱氏・漢錢塘侯雋六十四世孫・譜牒具可考・自君父某仕粵不歸・故君終始於學・遊汪穀庵先生之門・深植厚漑・毓實玩華・於書無不窺・惟不喜近世漢學者之說・曰・是乃所謂糟粕也・嶺南自阮文達公開府後・士治經守博士法・文尚麗偶・儒秀之盛・名軼中州・獨古文學衰絕・且數百年未有興者・君自以意求得之・凡唐宋以來數十家・爲文之術・絜其純駁而趨舍之・必一於道・其學以行爲柢・以經爲質・講道核藝・撥去羣言・得其本初・嗚呼・君之於斯術可謂心知其意者歟・君既達俗自好・衆亦頗嫚易君・後乃稍知慕之・異時嶺南言古文者・當推本於君・性介特・恥隨衆向背・士非有見者不交・事非自得於心者不言也・平居推人之善・不忍人之惡・所義身服之・所不義色絕之・卽所親愛・正言面諍・卽疏異・爲引喻相摩切・時或譏諸肆出・使人自返而得其義・其所言皆當世偸佞便己者之所畏也・故聞者或疑君輕忮多易・而士之自爲者皆察其意・歆其誠・既久遊諸公間・概不快意・思有所自樹・常言得百里之地而牧之・古治可復也・而世無知者・嘗一試不第・遂棄去・君雖不得於時・然能外毀譽・以義自勝・雖名公貴人・不少降絀・至有可成其道者・則傾身下之・義寧陳公寶箴偉君之業・歎爲異材・提刑使額公・（編校按疑有脫文）而囂浮之氣一歛・其克己嚮道如此・爲文章清宕潔約・工五七言・善草隸書・好雅琴・妙達聲律・能以琴意辨人浮沉囂濁・絃誦不輟・蕭然遺其榮觀焉・光緒二十五年・廣州比歲大疫・君嬰數日卒・年四十七・子二・大符大猷・配汪氏・穀菴先生出也・與番禺陶邵學交至善・邵學嘗許君性行似元結・文學似陳師道・藝術似姜夔・非今之士所有也・生平所欲論著者・多未就・其文成可錄者・棣垞集四卷・外集三卷・琴說二卷・琴譜若干卷・帖畧二卷・雜筆若干卷。

論曰・自方姚氏以其學顯・言文章者・皆歸桐城・而好異者・亦頗訾之・跂惠無所師授・獨與其徒相劘切・顧其大旨・合於桐城者爲多・夫方姚二先生之著於世・非獨以其文也・其學固無疵也・道無異趨・文無異軌・其大小厚薄・不盡侔於古者・有至不至耳・而論者妄分派別・是猶觀江河者・不知其本達於海・而欲以潢汙自異也・方姚二先生時・異說亦衆矣・既沒而其學乃顯・百餘年來・流風被於四達・獨吾粵未有聞者・豈習尚固殊歟・抑亦倡之者無其人也・如跂惠者・可謂卓然不惑者矣・余故坿著之於此・不唯達吾友之志・亦庶幾後來之士有所興起云。

祭朱跂惠文

維光緒二十五年冬・故國學生朱君跂惠・既捐館舍・其友陶邵學時在端州・未獲駿奔・謹書爲文以祭曰・於戲・天降災癘・於今有年・云胡不惠・殞我哲人・維昔識君・隨山

之館・君長以材・我童而丱・秩秩文序・隙白圭瓚・價不能酬・燁其有爛・我初志學・嗜瑣承謁・味道之源・而隨其波・君顧而笑・此焉足爲・痛言砭我・善亦相推・我時聽熒・心然與疑・世所標揭・棄然若遺・謂子蓋偏・雅志違時・矜名徇衆・翳我之私・困覺而悔・君言同歸・知人不易・信道實難・惟我與君・既久乃懽・始論偶乖・中發其蒙・末乃大合・如金受鎔・君於六藝・好一而博・囷倉穰穰・既導既擇・哂彼溝猶・有耨無穫・獨擷滋腴・飲醇棄粕・匪悅其言・曰道是資・提挈百家・液之融之・既孕育之・又磨礱之・渟蓄浸灌・有蔚厥辭・子之於文・實本天授。

至其志義・在困不疚・衆喙咻嗚・長嘯宇宙・守寂甄微・此詣誰覯・戊子之歲・君名太學・抱書京師・睎君一躍・英英璠璵・不薦而槖・萬里歸來・涼風蕭索・君時食盡・戢景蓬科・我嘗念子・叩門相過・君色夷然・不吁以嗟・廚空無煙・庭有佳花・琴音滿聽・誦聲清嘉・侍坐執經・有童者丫・清言婉婉・說詩紛葩・君云時隙・此獲孔多・吾絀於世・而施於家・樂且衎爾・吾道非耶・以才居貧・謂非所堪・知子蓋淺・既退而慙・凡君之爲・遭世擯侮・我則憤憂・子也無怒・執峻其崖・又宏其宇・媿吝飲和・非子誰慕・自是十年・同迹一聲・愛子敬子・相期以成・惟生之勞・或騤或營・出門飢驅・勢不得并・君客南海・我居於端・五載相望・百里之間・子倡余和・我謌君彈・朝吟夕啓・日往月還・遺牋滿篋・情密辭殫・伊今之人・聲勢相競・君固其窮・余亦厭進・謂當沒年・與子同

命・何志之强・而年之盛・奄忽不存・遂承凶訊・嗚呼哀哉。

嗟余固陋・惟實寡諧・惟子之交・意豁心開・憶昨從君・譚琴布律・貽書交諍・至於六七・君意不回・吾懽恐失・巽辭相解・期以異日・君乃答言・吾情豈睽・學以求一・匪競吾私・此道矧孤・胡鬱君懷・世若無我・子誰論哉・悲君此言・惻我心曲・君今往矣・吾其煢獨・貧不吾厭・賤豈子傷・死生之痛・如何能忘・嗚呼哀哉・君訃之至・余病在牀・拊心自慟・不登君堂・聞居之終・將書訣我・今緘屬誰・恐或遺墮・君語伊何・必我所思・輯君之文・書銘其碑・君有良子・翼以成材・此豈我能・中心徘徊・君雖不言・吾其敢違・嗟嗟跂惠・萬古同盡・舟潛壑運・人於其間・曾不一瞬・貴子之身・行立名聞・存歿須臾・子可無恨・獨我失君・如窮靡依・講道行身・孰友孰師・孰誘以學・孰覺其迷・孰定其文・而彌其疵・善也奚勸・過孰余規・死孰銘我・孰搴其帷・悠悠百年・吾其從誰・銜哀述舊・君其有知・嗚呼哀哉・尙饗。

康有爲　原名祖詒・字廣廈・晚自號更生・南海人・光緒乙未進士・官工部主事・以言變法得罪・亡命海外十餘年・國變後始歸・丁巳復辟・有爲與其事・授弼德院副院長・事變脫歸・仍居上海・年七十卒・有爲九江弟子・博學能文・通知中外大勢・上書言事・頗具遠識・唯急於自見・致遭顚躓・國運隨傾・論者痛之・所著有講學記・遊記・詩文集・其門人彙刊爲萬木草堂叢書。

奏請廣開學校以養人才摺

奏爲廣開學校・以養人才・恭摺仰祈聖鑒事・竊臣以狂愚・請廢八股・荷蒙聖明嘉納・立下明詔施行・薄海迴風・洗濯固陋・或更新厲學・以贊休明・夫以千年之弊俗而一旦掃除之・非皇上之神武英斷・何能致此・豈愚臣之夢寐寤思所能及也・天下回首面內・想望更化之善治・肇應千載之昌期・在我皇上矣・其鼓盪國民・振厲維新精神至大・豈止區區科舉一事已哉・雖然・譬諸治病・旣以吐下而去其宿疴・卽宜急補養以培其中氣・則今者廣開學校爲最要矣・吾國周時・國有大學國學小學之等・鄉有黨庠州序里塾之分・敎法有詩書禮樂・戈版羽籥・言說射御・書數方名之繁・人自八歲至十五歲・皆入大小學・萬國立學・莫我之先且備矣・詩曰・周王壽考・遐不作人・言文王於人才作而致之・非賴自然生而有之也・故兔罝野人可爲干城腹心・介冑武夫能說詩書禮樂・人才旣多・則國命延洪・故作人能壽考也・後世不立學校・但設科舉・是徒因其生而有之・非有以作而致之・故人才鮮少・不周於用也・臣不引遠古・請近校於今歐美各國・而知其故矣・歐美之作其國民爲人才也・當吾明世乃始立學・僅從僧侶・但敎貴族・至不足道・及近百年間文學大興・普之先王大非特力館法名士窩多・於其生蘇詩宮而師之・聘栢羅斯其於瑞士・而創國民學・今鄉皆立小學・限舉國之民・自七歲以上必入之・敎以文史算數輿地物理歌樂・八年而卒業・其不入學者・罰其父母・縣立中學十四歲而入・增敎諸科尤深者・兼各國文・務爲應用之學・其初等科二年・高等科二年・初等二年者・中學必應卒業者也・自是而入專門學者聽之・專門者・凡農商礦林機器工程駕駛・凡人間一事一藝者・皆有學・皆爲專門也・凡中學專門學卒業者・皆可入大學・其敎凡經學哲學律學醫學四科・自是各國以普之國民學爲師・皆效法焉・英大學分文史算・印度學・阿喇伯學・遠東學・於哲學中別自爲科・美則加農工商於大學・日本從之・夫學至於專門止矣・其所謂大學・不過合各專門之高等學多數爲之・大聚天下之圖書儀器・以博其見聞・廣延各國之鴻博碩學專門名家・以得其指導・而羣一國之學者・優游漸漬・講求激厲而自得之・凡各州能備此者・皆可謂爲大學・非徒在國都而已・總而言之・小學中學者・敎所以爲國民・以爲己國之用・皆人民之普通學也・高等專門學者・敎人民之應用以爲執業者也・大學者・猶高等學也・磨之礱之・精之深之・以爲長爲師爲士大夫者也・其條理至詳・科學至繁・荷蘭比利時瑞典丹麥以蕞爾國而能獨立者・以諸學並立・大學巋然・人才不可勝用故也。

普勝法後・俾士麥指學生語之曰・我之勝法・在學生而不在兵・以百業千器萬技・皆出於學・作而成之故也・彼分途敎成國民之才・如此其繁詳也・我乃鞭一國之民以從事於八股・枯困搭截之題・斷人才而絕之・故以萬里之大國・四萬萬之人民・而才不足立國也・近者日本勝我也・亦非其將相士兵能勝我也・其國徧設各學・才藝足用・實能勝我也・吾國任舉一政一藝・無人通之・蓋先未嘗敎養以作成之・天下豈有石田而能慶多稼者哉・今其害大見矣・不可不亟設學以育成之矣・今各國之學・莫精於德・國民之義亦倡於德・

日本同文比鄰．亦可採擇．請遠法德國．近採日本以定學制．乞下明詔．徧令省府縣鄉興學．鄉立小學．令民七歲以上皆入學．縣立中學．其省府能立專門高等學大學．各量其力．皆立圖書儀器館．京師議立大學數年矣．宜督促早成之．以建首善．而觀萬國．夫養人才猶種樹也．築室可不月而就．種樹非數年不陰．今變法百事可急就．而興學養才不可一日致也．故臣請立學亟亟也．若其設師範．分科學．撰課本．定章程．其事至繁．非專立學部．妙選人才不能致效也．惟聖明留意幸察．伏乞皇上聖鑒．謹奏。

奏請廣譯日本書大派游學摺

奏爲請廣譯日本書．大派游學．以通世界之識．養有用之才．恭摺仰祈聖鑒事．竊頃東事大敗．割台灣．賠巨萬．舉國痛之．臣以爲此非日本之勝我也．乃吾閉關自敗．而人才之不足用也．夫中國萬里之廣土．五千年文明之古國．以文學教化自尊高於大地者也．以夙昔環我皆諸番野蠻未開化者．故鄙爲夷狄．又皆遺學於我．而日本政法文學亦自我出．故足已無待輕視一切．此中國人數千年之積習．非一日矣．其學者所事．學八股試帖．讀四書五經而外．無他學矣．其號稱博學方聞之士．則有義理考據掌故詞章輿地金石諸學．通之者．郡縣寡得其人．然問以新世五洲之輿地．國土政教藝俗．蓋皆茫然無睹．瞪目撟舌．若罔聞知．猝以投之大地．交通萬國之世．以當各國之新法新學新器．安有不敗者哉．蓋人才之盲聾不足用也．數千年閉關自足使然也．吾永永閉關．以爲今之世猶古之世也．而不意自嘉慶之世．汽船駛出．道光之時．電線忽成．咸豐之代．鐵艦創行．同治之朝．鐵路交通．近乃電話四達．於是諸歐挾其異器．橫行宇內．突墮全球．若天上諸星之忽下於地也．遂破吾數千年久閉之重關．驚吾久睡之大夢．而入吾之門．登吾之堂．處吾之室矣．自爾之後．吾中國爲列國競爭之世．而非一統閉關之時矣．列國競爭者．政治工藝文學知識．一切相通相比．始能並立．稍有不若．即在淘汰敗亡之列矣．而吾乃以宿昔閉關之俗對待之．天已大雪．不覓爐裘．而尚葛屨履霜．前橫大河．不具舟航．而以方車渡水．其有不寒斃而溺死者乎．我國今勢何以異此．日本昔亦閉關也．而早變法．早派遊學．以學諸歐之政治工藝文學知識．早譯其書．而善其治．是以有今日之强而勝我也．吾今日自救之圖．豈有異術哉．亦亟亟變法．亟派遊學．以學歐美之政治工藝文學知識．大譯其書．以善其治．則以吾國之大．人民之多．其易致治．强可倍速．過於日本也．今以吾國人士至卿大夫．此一國之託命者也．其聰明才智．豈爲乏人．其欲講求外國之政治文學工藝知識亦夥矣．然苦於欲通之而無其道也．以無各國之書故也。

昔者大學士曾國藩．嘗開製造局於上海以譯書．於今四十年矣．其天津福建廣州亦時有所譯．然皆譯歐美之書．其途至難．成書至少．既無通學以主持之．皆譯農工兵至舊非要之書．不足以發人士之通識也．徒費歲月．糜巨款而已．臣愚顓顓思之．以爲日本與我同文也．其變法至今三十年．凡歐美政治文學武備新識之佳書咸譯矣．但工藝少厥不如歐美耳．譯日本之書．爲我文字者十之八．其成事至少．其費

日無多也．請在京師設譯書局．妙選通人主之．聽其延辟通學．專選日本政治書之佳者．先分科並程譯之．不歲月間．日本佳書可大畧皆譯也．雖然日本新書無數．專恃官局爲人有幾．又佳書日出．終不能盡譯也．卽令各省皆立譯局．亦有限矣．竊計中國人多最重科第．退以榮於鄉．而進可仕於朝．其額至窄．其得至難也．諸有視科第得失爲性命者．僅以策論取之．亦奚益哉．臣愚請下令士人能譯日本書者．皆大賚之．若輩童生譯日本書一種五萬字以上者．一試其學論通者．給附生．附生給增生．譯日本書三萬字以上者．試論通皆給廩生．廩生則升貢生．凡諸生譯日本書過十萬字以上者．試其學論通者給舉人．舉人給進士．進士及翰林庶官皆晋一秩．應譯之書．月由京師譯書局分科布告書目．以省重復．其譯成之書．皆呈於譯書局．譯局驗其文可．乃發於各省學政．誠可而給第．舉人以上至庶官．則譯局每月彙奏．而請旨考試給之．若行此乎．以吾國百萬童生．二十萬之諸生．一萬之舉人．數千之散僚．必皆竭力從事於譯日本書矣．若此．則不費國帑．而日本羣書可二三年而盡譯於中國．吾人士各因其性之所近而研究之．以成通才．何可量數．故臣之請譯日本書局便也。

若派遊學乎．則宜在歐美矣．書者．空言也．實行之事．非深久遊入其學校．尙慮不能深明之．且歐美近今之盛．實以物質故．汽力之爲用倍人力者三十．而國勢之富盛强亦三十倍．夫物質之學．此又非可以譯書得也．請大籌學費．或令各縣分籌之．大縣三人．中縣二人．小縣一人．皆舉其縣之秀者．而其縣自籌其費．吾千五百縣．以通計縣二人驟得三千遊學生矣．律醫二者．我所不須．自哲學海陸軍化電光重農工商礦工程機器．皆我所無．亟宜分學．每科有二三百人矣．其後歲歲議增．及理財既成．增派無數．六年之後．立國之才．庶幾有恃．若派學生於諸歐．以德爲宜．以德之國體同我．而文學最精也．若法民主．於吾國體不宜．歐東多變．覆車可鑒．惟日本道近．聽人士負笈自往游學．但優其獎導．東游自衆．不必多煩官費．但師範速能之學．今急於須才．則不得已就學於東．昔日本變法之始．派游學生於歐美．至於萬數千人．歸而執一國之政．爲百業之師．其成效也．此臣所以請派歐美游學也．我皇上憂國如腊．歎念人才．乞下明詔亟開譯書局並籌遣游學．其於作人成才以供國用．至大計也．伏惟皇上聖鑒．謹奏。

朱九江先生佚文序

以躬行爲宗．以無欲爲尙．氣節摩青蒼．窮極問學．含漢釋宋．源本孔子．而以經世救民爲歸．古之學術有在於是者．則吾師朱九江先生以之．先生令山西襄陵百九十日．政化大行．以巡撫某爲某親王嬖人．拂衣歸．講學於其九江鄉禮山草堂垂三十年．先生爲先祖連州公(諱贊修．號述之．)友．先君知縣公(諱達初．號少農．)與伯叔父兩廣文公．(諱達棻．號彝仲．諱達節．號竹孫．)皆棒杖受業．有爲未冠．以囘參之列．辟畀受學．則先生年垂七十矣．望之凝凝如山岳．卽之温温如醇酒．碩德高風．不言而化．與起發奮於不自知焉．乃知以德化人之遠也．先生授學者以四行五學．四行一曰敦行孝弟．二曰崇尙名節．三曰變化氣質．四

曰檢攝威儀・五學一曰經・二曰史・三曰掌故・四曰義理・五曰詞章・日一登堂講學・諸生敬侍・威儀嚴肅・先生博聞强記・不挾一卷而徵引羣書・貫穿諷誦・不遺隻字・學者錄之・卽可成書一卷・今所傳禮山講義是也・然十不能得六七・至夫大義所關・名節所繫・氣盛頰赤・大聲震堂・壁聽者悚然・爲才質無似・粗聞大道之傳・決以聖人爲可學・而盡棄俗學自此始也・先生天才敏儁・少以神童聞於粵・方十三齡・儀徵阮文達督粵・面召之試詩而大驚・闢學海堂授爲都講・沈浸經史掌故詞章之學・凡吾粵長老・若曾勉士之經・侯君謨之史・謝蘭生之詞章・皆翕受而自得之・旁及金石書畫・罔不窮精極微・當是時・漢學方盛・餖飣爲工・獵瑣文而忘大義・矜多聞而遺躬行・先生夐識高行・獨不蔽於俗・厲節行於後漢・探義理於宋人・既則舍康成・釋蒙陽・一一以孔子爲歸・其行如碧霄青雲・懸崖峭壁・其德如粹玉馨蘭・瑟琴彝鼎・其學如海・其文如山・高遠深博・雄健正直・蓋國朝二百年來・大賢巨儒未之有比也。

梨洲精矣・而奇佚氣多・船山深矣・而矯激太過・先生之學行・或於亭林爲近似・而平實敦大過之・著書滿家・以爲所知・有國朝學案・國朝名臣言行錄・凡百卷・蒙古記・晉乘・各數十卷・詩文數十卷・晚歲皆自焚之・世多疑焉・意者・先生疾世之譁嚻・多以文學炫寵・而以身爲法耶・夫言之不足化人久矣・文人之無實多矣・天下無我是書・而敎化遂以陵夷・人心遂以熄絕・則其書必當存也・天下無我是書・而敎化無大損・人心未至滅・則先聖先哲之遺書具在・循而行之・大道可宏・先民可救・則何必以著作炫世乎・孔子曰・予欲無言・子思述中庸之末曰・聲色之以化民末也・上天之載無聲無臭・至矣・先生之德・於是至矣・後之人受不言之敎・以躬行爲歸・何必遺書・否則著書等身・而中心藪慝・其書愈多・其名愈盛・其敗俗・敗國家愈甚・是毒吾民也・奚取焉・予小子稍有所述作・每念先生焚書之旨・未嘗不反省而悚然曰・吾豈有名心歟・抑出不得已不忍人之心歟・其昔人嘗發之而無待己之喋喋歟・否則宜焚之也・先生卒於光緒壬午之春・年七十五・詩文既盡焚無一傳・同門友營祠墓畢・議遺文・簡廣文竹居・胡茂才少愷・皆博學高行・以先生惡袪襮譁嚻・詔述遺旨・相約勿刻・至於今又垂三十年矣・雖然令先生無一字流於後世・於先生至人之德・不言之敎・則不背矣・於後人思慕先生之意則非也。

先生嗣子之紱・（字來卿・早殂・）明敏克家・搜輯先生佚詩文於鄉里中・得是汝師齋詩一卷・大雅堂詩集一卷・皆三十歲前作・及佚文數十篇・皆書札爲多・蓋皆流傳於外・先生無從焚者・先生之詩・精警雄奇・晚而澹雅・由杜韓陶謝・而上漢魏・以溯風騷・先生之文・雄深雅健・深入秦漢之奧・爲今所爲文・皆受法於先生者・此率爾之文・少日之作・誠不足以見先生之萬一・然丹鳳一羽・夏鼎一足・得之亦爲至寶・與其棄之・無甯過而存之・且大義亦時見焉・後之學者・稍聞遺訓而瞻文采・不猶愈於無耶・故敢違先生之旨・負同門之約・刻而布之・誠知罪戾・不遑避矣・先生諱次琦・號稚圭・又字子襄・南海縣人・道光丁未進士・行事詳於平陽水利碑・用弁卷端・其是汝師齋詩刻於粵之學海堂集・光緒三十四年秋九月・弟子康有爲記。

日本書目志序

聖人譬之醫也・醫之爲方・因病而發藥・若病變則方亦變矣・聖人之爲治也・隨時而立義・時移而法亦移矣・孔子作六經・而歸於易春秋・易者隨時變易・窮則變・變則通・孔子慮人之守舊方而醫變症也・其害將至於死亡也・春秋發三世之義・有撥亂之世・有昇平之世・有太平之世・道各不同・一世之中・又有天地文質三統焉・條理循詳・以待世變之窮而採用之・嗚呼・孔子之慮深以周哉・吾中國大地之名國也・今則耗矣・哀哉・以大地萬國皆更新・而中國尚守舊故也・伊尹古能治病國者也・曰用其新・去其陳・病乃不存・湯受其敎・故言日新又新・積池水而不易則臭腐興・身面不沐浴則垢穢盈・大地無風之掃蕩改易・則萬物不生・物新則壯・舊則老・新則鮮・舊則黯・新則潔・舊則敗・天之理也。

今中國亦汲汲思自強而改其舊矣・而尊資使格・耆老在位之風未去・楷書割截之文・弓刀步石之制未除・補綴其一二以具文行之・譬補漏糊紙於覆屋破船之下・亦終必亡而已矣・卽使掃除震蕩・摧陷其舊習而更張之・然泰西之強・不在軍兵砲械之末・而在其士人之學新法之書・凡一名一器・莫不有學・生則心倫生物・氣則化光電重・蒙則農工商礦・皆以專門之士爲之・此其所以開闢地球・橫絕宇內也・而吾數百萬之吏士・問以大地道里・國土人民物產・茫茫如墮煙霧・瞪目撟舌不能語・況生物心倫哲化光電重農工商礦之有專學新書哉・其未開徑路固也・故欲開礦而無礦學・無礦書・欲種植而無植物學・無植物書・欲牧畜而無牧學・無牧書・欲製造而無工學・無工書・欲振商業而無商學・無商書・仍用舊法而已・則就開礦言之・虧敗已多矣・泰西於各學以數百年・考以數十國・學士講之・以功牌科第激厲之・其堂室門戶・條秩精詳・而冥冥入微矣・吾中國今乃始舍而講之・非數百年不能至其域也・彼作室而我居之・彼耕稼而我食之・至逸而至速・決無舍而別講之理也・今吾中國之於大地萬國也・譬猶泛萬石之木航・與羣鐵艦爭勝於滄海也・而舵工榜人皆盲人瞽者・黑夜無火・昧昧然操舵於霧中・卽無敵船之攻・其遭風濤砂石之破可必也・況環百數習於出沒波濤之鐵艦・而柁工榜人皆漁戶爲之・明燈火・張旌旗而來攻・其能待我從容求火乎・然今及諸艦之未來攻也・吾速以金篦刮目・槐柳取火・尤不容緩也・然卽欲刮目取火以求明矣・而泰西百年來・諸業之書萬百億千・吾中人識西文者寡・待吾數百萬吏士識西文而後讀之・是待百年而後可・則吾終無張燈之一日也・故今日欲自強・惟有譯書而已。

今之公卿明達者・亦有知譯書者矣・曾文正公之開製造局・以譯書也・三十年矣・僅百餘種耳・今卽使各省並起・而延至泰西博學專門之士・歲非數千金不能得一人・得一人矣・而不能通中國語言文字・猶不譯也・西人有通學游於中國而通吾文字・自一二教士外・無幾人焉・則欲譯泰西諸學之要書・亦必待之百年而後可・彼環數十國之狡焉思啓者・豈能久待乎・是諸學終不可得與・而終不能求明而自強也・夫中國今日不變法日新不可・稍變而不盡變不可・盡變而不興農工商礦之學不可・欲開農工商礦之學・非令工通物理不

可．凡此諸學．中國皆無其書．必待人士之識泰西文字然後學之．泰西文字非七年不可通．人士安得盡人通其學．不待識泰西文字而通其學．非譯書不可．譯書非二十行省並興不可．即二十行省盡興而譯之矣．譯人有人矣．而吾國岌岌．安得此從容之歲月．然則法終不能變．而國終不可强也。

康有爲昧昧思之曰．天道後起者勝於先起也．人道後人逸於前人也．泰西之變法至遲也．故自倍根至今五百年．而治藝乃成．日本之步武泰西至速也．故自維新至今三十年．而治藝已成．大地之中．變法而驟强者．惟俄與日也．俄遠而治效不著．文字不同也．吾今取之至近之日本．察其變法之條理先後．則吾之治效可三年而成．尤爲捷疾也．且日本文字猶吾文字也．但稍雜空海之伊呂波文十之三耳．泰西諸學之書．其精者日人已畧譯之矣．吾因其成功而用之．是吾以泰西爲牛．日本爲農夫．而吾坐而食之．費不十萬金而要書畢集矣．使明敏士人習其文字．數月而通矣．於是盡譯其書．譯其精者而刻之．布之海內．以數年之期．數萬之金．而泰西數百年．數萬萬人士新得之學在是．吾數百萬之吏士．識字之人皆可以講求之．然後致之學校以教之．或崇之科舉以勵之．天下嚮風．文學輻湊．而才不可勝用矣．於是言礦學．而礦無不開．言農工商．而業無不新．言化光電重天文地理．而無微之不入也．以我温帶之地．千數百萬之士．四萬萬之農工商．更新而智之．其方駕於英美．而逾越於俄日可待也．日本變法二十年而大成．吾民與地十倍之．可不及十年而成之矣。

邇者購鐵艦槍礮．築營壘．以萬萬計．而挫於區區之日本．公卿士夫恐懼震動．幾不成國．若夫一鐵艦之費數百萬矣．一克虜伯礮之微．費數萬金矣．夫以數萬金可譯書以開四萬萬人之智．以爲百度之本．自强之謀而不爲．而徒爲購一二礮以爲齎敵藉寇之資．其爲智愚何如也。

嗚呼日人之禍．吾自戊子上書言之．曲突徙薪．不達而歸．欲結會以譯日書久矣．而力薄不能成也．嗚呼．使吾會成．日書盡譯．上之公卿．散之天下．豈有割臺之事乎．故今日其可以布衣而存國也．然今不早圖．又將爲臺灣之續矣．吾譯書之會不知何日成也．竊憫夫公卿憂國者．爲力至易．取放至捷．而不知爲之也．購求日本書至多．爲撰提要．欲吾人共通之．因漢志之列．撮其精要．剪其無用．先著簡明之目．以待憂國者求焉。

簡朝亮　字竹居．一字季己．順德人．所居簡岸鄉．學者稱簡岸先生．附貢生．爲九江高第弟子．平日恪守師說．作講學記．詳述而闡明之．在陽山關讀書堂．從學者多才傑士．梁文忠鼎芬．丁侍讀仁長皆推重之．禮學館聘充顧問官．存古學堂延爲教習．皆不就．國變後．年逾八十．杜門著述．足跡罕入城市．袁世凱欲通聘問．不知所在．趙爾巽聘任清史館纂修．亦不之應．曰．此豈萬季野時乎．早歲與番禺陶邵學．新會陳樹鏞．以學問相切劘．邵學樹鏞先歿．爲誌其墓．又手訂樹鏞遺書．刊行之．其篤於故舊如此．所著尚書集注述疏三十五卷．論語集注補正述疏十卷．孝經集注述疏一卷．禮記子思子言鄭注補正四卷．讀書堂正續集若干卷。

尚書集注述疏序

孔子曰．入其國其敎可知也．其爲人也．疏通知遠．書

教也・故書之失誣・其爲人也疏通知遠而不誣・則深於書者也・今之爲尙書者・其誣有三焉・東晉僞古文・其誣一也・書序孔子作・其誣二也・執漢學之失・其誣三也・昔者漢孔氏安國獻古文尙書・此秦燔書時所壁藏者也・其爲伏生壁本今文所有者二十九篇・其逸書多十六篇・惜不終立之也・晉永嘉之亂・而古文亡矣・東晉梅賾獻孔傳古文尙書・其爲今文所有者・自大誓而外・皆取諸馬鄭古文本也・而其餘則僞者二十五篇・蓋經附傳而出焉・僞傳之罪・小傳可從而可違者也・僞經之罪大・經可從而不可違者也・宋朱子既疑於東晉古文哉・蔡氏沈受朱子之命而爲書傳也・固疑之矣・故牧誓傳曰・此與湯誓相表裏・眞聖人之言也・大誓武成一篇之中・似非盡出於一人之口・豈此獨爲全書乎・蓋疑其有僞者也・特未皆辯之明爾・今之辯僞者・皆明其僞之所從出矣・然辯僞如惠氏・猶謂僞古文於大義無乖也・則何以使天下明僞古文之亂經而賊道哉。

僞大禹謨言舜以堯帝位讓禹・禹以舜之帝位讓皋陶・是以帝位等臣位也・是誣也・堯典言舜以百揆命禹・禹讓於稷契暨皋陶・百揆者・臣位也・禹得而讓之・舜之帝位・惟舜可言讓之・禹不得以舜之帝位讓皋陶也・故堯典言堯讓四岳帝位・岳不受・岳雖知有舜・不以讓也・其舉舜者・以帝命而舉之也・非自岳讓之也・其後言堯舜帝位・舜讓於德・曷嘗言舜讓於何人哉・僞大禹謨曰枚卜功臣・非也・夫禹以諸功臣皆可讓帝位也者・則其先何爲而獨讓皋陶乎・既獨讓皋陶・則皋陶在諸功臣之上・與所謂義鈞從卜者異矣・雖禹讓而帝未俞之・禹何不再言皋陶・而乃言枚卜功臣乎・諸功臣可卜而讓之・則其先獨讓皋陶・非禹之誠也・聖人而猶有不誠者乎・僞大禹謨言益贊於禹者・欲禹感苗民・乃以舜感瞽瞍爲辭・而曰至誠感神・矧茲有苗・時益爲舜臣・而斥天子之失・以爲有苗之不若也・顧氏謂此非人臣所宜言也・皆誣也・周語稱書曰・民可近也而不可上也・反而言之・是民可下也・易所謂以貴下賤大得民也・卽可近之義也・僞五子之歌曰・民可近不可下・反而言之・是民可上也・則悖矣・不甚害哉・是誣也。

左傳稱吳公子光云・吾聞之曰・作事威克・其愛雖小必濟・閻氏以爲此任威滅愛之言・而謀逆如公子光者・喜聞之爾・非書辭也・僞允征曰・威克厥愛允濟・愛克厥威允罔功・則以所聞者爲書辭矣・是誣也・孫子曰・卒未親附而罰之・則不服已・親附而罰不行・則不可用・此威愛所宜兼濟也・豈古之書辭・而不及兵家言邪・僞咸有一德曰・惟尹躬暨湯・咸有一德・克享天心・受天明命・以有九有之師・此襲禮緇衣所稱尹吉者・而竄之也・然則伊尹貪天之功以爲己力乎・將伊尹亦有九有而與湯共天下乎・是誣也・左傳曰・楚子伐陸渾之戎・遂至於雒・觀兵於周疆・此楚之不臣也・史記言楚子伐隨而曰・我有敝甲・欲以觀中國之政・觀政猶觀兵也・史記言武王先伐紂二年而東觀兵矣・僞大誓曰・觀政於商・以史記之誣誣之也。

左傳以兵諫爲愛君・春秋之邪說也・程子以爲今日而天命絕・則紂獨夫也・伐之何待三年・今日而天命未絕・則紂君也・武王爲臣・敢以兵脅君乎・禮大傳曰・牧之野武王之大事也・既事而退・柴於上帝・蓋武王既事・則諸侯奉之爲

天子・故柴祭天也・僞大誓曰・類於上帝・是始事伐紂・武王以諸侯而祭天也・是誣也・易曰湯武革命・順乎天而應乎人・夫人心者・天命之實也・其應乎人者・皆其順乎天也・孟子所謂天乎也・孟子稱大誓曰・天視自我民視・天聽自我民聽・故我民者・豈以諸侯而祭天・妄爲應天者邪・僞湯誥曰・元牡・欲昭告於上天神后・請罪有夏・此襲論語所稱・湯祭上帝者而竄之也・亦誣也・祭上帝者天子之禮・將伐桀而祭上帝・是湯先自爲天子也・孟子何以言非富天下也・論語所稱者墨子引之・稱曰湯說・其湯說有今天大旱之辭・蓋湯既克夏・大旱七年・而禱雨於天也・周官大祝六祈其六曰說・今湯說猶金縢之說也・禮曰・殷人牲用白・今用元牡者・蓋元色黑則水也・禱雨也・非未變夏禮也・猶周人牲用騂・而詩言興雨者則曰來方禋祀・以其騂黑也・然則禱雨之說・非將伐桀而祭上帝也・故湯誓曰・予畏上帝・不敢不正・不言祭上帝也・牧誓曰・今予發・惟恭行天之罰・不言祭天也・猶論語言天厭之・又言獲罪於天・皆以天道之・非祭天而爲是言也・故禮言祭天詳矣・而禮無將代桀紂而祭天者・禮別嫌疑・其義精也。

曲禮言諸侯曰臨・祭祀外事曰曾孫其侯某・詩言武王之興曰・矢於牧野・維予侯興・蓋伐紂時不稱王也・僞武成曰・底商之罪・告於皇天后土・所過名山大川曰・惟有道曾孫周王發・將有大正於商・是誣也・將伐紂而武自王・是貪商也・則武王之志荒矣・樂記稱孔子之辯武・昔者猶是也・或曰・周王者史追加之爾・夫牧誓稱王曰者・史追加之也・此爲祝辭・則無追加之者也・禮坊記曰・子云・善則稱親・過則稱己・則民作孝・大誓曰・予克紂非予武・惟朕文考無罪・紂克予・非朕文考有罪・惟予小子無良・子云善則稱君・過則稱己・則民作忠・君陳曰・爾有嘉謀嘉猷之告爾君於內・女乃順之於外・曰此謀此猷・惟我君之德・於乎是惟良顯哉・蓋君陳爲人臣愛君之辭・猶大誓爲人子愛親之辭也・今僞者以成王告君陳・則爲人君告臣之辭・是導諛也・是誣也・閻氏曰・導諛中主所不爲・而謂三代令辟如成王爲之乎・僞畢命曰・嘉績多於先王・此美子孫之臣稱先王・而自多非善・則稱親之義也・亦誣也・蔡仲之祖文王也・卽成王之祖也・雒誥稱周公告成王曰・承保乃文・祖受命民・然則成王告蔡仲・當言我文祖矣・僞蔡仲之命曰・率乃祖文王之彝訓・以成王而稱文王曰乃祖・既無美稱・且若成王與蔡仲不同祖者・誣其祖也・左傳曰・民受天地之中以生・蓋中者民心之本然・孟子所謂我固有之也・所謂性善也・僞君牙曰・民心罔中・僞孔傳謂民心無中・從汝取中也・夫民心苟無中・又何能從汝取中乎・荀子曰・人之性固無禮義・故彊學而求有之也・此荀子之言性惡・以詆孟子者也・今僞君牙以荀子性惡之意而僞焉・則誣民也・夫伏生今文無書序也・今謂孔子作書序・斯誣矣哉・朱子謂其爲周秦閒人作也・蔡氏從而辯之・大義章矣。

甘誓曰・大戰於甘・猶易所謂龍戰於野也・序曰・啓與有扈・戰於甘之野・夫王師大戰不可以言與戰也・誣啓之不競也・蔡氏曰・大戰者・甚有扈之辭也・序書者・宜若春秋筆・然春秋桓王失政・與鄭戰於繻葛・猶書王伐鄭・不曰與戰者・以存天下之防也・以啓之賢・征有扈之無道・征伐自

天子出也・序曰・與戰若敵國者・何哉・孟子曰・湯崩・太丁未立・外丙二年・仲壬四年・太甲顛覆湯之典刑・序曰・成湯既沒・太甲元年不其疏乎・故僞伊訓曰・惟元祀十有二月乙丑・伊尹祠於先王・奉嗣王祇見厥祖・僞太甲曰・惟三祀十有二月朔・伊尹以冕服奉嗣王・歸於亳・蓋僞者以太甲以孫繼祖・湯沒而太甲立・稱元年・湯以元年十一月崩・湯崩踰月・太甲即位・遂以二十六月而服闋也・此非禮之大者也・公羊傳曰・緣終始之義・一年不二君・今於先君崩年而即位改元・是一年二君也・是今君忍死其先君也・曾謂伊尹爲相而有是乎・則僞古文因序之疏・而益其誣也・然漢學如馬鄭無不從序者・而序有失焉・故漢學之失・有因序而爲誣者矣・君奭曰・在家不知・在家者退老也・此周公留召公在國以知事・據經而明也・序曰・召公爲保・周公爲師・相成王爲左右・召公不說・周公作君奭・謂之不誣不可也・而馬鄭皆從之・不有蔡傳・不使周召元老終古皆疑乎・康誥之首・蘇氏謂雒誥脫簡者・是也・經曰・作新大邑於東國雒・又曰・乃洪大誥治・其爲雒誥之首可知也・序者不察・而以爲成王封康叔之書・失之者大矣・康誥稱王若曰孟侯・朕其弟・蓋康叔武王之弟・此武王封康叔而誥之也・康叔監諸侯・故曰孟侯・康叔於成王叔父也・非弟也・謂周公以成王命誥之・則既爲成王之言・何又以弟稱之・蔡氏所繇辯序也・不辯乎此・亂賊託焉・漢王莽說之・曰此周公居攝稱王之文也・何其誣之甚也。

以左傳稽之・楚子革言分物之繇曰・晉及魯衛王母弟也・祀佗言康叔分物・命以康誥而封於殷虛・且參周公唐叔而言曰・三者皆叔也・蓋叔者・母弟之稱也・魯衛武王母弟・晉成王母弟也・夫以衛爲王母弟・分物以封・則武王封之也・若成王封之・則曰王叔父也・非王母弟也・非叔也・故佗之言・曰昔武王克商・成王定之・選建明德・以藩屏周・其必自武王而及成王者・蓋有繇也。

古之稱王・天子也・非後世所謂諸侯王也・大誥稱王若曰者・此周公奉成王命而東征也・鄭氏曰・王周公也・周公居攝命大事・則權稱王也・嗚呼・周公爲臣・可居攝王位而權稱王哉・王莽擬大誥爲攝皇帝若曰之文・胡爲乎鄭不戒於莽賊也・夫君幼而臣攝政則可・攝位稱王則不可・春秋所以不書隱公之攝位也・周公攝政非攝位也・鄭釋大誥之誣・因康誥序爲之也・今江氏王氏孫氏於此皆從鄭焉・非執漢學之失而不辯邪・凡若此者・皆三誣之宜去者也・故必去其三誣・則孔子所謂書教者宜明也・書教宜明・則孔子所謂其國教者宜明也・體朱子之意・求漢學之是・以明孔子之書・辯序而察之・使僞古文不得託於序也・其可乎。

禮之爲記雖猶失・然記者初非僞經也・揚雄擬經・漢史猶以春秋誅僭王者誅之・況乎其僞經也・今僞古文雖不得僞者之主名・亦以春秋誅不得名之賊・誅之而已矣・僞者或襲尚書逸文而竄之・其他百家亦雜采焉・彼徇僞而不去者・豈不以懼遺所襲之義・遂忘所竄之非義歟・今萃逸文而明之・則其義之襲逸文者・皆存乎其間・而於彼何所遺也・其雜采其義者・於所襲百家之書而明之・則其義亦豈遺乎・夫僞者雖所襲之義而既在僞古文也・則皆其浩然之氣者・何也・孟子曰是集義所生者・非義襲而取之也・行有不慊於心則餒

矣．今有法物而盜竊焉．好古者欲觀法物與其從盜之家而觀之．則法物雜乎盜物而爲之不尊也．奚若執盜誅之．而還法物於其主．迺從其主之家而觀之．然後見法物皆煥然如初也．高宗純皇帝定四庫書．凡辯僞古文者．無不采錄．蓋以經義者．萬世之公義．將以俟後之考之者也。

夫孔子以書教知其國教者於何爲．而觀其深也乎．大傳稱孔子謂顏淵曰．堯典可以觀美．禹貢可以觀事．臯陶謨可以觀治．洪範可以觀度．六誓可以觀義．五誥可以觀仁．甫刑可以觀誡．蓋七觀皆觀國之光也．其餘則可以推矣．洪範者通皇極於四海者也．紀天之數．而無不徵之於人．非人無以立政．非政無以用數也．故八政八曰師．師者兵也．無兵則諸政必亂．食貨皆可奪．而四海之賓者將不賓矣．兵居八政之終．非以爲可後也．所以成諸政之終也．雖然兵不可後．而徒言兵不可也．立政者能官人以立政．其兵遂彊也．謀憸人之面．則政不立．而兵不彊．用吉士之心．則政必立．而兵必彊．故立政曰．其克詰爾戎兵．以陟禹之迹．方行天下．至於海表．罔有不服．言能官人以立政者．其兵能若此也．此非堯典之柔遠能邇者乎．臯陶謨以知人而安民．莫安於此矣．顧命之訓．其言柔遠能邇也．曰張皇六師．其言昔君文武也．曰則亦有熊羆之士．不二心之臣．保乂王家．皆此意也．文侯之命苟不徒曰．其歸視爾師．而平王與文侯謀六師而立政也．東周豈不可復興哉．繇是推之．書教所以繫於其國也．故釋書者不可不愼也。

史記言成王誅武庚．乃命微子代殷後．奉其先祀．蓋微子去之．卒得之爲客而封宋也．則史記謂武王克殷．微子持祭器造軍門．面縛膝行而前者．非所以教孝也．大傳者武王釋箕子之囚．箕子走之朝鮮．武王因以封之．蓋箕子未嘗受封也．所謂我罔爲臣僕也．雖在朝鮮．終身稱箕子焉爾．箕子者．故商之封也．則大傳言箕子受封．以臣禮朝周者．非所以教忠也．此一人之說．且古說也．猶得失半之．不皆古義也．則擇羣言者可不愼乎。

凡說經者雖添文以明經義．而於經實無添文．孟子稱孔子釋烝民之詩．今可考也．金縢曰．王亦未敢誚公．蓋示天下以成王之明．足以爲教也．鄭以欲誚未敢釋之．欲之爲言．於經病添文也．經無欲誚之文而鄭添之．則成王不疑周公之心．無以白於天下矣．漢志曰．書者古之號令．號令於衆．其言不立具．則聽受施行者弗曉．古文讀應爾雅故解古今語而可知也．是矣．然爾雅訓詁．或一名數義．或不備焉．非旁通他經．案之本文．將失其大義矣．爾雅曰．食僞也．此左傳食言之義也．孫氏執之謂僞古通爲．以釋堯典食哉惟時．而於蔡氏釋以孟子不違農時者．反不從之．是不知堯典咨牧．道在養民．當教之以重民食也．尚書古文梅本其爲今文所有．而取諸馬鄭古文本者二十八篇．其竄之者甚微．今幸猶有所據．皆復其始也．今古文異流同源．宜通之矣．使取其長．猶今本論語合古文齊魯之長也．今自雒誥之首脫簡而外．諸篇皆無脫簡．亦無闕文．惟稽其篇次稍失之爾．或疑其譌且脫者．以爲壁本之殘或牽於僞孔傳序．以爲伏生口傳之失也．或以爲詰屈聱牙．遂不考於諸經．而不知古聖賢人爲文之法也．故必知諸經有代爲設辭之文．然後梓材之義皆通．必知諸經有逆而倒敘．斷而遙接之文．然後雒

誥之義皆通．必如諸經有因時變稱之文．然後顧命之義皆通．義在文中．聖門以經學稱文學者．謂斯文皆斯道也。

朝亮不敏．設爲尙書集注述疏．凡尙書經二十九卷．逸文三卷．冠之卷首．附之卷末．上下都爲三十五卷．其明今古文之傳者．詳卷首尙書大名下焉．其大誓逸文擇次二十九卷中．存二十九篇之畧也．書序辯附卷末上．僞古文附卷末下．欲其備改也．僞逸文則附僞古文後焉．禮曰．毋勦說．今之所集皆近也．敢勦說乎．其純采之則名．其不純采之．與或爲公言則不名．無非述者．易文言四德采之穆姜而不名．今考於傳蓋不純采之．且或爲公言也．論語答顏淵仲弓之問仁．其語皆然．與所稱周任之言者不同也．其不純采之若亦名焉．將必錄而辯之．則蕪矣．此孔子所以述而不作．皆爲文言也．朱子稱蘇氏釋書之文．以爲過人．蓋知言矣．後世言經言不悉．文或苦其蕪．今不敢不戒之也．凡要義於注登之．異文異說之要．於疏存之．徵引則取其義之著者．義同則取其言之文者．注文宜簡．疏文宜詳．其或徵引詳於注中者．以經之古言古義．非此不明．從鄭禮注之例也．徵引之字．彼此不同．則以可通者明之．從釋文及諸經疏之例也．義之先後．貫乎章句．外注或申其義．或總其義．皆與內注相參．而經之脈絡通焉．從朱子四書注之例也．古經善文．或句中有圖．今疏後或附圖．維誥以圖及獻卜之義也．疏原其始．前人之注．後人疏之．其注而自疏．非從唐之道德經注疏例也．易傳固有其例也．易說卦曰帝出乎震．齊乎巽．而文自申之曰．帝出乎震．震東方也．齊乎巽．巽東南也．齊也者．言萬物之潔齊也．蓋說八卦皆然．僞孔傳非不多所襲也．計其所襲之義．復其所襲之名．而注不登僞孔矣．亦誅絕之也．非鄭棄鄧．折而用其竹刑．如左傳云也．其僞傳之非義而可惑者．則疏皆辯焉。

自維固陋．少之日．手寫尙書綴而讀之．迨遊九江朱先生之門．時講習之．若有寤者．既不自休．博稽尙書家言．樸學可觀．其義猶將待發也．久而鄉居草堂．與諸學子辯難．而令鈔所屬草者八年．旋以時義旅於陽山之將軍山．與諸學子居山堂．夙夜從事．如鄉居時者又三年．百爲皆廢．終食不忘．胥勉勉乎尙書述草．蓋自草創以來．既十有一年矣．所以艱屯無悔．必蘄草畢者．自以讀書報國．愧非其才．惟素所習孔子之書．或猶可竭力於斯．以無忝君父之教云爾．今草甫畢．諸學子數請校刊之．願得爲禮之肄簡也．迺如其志以草畀焉．庶幾．共明書敎．將知遠而求之深也．

光緒二十有九年正月人日。

尙書集注述疏後序

嗚呼．治經之事．豈一日乎哉．諸學子而校刊尙書述草焉．則五年於斯．率僦居廣州城．集同門千金以資刊者．其草則自陽山山堂．八百里月郵以至．皆旋定而旋發也．其始手書詒校者曰．昔程子爲易傳．其草不遽以授人．有問者則曰尙冀少進乎．迨寢疾而後授之．此其愼也．朱子爲論語集注．孟子章句．先後得其草者數刊之．則見其數改之．其將沒而猶改之者．則所爲大學誠意注文也．朱子豈不欲如程子耶．世變愈大．非刊之則其草難存．不得已也．今尙書述草非敢有然矣．惟其改之則所懷也．二三君子將於校刊時而能

助乎・季漢武侯曰・昔董幼宰參置七年・事有不至・至於十反・來相啓告・此以政事而念幼宰之勤渠也・書以道政事・今從事在書・不曰是亦爲政乎・雖十反宜也・凡經義皆大而微・有素所存疑・乃決疑於斯須者・今之發草時・或遞至山下・遽追改定・此所謂思之不通・鬼神將通之也・則亦何疑於辯難乎・二三君子心力方彊・惟經義足以生浩然之氣・古之人所以爲無競者・皆至今存也・其完文然也・其逸文猶然也・其大畧不可不先明之也。

大甲之逸文曰・民非后無能胥以寧・后非民無以辟四方・夫后君也・胥猶詩載胥及溺之胥・相也・以古通與・民相與也・寧安也・言民非君無能相與安也・鴻範曰・天子作民父母・以爲天下王・蓋王者子民・則民皆得父母而安・此民所以必尊君而親之也・易曰・陽一君而二民・君子之道也・君子知尊居而親之・故一君而望其安民也・是民之君其君也・民能相與安矣・易曰・陰二君而一民・小人之道也・小人不知尊君而親之・故二君而啓其爭民也・是民之不君其君也・民無能相與安矣・無以者・無與也・論語曰・百姓不足君孰與足・言無與也・辟亦君也・言君非民無與君四方也・孟子曰・民爲貴・是故得乎安民而爲天子・蓋天子之貴由民以爲君・當無賤民之心・此君所以必安民而貴之也・易曰・以貴下賤大得民也・苟得民・則四方皆與君之矣・苟不得民・則四方無與君之矣・大學曰・民之所好好之・民之所惡惡之・此之謂民之父母・故曰・辟則爲天下僇矣・明無與君之也・繇是言之・民依於君・君依於民・而政以立焉・故凡經之言民者・言民心・言民生・而皆期民服・以民非君無能相與安也・道在尊君也・凡經之言君者・言君德・言君職・而不遑君權・以君非民無與君四方也・道在安民也・此人道之本乎天・而萬世不可以他求者也。

夏書之逸文曰・衆非元后何戴・后非衆無以守邦・夫衆者・民衆也・元后者・元德之君也・戴如左傳戴皇天之戴・謂共戴而奉之也・易曰・大哉乾元・又曰元百善之長也・君子體仁・足以長人・故曰乾爲天・爲君・又曰・首出庶物・萬國咸寧・明萬國之衆・尊其君曰元后・戴之如皇天・皆共戴而奉之也・故君誥曰・其惟王位在德元・小民乃惟刑用於天下・此以知民・不當挾衆而自主矣・蓋衆非元后何戴焉・以如易能以衆正之・以謂左右而用之也・守邦者・守其國而不可犯也・易曰・天地交泰・后以財成天地之道・輔相天地之宜・以左右民・惟后之左右民・故其衆可左右而用之也・於是乎有以守邦・雖敵國必畏之矣・是守其國而不可犯也・故古之能用衆者・必信乎民・孟子所以言與民守之・效死而民弗去也・若唐以睢陽之守而存也・論語言去兵去食・而不去信者・則曰民無信不立・明民不守邦也・故大學曰・失衆則失國・此以知君當畜衆而自彊矣・蓋后非衆無以守邦焉・召誥言・有王元子者・日用顧畏於民碞・夫碞險也・后非民無以辟四方則民險矣・而后以守邦者・亦民險也・易曰・天險不可升也・地險山川邱陵也・莊子曰・凡人心險於山川・難以知天・今召誥所謂民碞者・豈以爲人心之險哉・謂夫天命生民・民性之直・民心好惡之公・守之而不犯者也・凡天下守之而不可犯者・孰有過於民心好惡之公者乎・故謂之民碞也・蓋以是爲民險矣・天道至公也・則有天險焉・地道至

公也・則有地險焉・人道至公・則有民險焉・民險者・守之而不可犯者也・論語曰・斯民也・三代之所以直道而行也・故召誥言天德之敬・節性之和者・敬以和其民・行乎其直道之公也・蓋有王元子之所以爲誠和也・亦有王元子之所以如兄弟之友而友民也・於日乎民險皆平矣・天險之平・以天道之和也・地險之平・以地道之和也・民險之平・以人道之和也・從古以來・敵國外患苟不得其平・恃以守國者皆無可恃焉・恃民嵒之險也・故古之敵國・若無所顧畏矣・而終不敢不顧畏者・有民嵒在也・若宋之義民是也・而謂有王元子反不顧畏於斯乎・多士曰・罔顧於天顯民祗・酒誥曰・廸畏大顯小民・皆不言民嵒也・而其險昭然矣・不知者以爲民嵒者・莊子所謂人心之險也・挾衆而訕言・犯上而作亂・皆民嵒也・所以稱民變也・何其戾於召誥之義哉。

孝經曰・天地之性人爲貴・大學曰・好人之所惡・惡人之所好・是謂拂人之性・明乎所欲之正也・天必從之者・天以民爲心也・禮運曰・人者天地之心也・故民心之欲者・皆天心之所欲焉・則無不從之也・夫天人理欲之說・誣民者迂之矣・而其託於大誓者・以人欲爲天必從之者也・豈不悖哉・樂記曰・人生而靜・天之性也・感於物而動・性之欲也・蓋人性之欲有由天理・而不化於外物焉・故大誓曰・民之所欲・天必從之・此性之欲之正也・人性之欲・有雜人欲而化於外物焉・故樂記曰・人化物也者・滅天理而窮人欲者也・此性之欲之失也・是天必絕之矣・而妄以爲天必從之乎。

夏書之逸文曰・遒人以木鐸徇於路・官師相規・工執藝事以諫・夫道聚也・振木鐸而行・則聚衆聽焉・故曰遒人・徇徧也・杜氏曰・遒人行人之官也・木鐸木舌金鈴・徇於路求歌謠之言・是也・此漢志所謂行人采詩者也・師衆也・官師者・百官之衆也・規正也・詩序曰・沔水規宣王也・相規者・相與規正・正其君・若無逸所謂胥教誨也・工百工也・若立政所謂藝人也・國語曰・魯莊公丹桓宮之楹而刻其桷・匠師慶言於公曰・無益於君・而替前之令德・蓋言工執藝事以諫也・孝經曰・天子有爭臣七人・雖無道不失其天下・諸侯有爭臣五人・雖無道不失其國・況其爭之多乎・夫諫者爭也・以公義爭其不義也・天子君天下・諸侯君其國・古之明君・皆兢兢乎不敢自專也・而顧聞其過・是故諫無常職・人人可以盡言於吾君・遒人所采・百官所正・皆諫也・徧乎百工則衆矣・詩曰・袞職有闕・維仲山甫補之・又曰・先民有言・詢於芻蕘・國語曰・庶人傳語・又曰・風聽臚言於市・皆衆諫之義也・然而古之士民・其氣不嚚者・何也・非挾衆故也・以義之正者爲公・非以言之衆者爲公也・夫諫者何爲而知義之正乎・古之學校・六經之術明也・盤庚曰・誕告用亶・其有衆咸造・勿褻在王庭・此盤庚將遷而告民也・誕大也・亶誠也・有衆民也・造至也・勿褻者・戒其慢也・庭者若周官外朝之位也・古者君有大事則有庭詢之法・臣民集焉・鴻範所謂謀及乃心・謀及卿士・謀及庶民者也・古之爲君者・此其不與臣民相隔也・然豈詢之而不察之・徒聽於庭議之衆哉・論語曰・衆好之必察焉・衆惡之必察焉・孟子曰・左右皆曰賢・未可也・諸大夫皆曰賢・未可也・國人皆曰賢・然後察之・見賢焉然後用之・左右皆曰不可・勿聽

諸・大夫皆曰不可・勿聽諸・國人皆曰不可・然後察之・見不可焉然然後去之・故凡庭詢者・非不察之而徒聽之也・然非其君之明・何以能察之哉。

大學言新民者・所以必明明德・明明德者・所以必先格物致知也・朱子所以必言窮事理爲格物之要也・其入告於君者・且勤勤以格物窮爭理爲言・蓋以人臣之義正君・而救民莫大於是也・當盤庚時・以河患遷殷・其臣浮言而惑民・其民惑之而違君・雖民有箴言・皆伏之不聞矣・盤庚苟不察之之・徒聽於衆・將不以庭議沈其國耶・善夫・盤庚之明也・察其臣之惡・釋其民之疑・不廢庭詢・而庭詢有正・不可以衆挾也・非其能格物之大設中於心者而能然乎・大誥曰・弗造哲・迪民康・矧曰其有能格知天命・此大告東征也・管叔率羣弟流言誣周公・殷武庚從管叔而叛・周成王大告東征・而察天人之際也・非空言也・實事也・實理則實事之繇也・夫造爲也・爲猶作也・哲智也・鴻範曰・明作哲・迪道也・謂導而行之也・君之於民・以哲智導而行之・則民無不安矣・康安也・格至也・蔡氏以爲大學格物之格是也・格知者・即大學致知之至也・此大學之宗也・朱子本之以釋大學者也・今言弗作哲以導民康安・況曰其有能至知天命乎・臯陶謨曰・天明威・自我民明威・蓋天命在民・君哲而民康安・然後天命可知也・君欲作哲・非有迪君哲者・何以迪民康乎・下文言民不康矣・而求康其民者・則曰爽邦由哲・亦惟十人・迪知上帝命・謂此也・爽明也・詩曰・此邦之人不可與明・君奭曰・厥亂明我新造邦・今言爽邦之明・必由於哲者以明作哲故也・十人即民獻之十夫・皆民之賢也・知上帝命者・哲也・十人迪知上帝命者・猶無逸所謂訓告迪哲也・亦猶君奭所謂迪知天威也・蓋上帝命討有罪・今行上帝命者十人・導而行之・非知無以行・故曰迪知也・迪知上帝命・則上文言作哲迪民康者・於此見之矣・由其哲之能明邦也・蓋十人迪哲・則天命討賊之義明・而民之不康者皆定之・邦由是明即邦由是定・非昏亂之邦矣。

當是時三叔流言・多邦肆伐而專征者周公也・是成王授周公以天下之兵而不疑也・夫成王者・孺子王也・年十有三爾・何其明哉・十人迪哲・二公當在焉・其不疑蓋有繇也・故成王之所謂格知者・格知之大也・至於能察奸謀・而定天下之大艱也・豈類小智不明者之所謂格知乎・仲虺之誥之逸文曰・諸侯自爲得師者王・得友者霸・得疑者存・自爲謀而莫己若者亡・夫自爲者・自己爲之也・得友得疑・不言自爲者・通上省文也・疑猶禮言師保疑丞之疑・故與師友竝言・蓋疑則謀於人也・諸侯自爲得師者王・若孟子言湯之於伊尹學焉而後臣之也・得友者霸・若國語言晉文之長事費它也・得疑者存・若戰國策言燕昭之問郭隗・而來樂毅也・皆自爲得之也・非繇敵國爲之也・非繇異國爲之也・雖有繇敵國異國而來者・非受命於其國之君臣而來閒我也・故我得之以爲己用焉・師其所當師・友其所當友・疑其所當疑・誠得其善而好之也・孟子曰・好善優於天下・此之謂也・故曰・夫苟不好善・則人將曰訑訑・予既已知之矣・訑訑之聲音顏色・距人於千里之外・士止於千里之外・則讒諂面諛之人至矣・與讒諂面諛之人居・國欲治可得乎・詩曰・其曰予聖・誰知烏之雌雄・此幽王所以亡也・故曰・自爲謀而莫己若者亡・

仲虺之言．謀國者宜何如自省哉．左傳言楚祈公雍子子靈苗賁皇之奔晉者．皆怨楚也．乃爲晉謀以害楚焉．故曰雖楚有材．晉實用之．此霸國餘烈云爾．其猶近於自爲得之者歟。

周書之逸文曰．農不出則乏其食．工不出則乏其事．商不出則三寶絕．虞不出則財匱少．夫農者平地山澤之三農也．空而不有曰乏．事者百工所備之事也．若孟子言．通工易事也．三寶者．所以通有無也．史記曰．虞夏之幣金爲三品．或黃．或白．或赤．此禹貢所謂惟金三品也．而周監於夏焉．則周之三寶可推矣．斷而不續曰絕．虞者山澤之虞也．財者貨財也．竭而不生曰匱．微而不多曰少．蓋足民之食．其原出於農．備身之事．其原出於工．行幣之寶．其原出於商．取地之財．其原出於虞．故史記引此而說之曰．此四者．民所衣食之原也．言其原出於此也．今不出焉．則失其原而不利矣．周官曰．大宰以九職．任萬民．一曰三農．生九穀．二曰園圃．毓草木．三曰虞衡．作山澤之材．四曰藪牧．養蕃鳥獸．五曰百工．飭化八材．六曰商賈．阜通貨賄．七曰嬪婦．化治絲枲．八曰臣妾．聚斂疏財．九曰閒民．無常職．轉移執事．今用書約九職而統言之．其言農也．而三農與園圃臣妾統焉．其言工也．而百工與嬪婦閒民統焉．其言商也．而商與賈統焉．其言虞也．而虞衡與藪牧統焉．故農者民生之本也．工非淫巧之工．商非壟斷之商．工商者．濟乎農而資乎虞也．虞者．農工商所繇賴也．此與九職之序不同．而同皆中夏之利也．皆中夏民之所利也．以此利民皆不失任．其利無遺矣．豈待他求哉．論語曰．因民之所利而利之．斯不亦惠而費乎．奈之何奪而失任．便其利原之不出也．或曰．三寶之金不憂其困歟．曰自周書言之．則不憂也．農出其三農之貨．工出其百工之貨．虞出其山虞澤虞之貨．中邦之貨萃焉．而商乃出而行貨乎其閒．其資於貨者多也．其資於金者不多也．貨之生不窮．而金之生有窮也．此以本富馭末富也．孰能困之哉。

說命之逸文曰．惟口起羞．惟甲胄起兵．惟衣裳在笥．惟干戈省厥躬．夫口者．言之自出也．自殷高宗言之．則天子之言矣．蓋令乎天下者也．宜首稱焉．起者所繇起也．羞者．如易言或承之羞也．鄭氏謂羞猶辱也．惟口起羞者．鄭氏謂當愼言是也．詩曰．好言自口．莠言自口．詩所以謂無言不讎也．甲胄者．身之兵備也．兵備在身．人皆見而知之．其他無不知矣．故特言甲胄也．惟甲胄起兵者．當陰備不使疑忌也．兵法曰．形兵之極．至於無形．今乃且形於甲胄乎．史記稱子貢之言曰．有報人之意．而使人知之．殆也．事未發而先聞．危也．此兵所繇起也．或曰．甲介也．禮曰．介胄則有不可犯之色．故君子戒愼不失色於人．如其失也．軍容不肅．則必不能兵．乃使覘國者輕之．而起兵矣．蓋禍患所繇者．口與甲胄．則其大者焉．衣裳者．國之章服也．笥所以藏也．惟衣裳在笥者．當藏之以待有德．不敢妄賜也．猶詩美彤弓者．稱其受言藏之也．史稱韓昭侯有弊袴藏之．以待有功．況章服乎．干戈者．國之兵伐也．省者．自察也．厥弓者．其謀動兵者之身也．大學曰．所藏乎身不恕．而能喻諸人者．未之有也．惟干戈厥躬者．鄭氏謂當恕己．不尙害人是也．左傳曰．文王聞崇德亂而伐之．軍三旬而不降．退修敎而復伐之．因壘而降．以其能省故也．

蓋喜怒所用者・衣裳與干戈則其大者焉・且說命之言衣裳也・自口而下・次乎甲冑干戈之間・何哉・易之師曰・在師中吉无咎・王三錫命・又曰・大君有命・開國承家・小人勿用・言行師之道・錫命不可及小人也・口者錫命之言也・衣裳者・錫命之用也・甲冑干戈者・行師之用也・忝此衣裳・孰司喉舌・四海羞之・於是乎甲冑無謀・干戈不戢矣・詩曰・彼其之子・三百赤芾・又曰彼其之子・不稱其服・此晉文所以伐曹而數之也・嗚呼・凡若此者・非其大畧之所存乎・蓋經義者・經術也・古之人於此察焉・則皆以卓立於地圜九萬里中・而不知其他有何競也・此二三君子・所宜辯也・後世行事或迂經義・而巧者又託經義以爲言・若宋事之於周官則巧矣・其欲正之者・非明經術則安得正之耶・且治書貴知要也・孔子贊易・奚其必三陳九卦歟・奚其必於顏氏之子而稱不遠復歟・春秋非惟言亂臣賊子也・孟子曰・孔子成春秋而亂臣賊子懼・皆知要也・今將有白亦云遠矣・悠悠手書・願無忽焉。

既而諸學子得手書・斂而從事・疑問之來・筆以答之・雖八百里若一堂爾・則所助者多也・若何猷問堯典・日觀四岳羣牧・而疑覲見爲上下之通稱・問召誥節性・而疑與孟子不同・則因而添疏詳之矣・若陳汝廉問堯典・如五器欲從馬氏五玉之說・而疑三帛・二生一死不可以器稱・則因而添疏詳之矣・若張子沂問古文大誓・馬氏傳之・而疑馬所言者惟曰今文大誓・問金縢周公居東・據通鑑之論本乎詩序・而疑成王未知周公・則因而竄舊本馬說有譌・實曰今之大誓・而鴟鴞詩亦添疏詳之矣・其高宗彤日疏言爾義者・皆以諸疑問而益詳也・昔范氏爲穀梁傳集解・羣子有說皆列名其中・今所問不常・列之難一・未從范氏之例也・故爲後序以志之・亦以志校刊終事之日焉・古者序惟在後・今既爲前序・又爲後序・緣杜氏左傳集解序之例而推之也・凡答問在校刊時者・及在其先者・張子沂編爲壹卷・曰讀書堂答問・今以附尙書述草之後・俾讀者參焉・蓋尙書述草歷十有五年・而朝亮則今五十有七也・願與諸學子爲心力之爲・志乎古・而觀其深・韓子有言・終吾身而已矣・光緒三十有三年・十有二月晦日。

論語集注補正述疏序

論語之經・經之精也・百氏之要也・萬世之師也・所謂自生民以來・未有盛於孔子也・秦雖火之・不能滅之・漢終復之・易曰・復其見天地之心乎・自漢迄宋而至於今也・爲論語之學者・明經以師孔子也・惟求其學之叶於經而已矣・烏可立漢學宋學之名而自畫哉・昔聞之九江朱先生曰・古之言異學者・畔之於道外・而孔子之道隱・今之言漢學者・咻之於道中・而孔子之道歧・何天下之不幸也・今念斯言・道中既不安・豈不由道外而他求歟・則道中咻者過矣・朱子之爲論語集注也・自漢迄宋皆集焉・終身屢修之・欲其叶於經也・其未及修之者・後人補之正之・宜也・程子易傳諸經說・朱子酌言矣・若詩鄭箋之於毛傳・若周官後鄭注之於先鄭說・皆補之正之而有叶也・何爲乎蔽者執漢學而攻宋學也・而或平之曰・漢學長訓詁・宋學長義理・斯不爭矣・是未知叶於經者之爲長其長・不以漢宋分也・明經之志・君子

無所爭也．義理莫大於綱常．經言殷周所因而知其繼也．馬氏以綱常釋之．曾子稱昔者吾友而不名．如知其友何人也．必於義理知其友從事也．馬氏顏淵釋之．此漢注非訓詁者．朱子采其說．此其義理之長也．鄭氏釋雅言爲正言．則言易春秋亦皆正．非惟詩書執禮有然矣．朱子以常言釋之．然後見易春秋不常言也．史記稱孔子者足徵也．博約之教．乃開後學．鄭氏釋此經者．不釋約焉．朱子以約要釋之．由知而行皆要也．孟子之學曰．說約曰守．約其自斯發歟．此宋注明義理者．以訓詁而明．此其訓詁之長也．蓋叶於經者之爲長也．今必先知類焉．左傳稱仲尼曰．古也有志克復禮仁也．此因楚靈王不能自克而言也．杜氏曰．克勝也．據釋詁也．朱之說同．今據說文而曰克肩也．猶任也．亦據詩傳箋也．仁以爲己任．克己者．任己也．克己與由己．上下文同．非一例釋之不洽也．惟多欲如楚靈王．謂之不能自任可乎．經言斯焉取斯．其同而異矣。

復禮曰克己．勝己之人欲也．爲仁曰由己．從己之天理也．若孟子言善．不善．於己取之也．今曰以天理勝人欲．非古學之言何哉．樂記曰．人生而靜．天之性也．感於物而動．性之欲也．夫性之欲在人．上智則天理純者．不萌人欲．外物無由使之化．中人則不能然．其性始相近．其習終相遠．故曰．人化物也者．滅天理而窮人欲者也．謂私欲在己焉．孟子曰．所欲與之聚之．其欲奚私乎．有人欲之欲．勝私欲則可克也．故經言毋我也已．有天理之欲．從公理則可由也．故經言我欲仁也．己者我也．今釋己一例．任己者不言勝己．且言由己也．有自由之任．無自克之勝．天下不因之野心不仁者幾何．其亦一日風天下矣．一貫自子貢言．若大學言致知格物．物格知至也．一貫自曾子言若中庸言達德行達道．所以行之者一也．朱子於以明貫通之學矣．今據廣雅而曰貫行也．吾道壹是．皆以行之．此似是而非者．既知必行．言學之常以問子貢．何有疑焉．道在行事．當通告門人．不當呼曾子獨告焉．夫士非貫通之學．以未藝而專其名曰格致．將行之天下而窒矣．蘧伯玉古君子知治亂者也．大戴禮稱衞靈公進伯玉者．以史魚尸諫而進之．其仕在史魚卒後矣．左傳稱季札適衞．言衞多君子．序蘧瑗在史鰌諸賢大夫之先．以德序也．非以位也．其時伯玉不仕也．故其避孫林父甯喜之亂．皆可速行．自完大節．天下聖賢人皆樂與伯玉交也．誠君子哉．朱子從左傳者以斯乎．今不考之．以爲伯玉已仕矣．如左傳說．則伯玉者春秋之馮道也．而朱子考之深矣．蓋朱子說既叶而當．有申者若此類也。

公山弗擾以費畔．召子欲往．此召子而欲其往焉．猶陽貨欲見孔子也．欲見者．欲孔子見之也．彼欲其見．此欲其往也．故此與佛肸同列陽貨篇中．召子欲往以一句讀也．舊說讀曰．公山弗擾以費畔曰召．曰子欲往則失其讀矣．如舊說當曰召子．子欲往．召不宜多子之文也．今突爲一言曰召．非書法也．公山氏之亂．左傳言仲尼命伐之矣．以此知召．而子非欲往也．子路不說曰者．子路不說公山氏而有言也．其爲文與子路慍見曰例同．子路有言以商於孔子．孔子不斥言之．故汎以召之有用者而言．明其用爲東周．非若公山氏者也．足使召之矣．佛肸召．子欲往．以句讀也．佛肸則微讀焉．佛肸召子．而欲其往．何異公山氏之欲乎．而不

先書之曰佛肸・以中牟畔・以此在子路言中也・鄉黨篇曰・君命召・其篇首特書孔子於先・書法然也・故孟子萬章篇稱之曰・孔子君命召・今非其例也・舊說讀曰・佛肸召曰・子欲往・亦失其讀矣・子非欲往・而子路言子之往也・則設言云爾・猶夫子無求・而子貢言夫子之求之也・孔子不斥言之・故比物爲喻焉・召而不往・堅以句也・如往應之自苦無用・猶匏瓜繫之・急濟之人・而苦不可食也・詩曰・匏有苦葉・濟有深涉・魯語固言其不材也・朱子於二召者・承舊說焉。

子路冉有公西華之言志也・非孟子言得志澤加於民者歟・曾晳之言志也・非孟子言不得志獨行其道者歟・孔子喟然歎而獨與點者・感其時無知己也・周生氏曰・善點獨知時也・朱子不采其說・而別言獨與點之異者・遂謂二子規規於事爲之末・殆意乎三子對孔子酬知之問也・殆忘乎孔子許三子爲國之言也・僞武成曰・重民五教・惟食喪祭・此僞古文尚書也・襲論語而竄焉・孔子述古之言曰・所重民食喪祭・所重者特提其下四者之辭・重民其先也・古注曰・重民國之本也・此孟子所以言民爲貴也・漢書曰・王者以民爲天・謂莫重乎民矣・所重先重民・其食喪祭則因民以重焉・食以養生・喪以盡孝・祭以報本・五穀在其中矣・不言無統之也・何其文之善也・如僞武成之文讀者・將以爲重民之五教也・參以論語・將以爲所重者民之食喪祭也・孰知所重先重民乎・則淆矣・朱子嘗疑僞古文・而猶引之・則未及修之爾・蓋朱子說未叶而常有別者・若此類也。

朝亮不敏・謹以論語諸家專書・及散見者萃而考之爲論語集注補正述疏・凡與諸子異而不叶於經者辯焉・其異而性叶者采焉・何氏集解・皇氏邢疏・陸氏釋文錄之・皆詳諸家說・純采者名・不純采者不名・亦經述周任有言與槩述言之意也・其或爲公言・或不純采者・會二三說爲約言皆述之・而統之曰論家說・冀不蕪也・如論衡稱說論之家也・凡述而修之爲注文者・皆存疏中・加謹案語焉・因朱子而通修・同爨烹甘・修竈無分也・經異文錄其要者・習見之典・分讀之音・有不可闕則錄之・斯備始學者也・學先讀經・繼而讀注則巡經・讀疏則巡注・其曲達者・相依以達・然後又反而讀經・將自得也・朱先生曰・以經通經・則經解正・以史通經・則經術行・今所述是・敢怠乎・疏中旁及諸經推孔子博文也・引史可節・今亦或詳・須事明爾・易聚傳文言詩序・其體皆文斷而連可通・以爲疏文之法・然庶不至野言無章・今將勉之而歉然也・自丁未歲終・尚書述草既畢・越歲仲秋・由論語述草先後兵燹閉・以金合子韞述草而瘞薶土中者三・今歲季冬草成・方十年矣・經二十篇述疏・因集注本每卷一篇・凡十卷・諸學子校錄而資之以刋・有答疑問者・羣自志之・別爲壹卷・附於後・斯有助也・尤相厲焉・嗚呼・今求其學之叶於經者・非惟其說之叶也・將必其人之叶也・篤信好學・守禮善道・造次必於是・顚沛必於是・經之教告何如也・今老矣・歸何所矣・非天下經術士而誰與歸乎。

孝經集注述疏序

孝經者導善而救亂之書也・經曰・先王有至德要道以順天下・蓋天下原自順者・以此順之導善也・故經曰・天地之

性人爲貴・性善也・天下或不順者・亦以此順之而順救亂也・故經曰・事親者居上不驕・爲下不亂・在醜不爭・夫必其不驕・斯居上不召亂以亡也・必其不亂・斯爲下不犯亂以刑也・必其不爭・斯在醜衆不近亂以兵也・孝子之事親若斯也・故經曰・五刑之屬三千・而罪莫大於不孝・要君者無上・非聖人者無法・非孝者無親・此大亂之道也・此三者皆自不孝而來・不孝則無可移也・不忠由無親而無上・於是乎敢要君・不孝則不道先王之法言而無法・於是乎敢非聖人・不孝則不愛其親而無親・於是乎敢非孝・惟經則教以孝・而大亂消焉。

孝經家舊說・其得者文明在天地間也・其失者有六・今宜辯之矣・經曰・身體髮膚・受之父母・不敢毀傷・孝之始也・立身行道・揚名於後世・以顯父母・孝之終也・其總結之文遂曰・故自天子至於庶人・孝無終始・而患不及者・未之有也・其所謂無・如論語無小大之無・謂無論也・其孝無論爲終爲始・不患其力不及焉・孝由天性故也・其不曰始終・而曰終始者・明乎成終以成始也・惟終而立身行道・則始而身不毀傷・乃有成也・庶人者・國語所謂四民也・管子所謂士農工商也・四民之士・未仕而終身庶人・若顏子是也・而經又曰・夫孝始於事親・忠於事君・終於立身・此其在庶人・則既仕也・其在天子・則舜禹湯武也・而舊說釋孝無終始者・多異其承中於事君之終始而言・則未仕若顏子者・何以該乎・其失一也・禮祭義云・虞夏殷周・天下之盛王也・孝經稱先王者・溯古之以孝治天下者而稱焉・虞之帝舜・亦先王也・猶禮運稱上古爲昔者先王也・而舊說未會通之・稽古者惑矣・其失二也・經曰・生事愛敬・死事哀慼・生民之本盡矣・生民者・生人也・統貴賤尊卑而言・自天言之・皆生民也・詩言后稷者曰・厥初生民・固以生民歌配天之后稷也・而舊說不及於斯・遂有疑喪親章不言天子之事・其失三也・經曰・生則親安之・祭則鬼享之・故雖天子必有尊也・言有父也・必有兄也・言有兄也・而舊說言天子者・惟以親沒言之・惟以諸父諸兄言之・奚不思舜爲天子而生事瞽瞍歟・奚不思漢高帝有父太公・有兄郃陽侯仲歟・其失四也・孔門之學・德行與文學兼稱・孝經之行・其德行也・孝經之文・其文學也・故經有互文・有變文・有省文・有分應之文・有回顧之文・有主孝而遞推之文・有重教而獨承之文・有言政而徵及之文・讀者習之・則近文章如禮儒行也・而舊說察其文者希甚・且疑其誤・又或句下爲注焉・連者斷之・無以見一章中之善屬文者・其失五也・僞古文孝經云・閨門之內且禮矣乎・嚴父嚴兄・妻子臣妾猶百姓徒役也・此僞者之淆禮也・大戴禮本命篇云・女日及乎閨門之內・此禮內則所謂女子居內也・其所謂男子居外者・豈不在閨門之外耶・今僞者淆之矣・而舊說或從僞古文本而不察也・其失六也。

朝亮幼讀孝經・長而聞九江朱先生講學・以孝爲先・則於此經不敢荒矣・時而教授・每開說此經・遂有答諸學子問而辯舊說者・或口答之・或筆答之・羣皆志之・編爲孝經答問壹卷・舉大畧云爾・丁巳歲季冬・論語述草既畢・乃思孝經爲諸經之導也・當有集而述之・由是考於古義・酌於今時・多徹宵起草・越歲季秋・草有孝經集注述疏壹卷・因附

答問於後．昔陸氏者釋文諸經．皆摘字爲音．惟孝經以童蒙始學．摘全句．蓋欲其易知也．今之所草．其亦將備始學者歟．自念童時．家君以孝經命之讀．布席於地．執書策而坐在膝下讀焉．今無幾何．身年六十有八．雖目光尚如童時．而親亡矣．書策徒存．安得如膝下讀孝經時也。

禮記子思子言鄭注補正序

禮記中坊記．中庸．表記．緇衣四篇相次焉．沈約謂此皆取子思子．有徵哉．漢志子思二十三篇．新唐志子思子七卷．蓋傳者徵矣．其在禮記中者．坊記表記緇衣其別皆稱子言之．古稱師曰子．知其爲子思門人記之也．則與中庸爲子思作而不稱子言之者．體例不同．九江朱先生曰．三篇子言之．皆子思子言也．斯從沈約說焉． 韓文公曰．孟子師子思．而子思之學出於曾子．今讀此三篇．皆與中庸相發明．固承曾子而開孟子．緜緜乎．其克以孔子之學世其家也．今之世去子思之世雖遠．云何其言有逆覩今之世而先言之者．其在於今變而通之．其學則體立用行．足以濟中邦斯民於生生也．朱子著中庸章句．今有賴焉．若此三篇．明季黃石齋爲之集傳．將以納忠猶未暇考之深爾．禮家諸說．自鄭康成注以來．大抵釋此爲孔子言．而不察此爲子思子言．其有不安．則謂記言者之失也．殆讀其書而未論其世歟．春秋哀公十有四年春．西狩獲麟．是孔子所修者至獲麟止也．左傳哀公二十一年夏五月．越人始來． 迨踰年而越滅吳矣．坊記曰．春秋不稱楚越之王喪．此子思時魯春秋也．異於孔子所修者．以吳楚言也．故坊記引論語．緇衣引葉公之顧命．皆在孔子後也．子思之世．由春秋時而將遞戰國時．周衰甚矣．故表記言周道者．言其民之敝欲救其民之失道也．非譏周道也． 烏可淆以孔子時欲爲東周． 而言周監二代之文者乎．其他諸說．或於鄭注外不稽古訓．不參文法．遂執一以疵其言者妄也． 將使記言者欲垂示天下萬世之心．無由明矣．朝亮不敏．冀有所明．致辯於斯．斯曰禮記子思子言．鄭注補正三篇分卷．而又附錄焉．都爲四卷．斯雖區區．以俟君子。

昔嘗語同人曰．三禮之學．漢鄭注尙焉．惟不無所遺也．亦不無所失也．惜乎唐孔穎達疏不能補正以明之也．六藝論曰．注詩宗毛爲主．毛義若隱畧．則更表明．如有不同卽下己意．使可識別也． 此詩鄭箋之補正毛傳也． 漢季之後．遞宋以延於近代．禮家讀鄭注者．或補正焉．其說之散見者．則苦難見矣．其說之萃會者．則采之．未皆狐裘粹白也．而鄭義之善者．或因以不章．且鄭義之善者既無須補正矣．孔疏申之．何其詳以博也．禮家或汎汎然又從而衍之．不亦繁乎．此學者所以言禮學之難也．況異學蔑禮．將曰禮失而求諸野．窒矣其敢不懼耶．邇年方欲約禮家言爲鄭注補正．每分節以謹案明之其後．申以釋曰之辭．猶疏義也．其辯孔疏者．亦列其中．雖訓詁之微．且不遺之．其宜音者．依陸德明釋文例爲音．可爲始學資也．朱子儀禮經傳通解．易氏禮書綱目．此宜有酌乎鄭注者先導焉．庶幾博而有要．易而無難也。

今朝亮乃年六十有九．于飛三日．旅巢悲歌．昔之志將莫畢歟．乃修舊藁其完者．惟子思之言三篇．其餘方草剏．

彙大戴禮皆附錄存之．若禮運篇．明天下爲公爲家者．若學記篇宜萬世法者．若儒行篇．皆孔子言而申其義者．藁中亦苟完矣．大戴禮所存若曾子十篇辯．阮氏本誤登．非周公之言也．若武王踐阼篇．辯席銘．几銘．觴豆銘．戶銘諸誤解也．若衞將軍文子篇．辯盧氏注未悉諸賢行狀也．是故禮說之要．實通時務．今所爲論語集注述疏子適衞章．有旁及禮經者．論語答問亦旁及之．若孔子之母殯於五父之衢．以左傳例之．斯殯故宅之禮也．而以爲道殯者誣．貞女．古禮有之也．而以爲非禮者誣．拜者答者．皆由禮之性而生也．而以爲强制者誣．既旁及詳焉．斯不具也。

朱九江先生集序

學者問曰．聞集之始也．後人集之．而非自爲集也．朱先生既沒十有六年而未有集．何也．朝亮曰．蒐之未備．既不得遽．又時將有待也．然遷延之罪．固自知之矣．學者迺出其所得詩文百篇有奇．又有數策錄．所聞者曰．然虖．迺檢其所得曰詩文．非先生之作而妄解爲先生者十二三焉．若乎所聞則不能無異．自古而然也．烏虖．悲哉．先生既沒．赴至．朝亮父喪方禫．以師喪固所奔也．戴星而行．及至．既斂將蓋棺．家人聞來哭．止之．遂入哭．猶及見先生面如生也．行省兩院爲文祭之曰．明不自翹．遺書有無．朝亮聞之而悲．夫先生有書而無書也．先生之明．終不可以沒也．先生七十有一．朝亮在其門．冬歸成昏禮．反而晋拜．先生賜之酒．既侍飲．敬問先生著述．舉所以欲爲書者而答．（今詳年譜．）凡七書．而自謂於儒宗性學．發之而爲政術．尙之而爲風俗．得失雖微．卽於中國人倫之大．天下彊弱安危所存者．則尤屬意而不敢草草焉．及先生七十有五．語其家人將定藁以成書．亡何疾作．迺燔其藁．踰月而沒．此有書而無書．昔人以服程子之明．而先生繇之者也．雖然先生之書未傳於人．而先生之行之言．人因得而見聞者矣．況其英年講學．上辨古人．下窮今日．其所以勤苦者．必其所以欲爲書之精意．豈猶有隱而不宣者虖．先生講學．嘗陳時病．力闢其非．以箠擊案曰．卽如著述當在斯也．然則先生之明．已傳者精意．未及傳者文字爾．古有修身敎士．生平不著述一言者．而其言終布於天下．士大夫得以自艾．婦孺得以交儆．史氏賴其言．而一朝時論之是非迺定．若是者．何以至斯也．有表其傳．書之者也．此無書而有書也。

先生既沒踰年．同門將表其傳．屬議爲書．朝亮方母喪．未獲承也．服闋後．感其意．嘗欲爲先生年譜一編．棼棼人事．久之未成．[illegible][illegible]深居默坐．憶當日席間所見聞者．愀然有感．雖風雨中夜．猶必書之．懼將失也．雖書之而不敢遽以示人．懼其或失先生意也．語未及終．學者視抱以思．迺曰．請成年譜以詔吾學者．使無惑於所聞．且先集詩文．其所未得．蒐之可補也．孰與扃其正者而投其妄者虖．若此之時．能待者幾何虖．朝亮以學者之請．固哀於誼而不敢辭也．然蹲循久之．蓋以誼之至大將卒爲之．苟一言之失．斯獲戾矣．將不卒爲之．使先生不彰．其獲戾者猶小．使天下不得聞先生之行之言而皆失所從．其獲戾者實大矣．既不可已．遂許之．自夏徂冬．集有先生詩五卷．文四卷．暨書先生事者．附錄一卷．迺成年譜．列於卷首．庶讀集者

先有考焉・時叅先生家人所得・原畧有次・今仍之・皆三十有五以前爲之也・文叅先生家人所得・暨宗人已刋者・今考其年類而次之・壯年者罕・大都四十以後爲之也・叅詩而文・遞推終身・故以爲次・亦韓集例也。

年譜自三十有八以前・據先生公車紀程・暨其家人所得紀年事畧・以後據先生在官日記・襄陵碑錄・暨先生手定門人文卷也・年譜以年爲次・而有先敍合敍・使其文不散者・左傳編年之書・已開其例也・論語詩可以興・陸稼書謂觀朱子年譜可以興・今年譜錄詩・則誦詩論世・其所興者不勃然爲風之自虖・詩叅天性・野人歌謠・今猶於古・百世之後・微問如何・詩必不絕・先生爲詩・誼原三百・如古之詩人・非今之詩人所可囿・錄其大者・可厚人倫・固先輩以詩篇爲年譜之風也・年譜例錄文譜・居集前・祇錄其題・今或仍錄其文・與詩同列者・譜普也・風誼之高・欲普見其凡也・先生年譜・人譜也・書其可書・不可以常例書也・學者問曰・今譜之言・其必古人未有者虖・曰・是不可以不辨也・昔者顧亭林爲日知錄・自謂古人所先有者刪之・今考其書章句名物之微・其自謂者畧・是矣・然其書之用・不係虖其微也・凡所言天下大法・則其書之用存焉・皆古人所先有而顧氏申之者也・夫既申之・則古人之言始終復明・天下雖有邪說・而不能蔽・若不申之・則古人雖已言・猶未言也・歷世以來・獨立不懼之君子・天下所爭言・而一人不言・天下所不敢言・而一人獨言・皆申古人之誼・以斷後人之明・何者・天下之變無常・變無常而誼有常・君子得其公誼・續其公言・無不孚驗也・不知者醜曲誼以爲新・斧小言以爲斷・謂之古人未有焉・其於天下不適害哉・既而學者羣請曰・書成・吾學者傳錄之難・且易譌・今備梓費・請刋之・遂如其請・學者校刋於讀書草堂・光緒二十有三年冬至日・謹序。

附錄朱先生殿試未完卷之原卷跋

謹按・此道光二十七年丁未・朱九江先生殿試未完之卷也・世變後・故官執事適得此卷・而索購於人・粤人輾轉購之・今藏南海黎涌簡肇暉家・重乎其爲士之不屈節者・而敬藏之也・初・先生之試列貢焉・遐邇懽聞・期之一甲・及殿試方日昃・主者遽速卷・試者乞緩・或揖之・先生以屈節非士也・非所以爲出身地也・卷未完・呈之而出・邑先達在官者聞之・惜其才・闇追之使完卷・先生不顧也・禮曰・孝子不服闇・敢有禮乎・遂爲三甲進士・先生少日書趙甌北年譜云・男兒自有千秋業・堪笑平生志大魁・志何如也・江蘇常熟陳祖范亦韓・素以經學名・雍正元年試禮部中式・同邑蔣文肅廷錫方爲大學士・語之曰・子有盛名登甲榜・而某又在朝・今科大趨・非子而誰・亦韓默然趨出・卽治裝南下・語人曰・無使他日以我爲依附權門・遂不赴殿試而歸・此經術骨鯁之士・先生則素聞之而喜矣・此先生所以終爲士之不屈節者・而成一代特出之君子者也・歲庚午七月晦日・門人順德簡朝亮謹跋・朝亮年今八十・可爲小楷・適病後命子詠述代書。

朱九江先生講學記書後

朱先生講學禮山・朝亮纂記・合敍其所爲講學者・蓋先

生之言・於斯爲大・五百年來不可無斯言者矣・今之西學・其風介漢學之亂而成・且學之分科先窒也・先生之言若斯其遠哉・崔清獻曰・毋以學術殺天下後世・先生蚤悲其所以殺之者・緜斯以推・而知今之西學其蠱人也中於微・其禍天下也趨於大・夫孔門之學緜四教焉・曰文・曰行・曰忠・曰信・皆一人而四教也・四教既成・於是乎名之以四科・曰德行・曰言語・曰政事・曰文學・非先四分之・而以一科教一人也・合教成之・而各其尤長者之科・其餘非不能也・顏淵稱孔子之教曰・博我以文・約我以禮・此與見顏子與於斯文・而善言德行也・周子曰・發聖人之蘊・教萬世無窮者・顏子也・而爲邦則又稱王佐才・則諸賢之兼能可推也・不然・則言語而下皆無德行者乎・文者六藝之文・漢書藝文志所謂詩書禮樂易春秋也・文者行之則也・教必先文以導行・格物致知大學所先也・行者學文而力行也・先學文而後力行・既行而復學・故又曰行有餘力・則以學文・忠信者・忠體而信用・行之實也・忠以藏恕・信以行恕・曾子所謂忠恕之道也・故四教明而四科出焉・德行者行也・言語者行人之才・徵其文・辨其行而著其忠信也・若行己有恥者之不辱君命也・政事者行也・文學者文也・文章莫大於六經・百世文章必宗經也・七十子皆四科之才・曾子何以不與於斯乎・非陳蔡之徒不列也・烏虖・孔門多才・皆教之無分也・是故文不可無行・行不可無忠信・教之無分固也・而文之教亦無分焉・六藝之文・經學也・書與春秋・經之史學也・六經之法・掌故之學也・六經之義・性理之學也・六經之言・爲文言辭章之學也・五學皆文之教・而備於七十子一人之身・史記所謂身通六藝・異能之士也・易與春秋・諸弟子有未及焉・史記所謂以詩書禮樂教弟子也・然五學固無不備也。

夫合教之・則所學者備・而有所長・必無所蔽・分教之・則所學者不備・而有所長・必有所蔽・四教之合・皆從其序・而後人才興也・是故子所雅言・詩書執禮・雅言者・文章也・諸弟子可得而聞也・雅言無樂・樂存詩禮也・雅言本性與天道之所存・而聞者得之・則知爲文章也・子罕言利與命與仁・而易不皆言之耶・春秋誅亂臣賊子・天命行焉・傳曰・人之於天也以道受・命於人也以言受・命不若於道者・天絕之也・不若於言者・人絕之也・臣子大受命・朱子曰・漢書云・易本隱以之顯・春秋推見至隱・易與春秋天人之道也・（見・如莫見乎隱之見・）此文章之言性與天道者也・諸弟子不可得而聞也・子貢既聞而後知其所言・則聞之者七十子也・此教之序也・學記曰・比年入學・中年考校・一年視離經辨志・三年視敬業樂羣・五年視博習親師・七年視論學取人・謂之小成・九年知類通達・彊立而不反・謂之大成・此先王大學之教也・詩書禮樂王制謂之四術・此先王之教・其常制也・孔子曰・入其國・其教可知也・其爲人也溫柔敦厚・詩教也・疏通知遠・書教也・廣博易良・樂教也・絜靜精微易教也・恭儉莊敬・禮教也・屬辭比事・春秋教也・國有六藝・故司空李子明於易占・羊舌肹習於春秋・此先王之教・其特制也・皆教之無分也・周官大宰曰・師以賢得民・儒以道得民・大司徒曰・聯師儒・德行師也・文學儒也・以所長得民・非分以教民也・聯之者・合之也・大司樂曰・掌成均之法・以治建國之學政・而合國之子弟焉・凡

有道者有德者使教焉・以二者之長而合教之也・大司徒曰・以鄉三物・教萬民・而賓興之・鄉大夫曰・考其德行道藝而興賢者能者・合教之而取其長也・先王之教既衰・孔門之學皆憲章之也・朱子言貢舉者・列之經子史時務之年・分科而遞試之・則自一人合而分之矣・司馬文正言・十科取士亦取其長・而不求備焉・豈謂十科教士・一人一科而闕其九乎・邱氏所以辨胡氏經義治事之分也。

今之功令・惟八股沿明之制・初革而復因爾・若夫樂經雖亡・五經教士・四書孝經翼之・性理爲解・爲論爲策・以年校之・非備五學而通時務之君子・不足赴其求也・采之以文・選之以行・用之以忠信・皆先王之教・孔子所尊・儒先繇世明之而詒爲今法者也・皆教之無分也・有備五學而通時務之君子・以行今法・則其教興而得士・無則衰而失之・非法之過・而行法者之過也・自縉紳先生之教士者・不知立法之意・而徒言分科・曰四科教士・此孔門遺法也・於是乎承學之士・目分而綱不合・失序而進・得偏而止・將治經而先易與春秋・則傷於虛而誕焉・將棄經而治史・則傷於駮而淺焉・將棄史而治經・則傷於固而迂焉・將未治經史・而斷斷於掌故之法也・將汎涉百家・而藐藐於性理之箴・逐逐於辭章之靡也・五學不備・則先窒矣・今之西學所以遂入聰明者之耳目・而錮之深也・其苟營無行而相從者・又不知幾何也・七十子傳經而降・漢之經術爲天下之光・今之自名漢學者・羣攻宋學・宋之朱子申孔門之學者也・功令獨尊朱子・漢學則以攻朱子居先・曰空言而以意見殺人者・朱子也・是亂之也・故左文襄痛金陵之盜・而曰犯上作亂之禍・漢學釀之也・此知微之言・非過也。

邇年漢學之燄頗衰・然天下經學猶皆其家法・夫漢學者・張皇補苴豈乏一得・然故訓曉曉・多蘊大義・遂使古人經術・俟之百世而天下莫彊者・乃自今而晦之・此孟子所謂害事也・今之西學・所以遂乘其弊・孔子曰・斯民也・三代之所以直道而行也・中國之民・三代直道之遺也・中國大可恃者・民心也・外國所大畏於中國者・民心之復仇也・故外國必挾中國屢挫其復仇之民・使民心忘仇・又鬻中國之黠者・以忘仇爲之因間也・黠者乃竊漢學之術・攻宋人以間天下曰・中國亦人也・外國亦人也・皆天之所生・何仇也・以中國仇外國而詒誤至今者・自宋人始也・春秋不言仇・言仇者・其傳云爾・宋人仇外國而終亡・何仇之能復也・惜夫其徒殺生靈也・斯言也・鏤之爲書・布於中國・聞其言者・亦啞然無以自解也・曰・雖朱子亦坐待其亡也・而因間行矣・烏虖・宋非仇金也・徽欽二宗北狩而不反・則宋之仇也・凡通仇者・春秋必書・春秋有仇之實・無仇之文・春秋微而顯者也・傳明其仇春秋之志也・宋不用朱子之言・宋仇無如之何・且豈不用已哉・當時・目爲僞學而黨錮之・有請斬朱子於國門者・而外國則知尊朱子也・金人問宋使曰・朱先生安在・烏虖・此宋之所以亡也・朱子小戎之傳曰・西戎者秦之臣子・不共戴天之仇也・又曰・以義興師・則雖婦人亦知勇於赴敵・而無所怨矣・何朱子之知兵乎・何經術之大用乎・平王東遷・以地與秦・而不知復仇・朱子所以傳揚之水而悲也・秦風曰・豈曰無衣・與子同袍・王於興師・修我戈矛・與子同仇・此西周遺民之詩也・何平王竟棄之也・宋割兩

河．其民張岳家軍旅．饋之糧而助之耳目．武穆將抵黃龍府而痛飲者．時民心之復仇也．今越南之役．其民所以戴馮青天者皆然也．孔子曰．人之生也直．罔之生也幸而免．又曰．志士仁人．無求生以害仁．有殺身以成仁．復仇者．豈以生靈委之哉．胡爲聞黠者之言而惑也．漢學既行．不知尊朱子故也．然朱子之書．今外國載歸而求之矣．烏虖．中國之學既窒而亂．所以受西學之蠱者．其禍將奚究哉。

學之始事以格物致知而開之也．釋大學者．爭漢宋焉．鄭氏釋爲知深則來物．據爾雅釋言格來之訓也．非其義矣．經豈云知至而后物格乎．且學之始事安在乎．朱子以窮至事理釋之．據釋詁格至之訓也．此不可易者也．其以格爲窮至者．書曰．其有能格知天命．易曰窮理盡性．以至於命．其所繇也．其以物爲事理者．吾身家國天下三物也．故曰．物有本末．事有終始．明德新民．皆物之事也．詩曰．天生烝民．有物有則．民之秉彝．好是懿德．其義然也．朱子之義．百世之功也．執一草一木一言一器者．皆失其義也．昔者王姚江爲心學．以格庭竹不明．遂疵其義．非失之一草一木乎．阮文達爲漢學．其釋格物既立異以爲至止於事也．而仍采鄭說以厲詁經之士．非失之一言乎．今之西學．凡百之藝．皆曰此格物致知也．非失之一器乎．烏虖．藝學之名不可不辨也．辨藝學之名而後知格物者非他也．大學之格物也．周官所謂三物者．一曰六德．知仁聖義忠和．二曰六行．孝友睦婣任恤．三曰六藝．禮樂射御書數．六藝者．六書九數之類也．非孔子世家所謂六藝也．孔子六藝．六經也．周官六藝．皆在其中矣．禮經備焉．六經之文．六書也．易大衍之數五十．其用四十有九．九數也．今人不察．言六書而曰孔子六藝之一也．言九數而曰孔子六藝之一也．此大失也。

六經者．禮以實之乎．大學學大藝也．六書九數者．禮以始之乎．小學學小藝也．禮曰．十年學書計．此小學之小藝也．書計者終身之用．大學以後猶不舍．然孔子曰．志於道．據於德．依於仁．游於藝．故周官以六藝賓興．此大學之小藝也．以小藝爲大藝．是知六書九數．而不知六經也．是知游藝．而不知道德之仁也．是三物闕其二．知六藝而不知六德六行也．故漢學者之經學．蔽於六書．分教者之數學．蔽於九數．夫冉子之藝可爲從政大夫．此大藝也．今之西學謂幾何之數．冉子傳之．此無徵之言．欲以從政矜其藝也．夫諸弟子皆能數學也．何獨冉子而能爲大夫哉．春秋傳曰．冉有以武城人三百爲己徒．卒用矛於齊師．故能入其軍．孔子曰．義也．此以見冉子能用其民．能修兵器．能致其銳．能出其奇．以少擊衆．而能克政事之長．治兵之才．非小藝也．詩傳曰．軍旅能誓．可以爲大夫．冉子能之矣．今治兵者．侈句股之術．計道里．圖山川．築臺壘．施火器．以爲數學之能兵也．夫兵可數定者．其常爾．可先爲也．其能兵者多謀應猝無常而不可先爲．非數學所能也．火器之法．詫其巧曰遠率若干．（率讀若律）迨臨敵則葸焉．執器不發．雖發而欲如數也．能乎．戚將軍平海寇者也．其言曰．爲將者．必讀大學孝經通鑑諸書．豈其迂哉．其爲人也．小有才．未聞君子之大道也．孟子悲之矣。

禮曰．凡語於郊者．必取貿斂才焉．或以德進．或以事

舉．或以言揚．曲藝皆誓之以待．又語三而一有焉．乃進其等．以其序謂之郊人．遠之於成均．以及取爵於上尊也．曲藝者．偏端之藝也．別大藝小藝而言之者也．古者四郊鄉學．其國學則成均也．鄉大夫以鄉飲酒禮禮鄉之秀士．取爵堂上之尊．乃升秀士於郊學．王制謂之選士是也．大司徒以賓興之禮論選士於郊學．乃升選士之秀者於成均．王制謂之俊士是也．此於曲藝不可同日語矣．戒誓而他日又語之．後於論選士者．所以別之也．夫堯流共工而咨垂．垂拜而讓．則其德可知也．古者工執藝事以諫．則其事其言可知也．曰德進．曰事舉．曰言揚．夫豈以三者責其有哉．然三者之善．將有百爲．彼雖一不有也．是儉人也．書曰．藝人其勿以儉人．蓋愼其進焉．王制之言百工也．曰．凡執技以事上者．不貳事．不移官．出鄉不與士齒．故以其藝自爲之序．謂之郊人．遠之於俊士．以及遠之於選士也．猶書之稱藝人也．此以見先王之善用曲藝．皆進之而不沒其長．遠之而先去其蔽也．烏虖．此中國之曲藝也．先王猶進而遠之．況其在外國乎．曲藝其利用者也．苟其無用．先王將退而遠之矣．西學之藝．苟其利用．若禹貢之卉服織皮者．進而遠之可也．宋末木緜南來是也．苟可進而不可遠．彼雖利用．而我無須也．則反漢中行說之謀．（史記匈奴傳）直以無須者．不遠而遠之可也。

今我之食貨．必須於彼者．何物也．其淫巧之物．如酗如酖．實宜遠之者．又塡市門也．約章之始．今猶惜之．安見彼物之宜我格也．中庸不曰．有弗學乎．烏虖．我欲克彼者．兵也．我不自爲其兵．而反須於彼．始若我與．終必我欺．古人有言．有機事者．必有機心．何繇而格彼之物．致我之知也．從古天地之物．惟相反者乃能相制．故破巧者必用樸．金甲之舟．而石剝之．火器之子．而土止之．鐵軌之塗．而火斷之．電工之線．而木毀之．彼至巧也．至樸破焉．緩中國之民．毋忽之以貧敵．蓄中國之民．將發之以應敵．用其樸而能勞者．破其巧而易逸者．中國之藝．不可窮也．說苑曰．衞有五大夫．負缶入井漑韭．終日一區．鄧析過．下車爲教之曰．爲機重其後．輕其前．命曰橋．終日漑韭．百區不倦．五大夫曰．吾師言曰．有機智之巧．必有機智之敗．我非不知也．不欲爲也．鄧析去．行數十里．顏色不懌．自病曰．是所謂眞人者也．可令守國．烏虖．彭剛直爭用長江之舟而不從西學者．若斯也．長江之舟不煤而行．物贏不乏．雖淺能行．路通不窒．不櫂不行．兵勞不逸．故格物者．非他也．大學之格物也．何爲以斤斤器物者．專其名哉．眞氏曰．蓋明道術．辨人材．審治體．察民情．人君格物致知之要也．此百世行之而必不可失者也．能明道術而後能辨人材．能辨人材而後能審治體．能審治體而後能察民情．故鴻範五行之術明．則知天地告變．勤求直言．不以天地人不相干．聾瞽中國也．臯陶謨九德官人之術明．則知垂作共工與國工異．不以共工方鳩誤唐虞也．司馬法行其所能．廢其不能之術明．則知春秋國自爲兵．楚材晉用．皆用楚仇．否則廢之．不以用敵之能自辱也．孔子論政去兵猶濟之術明．則知民心效死．可以撻秦楚之兵．不以聞道大笑也．若斯者．其爲物也．本中之先也．能治本則能治末．卽體卽用．無所不能．大學之藝也．西學之藝．其爲物也末．

中之後也．且有不得謂之末者焉．今曰大學體而西學用．是以大學爲無用於今．蕩而求之西學也．孔子曰好知不好學．其蔽也蕩．其非蕩者．則其小矣．樊遲請學稼圃．孔子斥之曰．小人哉．爲其不知大學也．是故藝學之名．不可不辨也。

若夫周公之祝．自稱多藝．此乞代之辭也．非中國聖人之相．乃自多其藝者．孔子曰．吾不試．故藝．是試則不藝．蓋藝之餘也．若能辨楛矢羵羊防風氏之骨者歟．非急務也．是知者無不知也．故曰．君子多乎哉．不多也．烏虖．自春秋而迄於今中國之世．二千有餘歲．於其無學則禍生焉．周之將亡．其卿大夫士求苟得於時．視先王之六經如蔑有也．左傳稱閔子騫之言曰．大夫患失而惑．曰．可以無學．無學不害．既又譏六經而病之也．左傳齊人之歌曰．魯人之皋．數年不覺．(古音教)使我高蹈．唯其儒書．以爲二國憂(古韻憂與書通．禮曰．及其死也．升屋而號．告曰．皋某復．今言齊魯二國之憂．蓋以魯人執禮．乃死於儒書．雖我齊人．升高呼皋復．彼亦久不覺也．杜注失之．)此周之所以亡也．秦既亡周．遂以滅學．恐天下知學．秦將無以爲彊也．滅學者．以黔首而弱天下也．晉人自弱．棄六經而清譚．匈奴鮮卑十有六國環以交爭．此中國之禍．前乎朱子而章章者也．今之西學皆曰中國之弱．徒讀儒書也．乃求西書．夫西書亦掌故也．求而辨之．奚不可也．今外國之書．皆客己而驕人．而莫過於西書．西書之不戾者．國人皆兵．文簡而事速其尤也．皆六經之常言也．善於經者采之．而不必襲之．況其他乎．不撫之而國人皆兵．害也．撫之而國人不必皆兵．利也．楚中二三有學之儒．屯鄉兵而多農沿爲軍．兵非古制也．古制之意也．謂楚兵平內盜．不足以平外寇．惑於僨軍者之言也．粤兵何以數敗西兵也．治楚兵者．手書以行公文．顧不速耶．電傳速也．速聞而不速行．不如手書之速行也．易曰．不疾而速．孔子曰．德之流行．速於置郵而傳命．盍思之乎．西書言富．言闢地．今乃言曰．吾中國人滿．彼外國其閒也．夫中國之治．喜其民衆．無患其人滿．民衆而地不荒．司空水利．草人土化奚貧也．治道無毆民於外者也。

西書之異者民主．民議其尤也．今惑之者衆也．孟子曰．民爲貴．君爲輕．謂君不可賤民而重己也．非西說之謂也．易曰．以貴下賤．大得民也．春秋曰．衞人立晉．傳曰．立者不宜立者也．君王而察於民議．諷詩諫鼓．上酌庭詢．先王之道．所以天下莫彊也．後世反之．所以天下莫弱也．夫豈謂君主國弱．民主國彊哉．民主而聽於民議．且聽於民議之衆寡已也．放其曰．爲書以宣言．囂乎其篡也．易曰．陽一君而二民．君子之道也．陰二君而一民．小人之道也．君主者．一君而二民也．民主者．其一君而二民乎．其二君而一民乎．彼執古而言論自由者曰．今居中國．君主之國也．堯舜以來立君子人倫之極者．中國也．背其君子而惑於小人．何其忍爲亂臣賊子．而干君父之誅也．君則君主其國．父則君主其家．爲臣事君者．教之事其國之主．以死報其國君而爲忠．爲子事父者．教之事其家之主．以死報其家君而爲孝．中國之學．天下莫彊者．莫彊於斯也．彼言論自由云爾．作易者四聖人皆死．孰與之任自由乎．孰與之辨

君子小人乎．詩曰．無競維人．忠孝之人也．書曰．乃有室大競籲．俊尊上帝．忠孝之後．篤天命而安王室．孰如其競哉．西書言教．中國之民皆惡之也．今之西學則文之也．詩曰．文王陟降．在帝左右．墨子以之明鬼也．今之西學託焉．墨子兼愛．今之西學託焉．曰．帝謂兼愛．中外志防．今之天下．非古之自守也．通商之天下也．彼其所言．其兼愛也．其兼幷也．陰以行之也．雖然．墨子不已病乎．張子則美名也．西銘曰．乾吾父．坤吾母．民吾同胞．物吾同與．今之西學又託焉．然而程子之辨於先矣．曰．西銘理一而分殊．安可託乎．故中外之防不可忘也．春秋內諸夏而外四夷．禹貢五服．以甸服侯服爲中邦．以要服荒服爲外夷．以綏服爲中外之交．故於綏服曰．三百里揆文教．二百里奮武衞．防之也．秦之夏聲．吳之周禮．楚之稱子以進．自後世言之．所謂用夏而變夷者也．而當其世．則中國之敵．非防之不可也．詩曰．蠢爾蠻荆．大邦爲讎．又曰．征伐玁狁．蠻荆來威．夫讎者仇也．仇則當使之來而威服也．安有忘防而待仇者乎。

西書言工言礦言商．皆不言其至微者也．西法有獻其巧者．傳專其利．彼之至微．雖西人亦不盡知也．且我求其書．西人將以書愚我也．與大工以疲秦．敵間也．春秋也．春秋傳曰．地物從中國．邑人名從主人．雖一物之稱春秋猶絕其嫌也．今執西書紀其初數．若里若權若度．皆不從中國之名．則嫌矣．猶衒其名飾之考工．告之卝人．矜矜物采．而皆無實焉．烏虖．此西學之淸譚也．今之西學皆曰．非遊外國．則學之不可得也．昔者郯子知少皡氏之官．孔子聞之．見郯子而學之．既而告人曰．吾聞之天子失官．學在四夷猶信．今不足徵歟．夫孔子因郯子來朝而學之．非遊學於敵國也．其所學者．古之官也．無與於郯之利害也．故孔子學之而得也．今之所學者．皆與於其國之利害也．雖學之而終不可得也．春秋傳曰．古者天子守在四夷．今乃不能．然而徒曰學在四夷乎．孟子曰．君子反經而已矣．經正則庶民興．庶民興．斯無邪慝矣．君子之學反之乎．五經正之乎．四教興之乎．五學雖有邪慝．何所容也．然則五學之大畧可知也．經學則求其不可易於今者．其法皆多不同．孔子曰．所損益可知也．名物度數．車服宮廟博觀焉．而無廢日也．其義皆同而不可易．孔子曰．雖百世可知也．自一心之微．推而準諸四海之大．含萬物無形之光．馭萬物有形之實．約取焉而無關用也。

孔門之學．莫先於詩．今非必執也．然書多亡．而僞亂之體多．古制詩亡者六篇而已．性情之道．無古今也．詩序曰．小雅盡廢則中國微矣．古何如耶．今何如也．經解之師毛公又爲祭酒．則五經先詩亦宜．詩序得多而失者寡．序之得者．毛傳鄭箋可考也．序之失者．朱子之傳可考也．三家皆有得失．首三家以辨諸家．詩之達材也．書亂於僞古文．今人辨之矣．其釋今文所有者．則執而罕用也．治今古文者．讀應爾雅．旁通他經．蔡氏諸家皆其吐茹．庶幾政事之資也．孝經曰．禮者．敬而已矣．衞武公之詩曰．抑抑威儀．維德之隅．又曰．夙興夜寐．洒掃庭內．維民之章．修爾車馬．弓矢戎兵．用戒戎作．用遏蠻方．禮之敬也．井樹而蔭道．歲而除．周官條(古通滌)狼野廬之風亦敬也．今之

人皆不問焉・而獨問兵・兵軍禮也・禮不明何以治兵・孰謂國政之門棄威儀・失洒掃・忘四境・而兵獨治者乎・故曰・不學禮無以立・禮之立身・所以立國也・禮首鄭氏・古今皆同・會諸家而平章鄭氏・三禮雖古也・捐其器・通其意・可須臾去耶・樂既亡・則餘習樂之年・易與春秋習之・有曰春秋之微三傳顯之・易以十翼而皆開・既異於初・今多可習者・春秋國勢兵誅・於今爲近・今乾坤萬變・非易不明・習之宜也・詩亡而春秋作・既治詩・可治春秋・四書既治・義利灼然於心・春秋亦可治也・易之虛象實義藏焉・羣經之實義明・則虛象有所得也・凡三傳得於經者爲得・失於經者爲失・春秋與他經皆逢原者也・考春秋於他經得失不亂也・首三傳以求春秋・闕者幾希・猶有闕・諸家承乏焉・易首程傳・爲其明孔子之大義也・顧氏知言哉・朱子諸家所以佐也・程子言假象・朱子言先天河圖・猶失之矣・自漢自魏諸家之解・李氏集之・今人述之・大義雖蒙・而多取象焉・去其鑿者・亦采餘也・五經之室牖乎四書・朱子於其義也・得之十九・今人妄攻十九・失之一貫之義・與易同原・妄攻且至・然而天下辨之者鮮聞也。

古人之法・剛日治經・柔日治史・今或如其法・或日中而分治焉・或歲中而分治焉・讀經而未能悉倍也・先倍其精求者・其餘以時量倍之焉・讀史則非必悉倍也・獨倍其精求者・其餘以時繹思之焉・故曰・日知其所亡・月無亡其所能・可謂好學也已矣・史學則求其可鑑於今者・其法猶經之所損益也・其義皆經之不可易者也・資治通鑑史學之要也・畢氏之續次焉・明史次焉・五經以後・國史之先・天下事變皆獻於斯矣・周紀則以史記參之・漢紀魏紀則以兩漢書三國志參之・四史參通鑑之間・辨義精而觀文備・上也・於其後四分習之・次也・掌故之學・則求其可行於今者・古之掌故・序於經・志於史・今之掌故自國史所書・及凡所爲政書是也・時務之書・皆掌故也・昨之邸報・今之掌故也・周官小史掌邦國之志・外史掌四方之志・漢以掌故名官・謂古今之故・非知古不知今也・尤非徒衆胥之學也・杜氏通典・鄭氏通志・馬氏之文獻通考・三通掌故之著也・續三通次焉・皇朝三通次焉・法存經史・既得其凡・今舉一端以類求之・若兵法・若地輿・若水利・若算術・若象緯・若鐵官銅政・班班而嚮用矣・其書雖繁・能速治也・農政之利・金礦之儲・不待他求而我告也・性理之學・則求其可箴於今者・其義皆經之所儲・其人多史之所書・經史之間・時或秉之・破竹之勢也・近思錄性理之著也・學案人譜諸書・皆足箴也・論語曰・孟之反不伐明・其能治性也・蜀志曰・關羽張飛皆稱萬人之敵・爲世虎臣・然羽剛而自矜・飛暴而無恩・以短取敗・理數之常也・明其不能治性也・故性理之學・通於兵學・左文襄數戒其部將曰・武侯云・非澹泊無以明志・非寧靜無以致遠・愼無忘也・曾文正曰・治兵之法・用恩不如用仁・用威不如用禮・己欲立而立人・己欲達而達人・仁也・無衆寡・無小大・無敢慢禮也・君子以仁存心・以禮存心・何兵之不可治哉・胡文忠曰・兵事・儒者之至精・非名士所能及也。

辭章之學・則求其可法於今者・凡治經史一簡之終・既求其義・又求其文・將草剙然・將潤色然・古人逝矣・須麋

之秀．笑怒之音．如宿親也．孔子讀易而歎之曰．其旨遠．其辭文．非斯道乎．范氏曰．司馬遷班固有良史之才．遷文直而事覈．固文贍而事詳．斯道之得也．古人不區區於文．亦無以文派爲．而能文者衆．蓋若斯也．陸宣公奉天草詔．天下讀之流涕．遂動勤王．國家再造．辭章之效也．後世視草無人．屢傷國體．詔下四方．遠人生侮．烏虖．愼哉．文選．辭章之著也．韓文諸家．經史所裨也．若斯者．五學之大畧也．其餘百家之書．有餘力則爲之可也．若斯者．志之三年．厲之五年．七年小成．九年大成．初學者可以遄往．失學者可以補亡．上智十其能．中材百其道．功令之法．四教之尊也．詩曰．倬彼雲漢．爲章於天．周王壽考．遐不作人．此非謂天之斯文．文王所以教．周人所以學乎．詩曰．思皇多士．生此王國．王國克生．維周之楨．學之用也．苟多士而不爲國楨．其非士乎．烏虖．非士者非學也．朱先生講學記其例．亦古人學記之遺．朝亮自爲書後．變後序之例爲之也．以一文長言一事變．史家書志之例爲之也。

朱九江先生講學記

朱先生引疾去襄陵．既歸．講學其鄉之禮山下．有古大夫歸教州里之風．朝亮年二十有四從學焉．三年而歸．每聞先生曰．烏虖．孔子殁而微言絕．七十子終而大義乖．豈不然哉．天下學術之變久矣．今日之變．則變之變者也．秦人滅學猶幸未墮漢之學．鄭康成集之．宋之學朱子集之．朱子又即漢學而稽之者也．會同六經．權衡四書．使孔子之道大著於天下．宋末以來．殺身成仁之士．遠軼前古．皆朱子力也．朱子百世之師也．事師無犯無隱焉者也．然而攻之者互起．有明姚江之學．以致良知爲宗．則攻朱子之格物．乾隆中葉至於今日．天下之學多尊漢而退宋．以考據爲宗．則攻朱子爲空疏．一朱子也．而攻之者乃相矛盾乎．學術之變．古未有其變也．烏虖．古之言異學者畔之於道外．而孔子之道隱．今之言漢學宋學者．咻之於道中．而孔子之道歧．何天下之不幸也．彼考據者不宋學而漢學矣．而獵璅文．蠹大義．叢脞無用．漢學之長有如是哉．孔子曰．德之不脩．學之不講．是吾憂也．吾今爲二三子告．蘄至於古之實學而已矣．學孔子之學．無漢學．無宋學也．脩身讀書．此其實也．二三子其志於斯乎。

脩身之實四．曰惇行孝弟．崇尚名節．變化氣質．檢攝威儀．今之學者．其聞古之孝弟．則曰吾心固如此也．其事則不能矣．及其有失也．則曰事如此．吾心不如此也．然則汝心則是．汝事則非．孰使汝心不能達於事耶．抑汝心未誠耳．誠以行之．如古之孝弟也．家人且化焉．鄭濂舉治家之道曰．不聽婦言．夫有言而不聽．豈若化之而無言乎．且骨肉之間．學者動以理爭也．夫烏知爭財者罪．爭氣者罪．爭理者亦罪．禮曰．門外之治義斷恩．門內之治恩揜義．蓋不可以理爭也．有變則以仁術全之可也．孝經曰．立身行道．揚名於後世．以顯父母．立身也者．名節之謂也．今天下之士．其風好利．而鮮名節．二百年於茲矣．學者不自立．非君子人也．昔者伊尹辨義．武侯謹愼．辭受取與出處去就之間．昭昭大節．至今照人如日月之在天也．張子曰．形而後有氣質之性．善反之則天地之性存焉．洪範曰．沈潛剛克．

高明柔克・變化之道也・能自克而勝氣質・則剛柔濟事・是攸好德也・攸好德則宜在五福・不能自克而氣質勝・則剛柔害事・是弱也・弱則宜在六極・此學者之元龜也・今之學者輒曰不羈威儀・鮮自力・詩曰・不吊不詳・威儀不類・言亡國徵也・以言學者・亦亡身徵也・故鬼幽鬼躁・管輅猶覘之矣・雖然・修身者不讀書不可也・讀書之實五・曰經學・史學・掌故之學・性理之學・辭章之學・夫經明其理・史證其事・以經通經則經解正・以史通經則經術行・掌故者・古今之成法也・本經史之用以參成法・則用法而得法外意矣・性理非空言也・易曰・翰音澄於天・何可長也・性理者・所以明吾學之大・皆吾分也・用之無所驕・不用無所歉・古來才大而器小・或矜伐自用・若管仲姚崇李德裕張居正者・猶譏焉・吾以爲性理之書・義如懿戒・足以自箴矣・歐陽氏曰・文章止於潤身・政事可以及物・夫信以文章非及物者乎・君子之學・以告當世・以傳來者・書以明之・詩以歌之・非文章不達也・皆及物者也・孔子曰・言之無文・行而不遠・南宋而後・古文之道浸衰・天下必當有興者・二三子其志於斯乎・烏虖・有明季年流賊乘之・今吾衰矣・金陵之盜・憂方大也・孟子曰・下無學・賊民興・可不懼哉・（以上講學大旨・）

先生曰・讀書者・格物之事也・王姚江講學譏朱子讀書曰・致良知可也・學者行之・流弊三百餘年・夫良知良能・皆原孟子・今舉所知而遺所能乎・既不讀書何以致良知也・不讀書而致良知・宜姚江不以佛氏明心爲非也・此心學之弊也・子路佞於孔子曰・何必讀書然後爲學・則孔子之讀書爲學其常也・昔者姚江謫龍場驛・憶其所讀書而皆有得・姚江之學繇讀書始也・故其知且知兵・其能且能禦亂。

先生曰・陳文恭之學非不宗朱子也・文恭自謂於古聖賢之書無所不讀也・其詩曰・吾道有宗主・千秋朱紫陽・此其所繇入德也・明英宗北狩・弟景帝立・及英宗歸・景帝錮之・英宗太子皇太后所立也・景帝廢之而立己子・人倫蔑矣・於是乎文恭不赴禮闈・憲宗即位復赴焉・此其知出處之大義也・昔者定公元年・孔子不仕・而仕於定公九年・當是時賊臣意如既卒・終使昭公合墓・二子無猜・道成孝友・春秋之變而得其正也・文恭足知之矣・文恭之學・讀書而靜養也・朱子所法乎孔子者也・文恭之敎・使學者端坐澄心・未讀書而靜養・則所養者未必端倪之正也・非朱子所法乎孔子者也。

先生曰・六經者・古人已然之迹也・六經之學・所以踐迹也・踐迹而入於室・善人之道也・所謂深造之以道・欲其自得之也・子張問善人之道・子曰・不踐迹・亦不入方室・陸子靜善人也・未嘗不學・然始事於心・不始事於學・而曰六經注我・我注六經・雖善人乎・其非善人之道也。

先生曰顧亭林讀書亡明之際・抗節西山・日知錄遺書・繇體及用・簡其大法當可行於天下・而先王之道必不衰。

先生曰・紀文達漢學之前茅也・阮文達漢學之後勁也・百年以來聰明魁異之士・多錮於斯矣・烏虖・此天下所以罕人才也。

先生曰・小學非六書而已也・紀文達必從漢志・非也・朱子小學・小學之道也・大戴禮曰・古者年八歲而出就小

學．學小藝焉．履小節焉．束髮就大學．學大藝焉．履大節焉．（尚書大傳畧同．）是故小學養大學．

先生曰．皇清經解．阮文達之所詒也．殆裨於經矣．雖然．何偏之甚也．顧亭林之學不分於漢宋也．今采其說．尊宋者芟焉．（如日知錄於易謂不有程傳．大義何由而明乎之類．今不采．）書以國朝爲目．當時之儒．非皆漢學也．若方靈皋者流．乃一言之不錄也．

先生曰．宋儒言去欲．漢學者以爲非．曰所欲與之聚之孟子義也．彼漢學者．東視不見西牆矣．人欲有公而有私也．樂記所謂滅天理而窮人欲者也．漢書黥布反．高祖險謂布曰．何苦而反．布曰．欲爲帝耳．然則布之欲也．其宜去乎．抑不去乎．

先生曰．荀爽九十五日而登台司．視鄭君何如哉．此牒併名早爲宰相．鄭君之素風無失也．此行乎經學者也．漢學之眞也．

先生曰．經義所以治事也．分齋者歧矣．（邱文莊大學衍義補．嘗辨分齋之非．）經學所以名儒也．分門者窒矣．（近人著書有以經學名儒分門者．）

先生曰．儒有君子小人．然儒林傳外立道學傳焉．則宋史之失所尊也．漢書鄭康成．唐書韓退之皆列傳也．奚必標異乎．

先生曰．今之子弟所志者．科名而已．所力者．八股八韻八法而已．故今之所謂佳子弟．皆古之所謂自暴自棄之尤者也．（以上申古之實學．）

先生曰．讀書者．何也．讀書以明理．明理以處事．先以自治其身心．隨而應天下國家之用．

先生曰．古之學者六藝而已矣．於易驗消長之機．於書察治亂之迹．於詩辨邪正之介．於禮見聖人行事之大經．於春秋見聖人斷事之大權．

先生曰．漢書藝文志云．古之學者耕且養．三年而通一藝．存其大體．玩經文而已．是故用日少而蓄德多．三十而五經立也．吾聞經師之法．日誦三百言．數以貫之．（荀子誦數以貫之．言重習也．貫同慣．）不及三年．雖在中人．五經皆辯．（辯同徧．）昔者東方朔年二十二．上書自言十六學詩書．誦二十二萬言．十九學孫吳兵法．亦誦二十二萬言．凡已誦四十四萬言．繇今考之．朔六年之中．日誦二百言有奇．中人無不能也．少苟失學．何患於無年乎．

先生曰．王制樂正．崇四術．立四教．順先王詩書禮樂以造士．此古者大學之教也．左傳韓宣子適魯．觀書於大史氏．見易象與魯春秋曰．周禮盡在魯矣．吾今乃知周禮之德與周之所以王也．夫春秋魯史也．周官以大卜掌易．故宣子晉之賢大夫也．猶於是始見其書．宣子之所見者．周之制也．而歎之若此．況益以孔子之文乎．史記孔子以詩書禮樂教弟子．蓋三千焉．身通六藝者．七十有二人．孔子曰．皆異能之士也．是故六藝之學．不可無序．

先生曰．樂經亡而不亡也．樂章存乎詩．樂節存乎禮．孔子雅言．非不及樂也．有存乎詩禮者也．

先生曰．注疏者．學十三經之始也．古今名家聲音訓詁．去其違而終之經義焉可也．

先生曰．漢興經復出．秦火之殘．釋者難之．漢制治

經・專經也・國朝初制未改專經・今之困學者師焉・或拘而失矣・以荒經不猶瘉乎。

先生曰・韓子云・士不通經・果不足用・然則通經將以致用也・不可以執一也・不可以嗜瓌也・學之而無用者・非通經也・董子云・詩無達詁・易無達占・春秋無達辭・此董子之能通經也・孟子言詩皆無達詁・班氏云・後世經傳・既以乖離・博學者又不思多聞闕疑之義・而務碎義逃難・便辭巧說・破壞形體・說五字之文至於二三萬言・後進彌以馳逐・故幼童而守一藝・白首而後能言安其所習・毀所不見・終以自蔽・此學者之大患也・今之漢學・其免班氏之譏否也。

先生曰・朱子師程子者也・朱子釋經不或匡程子之失乎・志遜而辨・辭恭而直・朱子事師之義也・今之漢學・喜攻朱子・蜩沸者無譏矣・將或中焉・惜乎其不如朱子之事師也。

先生曰・六書小學・治經者所時資也・必讀・先盡讀小學諸書・而後可通聖人之道也・將徒蔽之矣・爲其書之不能無鑿也。

先生曰・傳云・易有聖人之道四焉・以言者尚其辭・以動者尚其變・以制器者尚其象・以卜筮者尚其占・是故後之易家執其一焉・則賊也。

先生曰・書僞古文・亂經也。

先生曰・詩序傳之子夏・而不皆子夏所傳者也・學者辨焉。

先生曰・春秋之作懼邪說也・孟子其通春秋之微・告戒於百世者矣・左氏公羊雖佐春秋・惑邪說者十二三焉・穀梁頗鑿・然罕惑也・故春秋之學舍傳不能通經・違經不能正傳。

先生曰・記云・禮時爲大・學禮者宜何如會通也。

先生曰・史之於經・猶醫案也。

先生曰・書與春秋・經之史・史之經也・百王史法其流也・正史紀傳書也・通鑑編年春秋也・以此見治經治史・不可以或偏也。

先生曰・二十四史讀之者・其要可知也・四史（史記・前漢書・後漢書・三國志・）史之冠也・明史・史之近也・（史記六國表序・以其近己・而俗變相類。）

先生曰・明史屬藁・有布衣萬季野焉・史局・諸臣鴻博選也・越六十年而書成・故史義之精・獨踰羣史。

先生曰・資治通鑑史學之大用也・雖百世可爲王者師矣・畢氏之續未逮也・然續者獨推焉。

先生曰・通鑑立文・先書之要・後書之詳・蓋綱目存焉矣・若夫綱目非朱子成之也・纂於門人・（趙師淵諸人・）其文竄而疏。

先生曰・通鑑書戰者・詩兵謀之蓄也。

先生曰・紀事本末其尋之也易・不亦宜備乎。

先生曰・孔子雅言・周之掌故備其中矣・詩頌商而外皆周詩也・書則周書爲多・夏殷之禮微・所執者周禮也。

先生曰・九通掌故之都市也・士不讀九通・是謂不通・（杜佑通典・鄭樵通志・馬端臨文獻通考・續三通・皇朝三通。）

先生曰・掌故之學至賾也・繇今觀之・地利軍謀・斯其亟矣。

先生曰・知掌故而不知經史・胥吏之才也。

先生曰・古無所謂理學・經學卽理學也・顧氏之言是矣・雖然・性理諸書翦其繁枝・固經學之佐也。

先生曰・易尚文言・後之語錄則無文矣。

先生曰・人有鄉黨自好之人・文亦有鄉黨自好之文・君子不爲也。

先生曰・經史之義・通掌故而服性理焉・如是則辭章之發也・非猶乎文人無足觀者矣・（宋劉忠肅每戒子弟曰・士當以器識爲先・一命爲文人・無足觀矣。）

先生曰・有古義然後有古文・明之七子學古文・而未能無古義也・韓子讀三代兩漢之書・志其義・法其文・文成古文・義求古義也・學者爲文・志過其師・乃及其師・故學文不徒自韓子始・韓子以來・名家輩出・皆有可師・然莫如韓子・唐以前之文多華・唐以後之文多樸・唐以前之文多曲・唐以後之文多平・唐以前之文句多短・唐以後之文句多長・散文駢文・古無別出・堯典申命孔傳繫辭可類明也・故曰・駢文有氣卽爲古文・壽文非古也・君子謂之諂・古詩三百・今之詩法通焉・李杜韓蘇・詩之四維・得於詩三百者尤多。

先生曰・爲韓侘胄作南園閱古泉記者・陸務觀也・爲石亭作族譜跋者・吳子傳也・爲嚴嵩作鈐山堂集序者・湛元明也・皆君子而失之者也・故曰・許人一文・猶許人一女・（以上申讀書之實。）

先生曰・居父母之喪不可以居講院也・功令之所嚴也・然而知之者罕也・哀哉。

先生曰・易坤爲吝嗇・處婦人者宜知也。

先生曰・予昔居南沙陳氏賓館・其主人今所稱掃地北也・予聞諸徐佩懷之尊甫曰・北沙貧爲掃地傭・旣而市利・家少有・厚懷其弟・妻子一布一粟・兄與弟平・兄奔走面目憔悴・弟不知艱難・食兄之力・嘻嘻乎皤腹而游・兄妻弗說・夫歸私告叔過・夫搖手陽驚曰・汝未知也・汝勿言・汝視吾貌・貧人也・汝視叔貌・富人也・吾以弟名入市・市利三倍・若吾名・則耗矣・凡汝之食皆叔之福也・妻改禮其叔・家臻富有而不睽・繇是觀之・掃地北一市人耳・不愛千金而愛其弟・又能使家人之相愛也・孟子曰・是乃仁術也。

先生曰・雖有國賊・敢不畏直接之士哉・淮南王安日夜爲反謀・曰・漢廷大臣獨汲黯好直諫・守死節・義難惑以非・至如說丞相宏等・如發蒙振落耳・（資治通鑑）然則漢之丞相・苟有汲黯之風也・淮南王必不動矣。

先生曰・士之於名節也・終身之力・豈一日之幸乎・宋史盧秉謁蔣堂坐池亭・堂曰・亭沼麤適・恨林木未就爾・秉曰・亭沼如爵位・時來或有之・林木非培植根株弗成・大似士大夫立名節也。

先生曰・施彥執有言・今人或處己廉・然掊克百姓・以上以媚朝廷・下以諂權貴・輒得美官・雖不入己・其入己莫甚焉・此刼盜也・（北窗炙輠錄。）

先生曰・今之學者寧爲其介・毋爲其通。

先生曰・朱子稱呂伯恭變化氣質・何哉・伯恭之少也・性暴怒・及讀論語曰・躬自厚而薄責於人・遂自免也・朱子

稱之．將以告吾學者也．讀書自克．吾學者之事也。

先生曰．吾聞西門豹性急．佩韋以自緩．董安於性緩．佩弦以自急．（韓非子．）何古人之善變乎．吾宦晉所知者．有王令性急．五板卽殺人也．人稱之曰王五板．有陰令性緩．三年不澣衣也．人稱之曰陰三年．烏虖．若二令者．不自治而治人耶。

先生曰．宰相者．士之所爲爾．士無威儀．雖與之宰相．非其器也．鄭綮曰．歇後鄭．五作相．事可知矣．（新唐書．以上申脩身之實。）

坿記

道光二十有三年．或曰頻年河決．東南多大水．何也．先生喟然曰．宋蒲宗孟有言．臣陰象．兵陰物．夷狄陰之方．佞邪陰之黨．姦臣陰之極．繇今觀之．兵燹雖衰．羣陰何如也。

有島族人．因潮州明經求見．先生以他出辭．而謂明經曰．子而忘經義乎．古之大夫．非有君命不私覿．禮曰．爲人臣者無外交．不敢兩君也．今雖在藉．敢自貳乎．昔旅都門．俄人有求見者．吾未之見也．子其辭焉。

滇之外徼．英人馬加利死焉．山苗戕之也．英人布七事而抵其人．王者弗與爭也．先生論其事．手書存之．其終曰．夷情無厭．得寸入尺．我既弱如此．彼之要求將何可問．易所謂自我致戎．又誰咎也。

有聞使英者以告．先生閔然悲之於後．先生既歿．門人啓其篋衍．乃得手書曰．派員往英之事．何辱國至此．舉朝可謂無人．李相身係安危．先自屈辱．損中國之威．長夷虜之氣．天下何望矣．回憶咸豐之事．喋血郊園．盟於城下．乘輿出巡．晏駕不還．公羊所謂百世之讐．無時焉而可與通也．今重有此大辱之事．此忠義之士所以言念國恥．當食而歎．中夜憤悱．誓心長往．終已不顧者也。

門人問曰．今之用兵．如機器何．先生曰．兵莫患於不堅．上下軍民聯爲一體．我之堅也．管子曰．攻堅則瑕者堅．攻瑕則堅者瑕．敵雖機器．不有瑕者在乎．彼諜諜者何爲也．門人曰．今之機器．泰西兵法也．然則先生奚取於泰西水法乎．先生曰．卑高之水．晷分寸而灑潤焉．泰西水法而不必自泰西爲之也．我用泰西也．非泰西而不必可爲之者．泰西機器也．漏巵也．泰西用我．（農政諸書有泰西水法。）

朱啓連　字跂惠．號埭坨．番禺人．國學生．祖籍蕭山．漢錢塘侯雋六十四世孫．其父仕粵不歸．故啓連始終於粵．遊汪穀菴門．深殖厚漑．毓實黜華．嶺南近代古文家之一．性耿介．特恥隨衆向背．士非有見者不交．事非自得於心者不言．爲文章淸宕潔約．工五七言．善草隸書．好雅琴．妙達聲律．能以琴音辨人淨沈囂濁．絃誦不輟．與番禺陶邵學交至善．邵學嘗評啓連．品行似元結．文學似陳善道．藝術似姜夔．非今之士所有云．卒年四十七．所著埭坨集四卷．外集三卷．琴說二卷．琴譜若干卷。

致張尙書書

湘濤尙書左右執事．啓連初讀公進士試策．與今廷對若

有殊者．意聳然異之．人臣責難於君之義．不當如此耶．客自京師來．述公官翰東時．風節厲然．尤可畏愛．及讀輶軒語書目答問．辨章學術．提挈後生．此劉向父子之倫．而以師儒自命者也．竝世顧多其人哉．未幾．公撫山西．章奏見邸報者．類能通達政要．則又私以韓范勳業期之．今年四月．聞公奉命總督兩廣．欣喜不置．以爲朝廷用賢如是．將以文學政事福此邦士．光我中興．其在此行已．公抵廣州．辟幕府．徵聘及於啓連．啓連承聘喜甚．夫讀古賢之書．不如親接今賢之言論也．陳古賢之迹．不如親見今賢之行事也．啓連不肖．或者猶足少贊治業．未遽爲棄材乎。

入幕之始．海事已亟．公籌兵鮮暇．未得紓尊降接．俾貢鄙懷．啓連不敢有望也．而固疑之．所疑於公者．豈不以下交之禮．宜若公卿所重．其在古昔折節敬士之風．何其見稱後世哉．不復多所遠引．如近世胡文忠公．固公之所追慕師承者也．側聞文忠愛士如渴．賢且才者．禮接恐後．故文忠名愈重．幕下士亦愈多．曾文正且猶羨之．自謂不及．公以文忠之心爲心．則啓連之所以不見禮者．必其材質凡下．無以開發明志可知．然猶妄自解也．軍書旁午．下士烏得於瑣瑣禮節．輒責不足乎．今居此兩月餘．寇氛且少緩矣．其不禮焉如故．信矣．菲才薄殖．終不能仰副盛意矣．甚竊自愧恨．夫固無衆人之才．而妄希國士之遇．此誠啓連之過．又使我公誤以才賢而始招之．知其非才賢而終拒之．免於失士之名．則入於不知人之誚．其所繇致．亦啓連之罪也．夫事則已然矣．如使栖遲久留．適足損公之明．滋啓連之不肖．樸被徑去．非敢爲此懟然．抑一身去就得失甚小．不足復措意也。

方今國事孔棘．老成代謝．所賴豪俊時出．力振天綱．而公受聖主之知．握巖疆之寄．盛名布於遐邇．具瞻比於勳舊．天下人士．想望風采．爭自濯磨．以待剪拂者．何可一二計．若不悟啓連之不肖．而疑公有慢士之意．將使聞者裹足．來者趦趄．公何以得助士．何由自奮．夫剛方之士去．則諂諛之人集．啓連懼焉．度讀書經世者．必終可與有言也．雖行矣．不能默然．唯毋厭忽．不宣．啓連再拜。

與梁節堪書

節堪足下．別幾二年．時時聞道義述近狀．甚慰也．足下甫釋褐．疏擊朝貴．直聲振天下．僕固聞風慕之．及相見．乃翩然年少．嘗與僕同所師．然足下氣太豪．始時未深相知．則不敢遽與友．乃今知足下矣．今之時勢．何時勢．所以立國於海內者．事事皆落人後．唯此君君臣臣之道．五千年聖神教化之澤．涵濡淋漓．未嘗少變．有事無貳．夐絕萬國．强者寖謀．弱者慕化．又國家湛恩二百四十年矣．民猶知之．而況食祿之臣乎．況受恩尤厚．負任尤重之大臣乎．軍國之事．不可以私心．理天下之人．不可以飾說欺誠．自知其不能．則宜速退．以待賢者．臨事回惑．手足靡措．乃欲靦顏佞口．挾所重以罔上．將謂天威可犯．衆口可箝耶。

足下吾師也．非吾友也．僕之所以有言．非得已也．將爲臣道不立．則國事不可爲是懼．然奈之何哉．事雖未行．亦知中國主聖臣直．義各有當．才智忠讜之士．不可以力

誚・不可以詐取者・蔚然長無絕夫左右・非若蠻戎之俗・慢上暴下因幸爲利者也・吾謀若用・卷髮短袂之論・將食不甘味・寢不安席・謀適不用・亦安能無色變汗下・氣絕心死哉・僕謹聞命矣・是將綺繡天地・衰扆王室・斧鉞幽闇・憲章萬世・告以爲臣綱紀・四裔示以爲國・而不惟吾黨之光・願足下益勵此忠・以倡天下志士之氣・炎暑方毒・惟珍攝不宣・啓連再拜。

答友人問求仕書

治亂存亡之際・可仕有三・抱反正之才・遇不疑之主・一也・無補於顚危・有立夫大義・二也・一漑之於苗・三年之於艾・三也・由前二說・必非常人當大任・成敗可勿言・由後一說・卑官常材可自苦勉・然亦匪易・何者・泯棼淪胥・撓我者百・助我者無一焉・夫孰能藉手而自效・是故當如此時而求仕・苟非甚賢・則以未審斯勢者也・不思自勉者也・否則家無所食・藝無所執・姑浮湛以救死者也・否則倚昏瞀爲姦利・無復有他顧計者也・否則秉衰沴之氣以生・一出而促亂亡者也・若皆不然・吾不知仕之說也・易曰・賢人隱・非特隱其身而已・將隱其名・以遠網羅・網羅未及而反投之・亦見其惑矣・

棣垞選帖序目

言帖者必以宋・顧吾謂近代諸刻・實未遽滅之也・必謂純漓世異・古質今妍・則雖昇元已遠・澄淸希邁・就其見存・校其華實・正使懷仁大雅・何異餘淸鬱岡・若云鈎摹奪眞・祖本難逮・則後起者勝亦常理耳・賀監王侍・詎便絕塵・章簡甫之於梁谿・劉雨若之於涿鹿・非唯爭席・且恐積薪矣・或又云・去古益遙・搜祕夙盡・則神物顯晦・亦或有時・季直表迨元而後興・內景經迄明而始著・斯皆留奇魏晉・脫禍戎温・婺尾得春・騁芳於羣卉・吉光揭羽・齊曜於九苞・抑又曰・廣僞滋可・雜糅斯累・則仿書入石・前世已譏・黎邱作幻・大有癡琳・葉公懼眞・久嗤虔禮・吾見文董著錄・官帖遜其嚴・米黃雜辨・後賢糾其繆矣・是皆未足致病也。

然近代刻帖・終不能駕宋而上者・宋初墨跡尚富・石本不珍・建業文房廿一州之奏進・宣和書譜八百軸之藏庋・譬猶就膠庠而求學・入武庫而選鋒・無俟借才・自堪取足・雖倉頡延陵・過存夫篆隸・而蘭亭樂毅・不厠乎眞行・南渡以來・模古藏眞・未或偏廢・越州小楷・半出重摹・悅生葫蘆・可鈐舊拓・豈不以家珍難數・晨星益稀・孤弦不足以自張・濫竽乃適爲深病歟・故吾帖取其今・古本今刻・世亦不多・聊識賞心・列爲條目・若夫抱宣示以過江・拾黃庭於既燼・薛軍片石・汴取燕遷・曹賦殘行・兼摹玉琢・盛名久播・童子知尊・縱重譯之差譌・亘千古而沕穆・夷光寫皃・風韻依稀・虎賁入坐・典型終在・若此者不廢甄收・要存簡擇而已・茲錄魏晉至唐人書四十餘種・體別類從・爲臨池日課之的・所謂一家後奉以規模者・於此得約取焉。

鍾王六表（戎路表鬱岡齋本・季直表三希堂本・賀雪表・鄭夫人表・力命表・均快雪堂本・宣示表閣帖本。）

黃庭二經（內景經鬱岡齋本・外景經思古齋本。）

晉唐六楷（樂毅論筠淸館本・東方贊快雪堂本・曹娥碑餘淸齋本・十三行元賞齋本・西昇經秀餐軒本・靈飛經渤海藏珍本。）

蘭亭五妙（歐摹序吳榮光翻本・褚摹序思古齋本・或渤海藏珍本・馮承素摹序三希堂本・張金界奴摹序石影餘淸齋本・陸東之摹詩戲鴻堂本。）

瑯邪十珍（快雪時晴帖快雪堂本・行穰帖・瞻近帖・遊目帖皆三希堂本・袁圭帖眞賞齋本・中秋帖三希堂本・九妹帖快雪堂本・昨逐帖・新月帖・江郢帖皆眞賞齋本・或停雲館本。）

屛風七帖（箕子帖・由余帖滋蕙堂本・卜子帖快雪堂本・申屠嘉帖滋蕙堂本・庋尚帖戲鴻堂本・張幹帖快雪堂本・庾亮帖戲鴻堂本。）

書譜雙璧（安氏本・闕字・以文氏本補之・）

巨川二告（經訓堂刻徐本・停雲館刻顏本。）

魯公四稿（祭姪文戲鴻堂本・告伯文海山仙館本・坐位帖長安碑本・鹿脯帖快雪堂本。）

棣垞選碑序目

唐以前尚墨跡・至宋兼尚刻帖・明時宋蠟且稀・無論晉藺・遂不得不尚碑本・近代唐碑・日就刓剝・慕古之士・更言魏碑・穴山破冢・得之爲快・阮元以漢學之法評書・始暢南北派之旨・於是索虜陋夫・與鍾王競烈矣・故墨蹟微而刻帖盛・刻帖微而碑本盛・唐碑微而魏碑盛・材美者先折・道喪則異端起・其勢然也・行楷書先有帖・後有碑・碑不足與帖爭先・北碑之視南帖尤在三累之下已・乃北派盛行・舉世奔靡而莫之正者・何也・北碑書拙・前人以爲不足復論・名家固無貶辭・估客之所不睨・辭無貶・則矜之者覫而易・估不睨・則椎拓少而石完・彼完石入矜心・而又棄而久・湔拔令下・負累自陳者不絕愈衆・夫悠悠者喜其完且衆・而便於矜・斯騖焉而已耳・當其騖也・驟語以正論・其拒之堅・守之力・雖善誘者何以開之。

吾聞漢學家之說・貴多而賤少・明有而昧無・逐形而遺神・榮遠而虐近・碑多帖少・北碑有字・南碑無字・魏碑形全・唐碑神在・魏代遠・唐世近・此南帖所由抑・唐碑所由退也・嗚呼・亦不思之甚矣・古今事物之會・非天之所降・地之所出・則必以人力爲盛衰・而人力不能與帝王抗・八代時・北武强・南文勝・魏齊周人之筆翰・不敵宋齊梁陳・何待言者・唐雖後於北朝・其初盛數君・皆精書學・終三百年以書取士・一代之人才利祿・畢萃於是・烏可與爭哉・好言北魏書者・率其索隱行怪之心・欲奉荒渺無名之子・與論定者分庭・可哀也已・今錄行楷碑十種・意本晉唐舊法・北書雖美・不以羼焉・先之以篆隸十碑・皆精選無遺憾・以爲書課。

石鼓文・瑯邪臺刻石・泰山刻石・嶧山碑・（以上篆）

乙瑛置百石卒史碑・韓勑置禮器碑・孔宙紀功碑・袁逢修華山廟碑・（螢英館石影長垣本・阮元重刊揚州北湖本・須幷蓄・）史晨祠・孔子宅碑・曹全紀功碑・（以上隸・）宏福寺碑・興福寺碑・鄭羲下碑・（鄭道昭筆法・得自家傳書碑・時地入魏僅四十年・點畫用正體・無北傖譎謬之習・此

江左之士裔・非河翔之庶宗・未可以年繫永平遽與刁遵志猛龍碑同類而並稽也・今瘞鶴銘漫漶已甚・不可復搨・宜以此碑爲代・）蕭憺碑・廟堂碑・（李宗瀚翻本・）雁塔碑・李靖碑・李思訓碑・不空碑・郭家廟碑陰・（以上行楷。）

送楊叔嶠序

杜門而學・出門而仕・臺省清班・郡縣史職・唯其所處・皆足以舉其事・無絀於用・豈非賢達所爲得志者哉・雖然・學仕之殊途久矣・科舉之弊也・其不知古者無論已・或乃博學多通・有名於時・其於政也・上有甚高之論・則下多不便之民・吏有紛然之爲・而時無講古之績・甚者剛執膠固・窮不知轉圜・殆於僨事隳名・爲天下詬・無他・不通世故・不足以厭並世之人・不度時所能行・不足樹當時之業故也・政何由善・是故應舉之士・患無所知・通藉之後・患無所爲・讀書稽古・欲有所爲・又患無術・情僞之不明・事之不素習・則君子可欺・而六經章藉皆足以致亂・是故高世者古迂盭・徇俗者循故常・庸耳俗目・始以經術构違爲戒・闒茸者得所安・文法吏益用刀筆繩墨・且專爲能・此世之大憂也・古者禮樂兵農之屬・至於醫卜巫史・各有專官・自足而後求・試可而後用・豈患是與。

楊子叔嶠博通於學・非吾云爾也・從南皮尚書數年・耳目之所接・時政舉措・得失之要・默存諸心・稽之古而度於用・其治行通塞・皦如也・異日假手措施・必有善今而合道者・蓋古者學優之仕・非如今科舉之士・去歲以四川優貢知縣・應順天試爲舉人・今將舉禮部進士・其獲雋以否・將出而仕可知・仕無論中外・將以行其學抑可知・爲論學仕大凡・以送之・楊子至京・見萍鄉文子・以此言質之・夫文子則文優於學而將仕者也。

星垣詩序

啓連昔客廉州・始識山陰俞君星垣・讀其詩以爲工・未幾君歿・陳郡守子厚取其遺詩刻之・廉州郡守與星垣非有故舊姻婭・一日之雅而千秋之託・古誼有足多者。

序曰・自選舉之法壞・而天下游客多・祿利之途不廣・而游客才不才混・士處今日・三試不中程・年固已壯矣・壯無所爲・則挾其能以求食公卿大夫間・所謂客也・流品雜出・世益輕之・士亦不自重・或假權力爲姦利・又不可得・則將率其私智小技・決坊破觚・無所不爲・是故竊詩書・習令式・熟知官守之所繫・吏才之誰可・樊若水華州二生・夫非不第窮士與・故曰・君子固窮・又曰窮不失義・士義之失・禍不可言・非細事也・星垣始冠・才筆絕出其羣・屢試有司無所獲・俯首入粵・求爲幕賓・坐合浦抽釐事・持論與大府左・稍齮齕之・三年無敢主者・閉門作詩自娛。

粵人羅某游海東西諸國・同治末歸・因詩見之・爲日本之言曰・中國能詩者・有几案才者・不肯遠來・請以重幕先也・然尤重几案才・羅乃從容陳金幣・爲盛述彼中居處之樂・與其酋殷勤之意・星垣食盡・久無憀・聞羅言則怒・憀笑謝之曰・男子能貧賤耳・不能以皎皎之身遠事絕域・羅尚欲有言・察其色益厲而止・別得十餘人・挈赴日本・無幾時・而臺灣事起矣・嗟乎・士固有不得志・若夫懷負殊異・

上之不能奮功烈·次之不能抗吟歎·下又不能曲事公卿·苟活旦夕而物色之至·乃在萬里之外·異國之酋長·將使咯彼猲豢·化爲豺貙·違父母不可去之邦·行仇讎不共戴天之事·或且甘之·嗚呼·星垣堅節之士·徒以詩人目之·可不可也·然幾爲作詩誤·亦終以游客故·不爲天下知·重不甚可哀乎·吾又懼夫士之窮·將有導使橫決者·因又悲夫士能固窮·而泯泯無聞知者不少也·然則士之自待宜何如·待士者又當何如也。

鄂公祠琴譜自序

或問琴譜古有之乎·曰·制氏鏗鏘之節·世守勿失·苟無譜焉·何以傳守·樂譜卽琴譜也·且三代有之矣·書所謂聲依永·律和聲者·聲卽譜耳·蓋五音之體·雖本有長短·然用以入樂·則其爲長短聽之於人·宮長可使短·羽短可使長也·徒任五音之體而不求諸用·歌之永者安在得所依乎·是故虞廷依永之聲·卽制氏鏗鏘之節也·制氏鏗鏘之節·卽後世諸樂之譜也·琴家相傳·曲始楚漢之際·然則楚漢之際·又有專爲琴譜者矣·曰·世之琴者·或同一譜而奏之短長遲速異古樂然歟·曰·古之琴者·必歌·其歌之永以譜爲依·故能衆而若一·今徒琴而不歌·是以異也·且樂者禮之節也·古之行禮循樂爲節·今琴者不行禮·不合樂·畧其節·遂人人異也·曰·明以來諸家譜未徧觀也·而簡之不慮其陋·何也·曰·病乎善本之希也·言律之誤也·吾琴說及譜·庶幾免矣·曰·然則子知律矣·曰·君子知樂·樂師知律·衆庶知音·吾衆庶之知音者·安能知律·古之知律者·聞聲而辨之·故世子生·太師曰聲中某律·後漢嚴宣試十二律·其二中·其四不中·其六不知何律·是其於律猶能中其二·而試其四也·吾將由知音以求知律·若夫琴·姑以慆心爾·古以行禮·今以慆心·世則皆然·毋吾譜之責也。

書柳文後

雙梧居者·柳州人楊廷理之齋名·廷理不知籍何縣·嘗官郡守·乾隆五十三年合所得柳集校刋於福建·後有散佚·其子立先補刋於廣東·後復遺失·其孫度永訪而贖之·祖孫三世序跋云爾·今板歸新會舉人陳昭常家·坊估盜印·售余此本·讀畢識其後曰·柳先生當昌黎初起之時·能捐故伎與爲賡荅·可謂雄矣·放廢無聊·乃始盡變文格·抑何晚也·身沒·遺文不付昌黎·而付中山·遂使弱齡卑藻·與夫酬應代筆之作·率屬集中·重累全璧·才足以掩崔蔡·而大體論定·若反亞於李習之·不朽所託·信非其人歟·顧其駢體文·實爲唐一大宗·他文氣韻淵潤·亦非韓李所有·詩尤足當韓而傲李·造物者予角去齒·事恒然也·方望溪不能爲詩·駢體文故應不喜矣·方辭根柢·自有爲之樞者·先生知及而行未逮·然使天假之年·行知所知·安見其文不彬彬郁郁·筌簣道德耶·嗚呼·文如先生而有憾於此也·凡爲文者可思也·集中唐詩或避或否·宋諱顧有闕者·疑其初本繙宋刻·訛脫觸目而有·不可謂校·世有好文辭者·更刋善本亦不可少也·楊氏序跋不佳·去之。

讀亭林文集

先生之論文曰．詩賦碑狀不能．不足爲通人．惟能之而不爲．斯天下之大勇也．又與人書曰．君文之病在於有韓歐．果足以病人．而記序碑狀之屬．通才能不爲之哉．先生此言．殆爲近代文人發也．明以來之文人．則固有病於韓歐者矣．先生以經學倡天下二百餘年．治經之士．若水之趨於壑．若商賈之就市．而先生所屬文．有非若今世所謂經生之爲者．自愚觀之．集中諸作．特憾往復變化之意少耳．論其氣格．豈出歐曾不能之而不爲者．其此謂也夫．慨自明代文學之弊．滅裂踳駮．變而愈下．國朝國學奮興．一二通人如先生者倡於前．一時之士附和於後．無先生之才與其識與力．而皆薄文辭爲虛浮．不足少留幾．至其末流．剽襲刓敝．蟲魚以外．蓋無所知其於文也．絕其訓釋考訂．則不能以成篇．讀其書噂沓渙散．雜亂無紀．此非有昏煙瘴雨起於尺幅之中．則疑有名山大川限於兩宇之間．以此矯明之弊．猶破方不足以爲圓．拯諸水復投以畀炎火也。

以愚所聞．今日諛聞之士．至有詆昌黎之爲倚門賣笑之倡者．又有謂龔芝麓文醇而能肆．維錢辛楣文爲國朝第一者．昌黎不待辨．定山堂文庸猥何足以語古．錢氏之學則博矣．其文質實而已．抑先生所謂能之而不爲病在於韓歐者．不幸爲今日之士藉口．而弊若是歟．夫先生不爲韓歐可也．先生之學與韓歐同一源者也．然且不敢輕議韓歐．今之輕議韓歐．其所學過先生則可．若猶未也．則無望能爲先生之文已．汪容甫學先生之學者也．至其爲文不能什一於先生．累

句冗節．紛不可埽．然已未易一二覯．嗚呼．以此病先生．先生不任受．其亦誤於竊先生之論以論文者也．先生之學爲近代最．詞章爲經師最．愚故舉先生之文之合於韓歐．及今日之文之不合於先生者．著之於篇．以質當世深於經學．善讀先生之文者．不覺云云之也．豈爲詞章辨哉。

隨山館詩簡編跋

啓連既受詩法於穀庵先生．一日讀近人詩．而驚質之．先生曰．此爲體耳．初學易以驚．易以紿．而可驚與紿．必非文辭之至者．汝讀十九首驚否．凡爲文辭．未有不斂神遺跡．沖遠靜穆．而可以傳者也．古之人言近旨遠．非第於詩求之．彼詩中且不足．詩外益無有矣．是故凡學必有餘於此事之外．乃能足於此事之中．心術尤重．非獨詩然也．又嘗讀斷句．不知作者何人．先生曰．必某代某人作也．否亦其同時流輩．如集某者也．揭某集果得之．百不失一．而所謂某集者．先生或不嘗概見．所舉之句．亦不甚工．無可識者．且先生於古人詩．成誦蓋少．恆背誦者．獨老杜洗兵馬一篇．要以經亂惑事．不覺形之於口．非若歐九之於日者列傳也．世固有危坐默誦古今五七言．三日夜不能盡．而紬於吟詠者．形接神遇．必有辨矣．客攜詩本就正先生．流覽如風雨．頃刻終卷．佳者畀以墨識．嘗云佳詩自有光從紙上起射人目．不待審視而得之．得坊本麻沙七言句．譌字四五不可讀．先生疾覽如常．叩之．答曰．本某某字誤耳．亦不校改．其誨學者．取漢魏六朝唐宋詩意．以爲善卽讀之．畧熟於口可矣．不必記也．學當由古以及今．始盡其不變．而誤

於趣嚮．變體未盡．見異必爲之奪．由今溯古其進也難．吾少無師授．屢窮於力索．僅自得之以授李英．故李英詩境高雅．精進絕羣．其無成者．年也。

平居笑談．俄頃口占一章．皆微妙出人意表．不廢應對．黔陽危郡丞德連．言少日里居．得古罍田畔中．有堅壤如木石．異而持歸．置几上．客至傳觀．皆不識．既而茶漬於几．一室聞酒香．試以水沃壤．則醇醪也．蓋酒罍不知何年弃去．先生於詩醞釀深久．隨觸而具．亦不自知其何以然．今集中詩．百讀紆迴有餘味．而實探口而出者．往往有之．非目擊在旁．必不信其成之速如此也．六十刻詩．稿成．恒患存者太多．欲更選擇未暇．先生歿後．啓運乃與子政莘伯承其志而就之．名曰簡編．江陰金運同武祥助以貲．別刊行世．嗚呼．去取之際．其果有當於先生之意也乎．其無當焉亦已矣．顧先生所長．無敢隱而不告．讀者審焉。

誥授奉政大夫貤封文林郎山陰汪先生行狀

本貫浙江省紹興府山陰縣城清風里。

曾祖倫秩．乾隆十二年丁卯科舉人．廣東長寧縣知縣．封文林郎．妣馮氏張氏董氏皆封孺人。

祖炌．貤封文林郎．妣錢氏貤封孺人。

父鼎．覃恩誥封奉政大夫．妣盧氏覃恩誥封宜人。

先生諱瑔．字玉泉．號芙生．晚號越人．所居名穀庵．學者稱穀庵先生．姓汪氏．唐越國公華之裔．元末自新安遷山陰．明正德中有諱應軫者．風節政事．具明史本傳．著青湖文集十四卷．錄入四庫．其十一世祖也．曾祖倫秩．字攸五．文章得陳句山之傳．祖炌．字明之．著史億二卷．父鼎．字禹九．著雨韭庵筆記四卷．明之公禹九公皆不仕．禹九公生二子．長天．先生居次．幼聰慧．七歲能爲詩．長有文名．隨侍客遊於粵．粵中詩文之會．輒冠其曹．遠近耆秀．皆願納交．久之．禹九公老矣．貧不能歸．謀所以養．客．有爲夷酋說者．以重金延主文牘．先生笑曰．吾能作黔婁．不知有中行說也．咸豐三年遊曲江．主五公五福．始爲幕客．四年閏月賊陳開何六黨數萬人圍縣城．文武爲城守計．先生贊畫功多．賊營城南帽子峯．與城絕水．掠民船濟而北．晝夜聚攻．先生曰．是可火．據上風以火箭射．焚其舟盡．會夜．數十里水光皆赤．船賊殲焉．由是賊不得逼．城賴以固．凡十月．圍始解．先生追危其事．繪爲秋城夜角圖．一時名流題詠殆徧．其年禹九公歿．七年客陽山．繼客東莞番禺二縣．廉瓊潮高肇慶五府皆主五公．十六年而五公卒．公爲嶺南循吏．所至有聲．既得先生．治狀尤著．方先生壯年．有志天下事．撫部者公耆英．奉旨自粵率師援閩．聘與偕行．母盧宜人意不欲．乃止．盧宜人歿．服闋．年四十矣．會病瘧瘥．自度精力頓衰．無復用世之意．同治八年．再客潮州．十年六月大水．城幾沒．決佘家園．漂人畜田舍．先生勸當事者振撫．立散振之法．文告多出其手．時主冒公澄爲鹽運同．十一年主藩使俊公俊達．自是常居番禺．國家庫藏出入．有經錢糧銀五百兩以上．非奏聞不得用．異時粵中水旱．官吏持例不敢議振．潮州水時．大府閱牘意慼．遽發藩庫銀二千兩．吏以其未奏也．不敢報部．顧銀已出庫逾年．不知所爲．及是請之先生．曰．田房徵稅契

銀其額外之美餘・本爲地方公用・由稅美開報無害也・如其言籍入・部置不問・後州縣災歉・皆得請帑於有司・自先生始。

光緒元年主督部劉公坤一・繼劉公者裕公裕寬・張靖達公樹聲・曾忠襄公國荃・皆倚重先生・廣州通蕃最久・民與夷習互市爲天下重・夷之習中國者・恆因貪褻之民・恢詭其所爲・以機穽相陷伏・外挾恫疑・內隱私利・事發於此・而意寓於彼・文書往復・剛柔萬端・而總督實專其政・片文殘意・一委先生・凡四公六任・居幕府者七年・威不下褻・辭不失舊・身栟潛折・民氣不讙不撓・其效在冥冥之中・顧亭林所謂匹夫匹婦・與有其責者・先生亦嘗自言於此・盡布衣報國之忠・乃精力愈耗・不可支矣・曾公知先生特深・其總粵也・越南之事始棘・公故宿將・沈幾慮應・而示無倪・旬月戰備畢辦・獨先生與其謀・吏民無知者・公嘗歎息・恨相見晚・且曰・惜吾兄未識君・兩司以事衙謁公・欲見先生・辭曰・事取進止於公・某一介士耳・公不以爲不肖・使參計畫・而周旋於幕外・雖無物論・不宜・公言左繼臯居駱文忠幕時嘗如此・先生曰・左侯經緯非常・非其人則不可・某以不可學侯之可也・公歎曰・斯可爲師表矣・臨別三誦此言・當曾公時・先生鬚髮驟白・後不復任爲客・凡以此・世或疑曾公於越南事未備・請以先生徵之・晚歲積衰・感聞見之不稱・病肝・藥不能瘳・自以學問治之・十七年正月感春温・七日證耳・緜惙二十餘日・二月初三日卒・春秋六十有四。

嗚呼求吏事於文人・効孤忠於韋布・可以養化原・厲名節・慮遠而持變・技之有效・古今上下・殆不可多有也・性警敏・事至立斷・倉卒肆應・循其意行・皆必無失・博極羣籍・辨治忽之機・折於豪芒・洞然百變之後・其利害如睹也・其所言未嘗不可行者・其蘊蓄不抒多矣・畧於無聞子一編見之・無聞子者・先生四十自號・以名其書・語皆實獲・可采古今事爲之傳・或又曰・爲志文之流者也・於文學無所不通・尤長於詩・初擬温李・晚濟范陸・幽遠深曠・造乎自然・後世必有疑爲南宋金元間人者・其高者乃中晚唐音矣・精漢隸書・藏碑數十百本・晚年臨摹不倦・論隸法・北宋浸失其傳・至明而極・國初始復漢舊・亦如駢體文・復六朝唐之舊焉・第卓然成立者無幾人・桂未谷差得其正・錢梅癸雖近俗・所得漢意深矣・博涉而未專精・則師石經之體・猶足以自覆其拙・專而不博・亦無譏焉・鄧石如以篆入隸・又奉洪景盧所棄之白石神君碑以爲師・而名於一時・所不解也・手書屏幛・縉紳家往往有之・嘗欲精書刻石・衰病未果・猶元次山冰泉銘・金運同武祥補刻梧州者是・先生書非就石以書・不免失眞・然足見其概已・著隨山館猥稾十卷・叢稾四卷・詞一卷・無聞子一卷・松煙小錄四卷・旅談四卷・皆六十歲自定・門弟子姚文駿陶爾錕輩刻以爲壽・歿後・子銈取未刻詩編爲續稾二卷・凡爲詩十二卷・其他諸作各增附焉・松煙小錄增爲六卷・旅談增爲五卷・並刻尺牘二卷・林胡駱曾四公奏議八卷・乃先生選示及門者・已前刻・皆行於世。

先生足跡不踰五嶺・文字交徧天下・象州鄭獻甫・成都朱鑒成最相友善・祥符周星詒讀先生詩・自福建郵贈以畫・嘉興張鳴珂錄先生文入所選駢體正宗續編・皆未識面者・弱

冠時・番禺張維屏數欲致之門下・南海譚瑩・漢軍陳良玉・番禺陳澧・沈世良咸豐同治間皆稱粵之名宿・其重先生不啻人之重之・先生嘗歎使吾不奔走衣食・佐人幕事・所造故當勝・又言幕客治事・當如身居此官・善則歸於主者・不當居其名也・今著作可傳如此・惜乎功烈無以自見・抑良才隱世・江湖賤貧・有道君子固處之適然者乎。

捐納監生同知銜・封奉政大夫・以子貤封文林郎・配張氏・賢厚能貧・子一兆銓・女二・長夭・次即啓連婦也・孫男一・嶔・先生少長粵中・更兵亂・父母隨葬於粵・自以終無歸期・始令兆銓援例入籍應試・以番禺縣附學生員・中光緒十二年乙酉科廣東舉人・官海陽縣儒學教諭・兆銓及從子兆鏞・故人子陶邵學皆傳先生之學・掇科第・有名於時・著籍弟子數人・凡所甄陶・學行咸足自立・啓連年十九・即從學先生・妻以女・館於家・雖駑弱無所肖似・畧知先生志行・不敢無一言以諗天下之蓄道德能文章者・兆銓將以某年月葬先生於某原・謹狀行誼如右・銘幽之惠・咸且不朽云・光緒十有七年・辛卯十月・子婿朱啓連頓首謹狀。

寒濤琴銘

琴爲白沙先生物・子孫世守四百餘年・朽矣・其鄉後進高君仲和爲修完之・顧貧不能有・介高以售於予・試其音若長松茹風・清遠而聚・往復匼匝而不厭・寒濤之名・白沙所命歟・余惟古今人物恆相待・人之有白沙・琴之有寒濤・未始相勝也・琴不以白沙重也・然使不幸而辱於鈐山堂・余能滿意乎・物固有無遇於人・而精氣足以自存者・及得所主而考其流傳之緒・碌碌者將齒及焉・然則人有時反以物重也・嗟乎・同德之君不足爲喜・危死之粟・不足爲憂・明夷之貞・斯可爲弔也・夫士之介然者・甯與庸保爲伍・必不與宵小爲緣・亦若是則已矣・而遽得其明與之遊處・則是亦可願也・銘曰・

霜而落兮・石之犖确兮・飈而翥兮・蛟龍之喧兮・突而逝兮・不可以縶兮・洑而洄兮・羣浮一摧兮・搏兮激兮・臧失色兮・縈兮紆兮・迎且歙兮・折而上兮・婉難忘兮・殷隆隆兮・世因瞶以終兮。

陳樹鏞 字慶笙・新會人・諸生・陳東塾弟子・性至孝・父歿・居倚廬・麻衰喪食如古禮・東塾門下多經生宿儒・獨以樹鏞狂狷異才・稱爲粵士之冠・以所著書付託之・家貧・耿介有所不取・張文襄聘主豐湖書院・梁文忠主廣雅書院・欲任以分校・皆不就・博學通經史百家・旁考歷代職官制度・祈嚮在顧崑山一流著述・未竟・年三十遽卒・宣統元年粵督張人駿臚列學行・奏請宣付史館立傳・所著有周易集注義疏・通鑑輯要・文獻通考正誤・漢官答問諸書・惟漢官答問刊入端溪叢書・餘未寫定・順德簡朝亮表其墓・又爲董理遺書・有陳茂才文集四卷刊行。

易論

秦焚書・獨易以卜筮之書得存・自是百家衆技皆託於易・怪誕詭變・不可勝窮・然皆外道異說・不足以亂易也・昔費直以十翼言易・最爲近古・其說不傳・王輔嗣忘象言理・或譏清譚・程子朱子之書・其言理欲絜靜精微・庶幾切於人事矣・然朱子謂易爲卜筮之書・愚竊以爲不然・繫辭傳

言易興神物・前民用通神明之德・類萬物之情・其盛德大業如斯・斯豈惟太卜之官守乎・故曰・以卜筮者尙其占・明其爲易道之一也・今反覆以求之・知其義有二焉・一曰古皇覺世牖民之條敎・一曰創制興作之本原・天下開闢・民樸人少・可以散處・久而少者漸衆・樸者漸智・不能不推一首・出爲主也・所謂君也・然民有血氣・皆有爭心・入深山犯猛獸而得食・不如奪之於人之逸也・而爭鬭之事起・且民飲血食肉之餘・無所知識・亦不可以終日・於是有伏羲出・遂畫八卦以敎之天下・人生之理曰健・曰順・其理之用・曰動・曰入・曰陷・曰麗・曰止・曰說・而八卦皆具之・天下衆著之物曰天・曰地・曰雷・曰木與風・曰水・曰火與日・曰山・曰澤・而八卦又具之・天下共喜之物曰馬・曰牛・曰龍・曰雞・曰豕・曰雉・曰狗・曰羊・而八卦亦具之・天下附體之物曰首・曰腹・曰足・曰股・曰耳・曰目・曰手・曰口・而八卦無不具之・當時之何以敎也・則不可知・然必敎民有道・率作興事・以養其身・遷善去惡・以安其生・則無疑矣・而猶慮理處於虛・民仍不解也・遂設象繫辭・以明其意・故健不可知・則以龍言之・順不可知・則以牝馬言之・使民皆家喩戶曉焉・而猶恐民之不從也・又以吉凶鼓舞而董戒之・吉凶者・善惡也・賞罰也・上古謂之吉凶・中古以後則謂之善惡・賞罰者・自民言之・則謂之吉凶・自敎民者言之則謂之賞罰・吉凶者・使民遷善去惡之名也・說文壹壹字從吉凶・引易曰天地壹壹・此最古之義・其字從壺・吉凶之理未明・如在壺中不得泄也・今易作天地絪縕・音讀皆同・蓋未畫卦以前・民無知識・吉凶不見・謂之壹壹・既畫卦以後・知識遂開・民知善惡・謂之吉凶・此八卦之第一義也・故曰八卦定吉凶・定而斷之也・周禮太卜掌三易・連山歸藏周易・杜子春云・連山虙戲・歸藏黃帝・汪容甫謂連山卽烈山・亦卽厲山・皆語之轉・韋昭國語注・烈山炎帝之號・其說是也・三易不始於夏殷周・其始於何帝・則諸儒說雖不一・而連山始於炎帝・斯確矣・其餘二易亦必本堯舜以前無疑也・故言堯舜垂衣裳者・謂其取諸乾坤也・蓋伏羲畫卦・天下以治・其後聖人繼起・本其說而廣之以治天下所由・姬卜遂有三易之名・此八卦之第二義也。

禮運稱孔子曰・我欲觀殷道・是故之宋而不足徵也・吾得坤乾焉・鄭注謂乾坤卽歸藏・然則歸藏爲殷易・連山爲夏易・猶之易爲周易矣・蓋夏商周三代之君・復取連山歸藏易三書・廣其義以爲三朝敎民之書・世變愈甚・故其文愈多也・杜子春鄭康成孔穎達諸儒・或言連山歸藏周易爲夏殷周三易・或言連山歸藏爲神農黃帝之易・皆知其一不知其二者也・三代以後・典章大備・夏有禹貢・周有周官之類・其制度不盡同於易・而文王猶演易者・蓋推上古之敎・發明其義・以敎萬民・其書以言理而善推・此所謂覺世牖民之條敎也。

開闢之初・穴居野處・百物不具・凡有創作・皆自無而有・既無書冊可則效・又無遺制可則效・其最可則效者・莫如天地陰陽・故遂取以爲法・且方圓奇偶・本無定形・而古皇必取天地陰陽以爲法者・蓋無所法・斯安見方者不可改以圓・奇者不可易爲偶・雖能立法・人將不從・且何從以爲限制・故必法於天地也・此所謂創制興作之本原也・至於後

聖・則前聖之遺制具在・取而損益・不必創造・故周之明堂・必本於殷人之重屋・殷人之重屋・必本於夏之世室・夏之世室・必本於黃帝之明堂・黃帝迺法天矣・易之言象・何也・曰繫辭傳已言之矣・曰・易也者・象也・象也者・像也・又曰・聖人有以見天下之賾・而擬諸其形容・象其物宜・是故謂之象・擬諸形容者・以淺形深・以顯形隱・八卦皆象也・乾則於三連象焉・坤則於六斷象焉・此可推也・是故程子言假象・失所象之實也・朱子從邵子言先天・失所象之宜也・繫辭傳曰・易之爲書也不可遠・爲道也屢遷・故曰不可爲典要・唯變所適・彼執一象而求之者・不知其變也。

張江陵論

神宗承世宗叢脞之後・以童昏即位・政委大臣・江陵當國十餘年・封俺答而邊境安・用李成梁鎮遼・戚繼光鎮薊・而外侮息・用殷正茂督粤・張佳允撫浙・而內寇平・改漕政・設互市・丈民田・嚴課最・覈驛遞・而國用足・去冗官・清庠序・尊主權・信賞罰・課吏職・而朝政肅・太倉之粟可支十年・太僕寺亦積金四百萬・天下幾於太平・功亦偉矣・而後世如王船山陸清獻王鴻緒皆詆之不遺餘力・夫江陵丁父憂・奪情據位治政・侍經筵講讀・爭之者至廷杖謫斥・神宗待以師禮・而江陵自失師道如此・此詆之豈不宜乎・若詆江陵擅權勢・結中官・皆非知事勢之言也・人臣當國・非無才以濟時之難・有其才而不能力排羣議・任天下之怨之難・英辟踐阼・政不下移・相臣贊揚而已・及乎虛己以聽・疑可有爲・而小人以不便其私而沮之・君子以不同其意而議之・發言盈庭・罪謗朋興・故韓魏公兩朝顧命・而以人言出外・范文正夙德望重・而以論劾去官・江陵一新進之人・爲伊尹周公之事・國家多故・非次第更張不可爲治・而百僚卿士・各逞私圖・非嚴肅峻厲・不能有功・其招怨讟・勢也・儻依違遷就・潔一己之虛名・國事民生・其曷有賴・且江陵如胡維庸之謀不軌・嚴嵩之賣官爵・責之可也・若攬大權・操賞罰・是顧命大臣事・猶以爲非・則伊尹孔明將有罪矣・是擅權勢・不足爲江陵病也・伊尹孔明之輔幼主也・先朝重臣・威望夙著・令行禁止・莫敢誰何・江陵由進士及第・不出五年・受顧命・登台輔・物望未孚・嫉之者衆・上有幼君・保抱起居・非大臣所能兼及・內有兩宮・出納命令・非外臣所能徑達・取資內臣・勢不得已不然・讒嫉一行・片紙內發・宰相之位不保矣・其於國事・何益之有・江陵屈一己之節・以建社稷之功・心亦良苦・況終其身・宦官不敢侵政・而馮保亦能進忠言・以止神宗之盤遊・是結中官・亦不足爲江陵病也。

且江陵朝夕啓沃・非堯舜之道不言・神宗好遊宴・則止之・好奢侈・則止之・是之謂正・禁用驛馬・雖其子亦不得用・其僕詐人金二十・立置之死・執法不私・是之謂公・當國十餘年・・賞賜無虛日・子弟官朝列者數人・及籍沒家產・僅黃金萬・白金十萬・考其終身・未嘗受外臣一錢・是之謂廉・與高拱不相能・拱死爲之復官請謚・受顧璘之知・白首不忘・是之謂厚・戚繼光李成梁爲讒言所忌・苦心調護・使之成功・以安邊疆・是之謂忠・發謀決勝・而功皆歸之疆臣・是之謂大・有臣如此・亦可無惡於人矣・而考之史

傳・則引相體以見九卿・而貴人怨之・抑宦官不得預六部事・而其黨怨之・省冗官・而求仕者怨之・嚴諱盜之令・而奉行不便者怨之・蓋江陵力學・不驚寵辱・不務聲名・敢犯天下之不韙・以成其功・羣疏衆謗・實亦隨之・故墳土未乾・・而家難作也・然讀其文集・觀其與邊臣諸書・運籌帷幄・決勝千里・風行雷厲・雖隔萬里・如在廟堂・而誘掖獎勸・揚善規過・知人善任・人思自奮・實可爲相臣之法・君子聽鼓鼙之聲・則思將帥之臣・感四國之多虞・恥經生之寡術・藥石有毒・猶將用之・而況救時之相哉。

李鄴侯論

新舊唐書於李鄴侯皆有貶詞・而舊書爲尤甚・至謂鄴侯長於鬼道・在相位・隨時俯仰・無可足稱・列傳與王璵關播同一卷・甚至以左道詆之・嗚乎・此何足以知鄴侯哉・鄴侯閒關至靈武・命之爲宰相而不受・其故何哉・元宗之喪邦也・實因其以官酬功・祿山以不得宰相之故・怨懟君父・稱兵犯闕・肅宗草創靈武・一時功名之士・皆思以乘時取大位・而武臣大帥爵位已極・一旦功成・無官可加・則不能無觖望・且人覬貴寵・則賢不肖濫進・君輕爵位・則賞罰無所恃・鄴侯之告肅宗曰・以官賞功則廢事・權重則難制・故不可輕予以宰相之名・蓋早知其害也・而猶恐同功共事之人・好大官顯爵・故以身爲之鵠・使天下之人・不貴高位・而貴天子之恩禮・不貴有虛名而貴有實功・此鄴侯返極重之勢・挽貪鄙之習・其意慮深遠・非尋常所及知也・肅宗用其策以馭諸將・故兩京復而無劉裕李克用之禍・此豈僅不乘時竊位

遠勢以避害之比哉・迨天下已平・觸李輔國張良娣之怒・拂衣而去・及元載柄國・恥與同列・不能引身歸嶽・而居參佐・託魏少遊以自全・夫豈畏葸而不能自持者哉・鄴侯之於肅宗也・在東宮則定布衣之交・在靈武則參匡復之議・同艱危・共甘苦・以成反正之元功・其交固矣・張良娣李輔國雖惡其斥己・然不過懼其居人主前・進忠讜之論・不利私謀耳・如其一旦去位・則無餘恨・卽有之・肅宗必能始終保全・故鄴侯從容而歸隱可也・其於代宗則不然・雖有謀元帥翼戴之功・而既無師友之誼・又不參帷幄之謀・從東拒吐蕃返陝州之駕・誅三閹・淸宮禁・皆不預其功・且代宗以猜疑之主・恩信未能終恃・元載以兇狡之性・惡黨環布・深謀不測・與鄴侯有不相立之勢・非如婦人閹豎・可以一去釋憾也・使其賊賢之心・一旦恣行・則山巔水涯・非樂土矣・故必藉雄藩之力・以爲全身之地・外度諸人・內度諸己・以養國家和平之福・留其身而有待・既明且哲・以保其身・達人通識・豈小丈夫之硜硜哉・其出也・處高位・極恩寵・而不以爲喜・其退也・參藩幕・刺外州・而不以爲屈・有唐之隆・人才盛而氣節衰・以姚崇魏元忠之明德・猶覬覦相位焉・而鄴侯獨能卓然不滓・敝屣富貴・其出處進退・已無愧古大臣矣。

若其成匡復之大功・全兩朝之骨肉・肅宗用其言而天下中興・德宗用其言而天下以治・功名之盛・千古光昭・而舊書謂無可稱・何失實也・舊書又謂其與時俯仰・尤爲不然・鄴侯惡李輔國則去・恥與元載同列・則又去・與時俯仰者・固如是耶・考鄴侯平生・惟薦竇參・失知人之明・然張延賞

害李晟・則保全之・小人讒韓滉・則營救之・陽城則薦之・陸宣公則與同官而敬讓之・於人材亦無負矣・其可異者・宣公自奉天得主以來・知無不言・言無不盡・鄴侯陜州入相之後・則不聞爭一言・陳一議・及鄴侯卒・而舉薦吏・減運米・廣和糴・止密封・卻饋贈・定宣武・復諤諤然封章入告・李進則陸默・李死則陸言・夫以宣公之大賢勁節・豈隨人俯仰者哉・而如斯者・宣公所欲言・鄴侯已言之・鄴侯所不能言・宣公亦終不敢言也・宣公於鄴侯猶敬讓如斯・則鄴侯之爲人可知矣。

且鄴侯以好神仙之故・舊書至以左道詆之・新書謂其爲世譏切・夫鄴侯之學・雖雜二氏・然觀其佐三軍・出艱入險・智謀議論・忠厚正大・豈王璵之比哉・蓋自詩鄭風序言・亂世學校不修・漸至於秦滅學・六經道消・而天地生人・其性恒貴・先民之風・猶有聞者・故當時偉人・其學問皆有所得・不必盡出於六經・汲黯好黄老・顔眞卿好釋氏・皆不害爲君子・況鄴侯經濟之才・定亂之功・在二人之上哉・且公孫宏孔光張禹自以爲列儒林之選・而貪鄙無恥・誤人國家・朝廷亦何貴此小人儒・蓋鄴侯既好神仙・而出處不測・際遇亦奇・稗官小說・多附會其軼事・舊書不能辨正・乃於卓卓之節・皆沒而不載・且肆言以詆之・謬矣。

三國志陸績傳書後

陸績仕吳爲太守・加偏將軍・而自稱有漢志士者・何也・以其卒在孫權未稱帝之前也・何以知之・以績傳云・卒時三十二知之也・後漢書陸康傳載・績父康爲廬江太守・袁術使孫策攻廬江・破之・月餘康發病卒・年七十・廬江之破・史不言何年・考三國志孫策傳・則廬江之破・康之卒在興平元年也・（通鑑同）卽使康以興平元年生績・（此就其至近者言之・其實績此時已七歲矣・說詳下文・）績至年三十二而卒・當是建興二年・（是時吳黃武四年）權以漢建興七年稱帝・是時績已先四年卒矣・此績卒在權稱帝前之一證也・績傳云・績六歲見袁術於九江・考袁術在九江凡七年・其二年使孫策攻績父於廬江・其五年則稱帝・其七年則北走・績之見術史不言在何年・若在攻廬江之時・則二家方爲仇敵・未必修相見之禮也・若在攻廬江之後・則術是績殺父之仇・必不見之也・且吳志陸遜傳云・袁術將攻康・康遣遜及親戚還吳・觀此則攻廬江之時・績方避術之不暇・無由見術也・然則績之見術・當在術居九江之初・未攻廬江之前・此時則漢初平四年也・由初平四年上溯六年・當是漢靈帝中平五年・由中平五年下計三十二年年・當是漢建安二十四年・績之卒・蓋在此時矣・此時權未稱帝也・越十年而權稱帝矣・此績卒在權稱帝前之二證也・吳志陸遜傳云・遜少孤・隨從祖康廬江太守在官・袁術將攻康・康遣遜及親戚還吳・遜年長於績數歲・爲之紀綱門戶・由是言之・據傳以考孫權傳・則吳赤烏八年遜卒・年六十三・由赤烏八年上溯六十三年・是漢靈帝光和六年・由光和六年下至漢獻帝興平元年・術攻廬江時・則遜年已十二矣・先一年績六歲見袁術於九江・則此時績已七歲・績七歲而遜則十二・則史所云長數歲者・蓋長五歲也・以長五年而論・則由光和六年至建安二十四年・遜年三十七・而績年三十二矣・三十二而績卒矣・

此時權未稱帝也．此續卒在權未稱帝前之三證也．權未稱帝則天下尚爲漢之天下．觀其刻石之文．詞旨悽切．存心日不忘乎漢室．自稱志士．誠無愧哉。

六書答問

或問曰．周禮保氏教國子以六書．外史掌達書名於四方．瞽史諭書名．六書學三代綦重之矣．古今異體或省或改．倉頡史籀以降．至於炎漢書凡幾變。

答曰．許氏說文敘言之詳矣．今再舉而言之．倉頡初作書．依類象形．謂之文．一也．其後形聲相益．謂之字．二也．五帝三王之世．改易殊體．封於泰山者．七十二代靡有同．其閒改變不知凡幾．三也．周禮以六書教國子．而六書之義大明．四也．宣王太史籀著大篆十五篇．與古文異．五也．李斯取史籀大篆．頗省改而爲小篆．六也．秦書有八體．除大篆小篆而外．曰刻符書．所以刻符節．七也．鳥蟲書．所以書幡信．八也．摹印卽繆篆．九也．署書所以書封檢題字．十也．殳書所以題識兵器．十一也．隸書下杜人程邈所以作．趣約易．十二也．漢書有草書．十三也．孔子書六經．左邱明述春秋傳．則以古文．秦雖有八體．而通行者惟小篆與隸書．碑刻用小篆．公府文書用隸書也．漢則通行用隸書．其碑版之用小篆蓋寡．而古文則幾絕矣．王莽之六書．卽本秦之八體而分合之者也．此自倉頡至漢．文字改變之大畧也。

或問曰．中國文字凡數改易．外國文字則一成不變．何也。

答曰．中國文字有聲．有形．有義．合三者而一字成．外國惟有聲而已．中國聯形而爲字．義與聲在其中．外國聯聲而爲字．義與形不與焉．中國以形爲本．外國以聲爲本．以形爲本者．可以漸加．以聲爲本者．不能復改．且中國始有人事．卽有文字．人事日增．則文字之法因之而增．外國文字生於人事大備之後．故一成卽不改也．中國文字始於象形．備於形聲相益．因聯字以爲文章．故有神明變化之道焉．外國以字寄聲．以字母統聲．僅足以宣其意．故其文愐冗長而晦拙．不如中國遠矣．考外國之書．言其國上古文字亦象形．與中國同．然則中外之初制文字．皆始於象形．中國能守而善變．外國不能守．改而爲聯聲之字．故不如中國也．或曰．文字之以形爲本者．惟有中國．海外各國．字母之多寡不同．而有一聲爲本．何也．曰．以形爲本者．不明此事物之情狀．不足以製此字．不明天下事物之情狀．不足以製天下事物之字．其事難．以聲爲本者．則以字母相比附．卽可寄一切之音．其事易．外國人之聰明．不及中國古聖人．故各國皆同．而獨異於中國也。

或問曰．說文形書也．顧一字有一字之形．與一字之音與義．而後一篆完．故說者曰．爾雅廣雅義書也．聲類音書也．然則歧而爲之．抑治說文而經緯備舉也。

答曰．小學之書．最要者莫如爾雅．其書通古今之異字．使人可知．然其功則訓詁六經．於製字之源．未有言也．廣雅效法爾雅．亦主訓詁．方言譯六國之方言．釋言以雙聲疊韻．求古人命名之意．皆有功於小學．爲治經不可少之書．而於字形亦未發明．如秦之倉頡爰歷博學．漢之元尚

急就・凡將滂熹訓纂・皆以四言七言・聯之爲句・取便誦習・使讀者畧知字義・粗識名物・而義必待注釋而明・音必待教授而顯・不足以理羣類曉學者也・李登聲類・顧野王玉篇・陸法言切韻・唐人查唐韻・旣明音讀・復顯字義・發明小學・已有條理・然字之本義本音・與字形之本始・字義字音之所以然・皆不足考見・惟東漢許氏以爲音生於義・義著於形・古人造字・有義以有音・有音以有形・學者必審形以知音・審音以知義・於是溯文字之本源・通義理之奧妙・博採通人・薈萃羣籍・成說文一書・以五百四十部・統括天下古今之字・先敍篆文・合以古籀・以明字形・使學者由字形以求古人製字命名之故・由篆書以正隸書・省改譌俗之謬・次明訓詁・以著字義・使學者本義明・而叚借引申之義明・叚借引申之義明・而羣經之訓詁遂大明・又次著形聲之說・讀若之例・以明字音・或舉古人之正音・或舉古之轉音・使學者不至執今日之音以疑古音・而音明・古書叚借之例・必本於音・古音明・則古書叚借之例亦遂明・然則說文一書・其釋字義如元始丕大之類・已足該括爾雅等書・其釋字音・如元從兀聲・丕從不聲之類・已足該聲類切韻等書・其釋字形如天從一大・元從一兀等類・則爲爾雅已降小學書所未聞・說文之爲書・以文字而兼聲音訓詁・謂說文爲形書者・非也・治說文者・必兼文字聲音訓詁・徒明一義者・亦非也。

或問曰・以字義而論・一字有一字之本義・有引申之義・有叚借之義・往往引申叚借之義通行於古今・而本義反晦者・其例何如。

答曰・若此之類・其類有四・有借此字爲彼字・而彼字遂晦者・如逆本逜逆・屰本順屰・借逆爲順屰而屰晦・乞本雲乞・氣本廩氣・借氣爲雲乞・而乞晦・是也・有借此爲彼字・而此字之本義晦・彼字之形晦者・如蒙本草名・冡本冡覆・借蒙爲冡覆・而草名之義・冡之形皆晦・私本禾也・厶本公厶・借私爲公厶・而禾之義・厶之形皆晦・是也・有借此字爲彼字・又借彼一字爲此字・而此字之本義晦・彼字之形晦・彼一字之本義又晦者・如借奪失之奪爲爭敓・又借肉消之脫爲奪失・而奪脫之本義・敓之形・皆晦・借推攘之攘爲纕臂・又借責讓之讓爲推讓・而讓攘之本義・纕之形皆晦・是也・有借此字爲彼字・而此字之本義晦者・如裂本繒餘・列本分列・借裂爲分列・而繒餘之義晦・爪本丮也・叉本叉甲・借爪爲叉甲・而丮之義晦・是也・凡此之類・遽數之不能盡。

或問曰・六書之目・有體有用・孰爲四體・孰爲二用・古人字少而叚借・必有師法・其樞紐何如。

答曰・以指事・象形・會意・形聲爲四體・以轉注・叚借爲二用・始於戴東原・而段茂堂述之・段氏注說文敍・言之詳矣・至於叚借・則其例有二・有製字時之叚借・有用字時之叚借・二者迥然不同・何謂製字時之叚借・古人字少・後起之事・其字爲始製所無・遂不別製一字・卽借字義之相近者爲之・許氏所謂本無其字・依聲託事是也・如說文屮部・屮艸木初生也・古文或以爲艸字・𠬪部爰引也・籀文以爲車轅字・可部哥聲也・古文以爲謌字・若此類者・二字並行・許氏恐人不知古義也・故特著明古文以爲籀文・以爲之

說・此可知其爲製字時之叚借也・又有製字時叚借・其後終不製本義之字・則一字二用・人所共知・許氏遂不著其叚借之說・而亦有著之者・如來部來・周所受瑞麥・來麰天所來也・故以爲行來之來・西部西・鳥在巢上・日在西方・故因以爲東西之西・以及鳥部古文鳳之朋黨字・烏部之烏呼字・韋部之韋革字・則因叚借之義盛行・本義反悔・故許氏特著明・有許氏不言叚借・而今日叚借之義獨行・人不知有本義者・如鷬鳥也・今止知爲鷬難・久從後灸之也・今止知爲久遠・困故廬也・今止知爲困窮・若此類者・考之說文・亦知其爲製字時之叚借也・何謂用字時之叚借・古人小學既無分別部居之書・字易相混・又古經師教授諷誦・不書於竹帛・口耳相傳・聲或轉而義不隨之而轉・於是有借此之字而寄彼之義・如士冠禮祝辭・永受胡福・胡遐也・胡無遐義・訓胡爲遐者・謂遐聲轉爲胡・遂借胡爲遐也・胡不萬年・遐不眉壽・遐不胡不・皆何不也・胡無何義・遐更無何義・訓胡遐爲何者・何聲轉爲胡・又轉爲遐・遂借胡遐爲何也・羣經諸子多此類・不可枚舉・皆所謂用字時之叚借也・製字之叚借・因字少用・字之叚借・非因字少・製字之叚借有定・當借此字必借此字・用字之叚借無定・可以百變而不同・製字之叚借・以一字爲二字・用字之叚借・合二字爲一字・製字之叚借多因義近・用字之叚借必因聲近・義近者生於有意・聲近者出於無心・此二者分別之大端・明乎此而羣經叚借之義可得而通矣・至於說文所言皆製字之叚借・非用字之叚借・其有引用經文叚借之旨・如蹡下引詩管磬蹡蹡之類・則用廣多聞・非本無其字依聲託事之例矣。

或問曰・周末漢初經師口授・不箸竹帛・又或用方言・是故羣經異師則異字・自胡母生之治春秋而已然矣・說文稱經與羣經之稱經異・好古者又據許以改經可乎。

答曰・古者經異師卽異字・其來舊矣・春秋之三傳・皆去聖人未遠・而三家經文卽各有不同・推之諸經・亦莫不然・蓋古者經師各有家法・自爲授受・不相雷同・許氏之學不爲墨守・五經異義廣收羅索・擇善而從・不專一說・其爲說文博採・通人會聚羣經・經師異讀則取長棄短・惟求其是・故說文所引較今經文實多異同・夫今之經籍各有師法・若取說文而改之・則是紊亂家法・惡乎可也・卽以詩言・今之詩・毛詩也・說文言詩用古文・則亦毛詩也・而亦有不盡用毛詩者・如艸部雚・艸也・詩曰・食鬱及雚・今詩文作薁・考之釋文・韓詩卽雚・然則說文之雚・本於韓詩也・若改薁爲雚・是以韓亂毛矣・足部蹡・行兒・詩曰・管磬蹡蹡・今詩作管磬將將・考蹡蹡行兒・與管磬之義不相屬・此必三家之詩・借蹡爲將・而許用之以明叚借之義・毛詩則用本字・若改將爲蹡・是據三家詩亂毛矣・肉部膫・牛腹脂也・詩曰・取其血膫・今詩作膋・考膫之古文爲膋・許引詩作膋者・蓋三家之詩從今文作膫・毛詩則古文也・若改膋爲膫・是以今文亂古文矣・禾部穎・禾末也・詩曰・禾穎穟穟・毛傳云・役列也・穎無列義・毛必作役無疑・許作穎・必三家詩也・若改役爲穎・是以三家改毛矣・穦下云・積禾也・詩曰・穦之秩秩・今詩作積之栗栗・毛傳云・栗栗衆多也・不聞有穦字之訓・則毛必作積作栗・許作穦作秩者・三家詩也・若改積爲穦・改栗爲秩・是亦以三家詩亂毛矣・人

部俟・篆下引詩曰・伾伾俟俟・今詩作儦儦俟俟・考文選注引韓詩作伾・若改伾爲儦・是以韓亂毛也・又以書言之・今之書是僞孔本・僞孔與馬鄭同爲古文・其異於馬鄭者・釋文正義已詳舉之・釋文正義所不言・則必與馬鄭本同也・說文敍稱書孔氏・而所引書時與今本不同・如格於上下・說文人部引書作假於上下・平秩東作・豐部引書作平豑東作・鳥獸氄毛・毛部引書作鳥獸𣯛毛・期三百有六旬・禾部引書作稘三百有六旬・至於岱宗柴・示部祡下引書作至於岱宗祡・又𥛱古文祡・濬畎澮距川・川部引書作濬〈巜距巛・藻火・玉部引書作璪火・粉米・黹部引書作黺米・朋淫於家・弼成五服・卩部引書作邲成五朝・凡此之類・不可枚舉・蓋孔壁古文・孔安國以今文讀之・改定其字・說文雖用孔氏・而每存壁中故書本字・故與今文時有不同・若必據說文以改書・是亂古文家法也・江艮庭尙書集注音疏・據說文所引書以改經・並據說文所附各字之古文以考尙書・未可見也・然羣經之文自漢以來流傳數千年・豈無錯誤・援據說文精思博考・以是正之・則有功於經學・如說文隶部・隸及也・引詩曰・隸天之未陰雨・今許作迨者・俗字・作隸者・毛之舊也・骨部𩩟・篆云骨擿之可會髮者・詩曰・𩩟弁如星・案今詩作會弁・毛傳云・弁皮弁・所以會髮・考皮弁・諸侯所以視朔及與諸侯相朝聘之服・非爲會髮之用・以皮弁爲會髮不得矣・說文多本毛詩・蓋毛詩本作𩩟弁・傳本云𩩟・所以會髮・弁皮弁・謂先𩩟髮而後戴弁也・自鄭箋易弁爲會・釋爲弁之縫中・後人據之改傳並改經・遂失毛之舊・幸有說文可以考見・若此之類・是在學人之別擇矣。

或問曰・許之言六書・與鄭衆之言六書・與劉歆班固之言六書・次第小有不合・形聲與諧聲殊趣・其別何如。

答曰・六書之名與次第・許氏則曰指事象形・會意形聲・轉注叚借・劉氏七畧・班氏述之爲藝文志・則曰・象形象事・象意象聲・轉注叚借・周禮保氏先鄭注・則曰象形會意・轉注處事・叚借諧聲・三家各有異同・然三家之中・以許說爲最善・許曰指事・劉班曰象事・先鄭曰處事・考製字之意・蓋因字有不可以象形者・於是有指事之法・如木可以象形・而木之本・木之末・不可象・乃指其木之上爲末・指其木之下爲本・而二字之意乃了然矣・故曰・指事如曰象事・則本末非可象也・以一筆指木之上下・更非畫成其物也・是象事之說不可通也・先鄭曰處事・賈疏釋之云・人在一上爲上・人在一下爲下・各有其處・故曰處事・考古文上下字作𠄞𠄟・一者地也・以一畫指其上・以顯上之意・以一畫指其下・以顯下之意・無所謂人在其上下也・賈疏因處字不可通・故以人在一上下各有其處解之・不知𠄞𠄟二字・猶可附會之曰人處上下・本末二字・又可附會曰人處木上・人處木下乎・是處事之說・亦不可通也・許曰會意・劉班曰象意・會者合也・謂一文不足見意・會文成字以見其意・會意之字・有會合二文而成者・武從止戈・信從人言・是也・有會合三文而成者・徹從彳從攴從育・整從束從正從攴・是也・有會四文而成者・如塞篆文從宀從𠀁从双從土・是也・有會合五文而成者・尋篆文从彡从又从工從口從寸・是也・有會合六文而成者・爨从冂从臼从冖从林从大從火・是也・惟其會文成字以見意・故曰會意・謂之象意・則不足以見會

文成字之法矣．且象形之例．有象實形者．有象虛形者．象實形者．日象日形．月象月形．是也．象虛形者．亼象三合之形．八象分別相背之形．是也．象實形者．象形以顯其形．象虛形者．象形以顯其意．正象意之類也．若謂會意爲象意．則與象形之象虛形者互相混矣．是象意之說．亦不可通也．許曰形聲．劉班曰象聲．先鄭曰．諧聲考文字之始．有義而有聲．有聲而有形．形與形合爲會意．形與聲合爲形聲．形聲者．所以濟象形會意之窮．而極文字之用者也．如水字有形可象．而履石渡水之字則無可象．而象形窮．於是用會意之法．製從水從石之砅乎．以顯之水之類至多．江淮河漢其名有百．無意可見．而會意又窮於是．形聲生焉．江從水．工聲．河從水．可聲．從水者．顯其形．示人以水之類不混於木之類．從工聲可聲者．顯其聲使江不混於河．河不混於江也．故形聲之字．斷未有離形而成者．周禮保氏疏．舉形聲六等．或左形右聲．或右形左聲．或上形下聲．或下形上聲．或外形內聲．或內形外聲．皆是也．若謂之象聲．是止見聲之義．不見合形與聲之義矣．其說雖通．而意則不能該備也．先鄭謂之諧聲者洽也．於製字之精義相違者更遠矣。

或問曰．今音古分十七部．秦以前有均之文可覆按也．若依聲以臚許之九千字．不獨形聲字．而以部分釐之．亦古今之奇作也。

答曰．天下事物之象．人目見之．則心有意．意欲達之．則口有聲．意者象乎事物而構之者也．聲者象乎意而宣之者也．釋名云．天豫司兗冀舌腹言之．天顯也．在上高顯也．青徐以舌頭言之．天坦也．坦然高遠也．此卽聲象意而宣之說也．人見天高顯在上．則曰天．見地厚重．則曰地．天之聲高而揚．地之聲下而重也．推之人自稱則余．吾．我．卬．己．稱人則曰汝．女．爾．乃．而．余吾我卬己．其聲皆收入．汝女爾乃而．其聲皆發出．又大字之聲大．小字之形小．長字之聲長．短字之聲短．顯而易見者也．上古之世．未有文字．人之言語以聲達其意．文字既作．而意與聲皆附麗焉．象形指事之文．會意之字．由意而作者也．形聲之字．由聲而作者也．聲肖乎意．故形聲之字．其意卽在取諧之聲．數字同諧一聲．卽數字同出一意．孳乳而生．至再至三．而不離其宗．如說文喬高而曲也．則凡喬之字．皆有高義．曲意僑高也．驕馬高六尺也．蹻舉足行高也．撟舉手高也．趫善緣木之才．緣木者必高也．獢．獢獡也．獢獡犬之高大者也．鐈似鼎而長足．則高鼎也．橋水梁也．水梁必高駕於水者也．矯揉．箭箝也．揉箭則有曲之意也．他如此者．亦莫不然．縱展轉相生．去本初之字或遠．不能盡求其說．而未嘗不可知其意者也．說文於指事象形會意之義．皆發明之．惟形聲則止言從某聲．而無所發明．然句部之字凡三．拘從手從句．句亦聲．笱．從竹句．句亦聲．鉤．從金句．句亦聲．三字皆從句得聲．則諧聲之意．許氏已於此部發其旨矣．戴東原與段茂堂書云．諧聲之存．半主義．半主聲．說文九千餘字．以義相統．今作諧聲表．若盡取而列之．使以聲相統．條貫而下如譜繫．則亦必傳之作也．姚文僖嘗爲之名曰．說文聲繫．然其體例不善變篆爲隸．又不錄說文解字之文．使人無從見得聲義．先師陳蘭甫先生因取說

文九千字分爲十七部・以聲爲部首・而形聲之字屬之・其屬之次第・則以形之相益爲等級・以意之相引爲先後・而形聲之義大明矣。

或問曰・許書所有之字・當時俗字固不闌入・乃羣經所有之正字・亦頗有不收者・況本書見於說解則有之・篆文則無之・所從得聲則有之・本聲則無之・此自有其故也・豈可以某字卽某字當之歟。

答曰・說文傳於世千有餘年・豈無奪誤・其有經典常用之字不見說文者・必傳寫遺奪・非許氏本無也・如由字不見於說文・而車部軸字從車由聲・木部柚字從木由聲・劉字不見於說文・而竹部䉧字從竹劉聲・水部瀏字從水劉聲・免字不見於說文・而車部輓字從車免聲・力部勉字從力免聲・說文無希字・而禾部稀字從禾希聲・糸部絺字・從糸希聲・若此類者等・說文雖無其字・而從其聲之字・自數字至數十字・此傳寫奪漏無疑・必如鉉等謂稀從禾從爻從巾・不從希聲・段茂堂謂鎦卽劉字・阮文達謂卣卽由字・錢辛楣謂浼卽免字・則非矣・然亦有經傳之字爲說文所無・而可以說文之字當之者・如尚書左塾右塾・塾字不見於說文・考後漢書王莽令畫相升像於塾・東觀漢記作埻・說文埻從土𦎫聲・則埻卽塾字也・周禮守祧・祧字不見說文・考鄭注云・祧舊書作濯・然則濯卽祧也・爾疋璋大八寸謂琡・琡字不見說文・考說文瑒訓玉器・讀若淑・則瑒卽琡也・爾疋蔬不熟爲饉・蔬字不見說文・考詩彼疏斯粺・毛傳曰・彼食而疏・今反食精粺・論語飯疏食飲水疏・疏與蔬同・說文有疏字・則疏卽蔬也・曲禮黍曰薌合・薌字不見說文・考周禮大祝注引作香合・說文皀訓穀之馨香・讀若香卽皀卽薌也・藏字說文所無・考漢書藏字皆作臧・則臧卽藏也・詩賈用不售・售字不見說文・考詩無言不讎・箋云敎令之出如賣物・物善則售價貴・物惡則售價賤・釋文云・售一本作讎・說文有讎字・則讎卽售也・玉篇笏字不見說文・考儀禮士喪禮竹笏注云・笏所以書思對命者・史記夏本紀在治忽・裴駰集解云・鄭本忽作曶・注曰臣見君所秉書・思對命者・又玉藻注笏・今又作忽・然則笏古或作忽・或作曶・說文之忽字曶字・卽笏字也・禮記餕字不見・說文考儀禮特牲饋食禮注云・古文籑皆作餕・論語先生饌・釋文云・鄭作餕・說文籑字重文作饌・則籑饌卽餕也・榭字說文所無・儀禮鄉射禮豫則鉤楹內・鄭注豫讀如成周宣榭災之榭・考榭古作謝・說文有謝卽榭也・內則男女不同椸架・椸字不見說文・釋文云・椸本作箷・說文有箷・則箷卽施也・詩貽我來牟・貽字不見說文・考釋文云・貽又作詒・而說文𣛦篆下引詩作詒我來𣛦・則詒字卽貽也・聘字不見說文・考周禮小行人職鄭注云・故書聘作傳・說文有傳字卽聘也・詩零露漙兮・漙字不見說文・考釋文云・漙本又作團・文選謝惠連詩注・引詩零露團兮・則團卽漙也・凡此之等・皆可確知非說文有奪漏・是在學者之博考而審別之也。

或問曰・玉篇以降・可羽翼說文者凡幾家・或謂呂忱字林・及字苑諸作可不作也・信歟。

答曰・說文集小學之大成・囊括萬類・辨名百物・後有作者・莫能及焉・漢以來小學之書凡數十家・類多散佚・其現存於世而可羽翼說文者・前乎玉篇・則有急就篇・方言釋

名小爾疋・廣疋・後乎玉篇・則有廣韻・集韻等書・雖不能如說文精深博大・而漢以後文字之損益・訓詁之同異・皆可考見・治小學者・所當博取也・呂忱字林・唐以前與說文並重・唐之書學博士・以說文字林敎士・其爲時重益可知矣・昔人謂字林補說文之闕・而實襲說文・案字林今雖散佚・而據各家輯本・亦可見其大畧・其訓詁多本說文・說文所無之字・則據當時承用者・畧著於篇・夫說文爲小學之準繩・字林遵用說文・正其善學・謂之曰襲・未得其平・惟時世之字・說文所無・呂氏廣錄兼收・以資多識・未爲不可・然不能推求說文・考其源流・正其得失・使世俗之字與古文並列・閱是無以識其是非・則呂氏陋也・如蘁卽蕾之俗體・荏卽茬之俗體・蘴卽葑之別體・犝卽童字・古止作童・易童牛之牿・古本正作童也・後世乃製從牛之犝字・达說文達之古文・齰卽齬之誤・說文齬訓齒不相值・字林齰亦訓齒不相值・故知齰卽齬之誤也・躑躅說文之蹢躅・鵬卽朋字・朋卽古文鳳字・作鵬者後人所加也・傾卽說文勈字・鹹卽說文鰔之重文・濼卽說文滎字・凉訓微寒・卽說文𩗬字・鯷訓鮎・鯷卽說文鮷字・凡此之類・字林皆錄其字・而不能著其正俗同異之故・則不足以解繆誤・曉學者矣・葛洪字苑・隋書經籍志不載・唐書藝文志始有葛洪要用字苑一卷・然顏氏家訓數稱引之・則其書盛行於北朝矣・今書已佚・然見於經典釋文及一切經音義者・其大畧與字林相似・其不能考源流・別正俗・亦與字林同・然自漢而後・文字孳乳・而多不可勝數・二書廣爲收錄・訓其義又釋其音・使人有所考見・不爲無功・宜當時尊從其論說・後人輯集其散佚也。

或問曰・唐人說經・著者孔陸賈三家・其於小學之理・謂不及近儒可也・曰茫乎未之聞・然與否歟。

答曰・國朝諸儒之小學・原本說文爾疋・博通羣經諸子・以字解經・以經證字・明古音而明古義・明本義而明叚借・引申之義・窮聲音之源・通文字之本・淵博詳實・精深微妙・有漢儒所未聞者・下此無論矣・唐初陸德明孔穎達賈公彥最爲大師・陸德明會聚羣經音注・以成釋文・學尤淵博・孔穎達爲五經正義・賈公彥作周禮儀禮疏・於典章制度・名物章句・發明詳實・今之言經學者・賴有此矣・其於訓詁・恪守雅訓・不敢私心自用・以達古法・謂其小學之理・茫乎未聞・過矣・然其不能知聲音文字之本源・通叚借引申之精理・於漢儒故訓・多未發明・得其顯迹・未窮其精微・不及國朝諸儒遠甚・陸氏釋文以音訓爲主・至其譌誤甚於孔賈・如詩凡憯字毛傳皆訓爲曾・憯莫懲嗟・胡憯莫懲・憯不畏明・憯不知其故是也・凡慘字毛皆訓憂戚・月出慘兮・憂心慘慘・我心慘慘・是也・釋文於胡憯莫懲下云・憯亦作慘・是不知憯慘之不同・而誤合爲一也・說文誶訓告・訊訓問・二字形聲俱別・亦無通叚之理・詩訊余不顧・王逸楚詞注引詩作誶予不顧・釋文引徐音亦息悴反告也・則詩本作誶無疑也・陸氏不能分別訊誶不同・乃曰訊又作誶・今遂誤作訊予不顧矣・曲禮三飯釋文云・符晚反・依字書食旁作卞・扶丂反・食旁作反・符晚反・二字不同・今則混之・故隨俗音・此考飯字從反者正字・從卞者俗字・陸氏不能分別・以正爲俗・何其陋也・又釋文之例・一字出兩音・必以前一音爲正・然考其書每前誤而後正・則不能審擇之失也・

若此之類．謂之曰誤亦其宜矣。

或問曰古均各家．疏於十七部者．十部．十三部也．密於十七部者．十八部．二十一部也．支派義例之不同．其出入何如。

答曰．百里之外．言語各別．千年之間．聲音不同．今音之異於古．猶南音之異於北．必然之理也．詩三百篇之作．遠者去今數千年．以今日之均．求之合者半．不合者半．後之經師因其不合．而叶均之說生焉．一字而叶數音．支離無定．使學者疑．宋至明漸知其有古音之說．陳季立倡其先．顧亭林先生覃求羣經．鈎稽百籍．知古音今音．不惟聲讀各異．卽部分亦判然不同．於是取唐人二百六部之均書．分為古音十部．而古音之義大明矣．江愼修先生以顧氏為有未合．作古音標準．取二百六部．分為十三部．段茂堂先生又以江氏為未合．考之三百篇．於是作六書音均表．定二百六均．為古音十七部．自是言古音者．皆遵用焉．王德祖先生又以為猶有未合者．謂當又分部．於是較段氏多四部．定為古音二十一部．孔巽軒先生又承段氏之說．定為陽聲九類．陰聲九類．凡十八類．其謂東冬不同．尤侯入聲之分配．最為精確．實足補段氏所未及．而陽類陰類之名．考之於古．實無所據．則好奇自信之過也．此十部十三部十七部二十一部十八部出入之大畧也．總而論之．古音大明於顧氏．至江段王孔而大密．然前乎此而知古音者．顧亭林先生則推吳才老陳季立．然考之羣書．則不止此也．釋名曰．古曰車．聲如居．今曰車．聲近舍．然則古今音之分．劉熙知之也．經典釋文所引徐仙民詩音周禮音多與古音合．是仙民亦知古音也．左傳有夫出征而喪其雄．正義云．古人讀雄與淩為均．祇見疏也．正義云．晉宋杜本皆作多．古人多祇同音．陳蔡不羹．正義云．古羹臛字．亦音郎．據此．則孔穎達亦似知古音者．然其詩關雎疏云．必依均．其有乖者．古人均不叶．孔氏不知古人而誣古人．以均不叶．必不能知古音者．左傳舊疏．用劉鉉本．此必劉氏之文也．是劉氏亦知古音也．詩遠送於野．釋文云．野沈協句宜音時預反．遠送於南．南沈協句宜音乃林反．案沈不言古本音而言叶．考其音則皆叶古音．是沈協亦知古音也．周禮釋文引劉昌宗音多合古音．是劉昌宗亦知古音也．元吾邱衍閒居錄曰．舜生於諸馮．古音皮冰反．不音房戎反．是吾邱衍亦知古音也．戴侗六書故云．弓古音姑宏反．是戴侗亦知古音也．戴侗六書故云．焦竑筆乘有古詩無叶音一條．謂下古作虎音．服古作迫音．降古作工音．澤古作鐸音．皆考據精確．是焦竑亦知古音也．此數儒者．不能如江顏段王孔之精深．能知古音．自有部．有條不紊．然卽此而觀．不能謂之不知也。

或問曰．六書為小學之一門．聲又為六書之一門．等均之學．又為聲中之一門．然則該古均胡為而不屑該等均也．抑治經未暇歟．意者謂古均足裨經讀．而等均為餘事．不知古均明而經明．其體尊．等均明而天下之言語明．其用大．言語亦文字也．能一以貫之歟。

答曰．自有人類卽有聲音．聲音之用大矣．股肱叢脞．見於尚書．參差踟躕見於毛詩．三代以前聲音之秘已啓．至漢末孫叔然始為反語．分天下之聲為四十類．無不該備．自三國以至唐．皆遵用之．唐之季世．其學竟絕．而僧守温三

十六字母出焉・三十六字母者・采涅槃之舊文・參中華之音均・而去取之・而字母之名・則沿襲華嚴者也・其後人取均書之字・依字母之次第而爲之圖・定爲開合四等・自此而後・言聲均者・莫不由此・以爲中國古儒者所未聞・顧其爲學始於唐季・其音斷自當時・以之讀中國經書・漢魏音讀・齟齬不合・乃創爲門法・展轉轇轕・其惑甚矣・而後之儒者・各矜神悟・各出新製・未嘗明等均本法・或且雜以方音・而其法愈不可訓・不惟無以復孫氏之舊・且漸失沙門之說・先師陳蘭甫先生於二千餘年後・得不傳之學・於廣均之中・知廣均本於陸法言切均・陸法言切均本於孫叔然反語・取廣均切均而聯繫之・上字分四十類・下字二百六均・一均之中・自一類至四類・而孫氏之學遂燦然大明・自漢以來・傳注之書・無不可讀者矣・沙門之三十六字母・以之考唐以前之音・則少四類・以之考今日之音・則照穿牀與知徹澄不分・泥與孃不分・非與敷不分・而多五類・且等字之說・强分四等・門法支離・使人疑惑・且同聲相切・本無母子之別・沙門於同聲之中・尊其爲一母・昔人所謂名不正言不順者也・後有學者・讀陳氏切均考・講叔然陸孫法言之學・不言沙門字母可矣・至於中國之聲・唐以前分四十類・唐以後分三十六類・今日則又不同焉・此由於古今世殊・音聲變異・要其理則一也・外國之書聯音爲字・至其言語亦同於此・殊方各國・莫不皆然・雖聲類有多寡疏密之不同・而其理則無殊別・有能通三代以來至於今日聲類分合之數・以之考中國各方之音・又以之考海外各國之音・勒成一書・亦奇作也。

或問曰・郭忠恕汗簡・夏竦古文四聲均俱可信而奉之・以補說文之闕・抑眞僞雜出也。

答曰・汗簡采七十一家而成書・雖言皆有據・而郭氏遠在許氏之後・許氏去古未遠・所得古文僅止於此・而郭氏乃信過之・不能免其眞僞雜出者也・夏竦之古文四聲均・取郭氏之書而以均編之・無所增廣・且時失郭氏之意・更無論矣・至於司馬相如凡將・史游急就・賈魴滂熹・李長元尙・楊雄訓纂五書・今日惟急就尙存・其餘若凡將則文選蜀都賦注引其黃潤纖美宜製褌一句・說文口部引其淮南宋蔡舞嗙喻一句・藝文類聚引其鐘磬竽笙筑坎侯一句・陸羽茶經引其烏啄桔梗芫華以下四十字・其他無聞焉・訓纂則說文解字引楊雄說者十三・蓋是訓纂之文・其他又無聞焉・若滂熹則隋經籍志云三倉三卷・秦相李斯作倉頡篇・漢楊雄作訓纂篇・後漢郎中賈魴作滂喜篇・故曰三倉・喜古通熹・見後漢劉寬碑・今考文選注・史記正義經典釋文一切經音義・時引三倉之文・皆統名曰三倉・無以知其爲滂熹之說與否矣・若元尙則尤無聞焉・凡此四書・皆不可考・龔定菴謂郭氏夏氏之書爲此四書所未及・何所據也・且三倉之書・當時謂之史書・蓋用隸體寫之・必非用古文急就篇・今日尙存則爲今體隸書・更無所謂古文矣・龔氏謂郭氏夏氏所采古文爲此五書所未及・抑何謬也。

或問曰・秦漢金石・往往非篆非隸・意者制八分留二分之說・未盡無稽歟。

答曰・八分之名・古無有也・漢書藝文志許君說文敍言八體六書之目詳矣・未嘗言八分・八分之名・始見於晉書衛

恆傳．恆四體書勢云．梁鵠弟子毛宏教於秘書．今八分皆宏之法．漢未有左子邑．小與梁鵠不同．然亦名作隸勢云．鳥迹之變．乃惟佐隸．厥用旣宏．體象有度．煥若星陳．鬱若雲布．其大徑尋．細不容髮．或穹窿恢廓．或櫛比鍼列．或砥平繩直．或蜚蜓繆戾．或長邪角趣．或規旋矩折．修短相副．異體同勢．奮筆相舉．離而不絕．纖波濃點．錯落其間．考四體書勢歷敍能隸之人．則有王次仲．師宜官．梁鵠．毛宏皆漢人．然則漢時能書者．皆以隸著．不以八分矣．梁鵠學隸法於師宜官．毛宏爲鵠之弟子．則宏所長亦必隸書也．其曰今之八分．皆宏之法．則八分始於宏．宏之前無所謂八分也．其隸勢所云穹窿恢郭諸語．皆是用筆結字之精微．非制作文字之義理．蓋當時工於隸書者．有此八分之法門．後人傳之以爲作書之模楷．非謂大篆小篆而外．有此八分之一體也．書家相傳蔡文姬有臣父造八分時．割程隸八分取二分．割李篆二分取八分．於是爲八分書之語．後之論者．皆謂八分書爲蔡邕所造．郭忠恕佩觿集則抵爲流俗之言．今考其別八分於隸書之外則非．而謂蔡邕作八分則有理．蓋漢時隸書盛行．世之爲史書者．皆不識六書．鄙俗譌謬．如說文敍所謂馬頭人爲長．人持十爲斗者．滔滔皆是．不惟背乎古文小篆．並失隸書之意．於是蔡邕起而正之．隸書創於佐隸．省改篆文．變圓爲方．變煩爲簡．象形者易其形．會意者達其意．當時又無一分別部居之書．顯爲法則．至難正也．不得不取小篆之文而正其偏旁．糾其鄙俗．小篆明則隸明矣．當時以邕書偏旁點畫合於小篆者．幾有八分．因名之曰八分書．漢石經之字．皆不背於六書．卽此法也．八分書卽隸書之正者．故漢時仍謂蔡邕善隸書．不曰善八分也．邕生平旣以此著名．又工書法．人皆倣之．其後毛宏輩忽其偏旁之近正．徒重筆法之精妙．以之名家．八分遂爲講求筆法之號矣．故曰四體書勢．謂八分始於毛宏也．總而論之．八分在蔡邕則爲糾正俗體之名．在毛宏則爲筆法精妙之名．後人別八分於隸非也．謂八分出於邕文前．秦漢之際已有之．尤非也．然則秦漢金石之非篆非隸者．何書也．曰．繆篆也．繆篆以之摹印．未嘗以之刻金石．漢印之存於今日者多矣．秦漢遺文與篆隸不合者．恒與之同．故知卽繆篆也。

謝雲龍　嘉應人．光緒間官江西廬陵知縣。

重刻海錄序

海客談瀛洲．論者以爲煙濤微茫．大都學士文人．逞其臆說．其談以欺世．未可援爲實據．此海錄所以少成書．測海者何從徵信乎．吾粵海之南．操其贏者每貿易海外諸國．族兄淸高奇男子也．讀書不成．棄而浮海．凡番船所至．以及荒陬僻島．靡不周歷．其風俗之異同．道里之遠近．與夫物產所出．一一熟識於心．垂老始歸．盲於目．僑寓澳門．爲人通譯．同里楊秋衡孝廉適履其地．詢向所見聞．乃具述之．其未至者缺焉．性已樸實．語復率眞．非奇談臆說可比．因錄以付梓．厥後徐松龕中丞作瀛寰志畧．魏默深刺史作海國圖志．多採其說．呂君調陽重刊海錄．添補注說．亦

書粵東謝清高著・玆並錄其序於卷首・張香濤中丞書目答問云・楊炳南孝廉著則從載筆者而言也・顧原本罕覯・辛巳夏・余宰廬陵時・爰從清高姪錫朋明經檢出・郵寄來江・公餘披覽・如讀異書・如經滄海・閱畢而喜・旣而不能不悲其遇也・今國家海禁大開・通商互市者且數十國・比年使車四出・熟諳洋務者・類皆博高官厚祿・令生逢其盛・必能有以自見・不至以窮愁落拓終・豈僅於斯錄傳者・然使談海諸公猶得據此錄而遙憶之・以爲梅州尙有謝君清高其人者・則斯錄也・亦可以不朽矣・因序顚末授諸手民・以廣流傳云。

莫啓智　字毓奇・東莞廩生・究心宋儒之學・日中所行・夜輒記之爲日省錄・族人爭產・互質求直・置弗答・而召諸弟對飲・談家庭瑣事甚懽・族人感悟・又以族人苦催科・擬合族完糧法・公私稱便・蓋學求實踐・異於空談心性者也・著有誡子庸言二・子伯驥刻以行世。

誡子庸言自序

啓智年未四十・撫有三子・大兒伯壎・眗届成童・次兒伯璿亦已十齡・幼子伯驥・呱呱在抱・自維德薄・難語型家・然式穀引衷・未嘗或釋・往者孟子嘗謂父子之間不責善・故古者易子而敎・顧以予所聞・朱子之學出於韋齋・東坡文章導源明允・史册所紀・不乏斯例・子輿之言・固未可一概論也・迺者婺源眉山遺風雖渺・而析薪負荷彌系予懷・蓋骨肉主恩・拳拳至愛・往往有師友啓發而無方・家庭訓導而易入者・司馬文正云・慈而不訓失尊之義・訓而不慈・害親之理・細玩潛虛・如詔我矣・爰以暇日・本生年之甘苦・草爲學之箴規・嘉言至德・采自前賢・華藻不加・匪等問世・專於克己省身・爲吾兒體察之先導・若夫四部典籍・插架連雲・比來大儒多啓途徑・訂爲專書・以資後覺・讀之自有良法・無煩告戒・非謂經史子集之淵涵・不足助兒曹身心之益・然先河後海・區區纂著・或亦入德之門歟。

古之家敎・嘗稱太公・玆爲僞書・不足論述・其卷帙較多・文章爾雅者・有若北齊顏氏家訓・詞旨非盡精純・然四庫則已著錄・此外康成忠武之遺篇・臨江平湖之述作・或片語流傳・或鴻篇刊布・言多有物・播於儒林・諸公懋德碩學・予豈其倫・然愛子之心・古今實爲同揆・偶所憶及・輙卽記之・自今以始・日必爲此・凡聞諸古而踐諸躬者・咸甄錄焉・刪訂成書・俟諸異日・識途老馬・詎以自多・歧路亡羊・庶幾或免・小子勗哉。

吳宣崇　字存甫・吳川人・貢生・懋淸之孫・宣崇能承其學・自以家世儒業・富有藏書・嘗輯高郡自宋至本朝二十八家文・爲高涼耆舊集十八卷・擷華搜逸・有功文獻・其自著友松居文集若干卷・止有鈔本存其門人林鶴年家。

硇洲卽硇洲考

宋史二王紀・景炎三年三月昰駐硇洲・四月昰殂於硇洲・衆立衞王昺爲主・升硇洲爲翔龍縣・伏讀御批通鑑輯覽附註云・硇洲在今高州府吳川縣南・屹立海中・當南北道・則硇洲之卽硇洲已無疑義・惟是厓山志作硇・宋史二王本未

作硇與硇字互異・遂有疑硇洲與硇洲分兩地者・不知字書無硇・亦無硇・均硇之訛耳・（硇字旁從囟門之囟・作匈奴之匈者誤・）考文丞相年譜附註引鄧傳云・（鄧光薦丞相濤・）五月公始聞端宗皇帝晏駕於化州之硇洲・爲翔龍縣・置令丞簿尉・隸化州・免租稅諸色科糴・崖山志亦云升硇洲爲翔龍縣・隸化州・又考太平寰宇記・化州東南至硇洲鎮大海二百二十里・雷州東至海岸二十里渡小海抵化州地界名硇州・又瓊州北十五里極大海泛大船或便風十日到廣州・路經硇州、其爲吳川之硇洲・分明極矣・又元史世祖紀行中書言張世傑據硇州攻旁郡・未易平・遣宣慰史格進討・蓋世傑時・攻雷州惟在吳川之硇洲・故攻雷最近・且六軍泊居雷化犬牙處・非吳川之硇洲又何處乎・香山新會志乃執陳仲微吳萊之誤說・力爭硇州屬廣州之東莞縣・與州治相對・第隔一水・眞通人之蔽也。

重修吳川縣志序 為毛邑侯作

吳川嶺西蕞爾邑也・東南濱大海・宋陸丞相張少傅之所憑藉・明陶按察・盛參政之所經營・硇洲限門其要區也・西北與化石接壤・宋之淩鐵・明之慶遠蠻・國初之葉標・施尙義・寇盜出沒・而無險可守・其田畝高者旱・低者澇・三江諸隄・歲或坍潰・則合邑仰食於隣縣・土民多漁佃・少商賈・內地縱橫六七十里・糧稅四千餘頃・前朝戶口至盛不過五六千・民生齷齪・鮮熙攘之樂・士夫亦罕有以顯宦著者・故官邑者・大都苦其落寞・而有海濱荒僻之歎・我國家重熙累洽・仁漸義摩・海澨山陬・民風丕變・嘉慶道光來邑中人物・若林芾南・林辛山・吳廻癸・黃修存諸公之學業・簣武襄曾壯果陳勇烈諸公之勳名・煊赫宇宙・海寇張保就撫後・海波不揚・洪秀全陳金缸之亂・戎馬不涉境・民安耕鑿・士無詩書・商賈漸習・浮海以通・廣肇雷瓊之貨・魚鹽油糖之利・沾匄隣省・蓋藏日裕・風氣日華・人民繁盛至七八萬家・登朝著者奉天子命・宣威於海外・數萬里蕞爾小邑・彬彬乎與中洲爭勝・實未可以前日之吳川視之・光緒十二年予擢任茲土・竊喜地偏事簡・民俗敦龐・而賢士大夫之多也・意其山川阨塞・政賦制度・吏治民風・人才物產・必有前賢紀載・犂然可觀者・及取舊志讀之・則大都本前明舊式・陳陳相因・不無遺憾・是年適奉太守子和陽公・檄謂高州六邑諸志・自道光六年重修後・閱今已週甲子・亟宜續輯・以傳一方之史・時陳麗秋侍郎退居林下・德隆望重・合邑所欽・而李小巖孝廉諸君・又能文章・諳掌故・於是敦請侍郎爲總纂・而以小巖諸君佐之・明年春・開局於雙江書院・期歲而全稿成・體例悉本阮通志・而畧變通之・爲門六・曰地輿・曰建置・曰經政・曰職官・曰人物・曰紀述・而分爲子目則四十有三・事紀必徵諸書・地理必驗諸目・詳而勿畧・核而勿浮・僞者辨之・訛者正之・冗者刪之・疎者補之・不濫襲舊志浮文・而務得考古驗今之實・郁郁乎巨觀也・嗚呼偉矣。

昌善不敏・不獲久於此・以襄參訂之勞・今行矣・是書剞劂尙在異日・知諸君編摩考訂日起有功・必更有進者・雖然・昌善竊有請也・夫海防之緩急・陂隄之損益・學校之張弛・風俗之得失・政令之宜否・利弊之巨細・尤係宰斯邑所

藉以求其治者・願卽是編中剖析源流・疏瀹利害・使後任者知所從事焉・則政之成・成以是・俗之美・美以是也・又豈僅以精詳博贍・爭勝於武功朝邑之簡畧云爾哉。

書阮芸臺橘紅記

嗟夫・離婁之目能見千里・纖翳障之・則黑白亂色・明詎足恃哉・阮文達之至化州也・將市橘賴園・時園橘罄矣・賴叟取平定大黃垌之橘纖之樹杪・文達至・園丁從樹杪下之・文達據以爲記・意曰五・正名辨物侔色揣稱・洵足五其形而登其秘矣・嗟夫・烏知此白毛戟手者・乃去州城百五六十里外之僞物耶・夫化橘所以能治痰者・礞石氣耳・礞石自寶山徑賴園達州署・則凡寶山賴園州署諸橘功用一也・蘇澤堂老樹見用最先・故得名最早・其全體實滑澤無毫毛・寶山賴園各樹皆細毫柔輭・乾則色黃・而香烈無異也・名曰紅者・取其似耳・總之非平定橘比・自文達是記出・天下之人盡捨柔毫者・而講白毛戟手・於是平定之橘走天下・而賴園失利・嗟夫・賴叟時其橘・智希一日之利・詎知後日之大不利耶・文達負其才學・據身親目擊之橘・筆以爲記・詎知天下之人舍眞橘而市僞橘・又此誤記誤之耶・夫文達考據大儒也・以身親目擊之橘筆之爲記・尚差謬若是・況以二千載下之人・解二千載上之經・其差謬類是橘也・又知其幾・甚矣著作之難也・若夫化州之橘・非橘也・柚也・天下之人皆橘之・吾亦不得不橘之・茲不復辨。

林鶴年　字樸山・茂名人・廩貢生・肄業廣雅書院・嘗箋釋紀氏四庫書目進呈表中・有疑滯數十事・走京師・從友人章梫處得見御製詩文四集續成之・又於議輯廣東詩徵文徵・屬其友沈澤棠吳道鎔從事蒐集・編纂粗就・鶴年已前卒・詩徵未成・所著四庫書目進呈表箋釋四卷・刻求恕齋叢書中・別有詩文集十卷・藏於家。

四庫全書表文箋釋序

余性拙・讀書不多・且善忘・閒有披誦十數編・掩卷輒失者・初讀紀文達公四庫總目表・愛其贍博・而昧其故實・沈吟者久之・已而有箋釋之意・未果也・詢諸吳存甫師・師欣然曰・予少壯時・嘗從事於此・但十得二三・今老矣・未遑卒業也・余殷然欲成師志・因徧搜廣雅書院諸古籍・復質疑於院長梁節菴朱鼎甫廖澤羣三先生・及東西兩粵諸同學・置之案頭者十年・日有所得・輒手鈔錄・始麤具厓畧・然究於當日書局之源流・古人載籍之純駁・終存疑似・蒐羅者又久之・今年春適章一山太史入值實錄館纂修・乞其在公假聖製詩四集一百卷恭讀一過・而國家修書之掌故・御筆之權衡・一一得所依據・又博訪諸通人及李仲約先生注本・互參聞見・商榷是非・覺始焉麤得厓畧者・今不厭求詳矣・始焉懷疑莫決者・今渙然冰釋矣・是編也・荏苒殆廿載・竄易者數四・方脫藁・竊維我朝稽古右文之盛・萃於四庫・而典籍得失・源流所在・具於此表・箋釋之作・不可謂非要事也・將由是而玩索焉・可以窺表文之意旨・得其意旨・可以探提要之本源・會其本源・可以絜全書之綱領・程途層累之界・

要自有在・方今時事多艱・海內通儒・日兢兢以保存國粹爲要義・然千載茫茫・淵海浩浩・罔所從入・望洋徒慨・竊不自揆・願藉是以備遺忘・並願藉是以爲探源星宿之濫觴・余雖性拙・敢自封故步・而謂水卽在是耶・人苦不自知・將質諸世之博雅君子。

羅惇㬊 字掞東・順德人・貢生・郵傳部郎中・著有癭菴詩鈔。

藏語叙

英人以兵入藏・脅藏人訂私約・朝廷命新會張公蔭棠・充印藏議約大臣以爭之・順德何翽高外部・實左右其間・卒成約以歸・翽高負魁壘才・濳郎十餘載・借籌藏一發攄・洎隨節還・乃哀錄藏議始末・顏曰藏語・余讀而歎奇之・翽高復語余曰・藏約凡七議・既定期換約矣・英全權戴諾忽悔之・嗾駐京英使要移外部定約・卒從第五議・蓋備極難困・千回百折始達乎此・事後邊臣猶奏阻・請勿互換・何其言之易耶・藏約之就緒與否・視主國之名義定否爲衡・達賴班禪積不睦・達賴避英兵・竄青海・詔班禪攝位・懾不敢至・因勸班禪入覲・班禪既得請商・上乃大恐・挾達賴由西甯請覲・先班禪發・而主國之名義定・英乃漸就範圍・外人入境・受治我法律之下・爲有約以來所僅見・印人經藏邊至三埠・歸地方官管理・異時我國議收回治外法權・斯其前軌・印茶入藏徵稅・爭持最力・議幾罷・比約定・不及茶稅・仍可援光緒十九年約・照華茶入英例稅焉・電郵俟我國自設後・英局一切罷之・吾心力之所注・此或可告無罪者・張使既辭幫辦大臣之命・專辦埠務・卽劾駐藏大臣有泰媚外乞憐・喪權辱國・褫職遣戍・復奏革噶布倫丁溫珠・箭頭寺護法曲吉・藏民讋悅・因藉以回二百餘年喪失之權・手定工商路礦等九局章程・與之更始・乃善後條陳十六條・迄今不行・此吾念之而不去於心者也・余維藏事潰敗決裂・至今已不可收拾・當達賴在京時・不亟起而圖之・逮其歸乃率然爲褫職之舉・既褫之矣・又復聽其出亡・奇貨與人・而以兵納亡且見告矣・雖有先慮遠識之士・捐心力・糜筆舌・以冀補萬一者・皆例諸空文・不其惘歟・宣統二年六月・順德羅惇㬊。

丁惠康 字叔雅・號惺菴・日昌子・居揭陽・仍籍豐順・援例得主事・未到部・保經濟特科・不應薦・世稱丁徵君。

答黃公度書

閉門讀禮・忽荷賜書・首致殷勤・中述世變・循誦未竟・不知涕之何從也・楊子雲云・世治則庸夫高枕而有餘・世亂則聖哲馳騖而不足・今之世果何世乎・而所謂聖哲者・吾未見其能馳騖也・斯何說與・康頻歲以來・奔走大江南北・卽所識洞澈之士・相與論及・左右大都有神龍見首之歎・然康以暇日徵諸先生所習遊者・則亦以大臣闔門・當爲

憂懼之色．至其憂愁抑鬱．一發之於詩．以湘纍之離騷．效英雄之種菜．康固有以知公之未能忘情於斯世也．此其志亦大可哀矣．但近歲以來．郤禁稍解．康竊欲竭其黽黽之愚．惟公所以自處者．擇大吏之賢．倚之莫府．凡天下之措注．皆吾之所設施．策之上也．否則移寓上海．斟酌人才．內以聯絡大江三湘之志士．外以號召南洋各埠之巨商．厚集一中央最有勢力之樞紐．策之中也．大丈夫志事當堂堂正正．永維不朽之業．失此不圖．后將何及．畏首畏尾．身其餘几哉。

康志大才疏．百不當一．自分無用於世．乃來敎辱之以世好．許之以同聲．將所謂不羈之士．與牛驥同皁．良醫多門．以豨苓引年者耶．然人之相知．貴相知心．康轉徙頻年．匪懷利祿．特以民族凋殘．世變搶攘．不自揣量．思效綿薄．以爲海上綰八達四衝之轂．實人才盛衰消長之機．飄泊自甘．迂疎寡效．遂至於此．既而長沙張公辱一日之知．過采虛聲．賞其文采．謬舉以充大學教習之選．康報之曰．人各有能有不能．至教習者砣砣窮年．徐徐云爾．汗青無日．頭白可期．無能爲役也．若乃風舉飇發．任重道遠．一日千里．淩厲無前．雖以不才．猶能自勉．張公未及報．而家中凶聞至矣．既銜恤屏屈．塊然獨處．而西林尚書復連發兩電迫促入川．不知其託任云何．實以不能而止．此中心跡．焉能不爲長者一吐之乎。

比得朋友書．皆勸節哀順變．敢不勉自抑制．以任艱難．姑於暇日．稍窺報紙．見徵君辟士．累牘連篇．大半爲清議所不容．夫曰經濟特科．而以斯充選．是猶弃周鼎而寶康瓠．若砆碱之與美玉．哀哉．豈謂秦之無人乎．凡所陳說．都不能罄心中．仍若有千言萬語必須傾之於左右者．兼以久別爲憾．私冀台從得少留須臾之間．康於臘月中更可出汕暢譚也。

與姚君慤書

奉賜書．知道體嚮和．深用喜忭．以相見在邇．欲俟君至一吐愚忱．然念尊恙新瘳．尚須節養．必不急得劇談爲快．以兄馳念之切．知弟必拳拳於兄也．故敢以書報．幸垂察焉．僕行年二十有八矣．犬馬之性．日增駑劣．望道未見．寡過未能．竊疑此生幾無奮發有爲之一日．承敎獎借過情．讀之舌撟不能下．初疑與他人書．覆視之而嘆其誠．嗚呼．僕何以得此於足下哉．僕雖忘意撰述．然自揣心思材力．實無大過人者．乃足下注措．皇皇若恐不及．夫何能解其用情．前介臣兄書來．亦勗以努力自愛．勿過勞苦．勉成大業．兄曾復書云．莊生不云乎．駢拇枝指．拳曲擁踵．立之途．匠者不顧．僕之爲僕．亦此類也．方將之於無何有之鄉．廣莫之野．汪洋恣肆．以蘄適吾志．足下乃欲以不才之木．葆其天年．不亦傎乎．然二君皆眞愛僕者也．區區之愚．不敢不勉耳。

寰宇訪學之錄．雅有此意．並未草瓶．大率有集專行者．概不錄入．若夫詞嚴義密．而梨棗無期．片羽吉光．而敝帚自享．必加甄錄．以助觀摩．抑聞之賢者尙存．流風未沫．雖無老成．尙有典型．存沒畢登．不拘常格．皆我師也．吾不惴焉．蓋前乎此而爲之者．則有阮文達小琅環仙館

敍錄．書體例粗同．而規模未拓．卷數亦不多．纔有近人浮湘訪學錄．但採士風．無關宏旨．故書雖存而紙不貴也．然所疑非窮年積月．未易卒業．則誠如來示．竊怪兄仲宣之體弱．抱正平之孤懷．鄒衍之論大九洲．漆園之觀窮海若．恐非下愚所能罄也．至皇朝經籍志之作．身非史官．而妄爲秉筆．竊懼大干淸議．故絕不敢爲人言．．得教．殷殷勸勉．而壽人兄亦急諷其成．二君非妄語者．今而後蓄油素．懷鉛槧．以報知己於可知不可知之數．儻亦有籍於此歟．至所云用經義考例．經義考雖爲雜考古籍而作．故分存佚旣見．未見四門．俾後人得蒐羅．甚盛意也．國朝年歲未遠．則不必立此名目．至每目之下載入全書敍例．則不可廢也．其諸大家集中．有跋論各家書得失者．抉其精要．以爲案語．兼用馬氏通考之例．似有可行．伏惟教之．此書若成．於國朝諸儒學術流別可瞭如矣．至遂謂爲轉移學術風會之一大端．顧何敢當此論哉．顧何敢當此論哉。

貴邑在都人．來會晤數次．諸君皆有矯然雜俗之概．鬱鬱葱葱．佳哉氣也．至月異而歲不同者．則呂子明云士別三日當刮目相待．況數月之久乎．然諸君頗昧於括囊之義．好爲危言危行．以淩厲一切．僕爲隱憂．蓋天時人事之變．非可以口舌爭．使當塗者顧名思義．則伊古不得有奸臣．而淸議卒受無窮之禍．桓靈之黨錮．元祐之黨禁．明代之東林．孰非此相激而成者乎．君子已生斯世．必不能恝然忘其君．正當默觀盈虛消息之故．徐而圖補救．徒嘵嘵焉．以冀一勝．抑末矣．家兄赴省．至汕而病．遂爾遄返．臥床十日．故久缺音問．比已痊瘉．知念．附及．敬候起居。

孔子必用墨子墨子必用孔子說

昔堯舜已歿．微言就歇．然后誕張乖離諸子．各以其知舛馳．在易大傳曰．天下一致而百慮．同歸而殊涂．夫儒墨者爭鳴其說．而務蘄乎治．直所從言之．異路有省不省耳．善夫韓非之論曰．世之顯學儒墨也．俱道堯舜．而取舍不同．皆自謂眞堯舜．堯舜不復生．將誰使定儒墨之誠乎．故道在隱括而已．且夫世治則庸夫高枕而有餘．世亂則聖哲馳騖而不足．當春秋戰國之世．殆哉．岌岌乎．孔子欲撥世反之正．除殘暴而易昇平．尸子所謂孔子貴公者也．若墨翟之陳仁義．禁攻暴．止淫用．感王者之不作．而哀人生之長勤．則尸佼所謂墨翟貴兼者也．夫公之與兼相去幾何．是以孔席不暖．墨突不黔．其趨一也．余竊怪乎世之學儒者絀墨．學墨者絀儒．互相訾詬．而道術几爲天下裂．不揣其本而齊其末．寸木之與岑樓何以異哉．今夫人有蹈水火之厄．展轉顚連．而無所告．苟非禽獸異類．而稍有人心者立於其前．姑勿論其善惡與否．必將呼號乞援．冀其拯手而一救之者．以爲彼固猶有仁心也．墨者雖兼愛．與其心固無乎不仁．天下水深火熱之會亦已久矣．栖栖皇皇．轍跡幾徧．苟並世而一遇孔墨．又焉能不相助以爲理．而徒如后世郤同門．姤道眞．悻悻然小丈夫之爲．接輿楚狂苛蓧沮溺．孔子猶欲推其不忍之心．引而致之．況乎同術也哉．要之．諸子百家各名其指而立言．務以求勝世．莫不以其誣孔子爲墨子罪．此亦如老莊之非毀儒學．歸於不相爲謀而已．無足深責焉。

獨自墨子之死后．墨分爲三．有相里氏之墨．有相夫氏

之墨・有鄧陵氏之墨・取舍相反不同・而皆自謂眞墨者・墨之言滿天下・孟子辭而辟之・廓如也・世以其徒恣肆橫決而遂歸咎於墨翟・謂顯與孔氏相繆戾・不知今之儒者・其違於孔氏之敎亦已多矣・徒鑑於墨而不知鑑於儒・是謂知二五而不知一十・東鄉而望不見西牆者也・夫以孔墨相提並論・自古在昔・孰不然哉・孰不然哉。

黃鏐

字貢之・花縣人・天資聰悟・過目成誦・守家學・敦孝友・年甫弱冠・文筆嫻雅・輒近晉宋・所撰嶺南對・洋洋六千餘言・上下古今・治亂興衰・意存規戒・識者謂堪媲美朱汪・時省會創設存古學堂・各府州縣赴考者千餘人・沈提學曾桐嘉獎之・取錄第一・一時英俊皆出其門下・襄纂縣志將成・年三十三而卒・著有道言文集數萬言・初編已刊・其二三篇及詩集二卷・遺稿均待梓。

嶺南對

光緒二十九年九月朔有八日・鏐隨侍家君謁淮陽唐中丞於羊城旅邸・中丞謂鏐曰・余世籍八桂・家於靈陵・今茲東游・重蒞此土・嘗省朱育對濮陽・與汪中對朱侍郎・類皆該博詳贍・度越前古・吾子學殖深造・尤諳掌故・願於嶺南大事・有以啓予・對曰・鏐幼承世德・頗奉趨庭之敎・長乃懵學・又有健忘之患・考獻徵文・未測涯涘・豈足應明指・塞厚望・顧先聖所云・言及之而不言謂之隱・鏐雖荒謭・捔有所聞・願畧陳之。

粵稽軒轅氏受命・分周天爲十二次以定律度・自斗十一度至婺女七度・厥爲星紀之次・於辰爲赤奮・於律爲黃鐘・於域爲吳越・唐地志云・自韶廣康端封梧藤羅雷崖十州・迤東厥爲星紀分野・韓文公有言・甌閩以南・皆百粵地・其於天文次爲星紀・夫星紀所次・會於牛女・合於南斗・天度推步・於焉託始・故以日月咸在・赤熛敍形・仰贊璇極・俯察坤輿・氣凝精應・神明通焉・自陶唐以降・粵屬揚州・明都所稱・南交攸宅・商屬越漚・始定獻令・周人藩服・距海爲限・號稱百粵・後幷於楚・秦兼六王・初置郡治・一尉一監・相助爲理・南越九郡・版圖遼濶・疆界所及・跨連桂越・漢平南越・更置四郡・後則幷爲二州・蜀漢仍之・舊貫未改・唐則分爲五府・明則別爲五道・稽其疆域・山雄五嶺・水匯三江・中據雲髻雲台白雲之勝・左倚羅浮大鵬韓山之巘・右聳鼎湖雲霧高涼之秀・前控冠頭十萬五指之鎮・或袤延數邑・或高逾千仞・岑崟蔽虧・岸峉緜亙・洵足雄鎮南服・包固炎荒者焉・珠江迤邐・乃分三派・西北流域周市數千里・湞湟牂牁皆其源・東江支津・下流始入・諸水來會・歸於獅海・他若潮屬韓江・高屬吳江・欽屬欽江・陽屬漠陽・廉屬羅成・瓊屬南渡・胥稱大支・並入南海・今界自東起潮屬饒平縣・西迄欽屬防城縣・正距千七百里・南起崖州・北迄韶屬仁化縣・斜距千二百六十里・溯唐堯迄今・閱世十八・四千餘載・郡國沿革・隨時嬗易・按代鉤考・班班可識・要其成敗興壞・陳迹可覩・雖有天命・抑由人事・因溯故實・撰於庶人傳語・或無諆焉。

秦並天下・夷爲郡縣・以屠睢史祿分綰南海・其有張弩冒刃・畔秦節制・力支五軍・枕戈三年・身不解甲・手不弛弩・北嚮爭死敵者・逮三十二年・大敗秦師・誅殺屠睢・伏

屍百里・天下震駭・始皇恐懼・惜其不成・卒罹禍敗・然越五年而秦亡矣・夫姬周克商・三監後靖・楚靈縣蔡・朝吳謀復・則越梅鋗等効死撓秦・復立越王也・胡亥失政・豪俊竝起・鬥智角力・逐鹿中原・因利乘使・龍戰未已・而南海僻陬・越在荒服・區夏多故・勢有可爲・其有受代任囂・和集揚越・歛兵守備・斷絕孔道・控制九郡・帶甲百萬・自王其國・可謂壯哉・迺陸生鐃舌・遽爾下拜・伸威於南荒・而詘體於隆準・稱臣秦約・慮多猶豫・夫竇融狼顧・西河歸命・錢俶虎踞・吳越內附・則尉佗僶俛分符・受漢命令也。

趙嬰齊殂謝・嗣君冲幼・樛氏爲太后・心繫大漢・迺安國少季銜命奉使・既導內屬・又通樛氏・其有歷相三王・衆心所附・家族貴盛・若鄰宗臣・而又鏦矛內逼・漢師外脅・於是鋋而走險・出萬死不顧一生之計・攻殺太后・並斬少季・趙興既死・扶立長君・逆擊漢兵・殲之石門・韓千秋樛樂・同日戰歿・力屈死國・大義凛然・夫文姜驕恣・申繻置言・武曌瀆亂・敬業興師・則呂嘉義顧趙氏・忠能授命也・

漢室中衰・黃巾四起・蹂躪天下・無有寧宇・當塗讖張・漢統將絕・彊鎮專兵・公私塗炭・而揚越一隅・未有所屬・其有保全七郡・歷四十年・勞來還定・民有依歸・及孫氏跨有江東・遂奉節度・解民於倒懸之阨・擇主號識時之雋・夫吳家番君・得民江湖・許氏虎侯・聚衆淮泗・則士燮董篤七郡與民休息也・侯景反噬・兩宮幽弑・湘東不終・江陵失陷・而陳霸先覬覦九五・進爵長城・操裕故智・路人皆見・其有親重天潰・任尊方岳・義兵特起・致討不臣・衡進蹶張・冀獲師克・然士馬疲苶・志大才疎・人謀不臧・敗亡旋踵・夫朝歌爲墟・麥秀所歎・西周云滅・黍離悼心・則蕭勃起兵廣州・奉辭伐罪也。

自蕭梁瓦解・以逮陳氏建國・中原擾攘・蔓延嶺表・其有相夫教子・保境息民・勇勝兜鍪・謀絕巾幗・詭言輸賦・則破走李遷仕・勸兵縱擊・則潰敗歐陽紇・時則交廣紛亂・民無共主・迺能懷集部落・按堵如故・久歷行陣・未嘗挫衄・且辨陳祖爲非常・鑒天表於微賤・夫王陵賢母・精識漢高・平陽公主・將兵臨陳・則洗夫人曉暢軍事數州賴安也・隋煬無道・天下土崩・朝綱泯棼・州郡瓦裂・割據碁布・羣盜蝟集・捍國術民・曾是罕覯・其有散財結客・屏蔽州里・鄉井晏如・不苦兵革・及江都凶至・率兵赴難・會道阻處饒・未克進討・於是退保交廣・通好諸酋・休養生民・望風趨附・逮武德正位・納款唐廷・夫汪華雄畧・奄有一州・徐勣材武・固保衞南・則鄧文進先幾天時・保障百粵也。

唐昭季世・國家杌隉・宦官濁亂於內・藩鎮擅命於外・王靈已替・危同朝露・其有繼父作郡・屢殄狂寇・斬譚盧而迎薛王・擊曾劉而靖凶狡・英畧絕世・威震海隅・遭唐室顛沛・代徐彥若爲留後・於是賄結朱三・節鎮清海・弟巖襲位・取楚三郡・始絕貢賦・不通中國・僭元乾亨・國號南漢・創設選舉・建立學校・人才輩出・小有可觀・五世及鋹・爲宋所取・夫宗周不保・秦基王業・典午多難・張踞西京・則劉隱據嶺南・始基漢桂・連克韶郡・北門既失・大事去矣・加以掾人當國・將才闕如・其有受任於敗軍之際・奉命於危亡之頃・率疲敝之卒・當百勝之師・進不能戰・退不能守・然猶厲氣奮發・撫循士卒・與郭崇岳慷慨進兵・據水

爲陣．既而宋師濟水．合圍不勝．南漢死義．實爲將軍．宇宙正氣．留此碩果．夫𥳽竹不守．葛曕殉國．建業淪喪．張悌致命．則植廷曉力竭陣亡．握節而死也。

蒙古南來．臨安既陷．三帝北遷．端宗南竄．勢窮力蹙．逃遁入廣．而童年奄忽．又稱大行．其後更立信王．宋祧似髮．流離瑣尾．朝會未輟．其有外籌軍旅．內調工役．端笏正色．造次弗苟．無如凌震王道夫復失廣州．文相被執五坡嶺．而呂師夔渡南雄．下韶州．張宏範李恒窮追海上．厓山不支．帝昺赴海．秀夫同溺．世傑墮水．炎炎趙宋．漢兒滅之．他若陳瓚張烈良起義光復．方興旋敗．天不祚宋．又何能爲．夫赧王入秦．東周如線．趙遷被虜．子嘉奔代．則宋末孤臣．竭忠謀國．舍命不渝也。

元人失馭．災異棼挐．違道逆天．亂是用長．於是羣雄鵲起．割裂區宇．或假元號令．或自擅兵威．生民何辜．遭此荼毒．而嶺海遐方．尚在騷動．於時王成陳仲玉搆亂於前．邵宗愚弄兵於後．其有團結豪民．保障鄉里．外平諸寇．屢折凶鋒．嶺嶠安謐．歸者如市．而能阻拒符瑞．斥絕自王．及廖侯南征．奉表來歸．上其印章戶籍甲兵錢穀．輸誠入朝．民不煩擾．足以近方茂功．遠齊安豐．夫田和雄武．不敢自侯．羅藝最彊．先歸唐室．則何眞保衞廣東識時達變也。

當明末造．中州覆沒．流賊內訌．弱鄰外伺．而山東河南．江北關西．破城掠野．赤地千里．北京既陷．南都不支．總其禍首．由來已漸．內則溫周馬阮．外則楊鶴父子．奸庸誤國．其肉豈足食乎．重以二藩相忤．勢成水火．四鎮積怨．不明公義．大局殆哉．國命已絕．其有迎聿鐭於廣州．奉由榔於肇慶．然難迫勢孤．枝梧不易．力小任重．遂用猖獗．卒之城門被紿．君臣同盡．唐王殁矣．衆志乖離．走死滇緬．桂王絕矣．帝子王孫．殄無遺育．神器它屬．九有陸沉．永念勝國．横悲何極．夫項燕陣殁．負芻被虜．恭帝失國．韓通赴難．則蘇觀生擁戴唐邸．陳子壯陳邦彥張家玉効節桂藩．搘拄危局．繼之以死．爲明忠臣也。

夫嶺南僻在荒裔．濱臨大海．平居無事．則有若食舊德．若服先疇．若通有無．若精技巧．既作既息．人食其力．輸賦効貢．以入於大農．而又孳貨鹽田．網利瀛海．取給天然．用紓民力．及海寓倜張．邦家板蕩．上則竭股肱之力．效忠貞之節．下則修守土之職．務保民之義．不幸天命既改．忠賢束手．猶復與城存亡．誓不降辱．諸葛淮南有同死之節．田橫海島無笑人之容．抱朴子所謂丹可磨而不可奪其色．蘭可燔而不可滅其香．玉可碎而不可改其白．金可銷而不可易其剛．忠義之士．懷貞直之性．抱不移之操．亦如是也．推此志也．雖與日月爭光可也。

中丞曰．富哉言乎．昔潁川萃賢儁之秀．燕趙多慷慨之士．民到於今以爲美談．信斯言也．嶺南果何謝於中夏哉．雖然興廢之際．昔賢所悲．成敗論人．達士不屑．自趙劉鷹揚．祚延奕世．任鄧冼何．繼踵裂壤．洎呂嘉以降．覆亡不暇．將以山高谷險不可以馳驅乎．林深菁密不可以衝突乎．意其形勝．固利於止而害於進．伸於守而詘於戰者乎．子如有說．盍以諗我．鏐曰．昔人有言．嶺南之勢在於嶺北．蓋嶺北左通贛江．右達湘省．故楊僕平南越．則出豫章．下湞

水・別軍出湟水・而趙氏國滅・歐陽紇征蕭氏・則克始興以圖廣州・而蕭氏以亡・潘美伐南漢・則下連州・拔韶州・而劉鋹面縛・呂師夔取梅關・破南雄・而南宋不祀・夫以一隅之地・當四戰之衝・雖進止無定形・戰守無常勢・然附背之患・歷歷如繪・坐困之敗・昭昭可危・此其尤大彰明較著者也・至若進趨勝利以濟大事・行師之策・約有數道・則顧景范所言・要可長思・如浮大海以窺江淮・畧七閩以通江浙・假桂林以浮湘水・下桂陽以取長沙・越横浦以徇豫章・出湟谿以問南郡・其間雖夷險不齊・迂直殊致・而用奇用正・因勢利導・神而明之・存乎其人・昔徵側不馴・奮其雄勇・蘇定以法繩之・遂與女弟徵貳稱兵背畔・寇掠嶺外六十餘城・自立爲王・蠻夷響應・南方驛騷・光武旰食・於是馬援劉隆拜將南行・自廣州浮海・道出合浦・緣海而進・隨刋千里・軍至浪泊・大戰破之・斬首數千級・降者萬餘人・頓兵三年・罪人斯得駢戮・側貳傳首洛陽・餘黨都羊並就殲滅・嶠南悉平・民用寧一・立柱分茅・爲漢極界・則自廣州督樓船軍南擊交阯也。

陳高祖督護西江・聲討侯景・既斬景仲・始監郡符・於是結納豪傑・義兵特起・發始興・渡庾嶺・捷南野・進南康・遂通江陵・達建康・受蕭氏節度・會梁廷喪亂・骨肉搆禍・手足肱支・忍於推刃・又復開釁鄰國・坐斃郢州・魏師臨城・身死人手・岳陽附庸・殘喘而已・自守交州・刺江州・守東揚・鎮京口・勝秦郡・圍廣陵・守南徐・鎮揚州・以至逼死貞陽・縊殺僭辯・援立景安・旋復廢之・置君如奕・有同兒戲・靦然代梁・改元永定・則自始興踰梅關以入贛南・用成大業也・它如盧循據廣州・陷始興・貢獻晉廷・受命守土・乘劉裕北伐・都下孤弱・於是自始興進兵・分軍兩路・道覆則寇南康・入廬陵・向尋陽・循則出湘中・下長沙・發巴陵・遂殺何無忌於豫章・敗劉毅於桑落洲・進窺建康・順流而下・夫以彊鎮外傾・重兵內逼・中外震駭・人情恟懼・議者欲奉乘輿濟江北走・而孟昶智士・望風自裁・晉氏安危・在此一舉・當此之時・强弱形見・則自南雄分道一出江西・一出湖南・勢遂横決也・黄巢起山東・渡長江・轉福建・趨廣南・連陷廣州・殺其節度使李迢・旋以困於瘴疫・率衆北還・於是越嶺西入桂州・乘大栰・汎暴水・沿湘江而下・歷衡永・破潭州・逼江陵・趨襄陽・攻鄂州・轉掠饒信池宣歙杭等十有五州・遂渡采石・踰長淮・長驅直進・横行天下・不事擄掠・以收民望・簡取丁壯・以厚兵力・而汝洛殘矣・東都失矣・潼關潰矣・長安陷矣・車駕既去・大臣迎降・僖宗播越・遂瞰寶命・唐之爲唐・千鈞一髮・則自嶺西出桂州・下荆湖・以進關中也・

凡此四者・順逆之勢不同・曲直之名互判・然而進取之利至張也・非獨善爲陣・善爲戰也・地利使然也・夫劉以專閫之任・誅反側之子・陳王提一旅之衆・問賊臣之罪・所以決勝疆場・前無堅陣・師直爲壯・理順有辭・執訊獲醜・蓋有宜矣・迺若萑蒲之賤夫・逋逃之餘孽・無尺土之資・謀人之策・而戰必勝・攻必取・縱横決盪不可復制如盧黄者・非藉手於廣州乎・且夫潢池之盜・不彊於幅裂乾坤之國也・烏合之衆・不精於趙劉百戰之師也・兵甲之饒・不勝於越漢曩時之用也・考其坐守則如彼・語其進戰則如此・利害之事・

形勢之談・何敢知焉・何敢辨焉。

至於茂才異等・世挺偉人・勳在社稷・光賁前史・曩所縱談・未畢其說・顧其事業不專於嶺南・盍賡言之・周顯之世・楚雄南國・風采草昧・文敎未啓・高固以南海才俊・入相威王・進鐸椒之書・效啓沃之誼・以道事主・可謂大臣・人文用張・化成斯在・聲敎南暨・此其嚆矢・稽古之力・躋於公孤・則桓榮之業也・漢惠繼世・母后專恣・憤而自縱・散遊無度・張買爲中大夫・侍遊苑池・嘗因鼓櫂・輒作越謳・義取主文・俾其省察・五諫從諷・斯爲正軌・言之者無罪・聞之者足以戒・善爲笑言・合於大道・則優旃之發也・和帝幼弱・新陟大寶・竇氏邀功・建議北伐・楊孚備位議郎・爲王喉舌・上奏切諫・思撓黷武・歷援先典・證其得失・謀之旣臧・則其是違・肝腦士卒・坐煩中國・則房元齡之憂也・高宗昏庸・廢王立武・姦臣希旨・亂命將就・韓瑗職在端揆・蒿目國釁・涕泣陳善・以爭大計・慷慨上疏・以救遂良・逆鱗可嬰・直諫不回・忠言逆耳・旋遭貶逐・爭廢郭后・大呼殿門・則孔道輔之忠也・明皇初政・勵精圖治・開元之代・比於貞觀・張九齡以文學爲相・守正持重・風度冠世・經緯可述・文質彬彬・庶幾君子・當天長之節・進千秋金鑑錄・興替故事・瞭然在目・以古爲鑑・具知治亂・則司馬光之識也・劉鋹凶虐・奢淫不道・人怨天怒・厚惡將崩・邵廷鋗爲漢大臣・明達治忽・請通宋廷・以事興王・並飭兵備・以禦天討・嘉謀旣貢・獨夫不省・旣而屯兵洸口・招輯亡叛・修治戰具・人心少安・會遇讒謗・竟遭賜死・人之云亡・邦國殄瘁・自壞長城・以利敵國・則檀道濟之恨也。

仁宗恭儉・宋之令辟・廑念善鄰・修睦遼國・余靖以不羈之才・負行人之望・三使契丹・未嘗屈體・修玉帛之禮・結二國之信・使才之選・居焉佼佼・銜命絕國・不辱君命・則富弼之能也・理宗不競・奸人在朝・明不炤物・大權旁落・崔與之以卓犖之資・抱奇節之表・巡治嶺海・歷帥淮蜀・與民除害・惠鮮衆庶・及端平作相・疏陳治道・致論獨斷・主於兼聽・獻替所出・名言不刊・兼聽則明・偏聽則暗・則魏徵之意也・淳祐以來・蒿之用事・君旣闇弱・臣復顓柄・李昴英天性勁直・知無不言・始陳三事・推究治本・繼上諸疏・嚴劾姦佞・補衮澤物・引爲己任・南人無黨・中外憚之・至其臨大節・處大難・剛健之氣・毅不可奪・招之不來・麾之不去・則汲黯之操也・度宗不智・頗好禨祥・迎導霞光・悅懌芝草・張鎭孫以一介新進・廷試對策・剌過譏失・意存匡救・納主於善・謇謇正言・及三宮北狩・遂起義師・力盡被執・死於大庾・痛社稷之危・哀生人之困・則劉蕡之直也・趙氏之末・國家岌岌・智勇交困・事不可爲・熊飛以匹夫之微・倡勤王之義・斬姚文虎・誅李性道・與曾逢龍合兵・進復韶廣二州之地・復爲宋士・會逢龍戰歿・叛人賣降・城陷巷戰・徇節而死・位非文相之位・心存文相之心・布衣慷慨・徇國爲期・則湯文瓊之義也・英宗返蹕・曹石奪門・于謙重臣・忠而被戮・邱濬以經筵講官・預修實錄・力持正議・不徇衆論・忠肅之捍國・則予其戡亂・武臣之誣罔・則誅其挾怨・忠邪顯判・是非不殺・史筆所垂・古之遺直・諸葛入寇・正名出師・則朱元晦之志也・憲宗中

葉・外廷無人・汪直擅專・言路陸塞・陳白沙以聘君高弟・爲海內眞儒・抗志邱園・則四方負笈・遨遊都下・則公卿傾望・屢承徵辟・因授翰林・不樂立朝・避迥林下・賁五履二・豈伊雅懐・無道卷懐・幽人貞吉・於茲澄心靜慮以養其端倪・舍繁求約以會其心・體自然之道・靜以帥之・則陸象山之旨也・武宗御宇猶有童心・江錢儉人・狠狽用事・梁儲以公輔之器・陟台司之任・當宸濠犯順・乘輿親征・大憝克徐・南都駐蹕・而供億煩費・民不堪命・輿情洶洶・禍亂將作・既屢請回鑾・久未得旨・遂與蔣冕等泣奏行宮・始旋裏河・歸於京師・豹房大漸・祈招賦詩・穆王返駕・則祭公謀父之心也。

孝宗而後・朝多具臣・命世偉才・彌復爲少・霍韜廣詢博訪・多所鑒拔・若時登用・其徒有繁・如王瓊之雅裁・魏校之治績・羅洪之特秀・唐荆川之文采・王陽明之名德・蔚爲國光・功歸興立・夫進賢上賞・先典攸高・以人事君・賢喆是蹈・驅傳入朝・首薦賈生・則吳公之風也・世宗外藩・屬膺期運・鉅儒間出・講學大昌・湛若水遊陳子之門・聞性命之要・緒業所傳・超然遠到・理學師法・抗衡浙宗・天理所通・則隨處體認・心靈所宅・則萬物不遺・又復所至建院・以祠迺師・白沙之學・流布用廣・吾道其南・純公矜詡・則楊龜山之符也・嘉靖季年・享國日久・偏惑之敗・堂廉攸斁・自二楊得罪・而百僚鉗口・繩愆糾謬・其義謂何・海瑞以主事微秩・耿介不隨・抗疏强諫・指陳廟弊・至於法治乖失・彝倫紊棄・每用盡言・犯顏不避・雖陳禾碎衣・朱雲折檻・方茲讜直・殆無以過・面折廷諍・史稱殿虎・則劉安世之剛也・甲申變起・朱氏鼎革・災極元元・懐帝正命・壯士椎心・賤臣泣血・人心思明・義旗雲動・鄺湛若父子・一則戮力諸將・死守廣州・一則董督義旅・死戰東郭・雖天命不慆・明祿永終・而赴蹈之節・於今爲烈・孟美舍生取義・易稱致命遂志・袁粲石頭・父子畢命・卞壼西陵・忠孝雙絕・蓋皜皜乎與秋陽方耀・凜凜乎與嚴霜比潔者矣。

夫服嶺之外・海邦之內・以翦我荆棘・以奠我疆宇・揆厥由來・要權輿於三五・維時黔首・與木石居・與鹿豕遊・狉狉榛榛・睢睢盱盱・未覃乎聖化・是以立功立事・闕焉無傳・聲名文物之盛・自三古以往・方諸中土・則攸攸外寓・蓋有不同年而語矣・爰洎姬周・降及秦漢・文明肇啓・英儁萌芽・才賢代興・洋溢於方外・其盛德大業・炳炳麟麟・以保乂我舊邦・軌訓我嚚俗・流風善政・光昭上國・思皇多士・聲施到今・豈不偉哉・至若經濟論述・或沾匄羣生・儒家故訓・或筌簹六籍・與乎文人墨客・孝子貞女・耆德不朽・獨行可風・汗青史冊・纍纍千億・蓋不可勝數・非涉政治之理亂・繫國家之存亡者・將聽之而未遑・言之而不暇・此其犖犖・惟大畧耳・中丞曰・善・盍著於篇・罔俾朱汪專美於前・鏐謝不敏・筆而存旃・因感楊子雲之箴州牧・張孟陽之銘劍閣・類皆言近旨遠・意寓規戒・敢援斯義・復爲箴曰・

奕奕丹徼・芒芒南服・縱横巖疆・表裏原陸・西肩滇桂・東臂甌閩・連山北峙・溟海無垠・維黔迤南・災荒重鎮・千秋作鑑・是彝是訓・粵若仁讓・明命恢恢・做虐是作・下民不懷・吁嗟憃愚・憑恃在險・太上興德・履霜知

漸・胡非府海・利溥魚鹽・胡非好仇・士裕韜鈐・毋益而富・滓穢侯度・奉天之道・敬天之怒・毋逞而强・弁髦典常・順天者昌・逆天者亡・安不遺危・治不忘亂・聽者察微・明者見遠・百爾君子・是職是圖・枌榆興衰・敢告僕夫。

廣東文徵

改編本卷三十上

番禺吳道鎔原稿

釋

應璣 新會人。自少出家。缾鉢江湖。開禧丁卯還里。

靈湖山水記

靈湖在廣之新會縣南百有五十里。地名烏涌洞之西與北。皆青山萬疊。山之趾則迤邐蔓衍。散爲平陸十餘里。而至於海。東西亦然。溪澗疇畝錯雜。人煙團簇。其地曰橫塘。曰古龍。曰奇石。曰東畔。曰山頭。曰官塘。曰後朗。曰官田。曰西溪。曰楊渡。曰西村。曰北隴。曰雙門。凡此者皆洞之別名也。古龍奇石之東南有山隆焉。若奮二臂。雄枕於海。前橫沙磧可三里。湖之周遭視三里爲倍。西山有石。石有仙跡。北有龍祠。鄉民水旱必禱焉。故世代相傳曰聖塘。不知其幾千百年矣。其山無青林巨木。迺淺叢怪石。雜以山花野果。珍禽異獸。時或有之。前則洪濤巨波。聲勢豪壯。聲之遠近可卜陰晴也。湖旁之石呈奇獻巧。如列俎豆焉。其水清而甘。深而不可測。中有小島。島有石巍然特峙。孤樹亭立。若盆斛之所植者。天色暝晦。煙霧四起。若有威神。人所恐也。古來山徑蕪穢。游觀者少。惟樵童牧豎得以娛嬉。予之師永公。乾道之初。始闢路於龍祠之側。植以松筠果實。築菴而居之。由是登覽者迄今往來不絕。余生於奇石。自少出家。瓶鉢江湖四十年。開禧丁卯春初還里閈。而親舊皆無也。惟湖之景物獨存。感慨於懷。又愛不已。他日當修予師之室以老焉。因筆而書之。併易今名。

道獨 編校按。道獨作者考未列名。其事畧可於函是撰長慶老和尚行狀一文見之。考其示寂在順治十八年間。且曾授法函是。故所作排在函昰之前。

答陳秋濤宗伯書

即心是佛。率性謂道。爲人由己。聖人雖往。而面目猶存。此爲直捷。誠如閣下所言。然信心二字。祇要直下承當。閣下恐學人煞執。師心滿假。非無所見。第與率性由己之語。似相違耳。山僧雖學佛而不識儒。亦曾聞皇天無二道。聖人無兩心。請畧辨之。所示未信則常虛而靈。既信則易實而礙。不知閣下如何看者。信字吾宗門實重此信。華嚴云。有能說法之人。有所聽法之衆。尚未入信門。信之一字。豈易言哉。又云。信是道原功德母。信是無上佛菩提。

信能速登解脫門・信能永離生死苦・又云・不信一法・方信自心・是以吾宗門信心實有下落・不事空言・但須分個皂白・即如文王望道・未見孔子・仁聖不居・與明月摩尼等喻・尊意以爲拂信之跡・恐人生著極是元妙之談・第最初不知從何處下手・然後不居信地・又不知尊意先知後行耶・先行後知耶・若先行後知・既未知如何行・若先知後行・則與貴知有而後踐履・似爲相近・唯不知所謂知者何物耳・苟非於知上原本清楚・遂謂要行・即有功勳・盡是有爲・盡是臣種・雖飽無力・不離識情假饒・窮到玄玄極處・無無無盡頭・都不許可謂其知處先錯・行亦無謂也・所以宗門大旨知外無行・行外無知・知到極處即是行・行到極處即徹知・恁麼看來・知行合一・然亦不過强貼耳・豈不聞知之一字・衆禍之門・知尚不立・而況行耶・到此田地・喚作先知後行不得・先行後知不得・知行合一亦不得・非情識見解可到・閣下大須着眼始得。

藥山問石頭三乘十二分教・某甲粗知・嘗聞南方直指人心見性成佛・實未能了・石頭云・恁麼也不得・不恁麼也不得・恁麼不恁麼・總不得子作麼生・此處倘不深悟深信・必然顢頇儱侗・靈潤禪師山行遇火・其徒云・請師避火・潤云・心外無火・火到自滅・一人山行・被蛇傷足・以爲枯椿所觸・行三十里遇捕蛇者・識爲蛇毒・告之其人・聞而立斃・且道未遇捕蛇人・云何行二十里無恙・纔聞蛇毒云何立斃・此皆心外無法・祇是當人信不及耳・若信得及・心外實無毫釐法可得・所以云無邊刹海・自他不隔於毫端・十世古今・始終不離於當念・山僧生平祇信此心・亦以此心教人・實有原本・上接西來祖意・下辨邪正關頭・惟此而已・其中委悉非言可盡・閣下倘共信此心・不妨覿面商搉・方纔痛快・至於道聽塗說・魚目明珠之混・雖聖人之世・亦所不免・若因此輩而遂疑信心之道有未盡・則又因噎廢食已・過承寵誨・知留心性學・誠世出世間希有・喜極・不敢不竭其愚・以備芻蕘之採・辱賜佳刻・秉惠腆儀・統此鳴謝。

與熊心開總理書

聖人所以同者・心也・凡人所以異者・情也・此心彌滿法・淨中不容他・偏界偏空・如十日並照・覿面堂堂・如臨寶鏡・眉目分明・雖則分明・而欲求其體質・了不可得・雖不可得而大用・現前折旋俯仰・見聞覺知・一一天眞・無暫時休廢・直下證入・名爲得道・得時不是聖・未得時不是凡・只凡人當面錯過・內見有心・外見有境・晝夜紛紜・隨情造業・詰本窮源・實無根蒂・若是達心高士・一把金剛王寶劍・逢著便與截斷・卻不是遏捺念慮・屏除聲色・一切時中・凡一切事都不妨他・祇是事來時不惑・事去時不留・古人所謂內心一毫不放起・外境一毫不放入・更非强爲・內心從來不曾有一毫起・外境從來不曾有一毫入・渠識得破・保任得恰好・合着本來主人翁耳・洞老若解恁麼做工夫・無有不露裸・裸底時即與諸聖同一鼻孔・同一受用矣。

軍中機務殷繁・山僧於此大光明中・祝佛天加被・唯願少病少惱・寇氛潛息・一念無爲・十方坐斷・千萬珍重・昨歲偶被業風吹入嶺南・初夏擬還匡山・圖盡契闊・可得與否・尚聽後緣・臨楮懸切。

函　是

字麗中．一字天然．番禺人．本姓曾．名起莘．年十七補諸生．與里人梁朝鐘黎遂球羅賓王陳學佺輩．並以高才縱談時事．舉崇禎祭酉鄉試．大臣交薦．當授官．辭不就．謁僧道獨於黃巖寺．尋祝髮於匡廬．住歸宗寺．與嘉應熊開元新城黃端伯休寧金聲以禪悅相契．旣返廣州．初以避亂居西樵．已居雷峯．粵之士大夫潔身行遁．轉相吸引．咸皈依爲弟子．函是雖處方外．仍以忠孝廉節垂示．從遊者多受其益．歷主福州長慶．廬山歸宗．及海幢丹霞芥庵華首諸剎．晚返雷峯．著有楞枷楞嚴金剛三疏．醉焚禪筆．瞎堂詩集。

瞎堂詩集自序

說作吼子乞余詩付梓．已而乞名．名曰似詩．似詩者．何謂也．夫道人無詩．偈卽是詩．故亦曰詩．然偈不是偈．詩又不是詩．故但曰似．吼子請焉．更爲語曰．子以子偈不可讀．姑取詩以示人．爲其近人也．何近乎．情近也．境近也．悲歡合離與人同情．草木鳥獸與人同境．同人者善入．入則親．親則信．信則漸易而不覺矣．噫．此吼子之說也．然予以爲吼子之知予詩者．惟近．而不知余之不是詩者．亦惟近．近者天下之所同也．而有異焉．然則天下之所爲樂近者．爲其同也而有異．則天下之所謂樂．一人尤樂．余之不是詩．是以樂與天下．而以尤樂待一人．萬世而下其旦莫遇之耶．昔南禪師往歸宗時．遣化至虔上將還．有劉君遠送郊外．祝曰．爲我求老師一偈．爲子孫世世福田．明年南以偈寄之．曰．虔上僧歸廬嶽寺．首言居士乞伽陀．援毫示汝箇中意．近日秋林落葉多．後四十年雲菴復住歸宗．法席盛於前．劉君之子攜此偈來．飯僧敍其事雲菴上堂．有偈曰．先師昔住金輪日．有偈君家結淨緣．我住金輪還有偈．卻應留與子孫傳．噫．吼子謂是偈耶．詩耶．固非艱深不可曉．而古今傳誦不敢目下爲詩．則安知夫人之所謂近者而卽遠．所謂遠者而卽近焉．吾願天下勿以堅白之昧．終而自安於所樂．是不但一詩也．天然道人書。

楞伽心印自述

楞伽山名．此山純以楞伽寶成．故以寶名山．山在南海夜义所居．因其王請佛說法山上．义卽以此山名經．棗柏大士云．此經於南海中楞伽山．說如來道經山下．羅婆那夜义王．與摩帝菩薩乘華宮殿來請如來入山說法．其山高峻．下瞻大海．傍無門戶．得神通者堪能昇往．表心地法門無修無證者．方能昇也．下瞻大海．表心海清淨．因境風轉．識浪波動．達境元空．心海自寇．心境俱寂．事無不照．從大海無風．日月參羅．煥然明現．此經爲根熟菩薩頓說種子業識．爲如來藏．異於二乘．滅識趣寂．亦異般若．修空菩薩樂空增勝．直明識體．本性全眞．便成智用．如彼大海無風．斯境像明徹．心海不搖．境風非別．但能了眞．卽識成智．棗柏固深識楞伽宗趣也。

此經初譯自劉宋．求那跋羅戊四卷．名楞伽阿跋多羅寶經．至元魏菩提流支復譯成十卷．名入楞伽．唐實乂難提與復禮等譯成七卷．名大乘入楞伽．唐譯簡切．終不如宋譯高古奧渺．故自古至今猶從初譯．梁武時達摩大師航海至魏．壁坐少林．因授可祖法曰．此土惟楞伽四卷可以印心．幷以付汝．自是楞伽遂爲宗門祕密．今禪者空疏．至有生平未嘗

展卷・可歎也・求之義學・唯洪武初宗泐如玘奉詔合疏・萬曆末德清筆記・崇禎中智旭義疏・外此不少槩見・達摩大師嘗曰・此經五百年後翻爲名相之學・諦審斯語・良深慚悚・大師蓋謂吾宗失傳・豈異人事哉・昰自順治辛丑先華首示寂・明年先大日相繼謝世・壬癸兩載・生趣頓盡・促居雷峯・旋徙芥庵・乘茲夙志・兼酬禪問・聊以自悅・未敢示人・唯念道法濫觴・所謂見性幾同・神栽透脫・一路無異・冥初不自生・非不生・聖言具在・乃有不達緣起・究墮撥無・任情懷法・較之拘滯名相・功罪又相逕庭也・此經直指種子業識・爲如來藏・實有迷悟・不則以流注爲自心・反成生識之過・疏中深切著明・惟先血脈・所引經論・但取入理之近・互相發明・至於機語尤切矜重・夫機以轉有言之關捩・教以導無言之指歸・正在深談・不辭明破・而徒以剿絕之語・溟涬眞詮・誣罔名言・烏焉成馬・此時禪病所爲眞贋難辨也・我大師首創無言・並傳四卷・區區隱慮・是與天下後世仰奉慈旨爾。

千山剩人可和尚塔銘

噫・眞發心出世・爲前聖後昆荷擔斯道・當國家全盛出豪貴才華中・岸然獨行・無所盼睞・始見千山剩人和尚其人也・余與剩人明崇禎間先後出師門・如左右手・聞訃趨芥菴・與老人相向啞然・其徒之在廣州者・露頂跣足・再拜稽首而言曰・非師莫銘吾師也・余曰・諾・弗敢辭・老人復顧余曰・然非公莫銘若弟也・余起立曰諾・弗敢辭・翼日返雷峯・徒復至長跪曰・某將以是秋奉銘出關門矣・吾師光明・全藉師筆端照耀塞外・塞外人千萬禩・知有宗門自吾師始・某爲吾師請・抑爲塞外現在將來諸昆弟請・言畢泣下・稽首不能起・余感而答曰・諾・弗敢辭・於是載筆而言曰。

師名函可・字祖心・別號剩人・惠州博羅人・本姓韓・父若海公・諱日纘・明萬曆丁未進士・歷官禮部尚書・謚文恪・母車氏・誥封淑人・師生而聰穎・少食餼邑庠・嘗侍文恪公官兩都・聲名傾動一時・海內各人以不獲交韓長公駴爲恥・性好義・豪快疏闊・有貧士寃獄自分死・師密白得免・士方德有司廉斷・久而知韓公子所爲・嘗獨出里門・爲市兒所窘・識者報家人追至・將赴理・師遽止曰・彼惟弗知故敢爾・豈有吾輩不能忘人誤犯・其豁達愛人類如此・文恪公卒於官邸・師奔喪入都・往返萬餘里・哀毀未嘗一日間・迨歸・閉戶絕交遊・悒悒無生人趣。

聞梁孝廉未央好道・力致爲諸弟受業・以此得深知余・適余歸自匡山・師亟入廣州・一見輒曰・長齋數月矣・專以待公・先文恪生賤兄弟四人・某長未嗣・若了此題・梵行終吾世・余笑曰・此白社諸優婆塞事・寧區區屬望耶・師面赤辭去・明日復來曰・某妾已孕・幸而育・得上報先人・抑無所憾・卽不幸亦不復顧爲俗人矣・余曰・此吾儕緒餘・若爲艱言之・更有向上在・師自此始決意・且拉余住止園凡兩月・値老人至東官・乃相見・東官因僧問諸識義・老人曰・我這裏無五識・無六七八識・僧曰・祗麼則寒灰枯木去也・老人曰・寒灰枯木爭解問話・師徒從旁不覺擊節・老人顧余曰・此子根器大利・指示參趙州無字有頌・呈曰・道有道無

老作精・黃金如土酒如澠・門前便是長安路・莫向西湖覓水程・從此微細披剥無虛旦夕・兩踰歲・復聞舉勘破婆子話・更豁然識古人長處・老人曰・子今得不疑也・即隨入匡山剃落登具・命掌記室・還住華首・又命充都寺。

甲申之變・悲慟形辭色・傳江南復立新主・頃以請藏附官人舟入金陵・會清兵渡江・聞某遇難・某自裁・皆有挽・守者意・執送軍中・當事疑有徒黨・拷掠至數日・但曰某一過情傷時・人多危之・師爲之自若・卒以歸日行李出城・忤人自爲・夾木再折・無二語・乃發營候鞫・項鐵至三繞・兩足重傷・走二十里如平時・江寧縞白環覩・咸知師道者無他・爭爲之含涕・而不敢發一語・後械送京師・途次幾欲脫去・感大士甘露灌口・乃安忍如常・至京下刑部獄・越月得旨發瀋陽・師自起禍至發遣・中間兩年・唯同參法緯・曁諸徒五人外・無一近傍・然內外安置極細・如獄中一飲啗・一衣履・隨意而至・如天中人・師當時所能自爲者順緣耳・庸詎知已有人屬某緇・屬某素・甲事若此・乙事若彼・開士密行不令人知何擇時地・然師所以獲是報者・豈非平生好義・暗中銖縷不爽・諸如道在人天・且當作別論也。

師初至瀋陽・觀知根欲因・達藏主閱藏普濟・先爲諸苾蒭疏通義學・時講席漸多集座下・講師頗覺・師乃領大衆趨教同學人・講師意始解・自是瀋內外護法咸仰師寬大・益篤信宗門・開法之日元旦・喇嘛率諸遼海王臣道俗・稱佛出世・清法讜僧屬掌敎・亦極力推轂・自普濟歷廣慈・大寧・永安・慈航・接引向陽・凡七坐大剎・會下各五七百衆・同時讜謫諸大老・若大來左公・吉津李公・昭華魏公・龍袞李公・雪海郝公・天中季公・心簡陳公・始以節義文章相慕重・後皆引爲法交・師自處孤潔・與人慷慨多意氣・匪深於師平日・鮮不以才氣相掩・以故法海深潤・向非凡器所能搆・嘗有書抵余曰・門下龍象如雲・若得專一人來・使某得盡其夾輔之力・則曹源一滴・長潤塞下・噫・余於此知師爲法求人之切・豈無所見・顧再易裘葛耳。

忽一日・曰・我後十日必去・集大衆告誡・皆宗門勉勵語・搜丈室無長物・平日所畜衣拂如意杖笠・悉分付侍僧・孑然一身・從金塔趨駐蹕・囑行後全軀付渾河・示偈曰・發來一箇剩人死去・一具臭骨・不費常住柴薪・又省行挖窟・移向渾河波裏・赤骨律祇待水流石出・衆環跽乞留肉身・哀懇再三・乃默然・遂端坐而逝・瀋之人迎龕入千山建塔・蓋順治十六年己亥十一月二十七日也・師世壽四十有九・坐夏二十・得度弟子今育・今匝・今曰・今廬・今又・今南・皆江南人・師住瀋不輕爲人削髮・有乞戒・悉命禮天顯律主・師未開法時・嘗爲顯作闍黎及說法・顯請入室・師亦命第一座・更爲旁通華嚴梵行・凡戒壇仍使主之・唯宗門提唱無少假・然皆一目同人衲子能具精誠・隨機大小各有所被・故十年相依如止・寓恥若馨光湧光作麼・若而人咸受益焉・是宜銘・銘曰。

山川奇秀・蔚爲異人・意氣雲蒸・公族振振・儒門澹薄・歸復能仁・溯洄水源・沛流潺湲・出華首嗣・爲博山孫・如潙之嚴・吾師有言・慧寂者誰・實難爲昆・嗟大樹叢・宜蔭南宋・天龍等視・匪法運窮・愍彼遐方・啓拓關東・彼土惇直・惟經與律・拄杖撥開・別傳甫及・七住道

場・萬指林立・天姿雄邁・波瀾澎湃・上下左右・不知其在・巍巍堂堂・曷云誰至・杲日方中・忽然西逝・道俗涕潺・湧塔千山・爲存爲歿・松鳴珊珊・朔方少室・今古斯一。

長慶老和尚行狀

師諱道獨・號宗寶・別號空隱・博山無異禪師法嗣・南海陸氏子・生三歲・母攜登樓・覩蜘蛛結網・瞪目久之・悲喜交至・後嘗語人曰・我四五十年回憶・不加毫末・信知師宿根也・六歲失父・隨母居近寺・晨趍禮佛・仰視輒移・午聞梵唄音過耳成誦・從老僧知見性成佛語・益切嚮慕・逢人接問・人多戲之・無沮色・得六祖壇經・不識字・懷襟袖間・懇禮大士・一夕拜下困極倒地・忽覺起如在空中・汗出浹背・輕快逾常・張燈出經讀之・意某字・詢之人果然・遂數行俱下・自是始辭母入寺・依離念法・每坐達旦・年十四習定樹下・忽胸中如劈竹・信口成偈云・兀兀圓明體騰騰・物成如此・是無生路・無生便要離・又云善惡不思處・亦不可追尋・休言云大道・是道是非生・讀語錄至石壓筍斜出・崖懸花倒生・復礙胸臆・偶山行・舉目巖花大放・始豁然冰釋・師是歲纔十六・依止菴僧・無可意者・自攜刀就磬石・禮十方佛・剃落縛茅歸龍山・單丁十餘年・事母至孝・母病須山泉・日肩擔走二十里・及城闉始辨掌紋・母卒・廬墓三月・乃以二十九歲入博山。

先有傳師行實至博山者・山異之・凡見粵僧必問曰・宗寶何不來此・道不到博山得麼・至是聞師至・即呼入方丈・與語竟夕・一日以倒騎牛入佛殿話・命衆下語・師有頌・呈曰・貪程不覺曉・愈求愈轉渺・相逢正是渠・纔是又顚倒・蟻子牽大磨・石人撫掌笑・別是活生機・不落宮商調・一衆環覩・山曰太麤生・師云大了當・人向善知識前作麼開口・山笑視良久云・何消說・師禮拜山・始與易名登具足戒・一住九閱月辭去・山不許・師住山意決・再三懇辭・山乃訂八月再至・師跪胡牀下曰・某有不是・請和尚勿放過・山連聲曰・是是・汝他時不得辜負山僧・此崇禎庚午四月也・山竟以是年九月示寂・始悟八月再至之語・師時掩關金輪・復徙黃岩・爲金內翰正希・陳督學雲怡・熊督師心開諸公所重・嘗造室問道請說法・師一意岩隈・無出世志・迨瀛山雪公歿・粵孝廉張葯公黎美周謀諸內閣象岡何公・宗伯秋濤陳公・力請師住羅浮・開博山法門・博山道法不絕如縷・賴師振起・師退處如弗勝・眞樸之風・絕去時習・而悲願沁人・畧無同異・自節烈文章之士・以至販夫灶婦・無不醉心・咸願出門下・閩人聞其風・以雁湖小刹致師・師亦欣然・航海而就・至則雁湖爲賊煨燼・師寓南臺・得山林公・克之方公・孔碩林公・一見心折・與闔郡諸大老請主西禪・撫臺佟公爲新之・一時道風徧洽・戶屨常滿・師頗厭倦・因掃塔博山・杖策還粵・抵芥庵・作投閑計。

頃惠陽紳士請說法豐湖・及廣州王臣景慕・往返海幢・幢幡所指・俄成寶坊・師慨然曰・將圖息機・反致疲累矣・順治十七年二月忽示瘡疾・猶接納無虛日・明年四月自海幢還芥庵・始謝參請・七月初七日初夜・詔函昰曰・瘡患延綿・殊可厭惡・吾且夕且掉臂矣・昰泣懇曰・乞師住世・羣

生可念・師曰・吾道有汝・重擔可卸・復何戀耶・二十二日晨起・啗粥嚼水如平時・侍者請敷藥・師遽曰・今日不敷藥・顧左右・斂目良久・端坐而逝・壽六十二・坐夏三十又三・全身塔於羅浮華首臺西溪之南。

師生平以道自守・以悲攝人・遇物純眞・不事聲譽・大小淺深・各隨所受・凡示誨皆明達曉人・稍有所裨・必喜見眉宇・有乞偈頌・隨口命記・欲易字句・亦笑從之・人有進曰・道法所關・和尚何得輕易・師正色曰・壇經云・彼善知識有大因緣・所謂化度人根利鈍不可類齊・但俱至誠・豈可辜負・至宗門大法・中下難窺・老僧自有權衡・豈若輩所知耶・故師開法二十餘年・所蒙推拂記莂・自函昰函可而外・未嘗濫授・示疾以來一年有奇・日用鉅細・纖介靡遺・獨於臨終告衆・遺囑諸事絕口不道・博山三十年績密家風・師眞無愧矣・示寂之日・內外弟子咸悲慟彌月・與大覺雙林一會・哀震梵天・同一悲仰・其慈光入物・眞非思議所至・若道法深穩・易見難知・諸錄流通・海內聞見・非函昰所應言也。

函可 字祖心・號剩人・博羅人・本姓韓・父日纘・官禮部尚書・謚文恪・少食餼邑庠・嘗侍宦兩都・聲名動一時・文恪卒・從函昰謁道獨老人・薙落登具・還住華首・甲申之變・悲慟形辭色・尋入金陵・寓顧氏樓・會清兵渡江・於殉國諸臣皆有挽・過情傷時・人多危之・卒被執送軍中・拷掠至數百・逮京・發瀋陽・到戍後・爲宗門開法・衆咸信仰・稱佛出世・凡七坐大剎・又與同謫諸老結冰天吟社・示寂時・囑全軀付渾河・衆環跽乞留肉身・迎入千山建塔・方年十八九・命寫生手戲圖爲意中幻肖・幅盡現一比丘人・以爲讖云・著有千山詩集。

千山詩集自序

向見吾里張孟奇先生・七十後文字多不經意・竊謂英雄欺人・余今歲望七十尚二十有三・然備歷刑苦・鬢白齒落・耳聾目瞶・一切不能經意・重陽後於金塔盡遣諸子・每自佇立・明月在天・寒風習習・輒不自禁・繞塔高歌・正如風吹鈴鳴・塔又何嘗經意耶・因語二三知我・及時努力・毋俟一切不能經意・更有百倍切於文字者・尤不得不蚤自經意也。

同雪公遊千頂紀事詩序

余出塞五年・始遊千頂・時大雪初晴・由大安過祖越入龍泉・與山中耆宿團園二十日・蓋壬辰春二月也・十月復遊甘泉・取道孤山入龍泉・因有大寧之役・兩宿而去・癸巳春顯律師邀入・駐蹕十餘日・遂繇向陽登山・過一月・大雪如初遊・甲午春至香巖・緣諸老闢荒・欲迎吾師與天然兄藏錫於此・故特一至・諸未及也・八月與木公同遊・霜葉滿山如錦・前數遊所不及・迨乙未七月香巖新像成・送入山・然止香巖・諸未及也・八月赤公至・又偕入山・遇雨大安・道上殊草草・杖頭各一點耳・丙申四月顯律師開戒香巖・予隨入山・然止香巖・諸未及也・五月赤公偕天公入山・拉予同行・以馬疲止向陽・計五年凡十登山・前後俱未有詩。

去歲九月雪公業與予約・以他阻・今歲八月乃堅心入山・幷不令家人知・以廿三日繇瀋出門・行百二十里・宿泖

水・次過遼陽・宿駐蹕・次向陽・過七嶺・浣熱泉・宿祖越・因登仙人臺絕頂・予向以病不敢登高・然心甚壯・今得歷盡諸險・非獨前數遊不及・卽同木公遊・依然一邱一壑之見耳・仙人臺直下卽香巖・元大德雪庵大師所居・塔現存・塔銘則學士陳元景所作・鄂國公史弼所書・其篆額則昭文館學士李傳光也・千頂無舊碑・僅此可讀・次過石橋・從別道入龍泉・兩宿・雪公有詩・予不能和・次重遊祖越・前後亦兩宿・太守張公使至・雪公分袂還瀋・予移寓・且過庵・適阿字姪從匡來・話及千頂・阿字遊興詩情俱勃勃・因觸時習氣・作紀事詩十律・似阿字兼寄雪公・然不過畧紀一刻情事・巖壑之趣・松石之奇・百未盡一・願雪公作一遊記刻之仙人臺畔・毋使山靈笑人。

光鷲

字跡刪・方氏・番禺人・國驊子・國驊明亡隱居・光鷲年十三補諸生・尋棄去不赴試・學使李綺命諸生作西山采薇文送之・年三十五・別母學佛於鼎湖・晚棲大通寺・詩文甚富・然皆詩古文詞・無語錄偈頌・沈德潛擬之惟儼秘演之儔・所著咸陟堂前後集・今存・又有夢憶一書・今刻伍氏嶺南遺書中。

咸陟堂集自序

擧世所貴嘉穀也・春而作・秋而收・可釀可芻・可薦可羞・生民日用・不可一日無之・所賤者稊稗也・其體輕微・不盈於手・其味澹薄・不適於口・其性枯槁而苦澀・又不可以爲酒・生於畝・鉏而去之・棄諸塗・蹂而躪之・爲稊稗者・自甘於無用已矣・或有過而歛之・衆皆笑爲顚癖・則解之曰・嘉穀非不美也・釀秫蒸黍・飲之食之・一朝醉飽・剩爲糟粕・化爲臭腐矣・彼美者自美・吾不知其爲美也・苟爲不熟・不如稊稗・儉歲得之桑中殍・溝中瘠・充然起矣・彼惡者自惡・吾不知其爲惡也・東樵老農・日以稊稗爲業・歛而藏之・幾盈廩矣・不敢出以示人・慮獻笑故・有布田先生者・解百金以出之曰・此奇貨可居・人棄我取・人取我與・宜若可爲也・老農有同好矣・遂其藏・爲稊稗之言以執知已。

馬臥仙五疏序

士有三品・觀其進退・斯可知矣・難進而易退者・禮義之士也・避進而求退者・山林之士也・銳進而不知退者・功名之士也・之三者・曠古今・盡大地・鮮有出其範圍・末世頹風・多重功名而輕禮義・有志之士・脫屣去之惟恐不速・非矯也・勢有所不可・力有所不能也・臥仙馬子・生卜子之鄉・事親至孝・出乎天性・篤信謹守・常以卜子爲私淑・初以制科應擧不售・顧親老無以爲養・乃棄擧子業・從事於孫吳・一擧而領鄉薦・通籍於司馬・初任雲州・迎二人就養於官・既而太翁卽世・哀慕甚於孺子・請終制養母・上以雲州當邊・弗允厥請・尋授香山守軍・以去母日遠・辭弗就職・太母督責再三乃行・甫下車・掃除官舍・設位一室・晨夕北面・還望君親九頓再拜・然後出視軍事・出入必面・有善必告・有過自陳・一如其在雲州也・母命至則焚香跪讀・聞母康壽喜動顏色・晚年漸衰・憂來廢食・上箚懇請終養・至再

且三・督臣嘉其孝・合疏題請・上下部議・格於例不允・復請降調邊田・就近養母・不允・乃免留供職・自是而官情轉疏・鄉心日切矣・未幾內君去幃・太夫人奄棄祿養・聞訃哀慟・痛絕復甦・具箚上懇還里守制・復格於例・不允・竟以憂思成疾・告病乞休・不允・不得已奪情供職・外若安之・揆厥中懷・實非所樂也・計公先後筮仕二十年・始自雲州・迨至香邑・無日不以求退爲念・非不欲馳驅皇路・策名淸時・顯其親以揚名於後世也・乃再三懇請者・豈非眞知輕重大丈夫哉。

予山林之夫・知退而不知進・常爲流俗所譏・臥仙索我於形骸之外而安之遊・兩人之趣皆以報恩爲務・或一之以性命・或秉之勳名・所報雖殊・而所以爲報者則一而已・己卯夏禁足東林・臥仙過予・出其生平請退文狀・彙爲一帙・命予序之・予受而披卷・計其先後所請者五・一請則必再必三・爲文若干・當路之慰諭若干・軍民之挽留若干・合數萬餘言・其忠孝之至性・溢於方策・朝廷信之而不疑・上官愛之而不捨・持戟之士・閭閻之筮・攀轅臥轍・惟恐後之・雖不得請・此一片眞心・可以告諸君親・質諸鬼神・達乎金石・孚及豚魚・他日勒石銅柱・圖形雲臺・與新息前徽・後先輝映・均此心也・予出世二十餘年・蹉跎嶺海・不能遠適・以母之故・去年老母去世・無復反顧之戀・將與臥仙別・進退出處各行一路・他年報恩事畢・大笑還家・乘車戴笠・相遇於無何有之鄉・下車握手・毋忘今日之言。

說說文序

世界安立・本一空虛・漸成形質・有形質矣・乃有文采・有文采而後有義理・有義理而後有言說・言說既彰・義理隨顯・復次斂文返質・化質還空・是言說者・有無之樞機也・自無而之於有・可說也・自有而之於無・不可說也・可說者說之・儒者之敎也・不可說而說之・我佛之敎也・故曰・不卽文字・不離文字・道無往而不存焉・予友何古錢・醉心古學・寢食許愼說文・三十年不釋卷・一旦豁然貫通・如蠹魚蝕仙佛字滿四十萬・化爲脈望飛颺空中・若有若無・雖使離朱察之・不能覩其形質・古錢誠進於技哉・蓋其所好者道也・竊慮世之學書者・遊許愼之門・未入其室・茫然莫辨魚魯・於是由博返約・括說文之義理而重說之・爲七言古詩凡若干言・使學書之家・披卷燎然・置說文於不用・眞啓金鑰之玉鍵也。

予爲儒時・尙友古人・與許愼爲莫逆・今則神交忘形久矣・偶過古錢・復與相遇於語言文字之表・古錢謂予曰・此東樵之故人也・故人遠矣・妄爲寫眞・庶幾似之・請從其似・而出其眞・予乃開卷三復・掩卷一笑・呼故人而與之語・贈以詩曰・文字神交與道通・旁觀莫漫比雕蟲・曾經秦火燒難滅・翻笑元亭術未工・有說說歸無說說・眞空空到不空空・古錢置在紅爐裏・今古何須辨異同。

送吳渭公遊西粵序

善夫莊生之言遊也・以逍遙冠南華一經之首・夫道何取

於遊・遊何取於逍遙哉・九有之大・六合之廣・人生其間・未有居而不遊者・門庭以外・達於卿國・漸抵京華・縱其所適・有遠近之殊・無非遊也・名山大澤・通都巨邑・吾所當遊之地也・車者徒者・負者戴者・吾所同遊之侶也・士爭名於朝・賈罔利於市・智鬥巧・勇鬥力・皆吾遊中所經歷耳聞而目覩者也・惟至人得逍遙之樂・遠近夷險・無入而不自得焉・大而大用之・爲北溟之鵬・搏扶搖羊角而上者九萬里遊也・小而小用之・如斥澤之鴳・翱翔蓬蒿之間・細而等於野馬塵埃・乘化往來於明窗閴隙之中・亦遊也・無在而不用其逍遙焉・古今之善於用大者・常虛其中・故能浮於江湖・泛泛然去留在我・物不得而夭閼之・倘不善用・則爲五石之瓠以盛水漿・其堅不能自舉・剖之爲瓢・則瓠落而無所容・若是者・何也・虛而通者・故能自致於逍遙・中有物焉・則其所遊容或閡也。

吳子渭公・閩中之傑・夙負雄才・遊於鄉國・文章詞賦・有瀟灑出塵之致・同黨之士・未能或先之者・其志大才高・宜爲九萬里之適・而乃俯首榆枋・與鷽鳩蜩鶯輩同爲物外之遊・匪其中之至虛・曷克幾此・今年仲春・忽治行李・操奇贏而適西粵・茲行也・將爲圖南之鵬耶・爲斥澤之鴳耶・其大其小・吾固不得而知之・然其中之逍遙・吾知吳子必有所以自得者矣・啓行之日・同學諸子各爲詩歌以壯其行・索予序之・爰述莊生之旨・弁言於首幀。

陳氏家抄後跋

子性陳先生・予同學故人也・予年十有三・與先生同受知於鐔石汪夫子之門・同時入學・同補郡博士弟子員・年齒相去蓋雁行也・聲氣之投則鍼芥也・先生並其家學・雖身列儒林・嘗神明於天官書之言・間語予以吉凶休咎之應・若鑿鑿而有據者・予之家學則異是・日惟章句是務・未暇此也・先生之言茫然莫辯・未幾鼎革・予絕意場屋・盡棄所學・從異人遊・授三式書・歸而究之・憶先生昔日之言・若合符節・乃就先生與之商榷・往來問難・多所發明・時先生名噪宇內・求尅澤者・門外之屨幾滿矣・予則書劍無成・持所學以問世・世尠知者・由是廢然猛省・返而求之性命之旨・中年去家從佛・佛制沙門不得肄習星歷機祥風角之術・家不得藏・手不得執・口不得而談也・遂焚而棄之・無片言之遺・嘗聞先生自言・其道日精・其驗日確・其造福於人也日以捷於影響・無予所聞於師者・殆華梵之不相曉又茫然也・始悟莊生之言・謂道不欲雜・雜則擾・擾則憂・此仲尼所謂執御成名・子輿所謂專心學奕・楊朱所謂道歧亡羊・學貴乎專且一也・先生世守家學・始終不易所尚・在國爲純儒・在家爲肖子・名聞著於一時・利澤施於後世・無他・專且一也・予年六十有奇・少而爲儒・長而好遊・壯而學仙・今老矣・乃返而求諸性命之旨・深悔從前所好不專・今既專矣・而前路無多・一旦無常・不免功虧一簣・反不若同學故人・少成而大用之之爲愈也。

先生耄年授其術於子孫・陳子式基復能變通其道・名實有加於昔・不欲自私其技・裒所受之書・著爲一家之言・行將出以問世・函其書以見質・予豈馮婦哉・昔也焚之・今復議之・是猶攘臂而下車也・雖然・道一而已・陳氏所學・更

數世而不易其業．可以成名．吾敎西來．一超直入．等名實於泡影．頓漸之異也．又烏知吾之所謂頓者．非陳氏之所謂漸乎．遂肇其說於卷後．冀世之爲學者．不問術之精麤．道之大小．效之遲速．專其心而一其志焉．猶無成也．吾則妄矣。

四宜亭記

居停主人非百里才．天下士也．初受命於神武．得海濱之九龍巖邑．地僻民稀．煙嵐接於几案．波濤括耳．雜沓□於鳴琴．物論咸謂其人其地．若不相宜者．主人居之晏如也．簿書之暇．携酒榼．焚枯魚．並轡東郊．郊外萬物蓊鬱．中得隙地一區．屛山環海．四望寥廓．稍加人工．則坦然曠也．地既闢矣．不可無亭備風雨之卒至．復於碧沙洲次．誅茆伐木．不日成之．一土一木．皆薪俸自任．未嘗取資於民力．民亦恬然安之．樵夫牧豎．同憩其間．主人與野人爭席而座．物與我．人與境．各相得而相宜．故能相安於無事也．主人顧而樂之．自顏其亭曰四宜。

客有問於予曰．侯之名其亭也．固有說乎．予笑而解之曰．士生斯世．出處語默．各有所宜．宜於廊廟者．名世之彥也．宜於山林者．避世之流也．宜於盤錯者．肆應之才也．宜於寂寞者．枯槁之學也．四者各適其適．不相爲謀．非通儒也．大人異是．以廊廟之身．處山林之地．釋盤錯之任．居寂寞之鄉．如雲出岫而無心．杲日容光而必照．易地皆然．又何遷而不可哉．居停主人所以自況．其以此乎．擴而充之．居斯亭也．春宜省耕．夏宜課耘．秋宜觀穫．冬宜祈年．急民事也．寒宜衣之．飢宜食之．窘宜周之．勞宜息之．求民瘼也．欲宜窒之．忿宜懲之．獄宜折之．枉宜直之．肅官箴而勤吏治也．大衍之數．一生二．二生四．四生萬物．由是推之．主人之所宜者．豈第四焉已哉．他日佐聖天子．財成天地之道．輔相天地之宜．以左右民實．於斯亭基之矣．聞者釋然而退．遂述前語以質之居亭之主人．主人者誰．三韓姜公某也。

鹿門圖記

前鹿門者誰．襄陽龐德公也．後鹿門者誰．岡州區公源生自傚也．名之者誰．鵝潭屈公修也．畫以似之者誰．檗菴鄺公日晋也．其人遠矣．聞其風而起．托其事而傳之者誰．東樵跡删鶩也．惡乎．聞之令子百泉．君子也．嘗語東樵曰．先子生五歲失恃．九歲失怙．甫就外傅未卒業．以心喪去塾．世日多故．家日多難．同生兄弟後先不淑．煢煢之孤．形影無聊．閱歷漸深．諳練漸熟．年雖少漸有成人之器．初結髮．有志四方．挾策遠遊．近則高涼瓊崖．遠而吳越閩楚．靡弗之也．菽粟麻枲．日用之常．靡弗蓄也．文犀大貝．山海之奇．靡弗居也．循是可以致富．弗屑爲也．晚年倦遊．罄其居積．購圖書．豐酒食．與古人友．與今人遊．日惟力行善事．施及三黨．計有贏餘．然後置田宅．長子孫焉．田僅數畝．屋止一區．曰．五男子賢也．當擴而充之．得僅守如我衣食麤足．免於飢寒．入此室處．可敝風雨足矣．倘不我若．多財厚藏．階之爲禍爾．人皆遺之以危．我獨遺之以安．龐德公之言也．予何爲獨不然．翁之自傚也

於此・此鹿門之名與鹿門圖之所由作也。

昔皇甫謐集唐虞以下・至於漢末二千四百年・爲高士傳・自披衣至管寧僅九十餘人・爾德公其一・夷齊弗與焉・爲其以身徇名也・夷齊讓德清風・振乎千古・孔子仁之・孟軻聖之・論者乃無取焉・疑過於刻・猶曰愼名・況無其實乎・後世江湖魏闕・不能勝而從之・猥自託於隱以鳴高・幾失實矣・故君子嘗汲汲乎愼之・今之鹿門・猶昔鹿門也・而近於名・吾知免矣・鹿門之偕隱也・家有士元・爲從子・翁之後起也・吾之後起也・吾友百泉爲冢君・其文章行誼・眞有如韓昌黎所云・文義卓然・能外聲利・不厭貧賤者・其今日之區冊乎・難兄難弟・皆彬彬乎國士也・過鳳雛遠矣・德公生當炎漢之亂・見幾遠引・翁遭陽九百六・能以名哲保身・名乎實乎・百世下當有定論・東樵與甘泉遊有日矣・披圖爲記・從其實爾・豈復知有名哉・既以盛德許其翁・尋以大業期其子・又非僅鵝潭欒菴區區爲紙上陳述已也。

多異山記

客有官於珠崖者過予別・極道海嶽之高深・聞之神往・忽作浮海計・遂與之偕・初至境・客會同城外・陋巷卑隰・居人椎魯・求一可遊之地・與同遊之人・兩不可得・謂向之告者過聽・而信者亦不審也・客有馮子合谿者・邑明經士・老而不倦於遊者也・與之遇・傾蓋如平生歡・拉予至其家・坐未定・先致問此中有名山乎・則告曰・莫多異若・有高僧乎・曰・莫多異之圓達若・有清泉可飲乎・曰・莫多異之靈泉若・此中茂林邃壑・可休可息・美田廣畦・可耕可植・信

有之乎・皆曰・莫多異若者・遂誠然信之・欣然悅之・約與晨往・是夕宿合谿舍・爇奇香・具茗飲・一啜甘之・合谿曰・此靈泉也・海外風土客至焚香・鮮陳湯點・一勺靈泉・今始爲知己用耳・西窗剪燭・話至五鼓・山雞拂羽・合谿起戒・僕牽黃犢二・乘月微明・並行而東・漸聞海濤遠近・與松風相答・若轉隻輪車入空谷中・不自覺其爲高深也・合谿揚鞭・遙指朝雲出岫・宿霧涵山・恍惚有無間・爲予言曰・此多異山也・兩人舍犢而徒緩步行吟・緣逕以入・逕轉九曲・乃至山門・洞然別有天地・遊目四顧・又不覺其爲高深也・山犬一聲・竹扉半掩・主人出定下床迎客・則圓達也・逆而問訊曰・鳥宿池邊樹・僧敲月下門・予應之曰・五更僂早起・更有早行人・相視而笑・合谿亦笑・携手入室・道話款曲・直至日出三竿・聞楗椎聲乃起就食・食訖復坐・瀹泉試茗・味如向夕・更清洌耳。

主人徐起引客・出觀泉脈・曰・是泉之靈・由寺而著・寺之名因泉而立・寺以泉靈・靈不在泉・泉以寺靈・靈不在寺・到寺觀泉・當識賓主・予曰・飲水知源・畫蛇添足・圓達躍然・旋起繞寺一匝・攀藤直上・亂石縱橫・偃挺林木間・圓振策先客入石脥中・俄聞鐘鼓聲振林木・予與合谿迹之・圓端坐磐石・持杖叩石而聲之・謂客曰・此石鐘鼓也・予從之・叩石者三・問答機緣・有詩紀之・須臾風雨大作・覓路下山・山逕雲封・咫天莫辨・是夕宿山中・雨過月明・山光如洗・坐至人靜・山後隱隱聞鐘鼓聲・問之圓・圓曰・此無情說法也・予曰・山鬼伎倆耳・已而寂然・黎明・策杖獨尋故居・石鐘鼓不可復覓・攀援絕壁・得小洞於羣石中・

深廣十笏・高僅半額・俛以入・寬然可坐・坐久衣裓下馥馥聞有香氣・心竊異之・隨拾巖中土石草木・種種皆香・持出巖外・仍木石耳・捨而去・行百餘武・巨石穹窿・兀立如繖・蓋可覆十人坐・四旁石乳垂下・恍若流蘇纓絡之狀・參差成蕤不可指數・還以訊圓・圓曰・此香巖華蓋洞也・二處皆稱奧區・常有神物守之・老於此罕或遇・予僅獲一至・不可再矣・佳客初來・遽踐斯境・名山虛左矣・請留主之・予乃欣然挂搭・無復故山之戀・一日經行次・力陟岑巘・見巨石橫於絕頂・中圓末銳・可轉運如轆轤・石平・藉之倚之・不動三尺・牧豎稍一撼搖・則磕磕有聲・微風濟之・聲隨風轉・亦復如是・聞諸人言・世稱風動石云・因憶昔日生公說法・頑石爲之點頭・非動非靜・卽動卽靜・不離動靜・不爲風力所轉・是名眞頑・是名眞動・爰顏之曰點頭石・紀之以詩。

信步下山・直至東山之麓・榛莽中仰首絕壁二石相倚・百有餘尺・上竅一穴・如井窺天・諦觀其中・疑有石屋・四面峭然・不可登陟・訊之圓・圓曰・此合掌巖也・峻極孤危・過客望而裹足・鮮有探其勝者・頃年縛竹梯之路・再折而後入・眞天險也・以險故不利於登臨・遂棄之・置普同塲爲化僧藏骨之所・予嘆惜良久・興不自禁・懇圓達爲我梯之・初歷石坪・遵小逕・攝梯而入・入則房屋宛然・中霤通霄・東牕望海・皆天作匪人爲也・返而謀諸合谿・買地於山之陽・遷置普同・然後伐木積薪・焚爍崖石・石爲剝落・崖漸高潔・鳩工選材・刻爲補陀大士・踞獅子座・尊位巖中・自冬迄春・巖事乃竣・奉大士登巖・是日玉樹繞卿雲・天垂花雨・日珥月華・海光輝映・見者聞者歎爲稀有・日夕・予獨宿巖中・述爲長歌以紀其勝・揆厥初心・終將老於海上矣。

起三寒暑・因念久闕僧倫・未圓戒品・皤然有南詢之志・復以院事歸之圓達・瓢笠還里・夙願未酬・名山在望・念之每爲悵然・嗟夫・盡大地皆山也・予生而好遊・身之所居・足之所至・耳之所聞・目之所視・未嘗見其爲異也・等山耳・旣異之矣・且多之・何與・良以境有眞幻・人之所見・不無道俗之殊・萬境本閑・道眼同之・俗眼異之・視其所見何如耳・異者異之・道場異也・主賓異也・泉石異也・巖壑異也・一草一木無非異也・異而同之・道場則主賓同・主賓同則泉石巖壑・一草一木無往而弗同焉者矣・予去多異・而所得於多異者・不更多乎・晚憶舊遊・述爲之記。

丹霞山記

佛法西來・盛於韶石・蓋自少室傳燈・新州應化・曹谿一滴・法乳淵源・靈樹雲門雙峰・諸山鼎峙・輻幀悉稱名剎・其間一邱一壑之勝・愜爲造物之所秘・惜不敢以假人・必待佛法昌明・文人輻輳・然後山澤之氣・藉以潛通・苟非其時・非其人・未易言此也・韶之巖邑・屬爲仁化・大江東注・直接曹源・佳氣鍾靈・爰生仰祖・丹霞福地・居縣下游・孤峰峭壁・萬象森羅・實寶山之奧區・化域之天府也・久厭塵境・積想名山・偶陪勝侶・乘輿南來・舟入錦谿・遙瞻丹嶠・苒苒如赤城之霞・卷舒天半・髣髴天人仙聖・乘猊駕象・來往於卿雲縹緲間・變化萬狀・眞幻一如・誠宇宙之奇觀・見聞所罕覯也・舟行漸近・翹首山光・紺宇珠林・交

相掩映・譬之乾城樓閣・出沒有無・不可端倪・天上人間・茫然莫辨・甫至山・別峰精舍・板屋數椽・跨峰絕頂・佇立江干・若端拱揖客之狀・過別峰・登舟入園寮・抖擻客塵・而後杖策登山・石徑紆迴・羊腸九折・攀緣磴道・行絕壑間・十步一息・喘急不能自禁・山半有亭・少憩須臾・復鼓勇作氣・歷級而上・至山門・僅數百武耳・不啻行百里半九十之勢・山門石壁・榜曰丹霞・字廣盈丈・向所見者僅方寸耳・門之上顏曰別傳寺・門內老僧候客舉楗槌乃入・既入・復升階丈餘・過葦橋・至客堂・爲三巖高處・開山故址也・信宿客寮・次第如家舍・紙牕竹榻・好友論心・蕉雨松風・故山入夢・倦枕初甜・晨鐘送曉・披禁出門・俯觀海日・儼如身入蓬瀛・脫屣塵界・飄然忘返矣。

關此山者・始於嵩道人・道人虔州開府也・姓李・名永茂・字孝源・河南鄧州人・舉明進士・歷官給諫・秉直不阿・出使留都・值甲申之變・北面痛哭・矢志捐軀・己酉歲開府虔州守禦・訓練大有方畧・四方義旅・倚爲長城・旋以外艱去官・治喪嶺表・遂居於此・此山舊名長老寨・韶人之避亂者居之・四圍陡絕・壁立梯懸・三尺當關・萬夫卻舍・誠天險也・初公入嶺・尋山卜築・指槖得之・與介弟儀部鑑湖公・奉母及室人數千・指結宇山中・愛其巖壑之勝・大類故里之丹霞・因以爲名・且長老海螺諸峰・色如渥丹・燦若朝霞・名稱其實故也・屋後有巖・如堂如房・制出天然・不由穿鑿・遂名之曰天然巖・前天然丹霞主也・豈山靈留識・俟諸再來・更爲丹霞別開生面耶・公居山讀禮・時事日非・期於忠隱・乃激於忠孝・弗能自恝・服闋趨行在拜大學士・未幾卒於蒼梧・儀部鑑湖流落嶺外者十餘年・幾經兵燹・室家安堵・恃丹霞爲樂土・亂既定・鑑湖挈定還里・念此山無主求可托者・謀諸同鄉水部汪公鐏石・汪與前都諫金公堡同朝・金以直言忤旨謫戍清浪・棄俗出家・禮雷峰天然和尚・受具改名今釋・字澹歸・尋受記莂・不欲久居聚落也・覓佳山水爲雷峰老人建立道場・宏法匡徒於孤峰絕頂・汪公鐏石以告鑑湖・鑑湖喜曰・大小丹霞・前後天然・造車合轍・昔人留識・適符其名・燒佛漢・再來人・此山有主矣・遂劵而歸之。

壬寅歲・澹公乃入丹霞・伐木墾土・因李氏故址增築之・建大雄殿於長老峰之麓・殿前爲尊天堂殿・後爲法堂・殿之左前爲禪堂・中有庫司・後爲佛母樓・禪堂之左爲香積厨・後爲藥師樓・樓左爲毘盧閣・閣左爲監齋堂・爲客堂・堂前爲支天殿・左爲檀越堂・上爲紫玉臺・下爲葦橋・右達客堂・左抵山門・爲出入之要津・殿之右前爲地藏殿・後爲方丈・丈室之左爲大悲閣・爲彌陀閣・爲兜率閣・閣之右爲松園・園右爲正氣閣・先是鑑湖還里・旋入丹霞爲僧・名今地・字一超・閣其手建也・未幾示寂・就地爲建窣堵坡・奉漢壽亭侯於閣・李公超公並位一堂・爲開山檀越・茅竹芳泉・恍如昨日・往來憑弔・想見其人觀止矣・經畫之始・澹公先有圖說・後來創造・未必盡然・蓋束於地勢・因其高下而變通之・大率多岑樓而乏矮屋・上以奉事三寶・下以留客居僧・拮据經營・歷十有七年而後落成・創造之艱・誠可念也・山後一逕・出於松園・緣崖直上・丹梯鐵瑣・磴道凌虛始至仰觀・目眩足澀・久而習之・白首黃童・躡屐荷重・

疾如飛鳥・不復知其險也・石梯兩折・中爲御風亭・少休・步履上・爲海山門・白板雙扉・無復扃鑰・風雲出入・自爲闔闢・既入門・逶迤一徑・至晚秀巖・巘下板屋爲塔院・香火院・左爲海螺巖・澹公示寂於當湖・靈骨還山・建塔其下・旁一徑・出長老海螺二峰之間・沿螺峰之麓行數百步・爲大明巖・李公故宅遺址在焉・鑿石爲池・乳泉潰湧・淸泠可掬・池上架閣奉祀龍神・李公遺構也。

遵山而東・有路登陟・舍利浮圖・踞螺峰之絕頂・雄偉堅緻・望之艴然・俯視萬山・若天龍八部・環繞其下・山下歧路左出・復歸晚秀・右歷山陂・曲折上下・道經虹橋・抵片鱗巖・巖下有菴・菴左一徑・下臨無地・過者愼之・復陟數峰・爲龍尾石・石下爲蛇盤巖・朝陽巖・桐子禺山角立巖下・攀藤頫視二巖松竹・如尺幅畫圖・屋宇人物・一覽而盡・環市諸峰・復得來處・約半由旬・由海山門還至松園・無別徑也・出寺門・左旋爲一線天・歷數峰・下平田・緣石磴而上・爲霞隱巖・青松翠竹・蔽虧雲日・面長老峰如隔帷幬・故以爲名巖之幽邃者也・半山亭下・右出小徑・道經夢經閣・行二里許・爲錦巖・古刹巖・廣十餘丈・深半之・穹窿如大廈・石紋斑駁・狀類蜂窠・連綿錯落・丹青陸離・非雕飾比也・出錦巖・取徑入半寨・石壁峻嶒・遠望無路・既至則一線入雲・緣苔蘚間・縛竹扶持・魚貫而上・較海山門更爲險絕・既登嶺・環山而入・山半有菴・依巖穴中・石溜四布・不甚爽塏・深入無路・山門據石壁上・懸梯乃登・行數百步・爲入山路・岐上爲龍爪巖・菴宇倚壁・竹木森然・仰首龍尾諸峰・如在天半・下爲洪巖・一逕曲折・抵山門・萬仞壁立・菴居崖上・結構殊精・還山仍遵舊路・無別逕也・遶丹霞一匝・約二十餘里・晨粥而往・午飯而返・中間巖壑之勝・峰巒之奇・造物化工不可思議・見聞所及・恐或失之・麤陳大畧・聊志勝遊云爾。

聞諸人言・昔憨山大師闡化嶺南・欲建道場・心賞茲山・極力圖之・竟不可得・遂開朝陽巖而止・大抵名山出世・與佛法相爲表裏・時節若至・其理自彰・遠近遲速之數・有主之者・則有守之者・有作之者・則有成之者・向使金李二公身際昇平・盡瘁廊廟・丹霞半壁・埋沒於荒榛斷梗中・彼無憂患戮辱之加・此有丹霞猿鶴之趣・出處隱顯・各自爲計・安得有金碧輝煌・龍象蹴踏・與曹谿諸剎相爲鼎足哉・學道人世出・世間亦復如是・宇宙之大・山澤之奇・其爲丹霞者再矣・繼此而出・不謂無之・苟遇其人・則高建法幢・否則韜光泉石耳・夫復何憾。

陳德山墓表

震旦之南・有大長者德山陳公・與予有宿命之契・不欲明言・恐不知者以爲弔詭・姑近言之・憶予少時銳志於聖賢之道・遍歷都邑壇塾・間求一眞儒・無或當者・中道棄家從佛・初爲雲水之遊・識人多矣・求一眞僧・竟無所遇・不得已返而求之正信之丈夫・最後識長者於稠中・覿面恍如夙昔・中間針芥之投・因緣契合・非泛泛之可比・甲子春予歸自珠崖・乃截衣受具・始知梵行不蓄生像蓄須・先請諦信近事・不苟出納爲淨財主・遍入聚落無可托者・最後識長者・告以故・故許之而不辭・其爲因緣者一・侍兒大機・瓊產

也。初於長者無謀面之雅。一見相視如父子。給其衣藥及飲食。令不匱乏。助成戒品。賫送還里。皆長者之賜也。爲因緣者二。自是來往無間寒暑。予厭塵囂。乘興遠遊。時或離索。或一念及。輒復相尋。壬申五月長者示疾。旬日不起。予遠在客次。一夕夢長者過予作別。若遠行狀。明日遄歸。長者端坐室中。知予來也。一笑而逝。其爲因緣者三。次年三月孝子濬灝雲卜地於寶塔岡之陽。葬有日矣。予在山中忽覺心動。買舟歸里。日已將夕。遇故舊於途。告以長者詰旦窀穸。恐弗及之。雞鳴早起。往視窀事。棺就壙矣。土猶未封。若有待者。予至臨穴。乃閉泉扉。其爲因緣者四。又數年修治封塋。予復一過其家。碑碣磨治。佇望予來。爲文勒石以表其墓。予弗獲辭。語三子曰。此因緣也。予果不來。當有譽墓之客。孰知世外眞契。言之足信。事之可傳乎。

長者系出陳氏。諱元翰。字屏甫。法名法端。號德山。先世由閩入廣。考燦庭公。娶魏氏。生三子。長者行三。兄弟孝友。內外無間言。考妣繼喪。孺慕泣血。蔬食飲水。不茹葷麵。三年服闋。哀念未已。禮事高僧。稟受五戒。爲淨行優婆塞。以此身心賫報罔極。斷殺放生。樂善好施。惟日不足。嘗於廳事之旁。另築一室。淨設香花。莊嚴寶座。奉瑞相。懸幡幢。日與仲兄率諸郞姪晨夕禮拜。梵唄之聲。鐘磬之音。徹於戶外。過里門者。莫不側耳駐足。歡喜讚歎。謂傳雙林龐襄州今復見也。長者平生大畧。存心誠。信道篤。律身嚴。與人恕。嘗有負千金之劵者。一笑投之水火。口無宿諾。踐必如期。由是義聲聚於闤闠。四方緇素。樂與之遊。行旅賈販。接踵於門。受恩而尸祝者。指不勝屈。捐館之日。遠近聞訃。莫不歎悼。巷哭罷市。良由忠信所孚。豚魚可格也。蓋聞菩薩三昧。慈悲方便。誓度衆生。捐己利人。有所不惜。長者世出世間。念念不忘普賢行願。生平事佛如事父。敬僧如敬師。視一切人如家人兄弟之誼。眞末法之長城。中流之砥柱也。向者山僧以長者爲淨財主。自慶得人。今已矣。郢人不作。斲鼻奚施。數年來別求淨主因緣。不可復得。此吾道之所以窮也。悲夫。

瘞齒誌銘

無位眞人。假館於五濁之鄉。得四大之室。遂居焉。室外六窗一戶。戶無扃鑰。啓閉出入莫知其時。堅白氏有子三十六人。性剛而好鬥。遇物善決。主人令爲守閽。左右大小上下動止。各居其位。守其職。無相越者。滑稽氏生一子。與生俱來。性柔能屈。善爲說辭。辨別旨否。主人特專任之。使居於內。應賓客。可出納焉。堅白氏後進之臣也。恃其衆且力。與滑稽不相能。一日主人方食。召米氏之熟客。令滑稽俟諸門內。米氏之黨有石生者。黨與俱來。堅白氏列戟於門。格之使退。石生弗聽。排闥直入。衆共搏之。爲石生所傷。挫其前鋒。衆遂潰。乞援於滑稽。稽不與鬥。委曲辨別。石生不戰而屈。主人愛滑稽之柔順通變。而懲堅白之剛愎自用也。漸疏堅白。堅白嗛滑稽之軋已也。思中傷之。伺滑稽與客對食。乘其不戒。闔戶攻之。噬其膚。血流被體。滑稽忍隱。弗與之較。謹之而已。未嘗報復。

居無何。堅白之徒相繼辭去。客有問於滑稽曰。子何怯耶。獨屈於堅白氏之子也。稽語之曰。天地之道。陰與陽

也・柔與剛也・剛之勝柔・直以方也・柔之勝剛・伏而藏也・夫好勝者必遇其敵・强梁者不得其死・二玉相攻・必有一缺・兩兵相接・必有一折・彼徒知剛而不知柔・能用而不能藏也・予受命於天・與主同休・亦與同戚・一動一靜・唯主是役・一語一默・唯主之適・與物無忤・物莫得而傷焉・彼恃其堅・有時而磷・恃其白・容或可涅・後形而生・先形而滅・錚錚之易缺・孰若庸庸之多福乎・堅白氏聞而笑之曰・滑稽之義墮矣・予方以先去者爲幸・彼反以爲恥也・予與若皆客也・當居亭富盛之時・食同嗜・飲同味・立言竪義・頤指氣使・人胥聽之・匪我之剛・無以濟彼之柔・因彼之柔・益以成吾之剛・夫何歉焉・迨夫火宅將傾・桑榆日暮・糟糠不飽・茱根是茹・出辭吐氣・困心橫慮・予與若增有形之累・無生之樂・是以幾不俟終日・予方以先去者爲幸・彼反以爲恥・何也。

主人聞二氏之諍不相下也・兩說解之曰・宇宙微塵也・百年瞚息也・四大一室也・室中爲主・主外爲客・皆塵中之塵・鄰虛而莫辨者也・以塵合塵・類弗齊也・以空合空・混知處也・千秋萬歲・舊宅當遷・主人揮手出門・與造物者遊於無何有之鄉・二三子瞠乎後矣・何去留先後之足云・二氏聞主人之論・其諍乃已・主人別爲築室・以待堅白之去・客爲之銘曰・其來格格・其去索索・孰後孰先・同歸於宅・堅乎白乎・韞而藏者客乎・

舵石翁傳

丹霞山別傳寺・開自舵石翁・拮据經營・歷十有七年乃竣厥工・奉雷峰天然老人爲開山主法之祖・自號舵石翁者・蓋丹霞山形如巨艦・最後一石兀立於諸峰之下・若船舫之有舵・然舵雖居後・而舟之行止・悉寄命操舵之人・師於丹霞一肩負荷・功成身退・泊岸舍舟・故以自況・其志遠矣・師諱今釋・字澹歸・原藉浙之仁和縣・金氏子・名堡・字道生・數歲頴悟絕倫・從塾師授書・過目成誦・時以神童目之・嘗與羣兒戲逐入僧舍・案有梵帙・取觀之・乃維摩詰經・一覽至不二門・恍如故物・洞悉其義・乃卒讀・逐羣兒去・自是心目嘗有所憶不能忘・十歲學爲文・縱橫闔闢・不由繩檢・先輩方子春一見奇之・曰・此子非常人・不當於俗學求之・語其父別擇良導・業成・應童子科・選博士弟子員・文日奇放・遠近傳誦・爭拭目焉・年二十三・舉崇禎丙子科鄉薦・千山剩公爲居士時・見其制義・擊節歎曰・此宗門種草也・庚辰成進士・廷試二甲第九人・初選州牧・出守臨清・值歲大祲・旱疫洊至・民多流亡・州牧方以撫字爲急・緩於催科・乃以歲計去官・甲申之變・賊陷京師・至乙酉江浙郡縣相繼瓦解・師脫險出走・墨衰入閩・見隆武帝獻策直言・除禮科給事・以服未闋辭不就官・僦居楚之辰州山中・無以消永日・索書於鄰不得・乃入僧舍借梵典・憶童時所覽經義・儼然心目・遂從僧取淨名經・僧曰・此大乘法寶也・現居士身爲說法・固宜究竟・遂啓帙授之・更授以楞嚴圓覺二經・傳潛心焉・師閱竟乃發深信・恨知佛法之晚・漸有出世之想・戊子歲・江楚兩粵復明冠帶・師以全髮赴行在・見永歷帝於端州・以舊官授兵科給事・正言敢諫・不避權責・宰相向有失節者・彈斥不爲少假・舉朝屏息・遂有五

虎之謠・適永歷幸滇・師屩蹻至蒼梧・羣小乘間洩忿・欲死之・誣以臟・付錦衣衞獄・拷掠備至・身無完膚・自分必死・返觀一靈炯然不昧・絕後再甦・如夢初覺・獄成讁戍清琅衞・適清兵至・押解走竄・師脫身入桂林茅坪菴・求僧剃度・至是始有浩然長往之志・時粵西留守閣部瞿公稼軒・督師大司馬張公別山・同時死節・師毅然上書啓定藩・乞取骸骨・定藩義之・可其請・後阻兵荒・忍飢山中・作參方丈以自勵。

壬辰歲行脚入廣州・禮雷峯天和尚受具・即入厨下親滌碗器・隆寒龜手・不廢服勤・器有璺缺・典衣償之・天老人知爲法器・時欲歸隱匡山・先命師度嶺乞緣於江左・及返・棲賢老人已據丈室・師充書記・適聞博山嗣法・嘖有煩言・師以書記上書於天界闐公・陳說我華首心印・親承面授・非皮履直裰之比・闐公得書・頗不快意・咸咎師以越俎・師不爲動・未幾入粵・供職雷峯・復居東官戴菴・閱五夏臘・每入丈室・天老人接以本分・鉗鎚雖有啓發・未能洒然・壬寅歲開山於韶之丹霞・建別傳寺・前後創造・胼手胝足・運水搬柴・露面拋頭・躐州過郡・送往迎來・人事轇轕・五官並用・一如寂然・師嘗語人曰・吾於丹霞得箇人處・閱五年・叢席麤成・迎天老人入山主法・未幾病作垂危・老人親至榻前・握手與訣曰・汝從前所得・到此用不着・只恁麼去・許爾再來・師聞語於病中返照・大生慚憒・起坐正觀・萬念俱息・忽然冷汗交流・礙膺之物・與病俱失・從此入室・師資契合・頓忘前所得者・老人乃印可・戊申元朔・舉西堂・立僧秉拂・當機提唱・別出手眼・同學折服・辛亥冬老人赴歸宗・請師留丹霞畢創造之局・癸未冬出匡廬省覲・甲寅春還山・頫順衆請・据室匡徒・四方聞風瓶笠雲集・堂室幾不能容・師以本分事接人・一味眞實・野狐禪輒斥去之・一時會下多眞參實究之士・至今耆碩・白首丹霞・足不下山・猶有古德之遺風焉。

居無何・復以請藏出嶺・以院事付同門樂說辯公・師遨遊於姑蘇嘉禾間・所過道俗欽仰・輒以名刹敦請・師皆卻之・請藏緣畢・將入匡廬・因病作・養痾於前南雄太守陸公孝山之別業・寂前一日・遍發嶺南道俗書・及諸遺念・囑侍僧荼毘收遺骸・投於江流・僧求偈示別・舉筆書曰・入俗入僧・幾番下火・如今兩脚捎空・依舊一場懡㦬・莫把是非來辨我・刀刀只砍無花果・擲筆端坐而逝・侍僧如教荼毘・不忍投棄・奉骨歸棲賢・後還丹霞・建塔於海螺巖・師世壽六十有七・僧臘二十有九・所著有徧行堂前後二集行世・生平大要多以文字・而作佛事著述數十萬言・皆從般若光中流出・當其在世言世・見於諫草焚餘・已屬前塵・不可復問・及其出世・仍說世間法・見於上定平二藩書・其忠孝之槪・根本佛性・幷行不悖・至其上闐公一札・名正言順・祖父無諍・三昧賴以發明・令博山一脉照耀古今・斯又出世法之不可無者・誰謂不立文字・遂足盡吾敎西來之妙諦乎・舵石翁秉舵於法海狂瀾之日・譬諸香象截流・不存朕跡・雖遇黑風白浪・了無過涉之虞・同舟之人・方將倚以爲重・乃有視爲敵國者・誠可慨也。

論曰・古來尊宿出世・多從苦趣中現身說法・如宏覺範・大慧果・貶謫之後・慧日重光・宗風丕振・近代則憨山

清・千山可仍蹈前轍・囊三木於當陽・轉法輪於荒裔・佛祖有靈・獨不能庇一克家之子・而使之顛沛流離自爲生計・則何以故・嘗竊疑之・諦審思惟方知所以・蓋爲衆生信根淺薄示以福報・翕然景從・稍不如意・翻焉改計・是故度窮子者・必衣糞掃・降大任者・歷試諸艱・令彼知順逆兩途・循環一轍・居者不避・見者不疑・出火宅而入清涼・迴惡因而成善果・應化聖賢・往往如是・未有不先脫已於桎梏・而能出入桎梏者・向使舵石翁靜處安流・不涉苦海・出則翺翔雲漢之上・居則嘯傲湖山之旁・彼同舟之遇風者・各自爲計耳・安所望於舵師哉。

僧慧明傳

番禺之南・濱海爲市・市旁有菴曰片檀・門臨巨浸・目極無際・十年前予曾一宿其地・時僅土屋數楹耳・有僧慧明・從師出家・苦行力作・市人愛之・爲之築宮・恢拓梵宇・煥然一新・非前日之比・聞諸人言・慧明出家之緣・乃觀音大士接引成就・頗涉子虛・予信未之信也・後遇故人無我師爲予言・師在俗時・慧明爲親近侍兒・名阿華・頗馴謹・信任之・出入不離左右・尋以變亂・播越海島・艱難萬死・華不忍去・師沒後出家・華飄泊海外・不能自活・投台灣武弁・爲廝養卒・弁妻某氏・本寶安良家子・失身於賊・弁贖以金・遂爲婦・非其志也・聞華廣州人・且同患難・心甚憐之・視如己子・居無何・華染熱病・獨處一室・不納水穀・醫者斷其必死・忽一日・失華所在・戶牖扃鎖如故・四壁環堵無縫穴可出者・主人婦大駭・訊諸老巫・巫云・此中山神能攝人體魄・急遣咒法勾取可還・緩則失也・主人婦信之・令巫致華・頃刻從空中擲下・體無所礙・華返故處・夢然不知也・其病如故・一日晨起・告主人婦曰・觀音菩薩來救拔我・令出苦海・接引還家・今當卽發・與主人婦別・主人婦爲治行・纏結束竟・附家書繫衣帶中・囑之曰・道經寶安・可至某處覓某姓氏人・付以書・使知予尚生存海外也。

華受命卽行出門・如夢中髣髴・兩腳捎空・去住遲疾・不能自主・耳邊唯聞叟叟風聲・俯視其下・大木十圍・枝葉蔽虧・行數十餘里・身如飄葉・從樹杪轉側・步虛御風・莫之夭閼・至中途・阻大海・絕舟揖・兩涯無垠・不辨雲日・大士令華褰衣以涉水・僅齊腰・未幾登岸・衣不濡濕・日夕行山中・星月昏黑・咫尺不覩・匍匐蹣跚・且行且憩・恍有翼之趨者・道遇猛虎・蹲踞樹下・疑其石也・竟倚以息・虎不爲動・旣而覺之・知不可免・華揖虎言曰・我病累月・柴骨僅存・無復飢肉・不足供汝一飽・盍捨之・從大士慈力導我還家歸作僧・當報汝德・虎點頭而起・前行・兩目炯炯如炬・華隨之出谷・達旦得路・虎乃投林・良久・遙聞嘯聲振林木也・數日抵寶安・如夢初覺・張目四顧・見煙火聚落・若有人指之曰・此主人婦家也・叩之果然・遂出書・陳說失散生存之狀・舉家慟哭・彼父母死矣・僅存一弟・款華留宿・華久病不食・志在速歸・恐歾於途・堅辭而出・至津得渡・遂附焉・甫登舟・僵仆如死人・一舟皆驚・有頃乃甦・語舟人曰・若輩無恐・觀音菩薩送我還家・必不死也・舟人啖以少粥・漸能起坐・歷言其狀・人爭異之・次日抵泊・扶持登陸・至家臥病・一月乃出・遍覓故主・不可踪跡・遂依

片檀剃染·更名慧明·頗知向上·惜未遇良導云·無我師詳述其事如此·無我生平誠實不欺·今復出家·必無妄意·遂聽而深信之·噫亦奇矣。

法界衆生·沉溺苦海·老死而無歸者·如恒河沙·不可勝數·縱使觀音大士凡身千億·不能盡人而接之引之·乃惓惓於慧明·流離疾病之餘·死而生之·骨而肉之·涉大海·入山林·一旦還家·便成僧相·大士之待慧明誠厚矣·惜慧明之所以報大士者·未之見焉·慧明而果夫也·當於此時發大誓信·生大勇猛·入大禪定·得大解脫·朝俗而暮僧·朝凡而暮聖·非其所難·如或不爾·則朝出家而暮行腳·撥草瞻風·尋師訪道·百城煙水·庶幾遇之·若乃兩俱不爾·苟且因循·偷安躲懶·坐失機緣·虛負歲月·是名養濟院中·沒志氣漢·徒知有目前之利養·不顧前路之升沉·出陷溺而溺益深·脫繩縛而縛更甚·所謂徒入空門·虛生浪死者·良可惜也·與無我師久別·剪燭西窗·話至五鼓·不覺涔涔淚下·作爲此傳·書付無我·俾致語慧明·須及時努力·思報大士恩德·時不再來·無泄泄也·

大騃子傳

大騃子學騃於天愚·天愚學於天放·天放學於天則·且遊天愚之門·薄暮而盡其技·率然請曰·予益矣·予忘得喪·廢欣戚矣·天愚曰·子歷騃之階矣·似矣未也·有間請曰·予益矣·予齊物我·泯恩怨矣·天愚曰·子升騃之堂矣·似矣未也·有間請曰·予益矣·予迷方易性·與造物者遊於溟涬之區·黜黯之域矣·天愚欣然喜曰·子入騃之室矣·可以歸矣·遂辭而退·既返其舍·食豕如食人·對妻孥如過客·視輿儓若卿貳·益漠然無所柴柵於其中者·浸假姻婭起而操戈·膠漆從而下石·飢狼反噬·毒蜮吹沙·極機變之巧·蓋攻取之能·究無損於大騃之萬一。

既而徙居於無何有之鄉·環堵一室·卻掃以謝賓客·從之遊者·其徒數人·曰瞻明·曰職聰·曰宣辯·曰達息·曰執恭·曰適趣·數人相與爲友·居同室·出同戶·同受命於大騃之門·不相知也·不相能也·常造大騃之室·跽而請曰·騃可學乎·曰·可予之·騃大要有十·得其一可以遠禍·半之足以修身·畢之則幾乎道矣·何謂十·曰讀書不必識字·聽言不必解義·雜美疢於藥石·混芝蘭於鮑肆·揖讓擊刺·袖手而旁觀·超海巡墻·裹足而弗試·斯六者·而輩各效其能·無妨乃公事也·若夫福生弗趨·禍來不避·橫逆自反·夭壽不貳·之四者人之所謂愚·天之所謂智也·汝小子烏足以知之·予嘗聞之君子矣·形莫若就·心莫若和·就不欲入·和不欲出·彼且爲嬰兒·亦與之爲嬰兒·彼且爲無町畦·亦與之無町畦·彼且爲無涯·亦與之爲無涯·達之入於無疵·斯又騃之大者·汝小子又烏足以知之·其徒聞而大惑·走告天愚·天愚蹙然曰·夫夫也·其果騃矣·乃詔子以騃·是猶懲儵忽之鑿·塞混沌之竅·冀其復生·未之有也·此其所以爲大騃也·因名之曰大。

塊然先生傳

塊然先生·不知其爲何如人·正不必知其爲何如人也·世有知其爲何如人者·實不知其爲何如人也·塊然來自天家

之門・客於羽林領軍之幕・意其人當在食魚乘車・轂珠履・彈長鋏之列・及一見之・則飄飄然有猿鶴煙霞之致・是豈寄人籬下哉・初過我於大通之破院・高視濶步・左顧右盼・旁若無人・曰・此狂士也・與之語・言行如一・胡不慥慥乎君子哉・又疑其爲迂儒・則氣貫虹霓・目送蜚鴈・有函蓋乾坤吐納風雲之勢・非循行數墨比也・轉計以爲麤人・乃即座伸紙・指作畫・箸作書・書數十行下・頃刻成千言・上下古今得未曾有・豈空腹高心者所可同日語哉・曰・是必遊戲三昧・夙成慧業之文人也・豈復更有他長・已而解衣磅礴・四體堅韌如鐵革・握拳擊石・火光迸出・運劍槊如郢人之運斤・騎跅跐馬如列禦寇之御風也・彎五石弓・破的於三百步外・猶反手耳・古所謂成荆賁育乎・試皮相之・則白面郎君・烏衣子弟・翩翩乎濁世佳公子也・究不知其爲何如人者・別去旬日・三復往返・唱和同其聲・坐起偶其形・嘻笑怒罵各得其情・塊然曰・惟子知我・我尚不知我爲何如人・而況塊然・塊然來以春陽・去當夏暑・烈日流金・過予作別・笑語之曰・龍蛇之蟄以存身也・亢則有悔・斯行也・潛乎躍乎・塊然塊然不答・出筒中漆天草索予序言・晴窗卒業・仙才哉・非人間有者・吾知之矣・其天上之謫仙・流落人間・不免牢騷憤奮之致・發之爲聲如此・此李白所云大聖無心火自飛者乎・塊然塊然不答・旣序之復爲之傳・並述其所著嘯仙傳於後・宇宙之大不少知者・謂塊然爲何如人。

其傳曰・巋然一人・獨師懷抱・舉世無可語者・故以嘯傳・珊珊之骨・煙霞作食・故以仙食・當楊柳縈愁・紅啼杜宇・塵埃刺眼・名利焚心・仙則冷然以嘯・花泛流水・雨歇空山・行歌犢外・坐釣鷗邊・隱士泥靑・漁郎舟綠・嘯則宛轉如鸞鳳・若侯肅江山・置身百尺・片月離雲・孤桐吹葉・長嘯晴空・山山雪老・窅爾無人・荒郊策蹇・醉鄉孤往・獨嘯欣然・有頑硯一・硯有銘曰・墨之母・石之祖・不知何代何人墓中・爐一劍一朽琴一・晦暝風雨・彷彿悲鳴・瀟湘竹墩一・煙波渺渺中・有石一・崎嶇如其人・以指作畫・得天地自然之態・書則如海天淪漪・奇鬼搏人・然世無知者・儿淨香閒・怡然以遠・桃花源穴・想見其人。

南山研農傳

生民之業有四・農處一焉・農家之器凡幾・研弗與焉・世之習於農者・必利其器而後用之・鈍者弗有焉・擇其田而耕之・磽确弗取焉・以其石也・不利於耕稼・石而頑者無所施其耒耜・世遂有腴田之農・無研田之農・而不知研田之所取者・遠其所獲者多・其所施者溥・博而旁通・足以成其志・而神明其事・視彼之胼手胝足・病如夏畦者・可同日語哉・有南山之研農者・其所耕者方寸之田也・方寸之田本夫天授・具五行・備五性・應五運・而周流夫五方者・恒產也・有諸己・不無所藉以表見・爰有石田隨方寸以行・顯其用・成其能・此研農之所以朝斯夕斯・寢斯食斯・日從事於端阬歙井之間・田彼南山・惟恐其荒於嬉者・農固有道矣・清除以滌之・玉案以藉之・天孫之錦・鮫人之綃・以拂拭之・所以重其器也・以詩書爲栽培・以仁義爲耕稼・以擇術爲耘耔・以聲應氣求爲主伯亞旅・所以善其事也・作訛成易・不違其候・庾粱茨京・不慢其藏・遺秉滯穗・弗嗇其

利・所以廣其穫也・研農能事於是乎・異矣・時有餘閒・拔其餘力・方能舍己之田・耘人之田・耕於六館・高談折五鹿之角・耕於長安・泛舟濟庚癸之呼・耕於研北・倚馬獻大人之賦・耕於蓮幕・運籌借席前之箸・尸祝代庖人之烹・此又研農之餘事也・既有年矣・且有耤矣・積德於其身・百善之首・養志爲先・五倫之懽・友於爲切・七世之廟・可以觀德・百世之譜・可以知源・萬家舉人・可以通有無而周窘乏・一門詩禮・可以敦蒙養而正聖功・是又研農將大有爲於天下・而先其道於家庭也・研何負於農哉・舉世之爲農者・去此取彼・亦固不善於耕矣。

研農者・建昌皮氏子也・先世襲美公以詩名・於唐代後多聞人・以著述垂世・至尊大人鹿巖公由孫吳領薦・不捨孔孟之道・賦性忠孝・仗義好施・常出其利器・通籍司馬・官至武德將軍・晚以直道居官・與世齟齬・退耕鹿巖・著書自樂・從前矩矱・無非方寸之石田・世守其業・皆研農也・傳至研農・始以研農得名・尙論者・既其名未既其實・謂方寸之田止於此耳・孰知方寸之中・有田焉・天不得而荒之・地不得而疆之・旱乾水溢・不得而妨之・螟螣蟊蠈・不得而戕之・爲研農者・世受其田・世守其業・世版其疇・而食其德・保其良苗・不稂不莠・垂之後世・不荒不嬉・斯研農之爲研農者・將盡禹甸山河而井之畝之・豈第方寸已哉・爲之傳・用補皮氏家譜之所不及。

海老人傳

昔傳海上翁乘槎入天漢・見織女・得支機石而歸・跡涉虛無・初不深信・後有人從番舶回訊所經歷云・帆海先至崑崙山麓・陟岸取水・賽神乃發・仰眺崑崙・半入雲表・人罕至之・莫測高廣・山半飛瀑・從天而下・奔流入海・去百里・砰訇聲如震雷・不可逼視・相傳謂天河下游云・意其迂・猶未信也・及遊珠崖・與會合谿・盤桓日夕・各述異事・合谿云・郡中有海老人者・孑無家室・來往聚落間・相傳百有八十歲・貌如少艾・行步如飛鳥・不食不飢・多食不飽・叩其術曰・無之・自言其故・則甚誕而不經・曰・壯時嘗爲海舶舵師・一日帆海連十二艘・出港口・黑風暴作・漂泊星散・各不相知・老人艘入陰霾中・不計日夜・同舟大恐・籲天丐免・須臾風息波靜・遙見一島兀立中流・艤舟就之・島上有尊官・下車擁蓋・竚立持冊・候來舶・既維舟・尊官敕吏唱名・舟中估客無一遺者・各令登岸・乃點驗貨籍・按籍貯庫・然後領衆見其國主・主大怒曰・若前許送十二艘來・今惟一至・得不大悞公事耶・遣人促之・還報曰・已逸矣・已失矣・不可及矣・左右請曰・貢期迫近・不容少稽・盍選其最貴者約而獻之・三請而主乃可・下令搜於內帑・貴難得焉・次日百珍七寶・絡繹登舟・明珠拱把・珊瑚專車・未嘗見也・將解纜・操舟之徒皆用彼人・來者一無與焉・老人止之曰・此吾舟也・爾國借之・爾人操之・萬一有失・將誰問乎・必吾與乃可・否則有死而已・舟不可奪也・使不得已・還白其主・三復而後許之偕・然亦閒於舟中・彼人操舵・出沒巨浪如履平地・老人善之。

行一日・見海中洲・高豎石碣・大榜其上曰河海分界・弗解其義・遂順風揚帆・溯流而上・遠矚水勢・如疊幛・如

層灘．如階梯之待登陟．漸近漸平矣．行一日．乃得安流．祥風搖曳．卿雲縹緲．夾岸居人．碧欄朱戶．男女耕織．笑語無異人間．老人茫然不知所屆．欲往問之．風迅帆疾．舟不爲駐．行一日夜．曉起見日．光發海底．隱隱聞鼓吹聲．仰視城郭．金碧迴環．貝闕瓊宮．香雲靉靆．舟既泊岸．復有尊官檢視如前日狀．惟按籍呼名．老人弗與耳．尊官叱曰．此何地耶．凡夫乃與俱來．使者曰．此舟主也．不肯捨舟與我．以死請．主弗獲也．乃許之耳．尊官回奏可其請．偕之升殿．殿上垂旒袞衣．儼若至尊．老人戰栗頫首不敢仰視．須臾命坐．賜膳．衆皆坐．惟老人反立．布末席乃令之坐．坐定．上食行酒．皆冠冕貴人．飲食非人間有也．老人踧踖不自安．酒三行．乃辭出．尊官引至鷁首．謂老人曰．汝得至此．天幸也．食天厨食矣．既活汝命．且獲長生．老人諾諾致謝．究不知其所屆也。

既發舟．瞬息還至其國．國主不復見矣．老人索還前貨．及同舟之估客．使者以實告曰．此龍宮也．昨朝貢者．天帝釋也．與汝同舟盡入水族．不可復還．惟汝幸食天食．得歸人間．延年住世．善保汝體．可成地仙．否則無病脫去耳．老人疑懼交集．固請不已．乃引至海濱石竇中．諸估客在焉．面目猶人也．四體已爲魚鱉．相視墮淚．不能語矣．老人恐．乃乞歸．有人操一葉舟招之使渡．遂附焉．令閉目．少頃抵岸．失舟所在．問其國土．則交趾海濱也．恍惚其事．如夢初覺．値鄉人之商於交者．載之與歸．越三甲子矣．其自述如此．他無可驗．惟食天厨膳．至今毛孔常有香氣．鄉有病癩者．與之宿．輒得差耳．合谿長者．當不予欺．因憶前日所聞．始信天河下游．與海相近．逆流而上．復入天河．容或有之．因爲之傳．用釋乘槎之疑。

今無

番禺萬氏子．號阿字．年十六依函是得度．爲第一法嗣．嘗勗以大振宗風．期望甚厚．函可戍瀋陽．命出關往訪．徒步萬里．得達戍所．同遊千頂山．相與賦詩．函可亟稱之．攜詩一卷歸廣州．再依雷峯．開法海幢寺．卒時有收拾絲綸返十洲之句．年四十九．著有光宣臺集。

與王子京書

海幢某頓首．具書敬候子京居士足下．居士奇文亮節．爲世北斗．景仰有日矣．而某獨以居士於吾法叔剩人和尚之故．感激古道．懷之十七八年．未嘗一日去心．岷山粵水．雖踰萬里．自度竹錫草鞋．未爲難到．而乞食之事．竟能縛溺人如小兒女子．不禁峯頭自笑也．某丙申丁酉間．尋剩和尙於塞外．一氣所激．九死爲輕．冰爐雪夜．共對寒廬．或長嘯高歌．或流涕覆面．事多嚼齕．情將化石．每於此時言及居士．未嘗不發之言詠．和尙言自白門難起．以竹杖一枝．分送居士．以爲永訣．欲賴居士以傳平生．此許分投契之誼．至深至切也．及羈北獄．而居士星軺出關．和尙三木殘魂．無所依附．蓬跣蟣蝨．身羸氣短．一踽一仆．讖鞠未成．柴市路遠．乃爲饑渴所燒．自分必死．而於斯時．忽有擔壺漿．攜衣服．食之衣之．莫知所從來．相繼而至．竟踰百日夕．及遣戍之日．馬首東向．黑風揚沙．踧踖悽惻．一僧紫韁奔來送別．白鏹贈路．情致悲纏．僅能問名．卽爾相

背・乃知爲友滄師也・遂以意會・曩之所給・皆出斯人・一路投荒・遂鏤心板・此後友滄郵答・亦露其慨・和尚既感骨肉之恩・亦奇僧俠之遇・及己亥間南歸金陵・諸故人口傳手寫・而後知事有大謬不然者・友滄所爲・皆出尊指・用人之金・受人之託・不露一言・事同貪天・和尚感激深之又深・切之又切・竟未得知其故・今死生相隔・磧路如塵・知之者惟某而已・所謂不能去心者・此也。

和尚一世奇偉・坎坷剉折・而後令其以大道播之絕域・而居士陰爲生之・方得如是・古之石交・亦爲罕遘・今和尚死十一年矣・死時大笑・僧俗環立拱謝・坐寂一載・啓龕鬚髮皆長・指爪繞身・肉身錚然・堅同金石・此非和尚之奇・適足以成居士之至德・獨惜和尚終不能爲居士賦窮鳥一篇・而坐化以死耳・今聞居士無意圭組・道巾野服・翛然雲外・何道岸之高・益令人有天際之想・鄭存夜辱交數年・因其告行・率附積私・雲山有緣・或乞於綠野堂前亦未可知・小作數章奉教・臨楮不勝馳繫。

丹霞天老和尚古詩序

戊申八月天老人手書命今無曰・近日禪講暇・偶爲古詩・諸子請付梓・欲少待之不可・汝其序之・此老人之逸言・微借工部之氣出之者也・今無憶曩時處犬窖中・嘗與剩師叔擁被塞吟・以藝海書厨・消黃沙白雪・閒取杜少陵集讀之・擊案叫呼・觀其夔門以後諸作・悲憂愉迭・感國傷懷・饑寒酸楚・如老婦子坐中堂・數家中事・歷歷可見・眞樸有味・令人意往神消・剩師叔謂無曰・夫物久則舊・詞確則新・雖世深代遠・人其云亡・而其使人愁鬱無聊之境・何代無之・今身居絕域・邊聲刺人・短□如煙・王孫有恨・長垣似水・木佛無家・以彼全集・作我橫涕・何其聲之感人若是也・故詩取窮愁・人當問世・此作古者執之如劵・若夫鬪春色於麗詞・奪秋光於寒魄・匠意既深・鍊飾良苦・羽翼難備・而筋骨未全・不堪闖入作者壇坫・摹詞難工・生意易盡・所謂有詩無人・終未若一回坐到耳。

夫道人晶瑩圓湛・中恬靡激・既無噩夢・又薄雕蟲・而一種磊砢沉鬱・駸駸勁挺・起正雅而溺靡嫚・掩初盛而聯漢魏・此其聲又何自而然哉・夫情之最重者也・扇激奔躍・尾然相逐・使一朝錯乖漓・宣之以聲・而成之以文・則其婉遒宕折・環廻娓疊・發人幽思・如病骨秋容・涉轟雷三峽・殆有不堪自持者・故大雅之音・尙其恬澹・所以爲情之防・而有幾夫道・道固勝情・此道人之所以自成其聲・以閒裕爲牢落・以峭潔爲一鬱・內平外融・不涉境以動情・不先詞而後我・憑高縱目・据捂發聲・極雲樹之依微・盡禽蟲之鳴變・當見其優游夷愉・高明廣厚・人雖目之曰境・毋乃非境・人雖目之曰情・毋乃非情・後情境而共材華・呈神鑑而齊聲調・使荆卿易水・屈原湘江・頓變爲智河慧海・雖有虞氏之南風・未足此數・而老人微言道韻・木葉藏春・軒軒自遠・又可以尋常作者目之哉・抑今叢席・學者無師・人例闒茸・庭多茂草・雖日爲之愾然斬除・而世驅風變・又並塵伍俗・勵魄揚魂・雖不能無中激外動・可謂入水侏儒・棄爐鈍鐵・方視缺如・愍其未逮・而老人茲什之作・止水照人・澄渟含蓄・則又豈後於金函貝葉哉。

徧行堂文集序

夫能以無言爲功・使義天朗耀・則莫若諸古德・踏翻向上・停竭識浪・憑陵夐純・正智宏傑・一咳一唾・珠璣盈把・聲音所接・如初日浴海・秋月行空・地變黃金・河成酥酪・眞廓如也・然使其握毛錐子・以臨赫蹏・中峯大慧・抗精極思・雖聲光振起・而揚擢微細・繁章累句・未可獨擅文壇・蓋斯道之深玄・天材之挺拔・如魯麟潁鳳・而能兼之者・亦自中峯大慧・而後祥麟瑞蹠・不多覯遇也・予道弟澹歸和尙・爲文陣雄帥・四十年前鵲起甲科・健筆勁氣・破明二百餘年委靡之習・浩浩然・落落然・使人如攀瓊枝・坐瑤圃・離奇光怪・楷模宇內・憶歲辛卯・澹歸行腳入雷峯・天然老人一見・令其滌碗厨下・衣百結衣・形儀戍削・靜嘿堆堆・無所辨別・牧南泉之牛・養莊生之雞・穆如也・予時髫齔・目未識丁・豈知其材爛江花・德温衛玉・當國家陽九之運・翠華無所驅馳忠悃・艱難立節・及趙氏之肉旣入匡山・與人爭空枰・守殘局・而鶩世患・一入空門・遂能轉剛爲柔・可以爲疾風勁草・亦可以作斷臂齊腰・其易地固已難矣・陸宣公扈從德宗・有險阻腹心之助・二京光復・裴延齡蜚語中傷・幾蹈不測・亦能卻埽・至不敢著書・大抵勞臣志士・勤於王家・宣力匪躬・道或難行・則消熱而濯・心安而氣和・此其載道之資・合符同轍・然未有能頓忘時命・實證空花・遊祖師室・踞最上乘・固天有以開之・而天有以成之也。

壬寅予領衆海幢・澹歸方開山丹霞・自此已往・營道抗志・綢繆跡密・涼燠頻移・靡或有間・一眞之境・備於日用・冲融妙敏・從胸襟中流出・拈掇無遺・遂能大破町畦・忘乾坤之新故・劃文義之萌芽・理事無軌・巨細必陳・間有疑其平昔道岸高峻・忽而入鄽垂手・似過和光・嗚呼・道雖自我・宏之在人・一攝其柄・雲蒸龍變・鼓法海之波瀾・入如幻之三昧・此其天材卓犖・鬱爲正智大用・殆非區區卑論所識・澹歸亦云・人每以道隱求澹歸・而不知澹歸非道隱也・三十年內澹歸之爲澹歸・日進而月化・同床知被・莫踰於予・既幸其不止於文章節義・又幸其不爲獨善祖師・是集也・乃其施張叢席・接引話言・起中峯大慧・爾雅之盛・而能以無言爲功・別有密移・爲所矜惜・夫豈非吾宗之偉人歟・夫豈非吾宗之偉人歟・因其寓書索序・爲序之如此。

瞿稼軒先生拘囚手牘跋

予髫年山中結社參禪・妄念奔騰・苦難控制・因一切放下作已死想・漸得甯謐・經中三十七助道品・觀身無相・居四正勤之首・凡有含情・皆依欲本而正性命・則當其舍生趨生之時・執吝愛惜痛苦狂怖・不可言喻・故先此爲對治也・況忠臣遘難・幽囚壹鬱・榮華利祿・以誘其生・霜刀白刅・以怖其死・能粲然尊其平昔之所聞見・當此之時・情識頓乾・於生死流截橫而過・較其功力・可以直趨無上・然性地無依・縱不能歸伏乎此・卽一段與日月爭光之氣・亦想四情所攝・輕淸上達・博光明殊勝之身・如壯士展臂間耳・楞嚴曰・知見每欲留於世間・運業每常遷於國土・則讀稼軒先生將絕之詩・顧盼人主・涕泣河山・鬼哭神號・酸風楚雨・未

兗有情鐵佛．也須出汗．乙巳春日．信山居士相訪海幢．出以相示．敬爲之書。

羅浮書院記 代

今天子在宥之九年．胡侯治吾惠之博七年．政成．擢雲南鄧川州牧．合博之人如赤子之戀哺乳．縉紳諸士又合爲詩歌以謳思之．蓋侯于博．撫摩軫卹．爲日已久．德沛已深．故能使斯人情動意折．而思之深也．思之深．則不能無所寄以永其思．於是相與醵金創爲羅浮書院．院成．乞言琢石鐫之．俾出者入者．遊而憩者．一舉目而侯之善政德澤猶在博地．夫博當循廣之衡．以驛則煩．以地則隘．其小而遜於巖邑．誠九一然．而羅浮洞天．蓬萊仙巘．鯤壑鵬溟．則實南紀之偉觀也．曩者兵燹相尋．流氛孔亟．凡吏於博者．如旅亭過客．罔有砥礪以稱於官．侯之初至．則理其弊之所由．蘖服詩書．而踏仁義．先拊循而後敲扑．賦額之缺．有民米二千八百石．課實不登．民不堪逮．侯則力達於兩臺監司守．請疏特蠲之．民則感悅．額粟既缺．則歲逋者折鏹不下千餘兩．本儲亦不下四百石．侯悉節縮其俸食而償之．則民又感悅．至若于思之役．郵傳之供．一不以苦民．皆捐槖借力．民則又感悅．城隍摧圮．箕樓櫓而堅雉堞．侯悉親躬畚鍬．若營私室．釋菜之宮．與治事之堂．鞠於草莽．上雨旁風．靡所蓋護．侯則以次陶瓦斬木．不至於拉然剨然．而易新之．政餘則延引文士．談說經術文藝．歲當賓興．月課尤勤．凡所以關及本根元氣．靡不精竭．丙午分闈較士．得唐何劉熊四君子．皆傑然號白眉．士林益艷稱之．夫侯拖琮璜琚瑀之佩．一出而宰錢穀訟獄賦役之事．其才識斷割有如朱桐鄉王洛陽之倫．豈非所造者深耶。

侯封翁葵吏先生．中州西華．北直容城之政．猶藉藉也．秋滿報最．擢刑部主事．繼爲郎．繼轉山西冀北兵備使者．繼補江南淮徐兵備整飭漕河使者．今以懸車．與太夫人王氏齊眉古稀．視履考祥．演迤不盡之慶．流於侯之身．而侯之殷勤克孝．以子惠吾博之士民．其福履正未有艾．然則侯之施張善政．皆侯能盡養志之道．爰次第以復諸君子．侯江西金谿人．自王父籍陝西平涼．因家焉．侯中順治戊戌進士．名大定．號正菴．在任生兩子．一孫。

大日菴智母師太塔銘

大日師太．雷峯老人之母也．示寂三年．老人奉荼毘．靈骨窆羅浮葫蘆嶺之原．琢石建塔．命今無爲塔上之銘．今無少趨法庭．中間十七八年．敦本推敬．嘗獲奉色笑於師太．往年無出塞．老人賜懷．有尼母憐兒每向予之句．至今誦之．以事尋悲．不覺中性觙折也．師太名函福．字智母．廣州番禺官塘村林羅陽長女也．母郭氏．生明萬曆甲申二月八日．示寂於壬寅七月二十日辰時．世壽七十有九．僧臘二十．甲辰之歲．年及於笄．歸曾公昌位．曾公即本淨師太也．一子三女．子爲雷峯老人．長女適羅．早死．仲與季皆脫伙．來機再其季也．雷峯老人十八歲．知慕宗乘．師太因之素食．癸酉老人舉鄉薦．明年下第歸．過金牛渡．病中冥感異見．抵家屏人事．一意參究．脇不貼席．彌月得悟．自是閫門益忱信矣．師太有同父弟五人．皆庶出．獨郭氏生師

太·因依於女·亦以是發信心·修西方法門·暮年感佛·光照室者再·已亥無病而終·親戚處遠未聞訃·夢其述往生事·故郭實生西方·則又師太養志之力也·庚辰老人公車·遂出世於匡廬之歸宗·本淨公時尚不羡世外·唯望其子成進士·聞報不勝悲憤·思百方撓梗·師太皆陰沮之·壬午老人開法訶林·師太時年五十有九·始與媳頂心持拜先師翁空隱老和尚·爲尼受具·男孫一人琮·後十一年辛卯亦成比邱·名今摩·與無後先受法·一門男女·相次作僧尼·自佛教東被·達摩西來·龐氏芳蹤·猶慚俗服·若聖德母儀·柔和婉淑·嚴一之反拜聖僧·周媛之標名佛母·方之師太以爲未及也。

癸巳嘗出匡廬·登金輪頂·然香繞塔·時老人退隱棲賢·爲卜菴紫霄峯下·顏曰慈氏寒隱雪屋·一住四年·年七十有一·以苦寒返嶺·又創大日菴居焉·師太雅性嚴峭·宅人侍庭闈時·微不合意·則默坐竟日·必長跪色解而止·及其歸大日也·老人歸自棲賢·勉以淨土·獨柔軟不可違·其移情易性重道之誠若是也·示寂先二月·情枯識落·念佛不停口·視平日愛戀之人·僅聽其問起居·語畢卽揮手令去·夢中屢見佛入寶池坐蓮花·香極乃醒·臨終精神爽拔·形色光粹·念佛聲絕而寂·無聞訃自海幢·趨視面色·不異生時·嗚呼·大法寖微·聲光漸隕·壽昌博山其亂僅存·雷峯老人誕當運會·揮智斧而破稠林·乾愛河而浚洞派·丹露還佛·勝事猶有其人·黃面遇風·報恩無勞念子·其紹續離微·推原所有·歸德聖母·則師太於法門豈特照乘九鼎而已哉·敬爲之銘。

銘曰·博嶠二葉·其系如絲·我師大之·百口一辭·明珠一粒·秀草九枝·載吸載孕·應運斯早·唯我師太·實昌我祚·女床來儀·鸑鷟起舞·愛河德水·其派泱泱·人自汩沒·我已翺翔·室家之慶·孫枝蘭茁·傳其蕣榮·樂不終昃·駕般若船·運之斯出·唐有龐氏·沈金湘浦·緇衣如雲·又勝百武·衆美備完·坤德屬母·神州陸沈·慧炬不燒·煥然一門·芳蹤孔昭·融融洩洩·團團雲霄·跨闢履岳·頤養幽獨·考之五福·紀焉成六·波翻惕皦·曜匿連石·金銀二臺·樂奏花開·法眼立淨·一去不來·四百峯中·窣堵崔嵬·鑴茲貞石·以耀九垓。

廣東文徵

改編本卷三十下

番禺吳道鎔原稿

道

白玉蟾 字如晦・世爲閩人・紹興甲寅生於海南・號瓊山道人・幼舉童子科・長遊方外・師事翠墟陳泥丸・得道時・欲以異科薦之・弗就也・嘗往還羅浮・多有詩文・博洽儒書・究竟禪理・草書若龍蛇・兼善篆隸・尤妙蘭竹・而不輕作・間自寫其容・工畫者不能及也・後縱遊名山・莫知所終・所著海瓊全集六卷・今存。

按全閩詩話・玉蟾原姓葛・名長庚・字玉叟・棄家從師・至雷州爲白氏後・改名玉蟾・今稱白眞人云。

性命日月論

性命之在人・如日月之在天也・日與月合則常明・性與命合則長生・命者因形而有・性則寓乎有形之後・五臟之神爲命・七情之所係也・莫不有害乎吾之公道・一受於天爲性・公道之所係焉・故性與天同道・命與人同欲・命合於性則交感而成丹・丹化爲神則不死・日者擅乾德之光・以著乎外・月體坤而用乾・承乎陽爾・晦朔相合・日就月魄・月承日魂・陰陽交育而神明生・故老子謂出生入死・生之徒十有三・死之徒十有三・言每月月三日出而明生・生至於十五日也・每月月十六日入而明死・死至於二十八日也・日月於卦爲坎離・坎卦外陰而內陽・乾之用九・歸乎中・離卦外陽而內陰・坤之用六・歸乎中・乾坤之二用既歸於坎離・故坎離二卦・得以代行乾坤之道・一月之內變見六卦・垂象於天・三日一陽生於下・而震卦出・八日二陽生於下・而兌卦出・十五日三陽全而乾始見・此蓋乾索於坤・而陽道進也・十六日一陰生於下而巽卦出・二十三日二陰生於下而艮卦出・三十日三陰全・而坤始見・此蓋坤索於乾・而陰道進也・天地以坎離運行陰陽之道・周而復易・故魏伯陽謂日月爲易・陸德明亦取此義訓詁周易之字・余竊謂在天爲明・明者日月之橫合・在世爲易・易者日月之縱合・在人爲丹・丹者日月之重合・人之日月係乎心腎・心腎氣交・水火升降・運轉無窮・始見吾身亦與天地等同司造化・而不入於造化矣。

虛夷堂記

上清大洞三景法師・東嶽先生青帝眞人・奉行玉府五雷・考召大法・提領諸司諸院鬼神公事・趙汝澮字濬卿・太宗派下漢王位八世之孫也・父從金從占兩覃恩授・以承節迄慕淮南之尙・從事符樂・所濟甚衆・母性盧・方娠及孕・夢斗極中甚光耀・有一偉人冠星曳霞・揖而出二囊畀之・覺而

娩矣．少甚英銳．長益魁梧．且賦性極灑落．博洽經史．尤長於舉子業．頗閑於吟賦．六舉不第．鐫志參元．倏變簪纓之氣而爲冠褐．棄書史之習而爲符籙．平生鄭衛之耳．化爲玉音．燕趙之眼．化爲玉炁．歷拜至人．畢傳上道．復詣龍虎山訪祖師治靖．歸三山．其道愈價於前矣．考召鬼神．役使雷電．神如也．蓋嘗得大洞雌一之道．九靈飛步之書．故能上賓帝宸．密領陰治．凡十餘年間．主持齋醮．拯救人民．其於濟生度死之間．悉有道眞達靈之旨．遂於己卯之春．建堂宅衆．成於辛巳之臘．四方雲水．聞風而來者如蟻．乃以虛夷扁之．更欲廣其地以殿元帝之靈．敞其居以廳醮藏之所．噫．吉人天相．喜事道助．此特譬欬事耳．夫以虛夷君道可慕．法可貴．心術可尚．特喝水可冰矣．此何不易之有。

嘉定壬午王春．適玉蟾以總監備員爲黃籙之事．虛夷以高功相貳．一見如平生懽．莫曾同僚玉府．或已趍事琅霄也．且屬玉蟾爲文．以紀堂之始末．安可以辭．虛之爲言寂也．夷之爲言平也．惟靜銷萬幻．適然一眞虛也．眞妄坦然．不立一塵．夷也．是以虛則凝神．夷則聚氣．神凝爲靈．氣凝爲寶．靈寶卽虛夷也．虛夷固已知之．聊書此告在堂之士云。

羅浮山慶雲記

淳熙改元十月既望．惠州守臣王寧奉天子命藏醮事於羅浮山．山卽十八洞天之一．朱明曜眞之府也．先是唐天成中．洞出古劍．迹其篆文．已應太祖皇帝丁亥聖君之讖．我宋受命時．遣中使奉金龍玉簡之典．歲修國醮．著在令甲．孝宗皇帝始登大寶．爰致初敬．是日也．御香既上．藏事薦成．步虛升聞．環佩作序．天容紺碧．風日清美．珍禽舞．馴鹿悅．仙花瑤草．滿洞芳妍．醮壇之西北隅．有五彩光華出焉．上亘霄旻．是謂卿雲．輪困郁麗．華景繽紛．中有金龍．徊翔蓊鬱．天人交慶．實應太平．夫太平無象也．然而瑞慶大來．亦於其人．不於其天．天意以之．昭格山川．於焉出雲．雲物精祲．猶登臺以課之．建官以紀之．秉筆以書之．自祥符初泰山慶雲現．今焉復應．猗歟盛哉．河清嶽潤．信有其時．廣東漕臣繪圖上之．踰年有旨．令禮部每遇郊恩．給降祠牒．以度其年．勞者使修香火．永爲典故．寶慶丁亥道士鄒思正．該覃恩霈州家．檄之知冲虛觀事．與攘休符．命爲記文而繫之．銘曰。

太祖之潛龍也．古劍出焉．孝宗之飛龍也．慶雲翔焉．劍所以化龍於地．雲所以從龍於天．易曰．雲從龍．風從虎．聖人作．而萬物覩。

儆齋記

盤盂几杖皆有銘．示儆也．屏榻房涸皆有箴．示儆也．子張書諸紳．范丹筆其柱．亦示儆也．今黃君瑩中以儆名齋．是則動靜語默．道在其中．飲食起居．惟此一事．儆其眼不爲施揚所盲．儆其耳不爲鄭衛所聾．儆其心不爲蠻觸所愚．夫如是斯可謂之儆也．儆其思慮．則榮辱兩岐．儆其操履．則得失異域．日嘗三省．事出九思．防意如城．守口如瓶．斯儆也．瑩中周旋事機．諳練世故．其所以儆者．非止

於一念慮一語默之間也．則必曰丹房有藥苗．枯耗之儆．神堂有火候．差遣之箴．日虞三彭．時障六鼐．使心天無雲．性海有月．乃其儆之所詣之地也．儆所儆猶不惟是．又必曰．枯木巖前．差路尤甚．夜明簾外．作者猶迷．猿驚馬嘶．龍奔虎逸．是可不於日用中．儆其所守所養者乎．天人路上．生死岸頭．如苟用力不昧所儆．若夫屢空之顏．一唯之曾．未有不自儆者．噫．非苟知之亦允蹈之乎。

隱山文

玉蟾翁與世絕交游．高臥於葛山之巔．客或問於隱山之旨何樂乎．曰．善隱山者．不知其隱山之樂．知隱山之樂者．鳥必擇木．魚必擇水也．夫山中之人．其所樂者不一乎山之樂．蓋其心之樂而樂乎山者．心境一如也．對境無心．對心無境．斯則隱山之善樂者歟．問曰．隱山之旨固如是．山中之隱者豈不知山中之味乎．曰．山中之味．山中之樂也．隱山者知味乎道．而不知味乎山也．吾將以耳聞目見者爲子談之．客曰．唯唯．曰．隱山者不可以山樂而移其心．不可以心之樂而彌其山．山自山也．心自心也．隱者且不曰古何如人．今如何人．彼山如是．此山如是．有如是隱山之人．有如是隱山之時．又有如是隱山之趣．其時也．聖賢胥會．其人也．崇尚道德．其趣也．修煉形神．吾恐如此知．如此見．必不逮人者十常八九焉．山中之隱者．非曰心林巒而爲山．非林巒而不爲山．然其人自有所隱之山也．其清虛寂靜．高爽深幽者．此人之山者．山其心也．其是非寵辱．貧富貴賤者．此人之市者．市其心也．今人以爲大隱居廛．小隱居山者．不無意也．自名利之習熾．以物慾之事攻．則厭鬧思靜也．自恬適之興滿．修進之念冷．則嫌靜思鬧也．若夫人能以此心自立．雖園林之僻者．亦此心也．市井之喧者．亦此心也．不必乎逃其心之喧．適其心之欲．喧不必乎樂其境之勝．疾其境之不勝．知如是山．樂如是心．謂之眞隱焉。

欲隱山者善隱心也．無事治心謂之隱．有無形迹謂之山．無心於山．無山於心也．是故先須識道．後隱於山．若未識道而先居山者．見其山必忘其道．若先識道而後居山者．造其道必忘其山．忘山則道性怡神．忘道則山形蔽目．是以忘山見道．人間亦寂也．見山忘道．山中乃喧也．法法虛融．心心虛寂．何城市之可喧．何山澤之可靜．山靜而心常喧者．莫市之若也．市喧而心常靜者．莫山之若也．喧而不喧．靜復若靜．語默無非山．動靜無非市．恬淡息於內而不亂．蕭散揚於外而不動．逍遙山谷．放曠邱廛．游逸形儀．寂靜心腑．吾恐市廛之下．色聲闤闠塵勞膠擾．五色得以盲吾眼．五音得以聾吾耳．吾慾得以汨吾心．始乎吾之心．吾心之所不可入．則日以之動搖．夜以之傾撼．吾心無所守．則必狥乎事之所奪．任乎物之所營．然則山野之間．亦如市廛．何也．閑花野草．可以眩人目．幽禽鹿雀．可以聵人耳．非隱其心．而欲隱於山者可乎．古先賢哲．隱山之意．固如是．隱山之事．則不然．世俗趨於利．風敎溺於慾．沉醉乎名利之鄉．夢寐乎人我之域．出生入死而不知．貨罪賂福而不覺．是聖人之所憂．故聖人之所隱也．聖人所憂．不在乎心之憂．而憂其人．聖人所隱．不在乎山之隱．

而隱其心．是故芻狗乎含靈之形．而金玉乎含靈之性．是非質其形於山之外．而亦妙其性於山之內．唯聖人知之。

子欲聞山中之味．山中之旨乎．夫山之爲山．人之爲人．人亦不欲必乎山而後隱．山亦不欲必乎人而後存．存乎山．而隱乎人者．殆猶魚鳶之飛躍天淵也．適其所樂而已矣．其樂非耳目之樂而後樂．非情識之樂而後樂．樂者在心．不可以形容．不可以見知．心之樂者．隱者之樂也．於山無預也．以清淨爲道場．以恬退爲法事．以安樂爲眷屬．不欲與世交．不欲與物累．其修身也．不事乎百骸．其養形也．不溽乎五味．視死之日．如生之年．執有之物．如無之用．其安禪也．雲溪煙巃．其經行也．月洞風林．有麋鹿以爲朋．有林竹以爲鄰．有春韭秋菘之富．有晨霞晚露之貴．語其衣也．編草爲紉蒲．緝茅而綴葺．語其食也．炊參而糗茶．飲松而餇檜．飲石骨之冷泉．哺山肝之腴泥．行枯木之前．坐古巖之下．住深林邃谷之間．臥長松幽石之上．日則長嘯於泉雲之幽．夜則孤眠於煙靄之深．其寒暑也．心暑乎道．而不知夏之暑．心寒乎道．而不知冬之寒．知冬之寒．則冰霜冽其膚．而不變松柏之容．風雪凍其形．而不改山石之操．知夏之暑．亢陽瀝其汗．而不生惱熱之心．炎火爍其步．而不起煎煩之念．況乎茅廬竹舍．草氈松爐．不可以爲寒．茂林修竹．冷風寒泉．不可以爲暑．笑傲煙霞．偃仰風雨．樂人之所不能樂．得人之所不能得．有葉可書．有花可碁．其爲琴也．風入松．其爲酒也．雨滴石．其寧心有禪．其煉心有行．視虎狼如家豚．呼熊兕如人僕．其孤如寒猿夜號．其閑如白雲暮飛．不可以朝野物其心．不可以身世穽其志．以此修之．謂之隱．以此隱之．謂之山．其爲山．非世間之所謂山．其爲人．非世間之所謂人．人與山俱化．山與人相忘．人也者．心也．山也者．心也．其心也者．不知孰爲山．孰爲人也．可知而不可以知知．可見而不可以見見．純眞冲寂之妙．則非山．非人也．其非山非人之妙．如月之在波．如風之在竹．不可得而言也．客曰．請事斯語。

鄒師正　宋人．羅浮道士．不詳籍貫．著有羅浮指掌圖記。

羅浮指掌圖記

名山異境．散布人寰．其知名者有十大洞天．五在江浙．三在梁益．與夫洛京一．惠陽一而已．洛京衣冠都會之地．江浙梁益舟車奔湊之鄉．輶踵轣轆．往來不絕．其林泉之美．登覽之便．著於有聞．蓋地勢使然也．獨羅浮邈處海上．天下想聞之而恨不至其地．間有能至之者．非遺世高蹈之士．必希仙慕道之人．山之高且三千六百丈．地之袤直五百里．峯巒之多四百三十二．溪澗川源有不可勝數者．是雖長年隱者．猶未易徧覽．而況士大夫來遊者．暫至倏還．旬日而罷．又安能周知．茲指掌圖所以作也。

遊山者自龍華寺七里登山．初至延祥寺．明月戒壇．百尺壇．鐵佛像．御園柑子．至山腰三里餘．有寶積寺．中閣．御書閣．錫杖泉．銅佛像．寺後羅漢巖．伏虎巖．佛跡石．上山十里．有大小石樓．鐵橋峯．上界三峯．青羊巖．夜樂洞．犀牛潭．試劍石．瀑布泉．鳳皇谷．鳳浴潭．瑤石

臺・飛雲塔・瑤池・阿耨池・夜樂池・阿耨塔・泉源山・玉鵝峯・龍王坑・上中下龍潭・花首壇・資福寺・南樓寺・去延祥寺之西五里餘・曰黃龍洞・七星壇・獅子洞・花首臺・山背曰鳳凰岡・雲母溪・循延祥而東七里餘・抵沖虛觀・丹竈・衣冠塚・蓬萊閣・閣後遺履軒・銅玉皇像・及二侍從・三尊觀後朱明洞・朱眞人朝斗壇・黃野人菴・釣魚臺・靑霞谷・野人洞・觀之北曰酥醪觀・麻姑峯・觀之南曰觀元洞・西北幽居洞・滴水巖・長壽觀・中路直上・君子巖・雲峯巖・其下曰蝴蝶洞・前曰水簾洞・天漢橋・路出藥槽・其下爲流杯池・羅浮石刻・東龍潭・自沖虛觀出會仙橋東行三里餘・抵明福觀・迤邐至石洞・小水簾・白鶴觀・東北至蛇穴・又東數里至蓬萊洞・丫髻峯・又名雙髻峯・有劉仙壇・峯下有試劍石・有羅陽溪・東林寺・山之東西有香臺峯・會眞峯・櫻桃峯・抛球峯・刀子峯・錦繡峯・黃猿峯・鉢盂峯・致雲峯・大旗峯・小旗峯・雲母峯・雞籠峯・其餘峯巒・名數頗多・未可枚舉・又有金沙洞・石臼洞・朱令洞・泰和洞・歐陽洞・赤水洞・白雲洞・白角洞・大慈寺洞・古老洞・白芒古洞・桄榔洞・大坑洞・其餘洞各集中備載・奇峯秀岑・湍流怪石・不可名狀・此遊山者之梗概也・若夫仙聖之幻化・草木之奇異・禽獸之靈怪・騷人名士之題詠・神仙古迹之隱顯・則有圖志可考・大抵洞裏乾坤・壺中日月・雖與世相絕・然亦人與山有緣・則蓬萊遠隔弱水・以蹻車飛空而或可到・與山無緣・則瀛洲近對會稽・雖驅石塞海而弗可逢・故作指掌圖以與好事者覽焉。

指掌圖贊

神仙峩峩・南海是疆・蓬萊一島・浮自東方・駢支合體・陽耀陰藏・仙夫鱗萃・丕顯其光・福庭肇起・奠我遐邦。

袁了塵 佚其名・東莞人・耽書嗜酒・好睡・囊有錢輒呼朋暢飲・飲必醉・醉必睡・睡而醒・醒而復醉・無錢則閉戶讀書・旦夕不輟・而不習舉子業・嘗喜作古文詞・間亦吟咏・晚年擺脫世網・遁跡長慶・道冠道服・自號了塵道人・有了塵集。

恃說

天至明・可恃乎・不可恃也・陰霾有時而蔽・地至安・可恃乎・不可恃也・洚水有時而衝・天地且不可恃・何況人乎・何況人之於富貴乎・凡今之人亦以爲富貴眞可恃耳・恃此而驕・恃此而侈・恃此爲不仁不義・恒沾沾然自喜・深爲得計・夫孰知富者怨之府・貴者危之機・藉令有不敗者・幸斯時怨未深・危未至耳・迨至罪惡貫盈・災害並至・噬臍莫及・曾不知其得恃者果安在哉・誠能屏去恃心・謹存畏念・知天地可恃而猶不可恃・居安思危・博施弭怨・如孫饒之持三益・晏嬰之贍三黨・吾知免夫。

忍齋銘 幷序

古者盤有銘・几有箴・酒有誥・皆示戒愼謹飭・余齋以

忍名・亦示警也・嘗觀昔聖賢豪傑・未有不從忍中來者・虞帝非忍・則爲井廩中人矣・文王非忍・則爲羑里中人矣・漢高非忍・則滅於項・勾踐非忍・則死於吳・管仲以忍而成霸佐・張良以忍而作帝師・其餘若髡鉗刖足・摺脅折齒・出袴下・・甘受笞・紛紛不一・其人雖事業聲施大小不同・其所以能忍一也・至若季世剛愎之君・及夫跋扈之臣・逞其一往之氣・以致國破身亡・敗壞而不可紀極者・豈非不能忍之故哉・君陳曰・必有忍其乃可濟・孔子曰・小不忍則亂大謀・因銘曰。

堅者易摧・剛者易毀・好勝必殃・強梁必死・人皆趨彼・我獨守此・朝斯夕斯・惟忍已耳。

賴洪禧　字疇叶・號介生・東莞人・邑增生・爲羅浮道士・主持酥醪觀數十年・嘗著羅浮山新志・門下弟子多有名於時・洪禧工草隸・博學工詩・有雨濃山潑翠・風緊鳥摩天之句・番禺淩揚藻最賞之・又著有學庸指掌・紅棉館詩鈔・今存。

羅浮山志書後

羅山自古有之・浮山東海浮來・始傳於羅・羅主浮客・蓋云舊矣・志書所傳・有言羅東而浮西者・有言浮東而羅西者・甚至有謂浮前而羅後者・吳江潘稼堂則曰羅浮橫亙數十里・浮在羅之西北・尤大而長・斯言得之・夫浮山之巔爲上界峯・高出四百三十二峯・與羅山之巔飛雲絕頂・東西相望・上界峯之下迤衍爲泉源福地・則二山傳處也・西有鐵橋峯・是曰上界中峯・下有蓬萊峯・是曰上界第三峯・且羅山上有神湖・浮山亦有瑤池・阿耨池・皆與海潮相應・分爲諸瀑布・嘗考黃梅有西流水・駕五祖十三仙・登州萊水西流・金元間北宗七眞生其地・道書謂西流最貴・今浮山西流水數十里・始滙羅山之水・注於江・其間磅礴蜿蜒・秀巖深壑・空曠阻絕・東至博羅・西至增減・北至龍門・不藉於羅而自成一大洞天・非開廓沖襟・登覽遐極・孰能與於此・從入之路・則由羅而東・循浮之垠入佛子凹・轉西北行・邃谷幽巖・皆浮境界・酥醪觀峆岈窣窱・自唐迄宋已作道場・經宋末元明・觀旋傾圮・時道流無託・權前山作酥醪倉・至國朝柯善智師・雍正丙午芟除荒穢・復開生面・今大殿崇奉雷聲普化天尊・玄門道祖也・左呂純陽・北宋全眞所自出也・右葛稚川・以此地北庵基也・江瀛濤增塑安期生於齋堂・會玄邱吸水露・成酥醪・名有其實也・羅之境多曠・而浮之境多奧・是觀亦以奧勝・沿山古木撐天障日・歷數百年前人幾經扶植・以遺後人・後人宜亦力加護惜・不得妄肆斬伐・峯容閟邃・煙光蒙茸・擁抱神區・全賴於此・夫博羅之名・以有浮山・浮山之勝・以有酥醪・前此山志未及深辨・多詳羅而畧浮・使洞天福地鬱而不彰・非所以游心志・廣耳目也・於是乎書。

江本源　字瀛濤・番禺人・自號松竹山人・能詩文・與張屛黃培芳諸名士遊・嘗主持酥醪觀・以觀爲浮山最深處・乃闢佛子隩・塗徑築玉液亭・爲義槳以濟行者・又以廣州白雲山蒲澗安期生・嘗采藥其間・倡築安期仙祠・晚營生壙於羅浮・嘉慶丙子湯貽汾來遊・題其壙曰江瀛濤葬於此。

佛子坳導水記

佛子坳者・桃源接壤・酥醪導津・懸磴翠削・足繭爲勞・暍道赤炙・口燥恒苦・思張樾蔭・特構茶亭・兩峙屏峇・莫瀉紅泉・負汲辛勤・每迂碧岫・時與陳子穗田・相度其中・因憶茶山後二三里許・有水泓澄・韻激球鍠・味旨醽醁・可施疏導・此爲灌注・爰鑱鑿以肢引・決源泉以帶濼・浮東達南・移遠就邇・涌陰渠爲溠澤・變旱麓爲雲門・夫工匪漑田・敢曰龍首之利・而便甚掘井・挹彼燕尾之分・從此漱玉齒・息赬肩・灑液千人・不借話梅之術・蓋茅一把・足供戰茗之談・懼乎歷年將久・塞源就湮・因語穗田・亦同所見・用勒貞石・詳誌其事云。

王大寶

大雲洞贊 補刊一冊卷三

巖秀而隱．石巧以垂．賓介主僎．圜筵備維．支疎玲瓏．可陟可窺．刊遊亘昔．假紱來規．歲閼陽圉．紹興紀題．潮郡王系．大寶元龜。

謹案贊在連州大雲洞．宋史王大寶傳．大寶知連州．張浚亦謫居．命子栻與講．攷浚落職連州居住．在紹興十六年．則大寶知連州．亦在是年．此刻云．歲閼陽圉．蓋十七年丁卯也。爾雅太歲在卯．曰單閼．在丁．曰彊圉．故丁卯之歲．史記名彊梧（梧圉古聲近通用．）單閼．然史記但曰歲名．不云太歲．淮南天文訓．太陰在寅．歲名曰攝提格．太陰在卯．名單閼．史記索隱．引爾雅亦無太字．則今本爾雅太字．實誤衍．其題閼逢云云．曰歲陽．題攝提格云云．曰歲名．皆無太字．尤為可證．此刻云．歲閼陽圉者．猶云歲名單閼．而歲陽所在．曰彊圉爾．可謂深得雅訓．疑當時爾雅本．尚未誤衍也。

薛始亭

梁克頫墓志銘 蒯緱館文 補刊四冊卷十八

余友梁克頫之亡．十有八年．其子玫始克祔其柩於乃祖贈文郎公之墓右而壟．而請予銘．蓋丙戌冬廣州既陷．城內喪殯．百不存一．是時玫方稚弱．乃能與諸叔奉其父柩犇脫於顛沛之間．亦已難矣．中更凶饉．艱於財．猶用陰陽家言．徧卜遠邇．冀獲佳城．終久未叶．乃為是祔焉．壟雖厚．而其心之不得已．為君子所原也．余與克頫相得無間．知之尤深．宜銘不得辭。

克頫名廷．最初名聖忠．克頫其字也．世為順德龍江人．知象州．諱應掄之仲子．幼負異稟．年十六．以文受知於郡司理陳公忠臣．督學朱公燮元．為南海諸生．試必雋．嗜學．下帷校讐．寒暑不輟．喜談古今節烈忠孝事．卑視流俗．意所非．雖舉世美慕．不少屑意．所是雖舉世忌擿．必排而申之．議論截然．侃侃無所撓．每見世儒所為齷齪．輒嘻笑之曰．巾哉．巾哉．以是頗不諧於俗．然與余游處晨夕．抵掌擊節．未嘗厭也．素有用世志．晚治舉業益銳．數舉於鄉．竟不售．壬午大比．文甚工．省試報罷．乃悵然謂余曰．吾今始自覺其衰矣．恐後不能應舉矣．可奈何．因與余樗節夜飲．醉而後歸．又二年遂死．年五十有四．克頫為人．寬厚簡易．眉目疏朗．貌如其心．性篤孝．事親色養備至．友愛諸弟．懽然一室．鄉閭慕焉．居恒飲食笑謔．至急人患難．不愛心力．而絕無幾微德色．自余識人事以來．天下豪傑．如其肝膽者．未易多得也．詩書能世其家．裘馬翩翩．令譽甚蚤．其志潔．故其自待高．嘗奇余．謂必有所立．至今愧負其言也．方死之時．燕都之變已聞．其後天下大亂．士之踽然獨行求志者．大抵窮辱空谷．其有遇合富貴者．或死或夭．或失身．然後歎克頫之不遇而蚤世．未為不幸也．嗟乎．以克頫之才識俊偉．又生右文之世．猶格於有司．況于余迂僻存於今日．其道固異乎斯世所求．然則所為

負其言者・有由矣・今雖愧於其言・然終不悔於余心也。

克瀕原配陸先卒・側室區初有二子・克瀕死後・少者亦殤・五女・長適庠生淩某・次適衞・適馮・適陳・並陸出・其季適劉・與子玫並區出・孫男二・曰穀・曰幹・孫女一尚幼・以辛丑六月十三日與元配合葬龍江鄉屏風嶂丁向之原・距其祖墓十有二步云・銘曰。

有才如角遇如齒・或予或出有命矣・行修志貞世無比・不貴不壽乃如此・嗚呼惟德垂孫子・葬祔厥祖類錫爾・誌而銘者惟野史・獨信於心感知己。

梁廷枏

書袁子才後出師表辨後 補刊五冊卷二十三

生千百年後而論列千百年以上之事・以爲若者是・若者非・而不知我所據之史・其記載猶未盡詳也・何以知其時勢之必宜如此・後千百年後而品評千百年以上之文・以爲若者眞・若者僞・而不知我所據之書・其收採或未備也・何以知其體格之必不如此・諸葛武侯出師兩表・上匹伊訓・若揭日星・而昭雲漢焉・陋儒不明其旨・妄疑後表非武侯手筆・近世袁氏子才又從而曲爲之說・以爲詞意不及前表之壯・夫疑之者・不過因陳志偶遺於前・文選失收於後・謂得間在此耳・然裴註止云後表不載本集・不云後人僞造也・文選之成當各據本集・其遺漏更屬有因・而直吹求於詞語之間・無乃過乎・今卽後之文與袁氏之所疑相提論之。

且夫商周革命・可謂以必勝攻必敗矣・武王猶曰・受克予・不敢言戰必勝也・況以蜀割據方隅・當街亭新敗・出與中原角力・萬無滅此朝食理・其曰難憑者事・曰成敗利鈍非可逆覩・所謂一生謹愼・益臨事而懼・聖賢之學・王佐之才也・夫豈故爲危詞自餒其氣・上駭主聽・而下懈軍心哉・當是時後主闇弱・鮮遠大謀・廷臣亦習狃偏安・持待時而動之議・故以不伐賊則坐亡爲言・固欲警君心・亦將破羣議・猶慮不能委曲詳盡之無以動也・然後舉六不解申焉・而反以己不解・而望君解之之語相爲詰病・何論之苛也・其云鞠躬盡瘁・死而後已・誠有以見夫恢復之難・而半途之斷不可廢・李克之所以傳奚齊・古之人有先言之者矣・顧以自知不久於人世爲譏・固高叟可與論文哉・大抵子才天資高・持論每好奇異・方自詡識邁時流・而不知適爲賢智之過・讀書者毋爲所奪焉可也。

廣東文徵改編本第六册終（全書完）

點校　台山黃雲聃
　　　　開平許憲安
總校　惠陽許衍董

編校後記

一、茲刻廣東文徵全書所據稿本，來自香港中文大學向香港大學馮平山圖書館借出影鈔，剪貼爲二千二百餘面，加以整理改編，付諸排版。

一、改編本自漢至清分册與卷次，因應作者考所登次第，將全書分作二十九卷，而以釋道合爲一卷殿後，共成六册三十卷。

一、是書必須排印，而不能影印刋行，良以原稿傳鈔錯字及脱遺不少，每首逐加校訂，頗費時日。

一、現代傳刻古籍注重標點，是書數百萬言，全部實行匪易，祇每首分段後，加以句讀，藉省目力而已。

一、原稿以分體編錄，今以朝代爲序，剪貼錯亂在所難免，且影印間有遺漏，或朦朧不淸，或摺角闕字，故每刋一册非到馮平山圖書館多次査對及重影不可。

一、第二册排版後，例取原稿覆覈，乃稿本外假未歸，無從着手，勢不能停版以待，迫得將明文若干首在第四册補刋。

一、本會刋行第一册後亦有另一刋本出現，對本刋第二册漏載事，視爲精粗有別，惟査明葉夢熊重修商阿衡伊尹墓記一首某刋在題下註以原缺二字，實則扳開原稿，全文赫然在目，則所謂精粗者，又不必具論矣。

一、前人有言，惟好學深思心知其意，庶可爲校讐，不佞學殖荒疎，罔知思考，以一人之力，謬荷總校之任，惟有兢愼從事，盡心焉已耳。

一、改錯，非確知其字傳鈔筆誤者，不改，如旣液滿而不可爲楣梲兮，滿改樠，又水名禎江之禎改正爲湞江等。

一、補闕，如人名戴慈，明知其爲戴鴻慈，補一鴻字。

一、增乙，發現某段某句脱遺某字，詳繹文意，判斷無差，始行着筆。

一、塗抹，某段某句有衍文或重字時則省去之。

一、原句有空字，或字跡糢糊不辨者，仍以空方代之，未敢竄補，恐乖原意。

一、凡上下句文意不貫者，加以細按，如發覺錯簡。爲之調正，絕不擅加一詞，如淸陳伯陶陳建傳一首，在建貎寒素人望輕

之下脫字，某本擅加不孚二字，成爲貶詞，大背原旨。

一、凡原文用古體字者，一仍其舊，如淸朱啓連選帖序目一首之夷光寫皃風韻依稀句，某本竟將寫皃竄易爲寫兒，則大謬矣。

一、原稿有一文兩載者不重登，有題與文不相屬者，依作者考所列訂正之。

一、第六册排版後作總檢查，發現前刋尚有三首漏載，分別在六册末補出，並於索引註明，務求完備。

一、各册刋出後，迭接來函糾正錯字。魯魚亥豕，手民之誤，在所不免，掃葉撲塵，良非易事，勘誤表之製，容俟異日。

一、四册以後皆有圖表多則，蒙中大出版社何君鎮中等繪製鐫版，例宜並書。

一、附編分類索引一册以文體分類，依作者朝代先後，逐首註明册次，卷次，頁次，以便檢查。

一、本刻雖經校勘，自信舛漏仍多，有負委員會重託，謹此告罪，尚冀大雅君子不吝指正，有待修改再版，以成完璧。

己未重陽惠陽許衍董謹記

跋

吾粤文化・上溯漢唐・降及明清・漸趨宏大・名公輩出・作者朋興・嶺海文章・於焉稱盛・其有廣搜各家撰述・据摭英華・纂輯成書・可與志乘相表裏・而爲文獻之徵者・在明則屈翁山之廣東文集・廣東文選・在清則温汝能之廣東文海・尙已・然文集早佚・文選文海・世亦罕存・晚近吳道鎔太史補纂闕遺・並甄錄清中葉後名家作品・集其大成・名曰廣東文徵・嗣經張學華太史續事整理・雖迭遭兵燹・幸獲保存・三十年前・鄉先輩葉恭綽先生深慮此孤本散佚・邀約友好・集資謄印副本九部・分地庋藏・秉芬追隨先輩・曾效微勞・所可惜者・家藏二部・竟告遺失・茲刻所據・乃香港大學馮平山圖書館所僅存之唯一謄印本也。

按廣東文徵之校印・早在八年前由潮陽劉侯武先生所領導之委員會主其事・商得其同邑陳式欽先生慨捐鉅金・以付剞劂・正當出版至第三冊・値香港經濟波動・工料漲價・超出預算逾倍，致難爲繼・又値劉老先生不幸捐館・編事因以延阻・一九七七年四月編印委員會重開・公推秉芬爲主任委員・羣以勉任鉅艱爲請・余深維發揚國學・人固有責・廣東文徵・乃吾粤二千年來文化之精華・矧前賢網羅羣籍・采掇補遺・萉枕多年・厥功尤不可湮沒・且是書用以誌香港中文大學建校十周年紀念・列爲圖書館叢書第一集・秉芬忝爲該校創辦人之一・歷任校董兼及叢書小組之事・而適於此時・文徵編印委員會付以重責・義之所在・不敢不勉・今全書六冊已告殺靑・既喜鄉邦耆獻之能傳・更欣先哲流徽之克紹・仔肩可卸・夙願允符・然全書鐫版・所費匪輕・微陳副主任委員式欽兄之力・貫澈始終・曷克臻此・至於委員諸君子之翊贊推行・厥功有足多者・許委員衍董・多方斡旋・兼總校勘・不憚煩勞・直底於成・尤爲難能可貴・秉芬因人成事・得免隕越・私心竊慰・謹述始末・以爲邦人君子告焉。

一九七九年歲次己未仲夏新會後學馮秉芬謹跋

跋

距今八載前承鄉先輩劉侯武先生之雅命・捐資校刊廣東文徵全書・期以二年面世・並組委員會羅致時彥・共策進行・詎第三冊甫完・而波瀾頓起・始則人爲牽阻・稿本久假未歸・稽延校勘工作・繼則物值陡增・超出預算倍蓰・衆議躊躇未決・時侯老方病篤・榻前叮囑再四・務期堅持不舍・以底於成・而鄉大老孫公哲生・梁公寒操・亦以此交勗・藉爲桑梓保存文脈・豈意三老謦欬猶溫・遽爾相繼作古・式欽痛悼之餘・敢不兢兢自勉以副諸大老之殷望乎・事有順而達之者・有曲而始致者・前人每嘆傳刻先哲遺書之不易・余於刋布廣東文徵一舉・益信之矣。

嗣於一九七七年四月・委員會同仁・以主任委員懸缺・公請馮秉芬爵士俯就・於是會務領導有人矣・爲使鄉獻流傳久遠・諸委員分邀友好預購・移價款作增支・若猶不敷・責由式欽擔承・於是差額彌補有着矣・自是第四五冊續出・第六冊終於今秋校竣・加編分類索引以附・始簡畢鉅・迺覩厥成・是皆委員諸公熱心贊助，有以致之・然微馮爵士號召之力・曷克臻此・至許委員衍董經始迄終・不辭勞怨・婉曲求全・其功尤不可沒・玆者全書殺青矣・可告慰鄉邦人士矣・惜侯老已不及見・此式欽所引爲深惘者也。

復次・吳太史編纂是書・成於五十年前・此半世紀間・吾粵才俊蔚起・著述如林・嶺表文章・綿光上代・文徵之賡作・實有待於後來・侯老生前・嘗以之提示・本會宣言・亦聲明及此・第資料之蒐集，遺逸之訪尋，殊非朝夕可致・深企海內外大雅君子・惠予響應・共勷偉舉・式欽不敏・願附驥尾焉。

歲在己未秋七月潮陽陳式欽謹跋

廣東文徵分類索引

分冊卷次

第一册　卷一漢　卷二唐五代附　卷三宋上　卷四宋下　卷五元

第二册　卷六明一　卷七明二　卷八明三　卷九明四　卷十明五

第三册　卷十一明六　卷十二明七　卷十三明八　卷十四明九

第四册　卷十五明十　卷十六明十一　卷十七明十二　卷十八明十三

第五册　卷十九清一　卷二十清二　卷二十一清三　卷二十二清四　卷二十三清五

卷二十四清六

第六册　卷二十五清七　卷二十六清八　卷二十七清九　卷二十八清十　卷二十九清十一

卷三十上釋　卷三十下道

廣東文徵分類索引

第一類　敕制誥命

第二類　上書　表　啓　狀

題目	朝代	作者	冊次	卷次	頁次	附註
報文帝書	漢	趙陀	一	一	一	
報文帝書二	漢	趙陀	一	一	一	
上漢武帝書	漢	趙胡	一	一	一	
上太子啓	唐	寧原悌	一	二	五	
論教皇太子狀	唐	張九齡	一	二	一四	
觀御製喜雪篇陳誠狀	唐	張九齡	一	二	一四	
進千秋金鑑錄表	唐	張九齡	一	二	一五	
上楚王馬希範書	五代	石文德	一	二	五二	
進平蠻碑記表	宋	余靖	一	三	五六	
虔州部上表	宋	余靖	一	三	五六	
廣州謝上表	宋	余靖	一	三	五七	
請謚李韶方大琮狀	宋	李昂英	一	四	一〇一	
辭拜建平縣知縣表	元	簡祖英	一	五	一五九	
進珠崖錄表	明	王佐	二	六	三八	
進大學衍義補表	明	邱濬	二	六	五五	
擬宋錄魏徵狄仁傑子孫謝表	明	倫文叙	二	八	一四一	
獄中上皇帝書	明	羅虞臣	三	十一	五四	
論海寇必誅狀	明	林大春	三	十二	二〇四	
論殷相割肝狀	明	歐大任	三	十三	三四一	
上明魯監國書	明	洪錫祚	四	十七	二七九	
上桂殿下乞褫職啓	明	陳邦彥	四	十八	三八八	
謝頒賜平定粵匪捻匪紀畧表代	清	汪瑔	六	二十五	六五	

第三類　奏疏

第四類　策議

第五類　書

第六類　論辨考解說

題目	朝代	作者	冊次	卷次	頁次	附記
堯舜非謚論	宋	余靖	一	三	六五	
秦論上	宋	余靖	一	三	六五	
秦論下	宋	余靖	一	三	六六	
漢論上	宋	余靖	一	三	六七	
三統論	宋	余靖	一	三	六八	
禘郊論	宋	余靖	一	三	六八	
正瑞論	宋	余靖	一	三	六八	
韶石說送曲江趙廣文	宋	李昴英	一	四	一一三	
廬陵羣公辨	元	黎貞	一	五	一五九	
內化篇	明	陳獻章	二	六	二三	
詩教篇	明	陳獻章	二	六	二三	
仁術篇	明	陳獻章	二	六	二三	
銖視軒冕塵視金玉論三篇	明	陳獻章	二	六	二四	
安土敦乎仁論	明	陳獻章	二	六	二五	
心符篇	明	陳獻章	四		五三五	補刋二冊卷六
雜記	明	陳獻章	四		五三六	補刋二冊卷六
名實辨	明	王佐	二	六	四一	
論古文孔子列傳	明	王倭	二	六	四二	
海南潮候前論（幷引）	明	王佐	二	六	四三	
海南潮候後論	明	王佐	二	六	四四	
不嗜殺人論	明	邱濬	二	七	六一	
許文正公論	明	邱濬	二	七	六二	
木說送沙文遠	明	邱濬	二	七	六五	

第七類　序

題目	朝代	作者	冊次	卷次	頁次	附註
別韋侍御使蜀序	唐	張九齡	一	二	二〇	
歲除陪王司馬登逍遙臺序	唐	張九齡	一	二	二〇	
益州長史叔置酒宴別序	唐	張九齡	一	二	二一	
昌黎文錄序	唐	趙　德	一	二	三四	
三傳指要序	唐	劉　軻	一	二	四一	
孫工部詩集序	宋	余　靖	一	三	六九	
宋職方補註周易序	宋	余　靖	一	三	六九	
海潮圖序	宋	余　靖	一	三	七〇	
羅浮集序	宋	譚　粹	一	三	八三	
易氏族譜序	宋	崔與之	一	三	九六	
送邵淑序	宋	李昴英	一	四	一一三	
送糾曹吳雍之官序	宋	李昴英	一	四	一一四	
重修南海縣志序	宋	李昴英	一	四	一一四	
游忠公鑑虛集序	宋	李昴英	一	四	一一五	
文溪先生集序	宋	李春叟	一	四	一一三	
夜遊棲禪寺紀事詩序	明	孫　蕡	二	六	一	
羅浮山志序	明	陳　璉	二	六	五	
金文靖公文集序	明	李　齡	二	六	一五	
送文州判之賓州序	明	李　齡	四		五三五	補刊二冊卷六
送張進士廷實還京序	明	陳獻章	二	六	二六	
贈東曉序	明	陳獻章	二	六	二六	
道學傳序	明	陳獻章	二	六	二七	
湯氏族譜序	明	陳獻章	二	六	二七	

第八類　題跋

題目	朝代	作者	冊次	卷次	頁次	附註
題蘇東坡先生雜書後	宋	陳中	一	三	九二	
題節推張端義荃翁集	宋	李昴英	一	四	一一五	
跋眞西山先生送李桂高序	宋	李昴英	一	四	一一五	
跋節愍王公行實	宋	李昴英	一	四	一一六	
羅浮志續跋	宋	朱篆	一	四	一二五	
書王汝善所藏詩卷後	宋	區仕衡	一	四	一二九	
南越山翁後跋	元	黎貞	一	五	一六〇	
書吏部尚書蹇公欽賜忠貞圖書卷後	明	羅亨信	二	六	一二	
書蓮塘書屋冊後	明	陳獻章	二	六	二九	
恭題良朋集後	明	霍韜	二	九	三三三	
書丹山奏章後	明	倫以訓	二	九	三五五	
禮典自書後	明	黃佐	二	十	四一七	
讀大學衍義補	明	袁郠	三	十一	一四	
章文懿公羊譜後跋	明	譚太初	三	十二	一四一	
元祐黨籍碑考跋	明	海瑞	三	十二	一九二	
讀汲冢周書	明	郭棐	三	十三	三三二	
讀世表	明	郭棐	三	十三	三三三	
讀本紀	明	郭棐	三	十三	三三三	
題三江水利圖說後	明	歐大任	三	十三	三五〇	
書狄梁公傳後	明	王宏誨	三	十四	三八九	
春秋別故跋	明	薛虞賓	三	十四	四〇六	
讀炎徼紀聞	明	唐伯元	四	十五	二一	
書俞貞女傳後	明	楊起元	四	十五	四五	

第九類　記

題目	朝代	作者	冊次	卷次	頁次	附註
開鑿大庾嶺路記	唐	張九齡	一	二	二一	
黄石巖院記	唐	劉軻	一	二	四一	
王氏廣陵散記	唐	劉軻	一	二	四一	
越井記	唐	韋昌明	一	二	四六	
碧落洞天雲華御室記	五代	鍾允章	一	二	五一	
温泉記	宋	古成之	一	三	五三	
柳州待蘇記	宋	許申	一	三	五四	
洪州新置州學記	宋	余靖	一	三	七一	
羅漢院記	宋	余靖	一	三	七一	
善化院記	宋	余靖	一	三	七二	
樂昌縣寶林禪院記	宋	余靖	一	三	七三	
西巖石室記	宋	余靖	一	三	七四	
韶州新修望景樓記	宋	余靖	一	三	七四	
湧泉亭記	宋	余靖	一	三	七四	
韶州新置永通監記	宋	余靖	一	三	七五	
韶州府新置公署記	宋	余靖	一	三	七六	
碧落洞記	宋	王陶	一	三	八一	
徙南恩州學記	宋	丁璉	一	三	八三	
北部李公廟記	宋	侯晉升	一	三	八四	
冲虚觀記	宋	霍暐	一	三	八五	
衆樂亭記	宋	李修	一	三	八七	
南山聖壽寺水車記	宋	石汝礪	一	三	八八	
廣州重修五仙祠記	宋	張勵	一	三	八九	

第十類　碑

第十一類　墓碑　志表

第十二類 傳狀

題目	朝代	作者	册次	卷次	頁次	附註
藍喬傳	宋	鄭總	一	三	八八	按一册卷四有作者游忠公鑑虛集序，與此傳文完全相同，不重登。
游忠公傳	宋	李昴英				
崔清獻公行狀	宋	李昴英	一	四	一二三	
故宋朝散郎簽書惠州軍事秋曉趙公行狀	宋	陳紀	一	四	一四〇	
賢母傳	元	黎貞	一	五	一六三	
趙氏二節婦傳	元	黎貞	一	五	一六四	
臨清先生行狀	元	黎貞	一	五	一六四	
趙處士傳	明	黎光	二	六	四	
羅倫傳	明	陳獻章	二	六	三六	
丁知縣行狀代	明	陳獻章	二	六	三六	
明故文林郎知長樂縣縣事雙槐黃公行狀	明	趙廷舉	二	七	九九	
羅中丞傳	明	祁葵	二	七	一〇八	
黃封君傳	明	蘇葵	二	七	一三七	
唐代節婦傳	明	黃衷	二	八	二二三	
贈太傅謚文康梁公傳	明	霍韜	二	九	三四〇	
三廣公傳	明	霍韜	二	九	三四一	
橘州傳	明	霍韜	二	九	三四二	
李白厓孝義傳	明	鍾干	二	九	三四六	
徐妙錦傳	明	黃佐	二	十	四二二	

第十三類　祭誄

第十四類　賦

第十五類 箴銘贊頌

第十六類　雜文